经营罗盘
——BC 经营管理模型

王汝平 著

科学出版社

北京

内 容 简 介

新时代，随着内外部环境的不断变化，企业的经营管理思维也需因应而变。本书针对新时代背景下中小微企业经营管理的转变需求，提出了中国特色管理体系新思维，创新性地将中国文化智慧与西方管理科学精髓有机融为一体，围绕"以人为本"的核心理念，提出了"经营人心""管理人性""平衡人情"的经营哲学，并通过"势、道、术、器、利"五个维度将其融会贯通，并归纳为119个经营管理模块，系统阐述了变化环境下企业如何从组建到成长、从竞争到发展的经营逻辑，每个模块配有详实生动的案例，力求深入浅出、通俗易懂。

本书不仅可为中小微企业的创业者、中大型企业的中高层管理者提供适应环境变化的经营管理思维，还可对企业不同阶段的经营管理现状进行诊断，亦可供高校经管类专业方向的本科生及研究生学习参考。

图书在版编目(CIP)数据

经营罗盘：BC 经营管理模型 /王汝平著. —北京：科学出版社，2020.9

ISBN 978-7-03-066091-6

Ⅰ.①经⋯ Ⅱ.①王⋯ Ⅲ.①企业经营管理 Ⅳ.①F272.3

中国版本图书馆 CIP 数据核字（2020）第 174121 号

责任编辑：张 展 孟 锐/责任校对：彭 映
责任印制：罗 科/封面设计：义和文创

科学出版社 出版
北京东黄城根北街16号
邮政编码：100717
http://www.sciencep.com

成都锦瑞印刷有限责任公司印刷
科学出版社发行 各地新华书店经销

*

2020 年 9 月第 一 版　开本：787×1092 1/16
2020 年 9 月第一次印刷　印张：27 3/4
字数：660 000
定价：139.00 元
（如有印装质量问题，我社负责调换）

特别感谢(排名不分先后)

秦　朔　　人文财经观察家，中国商业文明研究中心发起人

任法融　　第七届中国道教协会会长，世界宗教和平会议主席

王大树　　北京大学经济学院教授

王育琨　　著名商业哲学家

吴大有　　英国剑桥大学全球创新论坛中国区召集人，全球社会创新协会 Impact hub 中国区顾问

吴晓波　　浙江大学社会科学学部主任、教育部特聘长江学者

肖　文　　电子科技大学教授

James Chiang　美国加州州立大学教授

Stewart eru　英国剑桥大学教授

Virginia Trigo　葡萄牙里斯本大学学院教授

本书由西华师范大学出版基金资助

自　　序

　　"管理"，是一个大家非常熟悉的话题，在中国数千年的哲学思想中，有着举足轻重的地位和超凡的智慧。比如，儒家号称"半部论语治天下"，强调"礼治""德治""人治"；墨家讲究"兼爱""尚同"，"兼爱"强调人人平等，"尚同"讲的是组织内要上下一心。我们可以看到，在中国的传统管理文化中，以人为本是诸子百家秉守的管理逻辑，是偏思想的一种管理文化，少有考虑到物质生产效率这一问题。

　　进入工业时代以后，中国逐渐被西方国家甩在身后。到了近现代，我们开始拼命地学习西方的管理思想。西方的管理思想起源于工业时代，是偏效率的管理文化，以泰勒的科学管理为代表，后来又有了彼得·德鲁克的现代管理学理论。到目前为止，中国有大量企业都曾经模仿，或者正在模仿西方大企业的管理模式。其中，一些大企业在学习的基础上，形成了自己独有的管理体系，比如华为、海尔等；还有大量企业只是单纯地模仿，在组织架构、人事政策、绩效考核、管理制度等方面，将别人的模式全盘照抄，结果发现在实际应用中，多少又有些水土不服。

　　商业活动的本质其实就是"交流"，主要解决的是信息、商品和资金流的问题。为了便于信息的交流，形成了市场、城市，以此来促进信息的整合与发布。为了便于资金的交流，人们发明了货币以及各类金融工具，以此来解决资金的结算和流通问题。为了促进商品的交流，人们发明并利用各种交通工具，来提升物流的运输效率。在以蒸汽机为代表的第一次工业革命，以及以发电机为代表的第二次工业革命中，西方国家在生产工具、交通工具的发明和制造上大放异彩，这极大地提高了商品生产和交流效率；以半导体电子信息技术为代表的电子信息革命，使得西方国家在信息交流方面再一次走在了时代的前沿；股票、保险、期权等现代金融工具，也大都起源于西方国家。以上三方面问题的解决，使得西方国家能够快速崛起，其经营管理理念逐步成为世界主流。

　　回顾以往，第一、二次工业革命极大地提高了商品生产和交流效率；电子信息技术，革命性地解决了信息高效交流的问题。以华尔街、纽约等为主的西方金融中心，在资本层面推动了现代企业的发展。在中国，互联网及电子商务应用的快速普及，使得信息、商品、资金的交流效率与交流质量得到了极大的提高。从这个角度来说，中国正在开始借道超车。然而，电子商务还远远不够，近年来我们听到了很多热门的科技词汇，诸如大数据、云计算、物联网、人工智能、区块链等，我们发现，这些技术的发展，将会使得人与人之间、人与物之间、物与物之间的联系变得更加紧密，更加高效。未来10年、20年、30年，是万物互联的时代，万物互联的出现，将进一步消除时间和空间对"交流"的影响，将出现新一轮的科技革命和产业变革浪潮，人类将迈入一个全新时代。

在新时代、新趋势、新经济的背景下，将会催生大量的新产业、新业态和新模式，商业竞争也将进入到一个全新时期，市场竞争将更为激烈，颠覆性也更为彻底。新时代下的企业经营管理逻辑，将会发生质的变化，传统的经营管理理论，亦将难以应对时代的新挑战。企业需要在新的理论框架指导下，除旧布新，锐意变革。企业决策者要有从外到内的大格局、从内到外的新视野、从宏观到微观的新决断、从微观到宏观的新思考。企业需要设计可预见的顶层架构，搭建与战略匹配的组织体系，制定能充分激活组织活力的机制，谋划生态共赢的模式，推出解决用户痛点的产品或服务，以此提升企业在新环境下的经营洞察和驾驭能力。

《经营罗盘(BC 经营管理模型)——中国特色管理体系新思维》一书出版，就是在新时代、新时期、新环境、新需求的背景下，为企业经营管理者提供新的视角思维、新的理论框架、新的经营指导工具。以此矫正企业经营中的"近视"问题，引导企业处理与外部环境的关系，提醒企业加强文化建设，制定守正出奇的方略方法，组建知行合一的组织，开发承载企业价值的产品，设计名利双收的机制，构建共享共赢的模式。

中国数千年的农耕文明，成就了诸子百家以人为本的非凡智慧。诸子百家的治世和管理思想，尤其是以人为本的文化内涵，已经成为中国人的独特基因。历史上的三次工业革命，催生了西方科学管理的理论体系，泰勒的科学管理理论，德鲁克的现代管理学理论，都建立在工业革命的基础之上，这样的理论具有明显的时代特征，他们的思想影响了数代管理实践者。我们在学习西方管理思想的时候，确实在生产效率等方面获得了很大的提升。但是我们也发现，西方的管理思想，太注重效率和结果，似乎少了一些"人情味"。随着时代的不断发展和进化，我们不得不承认，不管是中国传统的管理思想，还是西方的现代管理理念，都不可避免地暴露出了其固有缺陷。

"以铜为镜，可以正衣冠；以史为镜，可以知兴替；以人为镜，可以明得失。"《经营罗盘(BC 经营管理模型)——中国特色管理体系新思维》一书，是在以史为镜的基础之上，将中国国学智慧与西方管理科学的精髓融为一体，围绕"以人为本"的核心，提出了经营企业就是"经营人心"，管理企业就是"管理人性"，治理企业就是"平衡人情"的经营哲学，并通过"势、道、术、器、利"五个维度将其融会贯通，从而系统且完备地构建了企业经营活动的"五行"。五个维度在"不易、变易、简易"间彼此相生、相合、相制，既反映了企业经营的平衡性，又反映了企业成长的不平衡性，揭示了企业经营的动态平衡哲学，体现了至简至易的经营之道。

《经营罗盘(BC 经营管理模型)——中国特色管理体系新思维》旨在从企业经营活动中，探寻"变与不变"的经营法则。管理是门科学，经营是门艺术，科学可以复制，艺术则因人而异，如果拿捏程度有所不同，经营也就有所差异。在《经营罗盘(BC 经营管理模型)——中国特色管理体系新思维》的核心思想中，企业经营的是人心，管理的是事情，事是死的，人是活的，只有把员工的心经营好了，员工才会用心去做事，才能用心去经营客户的心。人性有善也有恶，有勤也有懒，亦受环境变化而变化。管理人性，就是通过激活组织的机制,并与组织成员约法三章,明确奖罚分明的规则与制度,以此激发人性积极的一面,约束人性消极的一面。平衡人情,就是以秉公之心来寻找良才,知人善任,充分授权,真诚对待,尽量让每个人扬长避短,发挥其最大潜能,正所谓人莫不有才,才莫不可用。只有做到无私心,才能让众人信服,才能"无为而为",达到"以无事取天下"的境界。

随着全球经济的快速发展,企业间的竞争越发激烈,过往的商业发展模式,正受到各种挑战,已有的模式与时代发展出现了错位,企业需要开始寻求新的经营管理模式。详细阐述了企业如何从组建到成长、从竞争到发展的经营逻辑,并从实践的角度就经营罗盘的应用,进行了细致地介绍,提供了具体的实施方法。经营罗盘,也称为BC(business compass)经营模型,即经营与管理顶层架构设计指导模型,由119个经营模块构成,每个模块都通过翔实生动的案例进行了一一讲解,力求深入浅出、通俗易懂,为读者带来轻松且富有启发的阅读体验。

在经营罗盘的研究过程中,始终在吸收前人研究成果和实践总结的基础上推陈出新,满足时代发展需要,力求做到中西方理论融会贯通、整体风格浅易平实、意蕴深入浅出、引人思考。全书在创作过程中,始终坚持把难以工具化的中国管理哲学智慧,通过浅显易懂的方式与现代管理科学精髓融为一体,使得"圆治"与"方治"相合交融、相辅相成、刚柔并济,并潜移默化地融入企业经营管理的方方面面,使本书成为经管类大学生的必研之书、创业者的必读之书、企业管理者的必备之书。同时,也使本书成为一个有关经营与管理现状的诊断工具(BC测评法)。

在本书的创作过程中,得到了各界人士的支持和帮助,也参阅了大量相关著作及文献,在此向他们表示由衷的感谢。由于写作时间及知识水平有限,书中难免有疏漏之处,敬请广大专家和读者朋友们不吝赐教。

王汝平
2020.1.20

目　录

第一篇　立本——以人为本　无为而治

第一章　经营罗盘之理论基础——以人为本 ················· 3
 第一节　经营人心——上下同欲者胜，同舟共济者赢 ················· 3
 第二节　管理人性——不以规矩，不成方圆 ················· 5
 第三节　平衡人情——持秉公之心，行知人善任 ················· 7

第二章　经营罗盘之指导思想——守正出奇 ················· 10
 第一节　经营罗盘五维之相生 ················· 11
  一、势——基于企业经营的外部环境，暗合五行之"木" ················· 12
  二、道——基于企业一切经营活动的指导思想，暗合五行之"火" ················· 12
  三、术——基于企业的战略、战术，暗合五行之"土" ················· 13
  四、器——基于企业的产品和技术，暗合五行之"金" ················· 14
  五、利——基于企业的所有利益相关者，暗合五行之"水" ················· 14
 第二节　经营罗盘五维之相合 ················· 15
 第三节　经营罗盘五维之相制 ················· 16
  一、水克火之利制道 ················· 17
  二、火克金之道制器 ················· 17
  三、金克木之器制势 ················· 18
  四、木克土之势制术 ················· 18
  五、土克水之术制利 ················· 18

第二篇　顺势——审时度势　择机而动

第三章　天势——政治环境 ················· 24
 第一节　国际环境 ················· 25
  模块一：法律法规 ················· 26
  模块二：营商环境 ················· 27
  模块三：人文经济 ················· 28
 第二节　国内环境 ················· 34
  模块四：经济政策 ················· 35

模块五：国内法规 ·· 36
　　　模块六：营商环境 ·· 37
　　　模块七：人力资源 ·· 39
　第三节　地区环境 ·· 40
　　　模块八：产业政策 ·· 40
　　　模块九：法规法治 ·· 42
　　　模块十：营商环境 ·· 43
　　　模块十一：人力资源 ··· 44

第四章　地势——产业链环境 ·· 46
　第一节　产业形势 ·· 46
　　　模块十二：产业趋势 ··· 47
　　　模块十三：产业链态势 ·· 48
　　　模块十四：产业环境 ··· 49
　第二节　行业形势 ·· 50
　　　模块十五：行业趋势 ··· 51
　　　模块十六：行业态势 ··· 54
　　　模块十七：业内竞争 ··· 55
　第三节　行业地区态势 ·· 58
　　　模块十八：区域态势 ··· 58
　　　模块十九：国内态势 ··· 60
　　　模块二十：国际态势 ··· 61

第五章　人势——市场环境 ·· 63
　第一节　消费差异 ·· 63
　　　模块二十一：经济形势 ·· 64
　　　模块二十二：文化教育 ·· 65
　　　模块二十三：产品结构 ·· 66
　第二节　客户需求 ·· 67
　　　模块二十四：用户习惯 ·· 68
　　　模块二十五：现有需求 ·· 70
　　　模块二十六：潜在需求 ·· 71
　第三节　客户结构 ·· 72
　　　模块二十七：客户性别 ·· 73
　　　模块二十八：客户年龄 ·· 74
　　　模块二十九：客户职业 ·· 76

【本篇结语】 ··· 78

第三篇　重道——明心见性　建章立制

第六章　企业使命 · 86
第一节　世界观 · 87
- 模块三十：企业的任务 · 87
- 模块三十一：企业的作用 · 88

第二节　人生观 · 90
- 模块三十二：企业的理想 · 91
- 模块三十三：秉持的态度 · 92
- 模块三十四：企业的意义 · 95

第七章　企业愿景 · 97
第一节　确定愿景 · 97
- 模块三十五：现在在哪里 · 98
- 模块三十六：将要去哪里 · 99
- 模块三十七：应该如何去 · 101

第二节　愿景核心 · 102
- 模块三十八：意象目标 · 102
- 模块三十九：经营目标 · 104

第八章　企业价值观 · 106
第一节　经营形象 · 107
- 模块四十：经营理念的确立 · 108
- 模块四十一：经营理念的识别 · 111
- 模块四十二：经营理念的制度保障 · 114
- 模块四十三：经营理念的实施环境 · 116

第二节　经营方针 · 122
- 模块四十四：发展方向 · 122
- 模块四十五：基本路径 · 123

第三节　经营规则 · 127
- 模块四十六：议事规则 · 127
- 模块四十七：行为准则 · 130
- 模块四十八：制度规定 · 132

【本篇结语】· 136
【案例品鉴一】阿里巴巴之"道" · 137
【案例品鉴二】京瓷之"道"——《京瓷哲学手册》节选 · 140

附：知名企业的核心价值观·····················146

第四篇　练术——谋篇布局　守正出奇

第九章　战略——判断力·····················152
　第一节　战略目标·····························153
　　模块四十九：市场目标·······················153
　　模块五十：产值目标·························155
　第二节　竞争策略·····························158
　　模块五十一：竞争路径·······················158
　　模块五十二：竞争对手·······················160
　第三节　商业模型·····························162
　　模块五十三：产业生态链·····················163
　　模块五十四：行业合作链·····················165

第十章　战术——制胜力·····················167
　第一节　商业模式·····························167
　　模块五十五：业务模式·······················168
　　模块五十六：渠道模式·······················169
　　模块五十七：组织模式·······················172
　第二节　商务管理·····························178
　　模块五十八：供应端管理·····················179
　　模块五十九：销售端管理·····················183
　　模块六十：服务端管理·······················186
　第三节　营销企划·····························190
　　模块六十一：市场定位·······················191
　　模块六十二：价值营销·······················200
　　模块六十三：营销策略·······················202
　　模块六十四：资源配置·······················206

第十一章　组织——执行力···················211
　第一节　定人·································212
　　模块六十五：组织架构·······················212
　　模块六十六：人员编制·······················215
　　模块六十七：找人才·························219
　第四节　定岗·································223
　　模块六十八：岗位确定·······················223

模块六十九：胜任条件 226
　　模块七十：用人 229
第三节　定薪 233
　　模块七十一：薪岗匹配 233
　　模块七十二：激励潜能 237
　　模块七十三：考核考评 240
【本篇结语】 244
　【案例品鉴】腾讯之"术" 245

第五篇　砺器——欲善其事　厉兵秣马

第十二章　技术——企业生存之基石 256
第一节　技术态势 256
　　模块七十四：技术态势 256
　　模块七十五：技术积累 258
第二节　技术竞争力 262
　　模块七十六：技术创新性 262
　　模块七十七：投入与产出 266
　　模块七十八：开发周期 269
第三节　开发与商用周期 269
　　模块七十九：商用周期 271

第十三章　产品——企业之价值载体 273
第一节　差异化 274
　　模块八十：聚焦特性化 275
　　模块八十一：满足个性化 278
　　模块八十二：体现价值化 280
第二节　投产管理 284
　　模块八十三：生产方式 284
　　模块八十四：生产计划 286
第三节　品控管理 290
　　模块八十五：原材料采购 291
　　模块八十六：品质管理 294
　　模块八十七：流程控制 298

第十四章　服务——企业建设之软实力 302
第一节　服务员工 303

模块八十八：服务员工的文化 304
　　模块八十九：团建活动 306
　　模块九十九：企业文化的宣导 308
　　模块九十一：员工成长 310
　第二节　服务客户 312
　　模块九十二：服务价值 313
　　模块九十三：服务政策 314
　　模块九十四：客情关系 316
　　模块九十五：客户维系 319
　第三节　服务合作伙伴 321
　　模块九十六：服务价值 323
　　模块九十七：服务政策 324
　　模块九十八：维系优化 327
【本篇结语】 329
　【案例品鉴一】华为之硬"器" 330
　【案例品鉴二】视源股份之软"器" 333

第六篇　谋利——熙熙攘攘 皆为利往

第十五章　内利——给予企业合力 338
　第一节　员工 338
　　模块九十九：薪资 339
　　模块一百：奖励 342
　　模块一百〇一：晋升 345
　　模块一百〇二：成就 347
　第二节　股东 349
　　模块一百〇三：所有权 350
　　模块一百〇四：投票权 352
　　模块一百〇五：分红权 355
　　模块一百〇六：股东成就 356

第十六章　外利——给予企业助力 359
　第一节　供应商 359
　　模块一百〇七：合作政策 360
　　模块一百〇八：激励措施 361
　第二节　销售商及其他合作伙伴 363

　　　　模块一百〇九：合作政策 ·· 364
　　　　模块一百一十：激励 ·· 366
第十七章　社会——给予企业影响力 ·· 369
　　第一节　社　　会 ··· 369
　　　　模块一百一十一：税收与就业 ··· 369
　　　　模块一百一十二：社会捐赠 ·· 371
　　　　模式一百一十三：企业家精神 ··· 374
　　第二节　产　　业 ··· 376
　　　　模块一百一十四：产业组织 ·· 377
　　　　模块一百一十五：分享 ·· 380
　　　　模块一百一十六：产值 ·· 382
　　第三节　行　　业 ··· 383
　　　　模块一百一十七：行业组织 ·· 384
　　　　模块一百一十八：发展带动 ·· 385
　　　　模块一百一十九：产值 ·· 387
【本篇结语】 ·· 389
　　【案例品鉴】沃尔玛之"利" ·· 390

第七篇　修为——学以致用　运筹帷幄

第十八章　实践之目的 ··· 397
　　一、顺势 ·· 397
　　二、重道 ·· 397
　　三、练术 ·· 398
　　四、砺器 ·· 398
　　五、谋利 ·· 398
第十九章　实践之经营与管理现状诊断工具（BC 测评法） ·············· 400
　　一、势篇 ·· 401
　　二、道篇 ·· 407
　　三、术篇 ·· 410
　　四、器篇 ·· 414
　　五、利篇 ·· 418
第二十章　经营罗盘之未来 ·· 423
参考文献 ·· 425

xiii

第一篇 立本

——以人为本 无为而治

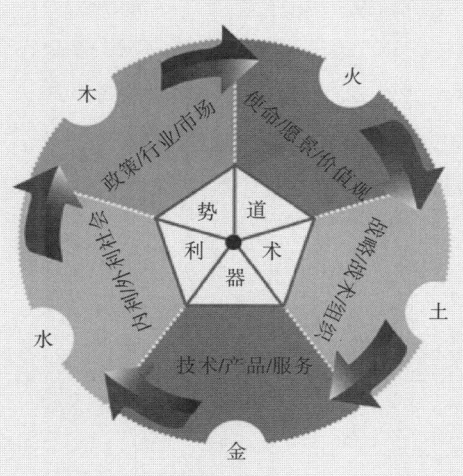

刚柔者，立本者也；变通者，趣时者也。

——《易·系辞下》

【本篇开卷】

早在 2600 多年前，我国春秋初期著名政治家管仲就提出了"以人为本"的思想，他在担任齐国宰相时的治国理念之一就是："夫霸王之所始也，以人为本。本理则国固，本乱则国危。"被誉为"现代管理学之父"的彼得·德鲁克，也非常注重人在管理过程中的作用，重视人自身价值的实现，因而"以人为本"这条主线始终贯穿于德鲁克的管理思想当中。企业以人为本，即以人的"心、性、情"为出发点，开展各项生产经营活动。人心是可以暖的，人性却难以感化，人情更是难以驾驭。因为心始即存善，成长于恶伴。对企业而言，经营企业就是经营人心，管理企业就是管理人性，治理企业就是平衡人情。

企业经营只有以人为本，方得人道、地道、天道，乃得道多助，故而企业要敬天更要爱人；天大、地大、人亦大，乃大象无形，故企业要厚德更要载物。管理者以企业的价值观为导向，建立和健全内部的各项机制，运用抑恶扬善的经营手段，从而保证企业不偏离正确的发展轨道，此乃管理人性。对于企业经营者来说，拥有一个秉公之心，包容之心，则可达到一种"无为而治"的状态，此乃平衡人情。

经营人心属于柔性，管理人性则属于刚性，平衡人情则是让企业经营者达到刚柔相济。经营罗盘这一强有力的工具，紧紧围绕"以人为本"的核心思想，以人心、人性、人情之种种，结合现代管理科学理论，从企业经营管理中涉及的"势、道、术、器、利"五个维度着手，将它们之间相生、相合、相制的关系剖析得淋漓尽致。"君子生非异也，善假于物也。"经营罗盘荟萃中西方管理精髓，将中国管理哲学与西方管理科学加以有机融合，以创新的研究视野和具体的理论方法，为企业的经营与成长提供新思路、新方法和新理论，成为破解经营管理工作中难题的有效工具。

开卷有益——从这里开始让我们认识经营罗盘。

第一章　经营罗盘之理论基础——以人为本

古人云："先天下之忧而忧，后天下之乐而乐。"一位优秀的企业经营者首先忧虑的应该是团队、客户、市场之大事。而当团队齐心协力，客户体验满意，市场需求满足之时，企业经营者也就实现了真正的生命价值和人生快乐。

企业经营的目的就是为团队创利益，为客户创价值，为股东创收益，为社会做贡献。从这个角度来看，企业的经营活动，就是与人建立关系，如何与人打交道，即处理好与团队、客户、股东及相关者的情感和利益关系，从而构建一个以人为本的经营活动体系。

从政治经济学的角度来看，企业竞争力和实力就是企业生产力的体现，而制约生产力发展的是生产关系，生产关系则是生产过程中结成的人与人的关系，只有处理好了人与人之间的关系，才能理顺生产关系，进而促进生产力的发展，反之生产力发展就会受到阻碍。

经营人心——若企业的价值观和行为是以帮助团队、客户、合作者解决问题为导向，以满足市场需求为中心，就能获得源源不断的内生和外延的人心力量，企业便会拥有强大的号召力和感染力。

管理人性——如果企业的制度设计，能以人性使然为出发点，那么管理就能人尽其才、物尽其用、效用最大化，企业效率就能得到大幅度提高。

平衡人情——如果企业的管理，能以秉公之心平衡各方利益，那么就能促进团队达到高效协作，业务实现深度协同的状态。

处理好以上这些问题，管理者就达到了经营艺术与管理科学的完美融合。

第一节　经营人心——上下同欲者胜，同舟共济者赢

企业的兴衰，在于人心向背。《孙子兵法》说："攻心为上，攻城为下；心胜为上，兵胜为下。"经营企业实际上就是经营与之有关联的人心。团队的心经营好，则员工自然会用心去经营客户的心；客户的心经营好，则自然就会得到市场；合作伙伴的心经营好，就自然会"众人拾柴火焰高"；社会责任经营好，就会得到更好的发展环境和成长空间。

现实中，企业所面临的环境是复杂多变的，接触到的人也是各不相同的，唯有诚恳待人，顺应人性，以君子之心度他人之腹，以温和且实用的态度，与团队、合作伙伴、客户、市场进行有效沟通，真心为他们着想，灵活处理各种问题，方能达成企业经营目标。明白这个道理并付诸实践，做到知行合一，企业就能凝聚人心，经营能力也会越来越强，企业也就越做越大。

常言道："得民心者得天下"。那么如何才能得人心呢？其实这关键就在于"正、大、

明、公"，理顺企业与周围所有人的关系。

"正"——指对是非问题的判断，做到"正"便没有偏见。

"大"——指格局，做到"大"便没有狭隘。

"明"——指眼界，做到"明"便没有局限。

"公"——指胸怀，做到"公"便没有私欲。

如果做到上述这四点，便可达到"舍己利他"的境地。利团队，团队就信服；利客户，客户就信服；利社会，社会就信服。

信服源于一颗"真诚服务"的心，杰出优秀的企业无不以服务于团队、服务于客户、服务于人类为目标。为团队服务，就会得到团队的认可，为客户服务，就会得到客户的青睐，为市场服务，就会得到市场的响应，这是永恒的经营之"道"。只有不断服务于团队、服务于客户、满足于市场需求、回馈于社会的经营理念，以及随外部环境不断变化而提供创新服务价值的企业，才可能实现基业长青。

道理很浅显，但现实中能做到的又有多少呢？从某种意义上讲，利他的程度有多大，承载的财富量也就有多大，这不仅是一种超凡的能力，更是一种参透人生的商业哲学。公正就会无私，无私就会明大，明大就会通透，通透就会圆润，懂得圆润便会无为而无不为。

那么如何才能有利他之能呢？

第一，要心存善念则天必佑之。放下私心，没私心便会处事公正，做事就会全心全意，诸事也就会顺风顺水。《道德经》第五章中讲到"天地不仁，以万物为刍狗。"讲的就是天地不存私心，不持偏见，对待万事万物都能做到公正。天大地大皆因不存私欲，不怀私心就会不同于常人之心，便会道法自然，得天得地得人和。

第二，有敬畏之心则行且久远。"畏则不敢肆而德以成，无畏则从其所欲而及于祸。"敬畏是人生大智慧，不仅是一种人生态度，也是一种行为准则。没有敬畏之心，言行就会不受约束，信口开河，肆意妄为，得意忘形，最终招来灾祸。有了敬畏之心才会本诸自然。天地有规律，四季有定律，万物有法则，要敬畏自然、敬畏规律、敬畏实践、敬畏法规、敬畏文化、敬畏道德、敬畏圣言、敬畏长者、敬畏市场，律己、慎言、慎行。敬畏不是让人做事畏首畏尾，而是为人提供最基本的为人处世底线。

第三，怀感恩之心则天地宽容。"问渠哪得清如许，为有源头活水来。"获得的一切，都依赖于他人的付出。感恩，是一种境界，是一种幸福，也是一种新的起点。不懂感恩就会负义，就会遭人唾骂，这种人就像无源之水，无本之木。感恩是人生意义的根源，也是"得到"的源头。懂得感恩的人就懂得付出，懂得付出就会尊重他人，尊重他人就能对所拥有的一切心存感激，感受到人生的快乐，体验到人生的价值，寻找到情感的归属。

美国著名人本主义心理学家马斯洛的基本需求理论把人的需求按顺序分成五大类：

(1) 生理需求(食物、睡眠、性生活等)；

(2) 安全需求(生命、财产安全有保证)；

(3) 爱和归属感(给予爱和接受爱)；

(4)尊重的需求（自尊和来自他人的尊重）；

(5)自我实现的需求（促使潜在能力得以实现的趋势）。

高级需求以低级需求为基础，当某种基本需求得到满足，他会走向更高的层次，会因更高级的需求产生动力。从企业经营角度来看，员工对工资收入需求是最基础的，客户对产品功能需求是最基本的，合作者对获利需求也是合理的，这说明，满足团队、客户、合作者的基础需求，是企业开展经营活动的基本责任和义务，也是企业领导者"利他"的基本体现。

华为公司创始人任正非有一句名言："钱给多了，不是人才也变成人才了。"高薪制度一直是华为的传统，华为之所以这样做，是因为任正非相信，企业竞争就是企业创造力的竞争，企业创造力来自企业的人才。员工对工作满意了，就会用心做好产品，产品做好了，客户也就满意了，客户满意了，企业的竞争力也就形成了。

《华为基本法》中有这样一句话："华为公司保证在经济景气时期和事业发展良好的阶段，员工的人均收入高于区域行业相应的最高水平。"足以可见，在管理和获得人才方面，华为对"利他"的理解是非常深刻的，因为华为深深地明白，满足员工在收入方面的基本需求，就是激发团队活力的重要因素，也是赢得人心最基本的办法。

第二节　管理人性——不以规矩，不成方圆

什么是人性？对于这个问题我国传统文化中有不同的理论。儒家思想代表人物孟子就主张"性善论"。他认为"人之初，性本善""恻隐之心，人皆有之；羞恶之心，人皆有之；恭敬之心，人皆有之；是非之心，人皆有之。"而法家思想家荀子提出了"性恶论"的看法。他指出"人之性恶，其善伪也。""若夫目好色，耳好声，口好味，心好利，骨体肤理好愉逸，是皆生于人之情性者也。"但是总体来说，人性是矛盾的，有勇敢、勤劳、善良的一面，也有贪婪、懒惰、自私的一面。

既然人性具有善与恶的两面性，那么管理人性就需要抑恶扬善，针对不同的人性特点应用不用的管理方法。有句名言："做人要圆，做事要方，取象于钱，外圆内方。"意思是说一个人为人处世要像铜钱一样，"边缘"要圆活，要采用合适的方式，灵活处理问题，但"内心"要坚守，要有原则和目标。"圆"代表的是圆融变通、灵活应变，意思是说待人处事要留有余地，是处世之道。"方"代表的是方方正正，有棱有角，意思是说做人做事要有底线，不可逾越，是做人之本。

每个人都有处世的价值观，企业同样也有价值观。企业的价值观不是口号，更不是贴在墙上的标语，它应该是所有成员共同接受的观念，应该表达企业存在的意义，这就是企业的"方"。企业价值观决定企业及员工的价值取向，行为逻辑，它也是企业经营活动中

的指导思想，是企业成员共同遵守的行为准则，也是企业在经营过程中所推崇的基本信条和奉行的目标。企业在经营过程中，可以灵活地处理各方关系，但是一定要坚守企业的价值观，这是企业"外圆内方"的体现。

在市场竞争愈加激烈和更为多元化的今天，寻求一种恩威并施的管理模式，是众多企业管理者所追求的。"经营人心"说的是为人处世的"圆"，是与周围的环境建立一种和谐的状态，是一种超越自我的经营智慧，就像儒家提倡的"礼治""德治""人治"。"管理人性"则是一种纵横不出方圆，万变不离其宗的"方"，"方"是企业价值观的具体体现，也是企业的规则体系，就像法家倡导的"圣王者，不贵义而贵法"思想。

用"方圆"之道来经营管理企业，就会从单一的人治方式或法治方式，变为"圆治"与"方治"相辅相成的模式，彼此相互融合，互为补充，刚柔相济。

企业的"方"需要遵循商业之本，要围绕企业的核心价值观。一般情况下企业的价值导向就是不断为客户创造价值，不断以创新来满足市场需求，不断为员工创造成长环境，不断为股东创收，不断回馈社会并促进社会发展。要想实现企业的价值，企业规则的设计、制定就需要与企业文化匹配，与其经营业务相契合，更要与企业核心价值观相一致，只有在这些维度上达到了匹配，企业的规则才是最适合企业自身的。只有适合自身的规则才是最好的制度，才能使企业在成长的道路中，不迷失、不偏离、不受惑，坚定目标勇往直前。

但在现实中，有些企业在制定规则时，却忽略了与其价值观的匹配性，往往只是简单借鉴引入一套机制，学习套用一些管理方法，引用一些管理制度，出发点更多的是管控员工，约束合作对象。殊不知这种想法不仅不科学，结果也适得其反，这只能学到他人的"形"，却无法将企业的"神"融入他人的"形"之中。最终，规则制度与企业文化理念成了两张皮，价值观形同虚设，不但企业的"方"没了，团队也越来越离心离德了。事实也证明，直接套用的机制，借鉴的方法，引用的制度，对企业自身并不适用，也起不到"保驾护航"的作用，最终只能落得个邯郸学步的结果。

企业设定规则是为了防止企业偏离价值观，目的在于更好的"守正出奇"。企业制定规则的目的是为保障组织健康可持续发展。企业规则是用来激活组织活力，使其具有持续创造力，不断为客户创造价值，而不是用来控制员工和节约成本的工具。

什么是最好的企业规则呢？适合自身的规则才是最实用的，也是最好的。好的企业规则，一能激发员工斗志，二能积极调动业务者的参与性，三能持续赢得客户的信任和认可。这会使得企业获得生生不息的创造力，源源不断的供应链竞争力，持续不断的市场购买力。现今，许多企业在实施 KPI(key performance indicator，关键绩效指标)考核时，往往是为了考核而考核，员工被"控制"了，也被"考核"了，成本虽然减少了，但员工的创造性和创新性也降低了，组织活力也没有了。绩效考核的出发点很重要，不应该为了考核而考核，而应该以激发团队主观能动性为目的。

企业规则的建立就是要有明简的秩序，也就是企业机制的建立。什么是机制呢？机制就是责、权、利三者的统一，良好的机制必须要明确责任范围、授权范围、分利范围和进退规则。好的机制能把有共同价值诉求的团队成员聚集在一起，使其认同为企业奋斗就是为自己奋斗。

那么如何制定有效的机制呢？

首先，要明确分工，责、权、利清晰，也就是定编、定岗、定责、定权、定利。要做到人岗匹配、岗薪匹配，部门职能要清楚，岗位职责要明了，权限范围要分明。

其次，要制定以目标结果为导向，以进度过程为管理，以奖罚分明为措施的考核方式。用一套好的机制，把团队的心与客户和市场连接，客户就是上帝，市场就是衣食父母。

因此，没有一套好的机制，团队就没有工作动力，没动力就不会关心企业的事，也不会为企业的事操心。只有企业的事和团队的事挂钩了，团队才会真正关心企业的事，把企业的事当自己的事来做，这样才能激发员工的奋斗精神和团队的凝聚力。没有好的机制，高层就会很忙，员工就会很闲。只有激活了员工的心，肯定员工的优点，满足员工的需求，才能释放每个人的潜能和积极主动性，也就超越了机制。管理人性其实就是通过制定一套规则，对有悖于企业价值观的行为进行约束，同时它也是激发企业成员创造力的机制。

第三节　平衡人情——持秉公之心，行知人善任

企业的管理力求"简易"原则，追求一种"无为"状态。老子为什么说"治大国若烹小鲜"，那是因为国家的各类法规政令相对于广大百姓而言，就是规则。如果这些规则动辄发生变化，并且朝令夕改，百姓生活必然会动荡不安。因此每一道新的法规都要慢慢去改变和适应，制定的法规越多，更改越频繁，就越容易生乱。就好像煎小鱼的时候，不停地翻来翻去，一来二去小鱼就被翻烂了。

万事万物皆有基本原理和运行规律，看似庞杂无章实则大道至简。不论企业内部之间，还是内部与外部间，都是一种平衡循环的关系。对于企业成员来说找准各自位置，自我平衡非常重要，否则高层天天有为，员工却天天乱为。

企业决策层的职责重在建威望，树威信，定方向，夯基础。有威望是因为诸事看得透、看得远、看得清；有威信是因为善于听取不同意见，精于有效决策，秉公处事，知人善任，不存私心；定方向就是为企业制定发展战略，制定企业目标；夯基础就是重抓文化，建章立制，搭班子带团队。

人是有思想的，有情感的，有需求的，有尊严的。每个人都想得到别人的尊重、理解、支持和关爱；每个人也想要有好的生活，想要有施展自己才能的舞台，想要有财富，有荣誉，有地位。同时，每个人也有优点也有不足，特长也不尽相同。对于企业成员来说，有擅长销售的，有精于营销的，有钻研技术的，有善于人力资源的，有帅才，有将才，也有专才。因此就要清醒地认识到每个人的不同之处，做到知人识人，并把合适的人放在合适的位置上。屈原在《卜居》中写道："尺有所短，寸有所长；物有所不足，智有所不明。"这就是说尺虽然比寸长，但和更长的东西相比，尺就显得短，寸虽比尺短，但和更短的东

西相比，寸就显得长。事物总有它的不足之处，智者也总有不明智的地方。人各有长处和短处，每个人有每个人的价值，既然人无完人，就不应求全责备。

唐宋八大家之一的韩愈曾说过："闻道有先后，术业有专攻"，意思是说听到的道理有先后，技能学术各有研究方向，要善于发现人的长处，并且要扬长避短。所谓十全十美的人，实际上是不存在的，即使有，差别也只是在于毫厘，现实中往往是越有才干的人，其缺点也越发明显。人的本性各不相同，每个人的本事也会各有差异。有的人看起来睿智，有的则愚钝；有人处事稳健，有人则急躁；有人性格刚毅，有人则懦弱；有人心理素质强大，有人则软弱。这就是"道"所存在的辩证形式，也就是客观规律，有阴则有阳，阴阳生万物，万物生万事，万事生万象。当明白这个理了，也就能客观待人接物了。平衡人情，就是要在上述认知的基础上，充分发挥个体优势，避免其劣势。

老子说"贵以贱为本，高以下为基"，就是说人越在高处时越要低调行事。对企业领导者来说，要有海纳百川的胸襟和气度，尊重每一位员工的人格，发现他们的价值，器重他们的能力，认真听取他们的建言献策。企业的构成就像人体一样，有头部、有腰部、有四肢，彼此没有等级之分，只有要害之别、分工之别、责任之别。企业领导者不仅要有抬头远眺的能力，还要有弯腰看路的本事，善于听取不同意见，把功劳荣誉给部下，而不是处处抢风头，抬高自己，狂妄自大。企业发展越大越要明白"水能载舟，亦能覆舟"的道理，客户、合作者、团队、股东是企业前行的基础，如水一般，水既能让船安稳航行，也能将船推翻沉没。

哪种人是企业的人才？处处去挖空心思迎合企业经营者想法的人称之为奴才，而能时时解决企业遇到的困难和问题的人方可谓之人才。平衡人情，就是要将合适的人放在合适的位置，领导层要"会用人"，管理层要"会理事"，基层要"会做事"。企业的人才，通常都是从业务中一步步培养出来的，经过了锻炼和考验。他们知己又知彼，不但了解自身，对市场情况也了如指掌，非常清楚企业内部的战略构想和战术细则，既能守正又能出奇，具有高超的实战能力。

(1) 基层管理工作，不仅有利于员工熟悉业务，了解客户需求，还能磨炼意志，增进团队感情。

(2) 中高层管理工作，不仅有利于组织能力的培养，提升带队伍的能力，锻炼指挥作战的能力，还能拓展思路，积累经验，拓宽看问题的角度。

(3) 核心管理层工作，不仅有利于增强系统全局观，促进发展经营意识，提升格局，拓宽视野，还能提高处理复杂问题的能力，驾驭复杂局面的本领。

因此，平衡人情就需要通过员工的工作表现，将其放在最合适的位置，发挥其特长与能力，避免出现人岗不匹配的情况。

罗斯福说，一位最佳领导者，必然是一位知人善任者，他总是能够根据自己下属的能力，给下属分配合适的工作，并支持他们放手去做。可见，懂得给员工提供展示自我的机会，才是真正英明的经营者。对有能力的人才委以重任，不仅有助于发挥其才能，更有助于企业的发展。实际上，世上既没有完美无缺的人才，也没有一无是处的庸才，善于发掘别人的长处和优点才是"善任"。

马云曾说，员工的离职原因林林总总，其实只有两点最真实，一个是钱没给到位，一个是心里受委屈了。心里受委屈大部分是因为干的不开心，不开心多半是价值观不同，没有在适合的岗位上发挥所长。很多时候，企业管理者在衡量一个人的价值时，首先想到的是他做过什么贡献，而不是他做不了什么，时常考虑的是他应该可以做很多，而不是他擅长什么，做什么能让他得心应手。一个人往往只是在某一个方面较为突出，而在其他方面就不一定会出色了，真正的全才少之又少，即便有也堪称凤毛麟角。

企业经营者只有知人善任，才会有领导力，具备了领导力，才能吸纳人才，才能建立起企业软实力。在此基础上，企业成员才更容易有共同的价值观，团队才会拧成一股绳，心才会往一处想，劲往一处使。思想统一了，目标统一了，行动自然也就统一了，成功也就顺理成章了。诚如《红楼梦》里的一副对联所言："世事洞明皆学问，人情练达即文章。"

第二章 经营罗盘之指导思想——守正出奇

经营罗盘，简称 BC（business compass）模型，是全新视角下的系统经营思维，是企业经营诊断和顶层设计的指导工具，帮助企业梳理、建立与之匹配的经营模型。经营罗盘紧紧围绕"以人为本"的核心思想，针对人心、人性和人情的不同层面，结合现代管理科学理论，从企业经营的"势、道、术、器、利"五个维度着手，将企业经营管理的方方面面划分为 119 个模块，并在每一个模块中，将中国管理哲学与西方管理科学有机融合，以创新的研究视野，总结和归纳出具有实践指导意义的理论方法，为企业的经营与成长提供新思路、新方法和新理论，旨在成为经营管理中新的理论依据和实践指导工具。

经营罗盘（BC 模型）示意图

经营人心、管理人性、平衡人情，是企业的经营理念与经营哲学。企业的运营与管理，既需要理念先行，也需要实践至上。不能用之于实践的理念，不论其多么先进，都只是虚有其表，华而不实罢了。理念与实践运用之间，往往需要一个上连理论、下接实践，且行之有效的工具，经营罗盘便是这样的一个高效工具。

经营罗盘中的"五维"，来自经营管理理论的研究基础和大量实践的经验总结，它暗合了中国古代的"五行"哲学体系。"五行"即"木、火、土、金、水"，是道教哲学的一种系统观，它既是构成万物的基本元素，也是对世界时空结构的高度提炼。

"五行"旨在描述事物的本源与形成，以及相互之间的相生、相克关系。而经营罗盘中的"五维"——"势、道、术、器、利"，是企业经营的系统观，它既是企业经营活动的五要素，也可以从时间与空间的层面来描述企业的产生与运行。"五维"意在描述、解决企业经营中的"点"问题，并通过梳理各个维度之间的相生、相合、相制关系，来解决企业在竞争与协作中的"线"和"面"的问题。

五行中的相生，是指两类属性不同的事物之间，存在衍生和促进的关系。木生火、火生土、土生金、金生水、水生木。五行中的相克，是指两类不同属性事物之间，存在抑制和克制的关系，如木克土、土克水、水克火、火克金、金克木。

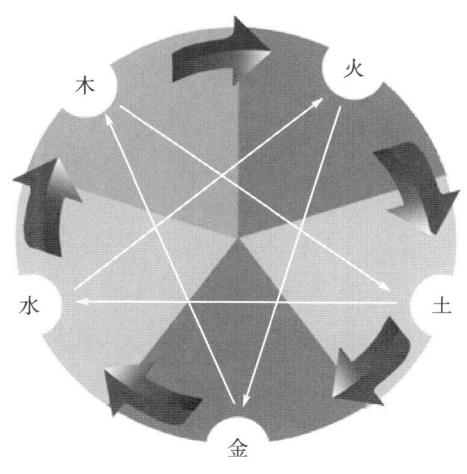

五行关系图

经营罗盘中的五个维度，也存在紧密的相互关系，它们相生、相合、相制。什么意思呢？即五个维度，在时间与空间上的互相促进、相互配合、彼此制约。

五维之相生：势生道、道生术、术生器、器生利、利生势。

五维之相合：势合于道、势合于器、道合于器、道合于利、利合于势。

五维之相制：势制利、势制器、道制术、道制器、器制术等。

第一节　经营罗盘五维之相生

经营罗盘中所指的五维：

"势"——指审时度势、择机而动；

"道"——指明心见性、建章立制；

"术"——指谋篇布局、守正出奇；

"器"——指欲善其事、厉兵秣马；

"利"——指熙熙攘攘、皆为利往。

如同五行中"木、火、土、金、水"的相生关系一样，经营罗盘中的"势、道、术、器、利"五个维度，也彼此相辅相成、相互促进。

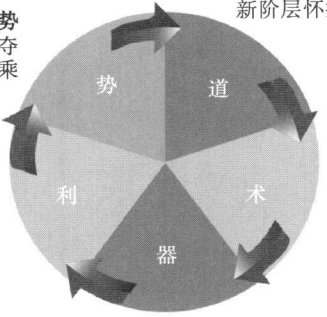

经营罗盘(BC 模型)五维相生示意图

一、势——基于企业经营的外部环境，暗合五行之"木"

企业之"势"，包含了天势(政策法规)、地势(行业及产业)和人势(市场需求)。企业驭"势"能力的强弱，往往决定了企业的发展是基业长青还是昙花一现。

首先，法律法规、人文、政策等外部环境，深深地影响着企业的经营发展，了解政策法规不仅能够帮助企业规避风险，也能使企业从中觅得发展机遇。

其次，分析好了行业、相关领域的现状及发展趋势，往往能抓住机遇、顺势而为、乘势而上，从而达到事半功倍的效果，也就是所谓的"风口上的猪都能飞起来"。

最后，掌握市场变化趋势，分析消费者需求变化，往往能带来发展契机。对势的把握，通常由企业核心经营层主导，从全局出发，全方位进行信息收集、汇总、分析，以此研究判断是否可以顺势而为。

在五行中，"木"有生长发育之性，代表着万物复苏的春天。经营罗盘中的"势"，也是企业生存、发展的"春天"。企业只有把握住了发展的春天，并及时选种、播种并加以悉心照料，才能在夏天成长、秋天收获、冬天收藏。

如同五行之"木"生"火"，五维中"势"生"道"。木生火，是因为木性温暖，火可隐伏其中，用力钻灼，木便生了火。势生道，是因为企业对外部环境的梳理，可以清晰地看到企业所处的成长环境，精准地将企业进行定位设计，从而形成企业之"道"——即企业的长期发展方向和所要恪守的价值观，如此，"势"便生了"道"。

二、道——基于企业一切经营活动的指导思想，暗合五行之"火"

企业之"道"，包含了企业的使命、愿景、价值观等，它是企业发展的方向，就如同企业前进路程中的灯塔。

首先，企业的使命，是其终身追求的事业，是企业的"世界观""人生观"，既是经营企业的理念指导，也是发展企业的方向指导。

其次，企业的愿景，是企业想要达到的长期奋斗目标，愿景目标的确定，就是对企业未来发展的梳理与规划，其意象目标与经营目标的达成，便标志着企业经营的阶段性成功。

最后，价值观是企业生存与发展的信念信条，是企业人员活动的价值取向，它指导、规范着企业人员的行为。"道"在于明法，明法就是要明确企业的使命、愿景，确立企业的价值观，制定企业成员的行为准则。

在五行中，"火"对应着夏天，草木繁盛，象征着企业结出硕果的基础已经形成。《道德经》有云，"道生一，一生二，二生三，三生万物"。企业之"道"，就是企业一切活动的根本指引，没有"道"的指引，企业活动就像是无本之木、无源之水。

如同五行之"火"生"土"，五维中"道"生"术"。火生土，是因为火可以灼热，能够将木焚烧，木被焚烧后就变成了灰烬，灰即土，如此火便生了土。道生术，是因为使命、愿景规定了企业的发展方向和目标，便形成了对企业战略、战术的指引，也是因为企业要坚守的价值观，规定了企业在战略、战术中的可为与不可为，规范了组织成员的价值取向和行为规范，如此，"道"便生了"术"。

三、术——基于企业的战略、战术，暗合五行之"土"

企业之"术"，包含了战略、战术和组织。战略是企业的中长期目标，也是实现目标的谋略；战术是实现战略的策略和方法，是一个周详的实施计划；组织是实现战略目标、执行战术的保障。

"术"在于谋略谋划，谋的是远虑，略的是方式，划的是方法。企业经营之"术"，决定了企业是否进阶，也决定着企业的兴衰荣辱。高屋建瓴的战略、生态的商业模型、多赢的商业模式、匹配的组织架构、出奇制胜的营销策略，都是企业获得进阶成长的必要之"术"，也是决定企业兴盛与否的关键。在企业，"术"需要专门的主导部门，并协调其他部门通力合作，并在企业使命、愿景、价值观的指导下，带领企业守正出奇，保持有活力的运营。

在五行中，"土"分属于一年四季的末月，也是负责养育和转化的媒介，没有土，树木就无法生长，更无法开花结果，土贯穿于五行的整个物"化"过程。企业之"术"，同样贯穿于经营的全过程中，并需根据内外环境的变化做出适应的调整。

如同五行中的"土"生"金"，五维中的"术"生"器"。土能生金，是因为金隐藏于石，依附着山，津润而生，聚土成山，有山亦生石，所以土生金。

术生器，是因为企业布好了"术"，便可以依此来开发、生产产品，并提供服务，同时，战略的选择和布局，决定了企业提高技术门槛的特定领域，也规定了技术创新、产品迭代、服务升级的方向，故而，术生器。

四、器——基于企业的产品和技术，暗合五行之"金"

企业之"器"，包含了企业的技术、产品和服务，是企业价值观的直观载体，也是企业获得收益的来源。

技术是企业参与市场竞争的壁垒，只有领先于同行的核心技术，才能支撑起差异化的产品，具有竞争力的技术，不仅投入产出高，商业应用能力强，在转化成产品或服务时，更能满足和引导市场需求，并更好地服务客户。只有具备竞争优势的产品和服务，方可获得客户的信赖，同时也可取得经济收益与社会价值双丰收。在企业中，"器"由专门的团队负责，围绕企业价值观，根据战略目标及营销策略，开发、推出符合市场预期的产品和服务。

在五行中，"金"对应着秋天，象征着丰收的果实。企业之"器"，同样是企业精心培育的"果实"，一边承载着企业的价值观，一边为用户提供核心价值。如同五行中的"金"生"水"，五维中的"器"生"利"。金生水，是因为少阴之气（金气），温润流泽，金要靠水生，销金也可变为水，固有金生水。

器生利，是因为符合需求的器，可以为用户提供价值，如此形成交易与美誉，便产生了企业之利，故而，器可生利。

五、利——基于企业的所有利益相关者，暗合五行之"水"

企业之"利"，包含了内利（团队和股东的利益分配）、外利（合作伙伴的利益共享）、社会（对行业、产业和社会的利益回馈）。利的有效分配，能充分调动企业内部成员的创造力，能提高外部人员的积极参与性，也能促使企业拥有良好的成长环境。

首先，内利分配机制是激活组织活力的能量，是企业吸引人才、留住人才，让每位成员充分发挥主观能动性的能源，也是完成任务和实现目标的前提。

其次，外利共赢机制是企业取得供应链优质资源，以及提升客户服务能力的保障。

最后，社会责任机制则是企业得到可持续发展、免受"天灾人祸"的遮雨伞。

利的分配与留存机制由特定部门牵头，会同财务部门、人力资源部门等制定相关规则，以平衡利益关系。

在五行中，"水"对应着冬天，也象征着阴柔克己、利万物之性。企业之"利"，同样需要秋收冬藏，需要利他利己，即对"器"产生的利益进行留存，用于再生产，进行利益分配，并在生态链中加以流转。如同五行中的"水"生"木"，五维中的"利"生"势"。水生木，是因为水温润而使树木不断生长。

利生势，是因为势有逐利本性，有利之处，必有势相随，大利生大势、无利便无势。同时，利益的不断分配与流转，便会形成既得利益者和市场规则的制定者，此间，必会有新生利益需求者，新需求造就新趋势，因利乘便，生生不息，故而利生势。

第二节　经营罗盘五维之相合

经营罗盘中的五维"势、道、术、器、利"是构成企业经营活动的五大要素，彼此之间既相互独立，又彼此相连，既在时间和空间上相生，也在时间与空间上相合。

五维之间相互独立，是因为每一个维度的运转都是自成体系的，皆有不同的职能部门和岗位深耕细作；而五维之间的彼此相合，又是因为每一个维度的运转都需要其他维度的配合，也只有彼此间的密切配合和协作，方能实现整个系统的正常运转。

五维之相合主要表现在以下两方面。

一方面，五维之间需要协作配合，才能保障企业的正常运营，越高效的协作配合，带来越高效的企业运作，形成越发强劲的整体竞争力，推动着整个系统的大步向前。

五维就像五根手指一样，虽大小不一、长短不同、分工有别，但只要彼此配合、相互协调，就能发挥出最大作用，当紧紧合在一起形成一个拳头时，便能刚劲有力，重拳出击。现实中，能将"五维"协同为一个拳头的企业可以说是凤毛麟角，能将其中"一维"做到极致，其他维度加以协同者，这样就可以使企业崭露头角；能有效结合"二维"或"三维"，并将其有效协同者，便足以让企业能够取得辉煌成就。例如：阿里巴巴对"势、道、术"的把握恰如其分，使其在电商领域独占鳌头；腾讯在对"势、术、器"的掌控上非常到位，让其成为数字化领域的翘楚；格力亦在"道、器"上占尽优势，从而成就其在家电领域的霸主地位；小米却对"势、术、器"的理解颇见功底，终于使小米手机后来居上；海底捞煞费苦心在"道、器、利"方面进行不断积累，成为餐饮界服务的标杆；华为，即使是世界头号强国以倾国之力对其进行打压，也未能使其折服，其原因就是它在"势、道、术、器、利"五个方面齐头并进，继而使其在世界电信行业独步天下。

另一方面，在设计五大维度中的某一维度时，也可导入"势、道、术、器、利"进行考量。

如对"器"这一维度的设计与诊断：

其一，考虑影响"器"的外部环境。包括法规、政策、人力资源环境、技术发展趋势、产业上下游业态、用户需求与使用习惯等，这些都是企业开发"器"时，所需要研究的"势"。

其二，"器"的开发需遵循企业之"道"。一要考量此"器"是否与企业的使命、愿景和价值观吻合。如《华为基本法》规定了"华为的追求是在电子信息领域实现顾客的梦想，并将永不进入信息服务业"，华为之"器"便始终围绕着电子信息领域。二要考量"器"是否符合企业的价值观取向，如小米公司的价值观是"真诚、热爱"，并规定了"小米的硬件产品利润率不超过5%"，这就使小米的产品具备了"极致体验、真材实料、定价厚道"的特点，这便是"器"中之"道"。

其三，"器"的开发需结合企业之"术"。即要与企业的战略、战术相契合，才能用锋利之"器"实施战术布局、实现战略目标。如 OPPO 手机对自拍技术和快充技术的研发，皆是基于战术中的人群定位；江小白的小瓶白酒，是基于竞争策略和人群定位。

其四，是要考量"器"中"器"。即产品的研发要根据自身的技术积累、产品设计、服务体系等，这样才能充分发挥企业的技术实力。

其五，便是对"器"中之"利"的考量。"器"的设计、生产、流通，需要内外合作伙伴的参与，这需要企业充分考虑到各方的利益诉求，以合理的分配机制，共赢共享的宗旨，调动供应链各环节的积极参与。

五行在中医学领域的运用中，会特别强调五行元素之间的平衡，要达到一种合和的状态。为达到这种状态，就要合理应用五行的生克关系，中医治病时，除了对病灶进行诊治，还要对相关的器官进行或抑或扬的处理，以此来使人体达到合和的状态。

总之，经营罗盘五维，既相互独立，又在时空上相互连接。五维之相合，暗合了五行的合和理论。企业之"势"，不仅影响着企业之"道"和企业之"术"，"器"的开发也要依赖于企业对"势"的把握。另外，在开发"器"之时，企业可借鉴"势"的研究方法，来研究行业、产业的技术态势，以提高"器"的开发效率。同时，"器"的开发需有"道"的引导，又受制于"利"的获得与分配。"势、道、术、器、利"总是在不同时间，不同空间彼此影响，这就需要企业在不同的时势中，抓住主要的影响维度，配以其他维度，合理布局，协同协作，以强化子系统的作用力，提升系统整体的作战力。

第三节　经营罗盘五维之相制

在"木、火、土、金、水"构成的五行中，存在着相生相克的规律。正如中国古代的"阴阳"哲学，唯物辩证法的"对立统一"规律，相生相克是任何事物内部和相互之间不可分割的两个方面。没有相生，就没有任何事物的产生与发展；没有相克，就没有事物产生与发展中的协调和平衡。相生，保证了事物发展的原动力和可能性；相克，保证了事物发展的控制力和协调性。

事物之间这种生中有克，克中有生，相辅相成，互相作用的关系，推动和维持事物的不断生长、变化和发展。五行相生相合亦相克，其在于说明世界万物的形成及其相互关系，强调的是整体与平衡的概念，旨在描述事物的运动形式以及转化关系和相互之间的作用力。

"势、道、术、器、利"五维之间，为了推进系统向前发展，维护系统的健康发展，除了相生相合的作用力之外，也存在一种相互牵制力。在这里，经营罗盘只是用五行相克的概念，来形象比喻这五维之间的相制关系，而不是将五行相克的理论套用于五维相制的关系。五行相克，是两种元素之间完全对立的关系，而在经营罗盘中，五维间的相互制约，除了有一定的牵制关系外，更多的是牵引关系。

企业经营中，只有各子系统间(各部门、各职位)责权利清晰、法章明确，均衡成长，各子系统间的作用力才不会失衡。若其中一个维度慢了，就牵引它快一点，若快了，则牵制它慢一点，使得子系统与整体系统在动态变化的环境中得到健康与可持续的发展。

借助于五行相克学说，下面将以"利制道""道制器""器制势""势制术""术制利"为例，来说明五维之间的相制关系。

经营罗盘（BC 模型）五维相制关系

经营罗盘五维		五行
利→道→器→势→术		水→火→金→木→土
利制道	利益的分配机制和抵御他利的诱惑机制，能制约企业不偏方向，不背离价值观	水克火
道制器	企业的使命、愿景和价值观，可制约企业技术和产品开发方向的偏离	火克金
器制势	企业的技术和产品创新能力，产品和技术的市场竞争力，能引导势的方向和市场需求	金克木
势制术	外部环境（天势、地势、人势），制约企业战略的判断力，战术的制胜力和组织的执行力	木克土
术制利	企业战略的正确性，战术的有效性和组织的匹配性，直接影响企业的营收水平，制约企业的获利	土克水

一、水克火之利制道

"利"是企业在经营活动中创造的价值总和，"利"有内部分配机制、外部共赢机制和社会责任机制。

众所周知，逐利是人之本性，是各方参与企业经营活动的基本诉求，如何制定合理的利益分配机制就显得尤为重要。利益分配机制通常应以按"劳"分配为原则，"劳"不仅体现于企业内部，也体现在企业生态链的各个环节中，同时还要兼顾、回馈企业的生长环境。

企业的利益分配机制，是影响相关者"劳动"付出的核心因素，也是影响企业使命、愿景能否实现的重要基础。此外，企业在面对外部利益的诱惑时，是否能够坚守本心，也会影响到企业使命和愿景的实现。利益的分配机制和抵御他利的诱惑机制，能促使企业不偏方向，不背离价值观。

所以，"利"可能诱惑企业，使其偏离"道"的指引，也可能巩固企业对"道"的恪守，这就是"利"对"道"的相制关系。

二、火克金之道制器

企业之"道"，为企业的发展指明了方向，明确了企业经营活动和产品开发的范围。同时"器"是对"道"的直观呈现，是企业价值的直接载体。

企业的使命、愿景和价值观，防止了企业技术和产品开发方向的偏离。这就意味着，企业在打造"器"的时候，会受到企业之"道"的约束。如在中国房地产最火爆的一段时间里，很多企业都经受不住诱惑，纷纷跨界进入房地产行业，通过投资或开发房地产、炒地皮、炒楼盘等方式赚快钱。而格力电器却不忘初心，坚守企业使命，将全部精力与资源，投入到既定的制造业领域，做专做精、做大做强。

所以，"道"对企业之"器"发展指明了方向，也圈定了范围，这就是"道"对"器"的相制关系。

三、金克木之器制势

"器"是企业提供给市场的技术、产品和服务，当企业将"器"投入市场后，必定会对市场产生影响。这种影响可能是积极的，也可能是消极的，积极的影响体现在企业技术和产品的创新能力和竞争力，能引导市场需求和产品的发展方向，继而作用于"势"的方向；消极的影响则可能是，当市场需求已经发生变化，人们需要革新性的产品时，却没能适时地推出相应的产品，而是在现有的产品基础上，进行局部小升级，进而抑制了市场需求，影响了产业发展，也导致了天势环境的倾斜。

所以，具有革命创新的"器"不断进入市场，能够影响"势"的形成与改变；反之，缺乏创新的"器"，则可能会使本行业的"势"停滞不前，从而失"势"。这就是"器"对"势"的相制关系。

四、木克土之势制术

"势"是企业经营所处的外部环境，外部环境的改变，一定会影响到企业战略决策的制定，这需要企业能够实时监控外部环境的变化，及时改变企业战略决策。外部环境（天势、地势、人势），制约着企业战略的判断力、战术的制胜力和组织的执行力。如政策之"天势"，制约着企业的发展方向；行业之"地势"，影响着企业的竞争策略和商业模型的设计；市场之"人势"，影响着企业商业模式和营销计划的制定。

所以，企业之"势"制约着企业战略战术的制定，与此同时，不断改变的外部环境也蕴藏着各种各样的新机会，这些机会便是企业锐意变革的基础。这就是"势"对"术"的相制关系。

五、土克水之术制利

"术"是企业的战略、战术及组织等，恰如其分的战略、战术，通过有效的组织执行，能够帮助企业快速获得市场响应，获得收入。一旦企业战略、战术失误，战略与组织不能匹配，就会大大降低企业的经营收入，导致可分配的利益也随之降低，这就影响到企业的"利"了。

当 IBM 第一次研发出计算机时，却执行了"在可能妨碍穿孔卡片销售的领域，不得销售计算机"的战术,因为当时的穿孔卡片是公司的摇钱树,这一战术的执行,引来了美国司法部的垄断诉讼案,也影响了企业计算机的发展和销售,降低了企业的可分配利益。当 IBM 的产品在个人计算机市场取得领先地位时,公司却又让这个新兴的、快速增长的业务从属于老的"摇钱树"——大型计算机。IBM 对关键业务所设置的组织架构,再次阻碍了其发展,使得 IBM 还未品尝到个人 PC 的成果,兼容机制造商们便纷纷登场,形成了异常激烈的竞争,导致其收益的大幅下降。

所以,企业卓有成效的"术",能够提升企业的营收水平,促进"利"的最大化,但是,缺乏制胜力的"术",会直接影响企业的"利"。这就是"术"对"利"的相制关系。

以上维度的列举说明,是为了强调五维各子系统之间的平衡,子系统与整体系统间的均衡,企业力求达到"受力均衡"的状态,这样五维各子系统才能充分发挥各自的"手指"作用,促使整体系统形成拳头优势。

这种状态,就好似古代帝王之术中所提到的"制衡"。"制衡"也是中国传统管理哲学中的一个重要概念,也是古代统治者常用的一种管理手段。比如在唐朝时期,就出现了一朝两相四将的政治格局,在这种体制下,大臣之间彼此受到掣肘,就不会出现一家独大的格局,这样才能保持政权的稳定。又如,美国宪法将国家权力进行了划分,形成了三权分立的格局,实际上也是一种"制衡"的手段。

在企业,"势、道、术、器、利"五个维度均有对应的职能部门在负责,而不同部门之间往往在观念、侧重点、诉求等方面有所不同,这就导致了不同部门之间存在一定的相互制约和掣肘,有时候甚至会出现难以调和的矛盾。矛盾的深化和扩大,往往会形成系统性风险,让企业走向不复的深渊。企业要通过价值观和制度的匹配设计,来明确各部门的责权利,使各部门能够各就各位、各司其职,并且通过规则的设计和制约,使得各部门气出一孔、利出一孔,发挥出最大的协同作用。

部门间的相互制约,可能带来一定的资源内耗,但是这种相互制约的关系,能够防止企业过度依赖于某一个部门或某个岗位,防止个别部门或岗位凌驾于企业目标之上。

需要认识到,不同部门,不同业务板块之间的相互制约关系是客观存在的,人们无法完全消除这种制约关系,但是可以通过规则、制度等方式,进行一定的平衡。在企业中,没有一个人是"万金油",也不能保证任何一个人不出意外之事,这就需要不同部门、不同岗位之间相互配合、相互制约与平衡。企业从五个维度共同发力,五维之间彼此配合与平衡,就能使企业发展的合力最大化。

第二篇 顺势
——审时度势 择机而动

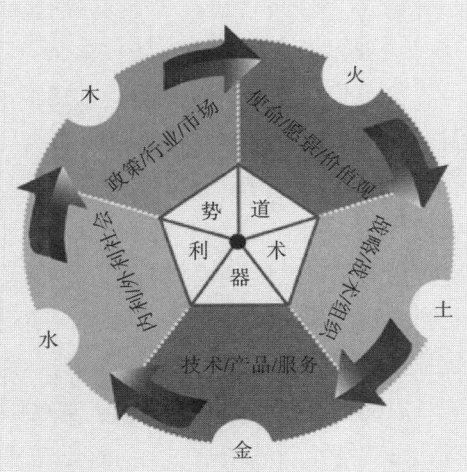

善战者，因其势而利导之。
——司马迁《史记·孙子吴起列传》

【本篇开卷】

《孙子兵法·势篇》说:"故善战者,求之于势,不责于人。"就是说善于用兵作战的人,总是利用各种有利作战态势去追求胜利,而不去苛求下属以苦战取胜,这就说明了"势"的重要性。

势是一个常用词,如地势、水势、火势、山势、攻势、守势、权势等不一而足,但这些不同的势有一个共同点,就是指一切事物发展过程中表现出来的趋向,这种发展趋向便称为势。势一旦形成,它的发展便如海水潮涨潮落般起伏跌宕。大潮袭来,难以阻挡,大潮退去,难以挽回,所以说势来不可挡,但当环境转变,潮水落下,势由盛转衰,势去不可追。既然势来不可挡、势去不可追,所以最好是顺应形势,因势利导。自古以来,时代潮流,浩浩荡荡,唯有明辨大势的弄潮儿方能永立潮头。

经营罗盘把"势"作为首发之篇,并且把"势"分为"天势""地势""人势"。许多人从小背诵的《三字经》里面就说道:"三才者,天地人。""三才"思想在中国文化中可谓源远流长,历史上,倚天、地、人之"势"成就霸业的先例不胜枚举,诸葛亮巧借东风,可谓是仰"天势"而坐收破曹奇功;白起坑杀赵括,是借"地势"助秦统一六国;朱元璋驱逐鞑虏,则是倚"人势"开创大明基业。

从企业经营管理的角度来看,"势"是企业生存及发展的外部环境。谋事在于顺天时,行事在于择时机,"势"也是企业做事成事的先决条件。只有审时度势,方可把握机会,抓住机遇,乘势而起。企业在开展经营活动时,要对当前所面临的形势进行审视与权衡,认真分析当前所处的环境,择机而动,避免因主观臆断而造成损失,或因错失良机而懊悔不已。企业要顺应时代发展的趋势,抓住因变而产生的机遇,企业若跟不上时代进步的步伐,必将倒在时代发展的洪流中。

本篇所谈之"势",主要指的是:政策法规之天势;行业及产业之地势;市场需求之人势。顺天势就是要了解法律法规和经济政策,不仅能够帮助企业规避政策风险,也能从中觅得发展机遇。顺地势就是及时洞察行业及产业发展趋势,往往能使企业乘势而上,事半功倍,也就是所谓的"风口上的猪都能飞起来"。顺人势就是要掌握市场需求变化,满足新消费者的需求,也要满足原有消费者的新需求,同时也需密切关注人口结构变化而带来的新需求和新机会。

开卷有益——从这里开始让我们认识经营罗盘中的"势"。

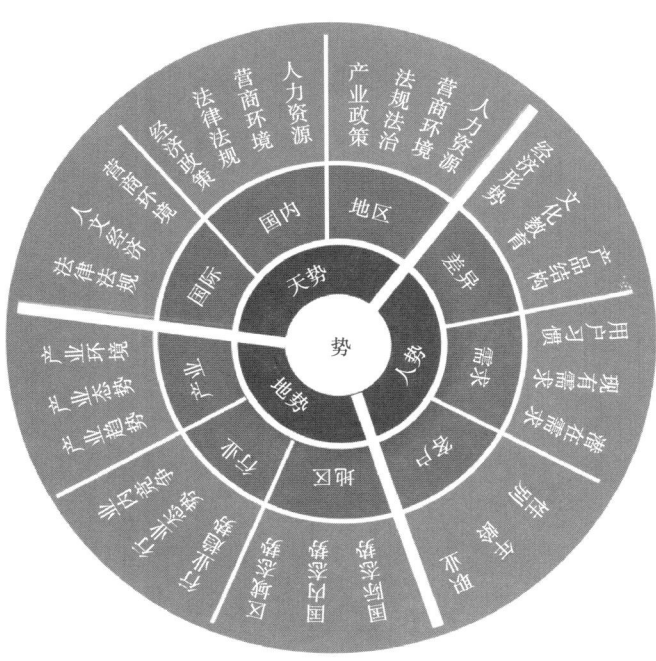

"势"设计路径模型图

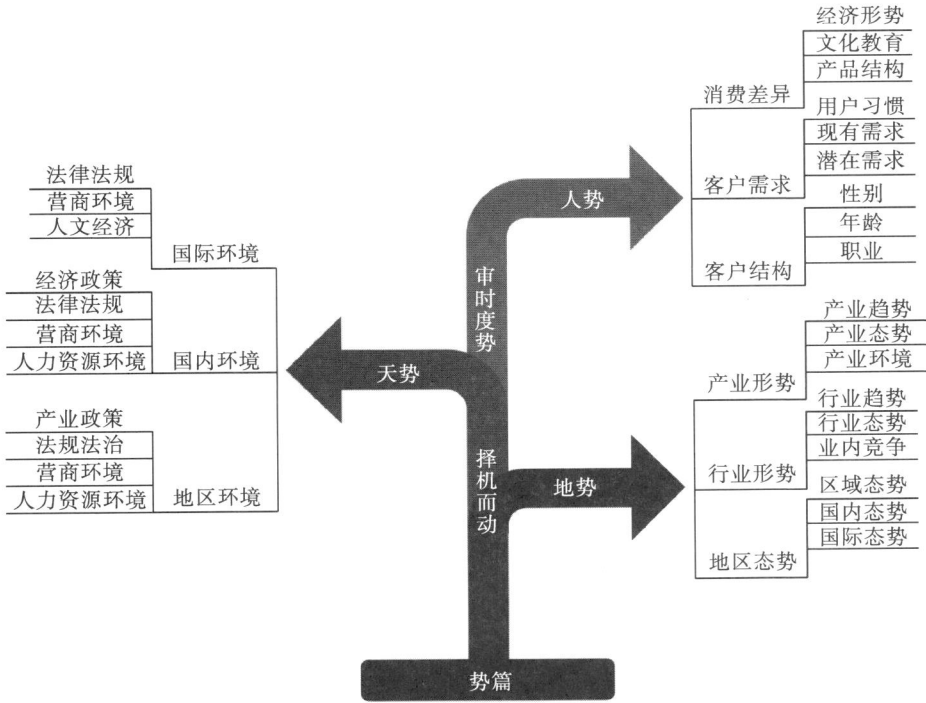

经营罗盘(势篇)思维导图

第三章 天势——政治环境

《晏子春秋·内篇杂下》里有段南橘北枳的故事。齐国的晏子出使到楚国，楚国国君为刁难晏子，有意在酒宴中安排一个犯人从面前走过，告诉晏子这是齐国人在楚国盗窃被抓住了。晏子说橘树长在淮河以南会结出橘子，但生长在淮河以北只能结出苦涩的枳，并说："所以然者何？水土异也。"意思是，为什么会出现这种南橘北枳的情况呢？那是因为淮河南北两边的水土不一样。

这个故事对现代企业的经营活动很有启示意义，企业在一个新的市场环境中寻求发展，不能盲目进入和复制。不同的国家有不同的制度，不同的地区也有不同的政策，且营商环境、人力资源环境等还有较大的差异，需要在充分了解和分析的基础上，选择相匹配的地区进行落户，制定能顺应当地的政策开展业务活动，尤其计划拓展国际市场的企业，更要对目标市场的国家制度、法律法规、经济政策及人文环境要进行全面的掌握，从而在根本上解决企业在新的市场环境中水土不服的问题。

在《晏子春秋·霸业因时而生》中还对顺应形势的重要性进行了经典分析，其中的"识时务者为俊杰，通机变者为英豪"成为流传至今的经典名言。因此，一个优秀的企业首先也要充分了解与经营活动相关的一切法律法规及人文环境，同时也要熟悉经济政策和产业发展政策，然后才可以根据自身业务发展制订企业发展计划。因此企业对大到国际贸易规则、人文宗教、国家制度、法律法规，小到地方条例、行业规范、人力资源，以及不同国家的营商环境、不同城市的产业发展政策、不同产业园区的招商政策，皆应时时掌握，洞若观火。

影响企业的天势

天势	法律法规（天）	成立企业须先了解"天条"
		开展经营活动不能触及"红线"
		参与市场竞争要遵循"规则"
	营商环境（地）	企业扎根生长的"沃土"
		企业日常经营的"风水"
		企业公平竞争的"环境"
		企业获得护理的"园丁"
		企业成长发展的"宝地"
		企业遮风避雨的"房屋"
	人力资源（人）	没"人"则没"企"
		没"才"则没"财"
		没"人力"则没"竞争力"

第三章 天势——政治环境

常言道："莫道行路难，守法路自宽。"法规及政策是所有企业开展经营活动所要顺从的最基本条件，在这里也称为"顺天势"。如果企业不去遵守这一基本规则，不顺应天势那就等同于逆天而行，最终自取灭亡。现实中，无论在何时、于何地开展商业活动，只有遵守法律法规、合法合规经营、尊重地方人文、熟悉经济政策，企业的商业之路才可能越走越畅通。当然，"天"有不测风云，企业也要有因政策变化而带来的风险预防机制。

在本章，根据企业经营的外部环境的多变复杂性，将从国际环境、国内环境、地区环境三个方面进行深入分析，共形成十一个模块，来探讨影响企业发展的天势。

第一节　国　际　环　境

近年来，受世界经济全球化趋势的影响，以及中国经济发展的走向，经济全球化已然是一种"天势"。中国加入 WTO 以来，尤其在中国提出"一带一路"后，我国大量企业制定了国际化战略，发展国际化业务。

然而，无数鲜活的例子告诉大家：国际化并不等于简单的跨国并购，也不是盲目地在国际市场扩展业务，成功的国际化首要充分了解国际"天势"环境，充分利用当地政策的有利价值，然后利用当地资源树立品牌的影响力，建立自己的商业系统，进而拓宽自身的商业版图。

除了成功地做到国际化，企业更要做到国际化的成功。其中，了解国际贸易规则及业务开展所在国的法律法规、制度条例、营商环境和人文环境等方面的内容，是做到国际化成功之必然基础，否则国际化进程将会受到诸多挑战。

因对当地法律法规、人文环境把握不够而造成的惨痛后果和教训的确让人触目惊心，请看下面的案例。

2004 年，TCL 并购德国施耐德和法国的阿尔卡特，由于缺乏对当地法律法规的充分了解，对工会的影响力判断不准，导致后来大量员工离职以及各种无法控制的局面，进而造成了严重亏损。

2004 年 11 月，UT 斯达康被美国 6 家律师事务所集体起诉，起诉内容为"蓄意向投资人隐瞒关于公司经营的重要事实"，这一事件导致 UT 斯达康股价大跌。

2014 年，万达在西班牙购入始建于 1948 年的西班牙大厦，准备对其进行拆除重建。但西班牙大厦是西班牙的地标建筑，在西班牙民众心中具有独特的文化地位，在政府换届选举中，新执政党将阻止万达重建西班牙大厦作为竞选的筹码，得到大多数民众的支持。在新政府上台以后，万达对西班牙大厦的重建计划遭到新执政党以及当地民众的强烈反对，万达最后不得不将西班牙大厦售出，净亏损约 1.1 亿港元。

模块一：法律法规

在国际经营活动中，企业首先要考虑的是法律法规环境，以及国与国之间因"贸易摩擦"可能给企业带来的意外"天灾"。

由于不熟悉国际贸易组织规则及业务开展国、地区的法律法规而产生的各类涉外商事案件不在少数。如：祖哈贸易公司诉邢台东方自行车有限公司，天津纺织集团进出口股份有限公司国际货物买卖合同纠纷，内蒙古嘉泰投资集团有限公司诉中国宝安集团股份有限公司等股权转让纠纷，路易威登马利蒂诉西安东方大酒店侵害注册商标专用权纠纷等。

也许上面的案例不够"著名"，还不足以让人警醒，下面列举几个让人醒目的案例，以说明法律法规环境对企业经营的重大影响。

(1) 2004 年，美国商务部在经过一年的调查之后，裁定了对中国彩电的反倾销案，确定了对中国彩电企业的倾销幅度，对中国的长虹、TCL、康佳、厦华分别征收 26.37%、21.25%、9.69%、5.22%的反倾销税，对其他应诉企业的加权平均税率为 22.94%，未应诉企业的统一税率为 78.45%。

(2) 2004 年 3 月，欧盟委员会因微软公司滥用在个人电脑操作系统市场上的优势地位，对其处以 4.97 亿欧元罚款。此后，微软公司又因拒不纠正垄断做法，再次被欧盟委员会于 2006 年和 2008 年分别处以 2.8 亿欧元和 8.99 亿欧元的罚款。

(3) 中国电商平台拼多多于 2018 年 7 月 26 日在美国纳斯达克敲钟上市，8 月 1 日，美国 6 家律师事务所联合对拼多多提起诉讼，指控拼多多出售侵权产品。

这些案例充分说明了，企业熟悉了解法律法规的重要性，以及把握国际"天势"的必要性。"天有不测风云"，若企业没有一套对应预防机制，遇到问题便会非常被动。这也充分说明了，在全球经济一体化的今天，行业竞争已上升到国与国之间、国际贸易组织与非盟约组织之间，了解和熟悉国际贸易组织规则、各国法律法规及其差异，是企业国际化业务开展的前提，也是需要时时关注、预防的重点。

有些国家为了自身的利益，有可能根据形势的变化，随时发起贸易战或者制定新的政策法规，来限制外来企业的发展。法律法规是应对贸易争端的重要参考依据，一旦发生贸易摩擦，政府就会想办法利用法律法规，来对企业进行制裁。可见，只有在充分了解法律法规的同时，根据形势的变化，进行积极规避，才有可能避免由于违反法律法规而遭受惩罚和损失。

企业一旦面临调查、诉讼，将耗费大量的时间、金钱以及精力。不仅会影响企业正常的生产经营，也会产生极大的边际影响效应，带来的损失也是难以估量的。在国际业务过程中，企业还有可能面临一些恶意的起诉，如被专利流氓起诉。另外，对于在国外的上市公司，还会遇到一些"做空"机构，他们专门研究上市企业的漏洞，然后通过诉讼、仲裁等途径来获取收益。还有的企业专门研究竞争对手的漏洞，然后通过法律途径去抑制竞争对手的发展。

由此可见，企业对国际化业务的法规环境要有深刻的认知，要制定一套预防应对机制，这样才能在遇到问题时，不至于不知所措而任人宰割。如果企业自身不具备相应分析能力，也可以借助于第三方机构，为其分析国际制度环境，包括法律法规、营商环境、人文习惯等。

模块二：营商环境

法律法规是企业开展经营活动要遵守的基本规则，而一个具有良好营商环境的国家或地区，是企业生根发芽、做大做强的沃土。

营商环境，是企业所在地的各种经营境况和条件的总和。企业从创立开始，营商环境的影响便一直伴随着其发展。营商环境包括影响企业活动的法律要素、政治要素、经济要素和社会要素等。良好的营商环境是一个国家或地区经济软实力的重要体现，是一个国家或地区提高综合竞争力的重要因素。通常情况下都是从招商政策、市场环境、商务成本环境、基础设施环境、生态环境和社会服务环境等维度来评估一个地区的营商环境。其中，招商政策是一个国家经济活力和地区营商环境最直观的体现，在这里以其为例加以探讨。

一些国家的政府及地方各级政府，为了吸引外来投资者的注意，提高地方经济总量，促进就业和增加税收，优化区域的资源配置，进行区域产业升级等，往往会制定一系列的招商引资政策，从注册、土地使用权、税收、人才培训、产业配套等方面给予企业支持，帮助企业迅速落地。

2014年，位于美国硅谷的世界著名新能源汽车生产商特斯拉的超级电池工厂获得13亿美元巨额奖励的故事一直被业界所津津乐道。特斯拉计划建造一个超级电池工厂，秘密邀请了加州、得克萨斯州、内华达州等七个州的高级招商人员，讲述了建立超级电池工厂的种种计划，并表明新工厂的建设意味着数千个就业岗位和数十亿美元的投资。随后，特斯拉建厂的事便在这几个州中掀起了一番波澜，州政府纷纷向特斯拉抛出了橄榄枝，七个州经过反复较量，在第一轮的角逐之后，剩下包括亚利桑那州、内华达州、新墨西哥州和得克萨斯州在内的四个州。

四个州在"决赛"时，加大了对特斯拉的引进优惠力度。如，得克萨斯州的第二大城市圣安东尼奥市特意为特斯拉制定了约8亿美元的激励方案，并附送一个占地500万平方英尺的建筑执照。圣安东尼奥市给出的优惠条件可谓是诚意满满了，但是依然没有获得特斯拉的芳心。

最终，内华达州以合计14.08亿美元的筹码赢得了这场"比赛"（14.08亿美元包括11亿美元的税收减免、1.95亿美元的可转让税收抵免、1.13亿美元的公路资金）。至此特斯拉成为美国企业史上获得最大"礼包"的企业。

特斯拉选择了在内华达州建立新工厂，为公司争取到了14.08亿美元的优惠，这就是深谙营商环境之道，并利用营商环境为公司带来的价值。为了"筑巢引凤"，吸引更多的企业入驻，国与国之间、地区政府之间往往会在投资环境、基础建设、法律制度、税收政策等方面展开竞争，这就如商家为了吸引消费者而开展的各类促销活动一样。企业可充分利用这些优惠政策，选择适合的落脚之地。

例如，美国亚拉巴马州有《2011 亚拉巴马关税补贴法案》。法案规定，外资企业只要对亚拉巴马州直接投资超过 1 亿美元，能为亚拉巴马州提供超过 100 个工作岗位，就能享受亚拉巴马州的税收减免，这些税收减免可以用于弥补外资企业在美国海关遭受的反倾销税损失。

另如日本大阪，对满足条件的企业提供购买厂房费用优惠 5%、租赁厂房补贴为期一年的租金补贴；在 2020 年 3 月 31 日前，给新进入梦洲、咲洲、阪神港、大阪站周围地区经营的新能源或生命科学企业，提供了"5 年免税+5 年半税"的减税政策。如果有一家生命科学企业要在日本大阪开展业务，驻地在大阪任一区域均不影响其业务开展，在这种情况下，若其不了解大阪的招商政策，将企业设在了梦洲、咲洲、阪神港或大阪站周围以外的地区，那么这家企业就不能享受"5 年免税+5 年半税"的优惠政策了，这对于企业来说，将是一笔不小的损失。

从上面的案例当中可以清楚地看到，企业计划拓展国际业务时，要积极了解各国及地区招商政策，这有利于企业降低经营成本，获得发展资源支持。企业可根据其发展战略，选择适合自身发展的"巢穴"。

在现实中，还有很多中小企业在积极地开展国际业务，但它们规模较小，能够为当地政府带来的税收较少，创造的工作岗位也不多，企业的体量可能还不足以让各地政府争相引进。因此，单个的中小型企业，若没有特别之处，则难以引起别人注意，更别说获得政策支持了。这时候，中小企业可以采取两种方式获得政策优惠：一是组团，相关的中小企业组团在一起，形成一个产业集体，这样就具有较大的吸引力了；二是企业可选择入驻到相关行业的产业园区，为了扩大产业园区的影响力，政府往往会对园区相关行业和领域的企业提供更多支持，以吸引更多的相关企业或者配套产业进入，促进产业园区的发展、壮大。

无论是大型企业还是中小型企业，都需在开展国际业务的过程中积极寻找有利于自身经营活动的招商政策，在必要的时候，可以组团或入驻行业集中度高的产业园，以此获取更多有利于企业发展的条件。

模块三：人文经济

企业在开展国际业务时，一要遵守国际及业务所在国的法律法规；二要关注业务开展地的营商环境，且在必要的时候积极争取政府优惠政策；三要了解业务落脚地的人文经济环境。下面从文化与经济环境、人力政策环境、人才聚集环境和人口结构环境等四个方面来介绍人文经济环境对企业发展的影响。

一、文化与经济环境对企业发展的影响

首先是文化差异的影响。比如在东西方文化中很容易发现,西方人的思维比较具体,注重简单与实用,倾向程序与过程,细腻,注重质量。相对而言,中国人的思维比较抽象,注重精神感受与意境,善于人情世故,重于形式与数量。这就使得在商务过程中,可能会因文化差异而出现理解和行为的差异。

在国际业务开展过程中,文化因素对企业经营的影响是方方面面的,不仅体现在合作之前的沟通是否顺畅,合作过程是否顺利,还体现在合作结果是否满意。如在企业跨国并购过程中,若不能很好地了解文化差异,有效地把握文化融合,设计求同存异的企业制度,就可能会给企业带来巨大的损失。2004年,TCL收购法国电信设备制造商阿尔卡特后的运营情况便是如此。

TCL原本预计在收购阿尔卡特后,手机销售量能达到2000万台,并顺势成为中国手机销量第一的厂商。然而,当合资公司T&A开始运营之后,日常运营中的文化冲突不断升级,TCL的工作精神被阿尔卡特认为是不民主的、独断专行的;TCL的管理模式也不被阿尔卡特员工接受,尤其在是否加班的问题上争执不断;TCL企业文化的推行,使得阿尔卡特人担心自己的工作、职位,投资人担心自己能否得到回报,等等。最终,合资公司T&A中原阿尔卡特的管理人员大量离职,TCL手机的国内销售量降低了23.3%,销售毛利润也同比下降了58.6%,导致T&A难以持续经营。阿尔卡特终在2005年以换股的方式退出合资公司的经营,这次收购使得阿尔卡特遭受了81%的资产损失,TCL承担了4亿元的损失,对双方的发展都造成了不可挽回的损失。

其次是经济发展状况的影响。一个国家或地区的经济发展状况,直接影响企业的人力成本和人力资源成本。当一个地区经济发展很景气的时候,在当地招聘一个员工需要付出更高的成本;在市场能够提供更多的工作岗位时,用人单位之间的竞争也会更加激烈。

2018年春节过后,中国东部沿海地区很多工厂出现了"用工荒"的问题。春节过后,很多工厂的订单量开始增加,工厂急需招聘工人来加工订单,然而工人们并不急于进入工厂。工人还是那些工人,并没有发生结构性变化,但工厂为何难以招到员工呢?一是由于中国经济多年来的持续增长,人民生活水平得以不断提高,激发了人们对更高生活质量的追求。二是人们有攀比现象,在春节期间,出现工人们在走亲访友过程中互相攀比,这就会增加人们对工资、福利等收入最大化的期望。在这种情况下,当大量工厂开始招聘员工的时候,工人们就会表现出一种"待价而沽"的状态,对于企业来说,这时候的人力及人力资源成本会明显增加。

相反,当一个国家或地区经济萧条或有较大波动的时候,市场上的人力数量大于岗位需求数量时,职工就会失业。虽然企业一般不会选择在经济不景气或经济波动的地区开展业务,但这时候是企业人力成本最低的时候,企业选择性较大,相应成本也会降低。

例如，2008 年美国金融危机带来的失业潮，到 2009 年 5 月，美国失业率达到 9.4%，这是美国 26 年以来的最高值。同一时期，英国失业率攀升至 7.3%，失业人数达到 227 万人，是 12 年以来的最高纪录。在这种时候，企业很容易寻找到有能力的员工，并且成本较低，可以为企业带来人才和技术的储备。

又如，韩国最低工资委员会在 2018 年年初，将韩国最低时薪标准提高到 7350 韩元，涨幅达到 16.4%。2018 年 7 月，韩国最低工资委员会再次提高最低时薪标准，宣布 2019 年韩国最低时薪标准上调至 8350 韩元，这次调整的涨幅达到 11%。由于最低时薪的调整，导致了很多企业的利润率下降，为了减少开支，很多企业也选择通过裁员来抵抗利润的损失。据韩国有关统计数据显示，2018 年 8 月韩国的失业人数，比 2017 年 8 月增加了 13.4 万人，8 月的失业率达到了 4.2%，创 8 年以来的最高纪录。在韩国的这一轮失业潮中，工业、制造业和服务业是失业人数较多的行业。这对于在其他国家或地区从事相关行业的企业来说，是一种人力资源利好。

从上述案例来看，经济发展状况对人力资源环境的影响，也可用马斯洛的需求层次理论来分析。当经济环境向好的时候，人们在满足基本生活需求之后，就会有更高层次的需求，这就使得企业不仅要考虑工资水平，还要从其他方面去满足员工新需求，在这种情况下企业人力成本就会增加。而当经济形势变差的时候，人们为了能够保住工作，避免失业带来的损失，就会降低他们的需求标准，这时企业也可以降低相应的成本。

企业在开展国际业务时，要了解彼此文化背景的异同，并评估自身的把控能力，以最大限度地减少因文化冲突而带来的问题和损失；同时，企业也要考虑经济发展状况对人力成本和人力资源成本的影响。

二、人力政策环境对企业发展的影响

各国政府为了发展经济，纷纷把高层次人才作为人才引进的重点，通过制定人才引进政策，吸收海外高端人才。

人才竞争加剧导致国际人才竞争战略兴起，美国制定了"面向 21 世纪的人才竞争力计划"、日本出台了"创新 25 战略"、加拿大有"首席科学家计划"、德国推出了"青年教授"制度、韩国的"21 世纪智慧韩国工程"也不甘落后。为此，对于计划拓展国际化业务的企业来说，关注目标地区的人才政策和劳动法律法规环境显得尤为重要。

移民制度是人才竞争的一个主要方式。移民政策不仅能抢得高层次人才，同时也能解决本地劳动力不足的问题。在不少发达国家，人口一直是负增长，造成了一些行业的职位紧缺，以至于给经济的健康发展带来了不良影响，这就需要通过吸收海外人才来补充本地劳动力，由此也产生了技术移民。

据联合国统计，全世界移民人数在 2015 年已达到 2.44 亿，占世界人口中的 3.3%，其中大约有 1 亿人是技术移民，且主要集中在以美国为首的欧美发达国家。美国为吸引国外优秀人才，多次修改《移民法》，规定不论国籍、资历和年龄，只要具有美国需要的一技之长均可入籍，这些移民人才涵盖科技、法律、艺术等领域，在一定程度上支撑了美国的经济发展。目前，美国拥有世界上最多、最优秀的科技人才，依靠这一大批顶尖人才，美国在全球技术革命中总能抢得先机，建立制高点，长期位处世界高新技术的顶端，并且获取了源源不断的高额利润。俄罗斯也以立法的方式，来加强科技领域人才政策，提高科技人员待遇和社会保障，预防科技人才和高尖端技术人才流失。

美国"回形针行动"是历史上一项著名的科学家争夺计划。1945 年初，美国和苏联获得情报，德国有科学家发明了世界最先进的武器，美国为了抢先找到这批科学家，成立了专门负责招募德国科学家的军方机构。而美国军方有规定，不能用敌人的科研人员为自己服务，这些德国科学家，几乎所有人都与纳粹党有关系。为此，美军发起了名为"回形针行动"的计划，其任务不变，而是绕过那些规则秘密行事。美军组建了以冯·卡门为首的 36 名专家小组，前往德国腹地搜寻军事专家和科学家，其任务就是抢在苏联和其他国家前找到他们。"回形针行动"的一个主要目标是德国陆军火箭研究中心，该研究中心位于波罗的海岸边，美国占领该地区之后，迅速把这里的科学家进行转移。为了避免这些科学家被苏联接管，便让这些科学家和他们的家人收拾好行李、财产和文档，前往美英占领区。最终，美国带回了 1600 名科学家。为了应对美国的行动，苏联也提出了招募德国科学家的"奥萨瓦根行动"。在 1946 年 10 月 22 日一个晚上，苏联招募了 2000 多名德国的科学家和技术人员，相关的设备也被运到了苏联。苏联还启用了 92 列火车，将这些德国科学家、技术人员和他们的家人，包括家具、生活用品等运回苏联，并承诺他们获得和苏联人一样的待遇。

招收外国留学生也成为人才竞争的一部分。迄今在美国的留学生大约占全球留学生总数的 1/3，而这些留学生毕业后大都留在了美国。中国现在已经是全世界最大的留学生输出国，输出的学生主要去到美国、俄罗斯、英国、法国、德国、日本、加拿大、澳大利亚等国家，且中国是它们的第一大留学生来源国。中国已进入了一个人才大流动、大循环的时代。

英国的 PSW 签证(post-study work visa，毕业生实习签证)政策变化，是一个有趣的留学生人才竞争案例。2008 年 6 月 30 日，英国推出了 PSW 签证制度，允许在英国的国际留学生(本科及本科以上)毕业后两年内在英国寻找工作机会，或者开展商业活动，这一政策为英国带来了一轮留学高潮。然而在 2010 年，金融危机使得英国经济低迷。同时，来自波兰、罗马尼亚等国的难民，给英国的移民管理也带来了巨大挑战，当时的英国内政大臣特蕾莎·梅提出取消 PSW 签证制度。2012 年 4 月 6 日，PSW 政策正式取消，大量留学生毕业后不得不回到本国。2018 年 9 月，英国大学积极呼吁政府恢复 PSW 签证政策，罗素大学集团首席执行官蒂姆·布拉德肖指出，让更多的国际毕业生毕业后留在英国工作或从事商业活动，能够帮助英国在吸引全球人才这一方面提高影响力。虽然英国政府并没有正面回应 PSW 签证政策的倡议，但英国近两年在人才政策上也做出了很多调整，包括取消医护人员的工作签证配额上限、增加"英国创业移民"签证、2018 年更新《移民法案》等，都表明了英国在吸引人才方面所做的努力。

要密切关注目标地区的劳工组织及相关法规。比如在美国，工会组织是非常强大的，工会有权利代表工人与雇主谈判，几乎没有一家企业敢漠视工会的存在。回顾中国企业走出去的历史，可以看到，许多中国企业在进入美国市场时，都曾与美国工会有过接触。

2016年4月，作为一家生产汽车安全玻璃和工业技术玻璃的合资企业，福耀玻璃工业集团股份有限公司（后文简称福耀）在美国面临由全美汽车工人联合会（United Automobile Workers，UAW）发起的激烈工人运动。UAW指责福耀的管理行为不当，UAW的这一指责激化了员工与企业之间的矛盾。同时，UAW协助11名工人向美国联邦职业安全与健康管理局（Occupational Safety and Health Administration，OSHA）递交联名信，控诉企业对员工安全保护不到位，以致员工暴露在化学物质中，这违反了美国《职业安全与健康法》中"雇主应当为其雇员提供一个没有造成或可能造成雇员死亡或严重身体损伤的可知危害的工作环境"的条例。因此，OSHA给福耀开出了10万美元的罚款[①]。

企业在开展国际业务时，不仅要考虑与业务发展相匹配的生态环境，也要考虑与需求相吻合的人力政策环境。同时，企业要了解业务开展所在国的劳动制度，在熟悉相关法规，不违反法规的前提下，充分发挥人力资源的价值，避免因违规受到惩罚和损失。

三、人才聚群环境对企业发展的影响

高校和产业聚群区是人才聚集的核心区，也是影响一个产业发展的重要因素。一个国家拥有更多高质量的高等学校，就会培养出更多优秀人才。产业聚集的区域，由于知识在产业区内的迁移，也会创造出更多高端人才。相反，在教育资源贫乏的地区，容易聚集劳动密集型产业。比如在中国和东南亚及非洲地区，有大量从事劳动密集型产业的人员，这与人口数量和接受教育的程度是相关的。人口数量众多，教育资源缺乏，多数人得不到良好的教育，劳动密集型产业相对就较发达。

高校和产业聚群区是如何影响产业发展的呢？这与斯坦福大学和硅谷有着很大的关系。硅谷是电子工业和计算机产业的产业聚集区，对美国甚至整个世界的电子信息、互联网、软件、人工智能等行业都具有积极的带动作用。斯坦福大学位于美国加州旧金山湾区南部，是美国西部主要的学术中心，为硅谷众多著名的高科技公司培养了领导者，比如谷歌、惠普、雅虎、LinkedIn、Snapchat等公司的创始人都是从硅谷开始创业的，这些高科技企业的崛起也带动了区域的科技发展。

1959年，当时的斯坦福大学工程学院的院长特曼提出，将学校1000亩土地以低廉的价格长期出租给毕业校友或者工商界开办公司，随后大量高科技企业纷纷进入斯坦福工业园区，1000亩土地很快就出租完了，于是工业园区向外扩展，最终形成了硅谷。在硅谷的形成过程中，斯坦福大学为园区内的企业提供了大量的高科技人才，而园区内的企业也

---

① 资料来源：https://www.sohu.com/a/153764772_617138.

积极与其他高校开展科技交流与合作，最终使硅谷成为世界顶级的高科技园区。

从硅谷发展的案例中可以看出，高校能为当地输出大量科技型人才。如今，硅谷的高科技人才来自斯坦福、加州大学伯克利分校、卡内基梅隆大学西海岸校区等高校，同时，硅谷还吸引着来自世界各地的高科技人才。如今，有硅谷工作背景的人，都会成为各大公司争相抢用的人才。

类似的例子，还有哥伦比亚大学、纽约大学、宾夕法尼亚大学、哈佛大学等高校的法学和商学精英们聚集的华尔街。作为美国的金融中心，华尔街的从业人员大多集中在金融、法律、会计、商科等领域。华尔街也有其独有的区域文化。尽管华尔街的文化常常被外界批评为墨守成规，但丝毫不影响其世界金融中心的地位。

又如，德国的斯图加特及其周边地区是德国机器及装备制造业的集中区，这个区域集中了德国近 1/3 的机器制造企业。作为一个高端产业的集中区域，斯图加特大学、斯图加特工程应用技术大学等高等院校为该地区培养了大量人才。

另外，澳大利亚的昆士兰、新南威尔士、维多利亚等航空航天工业中心，吸引着来自昆士兰大学、悉尼大学、悉尼科技大学、昆士兰科技大学等著名大学的高科技人才，吸引了众多高端人才。

高校培养人才，产业集群不断吸纳人才，促进人才的进一步成长，形成了独特的人力资源文化与环境。从事相关行业的企业，可入驻到相关产业的聚集群园区，产业聚集群中有大量的相关人才，且聚集群内的知识交流也是最新的、全面深入的。同时，产业聚集群园区也能吸引更多来自专业领域的优秀学生，对于企业来讲，不论是招纳具有丰富经验的从业者，还是大学毕业生、实习生，产业聚集群园区都是一个很好的"吸才池"。

四、人口结构环境对企业发展的影响

人口结构是一个国家或地区一定时期内人口构成的状况，了解人口结构变动的趋势，对于企业制订发展战略、设定市场目标、确定营销政策等皆有着重要的作用。

从一个国家或地区的人口结构角度，便可分析这个国家或地区的行业发展趋势。比如，人口老龄化严重的国家，对于老人养、护、疗的需求就会很大，围绕这个需求的产业空间就会很大。如果一个国家或地区学龄段的人口数量较大，那么，在这个国家，教育行业、学习用品等领域可能会有很好的发展机会。

从一个国家或地区的劳动力结构视角，也能分析该地区的行业发展趋势。如，对于青壮年劳动力占比大的国家或地区来说，发展加工制造业具有更大的人力资源优势；对于服务型劳动力占比大的国家或地区来说，发展服务业具有明显优势；对于专业技术型人才占比大的国家或地区来说，发展高端产业和高科技行业有一定优势，因为高科技人才资源丰富。

据国家卫计委统计，2010 年，我国 60 岁及以上老年人占总人口的比例为 13.26%；到 2020 年，我国 60 岁及以上老年人口将达 2.55 亿左右，占总人口的 17.8% 左右。据联合国规定：一个国家 65 岁以上的老年人在总人口中所占比例超过 7% 或 60 岁以上的人口超过

10%，便被称为"老年型"国家。随着我国人口的老年化，对医疗、养老、旅游等行业的发展趋势都产生了巨大的影响。其中，随着人们收入的增加和养老观念的改变，外出旅游受到了越来越多老年群体的喜爱，老年旅游市场已然成为各大旅游企业不可忽视的重要市场。其不仅为旅游公司带来了新的增长机会，同时也提出了新的要求。就目前来看，老年旅游市场的专业化程度还比较低，多数针对老年群体的旅游项目都没有经过特殊设计，景点安排、线路设计、出游节奏、配套服务等方面，针对性都不够明显。老年人因为身体状况等原因，在出游时的吃、穿、住、行、医等方面，都与一般旅游者有着较大差异，目前各大景区也缺乏针对老年群体的相应设施，这都给旅游企业带来了一定的运营压力。这就要求旅游企业根据老年群体的身体和心理特点，在产品开发、路线选择、价格设置、配套服务等方面，进行更加专业化和针对性的运营，以整合老年旅游市场，塑造老年旅游品牌。

了解和分析国际环境，是企业实施国际化战略的基础。《孙子兵法》有云："上兵伐谋，其次伐交，其次伐兵，其下攻城。"就是说，真正善于用兵的人，是从计谋上去赢得战争，而不是简单地依靠蛮力去攻夺城池。企业的国际化经营就像是一场战争，不能盲目地去扩张，首要任务是仔细分析国际环境。只有看清形势、了解态势、洞察趋势、掌握局势、知己知彼了，方能决胜于千里之外。

如果企业没有深谙国际环境的相关人才，或者说企业不具备分析国际环境的能力，则可以委托专业的第三方咨询机构进行全方位、深入的调研，获得翔实客观的评估意见。当年 TCL 收购阿尔卡特的决策失误，就在于盲目乐观和急功近利，低估了并购的难度，加之国际化人才储备不足，节省了几百万欧元的咨询费，虽然收购成功了，但最终导致了合资公司的巨额亏损，国内手机市场也失守了。

总之，企业在开展国际业务时，需要注意四个方面的问题：一是要了解当地社会制度、法律法规。遵守法律法规是企业经营活动的红线，绝对不能触碰。二是充分关注业务开展国或地区的人文环境。三是要选择在营商环境符合自身发展战略的地区开展业务。四是要建立一套风险预防和应对机制，遇到相关"天灾人祸"时，也可从容面对。

第二节 国 内 环 境

1978 年 12 月，党的十一届三中全会提出了全党的工作重心转移到经济建设上来，并制订了对内改革、对外开放政策。经过 40 多年的风雨历程，中国经济得到了长足发展，一大批适合世界产业化发展需求的企业在这 40 多年中如雨后春笋般成长起来，也有一些落后于时代产业化发展的企业在这 40 多年中逐渐被淘汰。

从国家层面来讲，经济政策发生了一系列改革，大量的法律法规也是从无到有，营商环境也一步一步趋向成熟和具有国际竞争力。通过总结发现，在这期间成长起来的企业，都是抓住了改革开放的机遇，顺应了与时俱进的经济政策变化。而那些倒下去的企业，多数是跟不上时代步伐，故步自封或投机取巧者。可见，充分了解国家经济政策，掌握经济发展动向，积极抓住改革开放的良好机遇，便能巧借东风，顺势而为，乘势而上，享受政策带来红利的同时，促使企业有长足的发展。

相比于国际环境来说，适应、熟悉、了解国内政策环境，会更容易一些。对于国内政策环境，下面主要从经济政策、法律法规、营商环境和人力资源环境等方面来进行梳理。

模块四：经济政策

经济政策是企业发展的信号灯，政策导向是影响行业趋势的主要因素。

在不同时期，政府会通过制定不同经济政策来促进经济的持续发展，通过不断完善营商环境来创造更具活力的企业成长环境。

新中国成立以来，颇具代表性的经济政策有四个阶段：

第一个阶段是1949～1977年，这个阶段处于计划经济时期，中国在以农业为经济主体的基础上，建成了门类齐全的工业体系，使得经济结构发生了变化。但国内企业主要是从事军工和重工业的国有企业，技术和管理相对落后，企业之间缺乏竞争。此阶段的经济增长主要来自自己投入的增加，而不是来自效率的提高。

第二个阶段是1978～1995年，在这个阶段国家确立了以经济发展为中心的重大战略，并提出了改革开放的政策，将我国逐渐确立为以公有制为主体，多种所有制经济并存的具有中国特色的社会主义市场经济体制，这一经济制度的确立，促使国企开始进行改革，小商小贩大量涌现，很多有勇有谋的民营企业家在这个阶段实现了原始积累。

第三个阶段是1996～2005年，随着世界贸易组织(World Trade Organization，WTO)成立，国际多边贸易的升温，2001年中国成功加入世贸组织，中国从政府主导型的、政策性的对外开放，转变成市场主导型的、体制性的对外开放。政府不断深化经济改革的目标，加快了经济发展的速度，经济发展也带来了产能的迅速扩张，企业之间竞争加剧。

第四个阶段从2006年开始，我国提出要树立可持续发展的理念。基于经济全球化趋势的持续加强，要充分利用国外资金、技术、资源和市场，推动中国经济发展，进一步完善中国市场经济体制，调整产业结构，推动工业化和城镇化进程。为此，我国出台了工业结构优化升级、加快发展服务业的诸多经济政策。国企、民企和外企的竞争形势加剧，在市场、人才、技术、产品、服务等多个方面展开竞争，各行各业得以迅速发展。

2018年，国家统计局的数据显示，中国的经济表现比较平稳，前三季度实现了6.7%的中高速增长，城镇新增就业人数超过1100万人。众多海内外专家表示，中国经济结构在未来将不断优化，经济增长的质量将不断提升。积极向好的经济形势，为企业发展提供了良好的经济基础。除了稳中有进的经济形势，中国积极推动产业升级改造。如2016年提出的《中国制造2025》，制定了将中国由制造业大国转型为制造业强国的目标；提出要实现制造业创新中心建设、智能制造、工业强基、绿色制造、高端装备创新五大工程，并且划定了广州、宁波、苏南城市群等10多个城市(城市群)作为示范城市。《中国制造

2025》的发布为提高和保持中国制造行业的国际竞争力提出了政策引导和保障。

除此之外，为了推进各行业的升级改造工作，政府也颁布了一系列政策，来保障和促进产业升级进程。比如 2016 年公布的《国务院关于钢铁行业化解过剩产能实现脱困发展的意见》，从化解过剩产能、推动产业升级和优化产业结构等方面，对钢铁行业的发展提出了指导意见。2016 年国务院印发的《"健康中国 2030"规划纲要》，强调了发展和推进老年医疗卫生服务体系建设的重要性，提出要将服务延伸至社区、家庭。针对其他产业的转型升级，国家也颁布了相关的政策，以此来促进和保障产业升级，这使企业发展提供了良好的环境，有利于提高企业的活力和积极性。

经济政策对企业的影响是方方面面的。如宏观经济政策中的货币政策，主要包含了扩张性货币政策和紧缩性货币政策，不同的政策反映了不同的市场供求状况，对企业的重大决策有着重要的参考意义。微观经济政策中的价格政策、消费政策等，也应被企业纳入其日常决策中，如环保政策可成为企业产品的附加值。所以，企业需要充分了解相关的经济政策，以使企业的发展顺应政策，让企业可以走得更稳、走得更远。

模块五：国内法律法规

随着社会的进步、市场经济的规范，法律法规在企业管理中发挥的作用也越来越大，它引导、规范、保障着企业的市场经济活动。社会经济的动态特性和法律法规的稳定性，决定了法律法规的滞后性，这是法治无法避免的代价。许多企业利用这一规律，在相关法律法规尚未成熟时，便"机智"地"打着擦边球"。他们可能会获取一时的利益，但终究会因为"铤而走险"而断送了企业的大好前程。依法治企，是每一家企业都要遵循的基本原则；合法经营，是每一家企业都必须遵守的游戏规则。同时，也不能以静态的眼光来看待法制环境，而要密切关注法律法规动态，尤其出台的最新法律法规，更要加以学习和了解。

比如，2015 年 9 月 1 日起正式实行的《中华人民共和国广告法》（后称：新广告法），其中第九条第 3 款规定，广告用语不得使用最高级词汇进行修饰；第二十六条对房地产广告的广告信息、广告用词等做出了具体的规定。在此之前，房地产业的广告处于一片混乱状态，几乎在每家公司的广告用语中，都有新广告法禁止使用的最高级词汇，有升值或投资回报的承诺。对于新广告法的实施，有的企业能及时调整，规范广告用语，而有的企业则想着打擦边球，结果便是受到了严厉的惩罚。

互联网作为区别于报纸、电视等传统媒介的新兴媒介，越来越受到广告主的青睐，也成了广告违法的重灾区。

2018 年 7 月 20 日，国家市场监督总局公布消息称：2018 年上半年，全国共查处 8104 件互联网广告违法事件，罚款和没收的总金额超过 1 亿元。其中有几个典型的案例，恒大地产集团天津世博国际会议中心有限公司发布的广告涉嫌违法，其在广告中违规使用了与医疗用语相混淆的词汇，被处以罚金 10 万元；天津河东中科医院的大部分网站广告未经审查,被处以罚金 10 万元。除了广告法,知识产权法、电子商务法等相关法律也随着高科技产业、互联网的兴起在逐步完善,走向规范。

互联网技术的发展,使得信息的传播变得迅速而广泛,任何关于企业的违法行为或负面信息,都可能在短时间内传播开来。企业经营变得越来越透明,对于企业来说,违法行为越来越容易被披露出来,违法成本也会变得越来越高。企业若不加以重视,其后果往往是难以估量,无法挽救的,震惊全国的吉林长春长生生物科技有限责任公司的"疫苗事件"便是一个典型例子。

2018 年 7 月 15 日,国家药品监督管理局(下称:药监局)在对长春长生生物科技有限责任公司(下称:长生生物)检查中发现,长生生物的狂犬病疫苗生产过程严重违反了《药品生产质量监督管理规范》。药监局责令,吉林省食药监局收回了长生生物的药品 GMP 证书,并要求其停止生产狂犬病疫苗。

此事件发生以后,引起了党和国家高度重视。2018 年 7 月 23 日中共中央总书记、国家主席习近平对吉林长春长生生物疫苗案件作出重要指示,指出长春长生生物科技有限责任公司违法违规生产疫苗行为性质恶劣,令人触目惊心。有关地方和部门要高度重视,立即调查事实真相,一查到底,严肃问责,依法从严处理。要及时公布调查进展,切实回应群众关切。8 月 16 日,国务院总理李克强主持召开国务院常务会议,听取吉林长春长生公司问题疫苗案件调查情况汇报并作出相关处置决定[1];10 月 16 日,药监局和吉林省食药监局对长生生物的违规行为做出行政处罚,没收长生生物违法生产的疫苗和违法所得合计 18.9 亿元,处违法生产、销售货值金额三倍罚款 72.1 亿元,罚没款共计 91 亿元。

2019 年 1 月 22 日,备受关注的长生生物疫苗案件经过公安机关两次补充侦查后,移送长春市检察院审查起诉。长生生物董事长高俊芳涉嫌非国家工作人员行贿受贿罪、挪用资金罪已经移送市检察院,于 2019 年 3 月 9 日前与生产销售劣药罪一并移送到市法院[2]。

依法治企、合法经营,本是企业公民最基本的责任和原则。随着我国法律法规环境越来越完善,执法力度的不断加强,奉公守法更应该体现在企业经营的方方面面。与此同时,政府也在积极出台支持新兴产业、新兴领域发展的政策法规,这也为企业的经营发展提供了良好的法制环境。

模块六:营商环境

我国建立的是社会主义市场经济体制,实行公有制为主体、多种所有制经济共存、共发展的经济制度。为提高中国综合竞争力,改革开放以来,中国不断在优化营商环境,营

---

[1] 资料来源: http://www.gov.cn/xinwen/2018-08/16/content_5314436.htm.
[2] 资料来源: http://finance.ifeng.com/c/7kJi5ePBToE.

造更加市场化、国际化、法制化、便利化的环境,降低制度性成本,从而提升国际竞争力。为此,政府出台了一系列营商环境政策,如:减税降费、简政放权、加强监管、优化服务等政策与措施。

根据国家工商总局的数据,2016年6月底,中国国内的私营企业数量在内资企业数量的占比中超过90%,《2016年中国企业500强发布报告》还指出,中国企业500强的入门门槛已经提高到了百亿元,这些数据充分显示了中国营商环境的变化。为进一步提升竞争力,政府也在积极研究,取消外资在华投资的持股比例限制。

改革开放,一方面是对内改革,另一方面是对外开放。在"对内改革"方面,不论是以深圳为代表的经济特区的设立,还是以雄安新区为代表的国家级新区建立,以及以上海为代表的自贸区的设立等,都是中国做出的积极尝试。这些改革措施在引进海外技术、管理经验,扩大外商渠道、增加外汇收入,以及对外开辟改革开放的展示窗口等方面都起到了积极意义。

2014年9月,在第八届夏季达沃斯论坛上,李克强总理提出,要在960万平方公里土地上掀起"大众创业""草根创业"的新浪潮,形成"万众创新""人人创新"的新势态。此后,他在首届世界互联网大会、国务院常务会议和各种场合中频频阐释这一关键词。每到一地考察,他几乎都要与当地年轻的"创客"会面,希望激发民族的创业精神和创新基因。2015年3月,李克强在政府工作报告中提出,推动大众创业、万众创新,既可以扩大就业、增加居民收入,又有利于促进社会纵向流动和公平正义。在论及创业创新文化时,强调"让人们在创造财富的过程中,更好地实现精神追求和自身价值"。大众创新、万众创业的国家战略在引导和鼓励人们积极创新,探索新的商业模式。可以看到,中国对内改革的形势正在朝向积极的方向发展。各类政策保障为企业提供了良好的营商环境。

引用外资是改革开放的一大重点,在经济全球化的今天,外资的引入不仅加快了中国经济的快速发展,也提高了我国经济运行效率,提升了我国的国际地位。同时,也能促进良好营商环境的创造。从改革之初只追求"出口创汇",到后来"建设贸易大国",再到提出"推进贸易强国建设",中国对外开放的大门正越开越大。

2017年1月17日,中国中央政府发布了《国务院关于扩大对外开放积极利用外资若干措施的通知》(国发〔2017〕5号)(下称:国发5号),国发5号宣布了放宽证券公司、期货公司、银行类金融机构等金融类服务企业的准入条件。中国在金融领域的外资准入条件上向来苛刻。国发5号文的发布,对于境外的金融企业、资本巨头来说,就是一条重大的利好消息。而对于中国本土的金融企业来说,国发5号文的发布,意味着他们将面临更严峻的竞争。当本土资本和外来资本正面竞争时,金融行业就会迎来一场变革,虽然在这个过程中难免有些企业会面临巨大挑战甚至倒闭,但是对于整个金融行业的生态环境来说是好的,因为竞争能够带来比垄断更多的社会效益。

国发5号文还明确指出,要放宽其他领域的外资准入条件,如高端制造、金融服务、能源产业等。引进这些企业,不仅能够帮助传统企业进行升级改造,对本土企业和外资企业来说，也是一个很好的机会，同时还能增强市场的竞争性，促进公平竞争。国发5号文还明确，授权地方政府制定相应的招商政策，这就意味着各地政府在法律许可的情况下可根据实际情况来制定政策。对于企业来说，在与政府的洽谈协商中，也可争取到更多优惠条件。

除了以上提到的国发5号文以外，政府还颁布了许多与商业相关的政策，如《企业投资项目核准和备案管理办法》《关于促进开发区改革和创新发展的若干意见》等。这些政策的发布，能够促进企业间的公平竞争，简化企业在办理行政业务时的流程，提供土地或税收优惠，加强企业间的合作，维护企业的主体权利，等等，目的是给企业创造更好的营商环境。

改革开放以来，许多垄断行业逐步向民营资本、境外资本开放，政府为了吸引非国有资本的进入，一方面在积极制定各类配套政策，另一方面在不断简化行政制度，这为企业创造了更好的营商环境。

对于企业来说，不断优化的营商环境，能为其创造更多公平竞争的条件；企业掌握了营商环境，也能寻得适合自身成长的沃土，获得更多的发展机遇，获得更多的成长养料，促进企业持续健康的发展。

模块七：人力资源

法律法规和营商环境是企业开展经营活动的外部制度环境，而人力资源环境则是企业组织建设的外部人力环境。人力资源环境直接影响着企业用人投入和人才结构的构成。

随着知识经济发挥的作用越来越明显，企业人力已上升到了企业竞争力的高度，人力成本意识也逐步成为"人力资产"。尤其对轻资产或科技创新型企业来说，"人力资产"已成为企业最为重要的资产。因此，人力资源环境对一个国家或地区的"筑巢引凤"计划来说，发挥的作用越来越重要，它是吸引企业扎根落户的软实力。人才政策、地区的人文经济以及人才聚群区等，都会对人力资源环境产生极大的影响。

首先，制定人才引进政策，是世界上大多数国家吸引人才的主要做法，人才的聚集，能在较短时间内提升一个国家的科学技术水平。中国从2008年起，就在统筹资源、完善政策，组织实施海外高层次人才引进和人才计划。比如，中央组织部的"千人计划""万人计划"，中科院的"百人计划"，教育部的"长江学者奖励计划""创新团队发展计划"，人社部的"百千万人才工程国家级人选"，科技部的"创新人才推进计划"等。

其次，人文经济能够形成独特的人力资源环境。如中国长三角和珠三角沿海地区快速发展的经济和兼容并包的城市文化吸引着大量有才之士。京津冀城市群以"一核、双城、三轴、四区、多节点"为协同发展理念，旨在发挥北京的辐射带动作用，打造以首都为核心的世界级城市群。它是我国经济最具活力、开放程度最高、立异才能最强、吸纳人口最多的一个区域。其在每一个节点都根据自身的特点，吸纳了来自世界各地的人才，发展出了文化、金融、科技、国际航运等优势产业。

再者，高科技人才聚群环境，更容易影响高科技型人才的数量和质量。比如在北京、深圳、广州、成都等名校及高科技产业园区聚集的城市，更容易吸引到高科技型人才。数量众多的大学生毕业后，会优先选择留在这样的城市工作与生活。产业集群同样容易培养专业性、技术型人才，比如北京的798艺术产业区、广东顺德的家电产业集群、四川德阳的重型机械产业集群等。知识在产业集群内的流动促进了区域的技术进步和经济发展，形成了独特的人力资源文化。

吸引有影响力的企业入驻，是提高一个地区综合实力的快捷方法，政府为了提高当地的影响力和竞争力，往往会制定诸多优惠条件来吸引各类企业入驻。在现实中，企业选择入驻地时，需要进行综合考量，不能因为政府提供了很好的优惠政策（如土地、税收等），而忽略了当地的人力资源环境和产业配套等环境。

总而言之，法律法规及经济政策一方面划定了企业经营活动的底线，维持着社会经济秩序，另一方面也为经济发展提供了动力，给企业经营发展带来了机遇。好的营商环境不但能为企业的公平竞争创造条件，也能提供各种便利和优惠政策，使得企业高效运转，减轻经营成本。

第三节　地　区　环　境

在一个国家有发达地区和落后地区之别。在中国，长三角、珠三角的城市普遍比西部内陆城市发达，这得益于近水楼台的改革开放政策、沿海经济特区的引领效应，得天独厚的海上交通优势，观念开放，以及勤劳务实的思想。

当然，随着改革开放的进一步深化、信息高速公路的普及、内陆高速交通网络的建成，许多内陆城市的竞争力在日趋提升，如成都、武汉等内陆城市的发展势头已不容小觑。在经济一体化的今天，产业分工越来越清晰，产业集群也越来越明显，随着城市间的竞争加剧，出现了不同产业优势、不同营商环境，一个适合企业自身成长的环境，成为企业选址关键。对于企业来说，了解地区环境之不同，匹配适合自身发展的"巢"，也是企业审时度势、借势而行的具体方法。

在这里将从产业政策、地区法规、营商环境和人力资源环境等四个方面来探讨区域环境这个"势"。

模块八：产业政策

各地区的经济发展状况有所差异，各自优势不尽相同，产业发展侧重也有所不同。各地政府围绕中央政府经济政策、中长期发展规划及指导性文件，结合区域情况，制定地方产业发展政策。

北京市为大力培育和发展文化市场主体，加大了对骨干文化企业的扶持力度，制定了相关政策，积极鼓励和引导社会资本进入文化产业。根据国家统计局数据，2017年北京文化产业增加值2700.4亿元，是2004年的7倍，年均增长16.1%；占GDP的比重为9.6%，居全国首位。文化产业拥有近90万从业者及十个文化产业聚集区，产业增加值占全市GDP的10.3%，已经成为北京经济发展的重要支柱。从2006年起，北京就设立文化产业发展专项资金，每年5亿元。

近年来，北京市相继出台《关于进一步鼓励和支持民间资本投资文化创意产业的若干政策》《关于促进文化与商务融合加快发展新型文化业态的实施意见》《关于推进文化创意产业创新发展的意见》《北京市实施文化创意产业"投贷奖"联动推动文化金融融合发展管理办法（试行）》等政策，协调金融机构推出适应企业需求的产品和服务，初步建立起包括贷款贴息、融资担保、创投基金在内的文化投融资服务体系。

数据显示，2004年第一次全国经济普查时，北京市共有文化产业法人单位3.03万个，从业人员55.5万人，营业收入1749亿元，资产总计2942亿元；2017年，北京市规模以上文化产业法人单位达4400余家，从业人员超60万人，收入合计超过1万亿元，资产总计1.6万亿元；截至2018年上半年，北京市有A股上市文化企业99家，文化产业贷款余额1487.7亿元。2018年6月，北京市委、市政府印发《关于推进文化创意产业创新发展的意见》，提出数字创意、内容版权两大主攻方向，聚焦创意设计、媒体融合、广播影视等九大重点领域，实施文化空间拓展、重点企业扶持、重大项目引导等九大产业促进行动[①]。

产业扶持也是政府根据自身发展阶段需要所做的产业政策引导，对于政府要重点培育的相关行业有着重要的促进作用。

成都市2018年出台了《关于培育社会企业促进社区发展治理的意见》（简称《意见》）。《意见》的出台是社会企业领域的一项重大突破，意味着成都市很可能成为社会企业发展的一个平台。《意见》指出，服务农村农业类社会企业和社区生活性服务类社会企业将得到优先支持，重点支持社区环境服务、食品安全、康养服务、就业服务等社会项目。同时，《意见》还提出，成都市将探索社会企业评审认定工作。社会企业的评审认定工作，可以为社会企业的注册、绩效等提供评价标准，能够促进社会企业的良性发展，通过评审认定的社会企业，能够得到公众的认可。因此，对于从事社会企业创新创业项目的企业来说，成都市是一个开展业务的良好平台。

总的来说，产业政策是企业行为及企业价值创造的重要背景与基础，产业政策能够通过自身的传导机制，改变企业的决策环境和未来预期，进而影响企业的行为[②]。若企业的战略方向与产业政策所倡导的方向相一致，企业就会拥有更多的投资机会、扩张机会和市场机会，也更容易获得外部的资金支持。更多的机会和支持，是企业发展的契机，也对企业提出了更高的要求，这需要以严谨的思维和发展的眼光加以判断，抓住与之匹配的机遇，

---

① 资料来源：https://baijiahao.baidu.com/s?id=1617980915101415266&wfr=spider&for=pc.
② 薛媛，孙颖. 浅析产业政策对微观企业行为的影响. 商业经济，2018（9）：62-63.

寻得适合自身的发展。

模块九：法规法治

企业在开展经营和商务活动时，不仅要遵守国家法律法规，也要了解地方性法规，合法合规经营。

鉴于中国从实际国情出发，以及改革开放和经济发展的需要，在国家法律基础上，在不与宪法、法律、行政法规相抵触的前提下，各地方政府会根据本行政区域的具体情况和实际需要，补充制定一些地方性法规，以规范当地的发展需要[1]。

根据《立法法》的规定，地方性法规的立法主体包括两大类：一是省、自治区和直辖市人大及其常委会，二是设区的市人大及其常委会。据统计，十二届全国人大以来，截至2017年12月上旬，常委会办公厅共接收报送备案的省级地方性法规2543件，设区的市地方性法规1647件[2]。各地区都会根据实际情况，进行地方性法规的制定、备案与执行。

例如，贵阳市人民代表大会发布的《贵阳市大数据安全管理条例》（下称：《安全条例》）2018年10月1日起正式实施，《安全条例》明确规定：大数据单位要保证数据安全，依据数据类型、敏感程度等因素建立安全保障机制等。这就意味着，在贵阳市从事大数据领域的企业，得在安全条例实施前检查自身的安全措施是否到位，在《安全条例》正式实施以后，一旦企业被发现安全措施不到位或者有明确的安全规范但实施不到位，都将受到行政处罚。类似的地方性法规还有福建省的《福建省发展应用新型墙体材料管理办法》、广东省揭阳市的《2018年地方政府新增债券转贷资金收支预算的议案》、四川省的《四川省固体废物污染环境防治条例》等。

美国的司法体系采用双轨制，即联邦法律体系和州法律体系并存[3]。企业必须在州法律和联邦法律的双重监管下合法经营，而美国各州的法律体系存在较大差异，这就给企业的跨州经营带来了很大的适应性挑战。比如加州的《新父母离职法案》规定，在50人规模以下的小型企业工作，员工可以享受3个月的无薪产假或陪产假，而截至2017年底，美国也仅有少数的几个州有法律对产假做出明确规定。又如美国加州在2018年7月通过了《2018年加州消费者隐私法案》，该法案一方面规定了消费者对企业收集和管理其个人信息拥有更多控制权；另一方面对企业收集、处理数据的方式划定了红线。相比于其他州，这是美国迄今"最严厉、最全面"的个人数据隐私保护法案，这使得在加州的企业面临着更为严峻的挑战。

地方法规是企业开展经营活动须适应的法制环境，而法制环境则是企业投资及开展经营活动的保障。各项优惠政策具有稳定性和连续性，不因领导人的改变而改变，也不因领

---

[1] 《中华人民共和国立法法》释义. 资料来源：中国人大网. 2001.8
[2] 沈春耀. 全国人民代表大会常务委员会法制工作委员会关于十二届全国人大以来暨2017年备案审查工作情况的报告——2017年12月24日在第十二届全国人民代表大会常务委员会第三十一次会议上. 《中国人大》2018.1
[3] 资料来源：http://www.iolaw.org.cn/shownews.aspx?id=2775.

导人的看法和注意力的改变而改变。在良好的法制环境下，政府执法公正透明，企业的经营活动正当合法。这样的法制环境能够保障企业间的正当公平竞争，能依法保护企业合法权益，能促进企业在竞争过程中更专注地进行自我升级和改革。

相较于国家通行法律，地方性法规更具有针对性，尤其是在行业集中度较高的地方，政府发布的地方性法规往往会针对行业提出要求，这就需要在当地从事相关领域的企业认真学习并遵守法律法规。对民营企业而言，要选择在一个与自身业务发展匹配的土壤里落户，事前不仅要了解所在地的法制环境，更要了解自身业务相关领域的法律法规。

模块十：营商环境

为了保持经济持续健康发展，吸引企业前来投资落户，增强城市综合竞争力，进一步带动区域经济发展，各地政府都在积极建设、改善城市的营商环境。地方政府通常会推出各种优化营商环境的措施，如转变政府职能、推出行政审批制度的改革（简政放权），以及放管结合、优化服务的改革。同时，也会配套推出一些促进产业转型升级的招商政策。

例如，南京市发布的《南京市鼓励外商投资服务业门类及布局目录》，目的在于积极引进外资企业入驻，重点引进与先进制造行业配套的金融保险、软件研发、商贸物流等生产性服务业，促进生产性服务行业向专业化方向的升级改造，努力进入行业中的价值链高端[1]。

又如，从深圳罗湖区 2018 年 11 月制定的《罗湖区产业转型升级专项资金扶持招商引资实施细则》中可以看到政府对金融、科技创新、商贸流通、专业服务、时尚创意、黄金珠宝等领域的扶持情况，主要包括落户扶持、产业空间扶持、办公用房扶持、重点产业项目扶持和创新扶持等方面的内容，以营造良好的投资环境，拓宽招商引资渠道，加快引进优质企业及项目[2]。

2018 年上半年，武汉开发区合计引进了亿元以上的重大项目 38 个，签约总金额达到 1118.6 亿元。作为武汉实体经济的主战场，武汉开发区在积极地完善技术转移、项目培育、企业孵化的服务链，为企业营造适宜的软硬件环境。

成都市在推动"多证合一"升级的过程中取了良好的成果，在"口头申报，当场取照"等简化行政流程方面进行了大胆尝试。同时，成都市政府也推出了《关于支持服务新经济发展的指导意见》《六大新经济业态行业分类目录（试行）》等促进地方经济发展的文件。杭州市政府从"服务提速、政策落地、环境优化、执法规范"等四个方面去全力优化当地的营商环境，取得了良好的效果。深圳市人民政府发布的《深圳市推进简政放权放管结合优化服务改革工作要点（2017—2018 年）》是通过简政放权方便企业办理政务工作、优化企业营商环境的地方性政策。

---

[1] 资料来源：http://www.nanjing.gov.cn/zdgk/201810/t20181022_573570.html。
[2] 资料来源：http://sz.shenkexin.com/news/info-policy-547.html。

好的营商环境能为企业提供公平竞争的环境，帮助企业提升经营效率，提高企业的活力和创造力，帮助企业快速成长。从上面众多地方政府的举措中可以看到，这些年来中国各地区政府都在积极营造良好的营商环境，以使企业能获得安全感和稳定感，尽量减少因政策变化给企业造成不良影响，使得企业可以聚焦于企业未来长远的发展规划之中。因此，在选择落户之地和业务的区域发展时，需对具体营商环境加以考察、分析、比较，以选择适合于企业发展的环境，求得企业与环境的最佳匹配与融合。

模块十一：人力资源

人才资源作为企业最重要的资源，其对应的人力资源环境对企业的经营有着重大影响。当企业所在地的人力资源环境发生巨大改变时，企业若不能及时调整战略和人力资源政策，可能会面临巨大的运营挑战。

比如，沿海城市的许多制造型企业已向内陆城市或者东南亚地区转移，其主要原因就是所在地人力资源成本逐年升高。在利润率较低的制造加工业，人力成本便是企业的主要成本之一。同时，各城市之间的人力资源环境也存在着巨大差异，它与各个地区的教育资源、经济和产业发展政策、文化环境等都有着紧密的关系。教育资源丰富的地区往往能够培养出更多的知识性人才；经济活跃和产业聚集的地方通常能够聚集大量的创新型人才和行业资深人才；文化包容性强的城市则更能吸纳天南海北的人，更有利于聚集多层次、多维度的人才。

人才引进仍然是各地政府优化本地人力资源结构的主要措施，激烈的抢人大战也在中国各城市频频上演。

2017 年 1 月到 2018 年 5 月，包括香港在内的近 50 个中国城市开启了一场精彩的抢人大战。各地政府纷纷通过制定人才引进的优惠政策来吸引更多知识型、技能型、管理型和创新型人才入驻。在人才引进政策中，通常提供包括宽松的落户政策、安家补贴、子女就学费用减免等优惠条件。

例如，南京市为吸引更多青年大学生就业创业，推出了"宁聚计划"，进行招才揽才。"宁聚计划"对本科以上学历的人才给予落户，并提高了对人才的租房补贴标准[1]。杭州市政府则根据自身发展需要，对 76 个紧缺的专业人才制定了直接落户的优惠政策，硕士以上学历的人才，甚至可享受"先落户、后就业"的政策[2]。郑州市委市政府公布的"智汇郑州"人才工程"1+N"政策体系中，给予中专以上毕业生"零门槛"落户、发放生活补贴、发放购房补贴等优惠政策。武汉政府为了实现"5 年留住 100 万大学生"的目标，实行大学生落户零门槛、给予引进人才连续 3 年补贴的优惠政策[3]。

这场抢人大战也为企业营造了良好的人力资源环境，不仅提高了企业与人才之间的可

---

[1] 资料来源：http://www.njhrss.gov.cn/njsrlzyhshbzj/201810/t20181021_540922.html.
[2] 资料来源：https://www.hangzhouluohu.com/rencaiyinjin/868/.
[3] 资料来源：https://baijiahao.baidu.com/s?id=1584846812345962544&wfr=spider&for=pc.

选性、可获性，也促进了人才在本区域内的流动性和稳定性。好的人力资源环境不但为企业用人提供了有力保障也降低了企业人力资源成本和人力成本。

因此，一座城市或一个地区，作为企业安营扎寨的大本营，其人力资源环境、营商环境、法律法规和产业政策，皆会影响企业的生存、运营、发展。良好的地区环境是企业能获得安全、得到稳定发展的重要前提，也是企业能够专心于战略规划、业务发展的根本前提。对于企业来说，选择与之匹配的地区环境尤为重要。这需要进行周密的事前考察、事中把控和事后交涉，以顺势而为、借势而起。

第四章　地势——产业链环境

　　政策法规是企业开展经营活动须遵守的基本规则，产业链环境则是企业经营发展中的推动力量。如果把企业的经营活动比作列车的运行，那么法律法规是列车运行的轨道，行业趋势是列车运行的风向标。火车在运行过程中既不能"出轨"，也要懂得"变轨"。"不出轨"是对法律法规的遵守，懂"变轨"是对产业形势的把握，变轨的方向对了、时机对了，火车才能成功到达目的地。

　　很多行业都经历了从无到有，从小规模到大范围普及的过程。在这个过程中，每个行业都产生了一批优秀的新型企业、这些企业跟着行业发展的脚步，由小到大、由弱到强。

　　汽车代替马车曾一度被人们认为是一种伪创新，但是最终汽车行业颠覆了马车行业，福特、通用汽车等一些著名企业也随着汽车的大规模普及而崛起。曾几何时，手机取代电话机进入普通人手中被认为是很遥远的事，但是短短十几年的时间手机在个人通信领域已成主流。随着手机行业的崛起和不断迭代，在功能手机时代产生过诺基亚、摩托罗拉、爱立信这样的行业巨头，而当智能手机出现后，这些曾经的巨头却不见了昔日的光芒，取而代之的是苹果、华为等新"巨无霸"。这些企业的由小到大，由弱到强，然后由盛到衰，足以证明产业趋势对其产生的作用和影响，所以在产业快速升级的时代，跟不上时代步伐的企业也只能是日落西山。

　　"沉舟侧畔千帆过，病树前头万木春。"崛起和倒下的这些企业告诉人们，把握产业及行业的现在与未来是一件关乎企业生死存亡之事，产业形势既是企业生存的外部环境，也是孕育行业机会的"地势"，又是能够为企业发展提供牵引力的内部动力来源。

　　顺应地势，能为企业带来新的生机，反之则被淘汰。正如小米手机创始人雷军所说"风口上的猪都能飞起来"，但当猪在风口上时，若没能抓住机会，风没了或风变向了，那不是掉下来摔死，就是被风刮得无影无踪。

　　本章将从产业形势、行业形势、行业地区态势等三个方面共九个模块去探讨影响企业发展的"地势"。

第一节　产　业　形　势

　　产业趋势是整个产业未来的发展方向，产业链中的上游、中游、下游围绕产业链的纵深在横向发展，各行各业紧随其产业转型升级的方向在创新发展。产业链态势是产业当前的发展现状，包括上下游各行业之间的竞争格局，影响企业间的竞争与合作关系。产业环境是产业面临的经济政策、技术发展方向、市场需求动向和人力资源环境，对企业的经营决策有制约作用。

模块十二：产业趋势

产业趋势来自产业链上下游的创新或需求变化。

比如在整个产业链中，处于上游的行业正在经历一场技术变革，新技术将带来更好的使用体验，这时就会带动下游企业的技术更新，从而推动整个产业链的发展，处在产业链中的企业也将受益。同样，处于产业链中下游的行业，如果正面临产品升级换代需求或商业模式创新，就会倒逼上游行业进行技术创新或模式创新，进而推动整个行业的转型升级。

对于智能手机行业来说，手机制造商的上游行业包括 CPU、显示屏、储存卡、照相机等诸多行业。其中，显示屏行业的技术变革带动了智能手机的发展，智能手机早期采用电阻屏，在屏幕上书写还需要通过手写笔来完成。后来显示屏行业的技术得到了发展，电容屏技术不断发展并且日趋成熟，采用电容屏的智能手机使得用户可直接通过手指对手机进行触摸操作，这就提高了用户的操作便利性。在电容屏技术日渐成熟的时候，苹果手机率先采用电容屏，这引领了智能手机的发展趋势，使得电容屏成为智能手机的通用选择，而电阻屏技术逐渐被淘汰了。

在产业趋势的把握上面，昔日彩电"老大"的长虹电视可谓是一失足成千古恨。电视机的显示屏面板处于电视机整装行业的上游行业，在 21 世纪初，行业技术革新的过程中出现了两条技术路线，一个是液晶面板，另一个是等离子面板。液晶面板在技术上有高亮度和高分辨率的特点及价格优势，而等离子面板有大屏幕尺寸和高对比度优势。当时多数企业采用的是液晶面板，而长虹电视基于大屏电视战略，执意选择了等离子技术，而当时"液晶为主，等离子为辅"的产业趋势其实已经表现得十分明显，但长虹仍然在 2007 年投入了 6.75 亿美元用于等离子显示屏技术的研发，最终的产出却没能收回研发成本，至今长虹依然深陷亏损的泥潭中无法脱身，着实令人扼腕叹息。

如同上游行业对下游行业的发展影响，下游行业同样可以影响上游行业的发展，丰田汽车便是这样一个案例。丰田是一家世界知名的汽车制造商，作为整个汽车产业链中相对下游的企业，丰田通过派驻工程师到上游企业参与研发、不断提高对上游企业的标准要求等方式，以保证上游企业供应的产品能够符合自身的设计需求，继而促进了上游企业的革新与发展。

另外，零售业的商业模式创新也倒逼着上游行业不断进行着创新。如传统商业流通行业的苏宁、国美大卖场模式，互联网零售模式的阿里巴巴、京东等，皆因商业模式的创新，促使上游代理商以及厂家的渠道、供货、销售、营销、服务等模式发生了巨变。

由此可见，要从产业链发展趋势的视野来看待行业发展动向，要从行业依附于产业发展的视角来思考企业的发展问题。

当然还须意识到产业链的发展趋势直接影响了行业和企业的发展方向，当上游行业开始进行技术升级的时候，应及时跟进了解，必要时可与上游合作伙伴展开深度的合作，以确保自身能够跟上产业链的发展步伐。同时，还要积极响应下游行业的需求，当下游行业由于业务需求对自身提出更高要求的时候，应积极变革创新，以满足下游行业的需求升级。

在此过程中，有的企业能顺势而为，抓住机会获得进一步发展，而有的企业却错过了机遇，甚至会产生误判，最终被竞争对手蚕食。因此，企业必须及时发现并掌握上下游行业的最新动态，在适当时机主动参与其中，这样才会赢得发展的先机。

模块十三：产业链态势

产业链内的态势主要体现在上下游行业间的竞争与合作关系中。

表面上看，企业在产业链中处于上下游间的桥梁位置，在现实中，上下游除了合作，还会存在竞争关系，竞争主要体现在同一条产业链上经营相同业务的企业之间。当企业所处行业的业务无法满足自身发展需求时，往往就会向产业链前后或左右迈进一步甚至多步去发展。

产业生态发展模式的不断进化，一方面能够降低企业的采购和营销成本，另一方面能提高企业规模和综合竞争力。

如果一个行业中的企业开始大规模兼并产业链其他行业的企业，意味着这条产业链的集中度正在提高，没有核心竞争力的企业将很难在这条产业链中继续发展，它们要么被收购，要么积极寻求转型升级之路，以降低产业集中趋势对自身的消极影响。

产业链内的竞争还有可能是因产业链中上下游行业的界限不明显引起的。上下游行业的分工不明确能够加剧整个产业链内的竞争，同行业间不仅业务相关性高，相互重叠的业务更容易引起彼此的竞争程度，继而影响整个产业链环境。

中南控股集团（后文简称"中南集团"）的一体化过程便是行业界限模糊引起产业链整合的典型案例。中南集团从最开始的"包清工"模式开展房地产建筑项目，在福利分房制度取消，商品房市场兴起的时候，创始人陈锦石发现了建筑方与承包方之间的竞合关系，当即并购了南通建筑工程总承包公司，获得了各类建设施工资质。随后，中南集团通过一体化战略，整合了房地产开发、预制构件与酒店经营行业。中南集团的每一次一体化战略，都是在向前或者向后整合产业链中的企业，其每一次整合都是在整个产业链的形成初期或者稳定期所进行的变革。

在产业链形成初期，由于在这个新兴的产业链内上下游行业间的业务并没有清晰的界限，上下游企业往往在一个或多个领域有业务重叠的现象。在这种情况下，实力更强的企业更愿意兼并相关企业来扩大自身规模，并且巩固自身在产业链中的地位。因此，产业链初期也容易引起整个产业链内的激烈竞争，直到整个产业链达到相对稳定的状态，即产业链发展之"变易"，也是机会与挑战并存之时机。达到相对稳定状态时，产业链中的各行业业务范围大抵已经明确，企业也能够在此基础上清晰地界定上下游企业。

天下大势，分久必合，合久必分。就是说稳定状态是不可能持续存在的，对于产业链来说，一个完全稳定的状态一定会被打破的。当一个产业链内部形成稳定状态，产业链内的行业在各自领域稳定发展并且取得一定成绩之后，为了获得更多收益，实力强劲的企业就会对实力稍弱的上游或者下游企业发起兼并，产业链的整个竞争态势就会被打破，这将波及产业链中的所有企业。

那么怎样面对产业链内的竞争态势呢？

第一，在产业链的形成初期，要勇于去探索企业的定位，逐步在产业链中获得一个相对核心的地位。

第二，在产业链中的行业界限明确之后，可致力于发展自身的核心技术能力，用产品和服务去绑定上下游企业。

第三，产业链的整体平衡开始被打破的时候，可以根据自身实际情况，从最相关的行业开展纵向一体化战略，以保持自身的核心地位。

应对产业链的竞争态势，一定要站在产业链的高度去看待企业发展，而不是只关注企业自身的业务状况。过往多数企业乐于在业内竞争，随着市场外围环境的变化，企业也越来越倾向于产业生态竞争。

模块十四：产业环境

产业环境是产业链中所有行业面临的外部环境。从外部来看，政策环境、原材料资源、人力资源等，都是影响产业环境的重要因素。

政策环境——能够直接影响企业经营活动的方向、合法性和运营成本，各地政府通常也会根据自身拥有的资源特点，重点扶持一些特定产业，企业可选择进入有政策扶持的地区开展业务。

人力资源环境——能够对企业招聘和人员培训产生积极或消极的影响，所以近些年大量低端制造行业纷纷退出中国市场，这是因为中国的人口红利正在消失，用工成本则在不断攀升。

原材料资源——影响产业环境的一个基本因素，在一个缺乏原材料的地区，即使政府大力扶持，也很难催生一个健康的产业。巧妇难为无米之炊，在铁矿资源匮乏的地区，要想形成一个钢铁产业链是很困难的，在一个土地贫瘠的地区发展农业生产产业也是极具挑战性的。

同时，产业的外部环境还包括第三方咨询、服务机构对产业链的参与程度，以及高校、科研机构等对产业链的知识、技能和人才输出程度。就像前文中提到的美国硅谷，其计算机和软件行业就拥有得天独厚的产业外部环境。在硅谷及周边地区有众多知名的高校，为这个地区的计算机和软件产业源源不断地培养人才，又有各类大大小小的投资机构和个人投资者活跃在这个区域，各类专业咨询机构和中介机构也在这个地区积极地展开工作，这就使得硅谷的计算机和软件产业具备了很好的外部环境，推动了产业的长期稳定发展。

产业内部环境主要是知识、技术和人才在产业链内的共享和流转程度。

良好的产业内部环境能够帮助产业内的企业获得知识、技能和人才培养上的支持。对于高端产业来说，知识、技能和人才是影响整个产业发展的关键，这些因素在产业内的流转程度能够影响整个产业的知识水平和技能水平。

在产业集群中，知识有多种多样的方式进行传递，同一个企业内的员工、不同企业的员工之间，都可能通过正式或非正式的途径进行知识的交流与交换。同时，产业集群内的竞争又能加速集群内的技术水平提升，工作人员的流动也在加快知识和技能的流转速度，这样就能形成良好的产业内部环境。当然，即使相隔很远的同产业企业间也会有知识和技能、人员的流转，只是在产业聚集的地方流转速度会更快一些。另外，行业和产业协会也能够促进行业和产业之间的知识和技术交流。因此，企业也可以积极参与到行业、产业协会中去，以在协会所举办的活动中获取最新动态，掌握最新的产业、行业发展趋势。

现实中，很多企业的决策者和管理者在制定公司战略、确定公司发展方向和业绩目标时，都会提前关注企业所在产业的发展趋势。他们坚信，只有认真研究和分析产业发展趋势，才能制定出切实可行的公司战略和业绩目标。但也有许多企业的决策者是"闭门造车"，这就很可能错过产业发展的新趋势。

2004年，连战连捷的长虹计划通过买断国内70%的显像管[①]，以控制显像管的货源，将竞争对手打败。然而，"势"不随人愿，长虹在打响这次战役之前，没有做足功课，忽略了在整个电视机产业中显像管电视已经开始成为过时技术，而液晶电视取代显像管电视已成为整个产业的趋势。经此一役，长虹元气大伤，开始走下坡路。

这样的"故事"还发生在手机行业，许多企业因为忽略了或是错过了产业趋势而被产业中的上游或下游企业兼并。如曾经的手机巨头诺基亚因为忽略了智能手机操作系统的发展趋势而被微软收购；摩托罗拉因为没有及时跟进智能手机发展趋势而被联想收购。

那么，企业如何洞察产业链形势呢？

（1）要积极关注产业链上下游行业的发展趋势，重点观察上游技术发展趋势和下游需求动向，一旦发现上游技术或者下游需求出现变化，就要积极跟进。

（2）要时刻关注产业链上下游间的竞争态势，如果是产业链形成的初期，由于上下游行业缺乏明确的分界线，此时企业可根据自身情况，判断是否构建自己在产业链中的核心竞争力，如果一个产业长期处于稳定状态，此时即企业转型升级的好时机。

（3）企业要分析产业链的内外环境，探寻适合自身成长的有利资源和条件。

第二节　行　业　形　势

判断行业趋势、研判行业态势、分析行业竞争是企业占得发展先机，进行转型升级的

---

① 资料来源： http://www.cb.com.cn/companies/2014_0411/1053556.html.

重要"地势"。

华为成立于 1987 年,是一家专注于通信领域的通信设备制造商,经过三十多年的发展,已成为全球最大的通信设备制造商。华为在占有大量企业客户的市场份额后,也看到了个人通信市场的巨大潜力,在瞄准了手机行业从功能机向智能机升级的趋势后,厚积薄发,顺势而为。手机行业于 20 世纪 90 年代在中国起步,历经了三十多年的发展,中国的手机品牌却始终依赖于美国技术,尤其是对芯片的依赖。在手机升级换代之际,华为意识到了国内手机行业缺乏核心技术的短板,于是发挥多年技术创新而获得成功的经验,推出了国内第一款拥有自主知识产权芯片的手机,经过几代手机的不断升级优化,于 2018 年成功推出了用于移动设备的第一代人工智能芯片,进而站稳了芯片制造商的主导地位,于此,华为手机也在当年成功超越了苹果手机,成为全球第二大智能手机公司。

而那些在行业趋势面前止步不前的企业却遭受着业绩下滑的巨大压力,有的明星企业更是跌落神坛。昔日的手机霸主诺基亚,曾一度占据全球手机市场 70% 以上的份额,但在功能手机转向智能手机这一行业趋势到来的时候,它没有好好把握住行业形势,战略决策失误,最终导致其手机业务整体溃败。

那企业该如何进行行业形势的把握呢?这里从行业趋势、行业态势、行业竞争三个维度进行探讨。

模块十五:行业趋势

行业趋势是指所在行业发展的整体动向,趋势往往就是市场运动和企业行动的方向。具体来说,可从技术和产品发展动向、商业模式创新和组织架构变化等方面来把握行业趋势的变化。与此同时,技术和产品的变革也会带来商业模式的创新,新技术、新模式必然是新的竞争战略,新战略的实施势必需要新的组织架构进行支撑。

一、技术发展动向是行业走势的风向标

技术是有生命周期的,一项技术的出现和应用,会经过起步、成长、成熟和衰退几个阶段。

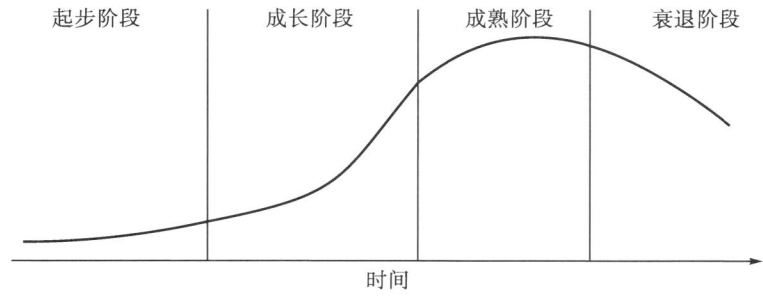

技术生命周期图

当一项技术进入成熟期时,其已经被大多数企业所采用了,通过这项技术生产的产品也广为普及了,企业间的竞争也到了异常激烈的程度,这时候企业就要开始技术升级了。若等到技术进入衰退时期才开始升级就会为时晚矣,此时该项技术已经成为行业的通用技术,已不具备竞争力了。

现实中,对于一些有远见的企业来说,在一项技术广为应用的时候就开始着手于技术更新了。探寻技术发展趋势,洞悉市场需求点,在恰当时机着手技术升级,推出迭代产品,进而促使企业迈入新的发展阶段。

雅虎是第一家通过对网页进行编码,为用户提供网页搜索功能的企业。雅虎最早采用人工编码的方式对网页进行编码,在当时,他们没有意识到网页数量的大规模增长会使得人工编码的成本剧增。而搜索领域的后起之秀谷歌则通过计算机程序的方式对网页进行编码,为用户提供网页搜索结果。从人工编码到计算机程序自动编码的技术升级,是网页搜索领域必然的技术升级,虽然雅虎意识到了这一趋势,但最终仍被谷歌所超越。

相机行业也演绎了同样的故事。柯达是胶片时代照相机胶卷产品的龙头企业,随着数码技术的日渐成熟,本应从胶片技术升级到数码技术,但柯达因为对数码技术发展趋势的低估,错过了这一次技术革命,最终在影像领域沦为明日黄花。同样,微软未能把握时机将计算机操作系统从计算机桌面延展到移动设备,致使其在移动智能操作系统上输给了谷歌的安卓和苹果的 iOS。

可见,对技术发展趋势的研判和适时的技术升级对企业的发展会产生巨大的影响。

另外,也有企业因误判技术发展趋势而跌下神坛。长虹曾经是国内最大的电视机制造商,在电视机显示技术从显像管技术升级到液晶面板的过程中,其因没有把握准技术发展方向,造成战略失误,而被同行超越。与柯达等企业不同的是,长虹意识到了技术升级的必然性,并且在技术升级上投入了大量资源,但最终还是遭受了巨大的损失。这样的教训告诉大家,企业不仅要时刻关注行业技术的升级趋势,也要关注行业中的技术发展形势,尤其是一项新技术已成为大多数企业的选择时,企业可能就要沿此技术路线进行迭代创新,若仅仅是关注自身的技术进展,而对行业大众的选择视而不见,其结果就很有可能如长虹一样。

当然,进入一个行业的时机也是很重要的。过早进入可能不是"先锋",而成为探路的"先烈";过晚进入可能不是"顺势而为",反而使企业抓不住趋势的尾巴。因而,在技术相对成熟,没有大规模普及,行业刚刚兴起的时候,是企业入场的最佳时机。此时进入的企业,其获得成就的可能性更大。

腾讯、搜狐、网易和新浪网这四家网站被称为中国的"四大门户网站","四大"加在一起,几乎覆盖了整个中国门户网站的市场。有意思的是,这四家网站的成立时间也十分接近,除了网易是成立于 1997 年,其他三家都成立于 1998 年。然而在中国互联网行业史上，最先带领中国人民认识互联网世界的企业，不是上述"四大"中的任何一家，而是一家名叫"瀛海威"的科技公司。瀛海威的创始人开办了中国首家民营科技馆，在科技馆内免费教人们使用互联网。可是瀛海威的入场时间似乎过早了，那时整个行业都还没有清晰的商业模式，人们对互联网的接受程度也比较低。也就是说，当时的互联网技术还只是处于商业化的萌发期，此时的进入者没有任何参照，也没有清晰的商业模式，走向失败就是大概率事件。然而令人始料不及的是 1998 年之后，又有一大批企业争先恐后成立了门户网站，比如联想的 FM365，中华网、Tom 网、多来米等，这些网站却因脚步太慢，最终没能赶上门户网站高速发展的末班车，也没能后来居上，反而慢慢淡出了人们的视野。

二、商业模式的创新往往能颠覆整个行业模式

当一个行业长期习惯于某种商业模式，各企业在成本结构、收入来源、渠道通路、重要伙伴等重要环节将严重趋同，企业间的竞争也主要体现在价格、广告等营销层面。新商业模式的出现，则可另辟蹊径找到新的价值来源。商业模式的创新，就是重新梳理成本结构与收入来源之间的关系，找到企业与客户的新价值空间，通过新的渠道模式来实现新的增长。

杀毒软件行业曾经都是收费的商业模式，对于企业或者团体客户来说，为了保障计算机的安全，购买杀毒软件是不得已的必然之举。但是，对于数量庞大的个人用户来说，特地买一款杀毒软件似乎就成了一种额外的负担。为抢占个人用户市场，各杀毒软件厂商是手段频出，整个行业也乱象丛生。此时，中国的软件厂商奇虎公司洞察了先机，敢为天下先，创新性地提出了"免费软件+收费服务"的商业模式，以"免费"为吸引用户流量的入口，进而通过增值服务来获得收益。奇虎公司推出的 360 免费杀毒软件很快便得到了用户的积极响应，安装数量持续增加，使得奇虎公司一度成为中国互联网流量入口的巨头之一。同时，奇虎的"免费"商业模式帮助其打败了众多国内外杀毒软件公司，并改变了杀毒软件行业的商业模式，之后的 QQ 安全管家、金山毒霸等软件也采用了这一模式。"免费"商业模式对软件行业，甚至是互联网行业的商业模式创新也起到了一定推动作用。

企业墨守成规其实就是作茧自缚，只能使企业失去竞争力从而停滞不前。在时机成熟时拿出破茧成蝶的勇气，才能使企业华丽转身而迈向新的高度。商业模式的创新，会带动整个行业去探寻新的价值空间，尤其是现有的商业模式足够成熟，业内众多企业采用同样的方式展开激烈竞争时，新的商业模式就很容易通过出其不意的方式获得竞争优势。新的商业模式意味着新的价值主张，需要关注行业内商业模式的变化情况，也需要思考现有模式的创新与突破。如果有其他同行在尝试改变现有的商业模式，那么就要去分析和论证新商业模式的可行性，或者通过其他企业的尝试，找到适合自身发展的新商业模式，从而获取新的竞争优势。

三、组织架构的变化是为了达成新的战略目标，或是为了提高组织运行效率

瞬息万变的市场环境会促使企业更新战略，新战略的实施需要人力资源的支撑，继而

可能会推动组织架构的变革。组织架构的每一次调整与变革，都是为了更有效、更高效地执行企业战略，达成企业目标。因此要关注同行企业的组织架构变化，尤其是位处业内第一阵营的企业，如果它们在进行组织架构变革，说明这些企业制定了新的发展战略或找到了提高执行力的组织模式。同时也需审视自身的组织架构，是否能有效服务于战略目标，是否与自身资源相匹配，是否还有调整优化的空间。

2018年9月，腾讯进行了组织架构的调整，新成立了云与智慧产业事业群、平台与内容事业群，并将原七大事业群缩减为六个，这是腾讯史上对组织架构的第三次大调整。2018年9月，小米也进行了组织架构调整，将电视部、生态链部等四个业务部重组为十个新业务部。2017年，百度开始对原有组织架构进行调整，与人工智能无关的业务被边缘化，2018年出售了百度外卖，并拆分了百度糯米、百度金融、百度国际化等业务。2017年，华为在原有运营商业务、企业业务和消费者业务等基础上，成立了Cloud BU，负责产业端到端管理的云经营。

从这些巨头纷纷调整组织架构可以看出，他们都是在新的时代背景下，根据新战略的制定而进行的组织架构调整，或者说他们预见了行业新的发展趋势。在这样一个竞争更加多维、颠覆更加彻底、物联网时代已经来临的新时代背景下，企业的组织构架又是否需要根据新的战略方向而进行调整呢？

总的来说，技术和产品发展动向、商业模式创新和组织架构变化等方面，皆是企业把握行业趋势变化的具体路径，三者之间不是独立的板块，而是相辅相成、相互促进的一个有机整体。有效的整体把握促进了对行业趋势的有效把握，也是企业发展之路的有效引导。

模块十六：行业态势

行业态势即行业状态和形势，它是对行业中"变"与"不变"的表述。对行业态势的分析，可以帮助企业理清行业规模、行业形态、行业竞合情况，找到行业的发展机遇、关键突破点等。

那该如何去分析行业态势呢？

一、从行业所处的产业态势来看行业态势

通过产业态势，可窥得一些行业态势。如区块链始于一种创新技术，与当前的互联网产业、物联网产业形成一种竞争态势，但基于它的交易规则、运营规则、结算支付规则的制度创新，有可能成为互联网升级的一个新方向，成为整合物联网于一体的创新模式。区块链若崛起，势必对硬件业、通信业、软件业、服务业产生新的挑战，同时也是新机遇。目前区块链处于初期发展状态，在此阶段进入的企业，要么成为先驱，要么成为先烈。

那么什么时候是切入的最佳时机呢？其关键在于企业的综合情况，有些企业原有业务萎缩，急需转型升级，可边探路边布局，一旦找准方向验证了商业模式，不妨小步快跑，夯实"小地盘"。当然，也有一些实力雄厚的企业，面对尚未探清的方向，基于船大不好

掉头的考虑，不轻易大动作，一般会采取让同行先探路或组建小分队先研究的方式，待形势稳定了，再通过资本或响应能力优势快速占领市场。值得注意的是，一些小微企业或新创业者在抓住新趋势机遇之时，也要尽可能建立能掌握自身命运的商业模式，否则很容易成为行业探路的先烈，或是被收购兼并。

二、从行业发展的全局来看行业态势

当前哪些行业在兴起，哪些行业在衰落，以此可看出一个行业在产业中的发展变化，了解行业的发展态势。

在 PC 时代，计算机硬件业非常成熟，软件行业乱象丛生，但随着移动互联网的快速崛起，计算机硬件业的发展在减速，移动智能硬件得以迅猛发展，大量的 PC 软件业也向移动端软件业的阵地转移。网商、电商、微商的出现，快速蚕食了传统零售业的市场份额，并形成了线上线下融合一体化发展的新零售模式，与之相随的线上结算支付方式，也带来了互联网金融的繁荣发展，进一步倒逼传统金融业进行一系列改革。电子图书业的出现，让传统出版行业面临重大挑战，线上听读书的模式，也使得人们的读书形式发生了变化。

三、从企业梯队来看行业态势

当企业了解清楚行业的总体情况后，便可以分析自身在行业中所处的位置。任何行业中的企业都是有梯度的，一般情况下，第一梯队的企业占据了绝大部分的市场份额，第二梯队的企业在行业中具有一定的影响力，第三梯队的企业则从细分市场入手，建立了自己的根据地，再往后的企业就只能分享剩余市场空间了。在中国的互联网行业，阿里、腾讯、百度等处第一梯队，他们的业务范围涉及互联网的绝大部分领域。搜狐、新浪、金山等属于第二梯队，这些企业也在尽量扩大业务版图，在行业中有一定的地位。携程、智联招聘等属于第三梯队，他们主营业务明确，专注细分市场。当企业找到自身位置后，便可制定适合自身发展的战略。

模块十七：业内竞争

企业之间通常在合作中竞争，在竞争中合作。竞争与合作是相互依存的两个方面，没有合作的竞争，是孤单的竞争，孤单的竞争是无力的；没有竞争的合作，好似一潭死水，泛不起一丝涟漪。竞争与合作又是统一的，合作是为了更好的竞争，竞争是为了更理想的合作，竞争越大、合作越好，企业的力量便越强，创造的价值也就越大。

在讨论行业内的竞争时，通常需要回答四个问题。

第一，什么是竞争？

通俗而言，竞争就是企业为了生存、发展、开拓市场、增加收益及扩大市场规模而进行的企业之间的博弈。企业间的竞争是动态的，今日还是名不见经传的小企业，明日就有可能成为广受关注的明星企业；当前如日中天的名气企业，也可能明日就风光不再。在商业史上这样的例子不胜枚举。在汽车行业，曾几何时福特是汽车流水线生产的鼻祖，却被通用、丰田等同行超越，现在以特斯拉为代表的新能源汽车又呈现出方兴未艾之势；曾经位于国内出货量榜首的四大手机品牌"中华酷联"（中兴、华为、酷派、联想），历经潮起潮落到如今的"华米OV"（华为、小米、OPPO、VIVO）；曾经的奶粉巨头三鹿集团，却在一场危机后轰然倒塌；在群雄争霸、各自为王的火锅行业，海底捞在众多品牌中异军突起。这样你来我往，你方唱罢我登场的企业竞争几乎每天都在上演。

第二，对竞争应持什么样的态度？

杭州娃哈哈集团有限公司的创始人宗庆后曾经说过："要避开竞争也不可能，市场肯定有竞争，避免竞争，这不是找死吗？"有很多企业都希望能够垄断市场，希望在整个市场上只有他们一家企业，这样他们就能够随心所欲地奔驰于整个市场，从而获取更多的收益。但是，垄断也可能并不如想象中那么美好。

2014年1月，重庆西南制药二厂（后文简称：制药二厂。根据重庆市工商管理行政局的行政处罚书认定，制药二厂当时占据全国苯酚原料市场100%的市场份额）与全国40家左右的苯酚制剂生产企业和医药公司签订了为期5年的《全国总代理合同》。合同生效后，从2014年2月到5月，制药二厂停止向市场其他客户供货。在这期间，国内众多鸡眼膏制剂生产企业和医药公司，虽然以各种方式向制药二厂订购苯酚原材料，但都遭到了制药二厂的拒绝。制药二厂实施独家代理合同并且拒绝向市场供货的行为，使得苯酚原料的销售价格从市场均价127.47元/公斤，飙升到了最高时候的5320元/公斤，以此为原料的鸡眼膏从2012年的1元/盒，涨到了2015年的9元/盒。价格的急速上涨，最终买单的还是消费者，制药二厂的行为也受到了国家相关法律法规的制裁。根据国家工商总局的《竞争执法公告》（2016年12号）的公示，制药二厂垄断药物原材料的行为在2016年6月7日受到重庆市工商管理行政局的立案调查，2016年11月24日对制药二厂做出处罚，没收制药二厂的违法所得，并且处以制药二厂2015年度销售收入1%的罚款①。

类似垄断而受到处罚的企业还有很多。如内蒙古自治区烟草公司赤峰市分公司在卷烟批发销售业务中，强行将非畅销卷烟产品与畅销卷烟品种实行捆绑销售，最后被处以罚款595.70万元②。又如，美国移动芯片巨头高通由于垄断行为，多次受到欧盟、美国、韩国、中国等的处罚，处罚金额累积近200亿元人民币③。

企业该以何种态度对待竞争呢？来看看百度创始人李彦宏的回答。众所周知，Google和百度两家企业的核心业务都是网页搜索，Google从2010年宣布退出中国市场后，百度成了中国市场当之无愧的搜索之王。2018年8月6日，人民日报在Facebook和Twitter

---

① 资料来源：http://news.bioon.com/article/6695649.html.
② 资料来源：http://www.chinanews.com/cj/2014/08-14/6493869.shtml.
③ 资料来源：http://finance.sina.com.cn/chanjing/gsnews/20140830/005020165358.shtml.

发文称欢迎 Google 回归中国，这引起了网友的一片猜测，因为 Google 一旦回归中国就要与百度展开正面竞争。在可能迎来强大的竞争对手时，百度创始人李彦宏在朋友圈发文称，如果 Google 再一次来到中国，百度有信心与 Google 展开正面的竞争。不管 Google 是否真的要回归中国，百度这种直面竞争的态度，便是企业面对竞争时该持有的态度。

历史的经验教训证明，企业想通过垄断市场获取可持续发展几乎是不可能的，即使企业有足够的实力或某种天赋去垄断市场，随着内生问题的增多和市场外部环境的变化，迟早也会变成一个没有战斗力且最终被市场所淘汰的对象。

第三，竞争能给企业带来什么？

竞争是"危机"，也是"机会"，有竞争就会有危机，有危机就会有动力，有动力就会有希望。华为用居安思危的狼性奋斗文化告诉大家，企业打江山要竞争，守江山更要竞争，只有时刻有竞争意识的企业才能更好地生存和发展。对于整个行业来说，竞争能带来一个互争雄长、奋勇向前的市场环境。竞争的存在，推动了商业文明的发展，书写了一个又一个的商业传奇，如可口可乐与百事可乐的竞争、麦当劳与肯德基的竞争、通用汽车与福特汽车的竞争、蒙牛和伊利的竞争等。同时，竞争也给企业了带来了诸多不确定性，使得企业随时都可能被市场淘汰，但也正是因为有了竞争，给企业带来了技术、产品、服务和经管能力的不断升级，进一步提升了企业的综合竞争力。

因此，倘若没有竞争，企业将失去创新发展动力，失去进取精神，使得企业创新意识淡薄、组织效率低下、官僚腐败滋长等问题出现。竞争的存在也给小微企业提供了发展机会，只要敢于竞争，勇于在竞争中奋斗，小企业就有机会突破重围，成长为大企业。

第四，当前有哪些竞争策略？

《孙子·谋攻篇》有言："知彼知己，百战不殆；不知彼而知己，一胜一负；不知彼，不知己，每战必殆。"就是说任何策略都必须要建立在了解敌我双方实际情况的基础上，对于企业的经营而言，主要体现在三个方面：首先，要对自身条件进行详细、准确、客观地分析，才能知道企业优势何在。其次，对竞争对手进行全面深入的了解，分析彼此的优势和劣势，方能避强击弱。最后，要对消费者进行产品使用情况调查，发现漏缺和潜在需求的市场。只有内知己外知彼，才能制定出奇制胜的竞争策略，部署行之有效的计划。

小米公司初期进入智能手机市场时，喊出了"为发烧而生"的口号，瞄准了手机发烧友群体，首创了用互联网思维开发手机操作系统，用户参与开发改进的模式。这是一种紧抓行业发展趋势和以用户体验为导向的差异化竞争策略，小米通过互联网载体，围绕对手机性能要求高且追求性价比的发烧友市场，聚集了近 60 万的手机发烧友用户参与其中，很快成了智能手机业界的一匹黑马。小米公司成立后的第二年，就有了惊人的 30 万部手机销售量和 5.5 亿元人民币的销售额，到 2017 年小米手机出货量达到了 9240 万部，公司销售额增长到了 1000 亿元人民币[①]。

华为在 2004 年就开始做手机业务了，历经郭平、陶景文、陈朝晖、万飙等几位 CEO，2011 年，余承东卸任华为欧洲总裁职位，接任手机公司 CEO。2011 年以前，华为手机基本都是以定制的形式销售给电信运营商，没有建立分销和终端销售网络。此时，小米手机一战成名的商业模式引起了行业密切关注。华为手机开始全面学习、借鉴互联网运营，并于 2013 年底推出荣耀品牌手机，凭借其多年积累的强大供应链体系，荣耀采用了成本领先策略，并与腾讯、迅雷等互联网企业合作，进行用户引流，其仅用了一年的时间就走完了小米三年走的路。

《道德经》有言："以其不争，故天下莫能与之争。"就是说，因为无争，所以没有人能够与你争。这里的"不争"，不是害怕竞争，也不是避免竞争，而是基于自身优势，真心实意为顾客做产品、谋福祉；"争"，不是为了竞争而竞争，是为了发展而竞争。

所以，当你在面临竞争时，一要理清竞争的内涵，二要端正竞争的态度，三要知晓竞争带来的机遇与挑战，四要明晰适合于当下的竞争策略。如此开放地面对竞争，拥抱竞争，秉持"为而不争"的精神，从而实现企业的"莫能与之争"。

总之，趋势对产业产生的影响是长远的，态势对企业产生的影响是中近期的，而竞争环境则对企业产生即时的影响。对于行业形势对企业的影响分析，既不能只注重短期而忽略了长期，也不能展望了长期而忽视了短期，要长短兼顾、长短结合，从而为企业的健康、可持续发展保驾护航。

第三节　行业地区态势

不同的地区一般有着不同的自然资源、产业政策和不同的市场环境，分析行业地区态势，既可理清地区环境对行业发展的制约作用，也可以充分利用地区行业优势促进企业发展。

分析行业在地区的态势，可根据自身发展阶段分为三个方面，先从一个区域开始，然后到全国，进而到国际范围。

模块十八：区域态势

对于企业来说，所选区域不同，所要面临的行业态势也有所不同。如对于机床行业，浙江玉环地区是全国少有的中小型数控机床产业集聚区，其目标在于成为全国中小型中高端数控机床的生产基地，该地区的系列措施也围绕着这一目标而展开；温岭市机床工具产业集群自 2014 年 9 月被工业和信息化部授予产业集群区域品牌建设试点后，积极开展区域品牌培育建设工作，并注重开展区域品牌的培育建设工作，其重点在于联盟标准的制定、

---

① 资料来源：https://tech.ifeng.com/a/20180202/44868929_0.shtml。

企业品牌的培育和区域品牌的提升等方面；江苏泰州地区被誉为"特种加工机床基地"，是国内电加工机床制造的领航地和集聚区，其重点在于加快实施产业优化升级工程、加快实施自主创新工程、加快实施培大育强工程、加快实施人才建设工程。这些产业集群一个最大的利处就是将使龙头企业之间、上下游产业链企业之间在空间上得到合理集聚。产业集群可以加大招商引资力度，也可以引进一批国内外高端同类产品和基础制造装备业企业，与现有龙头企业形成齐头并进态势，还可利用现有制造业产业能力，引进产品生产需要的上下游企业，构建完整产业链[①]。

因此，根据不同地区的行业态势，选择适合于企业的地区进行业务开展和活动经营，是企业顺应行业之"势"、借势而行的重要前提。

那应该如何去分析区域态势呢？

一方面，可以关注目标地区的整体规划，以把握所在行业的地区规划情况。如，广东地区由"一核"向"三圈、五轴、五块"转移；江苏地区提出的"四沿战略"与南北共建；山东地区的"五大板块"与"一体两翼"；浙江地区的山海协作与东扩西进。

另一方面，可借助目标地区的相关产业集群，以进一步把握区域的具体行业态势。

主要关注以下三个问题：

第一，产业链的完整程度如何。产业链包含企业链、价值链、供需链和空间链四个维度，完善的产业链往往是这四个维度的相互对接与均衡。链上的所有企业和相关机构，势必都在产业链中贡献自己的一分力量，同时收获一份价值。在分析产业链的完整程度时，可以通过分析链上的龙头环节和薄弱环节，以及相应的市场竞争情况，从而找到自身的价值贡献，这是企业是否选择在该地区开展业务决策的重要依据之一。

第二，行业竞争程度如何。摸清同行数量、同行规模，以及同行的竞争策略，这有助于企业搞清楚该地区的市场竞争环境，便于企业准确地自身定位并制定相对应的竞争战略。

第三，技术发展程度及环境如何。了解行业在该地区的技术发展程度，技术处于早期、中期、成熟期还是衰退期，有没有高校或研究机构提供技术支持，主导技术发展的企业是哪些，产业链上技术创新主要是什么模式。调研这些与技术相关的问题，可以帮助企业发现地区当前的技术状况，便于企业决定以什么样的姿态进入该地区。如果产业链上的技术创新主要是基于"龙头企业"的集成创新，则说明产业链上的技术相互依赖性较强，企业单个技术的突破创新需要相关的配套技术才能有效发挥作用；如果产业链上的技术创新主要是基于"关联企业"的引进创新，则其包含了技术引进、消化吸收、技术创新、生产运用、技术扩散、优势提高、技术再引进等过程[②]，这样的过程需要参与企业的密切配合，才能在"点、线、面"维度提高技术能力。

如果在一个地区尚没有相关产业集群区，那么可以通过了解当地经济政策、产业政策、营商环境等，以预测当地的行业发展前景，先站在行业视角去分析当地的环境是否适合行

---

① 资料来源：http://www.idacn.org/news/36919.html.
② 吴金明，钟健能，黄进良. 基于产业链的技术创新及其拓展研究. 文史博览（理论），2009（7）：53-58.

业发展，再思考当地是否适合自身发展。

模块十九：国内态势

行业的国内态势，主要指不同行业在国内的分布情况与发展程度。企业通常可选择到行业集中度高的区域去发展，以寻求更多的合作与发展机会。同行间经营着相似的业务，向市场提供相似的产品和服务，在长期的市场竞争博弈过程中，逐步形成了行业聚集效应。随着各区域的政策环境、区域特性及区域枢纽的差异化，在全国各地形成了不同行业的聚集区。

地方政府根据当地的经济状况和产业结构，会出台一系列政策来重点促进本地一些优势行业重点发展，这些政策又加速了行业的聚集效率，使得该行业成为地方的产业名片。

如人们谈到文化艺术行业，首先想到的是北京。北京是我国的政治文化中心，拥有深厚的历史底蕴，也是世界各国文化汇聚于中国的第一站，兼容并蓄使得北京成了文化艺术行业聚集的地方。而说到金融行业，人们往往首先想到的是上海，这里汇聚了股票、债券、货币、外汇、商品期货、金融期货与OTC衍生品、黄金、产权交易市场等全国性金融市场体系，是中国金融市场中心，显然已成为中国金融机构、金融资产、金融人才最集中的地区。另外，家用电器制造业主要分布在我国的珠江三角洲、长江三角洲和胶东半岛，如广东的顺德、浙江的宁波、山东的青岛等。新兴行业方面，提起电商行业，人们就会想到杭州的阿里巴巴，杭州也被当之无愧的贴上了电商城市的标签。

根据中国汽车工业协会的统计分析，在我国汽车制造业的分布格局中，2018年汽车产量排行前十的省（区、市）分别为广东、上海、吉林、湖北、广西、重庆、北京、江苏、河北、浙江。在这一分布格局中，可以看到汽车制造业的分布特点[1]，一是以城市群为核心的集中式分布，如河北省以保定、张家口、沧州为主的汽车生产地，广东省以广州、深圳、佛山为中心的汽车生产基地；二是多地区的分散式布局，如长三角作为汽车企业的聚集地，其产能主要分布于上海、江苏和浙江。在这一布局的形成过程中，比较显著的影响因素包含税收政策、市场规模、城市化水平、运输条件、劳动力成本、科技创新水平等[2]。税收负担越小、市场规模越大、城市化水平越高、交通运输越便利、劳动力成本越低、科技创新水平越高，汽车企业的布局就越集中。由于汽车行业具有较长的产业链，各个环节的布局都有重点要考量和平衡的因素。因此，企业作为产业链中的一环，与上下游企业的协作和交互也是重要的考量因素。

在汽车制造业的分布格局中，可以看到整个行业的基本国内态势，对于其他行业的企业而言，在分析态势、选择业务开展地区时，同样可以采用这种分析方法加以梳理，以绘制出所在行业的国内态势地图，为企业的健康可持续发展保驾护航。

---

[1] 资料来源：https://www.sohu.com/a/289866131_100084983.
[2] 贺正楚，王姣，曹文明. 中国汽车制造业的产业地图及影响产业布局的因素. 科学决策. 2018(5)：1-29.

第四章　地势——产业链环境

模块二十：国际态势

从国际范围来看，行业也有明显的集中效应，这种集中效应与各个国家或地区的科技教育水平、经济发展阶段、人文历史等因素都有很大的关系。

比如谈到金融行业，人们容易想到美国华尔街和中国香港。美国华尔街几乎成了金融的代名词，如果有人评价一家公司是"华尔街公司"，那通常不是指公司的办公地点在华尔街，而是指这家公司是在华尔街上市的公司，足见美国华尔街在世界金融行业的地位。截至2017年底，香港金融管理局认可的银行业机构共有191家，其中，持牌银行155家，有限制持牌银行19家，接受存款公司17家。银行体系认可机构资产总额22.70万亿港元，存款总额12.75万亿港元，贷款及垫款总额9.31万亿港元，这一数据说明了香港的世界银行中心地位。与此同时，截至2017年底，在香港交易所挂牌（主板和创业板）的上市公司有2118家，股票总市值达34万亿港元，股票市场总集资额达5799亿港元[①]，这些数据则说明了香港也是世界范围内的金融业发达地区。

放眼于世界范围，像美国华尔街和中国香港这样的行业集聚地区还有很多。谈到IT行业，一定绕不开位于美国加利福尼亚州北部的硅谷；而谈到文化影视产业，自然而然会想到美国的好莱坞；谈到计算机软件的外包服务，人们则最容易想到印度和中国；谈及高端制造和精密制造，德国和日本则是数一数二的；想到服装时尚行业，那就非意大利与法国莫属；谈及乳制品行业，人们通常会想到新西兰；要找代工生产的企业，那中国则是首选。

对于企业来说，要进行业务外包、寻求国际合作，分析所在行业的国际态势、国内态势和地区态势皆是必不可少的课题。

在这里以两个小案例来加以说明。有家位于日本的游戏运营公司计划推出一款新游戏，并计划将部分开发内容交给软件外包公司进行开发。这家公司通过对软件行业国际态势的了解与分析，发现印度和中国的软件外包公司在开发能力、质量效率及成本费用等方面皆优于本国及其他国家。经过对中国和印度的综合考量，这家公司决定在中国选择合作伙伴。经过对中国广州、深圳、成都等软件外包业发达的区域进行考察，终决定在成都选择软件外包公司。当把范围缩小到成都地区之后，他们发现成都高新区的天府软件园聚集了大量的软件开发公司，包括一些国际性企业在成都的机构。最终，这家日本公司在成都的天府软件园内寻找到了合适的合作伙伴。

同时，对于想要走向国际的企业来说，也需仔细分析、考量整个行业的地区态势。

如在成都有家本土发展起来的服装企业，为了进一步提升其品牌影响力，扩大市场份额，这家企业准备寻找一个符合自身战略定位的区域去发展。经过对服装行业聚集区的杭州、深圳、广州、上海等地的市场进行调研，这家成都企业最终选择了在上海建立新的根据地，经过几年的发展，成功实现了既定的战略目标。在全球经济一体化趋势、中国提出"走出去"发展战略的新背景下，这家企业计划拓展国际市场，并决定到全球时装行业的

---

① 资料来源：http://hk.mofcom.gov.cn/article/ddgk/zwdili/201904/20190402849305.shtml。

"黄金地区"去筑巢与发展。最后,这家成都企业在法国推出了面向全球市场的新品牌,依托巴黎引领全球时尚潮流的创意设计优势,成功跻身于高端附加值产品的行列,构建了面向大众市场、年轻时尚群体、高端群体的产品线,其市场也得到了较大的提升。

第五章　人势——市场环境

企业存在的意义是为客户创造价值，为客户提供产品和服务；企业生存之本是以营利为导向，只有满足了市场需求，解决了用户痛点，企业才能赚到钱。市场需求是企业赖以生存和发展的基础，没有市场需求便也没有企业价值了。

市场需求受市场环境变化的影响，既是企业的机会，又是企业的威胁。从经济环境看，经济形势向好时消费往往会升级，经济下滑的时候消费通常会降级。从技术环境看，现有技术若没解决用户痛点或有新技术出现，也能带来市场新需求。从市场竞争环境看，出现技术趋同和产品功能同质化的情况，企业通常会采用营销创新、组织调整等手段来进一步刺激和抢占市场份额。从市场需求来说，因地区发展有差异、客户需求有不同、客户结构有差别，导致的需求点也不尽相同，所需要的产品或服务也是有差别的，这便有了企业的差异化发展。没有一家企业能做到满足所有市场的需求，这就要求企业进行精准的市场定位，找准自己的目标市场和目标群体。

本章将从消费差异、客户需求、客户结构三个方面共九个模块去探讨影响企业发展的"人势"。

第一节　消　费　差　异

当一个地区的某一种消费行为发生普遍的变化时，就会对企业产生一定的影响。若呈现出的是消费能力提升的积极信号，企业便可升级产品或通过扩产来满足消费者日益提高的消费能力；若显现出的是紧缩消费信号，则会促使企业重构产品或通过减产来避免过剩所带来的损失。经济形势向好的时候，消费者更容易升级他们的消费需求；当经济形势恶化的时候，消费者更倾向于减少消费，形成消费降级的趋势。

文化教育背景也能够影响消费者的消费习惯。在中国，人们普遍从小就接受了传统的价值观念的教育，儒家文化也告诉人们要克己复礼，就是说要约束自己的行为，使自己能够符合礼法，加之目前社会保障体系还有待于进一步健全，这就使得大多数中国人都有相对保守的消费习惯，造成人们偏爱储蓄，不敢消费。尤其是住房、医疗、教育这"三座大山"让大部分人耗尽了一生的积蓄。在经济转轨向下的今天，大多数人秉持着"有多少钱办多少事"的尽量避免提前消费，克制透支消费行为。而在美国，人们崇尚自由文化，重视自我意识，追求一种让自己过得更舒适的生活态度，超前消费意识已深入到美国社会的各个阶层。这主要得益于美国是全球最发达的国家之一，自身的强大使它有足够的能力来完成对社会保障体系的构建，因此美国的老人和穷人会得到不错的救济，人们一般都没有后顾之忧，自己的生老病死都会有社会保障买单，这些都是发展中国家无法相比的。

另外，市场中的产品结构往往也是影响消费者行为的主要因素之一，比如汽车在刚被制造出来的时候属于高端新产品，只有有钱人才能消费。随着引领者的新潮发酵、汽车技术的日渐成熟、生产成本的降低、市场竞争的开始，汽车厂商就会根据不同的消费群体，开发出对应的汽车产品，汽车也就逐渐进入了普通人的生活，此时就可能会带来新的消费升级。

模块二十一：经济形势

改革开放以来，中国经济取得了迅速增长。其中，经济政策是促进经济发展的主要力量，经济形势是增长消费的主要因素，从刚需性消费到享受性消费，再升级到个性化消费，无一不推动市场需求的发展。

20世纪七八十年代以前，中国人对穿衣讲究的是"笑脏不笑烂"，就是说穿的衣服破了洞，打了补丁都没关系，只要衣服干净就行。更甚的是，那时候大多数人的衣服都经历了一次又一次的缝缝补补，节俭的中国人对待衣服是"新三年，旧三年，缝缝补补又三年"。改革开放后，经济形势一片大好，各种时髦的衣服进入商店，人们也有经济实力去购买自己喜欢的衣服，人们对衣服的要求也越来越高，面料要好，款式要新，做工要精细等，穿旧了的衣服，也不再被里三层外三层地缝缝补补了。千禧年之后，年轻人对待衣服的态度更加开放，购买长辈们曾经不敢想象的"潮流"服饰，他们可以不讲究衣服的耐用性，但不能不追求时尚与个性，衣柜里的衣服在频繁更新，有些被"淘汰"的衣服可能只穿了几次。

经济形势的变化对企业的影响是方方面面的，包括企业的商业模式、战略战术、资本来源、成本结构等方面。如对于专用汽车行业来说，随着我国经济总量的快速增长、国家政策的再度开放、国外资本的大量进入、持续的投资增长等因素的影响，专用汽车的生产能力得到了大大提高，其市场的多元化也得到了进一步的发展，更多的专用汽车品种面世；随着高新技术的发展和市场竞争的加剧，又使得企业必须加强产品的研发力度，将更多的高新技术应用于专用汽车上；随着城市化建设的进程加快，对专用汽车的需求越来越大，环卫用车、洒水车、垃圾压缩车、清洗车等品类的专用汽车有更大的市场空间；随着民生环境的日渐改善，对冷藏保温车、食品安全车、医疗专用车等品类的专用车提出了更高的要求。除此之外，经济形势的变化，也给专用车行业带来了成本上升、竞争加剧、资金流动困难等问题。

在面对经济形势带来的影响和挑战之时，可以从以下几个方面入手：一是要以市场和政策为导向，控制好企业的发展速度和规模；二是要加强成本控制、提高管理水平、加强运营效率；三是要规划好采购与销售，控制好企业的资金流量；四是要适时调整产品结构，增强市场匹配性和产品竞争性。

经济形势带来的影响几乎涉及了所有行业，也影响到了人们的衣、食、住、行、游、娱等方方面面。经济形势的变化，固然能影响到企业、行业的里里外外，但其对消费行为及消费趋势的影响是最为直接的。经济形势好的时候，消费需求度往往会上升，这能带动企业销售业绩的增长，也能够促使企业对技术和产品进行改进升级；反之，经济形势走弱时会降低消费需求度，企业的产品或服务若不被消费者接受，自然也就失去了价值。

因此，对一个地区的经济形势进行分析，能帮助企业判断未来的消费能力和消费趋势，以此来制定新的发展战略，以适应新的变化需求。

模块二十二：文化教育

关于文化的概念，向来是众说纷纭。在中国，"文化"一词最早来源于《易经》："刚柔交错，天文也；文明以止，人文也。观乎天文，以察时变，观乎人文，以化成天下。"意思是将人的自然行为化为礼行，自然秩序化为道德秩序。因此说"观乎人文，以化成天下"，于是简称为"文化"。

概括地讲，文化是指一个民族的整体生活方式和价值系统。人们每天都跟文化打交道，生活在不同的文化环境中。每一种文化都不是单一的，而是多种成分共生的，呈现多种文化成分相融合的状态。在国外，早期的泰勒认为"文化就是人们在社会中所形成的知识、信仰、艺术、道德、法律、风俗和其他能力及习惯的复杂整体"，近期的霍夫斯泰德则提出"文化不是一种个体特征，而是具有相同的教育和生活经验的群体所共有的心理程序"。由此可以得到，人们在一个地区经过长期的生活和相互影响，会形成一系列共识和行为习惯，这种社会现象则可称为文化。文化不仅影响着外在的消费市场，也影响着内在的企业家及企业价值观。

文化能够影响人们的消费行为，不同文化背景下的消费者具有不同的消费观念，即使在相同的经济环境下，不同的文化背景下也存在明显的消费差异。比如在伊斯兰文化中，酒是被禁止的，喝酒被定义成一种恶魔的行为，所以在伊斯兰地区发展酒行业是很困难的。在伊斯兰文化中，女性除了脸和手脚，身体的其他部分都不能暴露出来，并且要求女性的服装上不能有人、动物等图案，深受女性追捧的各类潮流服饰在伊斯兰地区显然都是与当地文化相违背的。如果说商品种类和形式的极大丰富是对人们生活品质的提升，那么文化则影响了人们选择商品的种类和形式。

当然，文化也不是亘古不变的，随着社会的进步，科技日新月异，人与人之间的沟通与交流日益频繁与密切，不同地区的文化也在发生碰撞和融合。虽然伊斯兰文化影响人们的消费需求，但现代文化也逐渐影响了伊斯兰教众，他们开始尝试突破原有文化的限制。

不同的区域文化也影响着企业家的知识素质和创新能力[①]，继而影响着整个企业的价值观。知识素质和创新能力是企业家的基本能力要素，也是必备的能力要素。

---

① 余菲菲. 区域文化差异及其对民营企业家能力的影响——以江苏和浙江为例. 商业经济与管理，2007，189(7)：19-23.

知识素质表现在对相关领域信息的掌握程度，包括专业知识、市场知识和管理知识等内容，也包括对相关知识的持续学习能力。

创新能力则主要体现在改进或创造新事物的能力，包括能提供具有经济价值、社会价值、生态价值的新思想、新理论和新方法等。

如浙江省具有"务实、重利"的文化特征，常以物质财富衡量人们的成就，这些文化造就了本地企业家的"三多三少"素质，即经验决策多、科学决策少，日常管理多、战略规划少，传统管理多、现代管理少。同时，这也造就了浙江人能吃苦、敢冒险的品质，当地企业家往往善于变通，善于把握商机、抓住发展机遇。

文化能够影响置身于其中的人，同样也会受到人们教育程度和时代潮流等因素的影响。前文提到中国文化背景下，提前消费并不是一种很普遍的消费方式，但是随着时代的发展、金融知识的普及、教育程度的提高，中国人也开始接受了提前消费的方式，并逐步养成了"先消费、后付款"的习惯。相比文化融合而言，受教育程度越高的人也越容易接受新鲜事物。比如"极客"，他们普遍接受过良好的教育，他们是以创新、技术和时尚为人生意义的群体，活跃在新经济、尖端技术和世界时尚风潮的前线，对最新的科技有更清晰的认知，喜欢科技带给生活的改变，乐意购买最新的科技产品。

如果要考察一个地区的消费环境，从当地文化现象和教育程度也可略知一二。如果一个地方的文化正在受到其他文化的影响，就有可能产生新的消费需求，不过这种消费需求的形成过程一般是缓慢的。从教育的角度来看，通常在教育欠缺的地方人们的消费观念更原始，对于新事物的接受程度也会更低，接受速度也更慢。而在教育程度较高的地方，人们更容易改变消费方式，从而获取更好的生活品质。相比较而言，教育能够比融合更快地影响一个地区的文化环境，从而改变消费需求。

模块二十三：产品结构

产品结构是各个产品所占的比重和相互关系的总和。研究市场中的产品结构也能帮助企业找到新的发展方向，主要研究内容包含了行业为市场提供了哪些产品，这些产品的种类、功能、技术等分别有哪些。做好市场产品结构的研究，能够帮助企业更准确地对产品进行定位，能够帮助企业回答产品定位的三个主要问题，即：公司的产品在市场中处于什么样的地位？公司的产品在市场中的利润水平如何？公司的产品在与同行的竞争中有什么优势？回答了这三个问题，企业也就知道该向市场推出什么样的产品了。

沃尔玛是目前全球最大的连锁超市，在27个国家拥有超过11000家门店，在不同国家有55个不同的名字与其他公司合作，经营着折扣店、超市、超级中心、超级市场、餐馆、服装商店、药店和便利店，以及各种零售网站。在这些销售场所，沃尔玛除了销售制造厂商的产品外，也在向客户提供自有品牌的产品。除了沃尔玛，像麦德龙、永辉、百安居、盒马鲜生等零售企业都纷纷推出了自有品牌产品。

为什么这些零售商能够发展自有品牌，且能赚取足够的收益呢？原因就在于，他们掌握了大量的产品数据，通过这些数据便能获得准确的产品结构，能清楚知道各厂家产品的特点和销售情况，以及哪种产品的材质、工艺、做工、价格更受消费者青睐，从这些数据便能预测客户对产品的需求情况和喜爱程度。零售商通过对产品结构数据的分析，掌握市场需求信息，进而联合制造商推出自有品牌。由于零售商自有销售渠道的优势及采用的是委托、代工生产管理模式，由生产厂家直接生产，节省了中间环节，有效降低了综合成本，相比其他品牌厂商的产品具有明显的竞争优势，获取的产品利润也高于其他厂商的产品。可见，准确分析产品结构，对企业产品的定位是非常重要的一环，也是最为关键的一步。

如何进行产品定位？在此简单介绍几种产品定位的方法。

一是差异定位法。首先要清楚市场上同类产品的特性，然后针对现有产品做差异化的改进或者提供差异化的服务或附加功能。比如海尔为农民开发的洗红薯洗衣机。

二是场景定位法。这种方法需要企业对产品的使用场景做一个定义，让用户在这种场景下联想到这个产品。脑白金便是典型的例子，其广告不讲工艺、不讲产品、不讲功效，只是界定了它是一种建立情感的礼物，使人们在给老人送礼时自然联想到它。

三是关系定位法。这种方法将企业的产品与用户关注的人或实物产生联系，从而绑定消费者的情感和消费行为。比如支付宝的蚂蚁森林，其将用户的日常行走、支付行为与低碳生活和公益环保联系起来，用户通过这些行为产生"能量"，"能量"积累到一定程度就可兑换一棵树苗，兑换的树苗由公益机构种植在沙漠地区，这样就将人与公益环保联系起来了，也进一步建立了消费者与支付宝之间的黏性。

进行产品定位的方法有很多，可根据自身实际进行相应的选择。不论选择什么样的产品定位法，把握市场中的产品结构都是企业进行产品定位的重要环节，只有深入分析市场中的产品结构以及产品结构可能发生的变化趋势，企业才能进行准确的定位。

纵观全球市场，每个国家或地区的发展阶段不一样，受所在地区经济形势、文化教育、产品结构的影响，消费者的消费需求也存在差异。随着社会的进步和经济的不断发展，市场需求环境中消费差异会越来越多，这就需要企业对这些差异进行细分，从人们的日常消费中找到影响差异的因素，从而制订相应的企业发展战略。

第二节 客户需求

企业存在的意义就是向客户提供所需的产品和服务，从而获取收益来维持企业的长期发展。企业满足客户需求的程度，决定了企业获取利润的能力。客户需求是正面影响企业和整个行业发展状况的一大因素，客户的现有需求以及需求趋势的变化，是行业转型升级的风向标。

客户需求主要包括三个方面：

(1) 用户习惯。这是用户习以为常的使用习惯，企业不宜轻易尝试去打破这种习惯。

比如用户已经习惯于中国白酒特有的味道了，企业为推所谓差异化的产品，改变了原有白酒口味的属性，那就要考虑用户能否接受了。

(2) 现有需求。这是在用户习惯的基础上，提升客户想要的体验。比如智能手机用户希望手机电池能够使用更长的时间。

(3) 潜在需求。这是一种超出了客户想象能力的，但是能够切实改善客户使用体验的需求，一旦企业准确把握住潜在需求，并且创造性地提出解决方案，就能引领新的市场。比如在2007年，传统手机厂商们还在功能机领域拼得你死我活时，苹果智能手机惊天问世，成为新时代手机的引领者。

模块二十四：用户习惯

习惯是人们在生活与实践中形成的一种思维和行为方式。

对于企业来说，用户习惯就像一种无形的规则，对企业的产品创新与适用性都提出了具体要求。习惯的形成通常需要一定的时间，有的用户习惯能被企业和市场培育，而有的用户习惯则难以被改变。如让没有用过筷子的外国人用筷子夹菜，让一个习惯于喝中国白酒的中年男子爱上红酒，如果想要改变这些习惯是很难的。

企业对用户习惯的改变，可能需要花费巨大的时间和资金投入，且未必能成功。企业不宜轻易开发有别于用户使用习惯的产品，这不仅会让企业的市场培育时间久、推广成本高，也会导致用户的使用成本大幅上升，终是留不住用户。

1982年，可口可乐发起了一项调查，调查用户能否接受新口味的可口可乐，经过数轮调查和测试结果显示，新口味的可口可乐能够被大多数人的接受，于是可口可乐在1985年4月23日召开了新品发布会，正式发布了新口味的可口可乐，并且表示新口味的可口可乐会取代传统可乐。然而出乎意料的是，这次新品发布后并没有给可口可乐带来预期效果，而是带来了巨大的危机，到1985年6月底，消费者对可口可乐更换配方的做法依然充满愤怒，最终可口可乐不得不恢复原来的配方。事后可口可乐也意识到，虽然对新口味提前进行了调研，但是参与调研的用户本身就属于愿意尝鲜的人群，这部分人支持新口味是可能的，但是对于没参与调研的大部分人来说，他们已经习惯可口可乐的口味，很难接受新口味。

1988年，美国第二大烟草公司雷诺兹开发了一款"无烟烟草产品"，希望能够为用户提供更安全的使用体验，但是这款产品忽略了吸烟者的一个习惯，即吸烟产生的烟雾和吸烟时需要弹烟灰，新的无烟烟草产品却弱化了用户的这些习惯动作。最终这款产品以失败告终。

挑战用户习惯的后果，往往是严重的。这一"定律"在互联网时代仍然适用，其后果还可能因为互联网的便捷和快速传播而被放大。腾讯的即时聊天软件QQ在多年发展中积累了大量的用户,用户们对"在线状态"都很熟悉,也在长期的使用中形成了习惯。2013年,QQ for iPhone 4.0正式上线,这个版本弱化了用户在线功能,将"在线状态"这一标志性的设计放入"动态"入口,并模仿微信主推联系人列表,其结果是收到了五万多QQ用户的差评。2015年5月17日,豆瓣网将其用户通信工具"豆邮"更名为"私信",立即引发了大量用户的不满,用户还自发组织了名为"还我豆邮"的线上签名抗议活动。无奈之下,豆瓣网的创始人亲自向用户道歉,并把豆瓣PC端的"私信"恢复成了"豆邮"。

可见,用户的习惯能够成为一种惯性,这种惯性就像是给企业制定了一种隐形的规则,企业的产品只有符合这种规则才能得到用户的认可,否则有可能被用户抛弃。如果企业贸然对用户的使用习惯发起挑战,其结果就有可能使企业遭受巨大的危机,从而让竞争者抢走客户,并失去大量市场份额。

用户的习惯不可轻易挑战,那新兴企业或企业的新兴业务该怎么开展呢?汽车鼻祖亨利·福特曾经说过:"如果问用户想要什么,用户会说,要一匹更快的马。而福特从用户价值出发,给了用户一辆车。"从马车到汽车,对用户习惯来说是一件极具挑战的事情,早期的汽车用户在停车时甚至像拉马一样去拉方向盘,导致汽车方向盘是当时最容易坏的部件。从坐马车到开汽车,用户不仅要改变"享受"马车的习惯,更要花费一定的时间和精力去学习开车,但汽车还是代替了马车,成为最为流行的交通工具,这是为何呢?因为汽车对用户而言,比马车更有价值,用户自然愿意为这个价值而去改变自己的习惯。

由此,企业能否坚持以人为本的原则,为用户提供真正超预期的价值,便成了能否改变用户习惯的重要因素。

近年来,从百团大战、外卖大战,到支付宝和微信的支付大战,滴滴和优步的打车大战,以及瑞幸咖啡的迅速崛起,企业都对用户疯狂补贴、花费巨大,其目的就在于培育用户的使用习惯,让用户感受到其产品的价值所在。最终,点外卖、手机支付、软件打车都成了一种生活方式,哪怕企业没有了当初的补贴,用户仍然沉浸其中而不能自拔。

那这些企业是如何去培育用户习惯的呢?下面以滴滴出行为例。

首先,快速获取用户。大量的用户基数是培育用户习惯的基础。用户的获取过程,就是企业通过各种渠道转化和留存用户的过程,也是需要进行大力补贴的阶段。

其次,培养用户的使用习惯。引导用户进行一次又一次的产品使用和服务体验,以让用户感受到产品或服务的切实价值。

再次,持续地"刺激"用户。让用户持续体验、持续消费,以巩固用户的使用习惯,最终形成忠实用户。

总的来说,面对用户的现有习惯,企业在推出新产品或新服务时,需要谨慎,不宜轻易地去尝试改变用户习惯,因为挑战多数人的习惯,其后果往往是严重的。当推出的新产品、新服务需要改变用户的习惯时,就得评估自己的产品是否能为用户带去价值,并且要进一步确认这价值是否为用户所需。

模块二十五：现有需求

消费者的需求永远没有真正满足的时候。比如在服装领域，消费者对服装的需求就经历了保暖、面料好、做工好、时尚等一系列不断升级的过程。至今，消费者对服装的需求依然在不断变化，丝毫没有停下来的意思。只有不断地去满足用户的需求，才能得到消费者的认可，同时，消费者的现有需求也为企业提供了产品开发方向。现有需求就是在当前的情况下，消费者对现有产品的更进一步的期待。这些期待可能是对外观、材质、做工、功能、性能等方面的期待，也可能是便捷性、性价比、增值服务及个性化等方面的期待，这就需要企业去探索，开发满足用户需求的产品。

在应用软件行业，由于操作系统的成熟及软件行业的高速发展，现用的功能基本上能满足用户的日常需求，但若用户在使用过程中有新的需求，软件开发商就可进行版本迭代升级。如大量用户在使用过程中有新的功能需求，软件开发商就可加入新的功能来满足用户的进一步需求。同时，为了软件操作有更好的性能与体验效果，也要主动积极地优化版本。如在操作和交互性方面，为提高软件的响应速度，就可能需要调整软件的底层数据库；为提升用户界面的美观性，就要设计更加迎合用户倾向的界面图标。当然，也有一些软件开发商在尝试软件交互逻辑的修改，对于这样的修改，一方面不要轻易改变用户的操作习惯。比如一款软件的返回按键在界面左下角，并且这个设计沿用了很久，突然在某一次升级过程中将返回按键更改到界面右下角，这就是在挑战用户的操作习惯。另一方面对交互逻辑的修改要尽可能精简，如把原本需要三步才能完成的操作精简到两步就能完成。

智能手机的局部创新，则是另一个满足现有需求的典型例子。用户对智能手机的现有需求主要集中在外观设计、手机便携性、电池续航能力、手机性能、拍照能力等方面。企业只要能满足其中一项现有需求，就能获得手机市场的一席之地，比如华为、OPPO、VIVO等主打的一个需求点是手机的拍照功能，小米主要从手机性能去满足用户需求，三星、魅族等主要从外观设计来满足用户需求，等等。

满足用户的现有需要，既可以通过产品或服务的升级来实现，也可以从营销的视角对原有产品进行场景化，创造新的用户需求。

如在品牌繁多、竞争激烈的净水器市场，消费者的购买需求是找到一台适合于自己的净水器，但各大销售商却大力展现净水器的技术参数、通量规格、附加功能等，让消费者眼花缭乱，不知如何选择。美的净水器在洞察这一现象并分析消费者的需求后，一方面，对其线下门店进行展示升级，打造了场景化、互动化的产品陈列空间，创新地以"水境"命名，为消费者带来了更好的购物体验。另一方面，对线上的官方旗舰店进行改版升级，从使用人群和使用场景两个维度着手。一是根据使用人群的不同人生阶段，进行了不同的产品组合和配置，如单身生活、二人世界、母婴家庭、老有所依等。二是根据使用场景的不同对产品进行了分类，如厨下净水、客厅饮水、洗护净水等。在此创新过程中，美的净水器的产品并没有大幅度的改变，但它以消费者为中心，为消费者提供了清晰的购买逻辑和购买路径，以辅助消费者方便、快捷地选择适合自己的产品。

用户的现有需求，是产品或服务升级的重要参考，满足现有需求的产品也能快速让消费者产生购买行为。把握消费者的现有需求，就需要认真思考产品的使用场景，从消费者的视角来设计产品、营销产品，这样既能符合消费者的习惯，又能满足消费者的需求。同样，还应该要以动态的眼光去观察消费者的需求状态，不持固有的经验和静态思维去判断现有需求。

模块二十六：潜在需求

潜在需求是消费者潜意识的一种需求状态，没有明确清晰的产品状态，这种潜在产品状态往往是超乎人们想象的。对于大多数人来说，由于习惯于一种常态且接触到的技术前沿信息有限，总是对现有的事物有一种惯性接受状态，所以人们很难去设想一种完全超乎自己想象的产品。人们能够轻易找出现有产品的缺陷，并且对现有产品提出改善性方面的需求，促使企业进行产品的改造升级，却难以提出一种新的产品形态来解决目前所遇到的问题。

比如以前人们意识到乘坐马车的颠簸，他们可能会通过重新修路、重新设计车轮等方法来解决问题，但是极少有人能够想到通过制造一辆汽车来解决这些问题；人们能够意识到在面对复杂的算数时，可能会通过计算公式来解决这个问题，但是极少有人能够想到用一款计算器来解决；人们能够意识到邮寄信件的低效和遗失问题，可能会通过增加邮寄站点、修改邮寄规则等来提高效率和避免遗失，但是极少有人能够想到通过电子邮件来解决这些问题。通过准确识别出消费者的潜在需求，并且设计制造出新形态的产品，企业往往能引领一个新的产品时代。

划时代的创新产品往往能满足消费者的潜在需求，但推出这样的创新产品需要"天时、地利、人和"，大多数企业似乎都难以把握。除此之外，还可以通过对现有的产品进行跨界整合，形成新的产品，并通过工业设计创新，赋予产品新的价值，以满足消费者的潜在需求。苹果公司推出的产品便是这样一个例子。

2007年，苹果公司前首席执行官乔布斯发布了第一代iPhone，重新定义了手机，颠覆了同行和消费者对手机的认知，让人为之惊叹，也拉开了移动互联网时代的序幕。在此之前，人们很难想象通过手机来畅游互联网，更难想到手机会成为人们难以离开的社交工具。手机可以用来处理生活中的各种问题，也可以用来处理工作中的很多问题，还能用来购物、支付、订酒店、学习、娱乐等。在此之前，人们想到最多的也是如何把一台笔记本电脑做到更轻便，于是有了PDA（个人掌上电脑）和商务手机的概念，也有一些企业推出了成熟的PDA产品和商务手机。与此同时，功能手机、音乐播放器、数码相机、视频播放器等行业还在激烈的商战硝烟中，群雄上演的价格战、外观战、硬件战、专业战频频而发。直到 iPhone 的惊天问世，安卓操作系统的随后而起，整个功能手机、视听播放器等市场都被彻底颠覆，昔日的世界手机巨头诺基亚、摩托罗拉也快速跌下神坛，轰然倒塌。苹果手机和安卓操作系统的手机成为新时代手机的引领者，也已然成为智能手机业的新霸主。

如何打造一款满足消费者潜在需求的产品呢？首先要准确判断消费者的需求是什么，然后利用一种超出用户预期的产品来满足用户的现有需求,这要求企业拥有强大的想象能力或者整合能力。想象能力能够帮助企业创造一种"前所未有"的产品，整合能力则能够帮助企业通过对现有产品的重新组合，改变现有产品的形态，从而满足消费者需求。无论是想象能力还是整合能力，都要有长期的经验积累、过硬的技术储备、深厚的知识沉淀、敏锐的洞悉能力和判断力，这样才能拥有超乎常人的思维能力，也才会开发出满足消费者潜在需求的产品。

行业发展趋势影响企业的产品规划，客户需求则从市场角度影响产品设计。企业可在不同的市场环境中灵活应变，但不论怎么变，唯一不变的就是如何帮助客户解决问题，用利他之心去对待客户，利己之事方可成，即使消费环境发生变化要更改产品策略，也要以满足消费者需求为前提。

以用户为中心，以需求为导向，是企业发展的硬道理。站在消费者的角度去思考产品的开发，在满足现有需求的情况下，创造一种符合消费者习惯的"新物种"，便可能会成为行业的新领导者，带来一场行业新变革，迎来一个新时代。

客户有需求，企业才有存在的价值、发展的动力。当需要考量客户需求时，可从用户习惯、现有需求、潜在需求三个维度着手。

用户习惯——为企业的产品设计和创新设定了规则，对现有规则的挑战，需要为用户提供实实在在的价值。

现有需求——为企业的产品创新指明了方向，满足用户的现有需求，既可以通过产品的迭代升级来实现，也可以通过营销的创新来实现。

潜在需求——为企业的产品变革和创新提供了思路，划时代的产品势必找准了用户的潜在需求，并解决了用户的需求痛点。

第三节 客户结构

企业提供的服务或生产的产品都是有目标客户的，只有目标客户愿意为企业的产品或服务买单，企业才能获得收益。但是不能把所有人视为目标客户，不同的人之间存在着不同的需求，企业也不可能满足所有人的需求。为此，企业要对目标客户进行定位，并找准自己的目标客户，即进行客户结构的分析。

客户结构分析的维度是多方面的，在这里主要从性别、年龄和职业三个重要的维度着手。

首先是性别属性。性别属性往往是产品自带的属性，提供这类产品的企业可根据某区域人群的性别分布情况和人口统计数据来制订产品计划。

其次是年龄属性。按特定年龄段来进行目标群体定位的企业，也可结合人口统计数据来制订产品计划，并且根据目标年龄段客户的需要进行产品设计。

最后是职业属性。职业属性定位于为特定职业人士提供产品和服务的企业，可根据该职业的分类及从事该职业的人口数据统计来规划产品。

模块二十七：客户性别

性别是人类的一种基本属性，性别不同的人在思维观念、审美偏好、行为方式等方面都有明显的差异。在对产品进行定位的时候，性别结构是非常重要的一个维度。现实中，产品可能本身就具有性别属性，比如具有男性属性的剃须刀，具有女性属性的卫生巾等。这种类似的产品性别属性非常明确，用户对于产品的功能性和针对性要求也很具体。

对于具有性别属性的产品，企业往往围绕着提升产品的功能性来进行产品的设计和研发，从而帮助用户解决问题和提升使用体验。当然，市场上的大多数产品是没有明确性别属性的，如水杯、电脑、手机、手表、照相机等，这些产品男女通用。恰恰这些没有明确性别属性的产品，给人们带来了产品差异化的创意机会，如开发专门针对男性用户使用的水杯、电脑、手机、手表、照相机等产品。在研发这些产品的时候，可充分考虑男性消费者的心理和生理特征，以此来进行产品的创意设计，使得产品的使用方式、使用场景、使用体验更加符合男性用户。同样，针对女性用户群体也是一样的，可将类似的日常生活用品，通过迎合女性的意识形态来进行创新。如，在手表行业，商务表通常用硬朗钢性表盘，以表达沉稳和商务属性；而时装表则会有更多的造型和材质选择，并且在颜色上也更加丰富，其主要原因便是商务表的目标用户主要是男性，而时装表的目标用户主要为女性。

以手机为例，如果一款手机定位为商务机，而一听到商务二字，人们更容易想到的是成功男性用机，因为男性往往比女性更愿意以商务作为自身的标签。商务手机的设计则以男性的审美和需求为主，一般会选择更加沉稳大气的设计风格，外观更加棱角分明，手机颜色和用户界面的设计也更深邃稳重。相反，如果一款手机定位为时尚手机，那么它的目标客户中女性的比例就会高于男性，其设计就会以女性用户的需求和审美为主。所以，时尚手机在外观设计上就会讲究多样化、轻薄、多彩、圆润的外观等就是一种设计趋势。

在 2001 年，国产手机刚刚起步不久，整个中国手机市场几乎被诺基亚、摩托罗拉、三星、爱立信等国际品牌占领，国产手机市场份额不到 15%。在面对拥有强大技术优势、品牌优势的国际巨头时，国产手机企业更多的做法是生产低端低价位手机，销售价远远低于这些国际品牌，普遍在1500元上下。此时，业界突然冲出一匹黑马——TCL。TCL移动公司成立于1999年，当年销售了5200部手机，销售额为人民币600万，次年销售量迅速增长为21.6万部，销售额为2.8亿元人民币，到2002年销售量奇迹般的上升到了130万部手机，销售额更是达到了30亿元人民币，手机出货价从平均价1500元左右上升到了2300元左右[①]，其后更是创造了年销售额近百亿元的奇迹。业界瞬间沸腾，纷纷看到了国产手机崛起的曙光，时任TCL移动公司CEO的万明坚更是被业界誉为"手机狂人"，以中国手机教父级的形象叱咤于业内。揭开TCL手机的神秘面纱后，不难发现其成功之处主要在于两个创新，一个是在行业技术、产品功能同质化的情况下，TCL移动公司提出了产品局部创新，即围绕消费主流意识形态，进行潜需求创新；二是渠道模式创新，即优化渠道层级，使其扁平化。TCL移动公司创新战略的核心就是创造性地提出了宝石手机概念，尤其针对女性消费者的宝石手机，以其独特的女性专属卖点，别具一格的色彩，新颖潮流的外观设计，伴随着带有金喜善画面的广告，红遍了大江南北。

企业在进行产品定位与设计时，需要考量用户群体的性别结构，同样，在制订营销策略时，也需考虑决策者的性别结构。

随着女性社会地位和家庭地位的不断提高，她们除了在服装、珠宝、化妆品等领域占据着主导地位，在家居产品、婴幼儿用品、家庭教育等领域也占据着70%的决策主导地位。

可以看到在家居卖场，逛街的女性明显多于男性，而大多数男性消费者通常都有女性相伴。同时，女性更是凭借着自己的兴趣爱好、审美灌输、砍价能力等，成为家居产品的消费主角和最终决策者。

由此可见，家居类、家庭教育类产品等虽无明显的性别属性，但因其决策者往往是女性用户，在需求引导供给的理论下，企业在进行品牌定位、产品设计时，需要更加注重女性用户的需求情况，以迎合其消费习惯。

模块二十八：客户年龄

年龄结构是指不同年龄阶段的人口数量占人口总量的比值，年龄结构在不同地区、不同时期内呈现出差异。

比如在婴儿潮时期，婴幼儿的数量人口总量的比例相对较大；当这些孩子长大到读书年龄，并且在这一轮婴儿潮之后，若当地的生育率有降低现象，那么青少年人口所占比例就较大。年龄结构也会受到政策、经济和社会因素等的影响，在不同政策、经济和社会背景下，会呈一定的动态变化。

过去我国由于计划生育政策，0～14岁的人口数量一直在下降，在2011年达到最低

[①] 资料来源：http://www.people.com.cn/GB/it/49/151/20020414/709265.html。

点 22164 万人，虽然在 2012 年和 2013 年有缓慢增长，但增长率仅为 0.1%～0.5%，且总人口占比从 2005 年的 20.27%下降到 2013 年的 16.41%。2013 年，国家开放二孩政策后，新生婴儿数量加速增长。2014 年，0～14 岁的人口增长率达到了 1%，占总人口比例的 16.49%，占比为 4 年来最高。2016 年，0～14 岁人口占比达到了 16.6%，但比 60 岁及以上老年人口占比低了 0.1 个百分点，儿童占比首次低于老年人口[1]。这个数据充分说明中国迎来了老龄潮。步入老年时代的消费者，由于平时缺少子女的关爱，容易产生孤独感，加之身体状况越来越弱，对保健品、预防性产品、精神类服务需求呈现增长态势。据有关统计分析，截至 2017 年底，我国 60 岁及以上人口已达到 2.4 亿人，占总人口的 17.3%，预计到 2020 年将达到 2.48 亿人，其中 80 岁以上老年人口将达到 3067 万人；2025 年 60 岁及以上人口将达到 3 亿人，我国将成为超老年型国家。预计到 2020 年，65 岁以上老年人的消费规模为 8 万亿元，2030 年预计将达 22 万亿元的消费规模[2]。对于企业来说，理清业务所在地的年龄结构，是发展业务的重要基础。

美赞臣是一家致力于婴幼儿和儿童营养品的公司，成立于 1905 年。100 多年以来，为一代又一代婴幼儿提供奶粉产品。1993 年，美赞臣(广州)有限公司正式投产，给中国市场提供安婴宝 A+、安儿宝 A+、安儿健 A+、安学健 A+等系列奶粉产品，产品覆盖初生儿到六岁以上儿童。据相关数据显示，2010 年美赞臣在中国市场的销售额为 50.4 亿元人民币，到 2017 年增长到 70 亿元左右，2018 年销售额更是达到了 80 亿元的高峰。企业销售额的变化必然是由内外多方面因素引起的，这个数据也从侧面反映出了二孩政策对市场的影响。2012 年，中国婴幼儿奶粉市场零售额为 637 亿元，2013 年达到了 798 亿元，2014 年增长到了 892 亿元，2015 年相比 2014 年有降低，零售额为 863 亿元，2016 年又降到了 844 亿元[3]。此数据也可直接反映出，自 2013 年以来相对较高的市场增长率，跟二孩政策放开后的出生率上升有关，2015 年及 2016 年略有下降，主要是出生率下降及消费者跨境购买量增加所致。

这里先来做一个假设，如果一个地区的人口总量为 1000 万人，人均消费每年为 1 万元，则年消费额为 1000 亿元。有家大型连锁超市企业正在寻求转型，计划按每 1 万人建一家老年社区超市的标准，共计划建 1000 家社区超市。60 岁及以上的消费者为主要目标群体，按目前我国 60 岁及以上人口占总人口的 16.5%来算，这家企业将为 165 万人的市场提供服务，以人均年消费 1 万元来计算，这家企业面临的将是一个年消费额达 165 亿元的大市场。

对于企业来说，分析人口中的年龄结构是很重要的。以日用品行业为例，日用品属于刚需类用品市场，只要企业找准了目标群体，进行了有效的产品与需求匹配，有一种适合的切入方式及相应的商业模式，就很可能为企业带来足够的收益，从而为企业带来新的发展空间。

---

[1] 资料来源：http://www.chyxx.com/industry/201609/445172.html。
[2] 资料来源：https://baijiahao.baidu.com/s?id=1600394180243429448&wfr=spider&for=pc。
[3] 资料来源：http://m.chinabgao.com/k/naifen/39517.html。

分析年龄结构能够帮助企业找到一个细分市场，也能为企业的目标客户群体定位提供方向，以便找到新需求，实现企业的可持续健康发展。

模块二十九：客户职业

职业也是影响消费者消费行为的一大因素，虽然每个个体对产品的需求不一样，但从事类似职业的人会有一些相似的消费观念。每种职业都存在一种独特的职业文化，这种职业文化影响了这些用户的消费习惯和偏好。而不同职业者的收入水平，也影响着其消费水平。

比如金领人士一般具有较高的消费能力，他们的消费观念，倾向于高端或具有高附加值的商品；而蓝领由于收入水平相对较低，他们则倾向于购买物美价廉或高性价比的商品。

正如服装的消费市场，时尚行业的从业人员会选择更加个性、时尚的服饰，他们热衷于关注时装发布会，讨论流行趋势；商务人士则会选择更加成熟、稳重的服饰，除了要求服饰的设计要稳重大气，他们还强调服饰品牌的附加值；程序员群体则喜欢休闲随意的着装风格，相对时尚人士和商务精英而言，程序员对服装的要求就显得更加简单实用，他们更强调穿着的舒适性，而不那么在意服装的设计和款式，格子衬衫和牛仔裤也一度成了程序员的代名词。数码产品也是如此，设计从业者一般喜欢设计精巧、造型独特的产品；商务人士追求产品的稳定性和安全性，要求产品外观稳重；程序员则希望产品足够"发烧"和"极客"，他们追求的是产品的极致性能。

目标用户的职业属性有助于进行产品的设计与定位。针对高消费能力的群体，不仅要对产品精细打磨，以确保产品设计经典、用料考究、精工制造等高标准，还要赋予产品独特的品牌内涵，充分彰显品牌带给消费者的价值感受。而针对大众消费者，应首先保证产品质量，可以选择在设计、用料和做工上的合理妥协，着重体现性价比，以成本领先和规模取胜。

分析目标用户的职业特征，目的就是找到这些相同职业者背后的消费共性，从而在细分市场中进行精确的产品定位。只有针对性的产品才能快速打动用户的心。定位广泛的产品往往只能在各种需求之间求得平衡，最终设计生产出来的产品也往往会成为一种"中性"产品，这种中性产品可能没有明显的缺点，但也没有独特的优势卖点，难以让人产生强烈的购物欲望。所以，对职业结构的分析和对职业特征的理解，是企业进行市场细分、进行产品定位的重要考量因素；有效的职业结构分析，以及有针对性地推出产品，也是企业产品获得市场青睐的重要前提。

客户结构的分析能够帮助企业对客户和产品进行定位，找准供与需的最佳匹配。企业应清楚地知道能为什么样的客户提供什么样的产品和服务，这也是企业与消费者之间的一种"知己知彼"，找准客户，理解他们的需求，为他们解决问题，方可"百战不殆"。

如果企业定位不清楚，不能清晰地描述出目标用户的特征，以及企业产品与他们之间的关系，那么企业的产品和服务势必会缺乏特色，在市场竞争过程中也将会"战而不利"。同时，分析客户结构还能帮助企业找到一个更为广阔的市场，只有在更大的市场空间中才有可能获得更大的发展空间。

　　当然,企业若选择专注于一个小众市场深耕、精耕,那小市场也可能会创造出大份额。对于用户结构的分析不应该是独立的,在研究用户结构的过程中,需要综合考虑用户群体的性别、年龄、职业等因素,综合分析客户结构才可能做出更准确的用户和产品定位。

【本篇结语】

对于"势",古今论述可谓多矣,如何识势、借势和乘势,许多中外名家作了不同的演绎。但是在本书中,把"势"具体化地指向企业经营活动中的外部环境,因为外部环境的任何变化都可能引起整个"势"的变化。

这种"势"的变化,对于企业来说既是一种危机,又是一种机遇。危机是指"势"的变化每时每刻都在发生,对于企业来说所面临的经营环境是瞬息万变的,这就要求企业像人一样,要未雨绸缪,并且有应对这些变化的能力。正是因为有了"势"的这种纷繁复杂的变化,也给企业带来了前所未有的机遇,也才有了随之改变的余地和机会。倘若企业所处的环境是一成不变的,那么任何企业都难以得到升级。

"势"是最公平的,它不会偏向于任何一方,也正是"势"的这种动态特征,才有了今天百舸争流的商业局面。市场永远不变的规则就是永远在变化,一切事物都需在变化中得以破茧成蝶而获得新生。

企业的一切行为都是为市场需求服务,是在帮"人"解决问题,满足了人的需求就是满足了市场需求,满足了市场需求,企业需求自然也就满足了。即使占尽了"天时"和"地利",没有"人和"便没有一切,企业也就失去了存在的意义。对于企业来说,对"势"的把握,就是从制度政策环境、产业链环境和市场需求环境三方面去寻求"天势、地势、人势",这样才能劳有所获,时和岁稔。

总之,当企业梳理清楚外部环境后,便可依据"势"来进行企业之"道"的设计。法律法规是企业设计"道"的基本准则,遵守法律法规是企业经营活动的基本底线;产业链环境和市场需求环境是企业设计"道"的指南针,顺势是企业获取市场的外部环境,即天时。

【案例品鉴】时势造英雄——小米的崛起

小米公司成立于2010年4月，通过打造基于Android系统深度优化、定制、开发的手机操作系统，为年轻人和数码发烧友提供性能强大的智能手机产品，小米手机自推出后，便迅速受到消费者的青睐和关注，曾一度出现了一机难求的现象。

根据2017年的数据显示，小米手机在15个国家的市场占有率排名在前5位，到2018年第一季度，小米手机已进入全球74个国家或地区销售，在印度市场更是占据了30%的市场份额。根据Google等在2018年2月发布的《2018年中国出海品牌50强报告》显示，在中国的出海品牌中，小米品牌排名第四，仅次于联想、华为和阿里巴巴。2018年7月9日，小米在香港交易所主板正式上市。

从小米手机发展史来看，小米无疑是一家极具传奇色彩的企业，又是一家长期处于风口浪尖上的企业。自公司成立以来，每一次的新品发布都能引起一场网络攻伐，有不吝辞藻的赞美之声，也有群起攻击的批评之词。小米创始人雷军说"站在风口上，即使是猪也能飞起来"，这句话充分表达了趋势对企业的巨大影响，也形象地说明了企业把握趋势的重要性，即便是初创企业，抓住了机遇也能顺势而起，得到长足的发展。作为一家紧抓趋势发展的代表性企业，可以分析一下它在发展过程中都遇到了哪些"势"的重要节点。

一、布局全球市场，有失也有得

小米成立之时，恰逢智能手机替代功能机的时期，在"换机"潮过后，华为、OPPO、vivo等国产手机强势崛起，加上外来的苹果、三星，中国智能手机市场竞争异常激烈。随着中国全球贸易步伐的加快，"一带一路"的推进，国产手机品牌纷纷采取"走出去"战略，拓展海外市场。同样，小米在实施国际化战略的过程中，与其他企业一样，也遇到了不少法律法规等方面水土不适的问题。

2014年7月，小米进入印度市场，同年四季度，爱立信向印度新德里最高法院起诉小米侵犯了爱立信所拥有的ARM、EDGE、3G等相关技术的8项专利[①]。12月8日新德里最高法院向小米开出"诉前禁售令"。12月16日，小米向法院提起上诉并展示了高通对小米的相关授权文件，请求法院允许搭载高通芯片的小米手机在印度销售。这一请求得到法院的支持，但是要求小米在3个月内，每卖出一台手机就要像法院预存1000卢比作为预存缴纳金。当时，小米在印度销售的产品主要有搭载高通芯片的红米1S和搭载联发科芯片的红米NOTE手机。

小米手机进入印度市场时，正是印度智能手机市场刚刚兴起的时候。印度拥有世界第二多的人口数量，尽管整体消费水平相对较低，但是市场发展空间很大，而且小米手机的定位也非常符合印度消费者的需求，很快小米手机在印度取得了立足之地。然而，小米在印度遭受的专利起诉，也正是不熟悉当地法律环境所致，原本在中国国内行得通的做法，

---

① 资料来源：https://www.ithome.com/html/android/136696.htm。

到了印度却碰壁了。在这起起诉案件之后，小米积极地将搭载联发科芯片的手机换成了搭载高通芯片的手机，并且向相关部门提交了高通的授权书，才得以在印度继续销售手机。

2015 年底，小米公司在美国东得州联邦地区法院马歇尔分院被 BlueSpike 提起诉讼。BlueSpike 是一家知名的 NPE（非执业实体）公司，即俗称的专利流氓。BlueSpike 起诉小米侵犯了其在美国拥有的数据保护方法与装置相关的专利。BlueSpike 在美国拥有涉及"数据安全、软件签名、深度检测"等多个领域的专利，并且曾在美国起诉过华为等其他公司。2017 年 1 月 4 日，美国东得州联邦地区法院马歇尔分院对 BlueSpike 起诉小米侵权案作出了判决，法院的判决驳回了 BlueSpike 对小米的诉讼请求。遭受专利流氓的起诉，显然是因为小米对国外的法律法规环境不熟悉，从而被专利流氓抓住漏洞发起了攻击。虽然最后小米在诉讼中获胜，但从 2015 年底到 2017 年初，处理这些案件无疑消耗了公司大量的时间和精力。

对于小米及其他要"走出去"的企业来说，认真了解业务开展地的法律环境是十分重要的，只有这样才能在面临法律纠纷时有理有据地做出应对，面临专利流氓等恶意起诉时，才能做到未雨绸缪。而摸清业务开展地的市场需求，并且开发相应的产品，是企业走出去最为关键的一步。只有为当地市场提供符合市场需求的产品或服务才能在当地立足。

二、赢得良好营商环境，入驻武汉

企业入驻地的选择，对于企业来说具有重要的战略意义。2017 年 6 月 29 日，小米公司与武汉市政府签订入驻协议，小米将其第二总部搬迁至武汉市。2017 年 11 月 18 日，小米正式落户武汉市。

小米落户后，武汉市政府为其规划了 500 亩的产业园。当产业园建设完成后，小米公司的部分业务以及小米生态链上的数百家企业将会随之搬迁到武汉。小米武汉总部将聚焦于"黑科技、新零售、国际化、人工智能和互联网金融"等 5 大领域[①]。

从签约到入驻，不到 5 个月的时间，惊人的速度背后，是小米对于当地招商政策的把握。为了大力发展高新产业，武汉市对入驻光谷金融港园区的高科技企业提供相应的政府补贴政策，并且为企业提供相关后勤配套产业，在政府的招商引资政策下，企业的综合成本比北上广深等发达地区降低了约 40%[②]。同时，武汉市拥有武汉大学、华中科技大学、华中师范大学、武汉理工大学等优秀的高校，能够为小米的发展输送人才。

三、瞄准市场需求大潮，入局智能手机业务

2010 年 4 月 6 日，北京小米科技有限公司正式成立后，同年 8 月 16 日，小米公司便马上推出了首个 MIUI 内测版本，MIUI 是小米公司在原生 Android 系统的基础上，增加了许多针对中国用户的优化功能，操作界面和交互设计上更符合中国用户的使用习惯。小米公司还开放了 MIUI 论坛，便于 MIUI 用户交流、提出意见，然后根据用户意见对 MIUI

---

① 资料来源：http://www.leikeji.com/article/12537.
② 资料来源：. https://m.sohu.com/a/205772195_114814.

第五章 人势——市场环境

进行改进。

2011年，小米正式宣布布局三款重点产品：手机、米聊、MIUI。同年8月16日，小米手机1正式发布，9月5日开启在线预约，半天时间预约数量达到了30万台，12月18日，小米手机开放购买，5分钟内便售出了30万台。随后，荣耀、Nubia、小辣椒、大可乐等手机品牌纷纷借鉴学习小米互联网手机模式。那么，小米是如何借势的呢？

第一，是对手机市场发展趋势的准确把握。随着2007年苹果手机的惊天亮相，iPhone将手机带入了智能时代，随后智能手机开始在全球兴起。在这个阶段，能推出智能手机的厂商为数不多，配置高的智能手机定价也比较高，普通消费者难以承受。小米公司意识到手机行业将迎来一场"换机"潮，有大量使用传统功能手机的用户想要体验智能手机，小米公司便抓住了智能手机替换功能手机的趋势风口。

第二，是准确抓住了智能手机操作系统的发展方向。当时市场中的智能手机操作系统主要有：苹果公司的iOS、Google的Android、黑莓的BlackBerry OS、微软的Windows Mobile、诺基亚的Symbian以及诺基亚针对触屏手机开发的MeeGo。在众多智能手机操作系统中，小米选中了成长为智能手机操作系统绝对霸主的Android。这一选择奠定了小米手机发展的基础。

第三，是对消费者需求的准确把握。小米手机发现了用户的换机需求，看准了智能手机操作系统。这还不足以使小米备受关注，还有很多大公司在智能手机领域耕耘，小米只是一家名不见经传的初创企业，要想进入市场，就要对目标群体进行定位并对用户需求有深刻洞察。小米意识到，在这个时期，能快速接受智能手机的用户主要是年轻人，但是年轻人的经济条件有限，大公司生产的智能手机价格偏高，是这些年轻人难以承受的，这个群体需要的是价格便宜的智能手机。于是，小米手机围绕年轻人、发烧友群体，开发出了性价比很高的"发烧"手机，准确把握住了用户的需求，使得其迅速受到用户追捧。

第四，是与时俱进的商业模式创新。正如前面提到的，小米公司开创了"互联网手机"模式。2011年正是移动互联网元年，自1998年互联网在中国开始普及，经过十余年的发展，已改变了人们的信息交互方式，移动互联网更是实现了人与人之间信息传递的无缝链接。小米正是利用传统互联网的成熟模式和移动互联网的崛起，打开了手机的全新销售渠道，以此为突破口，形成了互联网手机的商业模式。

从这个案例当中可以清楚看到，小米从诞生到崛起都是在顺势而为，可谓是把"识势、借势、乘势"演绎得出神入化。从互联网的发展趋势中认清移动互联网是未来发展的必然方向，这是"识势"；借苹果智能手机的风靡之势而大展拳脚，这是"借势"；在电子商务风起云涌之时，开创"互联网手机"的大潮，这便是"乘势"。

第三篇

重道

——明心见性 建章立制

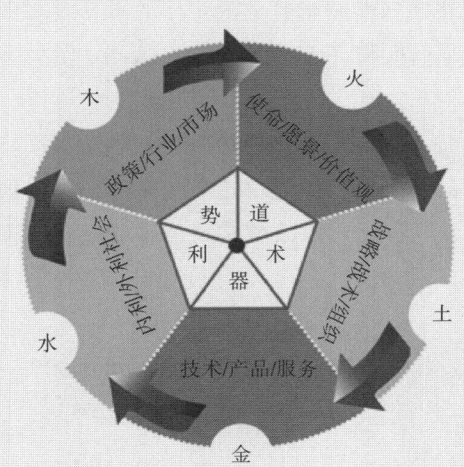

人法地，地法天，天法道，道法自然。
——老子《道德经》

【本篇开卷】

《论语》中说："志于道，据于德，依于仁，游于艺。"人们认为这是中国传统儒家文化的精髓和孔子教导世人为人为学的基本原则。这一原则步骤分明。孔子提出首先要解决立志的问题，其次便要修己，道行、德彰、仁成之后，方可游于艺。"志于道"是孔子对于人生提出的第一个要求，即立志要高远并且符合天道与人道。

做企业和做人一样的道理，"志于道"是企业建设的重点，在经营罗盘中把企业立志归纳为企业树立自身的使命、愿景和价值观，这也是企业的"道"之所存。因此企业之"道"，是企业开展一切经营活动的指导思想。正如《道德经》所讲的"道生一，一生二，二生三，三生万物"，企业之"道"是企业行为的源头，是企业行事的基本规律。只有在这套思想体系之下运营，企业的发展才不会偏离轨道，企业的一切行为才有迹可循，企业的整体运转才能生生不息，赢得市场的认可。

美国管理学大师彼得·德鲁克在《管理：任务、责任和实践》中指出："只有明确定义了企业的目标和企业的使命，才能够清晰而又现实地确定清楚企业的目的所在。企业的目标和使命是确定优先次序、制定战略、编制计划、进行工作安排的基础，它是设计管理工作尤其是设计管理结构的出发点。"因此，企业的目标和使命改变着企业，也决定着企业的未来。使命规定了企业要做的事情，也规定了企业不能做的事情。也就是说，使命是企业经营的指南针，企业只有明确了自己的使命，战略、战术才有基础，制度、流程和工具才有依托。

企业的使命是企业愿景、战略制定的基础，没有使命灯塔的指引，企业就如浮萍一般。企业的"愿景"是完成企业的使命，将企业的终身目标进行阶段性地分解，形成企业中长期目标。企业的"价值观"是企业全体成员共同信奉的精神信条和行为规则，是集体意志的充分体现。

开卷有益——从这里开始让我们认识经营罗盘中的"道"。

"道"设计路径模型图

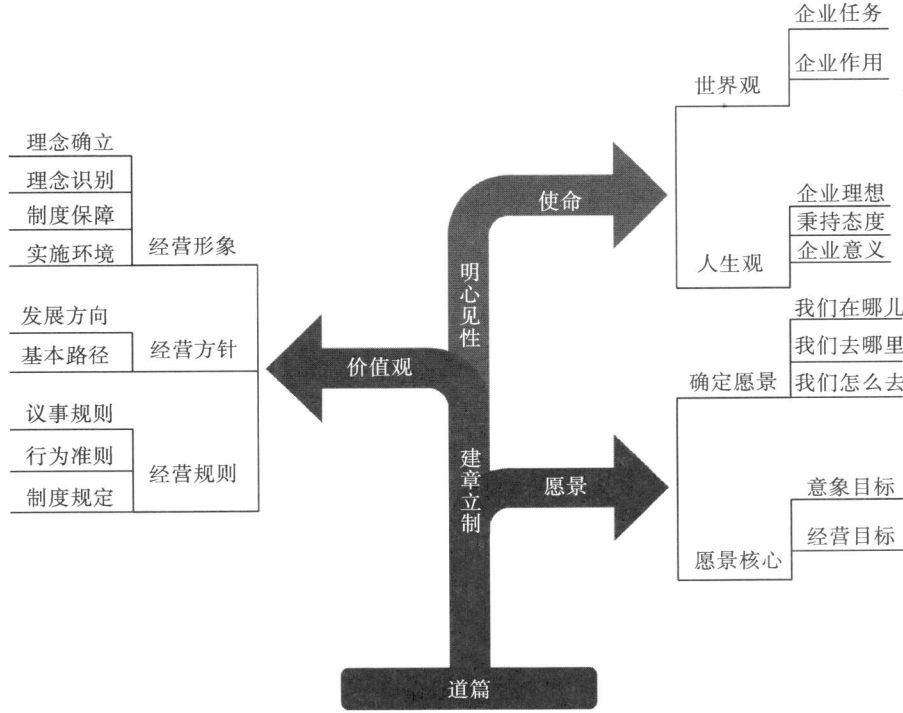

经营罗盘(道篇)思维导图

第六章 企业使命

《大学》里讲"物有本末，事有终始，知所先后，则近道矣"，意思是说，事物先有其根本，才会长出细枝末节，而做事则是先明确终点，才开始下手执行，明确了这其中的先后顺序，也就差不多理解到"道"了。为什么说做事要先确定目标呢？如果做事没有目标，在途中遇到困难就会不知所措，就容易因难以战胜困难而中途放弃，或因难以抵御诱惑而忽左忽右。反之，企业有了深思熟虑的坚定目标，即使实现的过程困难重重，也不会迷失方向，也会因为目标的牵引去突破困难，终达理想的彼岸。企业的使命是企业对自身发展和社会发展所做的承诺，它往往需要企业为之终生奋斗，也就是企业发展的"终"，有了这个"终"，企业的一切行动才有意义。

阿里巴巴的使命是"让天下没有难做的生意"。做黄页起家的阿里巴巴在看准市场需求后，毅然进入 B2B 领域，帮助众多商家搭建起沟通与交易的渠道。搭建了企业及商家的生意平台之后，阿里巴巴又进入了 C2C（淘宝）领域，以帮助那些资金有限的个人卖家更好地做生意。在此期间，为了解决陌生买家与卖家之间的信任问题，阿里巴巴推出了第三方支付平台——支付宝，以促进交易双方进行网络交易。之后，阿里巴巴又扩展了 B2C（天猫）领域，以提高优质商家的信誉影响和交易保障。为了帮助更多小商家能够获得资源，阿里巴巴顺势推出了网商银行服务。除此之外，支付宝的花呗、借呗等业务工具也为消费者带来了网上交易的便利，使得商家的生意更容易进行。虽然阿里巴巴为企业提供信息的方式和内容发生了翻天覆地的变化，但它的这一成长过程的实质就是在不断地去践行"让天下没有难做的生意"这一使命。

通用电气的使命是"使世界更光明"。通用电气的历史起源于 1878 年创立的爱迪生电灯公司，其初衷便是让全世界都亮起来，全公司上下都理解并践行着这一使命，也成功地使电灯的使用寿命得到了提高。虽然在通用电气一百多年的发展历程中，其业务得到不断扩展，在多领域都进行了很多的技术创新和服务，但其多元化的业务都始终围绕着"使世界更光明"这一使命，致力于带给人们更便捷的生活。比如，通用电气的飞机发动机被广泛应用于民用飞机上，带动了民用航空的发展，提高了人们的出行效率；通用电气在高端医疗设备上的成就，也为人们创造了更好的就医体验，对人类健康起着非常重要的促进作用。通用电气的这些努力，使得世界在更广泛的意义上变得更加光明了。

使命，是企业价值的高度概括，它指引着企业的前进方向，决定着企业的未来。使命，是在充分认识世界、认识社会、认识自己之后，对经营活动范围和企业层次的定位，表明了企业在社会经济活动中的身份或角色。

本章将从世界观和人生观两个角度共五个模块展开对企业使命进行探讨。

第一节　世界观

世界观，通常是指人们对整个世界的根本看法。指处在什么样的位置、用什么样的眼光去看待与分析事物，它是人对事物的判断的反映。世界观体现了个体看待事物的方式和角度，是人们基于自身认知，对事物进行的判断和反映。世界观不同，表现为人们在认识、分析和评价世界时，立场、观点和方法的不同。简单来说，世界观体现了个人对待事物的态度。

对企业而言，世界观就是企业看待世界的立场和态度，表达的是企业的行为逻辑和思想特质。在企业的世界观中，找准自身的立场很重要，这就需要企业清楚自己是谁，清楚企业的任务是什么，还需要明确企业能解决什么问题，明确企业的作用。

模块三十：企业的任务

著名教育家陶行知先生说过："人生天地间，各自有禀赋。为一大事来，做一大事去。"这里的"大事"即人生任务，是人一辈子为之奋斗的事情。如果把人换成是企业，那么企业之"大事"即为企业任务，企业之"禀赋"即企业自身的技术、资源、人才等。企业可根据自身"禀赋"去选择最有价值、最适合自己的"大事"。

在明确这一定位的过程中，需要回答以下三个问题。

一、企业要做什么

确立企业的发展方向，明确企业要进入什么行业，重点发展什么业务。

华为坚持在通信领域完成企业任务、实现梦想，最终成长为通信领域的全球领导者，通信领域便是华为的方向。正威国际深耕于有色金属的完整产业链，成为该领域的领导者，有色金属便是正威国际的方向。因此，选择方向比运用方法要重要，方法错了还可以改进，加以弥补，但是方向错了就会离预期的目标越来越远，尤其是企业快速发展时期，方向一旦出现错误，就意味着企业与社会发展南辕北辙。简单来说，做什么比怎么做更重要，方向性的错误是坚决不能犯的错误。

任正非创立华为时，中国正沐浴在改革开放的春风中，商机也几乎是无处不在。许多企业都在一个领域完成原始积累后，开启了多元化的道路，而华为在认准了通信领域这个方向后，就不曾动摇过。在中国房地产市场的蓬勃发展期，各房地产企业都赚得盆满钵满，国内稍有规模的企业也都纷纷投身于房地产市场中，甚至一些企业想方设法地利用高杠杆、通过银行贷款等方式进入房地产行业，分得了一杯羹。在这样的大环境下，华为依旧坚守初心，抵御住了赚快钱、进入热门行业的诱惑，而在通信领域持续不断地投入，潜心研发、创新，不断追赶、领先于世界同行的技术水平，专心一致地改善着自身的产品和服务，最终才成就了今天的华为。

二、客户是谁

明确企业要为什么样的客户提供产品和服务。

曾有一位名噪一时的企业家说过:"世界有多大,市场就有多大;55亿人,都是我们的客户"。可事实证明这是痴人说梦话,他的企业不久便崩溃了。没有企业能够为所有用户提供产品和服务,因为不同的用户,对产品和服务的要求与期待是不同的,想要满足越多的用户,产品和服务就需要在越多的方面进行妥协,最终得到的产品和服务就可能是平庸且毫无特色的,这样的产品就更难引起消费者的购买欲望。相反,许多公司因找准了自己的客户定位而取得了成功。

美国的西南航空公司是整个民用航空界的"不老传说",从1973年开始每年都在盈利。2001年的"9·11"事件后,除了西南航空之外的美国其他航空公司几乎都陷入了困境。西南航空为什么能够成功呢?就是因为它清楚地知道客户是谁,要为客户提供什么样的产品和服务。在大航空公司都热衷于长途飞行而不屑于短途飞行时,西南航空选择了经营短途空运业务,为那些需要短途出行的旅客提供飞行服务,与大巴车媲美的票价、频繁的班次、方便的登机流程、透明的客户服务等等都很好地满足了短途旅客的需求。西南航空准确地辨别出了目标客户,并且为其提供了恰到好处的产品和服务,成就了其美国第二大航空公司的地位,盈利水平也在美国民航企业普遍低下的环境中成为一枝奇葩。

回答"客户是谁"这个问题,表面上缩小了企业的服务范围,但实际上是在"扩大"企业的市场。只有当企业足够聚焦,将目光锁定在精准的人群身上时,才能真正认真地去分析和了解客户的需求。在探寻客户需求的过程中,会发现一些客户的需求是现有产品无法满足的,需要新产品来实现。这样就能发现更多潜在的商机,在无形中扩大了企业的市场。

三、能为客户提供什么样的独特价值

明确对企业业务性质的定位。

经营同类产品的企业,其业务性质可以有着很大的不同。同样是卖汽车,凯迪拉克卖的是地位,奔驰卖的是舒适,宝马卖的是操控,沃尔沃卖的是安全,福特卖的是平凡。

关于产品和服务的具体价值,将在后文的"器篇"中进行讨论,在此不过多展开。但是应该明确的是,只有为客户提供独特的价值,客户才愿意为产品和服务买单,提供与众不同的价值,也是企业之"道"的核心所在。

模块三十一:企业的作用

企业的作用,是企业使命的重要组成内容,其回答了企业存在的具体原因。

企业本是向社会提供商品或服务的经济组织,其作为社会经济的基本单位,是市场经济活动的主要参与者，是商品生产和流通的直接承担者，也是社会经济技术进步的主要力量。如果企业没有存在的意义，或意义不大，那这家企业势必潜藏着巨大的生存危机，可能也"没有存在的必要了"。反之，企业要想在市场中立足，并成为其中佼佼者，就得发挥好自己的作用，即确立好企业的使命，并一步一个脚印地去实现自己的使命。

尼采曾经说过："人唯有找到生存的理由，才能承受任何境遇。"同样，对于企业而言，只有正确回答了企业的使命是什么，才有可能在此基础之上制定出正确的战略、计划和决策。尤其在复杂、不确定的商业环境中，企业更应该明确一个清晰的、具有前瞻性的使命，以此来牵引企业的发展。关于理清企业作用的价值，下面从一个经典的案例中来略窥一二。

在19世纪后期，欧洲有两家最有名的马车工厂，他们生产的马车是全欧洲最好的，也是最豪华的。但不同的是，其中一家马车工厂将自己的使命定义为"我们要制造全欧洲最好的马车"；另一家马车工厂经过调研和思考后认为，消费者真正需求的或许并不是马车，而是快捷的交通工具，于是把使命定义为"我们要制造最好的交通工具"。后来，第一家马车工厂倒闭了，因为当汽车开始流行时，再好的马车也没有人买了。而另一家工厂根据其使命，把"最好的交通工具"从"马车"变成了"汽车"，即现在的德国奔驰汽车公司。

企业对自身作用的不同定位，造成了两家马车工厂截然不同的结局。第一家马车工厂的使命是"制造全欧洲最好的马车"，在这个使命的引导下，制造更豪华的、更符合需求的马车，是工厂的发展方向。在这样的思维逻辑下，除了马车，他们又怎可能联想到其他形式的交通工具呢。同时，定位于欧洲市场的使命，也局限了这家工厂的目标市场，使得其难以看到更广阔的发展趋势和市场变化，进而导致了狭窄的眼界，而眼界决定了境界，境界决定了结局。第二家马车工厂的使命是"制造最好的交通工具"，这就使得其发展有了更大的想象空间和市场空间，工程师们可以不受"马车"的限制，进而可以设想出各形各色的便捷交通工具。同样，在这个使命的指引之下，工厂也具有更开阔的视野，使得其眼界不仅停留在欧洲，还放眼于世界。

如此看来，对企业使命的梳理，能决定企业的生与死。同起点、同条件的企业，会因其自身确定的使命不同，从而使结局也不尽相同。

奔驰汽车的企业使命拯救了自己，谱写了命运的新篇章，这样的故事还发生在美国施乐公司。施乐公司最初的业务是一款黑白模拟复印机，随着企业的发展壮大，收购规模也越来越大，其产品、业务也开始大幅增加。同时，伴随着复印机文化与非复印机文化的冲突加剧，企业的发展方向也越来越模糊，甚至连公司管理者都无法说清楚自己的企业到底是做什么的，此时的施乐成了典型的"远看一家企业，近看无数家企业"。在发现了企业定位模糊之后，施乐用了很长的时间进行自我反思与自我调整，最终确定了"我们不是卖复印机的，而是卖办公自动化的"这一使命。在使命的指引下，依靠着一步一步的努力，施乐复活了，它成功转型成为一个数字化、彩色和文件解决方案的供应商，并再一次充满了活力。如果施乐公司不及时理清企业的作用，提出清晰而又符合发展趋势的企业使命，而仍然将业务分散于各产品之间，那么，施乐公司可能还会继续四分五裂下去，其发展结局也可想而知。

理清企业的作用，除了能在宏观上指引企业的发展方向，还能在微观上帮助企业找到志同道合的人，也能在日常工作中起到引领团队、统一思想的作用。

如迪士尼的使命是让全天下的人开心起来。在迪士尼工作的员工都很认同这一使命，他们大都外向又活泼、富有激情并且喜欢微笑，也把"让顾客快乐"当作是工作的动力。对企业使命的认同使得员工们始终围绕着使命而工作，而不是为了老板或领导在工作。所以，他们在工作中总是能够发自内心的微笑，总是能够耐心细致地解决顾客的任何问题，带给顾客良好的体验、真正的快乐。

企业使命还能帮助员工解决工作分歧，达成一致。

马云曾在演讲中谈道：阿里巴巴曾经在推出新产品时，工程师、设计师、销售师都有不同的见解，并且为此争执不下，难以做出最终决策。这时，想到我们的使命是"让天下没有难做的生意"，于是大家就都放下了固执，意见一下子便统一了。大家都一致认为，要达成企业的使命，就需要把简单留给用户，把复杂留给自己，即把产品做得非常简单，让用户能够花最少的时间和精力来研究产品的使用。这便是使命的引领作用，正是基于让天下没有难做的生意这一使命，阿里巴巴的员工不断地完善服务，简化产品操作流程，使电子商务变得更加人性化和简洁化，让中小企业的利益最大化。

总的来说，理清企业的作用，是企业在认识世界、适应世界的变化过程中对自身作用的客观认知。对客观的认知，决定了主观努力的方向；主观改造的投入，又反作用于企业发展的客观结果。就是说，企业之成功，是在于主观努力符合客观实际；企业之失败，是由于主观与客观的脱节。企业的作用，既决定了企业的生死与发展，也指导着企业经营的方方面面，也是聚集志同道合之士的关键。

第二节 人 生 观

人生观，是人们对人生问题的根本看法，主要探究的是人生目的、意义和对人生的态度。企业的人生观亦是如此，它决定着企业经营活动的目标发展的道路和方向，也决定着企业行为选择的价值取向和对待工作的态度。企业人生观是在经营实践和商业环境中逐步形成的，可以从以下几个方面进行思考：

(1) 做企业的目的是什么？
(2) 用什么样的态度来做企业？
(3) 做企业的意义何在？

模块三十二：企业的理想

理想，是人对未来事物的美好想象和希望，是对未来发展的向往与追求。一个人的理想，与他的世界观、人生观是息息相关的。一个人的理想体现了他对世界、对未来、对自身能力的认知程度。对于创立企业、管理企业的人来说，不同的人对自己企业的理想也有不同的诠释。有的是为了获取个人财富、有的是为了实现个人梦想、有的是为了回馈社会、有的是为了报效祖国，如此种种，数不胜数。

企业理想往往多数是取决于关键人物的理想，然后投射到企业身上，就变成了企业的理想，变成了企业全员的理想。如阿里巴巴是为了帮助中小企业更方便地做生意，海尔是要为中国奉献一个"世界级品牌"，联想是要"扛起民族计算机工业大旗"，吉利是要"让吉利汽车走遍全世界，成为具竞争力和受人尊敬的中国汽车品牌"。

企业的理想是什么？不同的回答往往会有不同的命运，高尚远大的理想也成就了许多理想的企业。微软最初的理想是"让每一个桌上都有一台电脑"，为了达成这个理想，它致力于使计算机更便于学习和使用。为此，微软打造出了 Windows 操作系统，造就了 Windows 产品在桌面电脑操作系统市场中的垄断地位。谷歌的理想是"整合全球信息，让每个人都能从中受益"，这个理想促使谷歌的工程师们不断提升软件的服务质量和响应速度，让谷歌成为全球最大的搜索引擎公司。迪士尼的理想是"让人们快乐"，为了实现这一理想，它从白手起家到好莱坞巨头，从动画制作到娱乐影视节目的传播，再到主题公园，正用发展过程中的无数神话编织着自己的理想。

而一些企业急功近利，其最终的结果也令人唏嘘不已。世通（WorldCom）公司想要成为"电信业最赚钱的公司"，为了实现"最赚钱"的理想，高管团队曾在公司低迷时期做假账，这一行为虽然使得世通公司从财务报表上成为"赚钱的公司"，但却无法帮助其实现真正的盈利，最终也玩火自焚，于 2002 年申请了破产保护，成为美国历史上最大的破产保护案。同样的例子还有曾为顶级投资银行的雷曼兄弟公司。带着"给股东最好的回报"使命，雷曼兄弟涉足了证券的发行与承销、股票的发售与承销、商品期货交易等业务，并跟随时代热门，发展了固定收益产品、衍生品交易、房地产、信贷，且持有大量的次贷产品。在次贷危机爆发后，雷曼兄弟遭遇了巨额亏损，终无力回天，走向了破产。在这里不去细究公司破产的多元化、高杠杆、风险管理、政府政策和大环境影响等因素，因为这些原因都是表象。导致雷曼兄弟失败的最核心原因在于其使命，在"带给股东最好的回报"这一使命的驱动下，公司上下一心追求利益最大化，公司的发展也如同一只饥饿的狼，哪里有食物，哪里就有业务，如此地不管不顾、狼吞虎咽，自然会消化不良、引发疾病。现实中，不少企业家都认为赚钱就是企业的理想，什么赚钱就做什么，怎么赚钱就怎么做，常常跟风"赚钱热点"，盲目涉足自己并不熟悉的"热门"领域，最终却落得个进退两难，难以为继的下场。

所谓"君子喻于义，小人喻于利"，意思是君子以义字为先，而小人以利益为先。如此看来，把赚钱作为企业的理想和追求似乎不会有好结果。但现实果真如此吗？可以看看全球知名企业——松下电器创业之初的使命，公司创始人松下幸之助当时认为："赚钱就是企业的使命，商人的目的就是盈利"，但同时又说："担负起贡献社会的责任是经营事业的第一要件"，他认为经商要实现多赢，不仅要赚钱，还要持续地赚钱。为了实现持续地赚钱，他提出了著名的"自来水哲学"，即把大众需要的东西，变得像自来水一样便宜，要让大众都能够消费得起，只有这样，企业才有更大的市场空间。松下的"自来水哲学"实现了"公益即私利，私利生公益"。可以看到，松下虽然是把赚钱作为企业的目标，但与此同时，松下还强调了在赚钱的过程中要照顾到消费者的需求状况，以及对社会的推动作用。

因此，企业在追求赚钱之目的时，首先要给客户实实在在的价值。企业拥有什么样的目标，在本质上是没有好坏之分的，即使是世通公司以赚钱为目的，最终的失败也是由于对"赚钱"局限于"唯利是图"，而不是赚钱这个目的本身的错误。

虽然企业的理想没有高低之分，但是可以看到伟大的企业总是有超越功利的追求。例如，沃尔玛实行天天低价，就是让普通消费者和高端消费者一样可以在沃尔玛购买商品。消费者在做选择时是理性的，他们会选择更有利于自己的产品和服务，追求性价比是大众消费者的普遍心态，沃尔玛的"天天低价"这一策略也赢得了更多消费者的支持，支持越多，沃尔玛的发展也就越好。又如阿里巴巴致力于帮助中小企业、个体创业者做生意，希望天下没有难做的生意。在帮助用户搭建渠道、开展技术指导、提供信用保障、提升服务质量等方面不断努力，这让阿里巴巴获得了大量用户的认可和依赖。用户的认可与依赖成为阿里巴巴发展的基础。

企业的理想，是企业创立者、管理者的理想投射。不同的企业理想带领企业走着不同的道路，最终走向不同的远方。理想，本无好坏对错之分，却因实施理想的人不同，便有了高低之差、天壤之别。企业的成长过程是一个从"小我"到"大我"的角色转变，是一个从"自我"到"无我"的境界修炼。成功、伟大的企业总有超乎功利的理想与追求，总是在"利他"的过程中，自然而然地实现了"利己"。

模块三十三：秉持的态度

正如每个人都有自己的人生态度，企业在实现理想的过程中也有自己的企业态度。不同的企业往往有着不同的态度，有的追求自身的利益最大化，有的积极为客户创造价值，有的信奉奋斗者文化，有的提倡创新型理念，有的主张以人为本，有的实行以效益为中心。人们常说，你对待人生的态度，决定了你会走怎样的道路，也决定了你未来的人生模样。对于企业来说，又何尝不是如此呢。

一、奋斗的态度

华为践行"以奋斗者为本",主张"烧不死的鸟是凤凰""从泥坑里爬来的是圣人",唯有靠全体员工勤奋努力与持续艰苦奋斗,不断清除影响内部活力和创新机制的东西,才能在激烈的国际化竞争中存活下去。对于华为以及华为人来说,奋斗就是他们响应世界的态度。奋斗的态度,带领华为人走着自主研发、以客户为中心的企业发展道路,其在通信领域所取得的巨大成就,便是对其"奋斗"态度的最好回应。

著名服装品牌七匹狼秉承"奋斗无止境"的精神,向员工灌输"狼"百折不挠和勇往直前的精神,带领员工不停地奔跑,累了也要继续前进,跌倒了再爬起来,以使企业越来越有力量。坚韧不拔、愈战愈勇是七匹狼一以贯之的态度。品格男装、时尚男装、畅销男装、旗下拥有三家上市公司等战绩,便是七匹狼所战斗出来的人生模样。

二、不作恶的态度

谷歌在实现目标的过程中,坚持着"不作恶"的企业态度,强调信息的客观性和完整性,而不会人为地修改和删除搜索结果。有别于其他的搜索浏览器,谷歌不会为了广告收入而将广告业主放在搜索首位,而是在搜索页面设定了专门的广告显示区。谷歌的态度,决定了其发展道路,使其成了全球最大搜索引擎公司。

三、学习的态度

陶渊明曾说:"勤学如春起之苗,不见其增,日有所长;辍学如磨刀之石,不见其损,日有所亏。"意思是勤于学习就像春天的禾苗一样,看不到它增高,实际上它每天在长高;放下学习好比磨刀的石头,看不到它变薄,其实石头每天都在变薄。这是在提醒人们学习不能松懈,坚持学习,坚持进步,知识才会增长。许多企业也持同样的态度,以追求自我完善、自我革新。如,丰田汽车在几十年的发展历程中,始终以让顾客满意的标准进行自我提高,以较真的态度自我完善,以此追求企业的长久健康发展。在汽车产业变革背景下,丰田于 2017 年提出了全新的"丰巢概念",主张回归原点,从零思考如何制造更好的汽车,从根本上实现汽车生产机制的全面革新,最终在生产、研发、设计、采购等方面实现了全产业链的价值创新,创造了全新价值的造车理念。坚持学习,是丰田的态度。

四、专注的态度

《道德经》有言:知足不辱,知止不殆,可以长久。意为懂得满足就不会受到屈辱,懂得适可而止就不会遇到危险,这样才可以长久的平安。现实中,有的企业也相信"做大做强未必是唯一的追求,做小做精也同样出彩"。日本有家卖糕点的店铺已有 150 多年的历史,曾经为日本皇宫供应糕点,几代人皆以经营这个不到 20 平方米的糕点店铺为荣。同样,在伦敦最繁华的街区上,有一家其貌不扬的小奶酪店,看起来跟整条街的豪华格格不入,而奶酪店的老人说:我们祖祖辈辈都做奶酪,然后用卖奶酪的钱买下了这条街,此时我的儿子仍在农庄做奶酪。专注，就是这两家百年老店的态度。

五、态度积极与消极的区别

古人有云：祸兮，福之所倚；福兮，祸之所伏。这是从哲学的高度总结了祸与福之间的辩证关系，警示人们祸与福都是暂时的。对于企业发展而言，又何尝不是如此呢。人们通常认为，顺风顺水的发展是"福"，困难重重的突破是"祸"。企业总想着发展中能够多"福"少"祸"，却也容易享着"福"而忘了"祸"。

昔日的中国奶粉巨头三鹿奶粉便是这样一个例子。三鹿集团股份有限公司（后文简称：三鹿）经过五十多年的快速发展，创造了令人振奋的"三鹿速度"，并奋斗在"瞄准国际领先水平、跻身世界先进行列"的路上，2006年与国际知名乳品制造商——新西兰恒天然集团达成了战略合作，准备走向更大的国际舞台。但由于三鹿集团对供应链的管理不善，对原材料的质量检测不到位，导致含有剧毒物质的原材料进入生产环节。2008年，震惊各界的毒奶粉事件使得三鹿这位巨人就此倒下。三鹿的企业态度本是"诚信，和谐，创新，责任"，但在发展顺风顺水的时候，却忘了坚守自己的态度，忘了福祸相依的哲理。三鹿在发现原材料可能存在问题的情况下，并没有及时停止生产，对顾客的安全置若罔闻，这显然已经违背了其"诚信、责任"的企业态度，企业最终也轰然倒塌，留下了令人警醒的"三聚氰胺事件"。

同样，面对"福祸相依"危机的海底捞，却因对企业态度的坚守，转危为安。著名火锅品牌——海底捞的口碑与影响力是有目共睹的，但海底捞也曾遭遇过"后厨门"危机。对于餐饮企业来说，食品卫生问题无疑是最大的软肋。但在这样的危机中，海底捞不忘初心，坚守做餐饮的态度。首先，海底捞勇于面对公众的质疑，主动承担责任，并邀请公众和媒体进行监督。其次，海底捞的领导人主动承担了管理不当的责任，并对涉事员工进行安抚，对相应店铺进行整顿，对所有门店进行排查，充分体现了其"以顾客为中心，以勤奋者为本"的企业态度。在"后厨门"事件之后，海底捞不但没有就此倒下，其更加严格的卫生标准反而赢得了消费者和社会的认可，品牌形象也借此得到了提高。

从三鹿和海底捞的案例中可以看到，企业在发展过程中遇到问题是难免的，但是对待问题的不同态度会给企业带来截然不同的影响。企业在面对问题时，只有积极主动地秉持企业态度，才可能扭转不利局面，转"祸"为"福"，继而为企业赢得改进的机会。

企业有着什么样的态度，就会养成什么样的文化，有着什么样的文化，就会产生什么样的商品或服务，就会铸就什么样的品牌形象。坚守初心、努力奋斗、不惧困难、勇于创新、敢于开拓等都可以是企业的态度。而一如既往地坚守企业态度，这更是一种态度，这种坚守使得企业能在市场的历练中孜孜以求、不断奋进，是企业能够基业长青，迈向新台阶的内生力量。

模块三十四：企业的意义

企业的理想，是企业想要达到的成就，它是企业努力的方向和目标。企业的意义，则是在实现目标的过程中，为他人和社会带来的积极影响和贡献。企业的目的是显性的、本我的，它具有直接、具体、明确的特征，对个人或企业的驱动也是直接的；企业的意义是潜在的、无我的，它通常具有更深刻、更广泛的社会影响力。

大多数企业只会关注企业的目的，如财务目的、市场目的等，却很少有人会关注企业在实现自身目的之时为社会所作出的贡献，也就是企业的意义。阿里巴巴的企业理想是让天下没有难做的生意，在实现这一理想的过程中，也形成了对社会、对产业和行业的巨大影响，如带领中国进入了电商时代，促进了商品流通业的新发展，带动了众多创业者，旗下的淘宝改变了人们的购物方式，支付宝改变了人们的支付方式，余额宝改变了人们的存钱方式，等等。阿里巴巴在实现自身理想的时候，为社会带来了深远的意义，推动了科技和新商业的发展。

企业要怎么找到自身的意义呢？孔子在《论语》中总结出"吾十有五而志于学，三十而立，四十而不惑，五十而知天命，六十而耳顺，七十而从心所欲不逾矩"。很多人都是经过长时间的学习和摸索才找到人生的意义，企业也是如此。很多企业在初创时期并没有找到明确的意义，只是朝着既定的短期目标来经营企业。

松下幸之助在1918年创立了公司，经过十几年的发展后，松下电器已取得不俗的业绩，成为日本电器领域知名的企业。根据松下幸之助的说法，尽管十几年如一日的努力，但脑海盘旋的都是"要赚钱、要存钱、要发达"等观念。直到1932年的夏天，松下幸之助在大阪见一车夫经过别人家自来水处时，毫无顾忌地拧开水龙头，喝水解渴，自来水并非免费，却没有任何人责备车夫的"偷窃"行为。这一场景引发了松下幸之助的思考，也是其"自来水哲学"的来源。他想，自来水固然是高价值之物，可是一旦随处都取之不尽、用之不竭，其价值就下降到几乎为零了，对于取用价值几乎等于零的东西，当然不会有人责怪了。松下幸之助顿悟到，几乎所有的罪恶都是由贫穷而生，而自来水因其来源丰沛而价廉，世界上的其他物品，倘若也能像自来水一样无限量供应的话，定能嘉惠贫民，消除许多的贫穷与罪恶。他意识到，企业的经营应该是通过生产活动给所有人带来富足丰裕的生活，这样的企业才是有意义的。因为找到了企业的意义，于是1932年5月5日成为松下电器的创业纪念日[①]。

随着时代的变化，市场需求的变化，如果企业现有的使命在变化中失去价值，也意味着企业失去了意义，即企业提供的产品或服务没有需求了，这时就要重新思考、定位企业的使命和其存在的意义，这便是企业经营中的"变易"。也就是说，企业在经营过程中要

---

① 资料来源：https://panasonic.cn/.

有本身服务于客户需求、服务于市场需要的基本存在之理由,当市场需求和外部环境发生变化,就要懂的"不易"中的"变易"。

柯达胶卷案例所带来的深刻启示,正如彼得·德鲁克所总结的:"关于企业的使命,即使你找到了最成功的答案,迟早也会有过时的一天"。因为随着社会、科技、生产力等的发展,人们的需求始终发生着改变,企业生产的产品、提供的服务也需随即发生改变。这种种改变,意味着企业应该顺势审视自己的使命,而不能像前文中的第一家马车工厂那样固化了思维。

相比于柯达胶卷的固守不变,丰田汽车的适时改变造就了它的时亨运泰。公司的业务往往基于使命而展开,随着时代背景的变化,公司主要业务往往也会出现大的变化。许多人感叹于丰田汽车公司现在的成功,然而它早期的业务却是制造纺织机,并成长为日本最大的纺织和纺织机械公司。1929 年底,丰田喜一郎亲自考察了欧美的汽车工业后,认定汽车是将来的主流交通工具,便立志要用毕生精力制造出不亚于美国的轿车,公司的使命也切换为:通过汽车创造富裕,为社会做贡献。这一新的使命,带领着丰田走向了制造汽车的康庄大道,终成为日本最大的汽车公司,也是目前全世界排名第一的汽车生产公司。

企业的理想、秉持的态度、企业的意义,是企业人生观的主要构成内容。企业的人生观,深深影响着企业的发展。人生观混乱的企业,其发展过程就好似玻璃瓶中的苍蝇一样,看似处处光明,却又处处碰壁,只能毫无目的地乱飞乱撞,只有依靠侥幸才可能找到出口,倘若得不到命运的眷顾,其命运多是筋疲力尽,被困死于玻璃瓶中。苍蝇尚且可以进行无数次的尝试还能保存一定体力,但对于企业来说,任何一次的失败尝试,都是对精力、资源的极大浪费,即使是体量巨大的企业,也很难保证在数次方向错误之后还能顽强地屹立于市场竞争之中。所以,企业应有明确的人生观,并将其传递给每一位企业成员,以达到"上下同欲"的境界,以一致的步伐去实现理想,达成使命。

第七章 企业愿景

愿景不是形而上的概念，而是企业预期在某一个阶段所要达成的目标。

企业的发展，就好似人生的成长，会经历多个阶段，企业需基于使命，在不同阶段预先设定阶段目标。企业愿景，便是企业的阶段性目标，是连接"现在是什么"和"未来成为什么"的节点。阶段性的目标，一般分有五年期、十年期和十五年期等，即在不同的阶段要达到什么样的意象状态，实现哪些具体的经营目标。

使命是企业一辈子要做的事，愿景则是企业在某个发展阶段要做的事；使命是最高理想，而愿景是清晰目标；使命有相对较强的利他感，表达了企业为他人和社会带来的价值，而愿景则有更强的利己感，更多表达了企业想要发展成什么样的状态。使命与愿景，相互区别，又相辅相成。如，共产党人的最高理想是实现共产主义，它是共产党终身要做的事，而五年规划、十年规划则是愿景，是一个阶段的目标。企业的使命、愿景亦是如此，如万科集团的使命是建筑无限生活，愿景则是成为中国房地产行业领跑者；阿里巴巴的使命是让天下没有难做的生意，愿景则是成为分享数据第一平台、持续发展100年、让客户相会、工作和生活在阿里巴巴；迪士尼公司的使命是使人们过得快乐，愿景则是成为全球的超级娱乐公司。

本章将从确定愿景和愿景核心两个角度共五个模块来对企业愿景进行探讨。

第一节 确定愿景

企业愿景是企业对未来某一阶段状态的憧憬与定义。一个美好的企业愿景，虽然不一定能百分百实现，但却能激发组织上下全心地投身于这个目标中。企业的愿景，赋予了企业生命力、战斗力，使得企业未来可期。

现实中，有很多管理者认为，所谓"愿景"不过是那些声名远扬的企业为了提高自身形象而刻意向客户和员工传递的概念。他们认为，愿景是虚无缥缈的，不如获得客户、积累财富来得实在。可是，企业愿景的确定，给企业的发展提供了指路牌、规划了路线；愿景目标，就是企业上下为之奋斗的阶段目标，能不断牵引着企业前行，是企业发展的内生拉力。如果没有愿景的指引，企业的发展就像在迷雾中前行，很难找到明确的前进方向。那么，应该怎样确立企业的愿景呢？

愿景的确立，通常需要企业自己回答三个问题：现在在哪里？将要去哪里？应该如何去？

模块三十五：现在在哪里

现在在哪里？对这个问题的回答就是对企业、对组织进行自我分析、自我评估的过程。对这个问题的回答，可以从企业所处的外部环境和内部环境两个维度进行分析、梳理。

一、外部环境分析

外部环境分析主要包括社会制度、政策法规、经济政策、人文环境、市场环境，以及产业环境、行业环境和所在区域环境。

首先，要理清企业所处的政策法规与人文环境，看清当前的产业形势，搞清产业链中的竞争与合作关系。

其次，要研究行业内情况，辨析当前行业竞争态势，辨识行业中的企业现状与发展，辨清企业自身所处的行业位置等。

再者，要综合考虑区域的营商环境，包括区域内适合企业发展的政策条件、人力资源、资源储备、基础设施、市场情况等。

二、内部环境分析

内部环境分析主要是对企业内部所拥有的资源、自身能力、竞争能力等方面的分析。

第一，对企业资源进行分析，主要包括企业目前掌握的资源有哪些，哪些资源是企业独有的，哪些资源是企业必须但是储备不足的，哪些资源是被闲置的，等等。

第二，对企业能力进行分析，企业的技术水平在行业中处于什么样的位置，企业的研发设计、制造能力如何，市场营销能力、客户服务能力等等是否需要提高。

第三，对企业的核心竞争力进行分析，企业的核心竞争力可能是企业掌握的资源、技术、人才、客户关系、渠道通路，等等，它需要企业进行重点维护。核心竞争力的分析在企业管理中是极其重要的，只有找准企业的核心竞争力，并不断提高，构建企业的"护城河"，才能使得企业在市场竞争中获得优势。

第四，进行价值链分析，价值链分析能够帮助企业梳理出企业的经营模型、商业模式，以及利润来源，能够帮助企业找到在价值链中有待提高的部分，从而有针对性地进行升级与变革创新。

第五，进行人力资源分析，它能够帮助企业梳理出企业现有人才的结构，哪些人是不适合企业发展的，哪些人需要进行岗位调换或者职责重塑，企业发展还需要增加哪些人才等。

不能做好内部环境分析的企业，将很难发挥出企业的真正优势，造成资源的浪费。如果企业不能通过内部环境分析去认清自身的优势资源，不能将内部资源合理应用，那就是对资源的极大浪费，企业也很难回答清楚自己"现在在哪里"这一问题。只有分析清楚了企业当前所处的内外部环境，企业才能真正认识到自己当前所处的位置，在制定愿景时才更有针对性和客观性。施乐公司有着全球顶级的研究中心，其 PARC 研究中心研究出了许多先进的技术，这些技术都是其最好的资源。然而施乐并没有认真考量这些资源的应用场

第七章　企业愿景

景，对这些优势资源的发展前景也没有进行深入分析。其结果就是，3Com、Adobe 等公司从施乐独立出来，将施乐的优势资源盘活了，微软在施乐的技术之上，开发出了 Word 办公软件，而施乐公司却还停留在原有业务上。

有学者对中国企业过去 20 年所取得的成就做过这样的拷问：企业的成就有多少是客户价值意义上的成功？有多少是经营管理上的成功？

俗话说：知其然，知其所以然。对于企业的自我分析也需如此，不仅要明确自己现在在哪里，也要明了自己是怎么到这里的。中国市场是一个新兴市场，由于历史的原因，压抑了多年的消费欲望在短短十几年间爆发，带给了企业无数的机会，低价供给成就了大批企业，可国内的消费者并非一直如此，国外的消费者也各有所异。昨天的成功之道，还能用于今天和明天吗？这是一个发人深省的问题，企业有必要弄清楚自身的成功或者失败到底是什么原因造成的，是企业自身的经营管理能力，还是外部环境变化带来的机会。有些企业的经营管理能力没有问题，但是环境的变化会直接将其颠覆，如模拟信号和数字信号的转换就使得摩托罗拉日渐式微。在模拟信号时代，摩托罗拉是当之无愧的巨无霸，可是到了数字信号时代，摩托罗拉便开始逐步没落了。

现在在哪里？除了要分析企业的现在，也要回顾企业的昨天。对昨天的回顾，不是要将历史全盘照抄，沿用已有的成功之道，也不是将历史直接否定，像一张白纸一样直面未知的将来。回顾历史就是吸取教训与总结经验，其意义在于找到企业在历史中创造的"闪光时刻"，在这些闪光时刻，应该弄清楚企业面临什么样的环境，企业是如何做决策的，这种决策方式是否适用于今天和未来。同时，企业面临的环境在改变，企业中的决策人也在改变，企业所面临的风险与机会也在不断地发生改变，这是企业经营中的"变易"，但企业在发展的历史长河中，总有一些内在的"不易"，回顾历史便可帮助企业去探寻那些支持长期发展的"不易"，以放大优势、充分利用，在昨天和今天的基础上，更从容地走向明天。

模块三十六：将要去哪里

在理清自身所处的位置之后，接下来便是要思考"将要去哪里"。回答"将要去哪里"这一问题，不只是单纯地为企业制定阶段性目标，更重要的是，要让公司全员都能理解企业的阶段性任务，包括企业的发展方向、重点发展的项目、产品调整、技术创新、主要经济指标和产品市场占有率等方面要达到的目标。

将要去哪里？不同的答案带领企业走着不同的发展路径。当谷歌回答未来是移动设备优先时，便有了移动页面加速（accelerated mobile pages，AMP）项目和对 Chrome 移动端性能的持续提升；当谷歌回答未来是人工智能优先时，便有了 AlphaGo 战胜传奇围棋选手李世石，以及对人工智能和机器学习的长期投入。当腾讯认为"在线生活"会引领新风尚时，便推出了电子商务交易平台拍拍网和搜索网站搜搜网，并加大了对微博、安全领域等方面的投入；当腾讯看到移动互联网的巨大发展潜力时，便在保留 QQ 聊天软件的基础上，推出了更适合移动互联网时代的即时通信软件——微信；当腾讯看到互联网时代的"泛娱乐"商机时，便逐步推出了"微信读书""腾讯电影+"等业务，以在文学、动漫、游戏等领域去不断突破、发展。

将要去哪里？对这个问题的回答，既是在对产业、行业发展趋势进行预见的基础上对未来状态的思考和描述，也是企业对未来的一种研判。这样的预见往往决定了企业的兴衰成败。下面可以从国内云计算龙头——阿里云的成功中体会一二。

美国权威研究机构 Gartner 在 2017 年 9 月发布的全球公共云市场份额报告显示，2016 年阿里云营收规模在全球市场排名第三，仅次于亚马逊和微软，且阿里云的增速达到了 126%，亚马逊和微软分别为 45.9%、61%[①]。阿里云的成功正是源于其 2009 年的预判，以及对云业务的深度布局。在 2009 年，中国的其他互联网巨头是怎么看待"云计算"的呢？当时的百度认为，云计算只不过是一种旧瓶装新酒的概念，而腾讯则认为云计算太过前沿，实在不是当前能够实现的技术。只有阿里巴巴具有前瞻性的眼光，在众多的质疑声中选择了坚持发展云计算，也确定了"将要去哪里"的问题，对云计算持有高度的热情和希望，并加大了对其的研发投入，终成为今天的全球三大云服务提供商，这便是正确的研判所带来的结果。

2009 年，阿里巴巴认为在互联网越发普及的时代背景下，会有越来越多的企业数据需要向云端迁移，"云"是一项重要的基础设施，可以为众多目标客户提供有效价值，云计算也能够为客户带来更多的便利和更好的体验，这符合阿里巴巴"让天下没有难做的生意"这一使命。同时，当时的阿里巴巴也能够聚集相关人才进行云业务的研发工作，于是便在困难重重中推出了阿里云服务。可以看到，当阿里巴巴在回答"将要去哪里"时，首先关注了行业和技术的发展趋势，然后再基于自身的资源禀赋进行了长期投入。所以，当企业在考虑将要去哪里时，需进行内外调研，综合考量，以整合企业资源，摸索出大势所趋的发展道路。

企业对未来趋势的研判，不仅需要对现在的环境进行理性分析，还要结合企业自身情况，在企业核心理念的指导下，选择最适合企业的发展路径。

因此，对"将要去哪里"的回答，需要企业对未来趋势进行准确的预判。对趋势的预判，需对产业、行业、企业本身的发展历程进行梳理，需把握住当前以及未来的内外环境变化，并结合企业自身实际，对企业的未来发展进行定位。"将要去哪里"的答案，不仅需要企业的管理层了然于心，更需要得到企业全员的理解与支持。

---

① 资料来源：http://www.199it.com/archives/649118.html。

模块三十七：应该如何去

这个问题是企业在确定愿景目标和分析现有资源之后要做出的路径选择。它是连接现在与未来的桥梁，是影响企业实现愿景目标的关键因素。不管企业选择"如何去"实现愿景目标，其中所需的资金支持、人才支持、技术支持，产品或服务、经营管理等内容，都是其重要的支撑要素。企业在确定一个愿景目标之后，对实现此目标的总体规划就是对"应该如何去"的总结。

2018年10月，华为在其年度HC（HUAWEI CONNECT）大会上，发布了"人工智能发展战略"。华为认为，如同轮子、铁路、电力、互联网一样，人工智能是一种新的通用技术。人工智能触发的变革将席卷所有行业，将人工智能融入各项业务中，将对未来产生巨大的影响和价值。基于对人工智能的研判和目标的确立，华为结合自身实际，将主要从"投资基础研究、打造全栈方案、投资开放生态和人才培养、解决方案增强以及内部效率提升"五个方向着力，以希望能顺利完成这一预想目标，赢得企业发展的下一个十年。

应该如何去？这既是对实现目标的总路径规划，也是对所需资源的有效配置和运用。

2018年9月，腾讯官方正式公布了一次重大的战略转型及组织架构调整，面向即将到来的AI和5G时代，腾讯欲将发展重点放在产业互联网上，并提出了要让"科技成为公司业务发展和产品创新的动力与支撑"。对于新目标的实现，腾讯有着如下的路径规划：将在连接人、连接数字内容、连接服务的基础上，进一步探索更适合未来趋势的社交、内容与技术的融合，并推动实现由消费互联网向产业互联网的升级。同时，腾讯也为目标的实现提供了人力支持、技术支撑、资金支持等。在人力支持方面，腾讯优化调整了已有6年的组织架构，在原有七大事业群的基础上进行重组整合，新成立了云与智慧产业事业群、平台与内容事业群；在技术支撑方面，腾讯成立了技术委员会，以通过内部分布式开源协同的方式，加强基础研发，打造具有腾讯特色的技术平台，以促成更多的协作与创新，提高公司的技术资源利用效率；在资金支持方面，腾讯将持续投资于未来前沿基础科学，继续加大对AI实验室、机器人实验室和量子实验室的资金投入等。腾讯希望通过如此的路径规划与资源配置，能成功迈向下一个20年的新起点，赢得互联网发展的"下半场"。

应该如何去？不同的路径选择，皆可能走向成功。

电子商务充分的普及以及消费升级的购物趋势，成就了网易严选、寺库、洋码头等具有鲜明特色的电商平台。阿里巴巴旗下的电商平台天猫、淘宝和闲鱼等拥有大量用户，但是他们也无法网获所有的网购用户。在阿里巴巴的发展路径之外，还存在一批与阿里方向相同，但路径不同的电商平台，如洋码头专注海外购、网易严选走精品化路线、寺库主打奢侈风。他们都在分析清楚了"在哪里"与"去哪里"之后，通过合适的路径选择，满足了部分消费者的价格升级、品质升级、体验升级等特殊需求，并在几大电商巨头的包围下，成为引领新风向的电商品牌。

作为后起之秀的电商品牌，拼多多更是在消费升级的时代背景下异军突起，成为众多电商企业争先模仿的对象。2015 年诞生的拼多多，带着"服务中国最广大人群的消费升级"这一愿景目标开启了拼团购物模式，2016 年的注册用户便超过了 1 亿，2018 年 7 月 26 日，在上海和纽约同时敲钟，成功上市。从电商平台百花齐放的局面中，不难看到，不同的企业定位，会导致同行企业对发展路径的不同选择，也会催生不同的企业面貌。

总的来说，企业的路径选择，是基于愿景目标和现有情况分析之上的，不同的愿景目标和现有资源，必然适合不同的发展路径；不同的发展路径，也必然塑造出不同的企业形象。不论企业选择什么样的发展路径，都需符合发展趋势，同时适用于企业自身，并且得到有效实施，才能使企业在激烈的竞争中赢得一席之地。

第二节　愿　景　核　心

愿景是企业设定的阶段性目标，如同使命是企业发展的根本，愿景目标则是组织存在的理由，有效的目标能有效地驱动组织前进。对组织的驱动本质上是对人的驱动，对人的驱动就是管理者经营人心、管理人性与平衡人情的综合结果。

企业在平衡人情的过程中，主要任务便是分解组织目标、设定个人目标，实行人岗匹配，以实现组织目标与个人目标的最大统一。如海尔集团在塑造共同愿景时，曾提出"个人生涯计划与海尔事业规划的统一"。目标的统一过程是管理观念与时俱进的具体体现，也是管理方式的优化升级表现形式，更是组织变革服务于愿景目标的实现过程。一个强有力的组织必然是靠愿景驱动的，愿景作用于组织中的每个人身上，当所有人的工作都紧紧围绕着愿景时，目标就有了实现的可能，个人和组织也有了获得成就的可能。

在吉姆·柯林斯的《基业长青》一书中，作者对"财富 500 强"的企业进行了长期的研究，其结论是：那些能够长期维持竞争优势的企业，都拥有一个清晰明确的愿景，并且全员上下都在为这一愿景目标而奋斗。制定全员为之奋斗的愿景，是许多企业都在着力去做的事情。

那企业的愿景应该包含哪些核心要素呢？愿景本是企业的阶段性目标，这一目标可分解为意象目标和经营目标。

模块三十八：意象目标

意象目标是企业在愿景中对未来目标的意象性描述，是对实现目标后企业将会是什么样子的生动描述。如迪士尼公司的愿景是成为全球的超级娱乐公司；西门子的愿景是成为行业标杆；联想的愿景是高科技、服务性、国际化；百事可乐公司的愿景是成为世界首屈一指的、主营方便食品和饮料的消费品公司。

那么应该如何去制定意象目标呢？

一方面，在制订意象目标时，除了描述企业将要成为的状态，也需对意象目标的实现途径进行深度思考与描述，并在后期进行有力执行。

如万科企业股份有限公司(后文简称：万科集团)的愿景是成为中国房地产行业的持续领跑者，为了实现这个愿景目标，万科集团从以下几个方面着力：不断钻研专业技术，提高国人居住水平；永远向客户提供满足其需要的住宅产品和良好的售后服务；展现"追求完美"的人文精神，成为实现理想生活的代表；快速稳定地发展业务，实现规模效应；提高效率，成为房地产行业内最知名和最值得信赖的企业；拥有业内最出色的专业和管理人员，并为其提供最好的发展空间和最富竞争力的薪酬待遇；以诚信理性的经营行为树立优秀新兴企业的形象；为投资者提供理想的回报。

另一方面，在制定意象目标时，可以分方向、分阶段地进行。

如澳优乳业，作为荷兰第二大奶粉生产加工商和最大的有机奶粉生产商，在制订意象目标时，将其描述分为中期和长期两个部分。中期的意象目标——成为全球婴幼儿配方奶粉及营养品的代表企业；长期的意象目标——成为全球婴幼儿配方奶粉、营养食品及营养服务的领先企业。

又如英格玛集团[①]，作为中国知名的人力资源外包服务机构，其愿景中的意象目标有三个方向：成长为对社会卓有贡献的企业；成长为行业最有价值、最值得信赖的企业；成长为员工心目中的最佳雇主。

英格玛集团也分别为其意象目标的实现路径进行了规划：以高度的使命感推动社会发展，促进社会和谐，为社会创造最大价值；不断创新自己的服务与产品，用心、专注、精益求精、信守承诺；为员工提供一流的工作环境和发展平台，追求全体员工精神和物质双方面的幸福。

在英格玛集团的意象目标中，又详细地划分为近期、中期、远期和百年目标：

近期目标(10年内)：成为中国最专业的蓝领外包服务供应商；

中期目标(20年内)：成为中国最受尊敬的人力资源服务机构；

远期目标(50年内)：成为全球最受尊敬的人力资源服务机构；

百年目标(100年内)：成长为一家伟大的公司。

除此之外，在愿景、意象目标的方向指引下，英格玛集团还于2013年制定了详细了的"未来十年七大目标"。七大目标具体包括：年服务100万人；年营业额突破100亿元；

---

① 资料来源：http://www.engma.net/.

年净利润突破 10 亿元；建立英格玛大厦；建立英格玛大学；建立英格玛花园；完成上市。

在清晰目标的指引下，英格玛集团不断发展壮大，旗下拥有 90 多家分支机构，年培训及供应人才能力超过 10 万人，为促进就业做出了巨大的贡献。截至 2018 年底，英格玛集团已获得国家级荣誉 20 余项。

稻盛和夫曾说："'愿景和目标'是企业实现梦想的力量源泉，让企业的愿景成为全体员工的愿景，那么强大的意志力量就能发挥出来，企业也就会产生巨大的能量，朝着梦想的方向前进。"要让企业的愿景成为员工的愿景，常用的有效方法就是向员工揭示企业的愿景目标。当京瓷还是一家小企业的时候，稻盛和夫就一直向员工诉说企业的梦想是生产特殊的陶瓷，向全世界供货，并成为世界电子产业发展中不可或缺的一部分。如此反复地、有效地表达京瓷的愿景目标，使得企业上下一心，为之奋斗，京瓷也终实现了自己的梦想。

企业意象目标的制定，是朝着企业使命、企业愿景的方向对企业目标的意象性描述。目标的设立，对内要能够鼓励企业员工积极进取；对外要能够向股东、合作伙伴、政府、客户等利益相关群体传递企业的价值取向，向他们表达共同进步的意愿。

模块三十九：经营目标

经营目标是企业愿景的具体化体现，是企业在一定时期内对生产经营活动的具体预期。经营目标的制定，是在分析内外环境的基础上，确定各项经济活动的发展方向和奋斗目标，主要包括产值目标和收益目标。不同企业往往有着不同的经营目标，不同的经营目标反映了企业对未来的不同预期。

全球豪华汽车制造商——沃尔沃汽车，于 2018 年 6 月公布了下一个十年的发展规划，其意象目标是发展成为全球汽车行业引领者和消费者出行服务商，为实现这一目标，它将从新能源、自动驾驶和全新销售模式探索等三大方面持续发力。同时，沃尔沃也在规划中明晰了经营目标[①]：预计到 2025 年，汽车年销量中将有一半是纯电动车，三分之一是自动驾驶汽车，而且半数汽车将采用合约购车的新模式。预计到 2025 年左右，沃尔沃汽车将直接服务超过 500 万消费者，从而彻底革新与客户群沟通的方式，并创造新的收入来源。

对于经营目标的设定和追求，几乎是所有企业都要面临的重大课题。在位者常常着眼于新起点，确定新目标；新晋者往往有了新目标，制定发展路径。

如中国著名的房地产企业——恒大地产，欲布局新能源汽车、高科技产业领域。在 2018

---

① 资料来源：http://www.chinairn.com/hyzx/20180608/170726819.shtml。

年8月，恒大法拉第未来智能汽车（中国）集团在广州恒大中心正式揭牌，试图打造互联网智能出行生态的愿景，全面满足快速增长的不同市场需求。为了实现这一目标，公司计划在中国华东、华西、华南、华北和华中地区建设五大研发生产基地。

现实中，许多管理者容易把经营目标和财务目标混为一谈，甚至将两者简单地画上等号，他们认为，制定企业的经营目标，就是制定企业的销售目标、利润目标等财务目标，企业经营的最终目标，也就是实现利润的最大化。同时，也有观点认为，企业的经营目标就是实现股东财富的最大化。这一观点迎合了企业主的逐利本性，看似颇有道理，在实践中却存在难以克服的利益冲突问题。企业的经营目标，应该拥有更广泛的内涵。

惠普的一位创始人比尔·休利特曾经说过："惠普从来没有把利润最大化作为经营目标，但也从来没有把利润放在所有考虑问题之外。我们有七大目标：培养、发展忠诚的客户；合理利润（超过行业平均水平）；行业领导地位（保持在第一、第二位，并形成规模）、持续增长（有动力和潜力）、员工发展、团队领导力提升和社会责任。这些目标如同齿轮一样紧紧咬合在一起，牵一发而动全局。我们最重视的就是培养、发展忠诚的客户。"

从休利特的话中，可以看到惠普的经营目标具有广泛的内涵，涵盖了企业经营的多个维度，财务目标（合理利润）也只是其中的一个部分。从外部来说，惠普的经营目标包含了用户、行业、社会等方面的描述；从内部来说，惠普的经营目标则包含了利润、动力和潜力、员工、团队等方面的内容。

惠普的例子告诉大家，在制定企业的经营目标时，不能仅仅盯着财务目标，而需考虑到不同利益相关者的需求，并可针对不同的利益相关者制定不同维度的经营目标。这就使得企业能够在制定经营目标时能做好平衡各方利益的准备，以避免目标在执行过程中由于各方的利益冲突扰乱了经营计划。同时，考虑不同利益相关方的经营目标，还能帮助企业审视内外部环境、梳理内外部资源，并在此基础上进行资源整合与分配，提高资源的利用效率，减少资源错配和重复配置等问题。

第八章　企业价值观

企业价值观是企业在长期的经营管理过程中所累积的被企业所有员工共同认可，可以引导并规范企业发展的行为准则与价值标准[①]。纵观人类社会的发展历史，可以清晰地认识到，一切关于人类文明进步的问题，最终都将归结于人类是否拥有正确的价值观。人类社会文明之所以能够不断进步，其核心就在于人类拥有正确的价值观。

中华优秀传统文化经过 5000 年的积淀而博大精深，植根于华夏大地的本土企业的企业价值观自然会受到传统文化的浸染。中国传统文化里的"上善若水""无为而治""仁爱""言必信，行必果""人无信不立"等道德观念，都或多或少地存在于中国企业的价值观之中，并通过企业的实际行为来践行这些价值观念。近代以来，我国徽商就素有"富好行其德"之言，晋商拥有"信用传千古"之美誉，浙商具有"舍得、和气、共赢、敢闯"之精神，这些都是近代商家价值观的体现。现代经济社会中，随着各国经济的日益交融，各个国家之间各种类型的文化也会相互融合，中国企业的价值观也在逐步吸收别国企业价值观中利于自身企业发展的精髓。如华为的任正非、海尔的张瑞敏都喜欢老子的道家思想，但同时又汲取国外德鲁克、稻盛和夫等管理学大师的思想，将古今中外的思想结合在一起，从而形成了独具特色的企业价值观。

美国管理学家彼得斯和沃特曼在《追求卓越》一书中指出："我们研究的所有优秀公司都很清楚它们主张什么，并认真地建立和形成了公司的价值标准。事实上，如果一个公司缺乏价值准则或价值观不正确，我们很怀疑它是否可能获得经营上的成功。"所有的商家或企业之崛起，一时强弱在于力，千古胜负在于理，这里的"理"，便是商人与企业的价值观。不同的价值观吸引不同的用户群，引导出不同的产品逻辑、商业模式和生命周期。

价值观是人们在实践中逐渐形成的一种价值观念。它与人的主观需求相连，能判断好坏、辨别是非、分析利弊、区分善恶。价值观通常包含对价值的实质、构成和标准的认识，这些认识的不同，就形成了人们不同的价值观。每个人都是在其价值观的引导下，形成价值取向，追求着各自认为的价值。企业的经营是围绕着"人"而展开的，人有价值观，企业也就有了价值观。不同的企业往往有着不同的价值观。

价值观的确立方式是多种多样的，有些企业的价值观来自创始人和高管团队的经营思想，或者人生哲学，如：京东最初的诚信与激情，来源于其创始人刘强东的个人信念；苹果曾在楼顶悬挂"与众不同"价值观，这正是来自乔布斯的自我意识；星巴克"营造一种温暖而有归属感的文化，欣然接纳和欢迎每一个人"的价值观则是来源于其总裁舒尔茨的

[①] 苏丹. 中日企业价值观比较[J]. 东方企业文化, 2012(6):69-70.

理想,他希望全世界的人都能通过咖啡建立密切关系。有些企业的价值观则来源于企业的日常管理事务,如:海尔集团的"日事日毕、日清日高"理念就来源于日常的基础性管理;格力的"求实"与"守信"便是来源于日常工作的总结。

企业	核心价值观
福特汽车	客户满意至上,生产大多数人买得起的汽车
肯德基	以人为本、顾客满意、沟通合作、奖惩分明、提供机会
阿里巴巴	客户第一、团队合作、拥抱变化、诚信、激情、敬业
三星公司	人才第一、追求一流、引领变革、正道经营、共存共赢
沃尔玛	尊重每一位员工,服务每位顾客,每天追求卓越
飞利浦	客户至上、言出必行、人尽其才、团结协作

价值观的形成,受企业和员工的需要所推动,它既根植于社会文化,又来源于企业经营管理。企业价值观的确定可基于四个基本原则:

(1)人的价值高于物的价值,也就是要明确人在价值观形成过程中的重要作用与地位。

(2)集体价值高于个人价值,即要在价值观上避免个人主义和山头主义的形成。

(3)社会价值高于企业价值,即要将企业的经营活动放在整个社会的层面来看,思考作为社会的一个组成部分,企业应该为社会这个大集体创造什么样的价值和意义。

(4)正向价值战胜负面价值,即要在企业价值观里鼓励正向价值,避免消极价值在组织内部流行。

本章将从企业形象、经营方针、经营规则三方面共十个模块对企业价值观进行深入探讨。

第一节 经 营 形 象

人们常说,一个人的形象决定了这个人的价值。企业又何尝不是呢?良好的企业经营形象,对外能获得消费者的青睐,是参与市场竞争的砝码;对内能集聚员工共同奋斗的向心力,是企业发展的动力。

企业的经营形象,一般指社会公众和企业员工对企业整体的印象和评价,它是人们通过企业的各种元素而建立起来的对企业的总体印象。如同人的形象有主客观属性,经营形象也有其主客观属性,由此可将其划分为实态形象和应态形象。实态形象,即企业实际的观念、行为和物质形态,它是客观存在的形象;应态形象,是内部员工、用户、合作伙伴等企业关系者对企业的主观印象,它是实态形象通过各种传播渠道而产生的映像。可见,实态形象是产生应态形象的基础,是企业经营形象建设工程中的发力点,没有实态形象的支持,应态形象就难以成型。实态形象的丰满程度,直接决定了应态形象可能达到的高度。实态形象具有基础性与客观性,每个企业也都会根据自身实际进行实态形象的建设,这里主要探讨企业的应态形象。经营形象的组成因素虽然非常复杂，也不外乎内在与外在、无形与有形，换句话说，企业的应态形象并不是遥不可及，而是有迹可循的。

经营理念是企业形象的灵魂所在，是企业发展的原动力，这股原动力影响着企业的管理制度、组织培训与建设、企业行为与员工行为、消费者的参与行为，并扩至其他社会活动，而后由组织化、系统化的视觉识别计划，传递企业的经营信息，塑造企业独特的形象，以达到提高竞争力之目的。

这里从经营理念的确立、经营理念的识别和经营理念的制度保障和经营理念的实施环境四个方面进行探讨。

模块四十：经营理念的确立

如果说思想是人的灵魂，那经营理念便是企业的思想。经营理念，即企业的经营思想、经营哲学，对内具有导向功能、渗透功能和凝聚功能，亦是让外界真正了解企业价值观的重要媒介。经营理念的确立，是企业弄清应该如何去做事（经营企业）的过程，经营理念也通常用简明确切的、能为企业内外乐意接受的、易懂易记的语句来表达。

麦当劳的经营理念是"Q、S、C、V"。

Q 代表着 quality，即品质、质量。麦当劳有一整套严格的质量标准和管理制度，这种标准制度甚至细化到了原材料的摆放顺序、每种食物的烹饪时间是几秒等，这样细致的、可执行的标准保证了在任何情况下都能向顾客提供优质的食物。

S 代表着 service，即服务。作为餐饮零售服务业的龙头，麦当劳把服务视为品牌灵魂。麦当劳对服务的追求细化到了执行标准里，如不能让顾客排队超过 2 分钟，让顾客在点餐后 1 分钟内取到食物，等等。

C 是 cleanliness，代表的是清洁与干净。作为一家餐饮企业，麦当劳清楚地意识到了卫生的重要性。在对清洁卫生的追求中，麦当劳要求员工上岗操作前，必须进行严格的清洗和消毒程序，并且规定双手互相搓洗的时间不能少于 20 秒，餐厅的所有餐厨用具必须每天清洗，等等。正是这种近乎苛刻的卫生执行标准，保证了麦当劳的食品卫生。

V 代表着 value，即价值、价格。麦当劳坚持为顾客提供价格合理、物有所值的食品，每一种食品的食材搭配都经过科学计算，确保营养的合理搭配与均衡。

那么该如何去选择、确立企业的经营理念呢？一般来说，企业的经营理念可划分为创新型企业理念、人本型企业理念和客户型企业理念，企业可根据自身实际，进行经营理念的方向定位。

一、创新型企业理念

这一理念的主要特色是提倡创新意识和冒险精神，鼓励员工不断创新，勇于革新，强化企业内部的公平竞争。谷歌、海尔、3M、韩都衣舍等公司都是奉行创新性企业理念的代表。

在谷歌内部，员工被定义为"创意精英"，这些创意精英一方面从事着岗位内的本职工作，另一方面还可以利用20%的工作时间去完成自己感兴趣的项目。谷歌邮箱、谷歌新闻等产品，就是创意精英们利用20%的自由创作时间所开发出来的，并且得到了较高的社会认可。3M公司也有与谷歌类似的政策，在公司内部，员工可以利用15%的工作时间去开发自己感兴趣的产品。正是这样的创新理念与创新支持，使得3M在45个技术平台上创造出了6万多种产品[1]。另外，韩都衣舍的事业合伙人制度、海尔的创客实验室等，都是企业为了实现创新型企业理念而做出的勇敢尝试。

二、人本型企业理念

这一理念的主要特色是强调人的主观能动性，主张人不是机器，而是有血有肉、有头脑、有智慧的创造者。阿里巴巴、凤凰新媒体、广州视源股份等公司都是人本型企业理念的拥护者和践行者。

在阿里巴巴创立之初，其"十八罗汉"就提出并确立了"可信、亲切、简单"的经营理念。这一理念的提出，使得阿里巴巴团队的凝聚力在发展过程中得到了大幅提升，"办公室"政治和团队内耗被有效抑制。而阿里巴巴之后提出的企业价值观，即"客户第一，团队合作，拥抱变化，诚信，激情，专业"，更进一步凸显了以人为本的理念。

同样，凤凰新媒体也是人本理念的践行者，凤凰新媒体主张对员工进行人文关怀，并鼓励每位员工的成长和学习，为员工建立了科学的培训体系。在员工的兴趣培养方面，凤凰新媒体成立了八大兴趣俱乐部，以满足员工需求。此外，凤凰新媒体还有独特的open day、family day、心理健康等关怀措施，希望通过真诚友善地对待员工，激发员工的工作动机。

2005年成立的广州视源电子科技股份有限公司(后文简称：CVTE)更是深谙人本理念的践行之道。在CVTE成立之初，团队管理者就意识到了关怀员工及其家人的重要性。成立之初的CVTE，由于规模小、利润低，难以支撑起关怀员工家人的巨大花费，便带领着员工及其家人游览广州花市(免费游览项目)。随着CVTE业务的不断扩大，经营利润的持续增加，CVTE给予员工及其家人的关怀越来越多、越来越浓。除此之外，CVTE还将"自由""平等"等理念写进了公司的规章制度。比如，在CVTE的政策中，就明确写到"为保证我们的身体健康，在感到疲劳时随时休息、感到饥饿时随时享用食物是我们的权利，工作时间也不例外""对于自己不喜欢的工作任务，要及时提出并及时调整，不要勉强自己""我们有权随时向任何一级主管提出有关我们自身待遇的建议，也有权利质疑或建议其他同事的待遇"。在CVTE，自由与平等是最基本的管理原则。

---

[1] 资料来源：https://it.sohu.com/20080807/n258666326.shtml。

三、客户型企业理念

这一理念的主要特色是"客户至上"。客户至上，不仅仅只是服务态度和客户利益方面的"至上"，而其根本在于一切从客户的需求出发。华为、星巴克、沃尔玛、京东等，皆是奉行客户型企业理念的代表。

截至 2017 年 7 月，星巴克已经进入中国 130 座城市，在 2017 中国购物中心与体验消费高峰会上，星巴克企业管理（中国）有限公司开发副总裁李涛发言说道："以消费者为导向的发展是成功的秘诀。"在这以消费者为导向的管理实践中，星巴克从门店的类型与定位着手，用咖啡文化和数字化交换平台来连接消费者。星巴克的门店不刻意追求千篇一律的装修设计风格，但是在对消费者的服务上表现出一贯的服务标准，给顾客营造出一种"阅读享受"的空间。星巴克还通过咖啡讲座促进咖啡文化的形成，并且利用便利的电子交易方式给客户提供方便。

在经营理念的确立过程中，通常会受到内部因素和外部因素的影响。内部影响因素一般包括领导者的价值观、团队特质、组织需求、企业发展情况等；外部影响因素则包括国内外经济环境、区域态势、行业特征、行业地位、文化背景、教育状况等。在这些影响因素中，企业领导者的价值观对经营理念的形成起着决定性的作用。一家卓越的企业必然源于一位优秀的企业领导人，如 IBM 的创新与诚信起源于创始人 Thomas J. Watson，松下电器的产业报国、感恩戴德等起源于松下幸之助，福特汽车的质量至上、客户至上起源于亨利·福特。乔布斯时代的苹果公司，也深深地烙印着乔布斯的理念和价值观，即对产品的极致追求。由此可见，企业领导人的个人理念便是企业理念的种子，种子不同，果实亦不同。同时，所处区域的文化也对经营理念有影响，如美国企业崇尚个人主义，契约精神，员工更加关注自己。日本企业则信奉集体主义，注意"和""仁""效忠"，在日本，为一家公司工作一辈子的大有人在，员工对上级也是全面服从。而中国企业善内方外圆、阴阳互补、刚柔相济，讲平衡，注重面子和圈子。

对于确立的经营理念，也需要进行有效的管理。纵观商界，没有一家卓越的企业不是得益于理念、价值观的有效管理。对于企业的价值观、经营理念，不乏无用论、虚无论，很多管理者不相信价值观对于企业的作用，认为企业的价值观管理是务虚、难以落地的，在他们看来，只有经营数据才是证明企业价值的依据。或许他们并没有意识到，适合于企业的经营理念、价值观，通过有效地管理，能吸引到一批志同道合的人才，从而为企业创造更大的价值。有的企业认同了价值观的重要性，但缺乏深刻理解，随意借鉴于他人，他们往往是为了理念而理念，只强调形式而不注重实质。价值观最终成了挂在墙上的口号或是置于文件中的资料，没有得到有效的宣导与实施，最终理念与制度成了表面文章，理念与行动也未能统一。

对于企业来说，不论其规模如何，理念为何，都得重视对理念的有效管理。美国管理行为和领导权威约翰·科特教授与其研究小组用了 11 年的时间，研究企业文化对经营业绩的影响力，其结果表明：凡是重视企业文化因素特征的公司，其经营业绩远远胜于那些不重视企业文化建设的公司，在11年的时间里，前者的总收入平均增长率为682%，后者为166%，员工增长率分别为282%、36%，公司股票价格增长率分别为901%、74%，而公司净收入增长率分别为756%、1%。他们在进一步论述企业文化的力量时提出，企业文化越来越成为决定企业兴衰成败的关键因素，这里的经营理念便是企业文化中的重要内容。

经营理念贯穿于企业生产管理活动中的方方面面，也是造成企业经营差距的重要原因之一。不同的经营理念造就不同的员工工作态度，不同的员工态度造就不同的产品服务。

如海底捞主张员工就是家人，要为员工提供家一般的温暖。海底捞的"家人"理念便是经营人心的一种体现，其特有的"海底捞礼"、唱店歌、当众奖励、员工关爱等都是经营人心的具体方法。经营好员工的心，员工自然能经营好客户的心。在海底捞工作就像在为自己家工作一样，有归属感、有决定权，员工自然能全心全意地为家努力工作，并将家庭的氛围带给客户，让客户感受到无微不至的关怀和服务。同时海底捞也善于管理人性，倡导"用双手改变命运，靠勤奋实现梦想"的理念，实施金豆银豆、交叉巡店、报喜制度、优秀案例、客户交流会、特勤小组、爬山图等措施，并通过"师傅带徒弟""天鹅行动"等措施激励员工踏实进取，实现自我成长与共同成长，从而实现平衡人情。

企业的经营理念是企业生存与发展的精神信条，是企业所有人员共同活动的价值取向，是企业共同遵守的规范，指导着企业所有成员的行为。同时，经营理念也是一个开放的系统，需要顺应世界经济文化，需要融入地域文化，需要适应时代文化。

模块四十一：经营理念的识别

理念识别，是指企业通过制度识别、行为识别和视觉识别等方式，将企业思想和精神文化贯穿于企业上下，传递于社会外界，使受众在理念上能与企业的发展方向保持一致。

经营理念的识别主要包括企业制度识别、企业行为识别和企业视觉识别。

企业制度识别是企业理念的制度表现，包括符合企业理念的日常管理制度，以及传播理念的方式和行为。企业制度识别是理念识别的基础。企业行为识别是企业理念的行为表现，包括在理念指导下的企业员工对内和对外的各种行为，以及企业的各种生产经营行为。企业视觉识别是企业理念的视觉化，通过企业形象广告、标识、商标、品牌、产品包装、企业内部环境布局和各种识别应用场景等方式，向大众展示、传达企业理念。企业制度识别体现了"我们做事的方式"，企业行为识别和视觉识别体现了"我们所做的事"。

下面将通过"从企业的理念到每个人的理念"和"从每个人的理念到每个人的行动"这一过程，去探讨企业如何进行经营理念的识别。

一、从企业的理念到每个人的理念

把企业的理念植根于每个人的理念，就是让企业所有成员能将企业的经营理念内化于心。这个过程需要个体理念与企业理念的契合，契合程度越高，内化过程越顺利。对于企业经营理念，受文字的多义性、不同的知识结构、工作环境、理解水平等差异因素的影响，不同人会有不同的解读与理解，鉴于此，在传递企业经营理念的过程中，第一步便是对其有更具体的描述和解读。

延长石油集团的核心价值观是"求实、诚信、奉献、责任"，而后在每条价值观下进行了相应的解释，这样的解释就能帮助员工快速理解企业价值观想要传递的具体内涵：

求实：尊重客观规律，实事求是，科学求真。

诚信：诚实、诚恳、守信、有信。它是立身之本，经营之道。

奉献：付出与给予，将自己的智慧、汗水奉献给他人。

责任：分内的职责，应尽的义务，多方位的担当。

星巴克始终践行"以伙伴、咖啡和顾客为中心"的理念，并将其价值观详细地表述为：营造一种温暖而有归属感的文化，欣然接纳和欢迎每一个人；积极行为，勇于挑战，打破陈规，以创新方式实现公司与伙伴的共同成长；我们专注投入，开诚相见，互尊互敬；对于每件事，我们都竭尽所能，做到最好，敢于担当。

从企业的理念到每个人的理念，表述合理、解释明确是第一步，第二步便是让内部员工熟知、外部顾客知晓。然而在现实中，很多企业进行的价值观培训只是机械地将价值观以文字的形式传递给员工，并要求员工进行死记硬背，更有甚者，还要求员工通过卷面考试的形式，进行"价值观考核"，这种填鸭式的培训和应试考核，能取得的效果也是可想而知了。

要让员工将企业价值观进行快速地死记硬背，那所谓的"价值观考核"也算是一种方式。但要让员工深刻地理解企业的价值观，就需要企业通过各种形式去进行有效传递，也需要员工花一定的时间去消化、吸收，流于形式的价值观"培训"和"考核"无疑是一种揠苗助长的行为。

现实中，让内部员工熟知企业理念的方式有很多，包括正式渠道和非正式渠道、官方传播和非官方传播，如员工培训、会议传达、内部刊物、内部新闻、小团体传播、小道消息传播、故事传播等。其中培训几乎是每家企业都会采用的方式，但许多企业的价值观培训仅仅是一个形式，很多员工在应付完"考核"之后，也就将之抛之脑后了，以至于多数基层员工，甚至中高层都说不清楚自己公司的核心价值观为何物。

成功的企业往往都很注重对员工核心价值观的持续输入，如 IBM 在新进员工培训中就包括了公司经营哲学、公司历史及传统等系列涉及公司价值观的课程；在华为全球化的培训体系中，对企业愿景、核心价值观的灌输是每一场培训都不会落下的，因为"资源是会枯竭的，唯有文化才会生生不息"；苹果公司为了践行"创新是灵魂"的文化，创立了"苹果公司研究员计划"；松下电器有着完整的松下精神教育训练，以保证其强大的凝聚力、导向力、感染力和影响力；阿里巴巴对新员工的入职培训，主要着重于公司的使命、愿景和价值观,这些内容也会在老员工的定期培训中强调,以保证维持一贯的企业文化。

在实际操作过程中,丰富多样的价值观输入形式是强化效果的有效方法,如案例研讨、角色扮演、人机交互、人人交互、导师与榜样、考评与认证等。很多企业苦于方式方法的缺乏,都会采用培训这样的方式,但其培训效果很难达到理想的状态,那该如何解决这个问题呢?

假如华为在培训中向员工宣称:组织有效的员工队伍是企业最大的财富,华为建立了完善的员工保障体系,为全球员工构筑起全覆盖的"安全伞"。华为在任何时候、任何情况下,都坚持员工生命安全第一,并且倡导员工谨记"生命重于一切"的理念。员工听罢、读罢之后没有什么直观感受,但如果伴随着下面的实际案例,效果则会大有不同。

2012年12月4日晚,华为安哥拉代表处的员工王琮突发急恶性疟疾,代表处立即将其护送至当地专科医院进行治疗,由于患者出现肾衰迹象,为了避免病情进一步恶化,华为包下专机将王琮转至医疗条件更为理想的南非接受治疗。在治疗王琮的过程中,华为立即启动应急机制,成立了"王琮事件应急处理小组",让华为上下全球联动,与时间赛跑,几乎调动了公司一切可以调动的资源,从而挽回了王琮的生命[①]。

企业价值观在传递的过程中仅停留在"说一说"的层面是远远不够的,更需通过各种实际动作"动一动",用关键事件去体现企业的价值观。

CVTE强调平等的价值观,但是该怎样来体现平等呢?在CVTE的办公楼里面,找不到一间高管办公室,所有高管都跟同事在同一个办公间上班,用同样的办公桌,坐同样的办公椅,吃同样的员工餐。在员工餐厅,也没有特别的"高管专座",公司管理层跟一线员工一起排队取餐,高管团队在饭间谈论业务时,也不会刻意回避坐在旁边的一线员工,因为他们认为,每一位员工都有权利知道公司的业务和发展方向。同时,平等的理念还传递到了公司的幼儿园,公司高管的孩子跟普通员工的孩子一样,在同样的班级,有同样的老师,并不会因为职级不同而有所区别。

从企业理念到个人理念,需要企业对其价值观理念进行精确恰当的总结和阐释;需要将企业理念传达给每一位员工,形成员工的理念;也需要制定相应的执行措施,以保障理念的有效传递。

二、从每个人的理念到每个人的行动

从每个人的理念到每个人的行动,即需要用氛围、用制度引导员工的工作行为,将其理念外化于行。理念的内化于心与外化于行,是"我之所以为我"的根本,也是"企业之所以为企业"的根本。

---

① 资料来源:http://news.mydrivers.com/1/251/251473.htm。

丰田汽车之所以成功，本质上不是因为汽车本身，也不是因为生产汽车的工厂，而是制造汽车的理念和对理念的践行。丰田公司的服务口号是"让全世界都懂得尊重"，这一企业理念也被员工铭记于心，并深深引导着自己的行为。有个出名的事例被无数丰田人传颂着：在一个芝加哥的雨天，丰田司机的雨刮器突然坏了，大雨滂沱，司机无所适从，这时从雨中冲出一位老人，趴上车，将雨刮器修好了。司机问他是谁，老人声称自己是丰田公司的退休工人，看到丰田产品出现问题，觉得自己有义务把它修好。

迪士尼之所以成为行业翘楚，本质上不是因为其项目和设计，而是"让天下人都快乐"的理念，以及践行这一理念的每一位员工。迪士尼公司通过创造性、梦幻和大胆的想象不断取得进步，并严格控制、努力保持迪士尼"魔力"的形象。在这一过程中，它极为注重形象的一致性和细节的刻画。在迪士尼的培训过程中，有这样一个经典的虚拟场景：有一位游客来到迪士尼这个充满乐趣的地方，想象着开始自己的欢乐之旅，决定先去体验一下过山车的刺激，尽管队伍排得很长，但他认为这是值得的。当这位游客排到前面时，听到工作人员粗鲁地指挥着大家，心中瞬间感到不悦，好不容易轮到这位游客了，却被工作人员告知机器发生了故障，项目关闭，并没有解释和道歉。排了很久的游客们充满了抱怨与愤怒，心中的怒火也久久挥之不去。尽管在这一天，游客在其他游玩项目里得到了超预期的体验和热情接待，但这次过山车之旅，让游客心中充满了怒气，当游客再次回想起这段迪士尼之旅时，那段怒气冲冲的经历仍在脑海中游荡。这是迪士尼虚构的一个故事，目的是想以此告诫所有员工，任何人任何时刻在任何地方对顾客的怠慢，后果都是很严重的，都会给顾客留下不好的印象，进而影响后续对迪士尼的评价和选择。

从丰田汽车和迪士尼的做法中，可以感受到，从每个人的理念到每个人的行动，是一件非常重要的事，是企业长期要做的事。企业和员工都需要知行合一，不然经营理念就变成了口号或挂在墙上的标语，它需要切实的配套制度和有效的执行保障。

模块四十二：经营理念的制度保障

经营理念，不管是与时俱进，抑或始终如一，如果没有与之相配的制度保障，就像是飞机没有了翅膀，有其形而缺其神，无所用。制度是传递和贯彻企业经营理念的重要保障。在一个强调奉献的企业中，制度就可以多一些反对自私自利、打击假公营私，主张福利向奉献者倾斜的内容；在一个强调团结的企业中，制度就应该多一些反对个人英雄主义，倡导团结协作、设置团队奖励方面的内容。

经营理念的制度保障是一个需要长期建设、不断改善的过程，丰田汽车渗透"尊重"的制度建设过程就是这样一个长期坚持、持续改善的过程。

丰田汽车"让全世界都懂得尊重"的理念，在多年的发展中配套了相应的制度与活动支持。这一理念源于1962年与员工签订的《劳资宣言》。当时，丰田公司发生了历史上

第八章 企业价值观

最大的一次罢工，这次罢工使得丰田公司损失严重、濒临破产。这一事件也让公司意识到员工的重要性，在随后几十年激烈的国际化竞争中，丰田公司也越来越意识到"得人心者得天下"，即对员工信任和尊重的重要性。《劳资宣言》的建立取得了巨大成功，让公司与员工之间建立了相互信任的关系。1996年，丰田在国际化发展进程中，再次在制度中丰富了"相互尊重"的关系，并在随后的发展中扩大了对"让全世界都懂得尊重"的制度支持，对每一岗位和工种的员工都配套了相应的管理制度和职责制度，同时成立了专门的客户关系部，以优化客服关系管理，传递尊重的价值观。另外，丰田还配有"客户第一"的CS活动、推行"FTMS的理念"的制度。

配套的制度，需要涉及方方面面，以达到互相配合，彼此呼应的效果。如企业倡导"以人为本"的价值观，那以人为本的理念就应该体现在涉及人的方方面面。

在生产制度中，应该有相应的安全制度，以保障员工的生命安全和健康安全；在质量管理制度中，应该更注重人的因素，由压迫式、功利式向激励式转变，由刚性管理向人性化的柔性管理转变；在组织制度中，应有明确的责权分配，注重人的培养、注重企业与个人的双赢等内容，以激发员工最大的潜能；在销售和售后的政策制度中，应该有关于产品和客户方面的制度，以使客户感受到企业传递出的尊重，如电商网站的无条件退款退货制度，保险公司的先行赔付制度，公司产品的"三包"制度、维修制度等；在财务制度中，应体现人本主义、资源向奋斗者倾斜的内容，以及对财务工作人员的道德诚信建设和风险责任意识等内容，以传递正确的价值观；在人力资源制度中，招聘时应该寻找对的人，以使彼此的价值观吻合，以免后续因价值观冲突而给双方带来伤害。

如阿里巴巴招聘员工时设置的"闻味官"会在面试中提出相关问题，并根据应聘者的回答，来确定彼此的价值观是否吻合。壳牌的招聘程序在业内具有一定的知名度，很多自信满满的大学生都希望通过获取壳牌的录用通知，来证明自己的实力，许多外企也认为壳牌评价中心的SRD是很厉害的招聘程序，应聘者有了它甚至可以不用再走全部招聘流程。SRD名声赫赫的背后，体现着壳牌卓越的人力资源战略，它从选人开始到人力资源的每个环节，都坚持最高标准，目的是捍卫壳牌的核心价值观，甄选具有领导潜力的人才，实现公司业务的持续发展；考核时有合理的绩效考核方案，以及方案的执行把控，以合情、合理、合法地为员工创收，达到真正的激励效果；培训时因人而异，为不同的员工提供与之匹配的培训内容，以促进员工的成长。

壳牌的价值观理念包括彼此信任、开诚布公、团队协作、专业精通，以及以自己从事的事业为荣。这些理念看上去都是浅显易懂的，但是要真正让每一位员工执行到位，也具有一定的难度。壳牌有专门的《壳牌行为准则》，清晰表述了公司对员工行为的要求，介绍了员工应该遵循哪些标准、实践何种行为。制定和实施这个准则的目的是确保公司所有员工都能遵守法律法则，也确保每位员工的个体行为都能够与壳牌的核心价值观相一致。

对于企业经常出现的腐败问题，壳牌在行为准则里明确表示："直接或间接提出、给付、索求或收受任何形式的贿赂，均属于不能允许的行为。支付疏通费亦属贿赂，不应采取这种做法。壳牌的一切交易，必须遵照既定的规章制度，准确无误地记录于公司账目内，以备审计和披露。" 在制度之外，公司内部还设立了全球热线，专门受理员工在商业原则和员工准则执行方面的投诉，并设有专门机构进行调查跟进。除每年的内外部审计，位于各国的壳牌负责人都需要向总部进行年终述职，确认商业原则在本国的贯彻执行情况，以及审计缺口的弥补措施。在公司政策中，对于员工操守以及调查纪律处理程序也有非常明确的规定，公司在每年年末都会要求员工重新签署商业原则、员工操守及行为准则知情承诺书，对于可能存在的利益冲突进行申报并书面确认自己会继续遵守公司相关原则和政策。这一举措，一方面起到了巩固员工承诺以及事前提醒教育的作用，另一方面也为处理违规员工提供了依据。壳牌公司发现员工发生违规行为时，都会进行相应的处理。这些案例也会拿出来与其他员工分享，借此让所有员工都明白：壳牌对核心价值观的坚守是不容置疑的。壳牌就是这样，通过制度的保障，将企业的价值观传递给每一位员工。

配套制度对经营理念外化于行的支持作用，主要审视制度健全与否、内容合理与否、与价值观匹配与否、能否形成有力的支持作用等。

模块四十三：经营理念的实施环境

唯物史观科学地揭示了人的本质，即人是具有自然属性和社会属性的结合体。自然属性是指人的生物特性，表现在人会追求自己的个性，并通过一系列途径去表达自我；社会属性是指人作为社会存在物而具有的特征，表现在与人交往的过程中，会根据他人的行为、评价等来适当地调节自己的行为，以使自己变得更"合群"。组织行为学的研究表明：组织成员的行为形成过程，是组织成员之间相互学习、相互博弈的过程。这项研究结果说明一个问题，即组织中的个体行为是可以被影响和"训练"的，企业要想员工接受企业理念，并且将理念转化为个人行动，就需要通过营造良好的组织环境来实现。环境不仅会普及到组织内的大多数人，也能通过群体效应来感染个体，环境氛围越浓厚，就越容易激发个体的从众心理，促使个体改变个人行为，以达到集体的期望。

这里将影响、改变员工行为的工作环境分成决策执行环境、员工成长环境和员工工作环境三个方面进行探讨。

一、决策执行环境——树立上行下效的作风

正如前文所述，经营理念来源于企业的核心管理层，或者提炼于企业的日常经营管理。但追根溯源，企业的经营理念终究还是来源于核心管理层，以及最高管理者的决策执行文化，这种决策执行文化主要包括决策习惯、沟通方式、评判方式、执行风格等。

正如孔子在《论语》中所说："君子之德风，小人之德草。草上之风，必偃。"对于

企业而言，意味着领导的行为就像风一样，而普通员工的行为就像草一样，风吹向哪里，草就必定倒向哪里。在企业中，老板的决策执行风格会影响到高层的决策执行，高层继而影响中层的决策执行，直至影响到基层。如乔布斯的偏执与创新，深深影响着苹果公司的产品创新以及从水平产业模式到垂直产业模式的管理创新；任正非身上的低调、狼性精神，造就了华为人奋不顾身的进攻精神和群体奋斗精神；张瑞敏严格的质量要求，有了海尔著名的砸冰箱事件，以及对无数海尔人的影响；山姆沃尔顿对成本的关注，造就了沃尔玛天天低价战略的顺利实行。这些领导人的品性与行事风格直接塑造了企业的决策执行文化。

最高管理者对企业、对员工的影响到底有多大，还可以从下面两个历史典故中窥得一斑。

《尹文子》说："齐桓好衣紫，阖境不鬻异采，楚庄爱细腰，一国皆有饥色。上之所以率下，乃治乱之所由也。"齐桓公好穿紫衣，全国傚尤，一件紫衣的价格贵过五件素色衣服，齐桓公为此忧虑不堪。管仲对他说："君欲止之，何不试勿衣紫衣也。"齐桓公表示不喜欢紫色衣后，三天之内，全国就没有穿紫衣的人了。楚灵王喜欢有纤细腰身的人，朝中的文官武将便纷纷唯恐自己腰肥体胖，不敢多吃饭，导致身体状况都很差，军队缺乏战斗力，在邻国攻打城池时，丢了不少土地。

《礼记·大学》有言："格物、致知、诚意、正心、修身、齐家、治国、平天下"，领导者欲实现"齐家、治国、平天下"，需先"格物、致知、诚意、正心、修身"，这对于很多领导者而言，确是困难重重。他们通常希望用制度、用他人来推动落实企业的价值观理念，而自己却不践行，这样的领导者就没有做到"诚意，正心，修身"，所以又何谈"齐家，治国，平天下"呢。这样的现象常常出现在中小微企业中，企业一方面希望用《员工管理制度》来管住员工，另一方面高中层的领导们却仍我行我素，这样环境下的员工行为，结果可想而知。

诚然，制度是企业环境的一部分，而且是很重要的一部分，管理者想要通过制度来规范员工的行为，原本是无可厚非的。但在现实中，很多管理者只顾强调制度的作用，而忽视了决策执行环境对员工的影响，也未曾意识到通过提高自我素质和修养来影响员工。不难发现，很多员工对领导都是阳奉阴违，表里不一的，这是为什么呢？是因为员工心中没有对上级的认可，表面的认可也只是来源于制度和权力。在"95后""00后"等新生代员工进入企业后，这种不认可所带来的矛盾愈演愈烈，因为新生代员工往往更注重个性、追求自我，领导者只有靠实力和魅力才能让其信服，仅靠制度和权力是无法将其"管住"的。

所以，企业要想通过环境来影响和改变员工行为，除了建立健全企业的管理制度以外，还需要从领导者做起，提升其个人能力、人格魅力和领导水平，以打造良好的自上而下的决策环境，进而获得更多的人心。

二、员工成长环境——打造学习榜样的气氛

员工成长环境是企业环境的重要组成内容，即员工每天在什么样的环境中工作与成长。员工工作与成长的环境，最终决定了员工工作态度和行为习惯的形成。俗话说"近朱者赤，近墨者黑"，员工在什么样的环境中工作，接触了什么样的人，就会在潜移默化中发生改变。因此，在营造员工成长环境时，"树立榜样"便是一个良好的方式，"榜样"通常可以感染和带动其他员工。

列宁说："榜样的力量是无穷的。"对于企业员工而言，不管是高高在上的领导榜样，抑或是身边的同事榜样，皆能潜移默化地影响自身的思想和行为。

按照榜样产生的方式可分为自然形成的榜样和人为塑造的榜样。自然形成的榜样，往往是企业的创始人或高层领导，也可能是长期以来其人格魅力与品性为众人所折服的突出人物，他们在企业中具有主导地位，以及强大的号召力和感染力，有一种自然而然的为所有员工共同敬仰和学习的品质。自然形成的榜样对一个企业的影响是长期的，无处不在的，甚至对行业、对社会、对国家都有较大的影响。如苹果公司的乔布斯、华为的任正非、大庆油田的王进喜等。人为塑造的榜样，往往产生于日常的工作中，他们和普通员工一样平凡，他们与其他员工一样做着普通的工作，却在领域内坚韧不拔、有所建树，他们对一个企业的影响往往是阶段性的。如被称为"史诗级"备降的川航3U8633机长刘传健、荣获多项国家奖项的建筑企业油漆工黄应梅，又如餐饮行业每周设立的服务之星、美容行业每周的微笑之星等。很多企业在经营理念的传递和执行中都在着力于榜样的树立，那怎样树立榜样才能达到理想的效果呢？

首先，榜样的树立要业绩与文化相结合。现实中，许多企业一方面推行企业价值观，另一方面却唯业绩论英雄。如有的企业要求员工践行诚信、以顾客为中心的价值观，而树立的榜样却仅以高业绩为衡量标准。从短期来看，业绩所代表的方向可能与价值观所代表的方向有所冲突，但长期来看，价值观所代表的方向一定与业绩所代表的方向是一致的，因为价值观一定是服务于企业长期发展目标的，只有价值观与业绩相一致的绩效评价和榜样体系才能真正起到激励员工积极向上的作用，才能与企业一起走得更远，走得更好。

阿里巴巴旗下的B2B平台是全球企业间获取采购信息、进行采购交易的综合性平台，平台有越多的公司入驻，其业务范围才有可能实现持续扩大。在引入公司入驻平台的过程中，阿里巴巴始终坚守着"诚信正直、言行坦荡"的价值观。当有销售人员为了业绩签进未经国家有关部门认证的公司，阿里巴巴会马上成立专项调查小组，查明情况，处置相关人员，并不断告诫全体员工守住企业价值观这一底线。

其次，对榜样的奖励要精神与物质相结合。对榜样的奖励是企业经营人心的一个措施，人都有不同层次的需求，在马斯洛的需求层次理论中，生理和安全的需求是最基本的需求，尊重的需求和自我实现的需求处于需求金字塔的顶端。对榜样的奖励，既需要通过物质层面，满足其基本需求，也需要通过精神层面，满足其更高层次的需求。现实中，对于不同

的群体，需要将精神奖励和物质奖励进行有机组合，对不同的人施以不同的组合方式。如生产力水平相对低下的群体，可能对物质层面的需求更加迫切，而生产力水平较高的群体可能更加倾向于精神层面的追求。另外，个体的教育程度不同、家庭情况不同、所处的地位不同、服务的行业和部门不同，他所需求的激励侧重点也有所不同，而且这些不同条件又因时间的变化而变化。在奖励过程中，唯一不变的是需要精神奖励与物质奖励基于实际情况的有机结合。

很多企业都通过树立英雄榜样来引导员工做事的方向和方式，但也有员工在成为榜样之前还过得不错，成为榜样后，很快就难立其身了，到底是怎么回事呢？因为榜样会被人们赋予更多的期许，甚至被认为是完美无缺的人。但人为塑造的榜样皆来自每一个平凡的岗位，他们是平凡的大众，也有喜怒哀乐，也过着柴米油盐的普通生活，对他们的过分苛求反而会成为他们的枷锁和羁绊。那么怎样避免这种问题的出现呢？

首先，对榜样的表扬要先对事，再对人。因为做事是客观的，做事的方式方法是可以被复制的，客观的事是有目共睹的，更能让其他员工信服，体现公平原则，也更能激发其他员工的奋斗之心，达到全员效仿之功效。先对事，再对人，就是要让其他员工明白，公司推崇的是某种行为和做事方式，而不是推崇某一个特定的个体。

其次，对榜样的树立要分时期、分领域。企业不能只有独占鳌头的榜样，不同的时间周期应该有新的榜样，不同的工作领域应该有其榜样，让员工感受到处处是榜样、人人可优秀的氛围。为什么要这样呢？做榜样也是有压力的，长期位于榜首的员工终究也是人，人都有优点，也有缺点；人性始终是有积极的一面，也有消极的一面。榜样一旦展现出缺点，容易被其他员工效仿或嘲笑；榜样一旦表现出人性的消极面，容易被误解为企业管理者不懂识人、辨人之道。同时，分时期、分领域地树立榜样，能够让员工明白榜样并不是高不可攀，只要经过努力，人人都可以成为榜样。这样就给了更多员工机会，激发更多员工奋进。更为重要的是，如果企业只针对某一个领域设置榜样，很可能的结果就是，不管自身能力和特长是否适合这个领域的发展，大家都在榜样的引导下朝这个方向努力，长此以往，企业发展重心就很难平衡了。在多个领域设置榜样，使得大家可以往与自身能力匹配的方向去努力，这样更能促进企业全方位发展。

除了榜样的力量，企业还有很多可以为员工营造成长环境的工具。如总裁致新员工的一封信，华为公司任正非的《致新员工的一封信》，信里包括了企业的使命、愿景、价值观，对员工的要求与回报、成长与培训等内容。另如积分制管理模式，即员工得到的精神奖励或者物质奖励是以个人积分为基础，符合企业所倡导的行为和结果就记正分，否则就记负分。设计、运用适合企业的积分制管理模式，既能管事，也能管人。还有定期分享会，就是举行各种主题的员工分享会，可以是工作经验分享、业务技能分享、榜样事迹分享、工作总结等内容的分享，定期的有价值的分享会可以让有价值的信息共享于员工，是分享者成长的好机会，也是发现人才的一种途径。

以上几种方式，本质上也或多或少用到了榜样的力量，这样做比单纯地说教和制度管理能更好地平衡人情。

三、员工工作环境——营造人文关怀的氛围

相比于前两者，员工的工作环境更能让员工和外界看得见、摸得着。企业环境从形式上看，一般包含括两个方面，一个是物质环境，另一个是精神环境。因此为使企业的经营理念从每个人的理念到每个人的行动，所需配套的环境应该是两方面的，即物质环境和精神环境。

随着社会进步和科技发展，企业员工对工作环境的要求也逐渐发生了改变，智能化办公和办公空间环境的人性化已成为主流。如今的企业，在硬环境方面基本都有了良好的基础，食宿条件、工作条件等都有了极大的改观，企业在物质环境建设中可以根据自身的经济条件与环境条件进行合理的安排，不同性质的企业在不同环境中其物质环境的建设也是不尽相同，可以根据企业自己的特点来建设，这里重点讲述企业的软环境的营造。

员工工作环境不但包括公司硬件办公环境、文化活动中心，还包括软环境，诸如公司手册、企业内刊、网络平台、微媒体、举办的仪式和活动等，它们共同承担着企业价值观的向外宣传与传递，更加直观、直接。

（一）企业文化手册

它是企业经营管理的"党纲""党章"，是企业奋斗的指导思想，是统领企业经营管理的基本准则，是传播企业经营理念的载体，是规范员工思想和行为的纲领。许多公司都有自己的企业文化手册，如鞍钢的《鞍钢宪法》、华为公司的《华为基本法》、海尔集团的《海尔企业文化手册》、华侨城集团的《华侨城基本宪法》、大庆油田长期实践形成的《大庆精神铁人精神》。

（二）网络平台

网络平台是企业的名片，是外界了解企业的一个窗口。同时，企业的网络论坛也是企业文化营造的重要阵地，它的主要目的是让每一个员工都有发言权，给每一位员工提供发言机会，尊重和鼓励员工为企业发展献言献策。同时，企业也可以通过网络平台来展示企业的发展情况，让员工和外界更加了解企业、认可企业。如，华为利用自己的内部论坛，发布任正非的讲话内容给大家讨论，以让员工多渠道、多方式去接触、感受公司的价值观，通过公开的讨论和解读，从而得到充分的认知。阿里巴巴也有自己的内部论坛，2011年震惊业界的"马云斩卫哲"事件便是起源于阿里巴巴内部论坛一员工的抱怨，正是这样一句不经意的抱怨，让马云看到了企业管理过程中的不足，于是采取了措施。这一件事也让全世界看到了阿里巴巴践行"客户第一"这一价值观的决心。

（三）微媒体

微媒体是指微信、微博、微电影、微课堂等各种新兴"微"媒体。微媒体因其短、平、快等特点深受大众的喜爱，企业在其经营理念落地的过程中，可结合自身实际、与时俱进，

积极探索企业经营理念落地的创新举措。在其落地的过程中，如何迎合多数员工口味，整合微媒体和传统媒介，以形成立体的多方位价值观传播网络，是企业需要掌握和创新的新思维、新方法。现实中，许多企业都在尝试微媒体这一工具对员工的业务培训作用。如服务型企业用微博、微课堂对员工进行服务标准的培训；维修型部门用微课堂、微视频对工人进行维修要点培训；知识密集型企业用微课堂对员工进行新知识、新技术的更新培训等。

（四）举办的仪式和活动

每个企业有属于自己的仪式，如工作仪式、晨训仪式和纪念性仪式，也会开展各种活动，如文艺活动、运动会、联谊会、客户感恩回馈、安全例会、技术研讨会、培训会等。在企业经营中，举办的各类仪式和活动能够打造有利于企业发展的良好环境，一些事件因为有了仪式而显得珍贵，仪式就像记忆中的珍珠，历久弥新，难以忘却。从心理学的角度来解释，仪式真正目的不在于做哪些动作和内容，而是在于通过仪式促成的状态和心理的投射。然而大多数企业都是为了活动而活动，为了仪式而仪式，却忽略了背后应该传递的价值观。很多企业会组织员工旅游、聚餐、拓展训练等，但是活动组织者往往不能有效地将企业文化整合到活动中，活动形式也千篇一律，毫无个性，员工也是为了参加而参加，甚至是"被迫"参加，并没有在活动中更加了解和热爱企业。阿里巴巴现任副总裁孙利军曾经是一名 TOP SALES，当时有人问他，为什么那么拼，是为了钱吗？他说："我就是要明年在公司的颁奖大会上，看到自己可以登上领奖台接受全场的欢呼。"可见仪式感背后所带有的精神礼仪和心理暗示的力量是很强大的。

在企业经营理念落地过程中，小活动往往能激发大能量。因为活动通常能满足员工求新、求知、求乐的个性需求，且活动简单易行，几乎人人都能参与，只要持之以恒地开展主题系列活动，定能收到潜移默化、滴水穿石的效果。如，欲营造"人人讲安全、时时抓安全、处处有安全"的浓厚氛围，持之以恒的安全主题活动必不可少。如，欲形成"全员、全方位、全过程"的大服务局面，除了全方位配套的制度，配套的活动环境亦不可或缺。在企业经营理念落地过程中，仪式通常也发挥着不可替代的作用。企业仪式通过象征、情感体验等方式，传递价值观、营造一体感，让员工在组织中得到安全感，最终演变为对企业的归属感和认同感。如著名护肤品彩妆品公司——玫琳凯，每年都会为业绩优秀的销售顾问举办颁奖仪式，仪式隆重而充满了美丽气息，在精致的颁奖仪式中，分享美丽、帮助别人成功等价值观得到了有效扩散。又如著名的阿里巴巴倒立仪式，就是要打破员工心中的"不可能"，意在告诉员工遇到问题时，"倒立"看世界一切便皆有可能，这一仪式正是演绎了阿里巴巴拥抱变化的核心价值观。

总之，良好的企业形象影响着企业的发展，企业形象的经营是企业经营中的重要内容，它既有经营理念的总结、提炼，更有理念的外显、识别。理念的识别需要经历"从企业的理念到每个人的理念，从每个人的理念到每个人的行动"这一过程，过程中不但需要有配套完善的制度，而且还需要有与之相适应的环境。但值得大家注意的是，制度只是辅助措施,对于企业经营理念的传递,更多应该通过领导者的个人魅力、通过树立榜样、通过良好的软硬件设施等途径来进行。对于那些勤勤恳恳,兢兢业业的员工来说,制度不应该是限制他们的枷锁,而应该是激励他们积极进取的动力和保障。

第二节 经营方针

"方针"一词本意是罗盘的指针,后来比喻成工作或事业前进的方向和目标。人们常说"思想是行动的指南",可对于企业而言,在理念与行动之间还应有个方针作为连接。方针在理念与行动之间起着穿针引线的作用,理念随"针"而入,行动依"针"而成。也就是说,方针一边汲取着企业的经营理念,一边指导着企业的经营行为,它是企业为实现经营目标而制定的纲领性指导,通常有发展方向和基本路径两个维度。发展方向是对企业中长期"怎么走"的指导,基本路径是对企业各项基本业务"怎么开展"和近年期工作"怎么走"的指导。

模块四十四:发展方向

发展方向是为围绕实现企业愿景目标,基于经营理念而制定的中长期性经营方针,是对企业中长期"怎么走"的具体指导。发展方向是企业制定战略方案和战略决策的指导,是市场和企业的综合选择。正确选择和制定发展方向是保障企业持续发展和基业长青的基础。在考量企业的发展方向时,既要明确企业的总体发展方向,也要清晰企业的局部发展方向。如企业寻求的业务新领域是什么?希望能在该领域实现什么样的目标?为了实现此目标,企业各职能板块的工作方向和内容是什么?

企业在不同发展阶段往往有着不同的发展方向。如谷歌公司为了实现"把服务延伸到所有终端装置,使其为每个人所用,让所有人受益"的愿景目标,在"物联网"上下了不少功夫,从手机操作系统 Android,到智能穿戴操作系统 Android Wear,再到智能汽车操作系统 Google Auto,以及面向电脑端的 Chrome OS,通过打通这些系统,来实现"将服务延伸到所有终端"的愿景。从细分领域和发展阶段来看:在 PC 时代,谷歌专注"发现",做好网页搜索是它的方向;在移动互联网时代,谷歌专注"连接",将搜索业务移植到移动设备上是它的方向;在面向未来的科技创新中,谷歌专注"科技",人工智能、机器人等则是它的方向。

企业在不同的时代背景、技术背景下,其发展方向通常会有所不同。如在智慧零售的时代背景下,零售业的沃尔玛明确提出了通过大量的高科技创意提升用户体验,打造智能型的零售品牌;苏宁计划 2019 年落地 8000 家以上零售云加盟店,以加大线上和线下的智慧零售能力;华润集团也将互联网、大数据、云平台作为赋能手段,以打造新一代的智慧零售标杆门店。又如,在区块链来临的时代背景下,Facebook 新布局了智能科技和区块链技术等方向；甲骨文新布局了区块链底层技术的新方向，以打造能结合人工智能、智能手机和物联网智能设备的多链、多系统融合的链群网络——甲骨链；沃尔玛新布局了区块链技术存储付款数据，以提高付款数据的安全性。

处于同一个行业的企业，也通常有着不同的发展方向。如中国的装饰行业中，东易日盛公司为了实现"成为最受尊敬的卓越的家装品牌运营商"的愿景目标，专注于整体住宅装饰，这便是它的发展方向；业之峰公司为实现"成为中国家居产业持续领跑者"的愿景目标，坚持发展环保家装。又如深圳的无人机行业中，大疆创新科技有限公司致力于为无人机工业、行业用户以及专业航拍应用提供产品和解决方案；深圳云天励飞技术有限公司专注于视觉人工智能领域，致力于打造基于视觉芯片、深度学习和大数据技术的"视觉智能加速平台"；科比特航空科技有限公司则专注于多旋翼无人机系统的研发、生产和销售服务；疆域智能科技有限公司则专注于无人机飞行器控制系统。

总的来说，企业发展方向的选择，并没有绝对的标准。同行企业在相同的外部环境下，因对外部环境理解和判断的不同，或因自身资源和条件的不同，皆会影响企业发展方向的选择。企业在选定了发展方向之后，也会因资源整合能力的不同，或组织执行能力的不同，而实现不同程度的发展目标。这些种种的不同，便是企业经营中的"变易"。都说"顺势而不随流，明道而非常路"，对于企业选择发展方向来说，又何尝不是如此呢。

企业的发展方向，应该是企业基于创造性的思维能力和强大的资源整合能力所确定的方向，它不是随波逐流，不是人云亦云，而是切切实实地根据本企业的特点而确定的。这种基于精准判断、匹配自身的企业方向，便是企业经营中的"不易"。如此"变易"与"不易"的结合，便是企业确立发展方向的哲学。

模块四十五：基本路径

基本路径是为实现企业的愿景目标，基于经营理念而制定的业务开展方针和企业近期经营活动的指导，是企业每项工作如何开展和每步如何走的指导方针。

万科地产在新时代背景下，为了实现"成为中国房地产行业持续领跑者"的愿景目标，发展方向由"房地产开发商"转型为"美好生活的服务商"，并践行了社区配套服务的三步走战略：第一步，在 2012 年，秉承以"好房子、好服务、好社区"的三好住宅理念，构建了社区配套服务的 1.0 版本；第二步，在 2015 年，推出"四有"社区，升级为 V-LINK 社区配套服务的 2.0 版本；第三步，在 2017 年，打造的"V 盟"平台正式开启了城市配套服务的 3.0 版本[1]。

企业为了一个目标，通常有不同的基本路径，如急需转型升级的医药企业，由仿制药企业转向创新药企业是变革的基本方向，而不同的企业根据自身情况规划了不同的路径：

---

[1] 资料来源：http://www.mydcyj.com/topic/fangdichan_hulianwang_tupoluodikunjing/2015/1118/6801.html.

成都康弘药业、江苏恒瑞医药走的是"投入大量研发费用，自主研发新药"路径；深圳信立泰、江苏恩华药业走的是"并购整合生物技术公司"路径；美国的辉瑞公司、以色列的Teva公司走的是"license in"模式(即从外授权新药模型)路径。

经营方针的基本路径也可从"一长一短"去思考，一个是服务于企业经营理念的经营方针，一个是服务于当下年度经营活动的指导方针。服务于企业经营理念的方针涵盖了企业的文化、政策、人事、质量等范围。

海尔集团的基本经营方针规定了其发展方向、市场观念、品牌战略等十方面的内容[①]，具体如下：

> 用工制度：三工并存，动态转换。
> 市场观念：市场唯一不变的法则就是永远在变；只有淡季的思想，没有淡季的市场；卖信誉，不是卖产品；否定自我，创造市场。
> 名牌战略：要么不干，要干就要争做第一；国门之内无名牌。
> 质量观念：高标准、精细化、零缺陷；优秀的产品是优秀的人干出来的。
> 售后服务理念：用户永远是对的。
> 资本运营理念：东方亮了再亮西方。
> 国际市场战略：先难后易。
> 发展方向：创造中国的世界名牌。
> 形象口号：真诚到永远。

【资料来源：海尔公司官网】

海尔的基本经营方针在用工制度、市场观念、质量观念等方面做出了明确的界定和陈述。用工制度中的"三工并存，动态转换"，通过对绩效的考核将员工分为三类，分别给予不同待遇，这样的机制能充分激发员工的工作动力。市场观念和国际市场战略指导海尔打开了国内外众多产品市场。质量观念、名牌战略、发展方向指导海尔以质量为先，打造精品的产品策略，张瑞敏砸冰箱的故事就是对质量观念的最好践行。售后服务理念使得海尔成为有口皆碑的企业。"东方亮了再亮西方"的资本运营理念指导海尔在多元化道路上稳扎稳打，从一开始做单一冰箱产品到现在提供全套家电解决方案。可以看到，基本经营方针对于企业的各项经营活动具有重要的指导意义，明确的基本经营方针能够使得企业的各项经营活动不偏离企业经营理念，也能使得企业经营管理更高效、更系统。

华为在质量方针中指明了质量发展的基本路径：视质量为企业的生命；打造精品，反对低质低价；借鉴德国和日本的质量文化，与华为实际相结合，建设尊重规则流程，一次把事情做对，持续改进的质量文化；有效管理合作伙伴，与其共建高质量和可持续发展；

---

① 资料来源：https://www.haier.com/cn/.

尊重专业，倡导工匠精神，打造各领域世界级专家队伍；人人追求工作质量，不制造、不流出、不接受不符合要求的工作输出，不捂盖子、不推诿、不弄虚作假、基于事实决策和解决问题；落实管理者质量第一责任，基于流程构建质量保证体系，建设能适应未来发展的重大质量管理体系。

年度经营方针是企业的年度经营指导方案，它是企业根据实际运营情况而制定的具体方针，一般包括利益方针、销售方针、生产方针、人事方针、资金方针等方面的内容。

天佑德青稞酒有限公司在2017年的工作总结中公布了其未来三年的基调，2018年为"基础管理年"，2019年为"管理提升年"，2020年为"管理突破年"，并确定2018年公司的经营方针为"夯实基础、补短板、提效率、增效益"，并在每一方针中规定了具体的目标和实施路径。

某电子进出口公司在本年度销售额完成率为104%，利润计划完成率为107%，基于本年度的辉煌业绩，制定了下一年度的五大方针。第一方针，每人每月人事费提高10%以上；第二方针，成本占销售额比重的40%以下；第三方针，独立核算各商品及各部门的收益及费用；第四方针，附加价值提高到15%以上；第五方针，流动比率提高5%，自有资本率提高3%。

年度经营方针的制定是为了对企业未来一定时间范围内的经营活动进行界定，通过制定明确的目标来对未来的经营活动进行规划和组织。相较于基本经营方针来说，年度经营方针的内容更加具体，也更具有指导性。在制定年度经营方针时，要综合考虑各方面因素，包括企业面临的内外部环境，尤其是外部环境对于企业年度经营方针的影响是不容忽视的，如果企业忽视了外部趋势，那么制定的方针将会使企业脱离趋势，陷入困境。

一般在制定基本经营方针和年度经营方针的同时，也需根据经营情况，将公司的经营方针细化到职能部门，形成部门的基本方针和年度方针。如丰田汽车公司有规定"对客户、对员工、对生产、对产品"的经营方针，也有道德形象设计方针和质量管理方针。

格力电器曾有"走专业化道路、拓展全产业链、建立自有渠道、重视技术积累"的经营方针，也有"出精品、创名牌、上规模、创世界一流水平"的质量方针，也有2011年的"格力电器，创造良机"、2012年的"好空调，格力造"、2013年的"格力，掌握核心科技"、2014年的"格力让天空更蓝，大地更绿"、2015年的"让世界爱上中国造"等系列品牌方针。

在制定企业经营方针时，也通常围绕着落实经营活动的方向和基本的路径。在基于外部环境分析，结合企业内部情况，并在分析以往经营数据的情况下，聚焦于公司现状与理想状态的差距,再加以分析、拟定、修正、审核,最终形成企业的方针。

那该如何制定经营方针呢?通常可以根据企业使命确定企业长期要做的事;根据愿景,确立企业中长期的发展目标;基于使命、愿景和价值观,选定实现目标的路径,谋划具体的实施方法,即先确立企业的基本方针,再制定出年度经营方针。年度经营方针的制定,就是确定如何以组织的方式实现企业目标,其关键在于组织协作和组织能力的提升。制定年度经营方针,可从以下三个原则进行考量。

一、顶层总设计、基层细设计原则

通常情况下,主张方针的设计与颁布是从上到下的,而其制定的步骤是自下而上的。设计的从上到下,是对"年度经营方针服务于企业的发展目标,分解于企业的基本经营方针"这一核心的把控。制定步骤的自下而上,既有利于基层总结过去、认清现在、树立目标、达成共识,也有利于高层统领全局、合理分配资源、把握目标进度,以达到部门目标与公司目标的有机统一。

二、整体关联原则

年度经营方针往往需要一个企业内多个职能部门的相互配合才能完成,需要相互之间的有机衔接与协调,注重涉及对象的有效参与,以求整体最优,可以通过"小集团活动法"集中众人智慧,达到最优效果。其中"某某专项小组""分职能会议"是小集团活动法的典型形式。为了保证方针的执行和任务的分配,部门之间也需要相互合作、相互支持、共享有限的资源,以完成各自目标,最终实现整体目标。

三、实际可操作原则

经营方针的制定要从实践中来,到实践中去,不具可操作性的经营方针形同一纸废文,特别是年度经营方针,它应该明确发展方向(定量或定性的目标)、具体的实施路径、相关的责任人、实施的期限、实施过程的跟踪。同时,在年度经营方针的实施过程中,阶段性的检查和反思是必要的,通过检查情况,查找出问题并及时调整改善,以确保年度经营方针的顺利完成。另外,为了确保方针的实际可操作性,上一年度的经营方针完成情况也要反馈到本年度的方针中,下级各部门的方针完成情况也需要统筹到企业年度方针中,以帮助企业和各部门在年度方针的制定和完成过程中得到提升。

方针制定三大原则的遵从与否,很大程度上决定了企业能否完成目标,也很大程度上决定了企业员工能否共同践行企业理念。华为公司便是一个典型的例子,"以客户为中心、以奋斗者为本"是公司的价值观之一,为了持续的发展(即理想目标),更好地服务客户,它将指挥所建到"听得到炮声"的地方,把计划的预算核算权力、销售决策权力授予一线,即著名的"让听得见炮声的人来做决策"的观点(即实际可操作原则)。同时践行打不打仗,由后方公司决定;怎么打仗,有前方部门说了算(即顶层总设计、基层细设计原则)。由前方指挥后方,而不是后方指挥前方。机关是支持、服务和监管的中心,而不是中央管控中心(即整体关联原则)。

第三节 经营规则

企业的经营规则是企业用于规范企业全体成员及所有经济活动的标准和规范,它是企业内部经济责任制的具体化。其实经营企业就像做人一样,要"外圆内方",就像铜钱一般,"边缘"要圆活,但"内心"要方正,即要坚定自己的目标和价值观,同时在追逐目标和践行价值观的过程中要坚守自己的原则,这里的原则就是企业的经营规则。

在竞争越来越激烈、颠覆性越来越强的商业环境中,企业建立适合自身的经营规则以及完善与其匹配的经营规则显得越来越迫切。适合企业自身的经营规则,一可以保障企业运作的有序化、规范化,为企业的高效运行提供保障;二可以节约大量的人力物力,降低企业运营成本;三可以防止管理的任意性,督导员工践行企业价值观,确保企业经营不悖初心。

那怎样建立适合于企业自身的经营规则呢?下面从议事规则、行为准则和制度规定等三个方面进行探讨。

模块四十六:议事规则

在企业的经营管理中,许多决策产生于会议,会议对企业的运行发挥着重要的行动指示作用。一场有效的会议,需要与会人员积极地参与其中,能充分客观地表达自己的意见,并能解决真正的问题,这就需要规范会议的规则,即议事规则。不同等级事项的决策有着不同级别的划分,一般可将议事规则划分为特定的议事规则和通用的议事规则。

一、特定议事规则

特定的议事规则是对特定群体、特定事件决策程序的规范。如董事会议事规则是为了保障董事会能依法独立地、规范地、有效地行使职权,以确保董事会的工作效率和科学决策,包括设立董事会专门委员会、规定董事会会议的召开、审议程序及决议等方面的内容。股东大会议事规则是为了明确股东的职责权限,以规定股东的职权、授权、股东大会的召集、提案和通知、表决及决议、决议的公告等内容。监事会议事规则是对监事会的议事方式和表决程序进行规定,促使监事和监事会能有效地履行监督职责,包括规定监事会的组成和办事机构、监事会的职权、监事会的会议制度、定期会议的提案、临时会议的提议程序、会议的召集、审议和决议、公告和执行等方面的内容。

二、通用议事规则

通用的议事规则通常没有规定特定的群体,主要致力于使公司各层级在议事内容、议事方法、工作程序和决策上做到科学、规范、合理。决策的形式是以召开会议为主,会议类型也多种多样，常见的有公司会议、部门会议、各种例会和总结会等。

在企业日常的会议中，可以常常看到这样的一些景象：要么是总经理的独角戏，要么就是吵架或是推诿，会议最终成为会而不议、议而不决、决而不行、行而不果的局面。《哈佛商业评论》曾指出："任何会议，要么富有成效，要么浪费时间，二者必居其一""无效的会议不仅是一种管理成本的浪费，而且也会引起与会者对会议和公司管理现状的不满，使大家心生倦怠感，从而降低团队的凝聚力。"所以，大家都希望会议是一个通过文明议事来说服、辩论、妥协，最终达成一致的过程，从而能够形成有效果的行动。

因此，根据通用议事规则，建立一套适用于企业自身的有效议事规则显得尤为重要。如作为兖州矿业集团管理综合示范点的唐村实业公司出台了《职工民主议事规则》，规则中在"明晰议事代表职责、突出议事重点、明确议事程序、严格议事方法、公开议事结果"等方面作了详细规定。唐村实业公司在此议事规则基础上创新了工资分配制度，成功施行了工资集体协商制度，从而增强了企业的凝聚力和向心力，提高了企业的经济效益。

现实中，根据不同类型的会议，做不同的准备工作、制定不同的会议规则是让其富有成效的不二之选。如对于声明、公告或发布会，就要求发言人提前准备好草稿，且要主题明确、用词恰当，会议结束时，需要有专门的成员负责最终的发布任务。对于宣布事项的会议，主题应当仅限于宣布的事项以及对此展开的讨论。对于听取单个成员报告的会议，除了报告之外，不应该讨论其他事项。对于听取多个成员报告的会议，报告时间往往要做严格的规定，报告后要么不做任何讨论，要么只讨论对方报告的内容，且有严格的时间限制。也可在报告结束后，针对所有与会人员安排提问环节。对于获取多个成员意见而做决策的会议，会议的召集人和参会人员应该认真倾听并且加以论证，然后做出总结、形成决策。这类会议是企业最为常见的会议，也是集思广益、博采众长的主要会议形式。鉴于此，接下来将更为详细地探讨使此类会议富有成效的议事规则。

大家都希望通过会议听取多数人的意见，吸纳少数人的精华，最终一人做决策，以解决最主要的问题。纵览众多议事规则，陈述各有不同，但其核心还是通过会议而解决实际问题，总结起来主要有以下几个原则。

第一，自上而下的主题会议原则。对于企业来说，如果没有主题，便不该有会议，任何有效的会议通常都是从明确主题开始的。有了明确的主题，会议的讨论才可能聚焦于问题之上，会议才有可能井然有序地朝着既定方向进行，而不会越走越偏、越扯越远。

什么才算是明确的主题呢？它应该是二八法则中的"二"。现实中，很多会议都有自己的主题，但在围绕主题展开的话题中，大概只有20%的内容是紧紧围绕着真正的主题，其他内容可能是基于主题的衍生内容。明确的主题就是要随时警惕是否处在二八法则的"二"中，如果话题已经跑偏，就要考虑是否需要拉回来。怎样才能保持聚焦呢？它应该是二八法则中的二八法则。把握好了第一个二八法则中的"二"，就保障了会议内容有明确的主题，在这个"二"中，也大概只有20%的内容是聚焦于真正解决问题，而其他内容可能是紧紧围绕主题展开的观点陈述、主观感受、举例说明等。保持聚焦就是要甄别出"二"

中的"二",并用 80%的时间来重点讨论这 20%的主题,以形成真正可以解决问题的可行方法、关键步骤、警惕节点等有效内容。

第二,自下而上的发言原则。自下而上不仅可以鼓励与会人员人人参与、积极发言,让其体会到实实在在的参与感、尊重感,还能有效地避免领导者的"一言堂"、参会者的"随大流"等现象。在实际工作中,可以建立人人发言的机制,但也要作"不当最佳辩手""不纠结自己的对与别人的错"等方面的规定。在这一过程中,值得注意的是尊重发言者,并不等于对其意见的采纳。同时,也要提防表面的"众言堂",即领导定调子,然后下属围绕着调子八九不离十的发言,最终发出了高度一致的声音。为了避免领导发言后,下属围绕领导发言展开讨论的情况,开会时,可以让职位低的与会者先发言,领导后发言,对于提出建设性意见的同事,不论职位高低,都应该给予适当的鼓励,这样更能激发大家主动站在企业的角度思考问题。

第三,吸纳少部分人意见的原则。尽管会议主题明确,但在人人发言的基础之上,同样能看到二八法则的身影,即大部分人可能是为了开会而开会,发言也是基于本位主义,或许为了刷存在感、或许为了倒苦水、或许为了推责任,而最终的有效意见往往来源于少部分人。

那该怎样甄别富有成效的"二",剔除含有杂音的"八"呢?在这里需要强调三点:一是要与主题吻合,不能切合主题的发言无论多么精彩都不应该被采纳;二是能真正解决问题,就是说,提出的意见是具有建设性的,针对主题进行深入剖析而不是浅尝辄止;三是需结论能行、行则有果,即提出的解决方案是在现有资源下能够执行并且获得良好反馈的。

第四,一人拍板的原则。在自下而上的发言原则中,需要认真听取多数人的意见,在吸纳少部分人意见的原则中,应该甄选有效的意见,有效的意见往往也是仁者见仁、智者见智的结果,此时的会议还处于"议而无决、议而未果"的状态。最终仍需一人做决策,将最终的执行意见公布以知晓,再分配以落地。

一人拍板的意义在于使得会议有明确的结果,而不是大家七嘴八舌讨论完了却没有形成最终决策。当讨论过程中出现重大分歧的时候,一人拍板的原则还能及时调节矛盾,使得讨论继续正常进行。

第五,多数响应的原则。会议中的意见不仅要取之于民,更要用之于民,以解决实际的问题。最终意见是否获得多数人的响应,是能否有效落地的基础。获得多数人响应的决议,往往能在执行中减少阻碍,增加成功的可能性,也能帮助员工实现"要我去做"到"我要去做"的心态转变,从而增加责任担当与工作积极性。要想得到多数响应,就需要在会议决策产生后及时将会议决策公布,如果有人对决策有异议,要及时回应。

议事规则是对企业各项决策程序的规范,它规定了组织会议所必须遵循的程序,也规定了议事成员在其中必须承担的责任。有效的议事规则建立,能促进组织成员达成一致的行动意见,提升企业落实各项决策的执行效率与完成质量。

模块四十七：行为准则

根据组织行为学的研究，人们的行为准则受价值观的指导，同样，企业的价值观理念也指导着企业这一主体的行为准则。企业的行为准则通常是指企业基于自身经营理念和经营方针，制定对企业及员工进行总体约束的标准原则，它是企业和员工实践启示和检验行动的依据。企业行为准则既包括一系列总括性的原则，如信托原则、商业判断原则、产权原则、可靠原则、透明原则、尊严原则、公平原则，也包括把这些原则落到实处的一系列行为标准。

中国电信的《行为准则》中，对总括性原则作了如下规定：恪守承诺，为客户提供卓越服务；关爱员工，让每块金子发光；诚信合作，在共创中寻求共赢；稳健经营，持续提升企业价值；回报社会，做有责任心的企业公民。

然后再针对每一条总括性原则进行详细说明。如对公司的"恪守承诺，为客户提供卓越服务"下定义、作规定，让企业和员工从各自的层面明白什么是恪守承诺，怎样做到恪守承诺，以及怎么检验自己是否恪守承诺。

实际情况中，制定不同类型的行为准则所遵循的原则不尽相同。如在制定生产员工的安全行为准则时，需要遵循的原则可围绕"四清楚"和"三不伤害"制定。"四清楚"即任务清楚、危险点清楚、作业程序清楚、安全措施清楚；"三不伤害"即不伤害自己、不伤害他人、不被他人伤害。制定企业在海外经营的行为准则时，需要遵循的原则可能包括国家利益高于一切，重合同、守信用，强化社会责任意识，熟悉当地的法律法规、民风民俗、注重文化差异，坚定配合国家外交政策，等等。

企业实践中，往往需要针对不同的主体制定不同的行为准则。如蒙牛乳业集团对内有针对高层管理者、普通管理人员、普通员工的行为准则，对外有针对供应商、经销商的行为准则。著名服装品牌H&M公司，不仅针对企业这一主体在法律要求、用工要求、健康与安全、环境、督察与实施等方面作了行为规定，也针对员工在生产、质量控制、销售等方面作了详尽的行为准则规定，还针对供应商制定了《H&M供应商行为准则》。

现实中，许多公司都有其《员工行为准则》《员工行为规范》，准则中详尽描述了对管理层、对员工的种种要求，而实际上却是收效甚微，有的准则甚至被员工束之高阁，形同虚设。那要怎样设计行为准则、实施行为准则才能取得预期成效呢？

这里再一次说明的是："经营人心、管理人性、平衡人情"的经营理念需要贯彻于企业经营管理的方方面面。在《论语·颜渊》中，颜渊问仁，子曰："克己复礼为仁。一日克己复礼，天下归仁焉。为仁由己，而由人乎哉？"颜渊曰："请问其目。"子曰："非礼勿视，非礼勿听，非礼勿言，非礼勿动。"颜渊曰："回虽不敏，请事斯语矣。"翻译过来，即：孔子认为"克制自己，一切都照着礼的要求去做，这就是仁。一旦这样做了，天下的一切就都归于仁了。实行仁德，完全在于自己，难道还在于别人吗"？颜渊再问实行仁的条目，孔子答："不合于礼的不要看，不合于礼的不要听，不合于礼的不要说，不合于礼的不要做。"颜渊最后表示："我虽然愚笨，也要照您的这些话去做。"

这里的"仁"，延伸到企业管理中就是仁道、人道；礼，便是规矩、准则规范。孔子以礼来规定仁，就是启发大家要用准则来管理人性，但并不是通过准则来把人框住、管死，而是教化员工通过"克己"来"复礼"。同时，礼以仁为基础，需用仁来维护，如果企业只是用行为准则去约束员工，只会换来员工的机械执行和敷衍。仁是内在的，礼是外在的，二者需紧密结合，这表现为用制度的人性化来实现员工的自觉化。

苹果公司为了激励员工的大胆创新，创立了"苹果公司研究员计划"。"苹果公司研究员"不仅是一项荣誉，也意味着高额的薪酬和股票期权，而且他们拥有自由做事的权利，可以做任何感兴趣的事情，从而最大限度地激发其创造性，使其充分发挥自身的创造力。同时苹果公司推出"自我管理的员工福利计划"，强调员工的自我管理而非依赖人力资源代表进行管理，这一计划加强了员工的自我管理能力和习惯。

苹果公司的"员工自我管理"策略取得了显著成绩，体现了真正的控制只能来自员工，也做到了孔子所说的"克己复礼为仁。一日克己复礼，天下归仁焉"。"礼"只是工具，以"仁"为基础的"礼"，它能激发员工找到工作的活力，帮助员工维护自己在企业中的地位，帮助员工得到提升和取得成功，员工的成功亦是企业的成功。

在企业实际与经营理念的基础上，企业行为准则的制定还可以考虑以下几个原则：

第一，循序渐进、逐步完善的原则。处于不同阶段的企业，有着不同的发展特点和经营目标，欲解决的管理问题可能很多，欲规范的行为也可能不少，但全方位从成功企业照搬，也不能取得良好的改进效果。在这一完善过程中，通常按照对经营目标的贡献力量和急迫性来进行调整，不可急于求成。如张瑞敏接手海尔时，当时的现状是"每天8点钟上班，但到9点钟都没人在厂里，扔手榴弹都炸不到人"，所以当时对员工的要求是不准车间大小便、不准迟到早退、不准在工作时间喝酒、车间内不准吸烟等内容。而如今，海尔的工作环境早已改变，员工懒散、随意的情形早已不复存在，为了进一步提高生产效率，海尔必须进一步细化员工行为准则。所以海尔新的《海尔集团员工行为规范》中规定的是遵纪守法、廉洁自律、信息安全、客观公正、主动负责等方面的内容。

第二，指导性和约束性原则。行为规范中，不论是针对企业自身，抑或员工、合作伙伴，都要表明企业提倡什么、反对什么、限制什么，指明是法律法规的约束，还是伦理道德上的约束。如《海尔集团员工行为规范》中明确地规定了倡导的行为和抵制的行为；恒大集团的《恒大集团员工修身准则》中阐述了企业的价值观、发展历史，详述了员工在"学、坐、站、走、说、听、衣、礼、德、忠、俭、律、干、率、康、和"方面的行为规范(简称"十六字方针")，制定了员工修身准则(简称"三十六条")，以指导员工从内到外的成长。

第三，合法与合规原则。不论是《行为准则》，还是《员工手册》，其内容都必须符合劳动法规，否则就是无效条款；另外，根据《劳动合同法》第四条规定，用人单位的规章制度必须经过民主程序制定并进行公示才能合法，未经过民主程序制定的规章制度，即使已进行公示，对员工也没有约束力。所以，准则实施之前要走民主程序，并且保留书面证据，以备不时之需。对于在行为准则制定实施之后进入公司的员工，企业也有义务对其进行行为准则方面的培训，以示民主性原则。

第四，体现激励性原则。在许多企业的准则中，通常会有违反规定会受到什么处罚的内容，却没有表明对员工嘉奖的内容，宣导时也反复强调处罚事项，使员工战战兢兢、如履薄冰，工作中时时、处处依赖上级，不奢有功，但求无过。这样的结果可想而知，员工工作机械、死板，充满敷衍与抱怨；领导则必须死死盯住员工，一刻也不敢放松，工作劳累而低效，管理进入"一管就死、一死就放、一放就乱、一乱又管"的循环怪圈。相反地，如果企业能够在行为准则中规定，员工做出什么样的贡献能够获得什么样的奖励，对于员工来说，则会更有动力去通过自身努力达到奖励条件，为公司创造更多价值。"经营人心"的一个关键就在于通过鼓励性的措施去激发员工奋斗的心。

行为准则是实现企业经营方针、体现企业经营理念的具体工具，也是改善企业目前状况的实用工具，制定时切勿照搬成功企业的准则，不适合企业自身的准则，再好的规定都只是流于形式而已。也勿追究完美，滴水穿石非一日之功，制度建设不是一朝一夕的事，可以先从简单的入手，把企业急需改善的事项进行详细规定，待改善后，再进行修订完善，如此螺旋上升，终靠向企业使命。

模块四十八：制度规定

人性是矛盾的，有贪婪自私的一面，也有勤劳勇敢的一面。有人说，如果你同时养了猫和鱼，猫吃了鱼，你除了责备猫，更应该责备自己。也有人说，天下纷扰，必合于律吕。在企业经营中，经营人心、管理人性、平衡人情之种种，无不需要相应制度的保障，制度的合理与否、健全与否可以决定一个组织的高度与宽度。

企业的制度规定，通常是基于议事规则和行为准则，是针对特定职能部门，或特定业务而制定的具体制度，是对规范的实操指导，重点在于落实执行。现实中，企业需要制定的制度是多方面的，如组织管理制度、经营计划管理制度、人力资源管理制度、财务管理制度、采购管理制度、生产管理制度、市场营销管理制度、后勤管理制度等。

一、制度的制定

企业经营管理中，常常会发现混乱之处，而要解决混乱，就需要去寻找混乱的源头，考虑建立工作秩序以解决未来可能出现的类似混乱，对于引发混乱的关键点，制定相应的管理制度，从而用制度来驾驭整个企业的运行。那么应该如何去制定企业的管理制度呢？

首先，在制度的制定过程中，通常会有调研、草拟、评审、修改、会签、试行、颁布、修订等系列过程，同时也需合法合规，即符合现行法律法规的要求，符合企业发展现状的要求。另外，在制定、完善制度时，也要考虑制度的可操作性、系统性、平等性等原则。

(1) 可操作性原则。这就要求从自然规律、多方实际需求出发，体现企业的特点，最好不要脱离当前管理体系、员工素质和操作习惯，以现有的管理制度和管理现状为基础逐步进行优化和完善。

(2) 系统性原则。制度的制定应从全局出发，避免发生相互矛盾的情况，以保证制度整体的协调顺畅。从全局出发，还能避免在制定制度时的局限性，保证制度的完整。

(3) 平等性原则。要求对各级人员都一视同仁，坚持责、权、利相一致的原则，否则可能会引起企业内部的矛盾，影响可操作性。对责、权、利的划分在制度中尤为重要，一旦划分失误，就可能出现该管的事情无权管，还可能造成重复授权、交叉管理等乱象。

在当今的社会背景下，在制定制度时，一方面要体现严谨、公正、高度的制约性、严肃性。要凸显出制度在企业中的地位是不容侵犯的，没有人能够逾越制度去工作。另一方面，也要考虑人性的特点，避免不合理、不近情等情况。对于可能造成员工抵触情绪的条款要反复斟酌，修改措辞等。

其次，在制定制度的过程中，既要考虑规定的具体内容，也要考虑对规定的执行。如《腾讯集团公司薪酬绩效考核管理制度》中规定了绩效管理体系的构成，包括关键绩效指标体系 KPIs、公司绩效管理、员工绩效管理、年度综合评估等。该制度规定了绩效管理体系的"三公原则、团队倾向性、客观性原则、绩效考核责任结果导向原则、动态与发展原则"等原则，同时重点介绍了薪酬绩效考核管理的具体执行情况，包括考核对象、考核周期、考核依据与形式、考核的具体内容、考核关系、考核责任、考核结果应用、考核申诉程序、考核目标制定、考核操作流程、考核结果与参考标准等内容。

最后，在企业制度的制定、完善过程中，也需注意关键信息点的打磨，做到通俗易懂，让人印象深刻。如某科技公司规定参加外训人员需要履行的职责时，将其总结为"四交""一讲"，具体内容如下：

一交：一周内提交一份学习心得报告；

二交：一周内提交培训效果调查表；

三交：为了学习和借鉴，外训后需要提交外训书面教材、受训证书复印件等各一份；

四交：提交报销单据，由部门主管及人力资源部签核后送交财务报销；

一讲：受训后 1 个月内需要进行外训课程分享(视情况在公司或部门内分享)，

如果是多人参加，可推荐一位代表进行分享。

二、制度规定的执行

企业经营管理中，没有制度是可怕的，而"有令不行、有令不止"同样也是可怕的。

2013 年的 5·11 四川桃子沟煤矿事故，造成 28 人死亡，18 人受伤，造成直接经济损失 2449 万元。究其原因，就是对制度的视而不见、知而不行，上至违法组织生产，下至没能严格执行《通风管理制度》《井下生产现场管理制度》等。在煤矿生产中，国家有500多条规章制度，明确地规定了生产管理的方方面面。同时在查阅煤矿安全事故资料时发现，安全事故发生的原因几乎都是制度执行的不到位。正是这样的不作为、不到位，造成了这么多血淋淋的教训。

在实际工作中，很多管理者孜孜不倦地埋头制定各种制度规定，这些制度合规又合理、系统又实际，而在下发之后却鲜有关注，成了典型的"一问三不知"。道理说起来大家都懂，为什么做起来就不一样了呢？有些人能成功，有些人却只能纸上谈兵。好的企业文化在于上下达成共识，心往一处想；好的制度在于严格执行，奖罚分明，知行合一。现实中经营者因"情"所困的程度有所不同，拿捏的度也因人而异，于是就不会奖罚分明了，也不懂激励之道了，更是搞不清是文化建设为先，还是制度为先，亦是奖罚为先。

在本章第一节中的经营理念中，探讨了"从企业的理念到每个人的理念，从每个人的理念到每个人的行动"，是执行者内化于心、外化于行的一个过程。这个过程往往是一个缓慢的过程，是一个需要大家艰苦努力、扎实细致工作的过程。同样，制度的执行也是一个过程，过程中需要各种有效的输灌、监督、考核。如华为的任正非在引进新管理体系和管理制度时，就提出了要"先僵化，后优化，再固化"的策略。任正非在考察了世界成功企业后，引入了许多适合华为的管理制度，这些制度都经过了外国企业实践的考验，但新制度难免会引起员工的反感和不适，从而产生抵触，所以首先主张"僵化"。"僵化"过后，开始实施"优化"，即根据公司的具体情况来优化引入的模式和制度。一方面，对于引入的东西不能全盘接受，也不能全盘否定，而要吸收其中的精华；另一方面，要主动改进自身，坚持自我批判和自我认识，以此来优化自己，并将自己的成果和优化后的新思想有机结合起来。"优化"之后，就需要进行"固化"，固化的时间阶段是相对较长的，以形成一个规范化的体系。

(一) 输灌的过程

这是让执行者内化于心的过程。制度的输灌在于告诫执行者"要做正确的事""要把事情做正确"。输灌的方式方法也多种多样，包括培训、会议、刊物、手册、同事教导、典型案例等，适合自身、传递有效是最终的选择标准。

怎样评估输灌的方法是否有效呢？一方面，可以问自己这几个问题："我们所说的，他们能够听得见吗？能够听得全面吗？能够听得懂吗？能够懂得几分？"另一方面，对输灌结果的"应知应会"考核也是评估其效果的有效方法。同时，制度的输灌工作是一项需要长期坚持、不断创新的专业工作，它本身也需要制度的保障，如许多公司都制定了自己的《员工培训管理制度》，其中便规定了对员工的制度培训，以保障公司的各项制度能有效地传达。

(二)监督的过程

这是让执行者外化于行的过程。没有监督就没有执行,监督的过程中,要坚持"七反对、七提倡"。即:

(1)反对浮在上面,提倡深入实际;
(2)反对言行不一,提倡身体力行;
(3)反对虚于应付,提倡认真工作;
(4)反对办事拖拉,提倡雷厉风行;
(5)反对弄虚作假,提倡实事求是;
(6)反对职责不清,提倡分工负责;
(7)反对只发号召,提倡具体指导;
(8)反对空作安排,提倡督促检查[①]。

但需要注意的是,监督并不等于监视,监督的目的更不是为了找碴、惩罚,监督是为了实现制度管理下的自主管理,实现制度约束下的"要我干好"到自觉意识中的"我要干好"。

(三)考核的过程

考核的过程就是保障执行到位的过程。制度的执行不仅仅要看重"执行"二字,更要强调执行到位。执行不到位,犹如没执行;执行到位,就必须对执行过程和结果完全负责。执行到位不仅需要监督到位,也需要考核到位。如何进行员工执行绩效的考核呢?主要的方法包括走动式绩效管理、奖惩积分制、员工绩效袋的运用等。同时,考核的过程中,还可以考虑几个原则:一是以目标和能力发展为导向;二要做到公开、公平、公正;三需确保过程中有足够沟通和总结;四要考核结果与职务升降、薪资升降、奖惩挂钩。现实工作中,也可考虑采用"奖到心动,罚到心痛"的直接方法,以保障制度的执行到位。

总之,一成不变的制度是没有生命力的,从来没有完美的制度,只有适合当下的制度。所以,制度规定也需要与时俱进并在合适的时间点进行修改、完善。但也要注意修改的阶段性,因为制度必须是在一段时间内相对稳定的,如果频繁进行优化的话,就会显得很不稳定。在保持稳定的时期内,对于还未规定的事情,可以采用例行化的方法,将例外事项慢慢变成例行事项,把一些没有规定和管理的事务变成规定和惯例,然后逐步实施在流程当中。规则在建立、执行过程中,需要做好被批判的准备,也要做好随时调整的准备。一种规则如果不受到批判,就无法得以改进;任何东西如果永远不去找毛病,那就永远无法改正。随着内外环境的变化,企业经营方针的调整,相应的议事规则也要进行调整,调整的过程是一个动态的过程,也是一个持续的过程。

[①]王茂林. 抓落实:"八反对八提倡". 领导科学,1991(8):7-8.

【本篇结语】

"道"是企业经营的指导思想，经营方针，是企业所有成员要遵守的规则。企业之"道"在于修道保法，一方面通过管理人心，激发人性中的积极一面；另一方面通过建立各种规则，约束人性中的消极一面，以软硬兼施，而达到有效管理。"道"可以具化成企业的使命、愿景、价值观。

使命是企业终身追求的目标，是企业的世界观和人生观，它表达了企业认识和适应世界的立场和态度。愿景是企业想要达到的中长期目标，它指引着企业的发展方向，描绘了企业的发展蓝图。价值观是企业生存与发展的精神信条，是企业所有人员共同活动的价值取向，共同遵守的规范，指导着企业所有成员的行为。

众所周知，方向比方法重要，只有选择正确的方向才能走在正确的"道"上，走错"道"后还能歪打正着的毕竟都是少数"奇葩"。作为企业的终身奋斗目标，正向的使命能够带领企业朝欣欣向荣的方向发展，而不当的使命则会带领企业走向灭亡。在方向确定之后，企业需要根据方向设计阶段性的目标，这就是企业的愿景。当企业的大方向和阶段性目标都明确的时候，企业还需要通过价值观来辅助企业前进，对价值观始终如一的坚守是保障企业平稳前行的基础。作为抵制外部诱惑的企业"护盾"，怎样发挥企业之"道"的重要作用呢？这就需要确保"道"贯彻于企业的一切经营活动中，要确保企业中的每一位员工都能理解和践行企业之"道"。身处不断变化的商业环境中，企业应该以坚定不移的"道"来指引企业发展，以不变应万变，才能在变化无常中做到从容不迫。

企业之"道"设计于"势"的研判之后，在经营罗盘中，"道"呈于"势"而接于"术"。一方面，当企业梳理清所处的外部环境，把握当前的趋势后，就可以依据趋势对企业之"道"进行设计。法律法规是企业设计"道"的基本准则，遵守法律法规是企业经营活动的基本底线；行业趋势和市场趋势是企业设计"道"的指南针，顺应趋势是企业获取市场的外部环境，即天时。另一方面，当企业明确了自己的使命、愿景、价值观之后，便可以以此来对企业之"术"进行周密的谋划。道是设计"术"的本原，使命、愿景、价值观则是企业"守正出奇"要坚守的"正"，企业只有守住了"正"，才能在未来的奋斗道路上不忘初衷，方得始终。

【案例品鉴一】阿里巴巴之"道"

使命：让天下没有难做的生意。

愿景：让客户相会、工作和生活在阿里巴巴，并持续发展最少102年。

- 相会在阿里巴巴：我们赋能数以亿计的用户之间、消费者与商家之间、各企业之间的日常商业和社交互动。
- 工作在阿里巴巴：我们向客户提供商业基础设施和新技术，让他们建立业务、创造价值，并与我们的其他生态系统参与者共享成果。
- 生活在阿里巴巴：我们致力拓展产品和服务范畴，让阿里巴巴成为我们客户日常生活的重要部分。
- 102年：阿里巴巴集团创立于1999年，持续发展最少102年就意味着我们横跨三个世纪，能够与少数取得如此成就的企业匹敌。我们的文化、商业模式和系统都经得起时间的考验，让我们得以持续发展。

价值观：

客户第一：客户是衣食父母。
团队合作：共享共担，平凡人做平凡事。
拥抱变化：迎接变化，勇于创新。
诚信：诚实正直，言行坦荡。
激情：乐观向上，永不言弃。
敬业：专业执着，精益求精。

阿里巴巴价值观考核细则（节选）

考核项目		评价标准				
价值观考核总分30分	客户第一	尊重他人，随时随地地维护阿里巴巴形象	微笑面对投诉和受到的委屈，积极主动地在工作中为客户解决问题	与客户交流过程中，即使不是自己的责任，也不推诿	站在客户的立场思考问题，在坚持原则的基础上，最终达到客户和公司都满意	具有超前服务意识，防患于未然
	分值5分	1	2	3	4	5
	团队合作	积极融入团队，乐于接受同事的帮助，配合团队完成工作	决策前发表建设性意见，充分参与团队讨论；决策后无论个人是否有异议，必须从言行上完全予以支持	积极主动分享业务知识和经验；主动给予同事必要的帮助；善于利用团队的力量解决问题和困难	善于和不同类型的同事合作，不将个人喜好带入工作，充分体现"对事不对人"的原则	有主人翁意识，积极正面地影响团队，改善团队士气和氛围
	分值5分	1	2	3	4	5
	拥抱变化	适应公司的日常变化，不抱怨	面对变化，理性对待，充分沟通，诚意配合	对变化产生的困难和挫折，能自我调整，并正面影响和带动同事	在工作中有前瞻意识，建立新方法、新思路	创造变化，并带来绩效突破性地提高
	分值5分	1	2	3	4	5
	诚信	诚实正直，言行一致，不受利益和压力的影响	通过正确的渠道和流程，准确表达自己的观点；表达批评意见的同时能提出相应建议，直言有讳	不传播未经证实的消息，不背后不负责任地议论事和人，并能正面引导	勇于承认错误，敢于承担责任；客观反映问题，对损害公司利益的不诚信行为严厉制止	能持续一贯地执行以上标准
	分值5分	1	2	3	4	5
	激情	喜欢自己的工作，认同阿里巴巴企业文化	热爱阿里巴巴，顾全大局，不计较个人得失	以积极乐观的心态面对日常工作，不断自我激励，努力提升业绩	碰到困难和挫折的时候永不放弃，不断寻求突破，并获得成功	不断设定更高的目标，今天的最好表现是明天的最低要求
	分值5分	1	2	3	4	5
	敬业	上班时间只做与工作有关的事情；没有因工作失职而造成的重复错误	今天的事不推到明天，遵循必要的工作流程	持续学习，自我完善，做事情充分体现以结果为导向	能根据轻重缓急来正确安排工作优先级，做正确的事	遵循但不拘泥于工作流程，化繁为简，用较小的投入获得较大的工作成果
	分值5分	1	2	3	4	5

(1) 价值观考核内容及评价标准

(2) 考核说明

①员工自评或主管/经理考评必须以事实为依据，说明具体的实例；

②如果不能达到 1 分的标准，允许以 0 分表示；

③只有达到较低分数的标准之后，才能得到更高的分数，必须对价值观表达从低到高逐项判断；

④小数点后可以出现 0.5 分；

⑤如果被评估员工某项分数为 0 分、0.5 分或者达到 4 分(含)以上，经理必须注明事由。

(3) 考核周期及程序

①每季度考评一次，其中价值观考核部分占员工综合考评分的 50%；

②员工先按照 30 条价值考核细则进行自评，再由部门主管/经理进行评价；

③部门主管/经理将员工自评分与被评分进行对照，与员工进行绩效面谈，肯定好的工作表现，指出不足，指明改进方向。

(4) 评分结果等级说明

①优秀 27～30 分；

②良好 23～26 分；

③合格 19～22 分；

④不合格 0～18 分。

(5) 价值观评分结果的运用

①价值观得分在合格及以上等级者，不影响综合评分数，但要指出价值观改进方向；

②价值观得分为不合格者，无资格参与绩效评定，奖金全额扣除；

③任意一项价值观得分在 1 分以下，无资格参与绩效评定，奖金全额扣除。

【案例品鉴二】京瓷之"道"
——《京瓷哲学手册》节选

Ⅰ．京瓷追求的目标

社训：

> 敬天爱人
> 始终以光明正大、谦虚之心对待工作
> 敬奉天理，关爱世人，热爱工作
> 热爱公司，热爱祖国

经营理念：

> 在追求全体员工物质和精神两方面幸福的同时，为人类及社会的进步与发展做贡献。

经营手段：

- 提供深受消费者喜爱的产品（充满爱心的产品）以及真诚的服务。亦即提供质优价廉的产品，努力进行新技术开发，顺利开展商业销售，获取正当的利益。
- 在公司内部，以相互间怀有感恩戴德之心，坦诚相见，心心相连，互相信任，并以此为基础，以互不对立，互相帮助的大家族主义开展运营。

Ⅱ．京瓷哲学（节选）

1. 经营之心

- 以心为本的经营

京瓷公司是从一个既没有资金，也没有信誉和业绩的街道小工厂起步的。当时，它所拥有的只是仅有的一点点技术和相互信赖的 28 名员工。

为了公司的发展，每个人都竭尽全力。经营者也拼命工作，不负众望；员工们相互信任，不图私利私欲；以在公司工作为荣，盼公司发展壮大；这就是京瓷的经营之道。

虽然常言说人心善变，但同时也没有比此更为坚实的东西。正是以这些坚实而又紧密相连的心性为基础，才有了京瓷今天的发展。

- 光明正大地追求利润
- 依照原理，遵循原则

京瓷自创建以来，所有的事业都是在依照原理，遵循原则的前提下作出相应决断的。所谓公司的经营之道就应该合乎情理，遵循道德。如果不这样的话，经营就绝不可能顺利

第八章　企业价值观

进行，更不可能长期地维持下去。

我们并没有依赖人们通常所说的那些所谓的经营常识，比如说单纯地认为"因为一般的公司都这样做"而轻易作出判断等等。

无论是组织、财务还是利润的分配，如果能够认识到事物应有的状态，以事物的本质为依据而作出判断，那么即使是在国外，即使面对迄今为止未曾遇到过的新的经济状况，也不会做出错误的判断。

- 坚持贯彻顾客至上主义
- 贯彻执行实力主义

一个组织在运营管理上最为重要的是，这个组织的领导者是不是由真正有实力的人来出任。

所谓真正有实力的人，是指不仅拥有恪尽职守的能力，同时还要拥有高尚的人格和值得尊敬与信赖，并且愿意为了大家的利益而发挥自己能力的人。一定要建立这样的组织环境，要给这样的人提供出任组织领导者的机会，并要令其能够充分施展才能。只有这样一个依靠实力运营的组织，才能不断使自身得以强化，并进而成为全体员工共同奋斗的目标。

在京瓷公司，衡量一个人的标准不是辈分和经历，而是他所拥有的真正的实力。

- 重视合作伙伴关系
- 全体员工共同参与经营

在京瓷，我们把阿米巴式的组织作为经营的作业单位。

每个阿米巴作业单位都独立自主地进行经营。同时，无论是谁都可以发表自己的意见，为经营出谋献策，并参与制订经营计划。这里的关键就在于不是一个人独掌经营大权，而是全体员工共同参与经营。当每个人都通过参与经营而得以实现自我，全体员工齐心协力朝着一个目标努力的时候，也就能牵引我们走向团队目标的实现。

全员参与精神，有助于我们培养开放式的人际关系、伙伴意识以及家族意识，这一精神也能体现在公司的各种活动以及联欢会（晚宴）上。

- 统一方向

人与人之间，总是存在着这样那样的不同想法。如果每个员工都按照各自的想法各行其是的话，那么企业将会变成什么样子呢？

如果不能把每个人力量都凝聚到同一个方向上的话，那么力量就会分散，不能成为全公司的统一力量。看看棒球，或者足球之类的团体比赛就会发现，全体队员向着胜利目标齐心协力的团队同那些各自为战、只追求个人目标的团队之间的实力的差距是一目了然的。

当全体员工的力量向着同一个方向凝聚在一起的时候，就会变为成倍的力量，创造出令人震惊的成果。那时一加一就会等于五，甚至等于十。

- 重视独创性
- 玻璃般透明的经营

- 志存高远

2. 为了度过美好的人生

(1) 提高心性
- 与"宇宙的意志"相和谐的心性
- 以爱意、真诚以及和谐的心性为本

要在人生中，在工作中做出更出色的成果，人的思维方法，以及心性的存在方式起着决定性的作用。

导致人类成功的是爱意、真诚以及和谐的心性。这样的心性，其实是我们人类本来在灵魂深处就拥有的东西。所谓"爱意"，就是把别人的欢乐视为自己的欢乐的心性。所谓"真诚"，就是总是想着为世界，为别人做些什么的心性。所谓"和谐"，就是不仅希望自己，同时也希望身边所有的人都能得到幸福的心性。

从尊重爱意、真诚以及和谐的心性中所引发的信念，将成为引导这个人走向成功的基础。

- 以纯洁的心灵来描绘愿望

如果没有以纯洁的心性来描绘的愿望，就不能达到成功的彼岸。即使抱有强烈的愿望，如果是因私利私欲而产生的话，也许能够带来一时的成功，但这样的成功不可能长期持续下去。

与世间道理相反的动机而产生的愿望，越强越会与社会发生碰撞与摩擦，结果只会带来更大的失败。

要想把成功长期地持续下去，其描绘的愿望和热情必须是纯洁的。换而言之，渗透到潜意识里的愿望纯洁与否，那才是关键的问题。持有纯洁的愿望，坚持不懈地努力，那么那个愿望一定会实现。

- 拥有纯朴的心性
- 必须经常保持谦虚的姿态
- 深怀感谢之心
- 始终保持明朗之心

(2) 精益求精
- 为伙伴尽力
- 构筑信赖关系

京瓷自创业以来，就把员工同事之间心心相连的密切关系作为经营的基础，让员工彼此间怀着感激和诚意来沟通心灵，在信赖关系的基础之上开展工作。作为全员敞开心扉、增强联系的机会，联欢会(晚宴)等各种各样的公司集体活动一直受到重视。

即使是上下级的关系，只要有信赖关系的基础，相互间就可以明确地说出想说的真心话。这样一来，问题就会一目了然，工作便得以顺利开展。

构筑这样的信赖关系，需要在平时就把大家的心紧密地联系起来，并相互为之而努力。
- 贯彻完美主义
- 认认真真努力埋头工作

努力工作，既是指勤奋，也是指对工作要一直保持诚实的态度。

我们真正能用心体会到的快乐，正是蕴藏在工作之中。对工作漫不经心，而想要从娱乐和爱好中找到快乐的话，虽可能会有一时的快乐，但绝不会得到真正的快乐。如果不能够从占有人生最大比重的工作中得到充实感，那么其必将会感到美中不足。

正是在认认真真地努力埋头工作并有所成就的时候，才能够真正得到无法用其他任何东西来替代的快乐。

- 脚踏实地，坚持不懈
- 自我燃烧

像物质可以分为可燃物、不燃物和自燃物一样，在人的类型中也存在着点火就可以燃烧的可燃性的人，点火也不能燃烧的不燃性的人，以及靠自己就可以熊熊燃烧的自燃性的人。

想要干一番事业的人，必须要有自我燃烧的热情。日本高中棒球队那些从内心热爱棒球的年轻人，以进军甲子园球场[①]为远大的目标，齐心协力生气勃勃地刻苦训练。从他们的身影中，就能够感受到他们未来的希望和蓬勃的活力。他们是能够自我燃烧的自燃性的团队。

要想自我燃烧，除了要热爱自己所从事的事业之外，同时还要抱有明确的目标。

- 热爱工作

为完成工作，需要大量的精力。这种精力，要靠鞭策自己使自己燃烧起来而获得。

在此，燃烧自己的最佳办法，就是要热爱工作。无论什么工作，如果全身心地投入而最终将其实现，将会产生巨大的实现感与自信，从而引起向下一个目标挑战的欲望。经过如此反复，对工作也变得更加热爱。这样，任何努力也不会觉得艰苦，从而能够取得杰出的成果。

正是把自己提高到如此的心境之后，才能够在工作上取得辉煌的成绩。

- 感悟事物的本质
- 成为漩涡的中心

工作不是自己一个人能做的，要与上级和部下，以及周围的人们齐心协力来干。这种情况下，必须自己首先积极地工作来影响推动其他的人，让周围的人自然而然地前来帮助。这就是所说的"在漩涡的中心工作"。

公司到处都翻卷着工作的漩涡。如果留意一下就会发现，如果以别人为中心，而自己只是在一边跟着转的话，是体会不到工作的真正快乐的。

---

① 位于日本兵库县西宫市甲子园町的著名棒球场，一般简称为"甲子园球场"或"甲子园"。甲子园球场是日本职业棒球阪神虎的主场，对于热爱棒球的年轻人来说甲子园是他们的圣地。

因此，应该自己成为漩涡的中心，积极地带动周围的人来工作。

・率先垂范

工作时，要想得到部下和周围的人的帮助，必须要做到率先垂范。即使是令人讨厌的工作，也要首先采取埋头苦干、积极进取的态度。

无论堆砌多少令人动听的话语，如果不伴随实际行动的话，就不能抓住人心。想要让别人做事，首先自己要用行动作出表率，这样周围的人才会跟着一起行动起来。

虽然率先垂范需要勇气和信念，但是通过不断地用心实践，就能够提高自我。公司的领导者理应如此，所有的人也都应该共同努力营造出率先垂范的现场氛围。

・迫使自己处于紧张状态
・在赛台的正中交锋
・直言相谏
・毫无私心地进行判断
・具有完备的人性
・与书本知识相比更注重亲身实践
・不断从事创造性的工作

(3) 作出正确的判断
・以利他之心为判断基准
・大胆与细心兼具
・以"有意注意"磨炼判断力
・坚持公平竞争的精神

京瓷公司遵循"公平竞争"的原则，堂堂正正地进行着经营。而且最反对那些"只要能赚钱什么都可以做""稍微违反规定或者蒙混数字也没关系"的想法。

体育世界之所以能以其没有犯规或违反规则的比赛让人们感受到清爽的气息，是因为它建立于公平竞争的基础之上。不管是谁，只要发现了矛盾和不正当，就应该堂堂正正地指出来。

要令我们的工作环境永远充满清爽的活力，不但需要每个成员都是公平竞争的选手，还需要有严格的裁判眼光。

・要注重公私之别

工作当中必须严格分清公与私。

工作时间里处理私事，利用工作之便接受客户的接待等行为都要严厉禁止。同样工作时间里禁止接听私人电话，不受贿。之所以要这样做，是因为轻微的公私混同也可能引起道德败坏，甚至毒害整个公司。

(4) 实现新的事情
・抱有渗透到潜意识之中的强烈而持续的愿望

要想实现远大目标，首先要拥有"我想这样"的强烈而持续的愿望。

开发新产品，接受客户订单，提高生产合格率，不管碰到什么问题，都要在心里强烈地想着"不管怎样，都一定要实现"。

不管睡着还是醒着，都反复考虑纯粹而强烈的愿望，那么它会渗透到潜意识里去。达到这种状态时，同平时用脑思考的自己不同，睡觉的时候潜意识也在运转，发挥强大的力量，使愿望朝着实现的方向前进。

- 追求人性的无限可能性
- 拥有挑战精神
- 成为开拓者
- 认为不行了的时候才是工作的开始
- 贯彻信念

做事的过程当中，会有各种障碍，根据能不能战胜障碍，其结果大不一样。

想做什么新事情的时候，会出现很多反对意见或各种障碍。有些人一遇到困难就马上放弃，但取得辉煌成绩的人，都是那种以崇高的理想为依托的信念，击碎所有障碍的人。那些人把障碍看作是一种磨炼，迎难而上。

贯彻信念需要莫大的勇气，但如果没有这种信念，就做不好有创造性、革新性的工作。

- 乐观地构思，悲观地制订计划，乐观地实行

(5) 战胜困难

- 具有真正的勇气

正确地开展工作需要的是勇气。我们可能很容易为了不被别人厌恶而不敢把应该说的说清楚，不敢把正确的事情做完。

不犯错误地把工作开展下去，需要在每一个关键时刻作出准确的判断，而在判断的时候，勇气是必不可少的。值得注意的是，这里所说的勇气必须和有勇无谋的"蛮勇"，或者说粗野豪爽的人所具备的勇气区别开来。

真正的勇气，指的是坚持贯彻自己的信念而又有节制，知道恐惧的人，也就是说一开始遇事还战战兢兢，通过各种锻炼之后获得勇气的人。

- 燃起斗志
- 自己的路，由自己来开创
- 做事要有言必行

人们常把"光干不说"作为一种美德，可京瓷强调的却是"有言必行"。

自己若毛遂自荐："这件事我自己来做。"这就意味着你在向大家宣布自己已成为该工作的中心。这样来自自己内心和周围的双重压力能使你振奋，同时通过不断地给自己施压，目标的实现将会更有保障。抓住会议等所有机会主动地把自己的想法向大家清楚地说明，说出来的话不但能够激励自己，还会成为实际行动的动力。

- 深思熟虑到能看得见结果为止
- 不成功不罢休

(6) 思考人生
- 人生、事业的结果=思维方法×热情×能力

人生、事业的结果是由思维方法、热情和能力这三个要素的乘积来决定的。

这三者之中，能力和热情各自可以在 0 到 100 分打分，因为是要用乘法来计算，因此和那些炫耀自己有能力而不去努力的懒惰之人比较起来，那些觉得自己能力平平所以就要付出比任何人都要多的努力的人，才能够得到十分满意的结果。结果的不同是由人的思维想法不同所造成的。思维想法就是人生的姿态，可以从负 100 到 100 分打分，思维想法不同的话，人生和事业的结果就会有 180 度的转变。

因此在有能力和热情的同时，拥有做人的正确思维想法很重要。
- 认认真真地度过每一天
- 心想事成
- 描绘梦想
- 动机至善，私心莫有
- 小善似大恶

人际关系最基本的是要怀有爱心和人接触。但是那不是盲目的爱，也不能是溺爱。

上司和部下的关系也是一样，如果是一位没有任何信念只知道迎合部下的上司，乍看上去好像很有慈爱之心，但会令部下一无所成。这就叫作小善。有句话叫作"小善似大恶"，表面性的慈爱会导致对方的不幸。相反地，抱有信念对部下严格指导的上司，可能会令人发怵，但是从长远来看却能使部下成长，这就是大善。

附：知名企业的核心价值观

华为

以人为本、尊重个性、集体奋斗、视人才为公司最大财富而不迁就人才；

在独立自主基础上开放合作和创造性地发展世界领先的核心技术体系，崇尚创新精神和敬业精神；

爱祖国、爱人民、爱事业和爱生活，绝不让雷锋吃亏；

在顾客、员工与合作者之间结成利益共同体。

海尔

创新：以观念创新为先导、以战略创新为方向、以组织创新为保障、以技术创新为手段、以市场创新为目标。

是非观：以用户为是，以自己为非

发展观：创业精神和创新精神

利益观：人单合一双赢模式

联想
服务客户、精准求实、诚信共享、创业创新
腾讯
正直，进取，合作，创新
TCL
为顾客创造价值
为员工创造机会
为社会创造效益
同仁堂
宗旨：养生济世
信条：修合无人见，存心有天知
炮制虽繁，必不敢省人工；品味虽贵，必不敢减物力
松下电器
产业报国、光明正大、友善一致、奋斗向上、礼节谦让、顺应同化、感激报恩
丰田汽车
挑战精神、不断改善、现地现物、团队协作和尊重他人
苹果公司
提供大众强大的计算能力
微软
正直诚实；对客户、合作伙伴和新技术充满激情；直率地与人相处、尊重他人并且助人为乐；勇于迎接挑战，坚持不懈；严于律己，善于思考，坚持自我提高和完善；对客户、股东、合作伙伴或者其他员工而言，在承诺、结果和质量方面都值得信赖。
沃尔玛
尊重每一位员工，服务每位顾客，每天追求卓越。
可口可乐
自由、奔放、独立掌握自己的命运
惠普公司
信任和尊重个人
追求卓越的成就和贡献
在经营活动中坚持诚实和正直
靠团队精神达到目标
鼓励灵活性和创造性

第四篇 练术
——谋篇布局 守正出奇

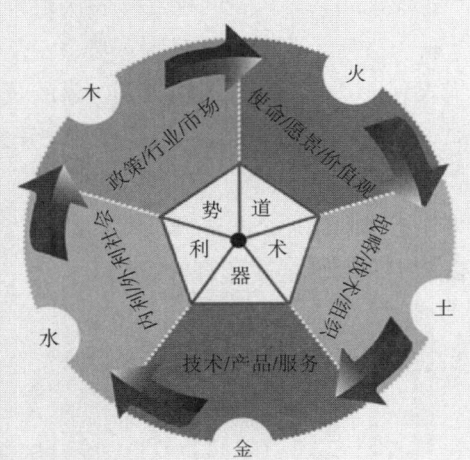

治兵不知九变之术，虽知五利，不能得人之用矣。
——孙武《孙子兵法》

【本篇开卷】

《孙子兵法》有云:"夫未战而庙算胜者,得算多也;未战而庙算不胜者,得算少也。多算胜少算,而况于无算乎。"表明在开战之前,谋划周全就会取得战争的胜利,而战前未能谋划周全就会战败,谋划周全的能胜过谋划不周全的,这里的"算"便是"术"。又有"故上兵伐谋,其次伐交,其次伐兵,其下攻城",指出上等的用兵之道是凭借谋略取得胜利,其次就是用外交战胜敌人,再次是用武力击败敌军,最下之策是攻打敌人的城池,这里的"谋"也是"术"。在硝烟四起的军事战场中,各种战术的应用有着举足轻重并关乎成败的作用。

战略是实现长期奋斗目标的一个近期的规划,是实现阶段性经营目标的方向,战术是实现战略目标的具体方法和周详的实施计划,组织是实现战略目标、执行战术的保障。战略为战术提供着发展方向上的指导,而战术是为实现战略而采取的一系列手段方法,组织则是实现战略目标、执行战术的根本保障。因此,在经营罗盘中所提出的"术"不单单是指战术,而是将企业战略与战术有机地进行统筹,既有战略的纲领性和全局性,还兼顾战术的细节与实操,因此在这里所说的"术"就包括战略的规划、战术的设计,以及组织资源实施战术安排而完成战略目标。

都说商场如战场,对于企业而言,"术"同样发挥着决定兴衰荣辱的关键作用,它是将之所指,军之所向,是企业一系列经营活动的谋划,是企业基于昨天的经历、面对明天的未知、在今天做出的决策规划。"术"在于谋略谋划,谋的是远虑,略的是方式,划的是方法,而驭"术"之根本,一是在于谋篇布局,二是在于守正出奇,这两点诠释了"术"的内涵。

相对于企业经营管理来说,"术"是企业经营活动的战略战术、方式方法,是企业在市场竞争环境中开展的深谋远虑和具体的实施计划。

开卷有益——让我们从这里开始认识经营罗盘中的"术"。

练 术

"术"设计路径模型图

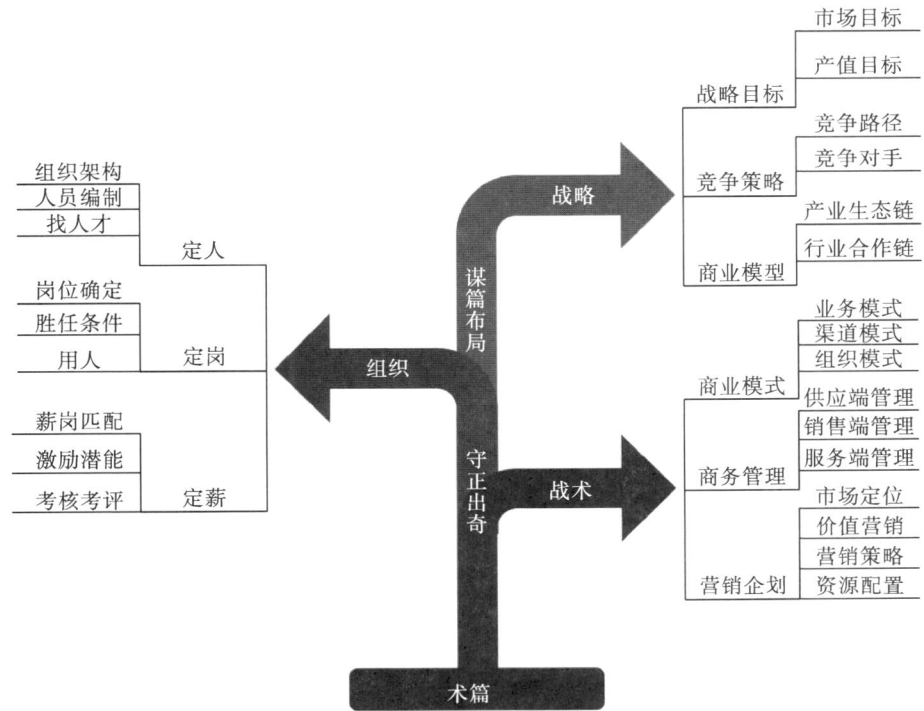

经营罗盘(术篇)思维导图

第九章 战略——判断力

什么是企业战略？纵观企业战略理论50多年的发展历程，不同的研究者有不同的解释。美国企业史学家艾尔费雷德·钱德勒（Alfred Chandler）提出，战略应适应环境、反映社会需求，结构也需跟随战略变化[1]；美国学者伊戈尔·安索夫（Igor Ansoff）将战略定义为一个组织打算如何去实现目标和使命，包括各种方案的拟定和评价，以及最终将要实施的方案[2]；美国战略学家迈克尔·波特（Michael Porter）认为企业的战略核心是打败竞争对手、获取竞争优势，并提出三种基本战略，即成本领先战略、差异化战略和集中化战略[3]；加拿大管理学教授亨利·明茨伯格（Henry Mintzberg）提出企业战略是由5种规范的定义所组成[4]，即计划、计策、模式、定位和观念，构成了企业战略的"5P"。

以上战略研究者们基于当时的时代背景和个人视角，所提出的战略理论均有着重要的里程碑意义，也在对应的时代为企业实践提供了重要参考。然而，时至互联网时代、物联网时代，企业面对新时代的新要求、新竞争格局，某一单一理论再也无法进行全面的实践指导。因此，充分汲取前人的思想并结合当今的形势，这里提出以下观点：

企业战略是为防止企业不受诱惑，围绕企业使命、愿景、价值观而确立的竞争路径，它在于定方向、定路线、定步骤。同时也包含了三方面的内涵：一是根据愿景目标确立的战略目标；二是对企业自身在产业生态链、行业合作链中清晰定位的商业模型；三是找准竞争对手、选定发展策略、实现自我超越的竞争策略。

企业战略目标一经确定，并非能够包打天下，而是贯穿在一个特定的时间段以内，因而，企业战略目标通常是近年期的，它是企业战略的方向指引和路径导航；竞争策略是帮助企业在实现战略目标的路上，找准竞争对手、选择应对措施，以更专注之心、更坚定之力抵达战略节点；商业模型是对企业所处环境的精确定位，在于理清上下、左右、前后的相关者。

在《孙子·谋攻篇》中，有"知己知彼，百战不殆；不知彼而知己，一胜一负；不知彼，不知己，每战必殆。" 意思是说，在军事纷争中，既了解敌人，又了解自己，百战都不会失败；不了解敌人而只了解自己，胜败的可能性各半；既不了解敌人，又不了解自己，盲目去战那只能是屡战屡败了。孙子在军事思想中体现的是大战略、大智慧，值得大家仔细琢磨，"知己知彼，方能取胜"的道理也值得企业借鉴。

如果把企业的战略目标看作是在商场战争中取得胜利，那对商业模型的梳理便是作战前的"知己"，对竞争策略的制定就是作战中的"知彼"，商业战场中的知己知彼，才有

---

[1] 艾尔弗雷德·钱德勒.战略与结构：美国工商企业成长的若干篇章. 梦昕, 译. 云南：云南人民出版社, 2002.
[2] 伊戈尔·安索夫. 新公司战略. 曹德俊, 等译. 成都：西南财经大学出版社, 2009.
[3] 迈克尔·波特. 竞争优势. 陈丽芳, 译. 北京：中信出版社, 2014.
[4] 亨利·明茨伯格. 战略过程：概念、情景、案例. 徐二明, 译. 北京：中国人民大学出版社, 2012.

大获全胜的可能，任何一方的缺失，都不能为实现战略目标保驾护航。

本章根据企业经营的战略决策，从战略目标、竞争策略、商业模型三个方面进行深入分析，共形成六个模块，以探讨企业战略相关内容。

第一节 战略目标

战略目标是战略规划的目标，它源于愿景目标，又区别于愿景目标。愿景目标是企业中长期的奋斗目标，是企业前行中的大方向、总指引，包括意向目标和经营目标。战略目标通常是阶段性的，可以为一年期，也可能是三年期、五年期，它往往是愿景目标的分解，是实现愿景大目标中需要完成的小目标，主要包含市场目标和产值目标。

万科集团的愿景是"成为地产行业持续领跑者，卓越的绿色企业"，这也是其长期奋斗的目标。为了实现这一长期目标，万科集团在每一个发展阶段都提出了近年期的发展目标。比如：

2001年提出"发展规模要以年均30%~40%的速度增长，2005年销售收入达到150亿元"的目标；

2006年提出"2010年实现销售收入1000亿元，净利润100亿元，市场占有率3%"的目标；

2011年提出"未来四年，复合增长率20%，2014年实现营业收入2000亿元，2020年实现营业收入3000亿元"的目标。

万科集团在每一发展阶段制定的发展目标均是基于其当前所处的外部环境、自身实际情况。研判未来发展之趋势，以朝着愿景目标的方向一步一步去实现、去超越。

在许多企业的实际经营中，可能会制定各式各样的战略目标，通过对战略目标的相关理论和企业实践的分析，就会发现在众多的战略目标中，市场目标和产值目标才是企业所有目标的最终方向，而其他目标通常都是围绕这两个方面而展开，它们最终是服务于市场目标和产值目标的，这种服务的影响力或许是长期的、或许是短期的，或许是全面的、或许是局部的。

为什么会这样呢？因为组织通过努力而实现的目标都是为了向顾客提供价值、获得顾客的心，当组织的成果没有被顾客纳入选择而变得没有意义时，组织也就失去了存在的理由和动力，所以被顾客接纳的直观体现便是销量、市场占有率，评估运营管理效果的直观体现便是产量、营业收入、利润等。

因此，下面主要从企业的市场目标和产值目标来探讨企业战略目标的制定。

模块四十九：市场目标

市场目标是企业在不同时期对市场占有率、品牌知名度和情景意象的一个预期，是产品在市场中的竞争能力和企业生存活力的一个重要体现。市场占有率通常反映的是企业的市场份额和客户拥有量的变化，品牌知名度则反映出品牌的知晓率和美誉度的变化。市场目标的制定，往往是朝着愿景目标的方向，在不同发展阶段有着不同的目标主题。

格力空调在20多年的发展历程中，始终坚持"自我发展，自主创新，自有品牌"的发展思路，朝着"缔造全球领先的空调企业，成就格力百年的世界品牌"这一长期目标前进，在不同发展阶段，可以看出其市场目标的不断调整：

1991~1993年的创业阶段，此时格力的发展主题是"抓产品"，利用仅有的一条简陋的、年产量不过2万台窗式空调的生产线，力图占得市场一席之位，以初步树立格力的品牌形象。

1994~1996年，格力的发展主题是"抓质量"，提出了"出精品、创名牌、上规模、创世界一流水平"的质量方针，实现产品质量的飞跃，以奠定产品在质量上的竞争地位。1995年实现了国内销量跃居同行第一的市场目标。

1997~2001年，格力的发展主题是"抓市场、抓成本、抓规模"，通过提升生产能力、强化成本管理等策略，在产量、销量、销售收入、市场占有率方面实现了国内行业的领头地位，2011年实现空调销售总量1209.6万台，超过第二名的美的341万台，实现了11.4%的市场占有率。

2001~2005年，格力的发展主题是"争创世界第一"，通过不断创新管理、引入高效的管理模式、加大力度拓展国际市场等方式，在2005年突破了家用空调1000万台的销量，实现了世界第一的销售目标，成为全球家用空调的"单打冠军"。

在2006年成功实现"世界冠军"之后，格力提出了"打造精品企业、制造精品产品、创立精品品牌"的发展目标。通过几年时间在多项关键技术上的"国际领先"发展，2012年实现营业总收入1001.10亿元，净利润73.8亿元，成为中国首家突破千亿的家电上市企业。在2012年，为了顺应物联网的发展趋势，格力开启了智能家居主题，秉承以消费者为导向的研发理念，不断寻求突破，高速发展至今。2017年格力实现营业收入1482.86亿元，同比增长36.92%，实现净利润224.02亿元，同比增长45.27%，两项指标均创历史新高。2018年格力实现营业收入1981.2亿元，同比增长33.61%，实现净利润262.02亿元，同比增长16.97%。

【数据来源：基于公开资料而整理】

从格力空调的发展历程中，可以总结出这样的道理：在不同的发展阶段不但要设立目标，其目标还得是具有挑战性的。成功的企业往往在每一个发展阶段都会制定一个具有挑战性的市场目标，并通过这个目标牵引企业不断进步。在实现目标的过程中，充分激活企业的活力，最大限度地挖掘自身潜能，使企业各项能力得到历练与成长，进而继续制定、完成下一阶段的挑战目标。

值得警惕的是，挑战性的市场目标应该是基于对外部环境和内部资源的理性分析与把握之上，如果一味地好高骛远，则最终会落得惨淡收场的结局，只会留给人们"流水落花春去也"的惋惜和"古来征战几人回"的悲壮，曾经名噪一时的秦池酒厂便是这样一个令人扼腕的例子。

在 20 世纪 90 年代，秦池酒厂从山东临朐县一个默默无闻的小酒厂起家，发展为年销售额突破 10 亿元的名牌企业。秦池用了 6 年的时间勤恳耕作、攀上巅峰，却用了更短的时间跌入深渊。

1995 年，秦池酒产量 9600 吨，实际销售 9140 吨，当年销售收入 1.8 亿元，利税为 3000 万元，时任秦池掌门人的姬长孔，在北京梅地亚中心以 6666 万元击败众多对手，成为竞得 CCTV 黄金广告时间的标王。名声大噪之后，全国各地商家纷纷寻求合作，秦池在很短的时间内便建立起布满全国的销售网络，迅速形成了全国市场的宏大格局。1996 年，秦池取得了决定性的巨大成功，销售额同比增长 500% 以上，利税增长 600%。但生产能力的不足也暴露出来，即面临着改进生产工艺、扩大生产规模、提高质量等问题。这时的秦池，本应保持应有的冷静，利用资金积累苦练内功，制定合理的市场目标，但这匹脱缰的野马终以 3.2 亿元的天价再次卫冕标王。很多人都在帮忙计算 3.2 亿元的广告成本，秦池必须在 1997 年完成 15 亿元的销售额，产量和销量必须在 6.5 万吨以上，这样的目标是秦池可以在短期内实现的吗？当然不是！对于志在必得的二次标王，或许当时的秦池有太多的理由和不得已，但至少对于市场目标的制定和审视，当时的秦池是没能把控好的。中标后的两个月，便报出"秦池白酒是用川酒勾兑"的系列新闻，当年的销售收入也比上年锐减了 3 亿元，积压的货品也销售艰难，辉煌一时的秦池也成了一刺即破的泡沫。

历史的经验充分证明，市场目标的制定对于企业来说具有两面性，一方面可以在走向愿景的征途中，不断扩大知名度，提升企业影响力，促进市场占有率节节高升；另一方面可能因过度的市场营销和冒进的目标，导致产品品质与服务质量跟不上，与其内功严重不匹配，终使企业成为难以驾驭的脱缰野马。

模块五十：产值目标

产值目标是企业针对未来某一发展阶段所进行的产值规划。产值目标的制定通常从两个方面去着手，一是基于市场需求和企业产值能力所进行的综合预判，二是结合行业趋势，基于技术创新或商业模式创新而进行的产值预判。

产值目标是企业根据内部情况与外部环境而设定的生产计划与销售计划。下面将以产值目标与市场变化的关系为逻辑，用 1.0 逻辑、2.0 逻辑、3.0 逻辑来进行探讨。

一、1.0 逻辑

在经营活动以生产为主的时代，企业的生产模式往往是"以产定销"。即先根据自身产能确定生产指标，然后再根据生产的情况编制销售计划，在此称之为产值目标的 1.0 逻辑。

如美国早期市场上畅销 20 年的黑色汽车，日本 20 世纪 60 年代盛行的三大白色神器（冰箱、洗衣机、电饭煲），中国 20 世纪 70 年代必备的结婚三大件（自行车、手表、缝纫机）。在这时期的企业，尽管很少开展市场营销推广，也能取得不俗的市场份额。最具代表性的是 T 型福特车，它打着"你可以选择任何你想要的颜色，只要它是黑色"这一骄傲口号，夜以继日地生产，畅通无阻地席卷着市场，连续畅销 20 年，销量达 1500 多万辆，造就了世界第一畅销车的神话。它最大的特点是体现了规模经济和协同效应，通过降低成本，实现规模效应，增加经济收益。不足的是产品不具有多样化和个性化，但在今天，这种模式已不能满足消费者日益增长的个性化需求。

二、2.0 逻辑

随着"以产定销"的难以为继，以"个性化需求"为特点的"以销定产"模式已被业界广泛接受并大力实践，许多企业致力于使大规模制造变成大规模定制，由此开始了 2.0 逻辑。

如服装行业的太平鸟，它在疲软的市场中脱颖而出，相对于多数同行的严重亏损，其在 2017 年实现营业收入 71.42 亿元，同比增长 12.99%，实现净利润 4.56 亿元，同比增长 6.72%。之所以能取得这样的成绩，与太平鸟采取"以销定产"的模式是分不开的。在太平鸟的 TOC 管理模式（即企业根据销售情况来制定生产计划）中，加盟商的订货比例只占 70%～80%，其余的产品通过销售数据来进行补单[①]。具体的做法是，一方面通过每周两次的产销协调会确定加盟商的补单单品，根据 TOC 分析结果把货分到各个加盟商门店；另一方面是打通供应链信息，实现门店动态信息在供应商与加盟商之间的互通，以加快加盟商之间货品的快速流通，以此实现供应链对加盟店需求的快速响应。

同样的改变还发生在颇具挑战的出版领域。"印多了，变成库存；印少了，满足不了市场需求"一直是出版业面临的大难题。在信息爆炸的互联网时代，"三高问题"（高库存、高退货、高报废）更是成为拖垮出版企业的直接引线，在这种情况下，按需出版便是出版行业努力探索的发展方向。现在也有许多企业在柳暗花明中迎来了"又一春"。如时代出版传媒通过建设"时光流影"社交平台，以"时光书架""一键出书"等方式实现个性化的社交出版；凤凰出版传媒专门成立了江苏凤凰新华印务有限公司，通过大数据的存储处理技术、印前资源的管理、打造 POD 按需印刷连线、建设 CCPP 大型智慧云印刷平台等多种业务模式，尝试按需印刷；中信出版社通过"基于大数据的专业出版经营模式创新示范"项目，以实现提高效率、降低库存。这些出版企业都在积极尝试多种"以销定产"的方式，以便为消费者提供更好的个性化服务，实现预期的市场目标。

现实中，许多企业很难实现真正的"以销定产"，他们的产值目标通常是基于市场的预测而制定，市场预测的准确性成为影响产值目标制定的关键。那么如何进行产值目标的

---

① 资料来源：http://news.efu.com.cn/newsview-1251844-1.html。

市场预测呢？通常情况下，可以参照以下操作流程：

首先，确定预测的范围和目标，以把握整个预测工作的重心，即要达到什么要求、解决什么问题、预测的对象是谁、预测的时间范围是多长。

其次，收集和整理数据资料，研判资料的有效性、真实性，并根据资料绘制历史曲线，或计算其长期趋势，以把握数据变化的一般特性。

最后，选择预测方法，进行进一步的预测分析。常用的预测方法有德菲尔法、时间序列法、相关分析、回归分析等。最后，对预测结果加以分析和修订，去除不符合实际情况和理解误差带来的影响。

需要引起重视的是：大数据的使用可以帮助企业极大地提高市场预测的精准度。

天猫在 2017 年 5 月宣布进行品牌升级，将"上天猫就够了"升级为"理想生活上天猫"。升级的背后是从满足当下的购买需求，到定义未来消费及商业趋势的质变。天猫每年都会利用大数据发布消费趋势的关键词，如 2017 年是"乐活绿动、独乐自在、人设自由、无微不智、玩物立志"五大趋势词，商家们利用天猫及时有效的未来趋势引导，可以更为迅速、科学地制定产值目标，并根据及时更新的销售数据和基于数据的市场预判进行生产管理的调整。据报道，目前天猫依靠 C2B 反向定制，已成功开启了扫地机、洗碗机、洗烘机、美容仪等产品的销售新模式。可见，大数据的运用将传统以企业为主体的市场预判方式，转向了以消费者为导向的预判方式，即 B2C 模式向 C2B 模式的转变，预判趋势向兑现趋势的转变。

三、3.0 逻辑

在大多数企业深耕于 2.0 逻辑中时，也有部分企业打破了 2.0 逻辑的藩篱，从产业链出发，利用颠覆式的技术创新或商业模式创新，重构了整个商业系统。如早期的苹果公司颠覆了手机行业，阿里巴巴颠覆了传统交易模式，滴滴颠覆了出行打车行业，它们由此开启了以"潜需求"为导向的 3.0 逻辑。

在 2.0 逻辑中，主要是带有工业时代特色的连续、可预测的线性思维；在 3.0 逻辑中，转变成了非连续、不可预测的非线性思维。在 2.0 逻辑中，企业的运营效率、经营产值目标是线性增长或加快速度之后的指数型增长，增长的曲线基本是平滑的、有规律可循的；在 3.0 逻辑中，企业的运营效率、经营产值目标是有断点的、跳跃性的，所对应的曲线就像市场震荡中的股票日 K 线，少有规律、难以预测。在 2.0 逻辑中，通常是基于过去，站在现在，规划未来；在 3.0 逻辑中，则是突破曾经，站在未来，规划现在。

在大数据、大协同、大智能等要素碰撞在一起的数字化时代，充满了动荡性、不确定性、复杂性和模糊性，在坚持使命、价值观"不易"的情况下，需要经营逻辑的"变易"，需要战略逻辑的"简易"，否则便极有可能被时代所抛弃。

看到产值目标巨大牵引力的同时，需要平衡好理想与现实之间的关系，产值目标的合理制定只是达成市场目标的开端，能否最终完成既定的市场目标或预期中的突破目标，关键还在于组织上下对目标的执行情况。

在自上而下分解目标时，需要在达成目标的关键结果上与责任人达成一致，也需要重视关键结果的难度和潜力激发两者之间的平衡。一方面要让分解的子目标具有挑战性，以激发组织更大的潜力；另一方面也要让目标不至于高不可攀，从而影响组织的士气。

第二节 竞争策略

企业经营活动的目标之一是获得市场，企业则是实现这一目标的主体，而市场竞争是企业在实现目标过程中所面临的必然挑战。在确定了近年期的经营目标之后，企业便要分析所面临的处境，理清企业发展的阻力。该如何应对处境、怎么减轻阻力，解决这些问题的路径和方法便是竞争策略。商场上，竞争是所有企业的常态，制定奇正相生、虚实结合的竞争策略，取得一次次竞争的胜利，不仅是企业实现战略目标，乃至实现愿景目标的重要途径，也很大程度上决定了企业在前进的路上可以走多远、走多久。

常言道："运筹帷幄之中，决胜千里之外。"意思是说首先要做好前期的战略部署，才能够获得成功。竞争的结果往往从决策时就已经注定，竞争策略更应该重视的是开战前的谋划、筹备，基于企业的视角，从整个生态链出发，既要与豺狼纷争抢食，又要和雄狮合作，还得注意背后的虎视眈眈。

这里从"实施路径"和"竞争对手"两个模块进行竞争策略的探讨。

模块五十一：竞争路径

迈克尔·波特在《竞争战略》中提出了三大竞争战略，即总成本领先战略、差异化战略和集中化战略。许多企业在三大竞争战略的指导下取得了成功，也有许多企业受困于三大竞争战略，他们纷纷采取了价格战、广告战、促销战、服务战等策略，期望战胜竞争对手，以此建立自身优势，可良好的愿望最终成了残酷的现实，中国摩托车折戟沉沙、败走越南便是其中一个案例。

作为全球第4大摩托车市场，越南成为各大摩托车厂商争先夺取的战场。1999年，日本企业占据了越南98%的市场份额，中国摩托车大举"杀入"，凭借价格战，仅仅不到三年的时间便成为越南摩托车市场上的"霸主"，一度将市场份额占据到了80%。但随之而来的是各个厂家的价格战，使中国摩托车在越南市场的售价几乎降到了卖废铁的价格，价格战导致企业产品和服务质量双向下滑。这种饮鸩止渴、竭泽而渔的恶性竞争往往会带来多方惨败的结局，如今中国摩托车厂商还在饱受早期恶性竞争埋下的苦果，在越南市场的份额几乎又回到了可忽略不计的状态。中国摩托车败走越南市场的原因或许是多方面的，但争相残杀、恶性竞争的价格战也打得令人心惊、引人深思。

第九章　战略——判断力

在商业竞争更为激烈、颠覆性更为彻底的今天，企业最好的应对之道是"守正出奇、奇正相生"。在《孙子兵法》中，有"知己知彼，百战不殆""先为不可胜，以待敌之可胜""利而诱之，乱而取之""胜兵先胜而后求战，败兵先战而后求胜""兵无常势，水无常形，能因敌变化而取胜者，谓之神"等，这些都是值得大家学习和借鉴的。

下面从中国的啤酒市场，观看不同军团、不同系派、不同历史的啤酒企业所用的竞争策略，从中探寻商家对"奇正相生"的应用。

在 2016 年，中国啤酒市场的格局是"五雄称霸"，纵观五大巨头在中国啤酒市场的攻城拔寨历程，可谓是各出奇招、精彩纷呈。

(1) 市场份额排名第一的华润雪花啤酒，主要实行的是全面开花的区域战略；

(2) 排名第二的青岛啤酒则以山东为根据地，称霸于陕西，并辐射华北和中部若干省份的市场；

(3) 排名第三的百威英博已强势占据华东、华南和东北；

(4) 排名第四的燕京啤酒在湖南大力发展；

(5) 排名第五的嘉士伯则在西部地区发力。

为方便起见，下文按 2016 年的市场份额排名编号进行论述，即 1 号华润雪花啤酒、2 号青岛啤酒、3 号百威英博、4 号燕京啤酒、5 号嘉士伯。

雪花啤酒在从区域走向全国的时候，采用的是"蘑菇战略""品牌体验圈"等方式实现全面铺开，同时也有自己的强势区域，如四川、安徽、辽宁等。这其中，拥有 13 家啤酒厂的四川成为雪花啤酒的重点发展区域。雪花啤酒奉行地方品牌"要么被收购、要么被打死"的铁血定律，于是收编了四川的蓝剑啤酒、金威啤酒等，原有的奥威啤酒、能力啤酒则销声匿迹，逐渐淡出了市场，最后雪花啤酒收获了川内大部分"城池"。对于不像四川这样易于被兼并的其他区域，华润雪花啤酒便会"处处点火"，引发"全面战争"，在东北，与哈啤拼渠道、拼广告；在长三角，同哈啤和大富豪展开阵地战；在华南地区，与霸主珠江啤酒等展开价格战、品牌战、渠道战。横向对比五大啤酒巨头布局全国市场的过程中，雪花啤酒采用了最独特的打法，即在收购之后，用原来的工厂和渠道，用旧瓶装新酒的方法卖雪花啤酒的产品。

了解 1 号雪花啤酒的主要发展策略之后，再分析 2 号的百威英博。百威是位于比利时的全球第一大啤酒公司，于 1984 年进入中国市场。在大力推广自己品牌的同时，也通过收购哈尔滨啤酒、雪津啤酒、大富豪啤酒，参股珠江啤酒等方式抢占中国啤酒市场，现已强势布局华东、华南和东北地区。与雪花啤酒不同的是，百威在收购地方啤酒品牌之后，仍然用原来的工厂、原来的品牌进行区域市场的布局，如在湖北卖的还是金龙泉，在黑龙江卖的还是哈啤。

嘉士伯来自丹麦哥本哈根的世界第四大酿酒集团，1876 年就通过出口啤酒进入中国市场，近些年在中国拥有了多家全资子公司和合资公司。鉴于雪花、百威、青啤和燕京多集中在东部的市场格局，嘉士伯抓住了这个机会，将西部区域的啤酒巨头们纷纷纳入麾下，其中包括重庆啤酒、西藏发展、大理啤酒、宁夏啤酒等，于是便很快在中国的西部站稳了脚跟。对于收入麾下的啤酒厂，嘉士伯主要通过入股、不断加持等方式，扶持区域啤酒品牌做大做强，以实现其市场布局的目标。如在2008年"喝"下第一口重庆啤酒之后，在2013年选择了"续杯"，终成为重庆啤酒的第一大股东。

重庆啤酒在成为嘉士伯成员之后，在消费升级的大背景下，实行产品的高端化战略，走"本地强势品牌+国际高端品牌"的品牌策略。在2016年啤酒行业全面疲软的大背景下，实现了逆势增长，成为万马齐喑中的一股清流。重庆啤酒2016年的利润同比增长了375.57%，2017年的利润同比增长了82.03%，而其他啤酒企业几乎是利润负增长。

在啤酒市场的诸侯混战中，还有堪称奇迹的金星啤酒。面对强敌环伺的局面，金星啤酒避实就虚、隔岸观火，在河南市场步步为营，持续称雄。在河南啤酒市场上，面对强势品牌的入侵，当地品牌纷纷倒下，奥克啤酒、蓝牌啤酒被雪花收购，汴京啤酒破产，鸡公山啤酒不见了踪影，等等，而金星啤酒靠"剑走偏锋、侧翼制胜"的竞争策略屹立不倒。这一策略的具体方法就是避开与巨头在啤酒发达地区的正面交锋，选择西部和省级边缘地带作为建厂、打市场的阵地，实现与巨头们错位经营的产品策略，并走出了一条农村包围城市的发展道路。发展至今，金星啤酒一边保持"阵地战"打法，一边做着"反围剿"准备，也遵循"人若犯我、我必犯人"的竞争态度，对入侵阵地的对手，实行饱和攻击，以保持已有的市场地位。金星啤酒在2017年行业整体下行，竞争激烈的市场环境下，仍保持着利润同比增长的好成绩。

可见，在激烈的商场战争中，不仅有你死我活的对抗，还有你侬我侬的合作；不仅有明争暗斗的较量，也有齐头并进的前行。许多企业往往是为了竞争而竞争，而忽略了竞争本身的价值和意义。竞争，终究是为了企业的生存和发展，获得市场份额和地位，同时，也能在这个过程中得到自我内功的修炼和不断的成长。

模块五十二：竞争对手

1926年，毛泽东在《中国社会各阶级的分析》中说："谁是我们的敌人？谁是我们的朋友？这个问题是革命的首要问题。"在商场中，如何清晰地界定自己的竞争对手和合作伙伴，同样是企业经营必须要搞清楚的问题。当今时代，企业间竞争已然成为常态，有竞争，就必然有竞争对手。在这个盛行跨界打劫、快速迭代的时代，自己认为的竞争对手就是真的竞争对手吗？或许很多人不认为这是一个值得思考问题，他们认为行业老二的竞争对手自然就是行业老大，老三的竞争对手就是老二和老大，等等。

谁才是我的竞争对手？著名的竞争战略大师，迈克尔·波特认为企业的竞争来源于五个方面，分别是供应商、购买者、潜在进入者、替代品和现有行业的竞争者，即著名的"五力模型"。"五力模型"在相当长的时间里指导着企业的竞争行为，通过与供应商竞争，取得较大的议价能力；通过与购买者竞争，取得满意的盈利能力；通过与潜在进入者竞争，减少自身所受到的威胁；通过与替代品竞争，加强自己的市场表现；通过与现有行业竞争者展开竞争，以战胜对手等。但阿里巴巴的成功、滴滴出行的颠覆、爱彼迎（Airbnb）的盛行，对于如今的企业来说，似乎已难以用五力模型来定义竞争对手。

大润发在零售行业是一个号称19年不关一家店的传奇商场，在商场这个领域里，沃尔玛、家乐福等零售巨头都未能打败它，但却在2017年11月被阿里巴巴收购，留下其创始人"战胜了所有对手，却输给了时代"的叹息。同样的感叹还发生在尼康身上，作为世界著名的数码相机品牌，叱咤百年之后，在2017年10月关闭了在中国的数码相机及相关配件工厂，但打败它的不是老对手佳能，而是智能手机，其官方宣布，智能手机的崛起侵占了原本属于数码相机的市场。

从大润发和尼康的案例中，可以看到，曾经的市场竞争，虽然残酷，主要还是在行业内，能分清是敌是友。如今的战场，显现出了跨界态势，竞争对手的出现，往往没有一点征兆，在发展的过程中顺便就将你打败了，连一声招呼都没有。面对如此复杂、变幻莫测的市场，究竟该如何找到竞争对手呢？

先来审视一下竞争的最终目的，取得竞争的胜利不应该是企业追求的最终目标，竞争只是在实现战略目标乃至愿景目标的路上减少阻力的手段。竞争是为了优于竞争对手帮助客户解决问题，以此实现企业的目标，而战略目标、愿景目标的实现是基于对客户群体的价值创造。可见，对于企业来说，唯一不变的竞争对手往往是一个解决方案，这个解决方案是帮客户来解决问题的方式方法，所有能解决这个问题的各种解决方案都是企业的竞争对手。如果从传统的产品竞争角度出发，大润发不该被接手、尼康数码相机也不会停产。从提供解决方案的视角出发，通常能将人们的竞争视野放得更大，使人们看得更远，能帮助大家看清行业或跨界的竞争者。如谷歌创始人在被问道，谁是谷歌最大的竞争对手时，拉里·佩奇的回答是NASA（美国国家航空航天局），并解释道，谁跟我抢人，谁就是我们的竞争对手，个中滋味，值得玩味。

企业在不同的发展阶段往往有不同的竞争对手。只有找准了竞争对手，采用了适合的策略，才有可能取得阶段性的胜利。

ofo小黄车在硝烟弥漫、炮火连天的共享单车市场上一路厮杀，除了运营、资本、推广等方面的因素外，从其不同发展阶段的广告词中便可看出，在不同阶段ofo所看到的竞争对手是不一样的。在2016年，ofo说"怕挤，出门就骑ofo小黄车"，这时ofo投入市场不久，最大的竞争对手不是膜拜、小蓝等其他共享单车，而是同样能解决短途出行问题的公交、地铁等。ofo也说"想轻松出行？出门就骑ofo小黄车"，这是将传统的短途步行方式作为了竞争对手。在ofo和膜拜正式交锋时，由于膜拜的投放数量相对要少些，ofo

便说"随时随地有车骑",简明扼要,表明优势。

在市场竞争中,对标的竞争对手不同,策略也有不同。

美国的西南航空公司,因为其独特又恰当的定位而获得了巨大的成功,成为整个民用航空界的"不老传说"。在其定位中,正如其联合创始人兼CEO的凯勒尔所说:"我们不是与航空公司竞争,竞争对手是公路交通,我们要把高速公路上的客流搬到天上来。"正是对公路交通方式的竞争对标,西南航空主打快捷和便宜两张牌,一方面只用直达航班,乘客不需要换登机牌,不用转托行李,另一方面用与大巴相媲美的票价来获取客流。而将西南航空作为竞争对手的其他航空公司,如联合航空成立的子公司——梭运航空,曾试图用原封不动的运营模式与其展开竞争,但很快就油尽灯枯、难以为继了。究其原因,梭运航空是从空运产品的视角对标竞争对手,打的是价格战、广告战,可亏本的买卖终究是做不长久,而西南航空是从解决客户城际出行的解决方案出发,想客户之所想、急客户之所急,自然是备受欢迎。在2017年,西南航空营业收入211亿美元、盈利34.9亿美元,分别占行业整体的13.7%和22.5%。

企业所处产业的不同发展阶段,往往有不同的竞争对手和不同的策略。

产业导入期——由于技术、产品的不成熟,进入的竞争对手相对较少,这时的主要策略是致力于开辟新用户、占领新市场;在产业成长期,加入的竞争对手越来越多,主要的策略是此起彼伏的价格战、性价比战、品牌战、服务战等。

在产业成熟期——不同市场态势的竞争地位已经显现,处在不同梯队的企业有着完全不同的策略。

在产业衰退期——市场格局发生重大变化,竞争对手往往来自跨界的创新和颠覆,这就要求在位企业对提供解决方案进行分析。

在竞争策略中,制定策略与找准竞争对手是相辅相成的,在一定时期内,不同的策略可能面临的竞争对手是不一样的。如前文的华润雪花啤酒选择收购奥克啤酒这一策略时,面临的竞争对手是同样想收购奥克的青岛啤酒,雪花啤酒选择自家品牌铺开市场这一策略时,面临的竞争对手不仅有青岛啤酒,还有当地的汴京啤酒、奥克啤酒、月山啤酒、维雪啤酒等。同样,选择的竞争对手不同,所需要的策略也就不同,二者相生相制,只有彼此配合,才可以助力于战略目标的实现。

第三节 商业模型

企业在实现战略目标的过程中,既要通过找准竞争对手和制定相应策略以减少"阻力",也要在充分认清自身在产业链和行业链所处位置的基础上加足"马力",以便构建企业的核心竞争力。

改革开放以来，经济的快速发展起步于"以产为导向"的时代，受惠于"以销为导向"的时代，现在已进入"共赢共享"的时代，那么如何在这样一个新的时代背景下构建企业的核心竞争力呢？

企业的经营导向是以客户为中心，为客户提供满意的、超预期的产品或服务，需要企业在产品的研发端、制造端和流通端都有具有竞争力的合作资源，这就促使管理者要从合作共赢共享的高度来思考企业的发展，并站在产业链和生态链的角度，以从外到内的大格局和舍私利他的大智慧来制定与企业使命、价值观、愿景相吻合的竞争战略。企业看问题的角度从内部出发转向从外部出发，合作链的视野便会从行业上升到产业，营销的思维也会从平面直线型的上下游供销链拓宽到上下左右立体型的合作链，进而构建与企业核心竞争力相匹配的商业模型。

商业模型的梳理是战略制定的关键内容，旨在帮助企业找准自己在产业链中的位置，搞清楚自身的商业逻辑，即弄清楚谁是上游、谁是下游、谁是左臂右膀，以便能够在变幻莫测的动态商业环境中，掌握以变应变、以不变应万变的时机和节奏。

在这里用产业生态链和行业合作链两个模块来对企业商业模型进行探讨。

为了直观地体现产业与行业之间的关系，这里用汉字"丰"的结构来形象地说明这种关系。"丰"由三横一竖构成，对于整个商业系统来说，行业是三横中上面的第一横。如在智能手机领域里，生产手机显示屏的所有企业可以看作是一横，生产手机芯片的所有企业可以看作中间的那一横，生产摄像镜头、电池及配件的所有企业都又可以视为下面的那一横。"丰"字的一竖代表产业，是产业联通了行业，也就是说产业这一竖，把几条横向的互不关联的同类企业群体有机地整合到了一起。

模块五十三：产业生态链

人们经常提到的产业链，通常是以各个企业之间基于一定的技术经济关联，并依据特定的逻辑关系和时空布局关系客观形成的链条式关联形态，用于描述具有某种内在联系的企业群结构，是一种纵向的价值传递路径。企业在梳理产业链时，也通常站在自身的角度，是以企业为中心的"捆绑"，而产业生态链是在产业链的基础上，加以客户为中心的"连接"。

那企业该怎样根据自身实际，从战略上去把握产业生态链呢？

（1）企业在战略的制定过程中，需要梳理出在产业链中所处的位置，理清上下左右的合作伙伴关系，以在产业更新迭代中跟进步伐、占得先机，提高企业自身的核心竞争力。

宁德时代新能源科技有限公司成立于2011年，是一家集动力电池研发、设计、开发、认证和测试于一体的企业。众所周知，动力电池是新能源汽车的动力源，是最为关键的一个核"芯"部件，在众多动力电池企业还在研究二代磷酸铁锂电池时，宁德时代紧抓新能源汽车之势和国家扶持政策之力,发力于三元锂电池的研发。

企业的成功仅靠趋势的把握和技术上的优势显然是不够的。宁德时代还擅长站在整个产业链的高度,积极布局与上下游企业的合作与联姻。如与上游供应商格林美公司合作,构建了"电池回收—材料再造—电池包再造—汽车再装配"的新能源全生命周期价值链。在下游整车厂商的合作上,与华晨宝马进行订单与股权绑定的深度合作;与北汽集团合资建立普莱德,锁定北汽新能源、北汽福田两大整车厂的订单;与上汽集团合资新设时代上汽与上汽时代,时代上汽负责电芯生产,上汽时代负责 Pack 生产;与广州汽车集团合资设立了广汽动力电池有限公司、广汽时代动力电池系统有限公司等。宁德时代在 2015 年和 2016 年连续两年在全球动力电池企业中排名前三位,仅次于松下电器和比亚迪。在 2017 年成为超越比亚迪、松下电器的电池供应商,全球市场占有率达到 17%,排名第一。宁德时代用不到 7 年的时间实现了从 0 到 1300 亿元的成长奇迹。

(2)企业在制定战略时,要从产业链的各方角度来思考自身战略的可行性,任何一个环节的缺失都有可能导致战略计划的失败。

曾经优于亚马逊 Kindle 的索尼电子阅读器(e-reader)、未能普及的辉瑞(Pfizer)吸入式胰岛素、米其林公司的 PAX 系统防爆胎等,都有过因为忽视产业链相关环节而败走麦城的经历。这里以米其林公司著名的 PAX 系统的失败为例,以体会产业链上任何一环节对战略成败的决定性作用。

米其林公司曾推出一款具有全新理念的轮胎——PAX 轮胎,这款轮胎在被戳破完全漏气的情况下能继续正常运转 200 公里,而且还能极大地提升胎面寿命和燃油效率,对汽车制造商来说,安装 PAX 轮胎可以大大地增强其汽车的竞争力。至此,米其林公司将 PAX 轮胎视为战略性产品,从原来对单个部件的制造导向转变为系统整合导向,经过 5 年的努力,终于成功转型,也克服了重重障碍,与奔驰、奥迪、宝马等公司签下合作合同,并说服了另一家大型汽车轮胎制造商——固特异(Goodyear)也制造 PAX 轮胎,应该是万事俱备了。可出乎意料的是,"东风"却迟迟没有吹来,这时期 PAX 轮胎的销量始终萎靡,经反复查找,原因竟然出在轮胎维修上。当 PAX 轮胎出现问题需要维修时,几乎所有的修理站都不愿意提供维修,因为原本的轮胎修理器都用不上,需要购买整套全新设备,维修商认为花费太大,并不划算。正是对轮胎维修这一环节的忽视,米其林的 PAX 轮胎在长达 12 年的挣扎后,停止了向民用市场的供应,带来了难以估计的损失。

(3)企业可根据发展战略需要,在理清产业生态链的基础上,进行产业链整合。
产业链的整合可划分为横向整合、纵向整合以及混合整合三种类型。
①横向整合是通过对产业链上相同类型企业的约束来提高企业的集中度,扩大市场势力。
②纵向整合是产业链上的企业通过对上下游企业施加纵向约束,使之接受一体化或准

一体化的合约，通过产量或价格控制实现纵向的产业利润最大化。

③混合整合则是横向和纵向的结合。许多企业发展到一定的规模都会进行产业整合。如中粮集团的全产业链模式将种植与采购、养殖屠宰、食品加工、分销及物流、品牌推广等环节都纳入了运营体系中；大锦农业"良田"到"餐桌"的全产业链模式已形成集种植、养殖、食品深加工为一体的生产经营模式；芬欧汇川公司的全产业链模式将森林经营、木材加工、纸张生产等业务进行统筹经营。也有互联网电商企业在创立之初便定位于产业平台，如找钢网实现了钢厂、流通与客户的一体化连接，起点中文网建立了集创作、培养、销售为一体的电子在线出版机制。

(4) 整合不仅来自产业生态链，也来自跨界。

随着新经济、新技术、新模式的出现，各行业在积极寻求跨界整合，借助自身优势，与其他资源进行搭配融合，通过跨行业、跨产业的合作，构建一个具有竞争壁垒的生态圈。亚马逊、阿里巴巴、腾讯、小米等公司便是生态圈建设的典范。

小米公司在2010年强势崛起后，在2013年6月，提出了"生态链"模式，致力于形成以小米品牌为中心的物联网（internet of things, IoT）生态体系圈。在生态圈的布局中，小米自己掌控核心智能产品，如手机、电视、路由器、平板、音箱等，周边产品则交给生态链中的其他企业来拓展，形成从中心点不断向外扩散的同心圆结构。

小米为生态圈内的企业提供包括品牌、供应链、销售渠道、投融资、产品企划、品质管控等全方位的支持，生态圈内的公司借助小米的孵化和赋能，快速占领细分市场。在小米的生态链模式中，可以看到企业之间打开了产业边界，利用股权和交易的纽带、资源的共享和战略的协同等机制，将圈内的企业拧在了一起，通过"竹林效应"的成长逻辑，以"精确制导、精准打击"的作战逻辑，在成就别人的同时也成就了自己。

20世纪90年代，企业之间的竞争是产品的竞争；21世纪初，以国美、苏宁的崛起为开端，演绎了产业之间的精彩纷争；如今随着互联网的普及和物联网的推进，产业的竞争已上升到产业生态链的竞争。所以，不管企业是构建自己的生态圈，或是在主导产业生态链，抑或只是"圈里""链上"的某一个具体企业，对于产业生态链的清晰梳理、良好把控都极具战略意义。

模块五十四：行业合作链

在前文对"丰"字进行拆解时，中间那一竖线代表产业，几条横线可看成在产业上衍生出来的不同行业。其实竖线和横线都是由无数个点构成的，每个点代表一个企业。如果没有中间这一竖，再好的行业也就没有生存之本。一个产业的兴旺要看它带动了几个行业，一个行业的兴旺要看有多少企业参与了其中。同样的道理，在一条横线上的企业间若没有彼此的竞争，也就不会有行业的兴旺，企业内部若没有相合的创新，企业也就不会有发展。

竞争会兴旺，创新会兴生，相合就会相生。竞争关系就是竞合关系，争就是合，合就是争，有竞争才会欣欣向荣，有创新才会生生不息，这便是企业与企业之间的相存之道。也是对"道生一，一生二，二生三，三生万物"的一种诠释，道始于一，但一不能生，所以分为阴阳的二，只有阴阳和合的三才能生万物，有万物必生万事，有万事必生万象。这就是万物万事万象的产生之道，万物万事万象皆因阴阳相合而生，也因对立而兴。

许多企业在新时代面对巨大的挑战，已然演绎着新时代的竞合关系。如在奔向自动驾驶的路上，由于自动驾驶技术的复杂性和应用的高难度，单打独斗很难突破，各车企也由以前的竞争纷纷走向了合作。

谷歌旗下自动驾驶公司 Waymo 于 2018 年 3 月宣布联手捷豹路虎，打造基于捷豹 I-PACE 纯电动汽车平台的自动驾驶汽车。本田汽车在 2018 年 10 月宣布与通用汽车达成合作，双方在全球范围内共同发展自动驾驶技术。百度 Apollo 开发平台是全球第一个自动驾驶领域的软件开放平台，合作伙伴囊括了国内外的众多车企，如宝马、本田、中国一汽、比亚迪、东风汽车等，以及汽车产业链上的 100 多家企业。另外，比亚迪汽车在 2018 年 9 月宣布推出 D++开放平台，合作伙伴包含了百度的 Apollo、科大讯飞、阿里云，以及博世、大陆等一级供应商，是全球第一个自动驾驶领域的硬件开放平台[①]。2018 年 8 月，长安汽车发布了"北斗天枢"战略计划，成立了智能化战略联盟，百度、腾讯等多家科技企业与其开展了深入合作。同年 11 月 28 日，在重庆垫江试验场，长安汽车组织了 55 辆长安 CS55 的自动驾驶车队，顺利完成了全程 3.2 公里的自动驾驶测试，创下"最大规模的自动驾驶车巡游"世界纪录，成为全球首个成功创造该纪录的汽车品牌。

除了积极推进同行或跨行企业之间的合作，还可以通过参加行业组织等方式，形成更有力的合作团体。现实中，企业可参与的行业组织有很多，有行业协会，也有产业联盟，往往不同的行业组织所发挥的作用也有所不同。如空气净化器行业联盟是一个制定行业技术标准和行为标准的共识体；中国大健康产业联盟是为了联合起来做单个企业做不了的事，与国际同行形成鼎足，共同把握世界产业发展大势；工业互联网产业联盟是为了推进工业互联网产、学、研、用的协同发展。加入行业组织的企业不仅可进行同行交流、觅得商机、产生合作，也能获得行业发展趋势、市场形势、竞争态势等多方面的资讯，为企业经营决策提供相关参考。企业可根据自身发展阶段和需要，选择加入相关的行业组织。

正如高的存在是因为有低，一个企业能不能得以发展，还在于是否有竞争对手。兴则因为对立，对立才能促使其不断成长。企业如人一样，也需要三两好友，能在秋天共享丰收，能在冬天抱团取暖。在企业的发展过程中，竞与合相随相伴，既是相生关系又是相制关系，竞要知己，合要知彼，这需要企业具备宽广的视野和敏锐的市场洞察力，能把握大势，预判未来，以此制定可行有效的实施路径和方法。

---

① 资料来源：https://baijiahao.baidu.com/s?id=1613374203153484644&wfr=spider&for=pc.

第十章 战术——制胜力

战略与战术这两个词，最早是来源于军事领域，战略是企业实现阶段性经营目标的路径和方略，是一种预判预定的策略；战术，是实现战略的具体内容，是完成战略目标的关键所在。正确的战略，需要良好的战术去贯彻，战术的制定要围绕企业经营目标、紧扣战略主题，确定具体的方法与翔实的执行计划。战略是依据形势需求所谋划的近年期方略，因此战术也具有时效性特征，在不同区域、不同时期和不同情况下，战术的运用也各有不同。

制定战术，首先要确定的是具有多赢价值导向的商业模式，包括业务模式、渠道模式和组织模式；其次是根据战略来制定企业在供应链、销售链和服务链等方面的商务合作规范；最后是基于数据来进行营销企划，制定相应的营销策略与资源配置。

本章根据企业经营的战术应用，从商业模式、商务管理和营销企划三个方面进行深入分析，共形成十个模块，探讨企业战术应用的相关内容。

第一节 商业模式

著名的管理学大师彼得·德鲁克曾说过，"企业之间的竞争，不是产品之间的竞争，而是商业模式之间的竞争"。如今无论是传统企业还是新兴企业，无论企业的发展规模如何，商业模式都是一个令各界从业者极度关注的词语，几乎每个人都确信，好的商业模式是企业成功的基础。

在中国的发展从高速增长阶段转向高质量发展阶段之后，技术创新与商业模式创新正在成为新的增长极。尤其是近些年，商业模式的创新风起云涌，出现了共享经济、新零售、生态圈等商业模式。那到底什么是商业模式呢？

其实对商业模式的梳理就是对两个问题的回答：第一，我的收入来自哪几个环节？对收入来源的回答，就是对企业业务模式的选择与实施，如饮料公司的收入来源可能就是产品本身，那生产、销售饮料就是该公司的业务。第二，具体是如何产生收益的？对收益如何产生的回答，就是对渠道模式和组织模式的梳理，渠道模式是完成销售业务的具体路线，而组织模式是实现战略，执行战术的具体保障。

基于商业模式的本质理解，在这里主要用业务模式、渠道模式和组织模式三个模块来对商业模式进行探讨和分析。

模块五十五：业务模式

业务模式是一种业务选择与运作方式，包括业务要素、业务功能以及业务形成的收益和支出。一般来说，有收入来源的交易环节皆是可能开展业务的地方，如卖产品、卖服务、卖文化、卖投资、卖标准等，业务模式不仅要关注交易的内容，也要关注交易的方式，其目的是实现营收最大化。良好的业务模式往往能带领企业在市场竞争中取得成功。

美国的可口可乐公司在可乐领域具有强大的市场地位，多年来，只有百事可乐能与之争锋，其他品牌的可乐在其面前几乎是束手无策。可就在美国本土市场上，有一家名为Soda Stream 的以色列公司，曾让可口可乐公司受创。Soda Stream 不同于同行直接卖成品汽水的业务模式，而是采用售卖制造汽水机器的模式来销售饮料。当顾客需要汽水时，只需按下机器的按钮，便可制作不同口味的汽水，且通过机器制作的汽水更加便宜、健康、环保。Soda Stream 公司的这一业务模式，抢占了可口可乐公司不小的市场份额，并在相互较量中知名度越来越大、市场表现越来越优秀。

业务模式是实现经营目标的关键所在，可从哪些方面去审视自己的业务模式呢？

一、业务模式的开展往往要基于企业的有效优势

华为智能手机近年来市场表现强劲，大获好评，知名市场研究公司IDC发布的报告称，"2018年第二季度，华为超越苹果，成为全球第二大智能手机厂商"。对于华为的手机业务来说，取得这样的成绩，正是基于三十多年以来在通信领域中的积累，使其具备了发展手机业务的基础优势。

如果企业的优势不能转化为具有营收能力的业务模式，那便是"无效优势"，美国的施乐公司就是一个例子。

曾经的施乐公司网罗了美国最优秀的工程师人才，据说当时全球100位最顶尖的计算机人才中就有58位在这里工作，施乐公司的创新几乎涵盖了当今计算机基础技术的所有领域，但可惜没有一项被其所发扬。乔布斯从施乐公司的Alto看到了个人电脑的未来，开发了苹果电脑，给人们带来了划时代的产品。比尔·盖茨在此基础上看到了图形界面的未来，开发了Windows操作系统，此后主导了PC时代的电脑操作系统。而原本应属于施乐公司施展才华的信息时代，却因没有有效的业务模式而错过了发展机遇，其雄厚的研发优势不仅没有带来升级大发展，反而因昂贵的投入拖累了公司前进的步伐。

二、好的业务模式应该在"各美其美"的同时，兼顾"美人之美、美美与共"

好的业务模式不仅要考虑自身的收入来源，也要考虑合作方的相关利益，这样业务模式才能持久、成功地施行。

在数字影院发展之初,电影院商虽然意识到数字影院的众多优点和发展趋势,但要投入高昂的设备费用和装修费用,众多电影院不愿为此投入,这影响了数字影片的发展及上映率。为此,万达影院和中影集团成立了特定的基金,以投资电影院设备收取租金的模式,迅速完成了全国电影院传统放映设备向数字放映设备的升级。

这个例子充分说明,在制定业务模式时,不仅要考虑自己,还要充分考虑别人。大企业在制定业务模式时,可将众多的关联伙伴纳入其中;小企业可以去琢磨自己的模式,也可关注大企业的模式,也不排除成为大企业模式中的配套模式。

三、业务模式的创新还来自对现有行业的颠覆

因颠覆而带来的业务模式创新,除了人们熟知的互联网行业外,还发生在诸多行业,如咖啡领域的绿山咖啡。

讲到咖啡,人们首先想到的往往是星巴克,它在很长一段时间内几乎就是咖啡的代名词,优雅的环境、强烈的文化气息、香柔的口感等,都备受消费者欢迎。绿山咖啡起初也采用类似的模式,几经艰难折腾后,效果并不如人意,于是便思考换一种方式来卖咖啡,要区别于星巴克。几经考量之后,绿山咖啡壮士断腕般地关闭了旗下所有咖啡店,转向以办公场所和家庭为主,推出不用称量、不用清洗,不需要繁杂烹煮过程的咖啡机和与之配套的咖啡杯。区别于传统咖啡机和传统卖咖啡的方式,绿山采用的是"剃刀+剃刀片"模式,卖咖啡机不赚钱,利润来源于需不断更新购买的 K 杯,同时也允许其他饮料生产商采用 K 杯包装在咖啡机上使用,向他们收取权益金。如此迅速扩张,使 K 杯正在成为一种新的标准。虽然绿山咖啡的名头还未能与星巴克相提并论,但这家公司上市以来,市值不断大幅提高,已经从咖啡市场的破局者发展为了布局者,完成了前期的"卖习惯",正在进行后期的"卖标准",其业务模式值得大家思考、学习。

一个好的业务模式往往是企业经营发展的竞争力体现,企业不论大小、不论规模都需要认真审视自己的业务模式看它是否基于企业的有效优势,在成就自我的同时也能成就他人,在现有模式的基础上,能否进行微创新或大革新。

模块五十六:渠道模式

渠道模式是指企业所采用的商品销售路线,是整个营销系统的重要组成部分,是完成经营目标的具体实施路径。考虑渠道模式时,通常会考虑渠道的拓展方向、网络建设和渠道的管理。企业所处行业不同、所销售的产品不同,所要采取的渠道模式也就有差异,随着外部营销环境的变化,渠道模式也需要不断优化更新。

一、渠道模式的分类

一般来说，渠道模式有分销渠道模式、垂直渠道模式、水平渠道模式和多渠道模式。除了这四种渠道模式，还有很多新兴细分渠道。如企业在寻求电商渠道时，可以入住联营制的天猫、租赁制的淘宝、自营式的京东，还可以选择在微信上做微店、在云集上做线上分销、搭上三方平台做O2O等。针对多种多样的细分渠道，渠道管理将是一个不小的课题，可以考虑把特征类似的小渠道归为一个大渠道或按消费者特征进行归类。

（一）分销模式

分销模式是指生产商通过代理商、批发商、零售商等逐级渠道，为客户提供产品和服务。如宝洁公司进入中国市场之初，就采用了分销渠道，建立起了覆盖全国的销售网络。在分销渠道模式中，各成员通常都在追求自身利益的最大化，成员之间的关系往往具有不紧密、不稳定的特征。

（二）垂直渠道模式

这种模式是针对分销渠道模式的松散特点，通过产权、特约代营、专卖特许或加盟合作等方式，由生产商、代理商和零售商纵向整合组成的渠道模式。如海尔集团几乎在每个省都建立了海尔工贸公司，负责向当地的零售商供货并提供相应服务。

（三）水平渠道模式

这种模式由两个或两个以上的公司横向联合在一起，共同开发新的营销机会，以此发挥资源的协同作用或规避风险。如微软公司和戴尔公司，他们都曾将各自的软件产品和硬件产品进行组合销售。

（四）多渠道模式

这是指对同一或不同细分市场，企业采用多条渠道的分销体系，一方面建立分销渠道、垂直渠道和水平渠道，另一方面也在自建营销网络，以此获得灵活且具有不同竞争力的渠道优势，迅速响应市场需求。

二、选择渠道模式需要注意的方面

以上渠道模式各有优缺点，大家在选择渠道模式的时候，需要从各方面权衡利弊，不仅要考虑产品和服务本身的特征，还需考虑渠道成本与自身资源的匹配性，以及市场环境的变化。另外，渠道模式的适用性也是一个动态过程，没有绝对的好坏优劣之分，也没有高级渠道和低级渠道之别，不论企业选择何种渠道模式，都要与自身业务匹配，做到进可攻，退可守。那么在进行渠道建设和管理时，需要从哪些方面去考虑呢？

（一）要强调渠道的便利性

渠道是连接客户与企业产品的重要桥梁，要从产品获得的便利性角度来考虑渠道建设，为客户提供方便，便利性始终都是消费者的核心需求。曾经兴起的大型连锁卖场、连锁商店是基于便利，如今时兴的电子商务、外卖、O2O 等渠道也是基于便利，由技术创新、模式创新所带动的购物便利，越来越成为推动消费市场的无形之手。哈佛商业评论中心也提出了"便利文化"，即提供良好客户体验的首要因素不是取悦客户，而是减少他们获取服务所付出的时间和精力。

(二) 要强调渠道的共赢

企业需要与消费者建立密切的关系，仅依靠自己的力量显然是不够的，也几乎没有哪家企业能抛开渠道直接与消费者建立联系。所以在渠道建设过程中，需要强调合作与共赢，解决客户的痛点固然是重中之重，但也不能忽视了渠道商的痛点。

OPPO 手机和 vivo 手机同属于步步高集团，在 2016 年，两者的市场份额加起来占到了中国手机市场的 31.6%，2017 年更是实现了超过整体市场增速的增长。纵观 OPPO 和 vivo 的崛起之路，除了抓住风口、清晰的定位、大力的营销宣传之外，关键就是共赢思维的渠道建设。OPPO 的线下销售店由店长、代理商和 OPPO 三方参股组建，实行 "OPPO 制定营销策略，省级代理商管理，店长日常经营" 的模式。此模式的最大特点是激发了代理商与一线销售人员的积极性，不但让多方收益最大化，同时又加强了 OPPO 对线下店的掌控。

(三) 要注重为渠道赋能

作为企业和渠道商，授人以渔是最好的合作关系，特别是在转型升级的互联网时代，代理商似乎已陷入了前所未有的困境，主动为代理商赋能，成为许多企业帮助渠道商升级的主要方式。如奔驰汽车与怡安翰威特咨询公司合作，由后者为 4S 店的关键岗位任职者进行资格认证和培训发展，以期通过对 4S 店经销商赋能，确保在市场、销售和售后三个环节能够带给消费者一致的品牌体验。联想集团为来自全国的合作伙伴开办联想商用 MBA 培训课程，帮助其掌握最前沿的企业管理理论与系统方法，增强合作伙伴的竞争力。著名护肤品牌欧诗漫在传统渠道发展受挫时，直面存在的问题，积极重塑线下渠道生态，为线下渠道专研系列产品，帮助建立差异化的竞争优势。

(四) 要不断升级渠道模式

面对新的消费需求和市场变化需要，企业要不断创新渠道，用以变制变的思维切换和优化渠道系统。作为全屋定制家居品牌的佼佼者，尚品宅配的 14 年渠道优化路程或许可以给出一些启示。

尚品宅配成立于 2004 年，于 2017 年登陆深交所创业板，当年以 40 亿元的年收入在定制家居股中极为瞩目。2018 年实现营业收入 66.45 亿元，同比增长 24.83%，归属于上市公司股东的净利润为 4.77 亿元，同比增长 25.53%[①]。作为家具行业的尚品宅配，一路走来一直重视渠道模式的创新建设，当行业习惯于在专业市场或卖场建设销售终端时，它于 2014 年率先尝试了在商场布局终端渠道，即 SM 店（Shopping Mall）。取得成效后，尚品宅配成为家居行业新渠道的缔造者，掀起了家居品牌搬家的潮流。2015 年，尚品宅配紧抓 O2O 潮流，开创了 O 店（office）模式，即通过线上导流，线下完成测量、设计、制造、安装等服务模式，并在写字楼里开设旗舰店。尚品宅配的第一家 O 店开业当天就实现了 500 多万元的成交额，当年单店交易额更是达到了一亿多元，次年单店年交易额突破了两亿元。2018 年，尚品宅配又开启了 C 店（collection）模式，集"家居、时尚、艺术、社交"为一体，并导入其他一线品牌的产品，营造舒适和愉悦的体验场景，使门店不仅是家居消费门店，也是慢生活的休闲地带，将低频次消费变成高频次体验式消费。目前，尚品宅配正在大力推进整装云业务，形成了"SM 店+O 店+C 店+整装云平台+普通直营店+加盟店"的六种渠道共存发展模式，用丰富的线上资源和智能生产线为 1600 多家加盟店赋能，创新构建了一种共赢共发展的合作模式。

在新零售来临的时代，企业之间的竞争不仅是产品的竞争、技术的竞争，也是渠道模式的竞争。尤其是在商品同质化严重的情况下，渠道模式甚至直接决定了企业的竞争力。企业并非要在各渠道上全面开花，而需要在自我认知的基础上，研判渠道之"势"，通过深耕细作、优化结构，不断提升自己的渠道质量，通过更敏捷、更高效、更便利、更自如的方式来连接消费者。

模块五十七：组织模式

组织模式，是企业为实现战略目标、提高运营效率而设定的组织形式。随着企业内外环境的日趋变化，面对市场上处处弥漫的不确定性，建立什么样的组织才能与企业战略相匹配成为摆在企业管理者面前的一大挑战。近年来，在职能式组织结构、事业部制结构、矩阵式结构的基础上，出现了各种各样的组织名词和概念，如简单型组织结构、自组织结构、平台化组织结构、生态型组织结构等，让企业管理者应接不暇，一方面忧心现有组织能否跟上企业的发展或转型，另一方面又迷失于繁多的新组织模式中无从下手。

组织是实现特定目标所需要的特定群体，通过分工与合作，在沟通协调机制、权力责任机制的引导与约束下贡献力量与智慧。群体中的每个人都应该是组织实现目标的内部推力，在实现目标这一过程中，组织一方面需要保持相对稳定的力量贡献状态，另一方面也要在不断变化的环境中调整自己以求生存和发展。即在弱肉强食、物竞天择的环境中，成为能生存、可发展的"适者"。下面以组织的发展演化为主线，以 1.0 逻辑、2.0 逻辑、3.0 逻辑、4.0 逻辑加以区分、探讨。

---

① 资料来源：http://finance.eastmoney.com/a/201904191101704854.html.

一、1.0 逻辑

对于企业规模较小、员工人数不多或生产和管理工作都比较简单的情况，通常采用直线型组织模式。在直线型组织模式中，职权直接从高层开始向下传递、分解，权力比较集中，能保障命令的统一和决策的迅速，但也缺乏弹性，各层行动皆依赖于高层决策。随着企业的发展壮大，对规范性运作的要求越来越高，直线型组织已难以满足日渐复杂的管理要求，于是演变出了职能型的组织模式，它以工作方法和技能作为部门划分的依据。在这一模式中，强调职能的专业化，由总经理将相应的权力交给各个职能部门负责人，负责人在其职权范围内进行直接指挥。在此，可以将直线型和职能制的组织模式称为组织模式的 1.0 逻辑。

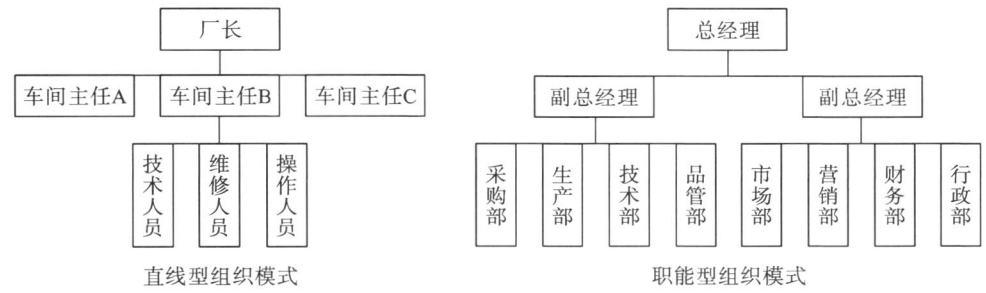

组织模式的 1.0 逻辑

1.0 逻辑中，直线型向职能型组织的转变是业务模式变化下的必然趋势，是为了实现组织的规范化、专业化、部门工作的差异化，以提高组织效能、保障企业系统的正常运行。职能型组织最大的缺点在于跨部门之间的沟通与协作，但它仍适用于产品单一或相关度较高、技术变迁相对较慢的企业，如化妆品企业、酒店行业等。著名化妆品品牌玫琳凯就一直沿用职能型组织模式。

来自美国的玫琳凯于 1995 年正式成立了玫琳凯（中国）化妆品有限公司（以下简称：玫琳凯中国），它是一家掌控原材料采购、研发、生产、销售等整个产业链的直销企业。公司自成立以来，一直采用职能型组织模式，据公开资料显示，玫琳凯是由中韩股东组成的董事会，负责战略方向的把控和运营的监管，实行总经理负责制，下设研发生产部、市场销售部、国际采购部、人事行政部、财务部五个部门，各部门负责具体的工作。作为直销企业，玫琳凯的市场销售部并不直接进行产品销售，而是通过非雇佣关系的销售队伍来完成销售，公司只是给他们提供产品、培训和服务。为了管理分布于全国的销售队伍，玫琳凯中国设立了 35 个地方性分公司，具体负责所在地区的公共关系、为销售队伍提供指导、输送公司价值观、构建沟通平台等。

以玫琳凯为代表的职能型组织模式，其优点在于促进了各职能部门的专业化，不足的是跨部门间的协调成本高，同时也容易出现以部门利益为中心的问题，需要优化的是如何提高部门间的协作和以客户为导向的服务。

1.0 逻辑起源于工业时代的企业组织思维，适用于生产技术变化较慢、外部环境相对比较稳定时期的企业。具有统一协调组织和严格责任制等优点，也有对外反应迟钝、对内难以激励等缺陷，现实情况中，仍有不少企业的组织模式属于 1.0 逻辑。

二、2.0 逻辑

对于规模越来越大、经营领域日渐丰富、技术越发复杂的企业来说，1.0 逻辑已然不能满足其组织管理的需求，于是出现了以事业部组织模式、矩阵式组织模式为代表的 2.0 逻辑。

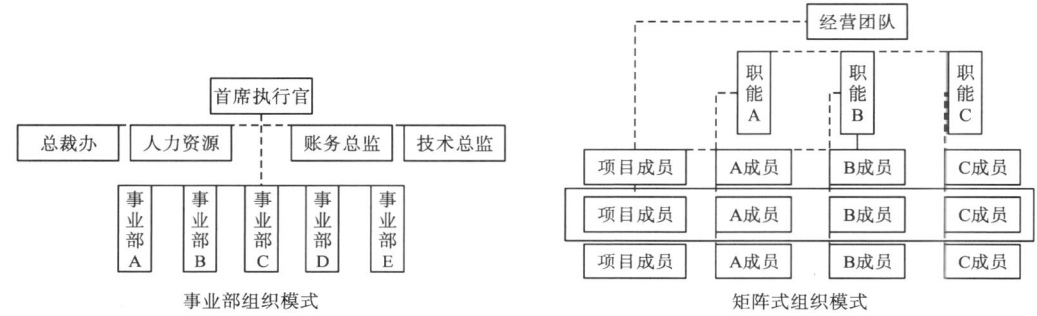

组织模式的 2.0 逻辑

事业部组织模式按照"集中政策、分散经营"的原则，是一种分级管理、分级核算、自负盈亏的组织形式。事业部组织模式可以按照地区划分，如跨国公司的中国事业部、美国事业部、欧洲事业部等；也可以按产品的类别进行划分，如电器集团公司的空调事业部、风扇事业部、小家电事业部等。矩阵式组织模式是在直线职能这一垂直形态的基础上，再增加一种横向的管理系统，它由各职能部门和完成特定任务而组建的项目小组构成，结合了事业部与职能型组织结构的特征。

企业应该选择什么样的组织模式，应该将组织模式往哪个方向去优化，这往往与所处的市场环境和战略规划相关。可以从美的集团事业部组织模式的创建和改制优化过程中体会一二。

在发展早期,美的集团和其他企业一样,采用的是职能型组织模式,对于所有的产品,总裁既抓生产又抓销售,这种集权式的管理推动了企业的早期发展。随着企业规模的扩大,产品增加到了 1000 多种,统一生产、统一销售的专业性不够、重点不明确等问题便暴露了出来,如集团旗下的销售公司只负责产品销售,广告公司只负责市场推广,服务公司只负责售后服务工作，经营管理部无法专业、合理地安排产销计划，已经在很大程度上造成了产、销、研的脱节，这时期其市场份额也从前三名落到了第七位。

在经过反复论证之后，美的集团最终决定建立以产品为主线的事业部，陆续成立了空调事业部、风扇事业部及包括微波炉、电饭煲等 6 个分公司的家电事业部等。各事业部通过专业化运作，充分授权，明确权责利，独立经营和核算，经过几年的调整优化，营业额翻了几番，市场份额也逐步上升。在美的集团，事业部既是受公司控制的利润中心，又是产品责任单位或市场责任单位。此外，各事业部旗下的销售部门也设立了市场、计划、服务、财务、经营管理等模块，形成了以市场为导向的组织架构。在不断变化的商业环境中，美的集团以事业部制为基本组织模式，不断改进优化，激发各组织活力，组织的网也越织越大、越织越牢。

三、3.0 逻辑

在稳定的经营环境中，预期往往是连续的、可预测的，这时也需要稳定又相对集权的组织模式，利用标准化、规范化来实现组织效用。而在动态、变化明显的经营环境中，未来往往是跳跃性的、难以预测的，这时的组织需要秉着"变则通、不变则壅"的理念，要么基于原有模式不断改进优化，要么打破原有节点的藩篱，改制新的组织模式。如通用公司在原有事业部制的基础上采用了超事业部制，民生银行基于事业部制的流程化改制，以及近些年出现的平台化、倒三角、人单合一、阿米巴经营、自组织等组织模式，下面暂且称为组织模式的 3.0 逻辑。

纵观众多 3.0 逻辑中的模式，可以发现大多数是体现了决策的下沉和前移，即任正非先生所说的"让听得见炮声的士兵做决策"。奋斗在一线的员工，他们直接接触客户，当市场、客户有了细微变化，他们往往是最先感知到的。要真正地实现以客户为中心，一线员工就要以最快的速度做出判断，应对客户的需求。可当管理链条很长时，需要一级一级汇报、审批，这一漫长的过程可能无法抓住稍纵即逝的机会，为此要考虑把权力下放到一线。放下去的这一过程，除了需要领导的胆识与魄力，还需要深思熟虑，考虑该如何放下去、放下去多少权力、怎样设定下放权力的轨道等，以求得既不失原则性、又具有灵活性。对如何放下去的不同回答，便形成了不同组织模式。如华为的铁三角模式、韩都衣舍的产品小组、百度的小团队制、海尔的人单合一双赢模式、阿里巴巴的"大中台、小前台"等，下面以韩都衣舍的小组制为例进行介绍。

韩都衣舍成立于 2006 年，是一家集设计、生产、销售于一体的综合性服装企业。为了适应企业"产品为王、要小众、要精准"的战略要求，组织模式从联产承包责任制和阿米巴经营模式中，经过不断摸索、改良，成了赫赫有名的"以小组为核心的单品全程运营体系"，即小组制。在这一组织模式中，组织架构非常扁平，将传统的职能制打散、重组，形成了"7 大后台赋能平台+小前端"的模式。每个小前端是一个产品小组，每个产品小组由设计师、页面制作专员和订单管理专员组成,产品小组之间独立核算、独立经营,既是生产部门也是销售部门。7大后台赋能平台,包括摄影、淘内运营、淘外运营、生产、储运、客服、其他职能,共同为300个左右的"小前端"服务。这一组织模式,一方面将权力下放,保持了前线团队的灵活性和对市场的快速响应;另一方面也通过后台赋能平台,保证了生产业务线的高效运转,让小范围试错和规模化生产的组合成为可能。同时公司的企划中心根据销售数据控制着供应链的节奏,协调各小组之间的竞争。韩都衣舍也创下了服装行业年上新品超过3万款的纪录,最大限度地满足了用户对服装的快时尚需求。

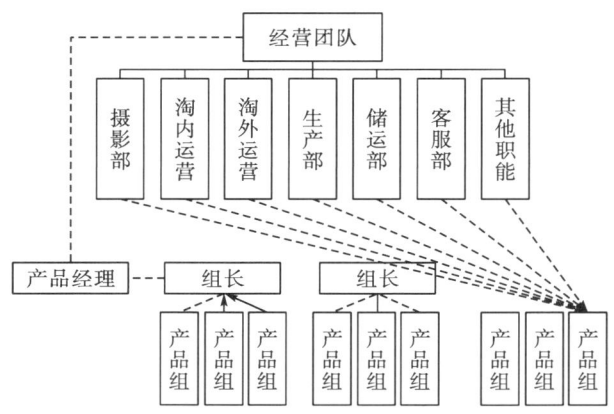

韩都衣舍"7大后台+小前端"组织模式

可以看到韩都衣舍在组织的进化过程中,是小组制的不断升级推动着企业的发展壮大,这里的小组制便是韩都衣舍取得成功的核心组织能力。什么是核心组织能力呢?它是从战略的角度出发,结合内外部环境和企业的资源优势,能打败竞争对手,赢得客户的组织能力。核心组织能力可以是技术研发能力、产品开发速度、响应客户的速度等。

四、4.0逻辑

核心组织能力在哪里,组织优化变革的方向就应该在哪里。如华为的核心组织能力之一便是领先全球的技术,为了持续发挥核心组织能力对企业的推动作用,华为资源不断向研发倾斜,以强化这一组织能力。韩都衣舍的核心组织能力是"内部的"小组制,它可以持续创新、快速响应顾客需求。为了加大组织能力对企业的推动作用,韩都衣舍还着力打造"外部的"小组制,推出了"时尚云"平台,将来自外部的世界各地的设计师"编入"小组制。这一组织优化措施,可以看成有界的组织模式向无界的组织模式迈进的实践。而组织边界的完全消失、连接型的网络组织、去掉部门、留下职能等组织模式特征可能是未来的组织形态,这里暂且称为4.0逻辑。

那么企业该如何进行组织模式的设计与优化呢?

1.0逻辑和2.0逻辑中,组织模式的设计相对较为简单,下面从3.0逻辑来进行阐述。首先是要找准核心组织能力,然后便是分配不同职能在价值链上所扮演的角色,即在研发、生产、销售等不同环节中，什么群体应该是主导，什么群体应该是协调与服务。

如在韩都衣舍的案例中，三人组成的小前端便是奋斗在一线的主导，7大后台便是协调与服务。为了实现自下而上的人人创新和自上而下的中央控制，确定角色之后的第三步便是权责利的界定和考核执行。三人小组既有确定款式、库存深度、销售价格、营销活动等权利，也要对销售目标、库存、毛利、品质等负责，还能在销售额、毛利率、库存周转中获得利益，7大平台也有各自的权责利规定。

在组织模式的演化逻辑中，可以看到每种组织模式都有优缺点和采用背景。永远没有最优秀的组织模式，只有在战略指导下，通过全面权衡的最合适模式。在设计组织模式或寻找组织模式优化的方向时，通常是向着核心组织能力的方向，配以整个组织能力的协同。

组织的变革也犹如一场革命，是企业之大事，存亡之道，变不变、怎么变都应该谨慎对待并做周详的谋划。组织模式既不能迫于既得利益者的阻碍一味停滞不前，也不宜在没有论证清楚的情况下盲目向前。现实中很多企业总能看到各种新组织模式的种种好处，便忍不住去模仿、跟进，最终弄成了邯郸学步的局面，耗时耗力、百般折腾之后企业已是筋疲力尽。

事实上，目前仍有许多"新鲜"的组织模式不论在理论研究，还是企业实践都处于起步阶段。企业采用何种组织模式的关键，是哪种组织模式能在内外环境中更有效地帮助企业、服务客户，在竞争中能反应迅速，作出有效行动。战略指导着组织模式的选择，成功的组织模式优化往往能重塑企业生命力，助力企业向新的发展阶段进化，推动企业战略的实施与完成。

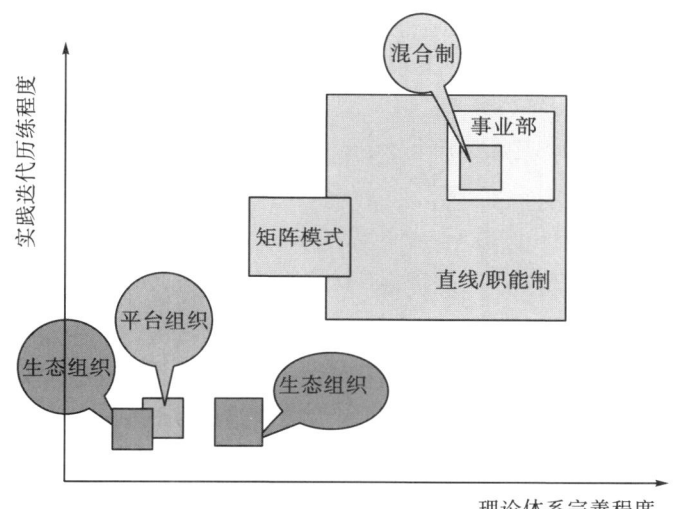

组织模式成熟度[①]

---

① 梁学荣. 一张图看清多种组织模式的成熟度. 图片来源：事业部制公众号. 2018.3.20

业务模式、渠道模式、组织模式构成了商业模式的主要内容，在不确定的商业环境中，企业需要站在产业生态链的空间角度来构建商业模式，要有社会生态的共有格局。商业模式的制定通常在设计之初是符合逻辑的，但在实践检验中，往往会有所出入，这需要结合市场外部环境的变化，进行优化和迭代，从而构建最适合自己发展的商业模式。

第二节 商 务 管 理

正如在"道"篇所倡导的那样，做企业也需要"内方外圆"的特质，在坚守自身的目标和价值观同时，既要有硬的制度，还要有柔性化的管理。在企业经营活动的过程中，要有两部分的组织成员相互协同配合，才能完成企业经营目标。一部分是企业内部组织成员，另一部分是外部组织成员，内外皆要有规则，都要有管理。对员工及内部流程的管理，是企业自身管理的基础，商务管理则是企业外部合作的保障，也是可持续合作的基础。二者虽各有侧重，但互为补充，缺一不可。内部管理和外部管理就像吃饭所用的两根筷子，只有合在一起，相互配合，才能发挥作用，共同保障企业的有序运作和健康发展。

有效的对外合作需要有效的商务管理，它不仅能在制度层面约束和保护双方的商业行为和商业利益，还能提高双方的合作效率，实现合作的双赢，以及保持合作关系的持续健康发展。商务管理实际上就是对整个供应链价值的管理，主要分为供应端、销售端和服务端三个部分。

供应端：主要协助企业解决产品的研产问题，包含了提供产品开发、原材料、生产、仓储物流等服务的企业。

销售端：主要协助企业解决产品的销售问题，并提供市场网络建设及售后服务执行等，包含了渠道商、零售商等。

服务端：主要为企业提供运营辅助支持，包含了新闻媒体、法律机构、财务机构、广告机构、融资机构等。

企业的供应端、销售端和服务端，都是为了辅助企业实现经营目标而有机组合在一起，它们是企业优势互补、分工协作的外部组织，这里称之为企业的"泛组织"[①]。对供应端、销售端和服务端的统筹管理，就是企业的供应链价值管理，它不只是对企业间合作的管理，更是对供应链价值构成的剖析与优化，从而促进企业竞争优势的形成。供应链上的合作者，往往可以形成企业的价值点，如果企业在某一点的价值创造能力远超于同行，那这个价值点就能支撑企业核心竞争力的构建。

供应链价值管理，首先要更新对供应链的认识，秉持"泛组织"的理念，洞悟供应链价值给企业所带来的竞争力。其次，要重视对供应链的商务管理，企业可自行建立管理体系，与各方合作，也可选择外包管理服务。如可选择行业资深的服务机构，来提供专业化

---

① 王汝平.C管理模式.成都：四川人民出版社，2009.

的投融资、原材料采购、生产、仓储物流、销售、推广等方面的统筹管理服务。现实中，供应链价值管理的突破往往能给企业带来新的发展机遇与竞争力提升。

在格力、美的、海尔三雄争霸多年的中国空调行业，奥克斯空调凭借电商平台弯道超车，自2015年起连续三年出货量增长迅猛，并在2017年成为第四个出货量超过1000万台的空调品牌。奥克斯空调的崛起，很大程度上得益于供应链管理的成功。面对电商红利的消失，奥克斯在2017年拥抱"新零售"，并与阿里巴巴启动了"智慧供应链优化项目"。此项目打通了天猫、菜鸟、奥克斯的供应链数据，去掉了不必要环节，将从排产仓储到配送，再到签收的供应流程从33个小时缩短到了1.4个小时。据2018年3月至6月的测试数据显示，奥克斯仓储的预测率、智能分仓、提前布备货预测等，预测准确率已经超过了70%，缺货率下降了10个百分点，并且货物周转率提升了近40%，仓储物流费用也节省了近20%[1]。

这个案例告诉人们，供应链价值的管理，不仅可以给企业带来实实在在的效益，也能带来新的发展机遇，促进企业可持续健康发展。

接下来将从供应端管理、销售端管理和服务端管理三个模块进行商务管理的探讨。

模块五十八：供应端管理

在供应链的诸多定义中，最被大众接受的定义是：供应链是一个包含供应商、制造商、运输商、分销零售商以及客户等多个主体的网链系统[2]，通常围绕着核心企业，通过对信息流、物流、资金流的控制，从采购原材料开始，制成中间产品以及最终产品，最后由销售网络把产品送到客户手中。从这一过程中，可以看到供应链包括了产品到达客户手中之前，所有参与供应、生产、运输和销售的企业。在这里以核心企业为研究视角，主要讨论产品形成前的供应端。

在竞争越发激烈，消费市场瞬息万变的今天，企业间的竞争已上升为整个供应链价值整合能力的竞争，要在市场竞争中占得一席之地，需要加强对整个供应链价值的管理。于核心企业对供应端的管理而言，就是要降低其整体运营成本，缩短供应端响应时间，加快产品的设计、生产和配送，以此增强企业的竞争能力。那该如何与供应端展开合作，发挥供应端价值，提高整体竞争力呢？可从以下四个方面进行思考。

一、在企业的不同发展阶段，对供应端的管理重心有所不同

(1) 起步阶段。企业的供应商选择与管理往往具有较强的随机性，就像在菜市场买菜一样，挑挑选选，哪家符合需求就选哪家，对供应端的管理还处在摸索和经营积累的过程中。

---

[1] 资料来源：https://www.sohu.com/a/257011061_99915108.
[2] 苏尼尔·乔普拉. 供应链管理. 陈荣秋，等译. 北京：中国人民大学出版社，2016.

(2)初级阶段。企业具备了职能划分，计划、采购、生产、物流、仓储等部门各就其位，各司其职，但也形成了各自为战的局面，力求本部门的成本最小化，却忽视了企业综合成本。这时的管理重点，在于加强部门间的沟通与协调，对外发出一致的声音，并降低总成本。

(3)成长阶段。企业内部形成了有效的协同机制，建立了包括计划、采购、生产、交付、退货在内的流程。这阶段的管理重点，在于加强与供应商的沟通与协作。

(4)高速发展阶段。企业与供应链上下游建立起来的有效协同机制，能够让实物流、资金流、信息流在供应链上顺畅地流动起来，需要提高的是设计与制造的协同、产值计划的预测与协同，以此充分发挥供应链的协同优势。随着信息网络、动态联盟等技术的充分应用，所有供应链成员都能够实现有效沟通、密切合作、技术共享，以获得市场的支配地位，这是供应链合作的高效状态，也是许多企业努力的目标。

对于供应端在企业发展阶段的历程演化，可以从波音供应端发展的三个阶段中加以体会。

如今的波音787项目，采用的是全球供应端模式，飞机90%的零部件是由供应商制造，其中70%来源于国外供应商。可曾经的波音公司却是高度纵向一体化的公司，主要生产都集中在公司内部，对外主要是采购原材料，如波音727项目只有2%的部分是由外部供应商所提供。在波音飞机销向国外的过程中，为了实施客机的购置与工业补偿贸易，便将一些低端的零部件生产转向了业务所在国，此为波音供应端的生产外包阶段。随着经济的全球化、国际分工的进一步加深，原有的纵向一体化已难以适应市场竞争，于是波音公司开始将一些重要的零部件、分系统的研发工作转包给了其他企业。

在波音777项目中，国外供应商参与的比例已达到30%，这便是其跨国供应端阶段。随着供应商在产品线中发挥的作用越来越大，其角色也由传统的零部件供应者变为零部件的参与设计者，渐渐成为项目的战略合作伙伴，由此所生产的波音787也代表了目前民用飞机全球化研制的最高水平，此为全球供应端阶段。波音的全球供应端，将研发设计、生产成本、所得利益分向全球合作伙伴，建立了全球性的协作体系，加快了波音飞机的发展。

二、供应端合作商的选择与推进，是建立良好合作伙伴关系的重要基础

可以从以下几个方面进行考量：

(1)供应端合作伙伴的选择，要遵循需求驱动、快速响应的原则。

需求驱动原则：要求企业在选择供应商时，将最终用户的需求作为整条供应链中信息流、物流、资金流运作的驱动源，并始终贯穿于供应链的全过程。

快速响应原则：要求企业快速响应市场需求，这就需要供应端与整个供应链之间的高效协同，以满足用户多样化、个性化、定制化的需求。

著名服装品牌 ZARA 便是一手抓住客户需求，一手掌控生产销售。ZARA 通过及时准确的销售信息反馈，来调整和驱动供应链的各环节协同，以快速响应市场需求，为顾客提供心仪的时装，形成了著名的"ZARA 模式"。"ZARA 模式"主要包括三位一体的设计与订单管理、垂直整合式的生产管理、最后一公里的配送管理和一站式购物销售管理。在整条供应链中，ZARA 特别强调速度的重要性，从衣服的设计到消费者手中一般只需 2 周的时间，而许多同行要 2 个月左右的时间。

(2) 供应端的合作者要遵守同步运作、动态重构的原则。

同步运作原则：要求供应端与供应链各企业之间保持步调一致。上游企业需准时地、按质地为下游企业提供所需原材料或半成品，任何一环节的中断或延长，都会带来系统性问题。

动态重构原则：供应端是因为特定需求而存在的，它具有一定的生命周期性，当需求发生较大变化时，供应端需要动态重构，以此满足新的需求。

盒马鲜生作为"新零售"概念实践的先遣军，于 2017 年推出了"日日鲜"系列蔬菜产品，运用大数据、移动互联、智能物联、自动化等技术及先进设备，从供应、仓储，到配送都应用了完整的物流体系，实现了较大程度的供应链协同。盒马鲜生的门店与供应端建立了直通车，农户根据销售数据边采购边包装，实行冷链温控，将蔬菜收割到门店上架的时间控制到了 18 个小时以内，实现了绝不卖隔夜菜的承诺，坪效是传统生鲜超市的 3~5 倍[①]。

(3) 与供应端的合作要体现互惠共赢、合作共享的原则。

互惠共赢原则：要求企业在对外合作中，不仅要算好自己的账，还要替别人算好账，长久合作要算大账、不算小账，利益要看长远、不计眼前。

合作共享原则：要求企业在利用他人之长，补自己所短时，要注重与合作伙伴在资源、市场机会、信息和技术等方面的共享，以此降低共同风险，提高双方的风险抵御能力，实现共同成长。

海尔集团对供应商设置了较高的引入门槛和标准，不仅保持了供应端系统的稳定，也保护了核心供应商的利益，当有新物料需求时，海尔会尽可能在现有供应商中消化，并给予技术研发支持、投资扩能。另外，海尔也在积极推进供应链扁平化改革，通过工厂信息互联，与供应端共享市场数据等，以此共同建立互联互通新生态，一起面对终端用户，用差异化的方案，去满足用户新需求，创造用户新体验。

---

① 资料来源：https://www.pintu360.com/a43873.html。

(4) 良好的合作伙伴关系，取决于总成本最低与风险最小化的平衡。

企业在选择供应商时，不能一味地追求单一环节的最低价格，而应在质量、价格、交货期、批量柔性、品种、交互等多方面建立综合评价指标体系，在总成本与风险之间找到适合企业的平衡点。

在西门子供应链管理的十五条原则中，可以发现，其对供应商的订货份额，取决于完善的总成本评价体系，总成本=价格+质量+物流等服务，成本越高，订单份额就越少。另外，作为西门子的合格供应商，会参与西门子的研发过程，或加入高级采购工程的设计中，以降低合作过程中的风险。

三、对供应商的延伸管理，将提升整个供应端的牢固程度

现实中，许多企业对供应商的管理，往往着力于与其发生直接关系的一级供应商，而对于供应商的供应商，即二级供应商，或是三级供应商的关注和管理几乎是没有的。看起来对二级供应商的管理应该是一级供应商的事，因为是他们在直接发生交易，可许多一级供应商由于管理能力的不足或重视不够，导致对二、三级供应商管理的缺失，这就形成了供应链上的薄弱点。一条链的坚固程度，往往取决于它最薄弱的环节。企业不仅要加强对一级供应商的管理，对于在成本、质量、消费者满意度等方面影响较大的二、三级供应商，也可有针对性的管理。另外，企业也可以帮助一级供应商提高管理下级供应商的能力，从而达到加固供应链薄弱环节的目的，以此提升整个供应端的牢固程度。如苹果公司不仅利用其规模和影响力，牢牢地控制了两百多家一级供应商，还通过各种方式对数百家二、三级供应商进行管理。丰田公司不仅与一级供应商建立了良好的合作关系，也对二、三级供应商进行直接管理，将凯美瑞汽车的制造成本降低了30%。业界常常感叹于丰田公司的供应链管理，下面以此为例加以探讨。

在管理供应商方面，丰田汽车始终致力于建立良好的供应商合作体系，在这一体系中包括了一套复杂的合作系统、伙伴关系等级体系、控制方法和文化的关联等内容。丰田汽车对供应商的管理始终保持着严要求、高标准、共进步的原则，对供应商设立具体的技术创新目标，以保持双方的高速成长。

日本汽车零部件供应商电装公司就是在与丰田公司的合作中成长起来的，其散热器和交流发电机在丰田的供应链中有着重要的地位，丰田也促使其始终保持着行业领先优势，现已在世界500强排行榜中排名第229位。另外，丰田公司也有著名的"VE、VA提案制度""市场不合作的赔偿系统"和"供应商回复系统"等。"VE、VA提案制度"旨在要求零配件厂商提出有效降低成本的提案，并将削减成本的一半费用回馈给厂商作为激励，以完成看似严苛的成本降低目标。"市场不合作的赔偿系统"在于使供应商建立对市场问题分析的体制，并促使供应商亲自开展市场品质改善。"供应商回复系统"规定了供应商

的赔偿范围，具体包括缺陷零件费、关联零件费和修理劳务费等。

四、在供应商的考评机制上，要有关注过程和重视结果的规范

现实中，许多企业往往只关心结果，而忽视了过程，更多的是事后考评，即依据最终的交货结果，在质量、价格、交货日期、服务等方面进行综合考评，然后根据结果划定等级，再进行分级管理、奖优罚劣，将不合格的供应商淘汰掉。这一方式虽然省心省力，对防止出现同一错误也有一定的作用，但也容易出现"优秀的供应商不够忠诚，忠诚的供应商不够优秀"的现象。

对供应商的实时协作支持，是一个促进共同成长的有效措施。即：

(1)在供应商设计、生产环节提供支持，是保证产品质量的一个有效途径；

(2)帮助供应商提升成本控制能力，是降低制造成本的一个有效方法；

(3)与供应商生产进度协同，是保证按期交付的一个有效手段。

对于供应商的考核指标，不同行业、不同企业、不同时期、针对不同类别的供应商往往有较大的差异。在一般情况下，企业可采用 QCDS 考核评价指标，即品质(quality)、成本(cost)、交期(delivery)和服务(service)四个维度，每个维度再细分成具体的考核指标和对应的权重，考核的时间维度通常有月度、季度、年度以及最终的交付考核等。丰田公司在考核供应商时，除了上述四个维度，还对部分供应商从创意的提出、与其他供应商的协作等维度进行考核，供应商的业绩衡量取决于两个重要的要素，即对过程的考虑及最终取得的成果。

供应链的建设是一个动态持久的过程，对供应端的管理亦是如此。虽然企业在不同发展阶段的供应链战略有所不同，但都是以围绕构建市场竞争力为导向，以满足客户需求为中心。对于供应商的合作与管理，可以基于企业实际需求，从多维度、多角度去思考设计，但需要注意的是，对供应端合作伙伴的管理不是为了控制住供应商，而是要遵循商业之本，紧扣人心，把握人性，真正切合内圆外方的管理特质，以此构建具有强大竞争力的供应端支撑。

模块五十九：销售端管理

销售端是企业供应链上的重要合作伙伴。供应端主要协助企业解决产品的研产问题。销售端则主要是协助企业解决产品的销售问题，它是将产品送达消费者手中的渠道，是企业向客户提供价值的通道。销售端通常由直销、分销、经销、代销和零售等承担销售功能的渠道构成，如果以核心企业为研究视角，那么可以将它们统称为销售端。

对企业来说，销售端是产品进入市场的必由之路。据一国际调查机构的调研结果显示，企业对渠道商的选择与合作，对客户满意度有着重大影响。即当好的产品遇到好的渠道商，客户满意度可达到 56%；当好的产品遇到差的渠道商，客户满意度仅为 36%；相比于竞争对手表现差的产品，遇到好的渠道商，客户满意度也可达到 49%，而差的产品遇到差的渠道商通常是没有市场的,也就不存在客户满意度。这一结果说明,企业构建有什么样的销售端,就会产生相应的市场满意度。同时,销售端作为企业价值的重要一环,其质量的高低直接决定了企业竞争力的强弱。高质量的销售端,不仅可以迅速占领市场、提高产品销量、完成市场目标,也可以帮助企业进行品牌的宣传推广、品牌形象的树立。企业还能从销售端中获取有效的市场反馈信息,为企业产品的设计、生产等环节提供重要的参考资讯。

那企业如何去开发渠道并有效管理呢?

一、渠道开发是构建与企业自身相适应的系统工程

在这一开发过程中,可遵循"准备、搜寻、甄别"的流程。

(1)准备,是企业有效开发渠道的第一步,是知己知彼的一个过程。"知己",就是根据企业营销策略对渠道商进行画像,以框定渠道商的大致范围和主要标准。"知彼"是对区域渠道商的基本情况、经营实力、信誉等方面的了解,也是对目标区域和客户构成情况的掌握。

(2)搜寻,是在准备的基础上进行潜在渠道商的物色,可通过销售团队、行业协会、交易会、招商广告等方式进行。

(3)甄别,是在正确分析潜在渠道商的基础上,进行入选标准的确定。对渠道商的入选标准,一般从合作意愿和经营实力两个维度进行考量,合作意愿包括对产品的重视和认同,以及价值观的吻合;经营实力通常包含经营理念、信誉状况、经营能力等。同时,企业在制定入选标准时,需从结合实际匹配的角度去考量,如渠道商的规模并非越大越好,只要与区域市场的能力匹配、资源匹配、理念一致,就是合适的渠道合作伙伴。

二、树立正确的渠道商合作理念

现实中,很多企业和渠道商对于合作关系都存在一些认识和处理的误区。

一方面,企业认为渠道商只是其完成销售目标的执行者,听命于企业便是。当渠道商符合企业要求时,可包庇其违规行为,持"睁一只,闭一只眼"的态度。当渠道商不再适合企业需求时,便极力找出"不合规"的行为,随时"过河拆桥"而不必承担任何责任。

另一方面,有的渠道商基于企业对其销售的依赖,只为自己眼前的短期利益,而视企业的市场管理规范于不顾。正是企业和渠道商对合作理念认识的误区,导致了双方市场行为的不一致,引发了一系列窜货现象,造成了市场价格混乱的局面,最终给双方带来了难以挽回的损失。三株口服液的倒下便是这样一个案例。

曾经的"三株口服液"火遍了大江南北,人们排队购买的场景出现在各个城市,其市场占有率一度达到了60%。三株公司在全国注册了600个子公司,并在县、乡镇建立了2000多个办事处。然而好景不长,随着虚假广告、"成都事件""常德事件"等被媒体纷纷报道,三株公司的市场份额迅速萎缩,但这些都只算是外伤,令三株公司倒下的另一

个重要原因,正是管理失控下的严重串货和乱价行为。三株公司着眼于营销系统的全面化,实行直营渠道和高宽度分销渠道结合的模式。在每月高增长销售目标的要求下,在三株公司"唯业绩论英雄"的激励导向下,各子公司和经销商纷纷通过虚高进货、跨区串货的方式来争取完成任务。一度出现了跨越几百到几千公里的窜货现象,零售价40元的产品,也以19元的乱价在销售。受串货、乱价的影响,三株口服液的市场更加混乱,虚假报账、虚开广告费的行为时有发生,自下而上形成了一个"员工蒙经理、经理蒙地区、地区蒙总部"的现象。当三株公司意识到串货带来的巨大危害时,也曾大力整治市场,但为时已晚,最终被渠道遗弃,被市场所淘汰。

三、企业与渠道商是利益共同体的生态关系

企业要通过渠道商来完成市场拓展和产品销售,渠道商通过销售企业的产品来获得收益,双方认清并处理好这种关系尤为重要。汽车领域常常用"一棵树,树冠有多高,树根就有多深"来形象比喻车企与渠道商的关系,各大成功的车企往往也深谙与渠道商的合作之道,在彼此协助、相互成就中发展壮大。作为合资车企的东风日产便是其中一个例子。

东风日产从2015年起连续三年实现了100万辆的产销量,并在2018年9月,实现累计用户1000万的成绩[①]。在发展历程中,东风日产始终围绕着产品,以经销商的利益和消费者的满意为目标,消费者不只是汽车的销售对象,经销商也不只是一个销售渠道,三者之间是平等、和谐、可持续发展的生态圈。东风日产体现生态圈理念的做法有很多:

(1)自2015年起,所宣布的销量不再是厂家的批发数,而是经销商的零售数。统计方式的小变化,是东风日产从"以我为主"到"以消费者为主"的观念转变,是"关心经销商进货量"到"关心经销商销售量"的实际转变。

(2)东风日产本着"有事商量着办"的原则,建立了一整套与经销商之间的沟通体制。在这一沟通体制中,将16家最核心经销商的投资人聘为企业的战略顾问,以共同把握未来的市场趋势。同时,沟通体制中还有由58个经销商组成的G3投资人,还有DAB经销商咨询委员会、销售市场顾问委员会和售后顾问委员会,以从多维度倾听终端市场情况。沟通体制中最大的亮点是经销商收益管理委员会,其通过15项贯穿经销商全价值链的收益KPI考核,来判断每家店铺的收益情况,而每项目标的考核都由企业的特定部门负责。

(3)东风日产创立了收益公积金改革项目,推出了众多有效提高经销商收益的金融政策。

(4)东风日产在马拉松活动、欧洲超级杯和欧冠联赛、NBA中国赛等方面的赞助,为经销商的营销起到了强有力的高空拉动作用。

总的来说,厂商共生关系的建立,成为汽车行业渠道变革的主要方向。

---

① 资料来源:https://www.sohu.com/a/214648109_115342.

四、以合作共赢的出发点，对渠道商进行管理

逐利是商人的本性，渠道商作为市场销售的参与方，无利可图换来的一定是转身离去。这需要企业站在渠道商的角度，想之所想、急之所急，在市场规划、宣传推广、产品价格、销售支持与激励、风险规避等方面，制定出合理的政策，并通过合作政策的有效执行，以保障渠道商的利益。

对渠道商的日常管理，是保持双方有效沟通的重要手段，也是及时发现和处理问题，提升渠道商经营能力的主要途径。具体来说，企业可从以下几个方面着手：

(1) 上传下达。一方面收集渠道商遇到的问题和市场信息的反馈，另一方面宣导企业的理念，解读政策，推广产品。

(2) 对渠道商的库存、业绩、市场态势等情况进行分析，并提出行之有效的建议和帮助。

(3) 可针对渠道商的管理现状，提供经营管理、市场营销、客户服务等方面的培训支持，帮助渠道商提高经营能力。现实中，许多企业都非常重视对渠道商的日常管理与赋能。

如壳牌石油的工作人员，会对其渠道商进行周期性的固定拜访，对其库存、销售、管理情况作出改进性建议，并记录其信息反馈情况。另外，壳牌石油也会对其渠道商进行不定期的培训，具体包括市场发展趋势、管理规范、操作规范等方面的内容。

"渠道为王，终端制胜"是众多企业秉承的营销理念，渠道商的选择和管理决定了企业在市场中的表现。甄选适合企业的渠道商，需要敏锐的洞察力、积极的销售政策和规范的管理来做支撑。正确认识和处理二者的关系，才能充分发挥销售端的价值，从而实现企业与销售端的共赢。

模块六十：服务端管理

在企业的经营活动中，除了要与供应端和销售端的企业建立合作共赢的关系外，也需要经常与新闻媒体、法律、财务、广告、金融等服务端机构打交道。服务端是企业供应链中的重要一环，涉及企业经营活动的里里外外，是企业发展的"翅膀"，是参与市场竞争的"金丝软甲"。诚如新闻媒体的一次负面报道，可能会导致企业的衰亡；一个成功的广告投放，可能会让企业一夜成名；一次旗开得胜的法律官司，会拯救企业于水火；一次成功的融资，如同输血救命一般。

企业与服务端合作伙伴打交道时，尤其要注意与新闻媒体合作关系的建立，以及舆论危机的处理方式。相对其他服务端伙伴来说，新闻媒体具有"进退失据"的特点，这里便以此为例进行探讨。

新闻媒体通常包括纸质媒体(报纸、杂志)和电子媒体(广播、电视、网络)两大类。随着互联网的大规模普及，新闻媒体几乎无处不在，已然成为企业在发展中不可或缺的一部分。现实中，媒体报道对于企业的发展往往是一把双刃剑，一方面，企业及其产品可能在各路媒体的争相报道中迅速成名，如褚时健老先生匠人精神下的褚橙，以及在汶川大地震

后捐赠1亿元救灾款的加多宝集团等。另一方面,企业长期努力所树立起来的形象,也有可能在负面报道中一夜倒塌,如销售额达80亿元的三株口服液、百年老店冠生园及曾经如日中天的巨人集团,这些企业的最终坍塌,新闻媒体恰恰起到了推波助澜的作用。

新闻媒体是企业与社会大众之间进行信息交互的放大器和加速器。现实中,许多企业往往都很重视与新闻媒体的沟通,也善于利用新闻媒体这一重要渠道为企业树立形象、传播理念,甚至企业高管们也乐此不疲地出现在媒体面前为企业代言。如马云为阿里巴巴的花式宣传,乔布斯的苹果发布会,雷军的小米发布会,还有为格力代言的董明珠,为Facebook代言的扎克伯格,为聚美优品代言的陈欧,为摩拜代言的胡玮炜,等等。

然而,不少企业对新闻媒体却采取远离的态度,他们一方面不愿意与媒体打交道,认为媒体就是为了拉赞助、推广告;另一方面不知道如何与媒体打交道,害怕在无意间暴露了企业经营的问题。可在互联网时代,企业的经营管理活动,就好像置身于一个透明的玻璃里,一举一动、一纲一领都可能被上传至互联网,被媒体宣扬,被人们评论。

所以,与新闻媒体打好交道,已是企业须面对的公共关系课题。而且在关系的建立中,企业要本着"媒体不是威胁而是机会"的理念,主动、真诚地和媒体交朋友,具体来说,可从以下几个方面着手。

一、了解和尊重媒体是建立友好关系的前提

媒体的类型多种多样,表现的形式各有异同,了解不同的媒体有何区别,不同媒体的记者有何特点,媒体对企业有什么要求,最近媒体所关注的热点,等等,都是企业了解媒体的切入口。了解媒体可以利用不同媒体的不同特征,为信息传播选择合适的途径,如哪家适合短平快的新闻,哪家擅长深度的分析,哪家适合高层的访谈,哪家的评测最具影响力。

如同企业有企业的文化,媒体也有媒体的文化,不同的媒体有着自己的行业规则、运行逻辑和行事风格。这就需要与之打交道的企业在了解的基础上充分尊重媒体。如在接受媒体采访时,对于"苛刻"的问题,可以妥善巧妙地回答,可以有礼有节地解释,而不是怒火中烧、无可奉告。除了尊重媒体的行业规则,企业也要尊重媒体工作者的专业性,不同的记者在同一事件上,通常会从不同的角度向公众进行报道,若没有不实或负面的内容,企业尽量不要为追求主观方面的宣传需要而要求媒体修改内容。另外,要注意对媒体的"区别对待"和"一视同仁"的节奏把握。区别对待是按媒体属性、传播辐射力和内容影响力,来考量是重点维护还是次要维持,而不是简单的厚此薄彼;一视同仁是对所有媒体持有的客观态度,不持偏见,不树敌,不迎合。

二、对待媒体要实事求是,谨慎发言,积极主动

与媒体沟通的失真、失实会产生严重后果,因为欺骗媒体就等于欺骗公众,失信于媒体就等于失信于天下。面对媒体时,发言人一定要清楚什么是能说的话,什么是暂时不能说的话,对于不能说的话,可以选择不说,但不能瞎说;对于媒体的质疑,可以详细解释,

如实回答,但不能浮夸噱头,敷衍了事。现实中,企业的不谨慎言论,往往会给企业带来难以预见的重大损失。

曾任谷歌首席财务官的乔治·雷耶斯在一次公开的投资者会议上提到,谷歌保持高速发展的势头会越来越难。乔治·雷耶斯的原意是想说明,像谷歌这样具有高成长规律的企业,最终都会有增速放缓的那一天。但此消息一出,媒体便争相报道,谷歌的股价也应声而落,造成了不小的损失。

企业与新闻媒体打交道时,积极主动会给企业带来正向的宣传效应。一方面,企业如果希望通过新闻媒体树立形象,报道新产品新技术,可以利用有新闻价值的事件主动引起关注,主流权威媒体的报道,往往能给企业带来大量的关注。如,2016年2月,京东方柔性AMOLED显示屏正式量产的消息,被央视《新闻联播》进行了报道,这使得"默默无闻"的京东方一夜之间进入了大众的视野,成为"网红",股价也应声上涨。除了引起媒体的关注和报道,企业在有必要的情况下,也可以邀请媒体进行采访,或是举办新闻发布会等。

另一方面,企业在深陷舆论危机时,采用"拖"的方式往往是不成熟的表现。相反地,企业应在第一时间,主动出面澄清事实,快速响应,掌握信息走向的主动权。

2017年的"3·15"晚会上,无印良品被爆出部分进口食品产自日本核污染区。第二天,无印良品发布了声明,并指出了引发此次误解的原因,其食品包装的日文标识不是食品原产地,而是其母公司的名称及注册地址。无印良品还在声明中附上了每批次食品的报关报验单等一系列证明文件,有理有据地回应了质疑,并在短时间内转危为安。

另外,值得注意的是,企业万万不能通过贿赂媒体来获得积极的新闻报道,或通过贿赂、威胁等方式,截取新闻媒体的负面报道,这样的行为往往会给企业带来更大的灾难。

三、以诚恳的态度来应对负面报道,以迂回的方式来减轻负面影响

企业在面对负面报道时,如报道属实,则应主动承认错误,承担责任,并用实际的整改行动回应公众。

2017年8月,著名连锁火锅品牌海底捞被媒体曝光,称北京劲松店和太阳宫店后厨有老鼠乱窜,洗碗池卫生脏乱,打扫卫生的簸箕和餐具同池混洗等问题。随后,海底捞官方便发表了回应,承认了媒体报道中所披露的问题,也愿意承担任何经济责任和法律责任,并启动了对海底捞所有门店的整改,且后续会公开整改方案。在随后公布的整改方案中,看到北京劲松店、太阳宫店已停业整改,全面彻查,并组织所有门店排查。两天后,海底

捞发布了有关政府部门的督查情况和整改措施。

在这一案例中,可以看出海底捞在媒体曝光后,不仅第一时间作出回应,承认错误并致歉,而且迅速提出整改方案,实施解决方案,在一定程度上挽回了品牌的信誉。

当负面的新闻报道属实,除了以诚恳的态度正面应对,也可采用迂回的方式,从侧面减轻负面影响。如面对难以解决的问题,可尽量将大众的注意力进行转移,也可以借助各路媒体进行正面宣传。另外,恰如其分的"情感牌"也不失为一种缓解危机的方法,但当危机已经超出了企业能解决的范围,或企业自身本来不具备解决危机的能力,就需要寻求专业团队的帮助。

四、谨防来自自媒体的杀伤力,建立企业自媒体发声渠道

在这个人人都是媒体,转发即可传播的时代,可能某一公众号的一篇文章,某一门户网站的一个视频,就会将企业猝不及防地推向舆论的风口浪尖上,如果此时企业处理不当的话,便很有可能陷入危机。

2018年11月,著名的奢侈品品牌杜嘉班纳(D&G)广告片涉及辱华争议,在网友的质疑和讨伐中,其设计师不但态度恶劣,还口出恶言。随着事件的升级,杜嘉班纳官方却给出了官方账号和创始人账号被盗的"解释",但这无疑是一个令大众难以信服的回应。最终杜嘉班纳的品牌形象严重受损,也失去了销售链的支持和消费者的信任,而后便黯然退出了中国市场。

杜嘉班纳的案例告诉人们,在面对网络质疑和讨伐时,不仅需要企业采取合适的处理方法,更重要的是正确的企业价值观和过硬的产品质量,它们才是面对网络舆情时不卑不亢、有理有据的基础。星巴克在面对谣言刷屏时的轻松应对,便是这样一个例子。

2018年3月30日,一个叫"澳洲Mirror"的自媒体发布了一篇名为《星巴克最大丑闻曝光,全球媒体刷屏!我们喝进嘴里的咖啡,竟然都是这种东西……》的文章,一天的时间阅读量便已经超过了十万,后续两天,关于"星巴克咖啡致癌"的讨论持续在网络上发酵。面对始料未及的谣言刷屏,星巴克随即启动了危机公关。首先,举报了谣言始发地的公众号,并邀请第三方"丁香医生"进行辟谣;随后,星巴克给所有媒体发布了声明,并附上了一份全美咖啡行业协会的相关公告,用行业协会的声明来证明自己的清白,而不直接发表有利于自身利益的言辞。借着多家媒体与相关专家的辟谣报道,以及咖啡常识的普及报道,星巴克的网络舆情危机在短短24小时内便基本得以化解。

在留心并妥善处理各路自媒体舆论对企业的影响之外,企业也应建立自己的自媒体渠道,以便危难之时发出自己的声音,这也是企业平时宣传的一个重要途径。现实中,许多小企业自认为影响力有限，便不会注重企业自媒体的建设，可当偶遇危机需要发声时，不免体会到"哑巴吃黄连"的无奈与辛酸。

2017年2月23日，网络被一篇名为《就算老公一毛钱股份都没有拿到，在我心里，他仍然是最牛逼的创业者》的文章刷屏。作者称她老公是某游戏创业公司的第二名员工，虽冠以联合创始人身份，但七年来从来没有与公司谈过股份。如今和CEO谈股份，却谈崩了，面临着要么净身出户，要么继续拿工资的无奈抉择。文章发布后引来了大面积的网络传播，人们纷纷议论和指责这家公司，可这家公司却迟迟没有发声，也似乎是缺乏发声的渠道，企业的双微账号也几乎没有使用。在被媒体的各种曝光之后，其CEO才在个人知乎账号上作了简要的陈述。大家可能不清楚此次事件的原委，也不会去探究孰是孰非，但从公司处理舆论危机的角度来看，已错过了24小时的黄金时间，网络热点也已转移。网络热点也许是一时的，但这次事件给公司造成的不良印象却是持久的。

在企业经营活动中，都会不可避免地与新闻媒体、法律机构、财务机构、广告公司、金融机构等第三方服务商发生合作关系。服务商是企业经营活动中的"软实力"供应商，在特定的时期、特定的事件中，甚至会关系到企业的存亡，这需要企业管理好与服务端的合作，经营好彼此的关系，发挥服务端在企业供应链价值中的软实力作用。

第三节 营销企划

营销企划是企业营销管理中的战术计划，是在市场营销环境的调研分析基础之上，为了完成市场目标及结合企业实际情况，而制定的策略、措施和具体的实施步骤。在营销企划中，要求管理者既要"做正确的事"，也要"正确地做事"。市场的细分、目前群体的定位，以及与之匹配的品牌定位和产品定位等，对于企业的营销管理而言是"做正确的事"，而营销策略的制定与执行，营销资源的配置与管理等则是要"正确地做事"。

在企业的营销管理中，几乎每个品牌、产品都需要详尽的营销企划，它是一个系统的执行工程，而不是简单地套用4P（价格price、渠道place、促销promotion、产品product）、4C（包括消费者consumers、成本costs、便利convenience、沟通communication）等概念就可以代替的。

现实中，许多企业也制定了相应的营销企划，可往往是企划之初信誓旦旦、言之凿凿；执行时却遭遇"理想很丰满、现实很骨感"的尴尬，甚至有的企业为了避免"计划永远赶不上变化"的管理尴尬，干脆奉行"没有计划就是最好的计划"理念。

那该从哪些方面去着手营销企划，才能最大限度地保障其有效执行呢？在这里从市场定位、价值营销、营销策略和资源配置四个模块进行探讨。

模块六十一：市场定位

市场定位也称作"营销定位"，是企业在目标群体心目中塑造产品、品牌的形象或个性的营销技术。

市场定位的第一步是找准目标群体，具体包括整体市场的细分和目标市场的选择两个步骤(可对应 STP 理论中的 S、T)，第二步则是针对目标群体的需求进行品牌和产品等方面的定位(可对应 STP 理论中的 P)，以保留在目标群体心目中的独特印象，从而取得竞争优势，以实现知名度、美誉度和市场占有率等方面的市场目标。

在这里从目标群体、品牌定位和产品定位三个维度进行市场定位的探讨。

一、目标群体

目标群体是企业营销活动所作用的特定群体，是企业为其提供产品和服务的最终顾客。对于目标群体的作用和定位，下面将以企业对待目标群体的态度转变为逻辑线，以 1.0 逻辑、2.0 逻辑、3.0 逻辑加以陈述。

(一) 1.0 逻辑

在商业活动等于生产活动的时代，由于物资匮乏，企业往往是生产什么就卖什么，顾客也就买什么。如美国早期市场上畅销 20 年的黑色汽车、日本 20 世纪 60 年代盛行的三大"白色神器"(冰箱、洗衣机、电饭煲)，中国 20 世纪 70 年代必备的结婚"三大件"(自行车、手表、缝纫机)。这时期的企业几乎很少关注目标群体，也能取得巨大成功，在此称为 1.0 逻辑。

1.0 逻辑最具代表性的是 1908 年登场的世界性汽车 T 型福特车，打着"你可以选择任何你想要的颜色，只要它是黑色"这一骄傲口号，夜以继日地生产、畅通无阻地席卷着市场，连续畅销 20 年，销量达 1500 多万辆，造就了世界第一畅销车的神话。

然而，只关注生产效率、不关注目标群体的 T 型福特车，在面对德国大众公司的 I 型甲壳虫、通用汽车公司的雪佛兰等竞争对手时，引以为豪的"汽车就是马车的替代品"这一理念被彻底颠覆，汽车被重新赋予了舒适、个性化、多样化等新的价值，此时的 T 型福特车在市场上尽显老骥伏枥之态，纵有志在千里之心，最终也无力回天，不久便难续辉煌、停止了生产。

对未来目标群体的视而不见，没有随着已有目标群体特质的改变而转换，福特汽车公司为此付出了沉重的代价。停产后，它耗用了 1 亿美元的资金和 16 个月的时间来调整，公司虽逐渐苏醒了过来，时至今日，却再也没有了美国最大汽车公司的地位。

(二) 2.0 逻辑

随着社会生产力的快速提高，1.0 逻辑逐渐会在市场竞争中被淘汰，如同 T 型福特车的节节败退，通用汽车、大众汽车的逐步崛起，于是就会产生新的战略逻辑，在此称

2.0逻辑。时至今日，企业对2.0逻辑的理解已日渐丰富并驾轻就熟，几乎所有人都明白，找准目标群体是在激烈竞争的市场中占得一席之地的重要基础。那该怎样找到自己的目标群体呢？

从市场营销战略的角度来看，常用的工具便是STP理论。STP理论由美国营销学家菲利浦·科特勒发展而成，是指企业在一定市场细分的基础上，确定自己的目标市场，最后把产品或服务定位在目标市场中的确定位置上。其中：

S——市场细分(market segmentation)；

T——目标市场(market targeting)；

P——市场定位(market positioning)。

企业要找到自己的目标群体，即对应STP理论中的S(市场细分)。市场细分(S)是指通过市场调研，依据消费者的需要和欲望、购买行为和购买习惯等方面的差异，把某一产品的市场整体划分为若干消费者群的市场分类过程。现实中，企业往往会确定一个或多个细分市场(即目标市场T)，在细分市场内不断挖掘、引导客户的需求，并极力满足或超预期地满足客户需求(即市场定位T)，以保持、扩大市场占有率。

宝洁(P&G)公司便是STP理论的极佳实践者，就拿洗发水来说，针对干发质的亚洲消费者，推出了潘婷品牌；针对追求个性时尚的年轻白领，推出了沙宣品牌；针对追求纯天然的消费者，推出了伊卡璐品牌；针对被头屑困扰的消费者，推出了海飞丝品牌；针对家庭主妇型的消费者，推出了大容量桶装洗发水；针对经常外出的群体，推出了便携式包装的洗发水。单就飘柔这一品牌的洗发水，又有针对干性发质群体的滋润配方、针对中性发质群体的均衡配方、针对油性发质群体的清爽配方。无疑，宝洁公司的市场细分策略是成功的，多年在中国的洗发水市场占据大半壁江山，保持一家独大的市场份额。

市场细分(S)的方法和标准有很多，企业通常根据行业特点、自身资源从不同的维度进行市场细分。如人口特征(包括性别、年龄段)、价格、区域、产品类型、渠道、消费群体等都是常用的划分标准。

在整个服装大市场上，按照性别来划分，有男装和女装；按照价格来划分，有高、中、低档；按照产品类型来划分，有运动型、休闲型、时尚型等；按照年龄段来划分，有针对婴幼儿的服装、针对青年人的服装、针对老年人的服装等。许多服装企业都通过这样的市场细分，然后深耕于细分领域，取得了成功。对20家A股上市服装企业在2017年的营收状况分析，可以看到20家上市服装企业的营业收入总和为962.16亿元，休闲服饰品牌"搜于特"以营收183.49亿元的规模居于首位；男装品牌"海澜之家"营业收入182亿元；中国高端时尚女装品牌"维格娜丝(VGRASS)"营业收入增长最快，达244%，实现营业收入25.64亿元。

(三)3.0 逻辑

同样以服装市场为例，下面来看 3.0 逻辑的特点。

服装市场中，也有不走寻常路的优衣库(UNIQLO)，反其道而行之，将分区的市场进行统合，打着"所有人都能穿的服饰"这一口号，通过契合目标群体的"时尚、耐穿、低价"等价值主张，将原本有形的细分市场转向了市场细分的无形，实现了其企业经营的成功。2016 年优衣库实现营业收入 1077 亿元，在天猫平台上，2018 年"双十一"开场仅仅 35 秒，就实现了销售额破亿，"双十一"当天销售额也率先突破十亿元，终在天猫平台上夺得男女装销售排行榜的双冠军。

这种以企业价值观主张来进行市场细分的定位，暂且称为 3.0 逻辑。从 2.0 到 3.0 的跨越，是随着客户需求的多元化和复杂化发展而来的，在 3.0 逻辑中，企业更注重目标群体的体验感、价值观契合等主观内容。现实中，许多企业也是一只脚站在 2.0 逻辑里，一只脚在跨向 3.0 逻辑的过程中，一方面从客观的视角进行市场细分，另一方面以"主观"的情感颠覆着细分的市场。白酒行业的后起之秀江小白便是 3.0 逻辑的极佳实践者。

创立于 2012 年的江小白，面对大佬争霸、竞争激烈的白酒市场，在看似红海的市场中开辟出了自身独有的一片蓝海，选择将白酒卖给年轻人(此为 2.0 逻辑中的按年龄段细分市场 S，并选择其作为目标市场 T)，和大多数新青年群体一样，主张简单、纯粹的生活态度(即 3.0 逻辑中的价值观契合)。白酒具有较长的售卖历史，但年轻用户不愿意为历史买单，只愿意为当下情绪买单，于是江小白创新推出了"小聚、小饮、小时刻、小心情"的消费场景(定位 P)，做与年轻群体调性一致的文化大 IP，让商品抚慰情绪、品牌连接情感(即 3.0 逻辑中的体验感)，并在产品上定位于为年轻人而生的酒，口味相对清淡、度数较低，便于制作混饮。创造性地连接、契合了白酒与年轻人群的生活方式，从此便牢牢地抓住了年轻用户的心，在白酒行业成为另类且神话般的存在。

在 1.0 逻辑中，由于物质产品的匮乏，企业拥有市场的绝对话语权，因此企业几乎很少认真地关注消费者的需求。进入 2.0 逻辑之后，参与市场竞争的企业越来越多，为了获取更多用户，企业开始学会面向目标用户，在细分领域发力。到了 3.0 逻辑，企业除了通过精准定位的产品以外，还通过情感连接来绑定用户。

从 1.0 逻辑到 3.0 逻辑的演化过程中，可以不难发现，为用户创造价值、与顾客建立情感联系，是产品定位的基础。因此，不管处于什么逻辑之中，也不管今后会有怎样的逻辑升级，都应该持续为用户提供价值，并且在情感上与顾客达到共鸣，这样才能做好产品定位。

二、品牌定位

品牌定位是企业在价值观取向及个性差异上的市场定位决策，它是在目标群体心目中建立独特品牌形象的过程和结果。在激烈的市场竞争中，企业要呈现出独特的品牌价值，彰显差异化的个性，才有利于顾客快速识别。

在手表领域，百达翡丽（Patek Philippe）的品牌定位是手表中的蓝血贵族；江诗丹顿（Vacheron Constantin）的品牌定位是贵族的艺术品；劳力士（Rolex）的品牌定位是与时间永恒；欧米茄（OMEGA）的品牌定位是完美与成就的代表；斯沃琪（Swatch）品牌定位于时尚与运动；宝格丽（BVLGARI）品牌定位于野性魅力。而在时装领域，香奈儿（Chanel）的品牌定位是女性时尚经典的代言；范思哲（Versace）的品牌定位是惊世骇俗的性感与华丽；普拉达（PRADA）的品牌定位是简约到极致的优雅；阿玛尼（Armani）的品牌定位是在时空的轮回中将优雅进行到底；巴宝莉（Burberry）的品牌定位是格子里的百年传奇；纪梵希（Givenchy）的品牌定位是法式的精致优雅。

现实中，许多企业的品牌定位比较模糊，企业的品牌形象不够立体，难以给消费者留下深刻的印象，导致消费者在面对同类商品选择时，也就没有清晰的识别度。品牌存在的一个重要意义，就在于占据消费者心智，帮助顾客降低选择成本。如在买可乐时，人们首先想到的是可口可乐、百事可乐；买凉茶时，王老吉和加多宝便是最有可能的选项；买去屑洗发水时，可能最先想到的是海飞丝；想要喝咖啡时，往往会去星巴克；谈到火锅品牌时，首先想到的是海底捞，等等。

在做品牌定位之初，首先要明白两点：

一是企业品牌形象在消费者心中的地位往往决定了企业的市场份额。正如著名的营销战略家艾·里斯（Al Ries）和杰克·特劳特（Jack Trout），在其合著的《22条商规》里所说的那样，市场营销不是产品之争，而是消费者的认知之争。品牌在消费者心中的地位决定了品牌的市场地位，也决定了企业的市场份额[1]。

二是抢先深入人心胜过抢先进入市场。

小米手机便是这一法则的极佳实践者，在智能手机普及前期，许多用户主观地认为，只要硬件参数高，其品质就一定好。而小米手机正是基于人们的这一认知，塑造了高性价比的品牌形象，主张只要是小米品牌的产品，在同等的性能和质量下，价格一定是最低的。正是基于这一品牌定位，小米手机迅速在消费者的心目中建立了"好用但不贵"的品牌印象，在短短的几年时间里，小米手机便占有了市场的一席之地，也为其在其他领域的产品发展奠定了良好的品牌基础。

---

[1] 艾·里斯，杰克·特劳特. 22条商规. 寿雯，译. 北京：机械工业出版社.2016.

品牌定位是企业市场定位的决策方向,为企业的产品开发和营销策略指出了方向,不仅直接作用于企业的市场份额,还能与目标消费者建立长期的、稳固的关系,对企业健康、可持续地实现市场目标有着重要影响。

那么该如何进行品牌定位呢?在此介绍几种方法。

(1)企业要想在众多品牌中脱颖而出,致力于满足目标群体的所有需求是不现实的,可以尽力塑造差异,用恰如其分的"与众不同"吸引目标群体的注意力、占据目标群体的心智。这样的与众不同可以表现在许多方面,如价格、质量、技术、设计、服务等,甚至还可以是脱离产品本身的被创造出来的某种价值概念。可采用的定位方法有独特核心卖点定位(USP理论)、自我形象定位等。

独特核心卖点定位法:在对产品和目标消费者进行研究的基础上,寻找产品特点中最符合消费者需要的,且是胜过竞争对手的最为独特的部分[①]。

舒肤佳早期在面对力士这一"香皂霸主"时,定位"除去看不见的细菌"这一核心卖点,最终超越力士,成为新霸主。农夫山泉在切入矿泉水市场时,面对众多竞争品牌,打出了"我们不生产水,我们只是大自然的搬运工"的独特卖点,经多年发展,成就了其矿泉水品类第一梯队的地位。OPPO手机在竞争激烈的手机市场定位于年轻人的自拍、美颜,一直专注于手机拍照领域的技术创新,开创了手机自拍美颜时代。

自我形象定位法:通过表现品牌的某种独特形象,宣扬独特个性,让品牌成为消费者表达个人价值观与审美情趣,表现自我和宣示自己与众不同的一种载体和媒介。

如作为最早的牛仔裤品牌,李维牛仔大力宣扬"不同的酷,相同的裤",并不断展现不同特质的酷,以迎合在时尚前沿的新"酷"族。李维牛仔也成为消费者用来表现酷文化、展现个性化的方式。无印良品的自我形象定位法同样造就了其高收入、高利润的市场表现(2017年的总收入为3795亿日元,净利润为3011亿日元),其商品主张去繁就简,去除浮华,直逼本质,以体现"追求极简生活"的人生哲学,通过不断的理念传播,顾客也渐渐将拥有"简约、人性化、有质感、高性价比"的产品当作一种有格调、高质量的生活方式。

(2)作为新品牌要想获得成功,最好是成为第一,即做一个新品类的第一个产品,或定位于领先品牌的对立面。新品类的第一个产品,在运营得当的情况下,往往能产生作为品类代名词的效果,让消费者认为"领导品牌自然优于其他品牌",继而有望在此品类中保持领先地位;定位于领先品牌的对立面,是避开领先品牌的强势锋芒,用恰当时机的"掐位"思路,让自己的品牌"上位"。

成为第一定位法:通过推出竞争对手所不具备的产品或者服务,抢占消费者的第一品

---

① 资料来源:https://www.jianshu.com/c/76028a7ecd7e?utm_source=desktop&utm_medium=notes-included-collection.

牌心智。这是打造品牌的重要原则和方法。在 2017 年全球最有价值品牌的前 10 强中，那些来自不同国家、不同行业的品牌，都有一个共同的特征，即他们都是某一领域或品类的主导者，是消费者心中的行业老大。如排名第一的谷歌公司是搜索领域的领导者；排名第二的苹果公司是目前智能手机品类的领先者；排名第三的亚马逊公司是网上零售商的先行者；AT&T、微软公司、沃尔玛、Facebook 等都是其领域的龙头老大。

成为第一的品牌战略，不是国内外的超大企业才有资格玩的游戏，而是很多企业都可以实行的品牌战略。随着市场和产品品类的不断细分，往往能在细分中觅得一丝机会。

在橙汁市场上，浓缩橙汁成就了汇源品牌，低浓度橙汁成就了鲜橙多品牌，含果肉的橙汁成就了美汁源品牌。除了橙汁，还有苹果汁、葡萄汁、蓝莓汁、酸梅汤等。在搜索领域，谷歌是最大的搜索引擎、百度细分出了中文搜索、携程细分出了差旅方向的搜索、阿里巴巴细分出了商品买卖的搜索、优酷土豆细分了视频内容的搜索、中华英才网细分了招聘方向的搜索，它们都聚焦于自身品类而成为第一的领先品牌。

值得注意的是，成为第一不仅仅是产品品类的客观第一，也要成为目标群体心中的主观第一，否则容易把品牌"先驱"变成"先烈"，著名的"万燕悖论"便是这样一个例子。

曾经风靡大江南北的 VCD 播放器，让爱多、步步高等企业走向了辉煌，可作为研制出世界上第一台 VCD 的万燕公司却没有对其先发优势的"第一"进行关键技术的专利保护，也没有对品牌进行广泛传播，而是将精力主要集中在销售上，以期快速获得利润回报，最终为他人做了嫁衣，留给人们"壮志未酬身先死"的叹息和引人警惕的"万燕悖论"。

对立面定位法：将品牌定位于领先品牌的对立面，以避其锋芒、避免直接与其竞争的品牌定位路径。

最著名的案例便是宝马汽车的对立面定位法。宝马汽车在面对奔驰这一强劲竞争对手时，没有选择在宽大舒适、驾驶平顺等方面去展开竞争，因为这是奔驰汽车最大的优点。宝马选择了站在奔驰的对立面，将其品牌定位于驾驶的乐趣，并在产品设计中强化汽车的操控性能，在营销中突出其驾驶体验，以此成功地树立了"驾驶的乐趣和潇洒的生活方式"这一品牌价值观，也有了坊间"开宝马，坐奔驰"的流传。

同样采用对立面定位法的还有怪兽饮料（Monster）。在红牛功能性饮料风靡美国时，可口可乐等多家饮料公司纷纷跟进与其展开直接竞争，但都是铩羽而归。而怪兽饮料没有选择与红牛的提神功能直接竞争，而是选择了将品牌定位于红牛的对立面，即同等品牌地位的差异化品牌形象定位，以此避开红牛的"提神醒脑"，强调自己的"释放野性"，并在广告中宣称"向平凡宣战"，以引起消费者挑战自我极限的情感共鸣。怪兽饮料在美国面世时，红牛的市场份额为 91%，而短短几年时间之后，红牛只占据美国能量饮料市场 48%的份额，怪兽位居第二，占有 25%的份额，其公司股价也在短短 3 年间狂涨近 60 倍。

（3）企业还可以根据技术或商业模式的创新、消费趋势的变化来引导消费者产生新的需求，形成新的品牌定位。创新通常能带来新的市场需求，筑造新的品牌价值，是创新创业企业进入市场的最佳捷径，也是传统企业升级的极佳途径，可实现快速"占位"，获得预期的市场目标和成长机会。

创新定位法：企业通过颠覆性、破坏性的技术创新或商业模式创新，自己创造一个新领域，并成为引领者。创新往往能开辟市场新消费、新需求，这在不同国家的不同行业皆得到了印证，如美国的苹果、高通、特斯拉等公司，中国的华为、阿里巴巴、大疆等公司。

格力空调正是通过不断的技术创新突破，在原有空调通用技术的基础上，新开发了各种变频技术、风机风道技术、无滴水调湿技术等，并在多项关键技术上达到国际领先水平，从"制冷、降噪、智能、节能、环保"等方面满足、引领了消费者的需求，成为空调界的世界著名品牌。

创新引领品牌的成功，同样体现在了深圳大疆创新公司的身上。大疆无人机本着原创精神，独家研发出了领先于国内外的前沿技术，快速填补了国内民用无人机市场的研发空白，并促进了国内外无人机市场的发展，在美国权威商业杂志《快公司》评选"2015 年十大消费类电子产品创新型公司"中，大疆创新在谷歌、特斯拉之后，位列第三。

消费趋势定位法：企业在消费趋势变化的背景下，找到创业机会或突围机会，并抓住机遇，脱颖而出，成为耀眼的新星品牌。

在此背景下成长起来的品牌数不胜数，如专注海外购的洋码头，走精品化路线的网易严选，主打奢侈风的寺库，直播领域的快手和斗鱼，作为共享单车代表的摩拜，茶饮界的喜茶，创意杂货店的名创优品，迷你 KTV 的友唱和咪哒，等等。更具代表性的是阿里巴巴旗下的新零售——盒马鲜生，它集超市、餐饮店、菜市场和快配送功能于一体，运用大数据、移动互联网、智能物联网、自动化等技术，实现人、货、场三者之间的最优匹配。盒马鲜生自成立以来便被业界称为"新零售的第一样本"，在官方 2018 年 9 月公布的数据中，可以看到成立一年半以上的门店，单店日均销售额超过 80 万元，单店坪效超过 5 万元。可以与零售巨头沃尔玛在中国的市场表现抗衡，沃尔玛 2017 年在中国的单店日均销售额约为 49 万元。

三、产品定位

产品定位是企业在目标群体定位的基础上，一方面思考选择提供什么样的产品来满足目标群体什么样的需求，另一方面在产品的市场推广中，通过营销手段使得产品在消费者心目中确立一个具体的形象。产品定位为企业的产品规划、产品研发、产品生产、产品营销提供了基础。

网易考拉和小红书都是主打海外购的电商平台，但二者定位不同，导致的产品方向也有较大差异。网易考拉定位于以跨境电商为主的综合型电商平台，小红书定位于海外购物笔记分享社区。网易考拉重媒体、重商品、重视上游供应链和中游仓储物流质量的把控；小红书重内容、重需求，在内容上重视口碑的传播和挖掘女性用户的需求。

如同前面在"道"篇中所谈到的企业定位决定企业地位，产品的定位也决定着产品在其市场格局中的地位。如在手表领域，如果将手表定位于计时，那价格自然便宜；如果将手表定位于时尚的搭配，价格当然可以更高些；如果将手表定位于身份的象征，那价格便可以媲美千金。

百岁山矿泉水将产品清晰地定位成"水中贵族"，使得其赫然区分于普通的水，大大地提升了消费者的消费层次感。百岁山矿泉水从 2011 起，连续 8 年稳坐国内天然矿泉水市场的头把交椅。可见，产品定位对企业实现市场目标有着举足轻重的作用，可围绕着消费者关心的产品功能、产品属性和产品性能等方面来进行定位思考。

(1) 明确企业的目标群体，清楚为其提供什么样的产品，产品主要解决什么样的痛点。

一个产品是否能取得成功，往往取决于是否能够满足用户的核心需求，以及满足程度如何。

滴滴出行正是捕捉到了"普通乘客打车靠运气、司机拉客碰手气"的痛点，运用互联网技术，让等车的乘客和等客的司机通过滴滴 App 进行连接，在不断挖掘需求、满足需求的过程中，成就了其网约车市场的龙头地位。

没能发觉用户核心需求的变化，通常也会带来不断下降的市场表现。

康师傅方便面在销量下滑时，选择的是加大面块，想借机表明其量大实惠，甚至还配了火腿肠，结果销量依旧在下滑。后面经过分析才得知，消费者不选择方便面的原因，主要是外卖的崛起替代了方便面的"方便"，并且外卖能提供更多样化和健康化的选择。而方便面"加量不加价"的措施，并没有解决消费者的真正需求痛点，销量自然也就连连下滑。

(2) 从"用户心智"出发寻找产品定位。

在竞争更加多维，颠覆更为彻底的商业活动中，从产品层面和用户表面需求进行定位，已经无法让产品鹤立鸡群，成为庸中佼佼者。产品的定位要进入到用户的心目中，要占领用户心智，在用户心目中形成清晰的产品形象，才能促使企业成长。

在我国庞大的二手车市场领域，瓜子二手车正是凭借着其"二手车直卖网，没有中间商赚差价"的精准定位，一下击中了"买家怕买贵，卖家怕贱卖"的买卖双方的痛点，一路高歌猛进，占得二手车交易市场的巨大份额。"二手车直卖网，没有中间商赚差价"这一定位传达的就是买卖双方都是个人，没有中间商，直接与传统的二手车市场通过商家卖给个人的模式区分开来，是一种全新的市场定位和销售模式。同样因为准确的心智定位而取得成功的例子还有很多，如怕上火喝王老吉、困了累了喝红牛、小饿小困喝点香飘飘、厨邦酱油晒足180天等。

(3) 要充分挖掘产品的所有卖点，然后提炼出最具有代表性的一个卖点，并用通俗的语言说出来。

任何一个产品都应该是有卖点的，这就需要挖掘出它的所有卖点，最好把它们一一列出来。任何一个产品都不可能满足用户所有的需求，也就需要从所有卖点中选取出最能打动用户、匹配用户需求的卖点，以占领用户心智。卖点找到了，一定要用简练、通俗的话语来描述它，通过各种传播途径进行"饱和攻击"，以让用户能够立刻理解，并深深地刻在脑海里。

提炼核心卖点可以从产品本身出发。如上线于2014年BOSS直聘，在面对前程无忧、智联招聘等较早深耕于网络招聘行业的先入者，选择定位于去中介化的垂直招聘模式，从产品本身出发，将核心卖点提炼为"找工作，只能和BOSS谈"。针对互联网行业为企业和求职者搭建起高效沟通、信息对等的招聘平台，通过精准的数据算法提高人岗匹配效率，一方面提升了找工作的效率，另一方面缩短了企业招聘的时间。除了从产品本身出发，也可以从品牌层面进行产品核心卖点的提炼，如奥利奥的"扭一扭，舔一舔，泡一泡"就体现了其在食用方法上的趣味性；东鹏特饮的"年轻就要醒着拼"，强调了其提神功能；农夫山泉的"我们只是大自然的搬运工"，突出了其源于自然；港荣蛋糕的"港荣蒸蛋糕，好吃不上火"，表达了其不上火的特点，等等。

有效的产品定位需要找到产品真正的突破点，并通过精准的传播方式，去占领用户心智。在拓展市场的过程中，产品就像是用来凿洞的工具，企业可以选择单点突破，也可以选择全面开花。当采用单点突破时，只要这个点是客户真正需要的点，并且能够准确把握，往往就是一根强有力的钉子，虽然"小"，却具有迅速穿墙的力量。如果过于追求"大而全"，即使各个特点得到了充分体现，也很可能只是一根棒槌，用来凿洞，恐怕难以成功。选择做钉子，还是做棒槌，这对于资源条件有限的企业来说尤为重要。

市场定位就是以企业价值观为指导思想，精准解决客户痛点，进而实现经营目标。市场定位以目标群体为基础，并通过品牌定位和产品定位区分于竞争对手，以此获得市场占有率。品牌定位与产品定位相辅相成，品牌是产品价值的符号，产品是品牌价值的具体体现载体。

模块六十二：价值营销

价值营销是企业提高市场竞争力的软实力，它将企业提供的价值与客户需求价值进行匹配，并通过深入挖掘产品或服务特点，在营销中向顾客充分表达和演绎最有价值的产品或服务。价值营销通常围绕着客户价值最大化，通过向客户提供载有客户需求价值的产品与服务，以创造出新的竞争优势，扩大市场占有率。价值营销也是对抗市场价格战的关键所在，即不打价格战，而要打价值战。

在信息越来越透明、越来越对称的背景下，客户的消费也越来越理性，企业对没有承载客户价值的产品即便进行大力包装炒作，也难以持久地留住客户，要彻底打动客户的心，就需要企业有真正服务于客户的价值，这也是获得客户认可、赢得认同的核心所在。

2017年，一汽马自达走过了高速增长的一年，汽车销量达到了124238辆，超额完成了既定的12万辆销量目标，同比增长35.7%，旗下的CX-4和阿特兹更是创造了令业界刮目相看的成绩[①]。除了销量的增长，旗下经销商的经营状况也得到明显的改善，80%的经销商实现了深度、稳定的盈利。同时，据一汽马自达统计，其内部员工的忠诚度、满意度、归属感，以及经销商等合作伙伴的满意度、配合度都得到了较大提升。

这样的转变，主要来自一汽马自达在2016年开启的"价值营销"之路。价值营销，使得一汽马自达摒弃了传统的"价格红海"和"车海战术"，回归到了汽车产品本身，但同时又不局限于汽车。其不仅为目标客户提供需求匹配的产品，更通过提高服务、提升品牌、赋能终端等多种形式，提高产品的附加值。同时，一汽马自达倡导与客户建立真诚的信任关系，以追求产品价值认知和认同为核心手段，从售前、售中、售后的纵向一体化和横向多元化的服务出发，将冷冰冰的"买卖"转变为了情投意合的"生意"，加强了客户对产品的认同感和忠诚度。

从一汽马自达的案例中可以看到价值营销带给用户、员工、经销商和企业的"价值"。一般来说，价值营销中的"价值"，包含了产品价值、服务价值、品牌价值和终端价值。

产品价值——通过产品创新，塑造差异化，重整产品对顾客的价值，以摆脱同质化产品带来的价格竞争。

服务价值——通过服务增加产品的附加价值，以在竞争中取得优势。

---

① 从"价值营销"到"价值经营"，拒绝价格战后的逆袭. 资料来源：广州日报. 2018.04.02

品牌价值——开展以品牌为中心的营销，以让客户在品牌的体验中感受到更多的产品附加价值。

终端价值——对营销终端的差异化建设，以为客户提供良好的购买体验，从而淡化价格对购买决策的影响。

在前文已经讨论过产品、品牌和终端的价值塑造，下面主要从客户价值营销的维度来探讨价值营销。

第一、确定客户。客户的价值营销是需要成本的，尤其资源有限的客户服务更不能"广撒网"，要有明确的群体。这需要企业弄清楚几个问题：客户是谁？客户在哪？他有什么喜好？客户需要什么样的服务？通过对这些问题的回答，找准真正的目标客户及其需求，主动放弃不相关用户，将服务重点提供给"超级用户"（最可能购买产品的用户）。比如奢侈品、豪华轿车等，其目标客户都是具有一定经济基础的用户，在进行产品宣传、客户服务等活动时，也应更多考虑"精英"用户乐于接受的方式，而不是去考虑普通用户的喜好。

第二、树立概念。客户价值营销的一个要点还在于帮助客户形成独特的身份标识，即让客户觉得，使用企业的产品和享受企业的服务能够彰显自己的品位，凸显自己的身份。这种方式建立在差异化产品的基础之上，通过强化产品与众不同的特点，并将这一特点打造为产品的核心概念，以此彰显产品的独特性，同时也能使客户觉得自己与众不同，从而产生一种优越感，或者获得心理上的满足感。比如沃尔沃的"安全"，奔驰的"声望"，百岁山的"水中贵族"，vivo 的"逆光也清晰"，等等。

第三、形成故事。故事是传递文化理念、价值导向的重要媒介。在众多传播方式中，人们通常更喜欢听故事，故事能够通过形象化的语言，承载更多观点和内容，然后通过"寓教于乐"的形式将核心思想传递出去。精彩的故事总是能够很容易地抓住读者的眼球，让读者产生一种独特的情感体验。

例如，好的幼儿故事能够带领孩子探索世界，开启他们的智慧；神话故事通过塑造神明，来引导人们思考人与自然的关系。世界上很多优秀的企业也都有其独特的品牌故事。比如，苹果的汽车库故事，华为的床垫故事，E-vian（依云）的水源故事，爱马仕的马车故事，香奈儿的创始人故事，等等。对于企业来说，企业的创始人经历（如：香奈儿）、发展过程（如：苹果）、产品特征（如：依云）等要素都可以形成一个故事。当品牌的故事所传递的核心价值与企业要表达的核心理念和品牌形象相一致时，这个品牌故事就会被客户接受，并且成为客户茶余饭后的消遣谈资。比如，乔布斯从一个车库里白手起家，他以桀骜不驯的性格、追求极致的态度，与世俗的偏见进行斗争，他不像那些目光短浅的人一样思考，而是比那些人站得更高、看得更远，最终成就了苹果公司独一无二的市场地位。这样的故事，成了果粉标榜自己、追求极致体验的重要谈资。

所有的故事都是在叙事，但是并不是所有叙事都能称为故事。这句话的意思是说，要想将叙述的一系列事实转化成故事，还需要进行一定的加工过程。在现实中，很多企业并不缺乏形成故事的材料，比如创始人经历、企业发展里程碑、企业文化等内容。但是很多企业往往将其中一项或者几项简单罗列，然后以此作为企业故事，但这只是在叙事，尚不能达到故事的效果。好的企业故事，应该在这些素材的基础之上，被赋予一定的意义和使命，通过一些更能让人接受的情节来使之内容更丰富。

在此梳理了4种常见的企业故事范式。

一、超级老字号

为什么企业需要塑造品牌形象呢？就是因为品牌形象能够帮助用户减少识别成本。而对于绝大多数消费者来说，超级老字号就是最容易识别的品牌形象，其传递的价值是经得起时间考验的。超级老字号常用的故事元素有：创始人、老照片、特定时间、传统文化等。

二、逆袭与重生

对于大多数企业来说，可以讲述创业的艰难过程，以及在艰难中获得的成就。这样的逆袭故事往往能够让更多人产生共鸣，因为大多数人都觉得自己能不断在逆境中逆袭和重生。比如苹果、Facebook、谷歌这些公司都会讲车库创业的故事，可口可乐会讲第一年只卖出25瓶的故事，阿里巴巴会讲马云艰苦创业的故事，等等。

三、工匠精神

如果企业想从产品特征的角度来讲述故事，那么就很适合在故事中体现工匠精神。通过介绍和强调产品复杂的制作工艺、考究的细节、严格的品控、珍贵的原材料等，传递产品物超所值的概念。比如：乐百氏宣传的27层净化、依云的阿尔卑斯山泉水、东陶的产品研发、海尔的张瑞敏砸冰箱等。

四、情感故事

人的社会属性决定了他们拥有丰富的感情，如果企业的品牌故事中拥有感情要素，就会大幅提高打动目标客户的效率。品牌故事中强调感情的品牌也不少，如：万宝路——Man always remember love because of romantic only（男人只因浪漫而牢记爱情）；德芙巧克力——DOVE，DO YOU LOVE ME？

总的来说，价值营销是一个系统性的工程，包含了产品价值、品牌价值、服务价值、终端价值、形象价值等方面的体现。价值营销不仅在于需求匹配之上的价值创造和价值赋予，还需要企业将其巧妙、有效地表达出来，成为客户可感知的、认同的价值。企业的有效表达，决定了整个价值营销系统的成功，是实现价值营销效用最大化的神来之笔。这关键的"一笔"，不是靠企业的主观臆想，而是基于对目标客户的需求洞察和自身价值的有效提炼。

模块六十三：营销策略

营销策略是企业以顾客的需求为出发点，在分析目标群体的基础之上，有计划地组织、实施各项市场经营活动。

营销策略是创造让他人快速购买的机制，其核心在于怎么将企业产品快速地传递给消费者。营销策略的制定，通常是针对特定的产品、特定的时期、特定的市场，包括产品策略、渠道策略、价格策略和推广策略等方面。有效的营销策略是开展市场活动的指引，是快速获得市场的重要法宝，是赢得竞争的重要武器。在当今市场中，商品同质化越来越严重，产品信息逐步透明化，用户的消费主导权越来越大，这就需要企业有出奇制胜的营销策略，才能在产品竞争中脱颖而出。

那么应该如何制定有效的营销策略呢？

《孙子兵法》有言："凡战者，以正合，以奇胜。"意思是在战争中，要以常规的形式交战，以非常规的形式来获得胜利；要用正兵挡敌，用奇兵制胜，即守正出奇、奇正相生。在营销策略中，"正"是与企业价值观相吻合的营销理念，是与企业主营业务相吻合的产品，是与社会主流标准相吻合的性能参数，当然也可以将其理解为企业所运用的"常法"，如常规的渠道、合适的价格、适宜的推广等；"奇"则是基于"正"的创新，是与之对应的"变法"，如产品价值的创新、渠道模式的创新、推广策略的创新等。同时，在营销的竞争中，首先被牵制的往往是正兵（常规的形式），而机动突击取得胜利的往往是奇兵（非常规的形式），所谓"正兵贵先、奇兵贵后，或先或后，制敌者也"，即企业在竞争中的局势不太明朗、双方旗鼓相当时就是"以正合"的阶段，而后局势开始明朗，到了决战时刻就是"以奇胜"的时候。不论是"正合"，亦是"奇胜"，皆"贵在神速"，即"天下武功唯快不破"。所以，"善用兵者，无不正，无不奇，使敌莫测，故正亦胜，奇亦胜，快亦胜"，如此便可制定有效的营销策略。

下面从产品、渠道、价格和推广几个维度，进行"奇正结合，出奇制胜，以快取胜"的分析。

一、产品

产品是承载企业价值观的直接载体，是提供给目标市场的物品和服务。产品策略，是在明确目标群体的需要与欲望之基础上，进行产品性能、质量、外观、样式、包装和规格等方面的设计，是根据市场情况来制定的针对性进入市场的策略。

产品之"正"，在于符合大众的需求标准，亦在于吻合企业的主营业务；产品之"奇"，在于解决用户的痛点，亦在于满足目标群体的特殊需求；产品之"快"，在于对市场需求的快速响应，亦在于领先竞争对手。如对于牙膏品牌企业来说，为市场提供具有清洁功能的牙膏，是产品之"正"；为儿童群体提供具有水果味且可食用的牙膏，为旅行群体提供便携式的牙膏等，是产品之"奇"；能快速研发、推出与需求匹配的产品，此乃产品之"快"。产品的"正"与"奇"，在一定条件下是可以相互转化和衍生的，当牙膏的清洁功能超出了同类产品，可以满足吸烟用户的去烟渍诉求，那便是"正"中之"奇"了；当儿童牙膏的安全性和气味性已然成为一种标准，那便是"奇"转"正"了。企业若能在精准把握客户需求的基础上，快速推出守正出奇的产品，即大大提升了市场竞争的制胜力。

二、渠道

渠道是连接产品和客户的桥梁，渠道策略在于强调与顾客的及时、有效沟通，在于帮助客户快速、便利购买。

海尔主要采取直供分销和特许经销的方式进行渠道网络的布局，通过自建的分销网络，海尔为零售商提供统一的店面布置、促销活动、精益管理、人员培训和售后服务，以统一的形象和专业的服务出现在顾客面前，是为了顾客购买方便和沟通有效，此为海尔渠道之"常规模式"，即结合所处行业的特点与社会需求的标准，进行渠道的建设和维护。

那什么是渠道之"非常规模式"呢？下面以小米的渠道发展为例，在手机厂商都选用线下渠道抢夺客户之时，小米手机在发布之初便借助互联网发展之势，采用了线上渠道进行销售，以免去中间商赚差价，实现其高性价比和"发烧"手机的产品承诺。随着互联网红利的减弱和新零售的兴起，小米又借机布局全国性的线下门店，以全渠道模式互通流量，获得了线上线下双赢的局面。随着"微营销"的兴起，其又推出了小米小店、有品友店等新营销渠道。小米小店是在尝试新的线下销售渠道，以实现个人卖家和小米官方的直接订货；有品友店是利用推广服务平台，采用合伙人准入机制进行产品的销售。在小米的案例中，可以看到，渠道之"非常规模式"在于创建更高效的、更快顺应趋势的客户连接方式和服务方式。

三、价格

价格是客户所能接受的产品定价，价格策略既要考虑产品的综合成本，也要考虑客户愿意为之付出的心理价位。同时，价格策略的制定，也要基于企业的价值导向和市场经营目标，此乃价格之"正"。

苹果公司的价值主张是与众不同和创新，在推出产品时，便以其优秀的性能和出色的设计实行高价策略，并通过"硬件+软件"服务的方式进行定价考量。名创优品本着"开心就好"的理念，用以量制价的手法，打出优质低价策略，以刺激销量，创造规模经济，实现了严寒中的逆势成长。名创优品用了不到三年的时间，在全球开设了3000多家门店，销售额突破百亿，成为零售业中的一匹"黑马"。

价格策略的制定，也与企业的市场经营目标紧密相连，企业是希望获取最大利润，是为了提高市场份额，还是为了应付竞争，抑或是为了保持价格的稳定，不同的经营目标之下，会有不同的价格策略。那什么是价格之"奇"呢？下面以电商平台的价格策略为例加以探讨。相比于传统零售，电商平台的价格策略具有更明显的个性化、差别化和动态化。其定价可以根据客户分析、商品的销售情况，在基准价格的基础上进行适当的动态浮动，针对不同的顾客、成交数量、交付条件、对手分析等，实施差别定价。总的来说，价格策略的制定,是以企业价值观、市场经营目标和市场竞争环境为导向,此为"正合",以合适的价格策略取得"奇胜",最终目的是让客户能快速接受并产生购买行为。

四、推广

推广是品牌和产品与市场建立连接的重要纽带,推广策略在于将品牌和产品形象快速深入人心,迅速与目标客户建立连接,帮助其快速作出选择。

推广策略的"常规形式"是通过产品卖点的传递和传播,找到目标群体。常用方式有广告、独特卖点营销、体验式营销、文化营销、事件营销、饥饿营销、免费营销、终身价值营销、权威见证营销等。企业很难通过某一种推广策略,获得持久的营销推广效果,需要在不同背景、不同环境、不同时期、不同需求、不同购买力的情况下,根据产品特性和市场特性,不断进行推广创新,这种"非常规形式"的创新,若与市场潜量的需求吻合,便容易产生四两拨千斤、一战成名的效果。

在电子商务三分天下的格局中,拼多多凭借其微营销和低成本的拼团、砍价、拉新等创新推广方式,以病毒式的推广,不断发展巨头们难以顾及的新用户,并渗透到其现有的客户群体中,在巨头们构建的强大防护壁垒中,生生地杀出了一条新路子,以异军突起之势,构筑起了一个拥有新"群众基础"的电子商务平台,仅仅三年时间便获得了超过3亿的注册用户。同时,拼多多通过电视广告、综艺节目、网络推广、线下活动等常规形式,配置了全方位的推广策略,不断助推着企业的快速发展,用了不到三年时间便成功上市,并成长为市值几百亿元的公司。

在拼多多的案例中,可以看到"奇正相合"的制胜推广策略,"奇"在于出奇制胜,迅速勾起客户的欲望,以及由此引发的裂变效应;"正"在于常态出击,多渠道、多时段、多场景与客户建立连接。对于企业的营销推广来说,永远没有最好的模式,只有基于内外分析之下,适合自身及实时背景下的推广模式。

OPPO手机近些年来市场表现强劲,在2018年智能手机市场下滑程度加剧的情况下,它却变得更加突出。OPPO手机取得市场成功的因素诚然是多方面的,其在营销策略上的"正、奇、快"表现更是可圈可点。

其一,OPPO手机定位为年轻用户,并主要针对年轻女性用户,瞄准的是2000~4000元的女性手机市场,精准的目标群体选择,让其成功地避开了强劲的竞争对手。

其二,在产品策略上,针对智能手机充电慢、续航差的痛点,打出了"充电五分钟,通话两小时"的产品卖点,同时,针对年轻女性用户爱自拍的特性,用"前后2000万,拍照更清晰"的产品功能点,吸引了目标群体的眼球,成功进入拍照手机第一阵营。

其三,传统的拼价格、拼配置、拼参数已经难以在竞争市场上生存,于是OPPO手机在推广策略上不断创新，提高走入用户心智的能力。一方面，OPPO手机在营销上动作频繁，采取大力宣传、大幅出境的宣传策略，让目标群体欣然地去接受产品信息，此为"以正合"的常规形式；另一方面，便是"以奇胜"的非常规形式了，与传统广告的"告知与推销"形式不同，OPPO手机在2015年开始，着力于打造明星家族和"手机人"微电影IP，在把握住当红明星热度的同时，利用系列微电影让品牌走入用户的生活，与年轻人一起感受爱情、友情、亲情，以求达成联想式的情感共鸣，这一策略的成功执行，使得OPPO的R系列手机销量一路暴增。在成功实行粉丝营销、明星定制等引领风尚的营销策略后，OPPO手机又走向了下一个更具辨识度的差异化战场，即态度营销。态度营销是OPPO手机在精准定位之上的延续，欲以态度为导向去与年轻人产生共振，通过潮T、微电影、态度海报等方式，打造态度营销的矩阵，与目标客户一起"时尚、潮、会玩"，从而构筑起了以态度共鸣为支撑的营销"护城河"。

其四，OPPO手机巧妙地布局了线下渠道的深度分销和扁平化，先是布局于人口密集的广州、深圳、东莞等区域，而后并没有惯性地向北去拓展中国市场，而是掉头向南，进入了易于突破的东南亚市场。在东南亚市场完成积累后，大力进行品牌投入和研发投入，继而华丽转身，布局、深耕于中国大市场。

OPPO手机在营销策略上的"以正合，以奇胜"，是基于自身实际和市场环境，在产品、价格、渠道和推广环节发力，此乃"正兵挡敌"，是作战的"常规形式"；在产品定位、品牌推广、走进用户心智等方面的创新，是为"奇兵制胜"，是作战的"非常规形式"。在OPPO手机的"非常规形式"中，能够看到其渠道布局的高瞻远瞩、避实就虚、不走寻常路，其推广策略出手密集、招招致胜，成功抢得了所有的得分点。尤其是多元立体的营销策略，盘活了明星、用活了潮人，所凭借的正是长期以来对目标用户需求的深度洞察与理解，以及对市场形势的准确判断，对市场局势的准确把控和对市场趋势的准确把握。值得注意的是，OPPO手机的营销策略并非照搬复制就能取得同样的效果，任何有效的营销策略制定，都是基于企业当下的竞争环境和市场环境来思考的。

营销策略的制定是一个动态、系统的过程，永远没有最好的策略，只有实现市场目标，并适合于当下的策略。适合的策略必然有着较高的性价比，也必然是随着内外环境的变化而变化的，此为营销策略的"变法"；不同类型的企业，也应有其基本的营销策略，此为"常法"。对于企业来说，既要靠"常法"应战，也要靠"变法"取胜，常法与变法的制胜在于"唯快不破"，正所谓：正亦胜、奇亦胜、快亦胜。

模块六十四：资源配置

在行军打仗时，讲究"兵马未动，粮草先行"。对于企业的营销战役来说，同样需要相应的后方供给支援，以便能够从海、陆、空等多维度保障营销企划的顺利实行。资源配置往往考量于营销企划的设计过程中，落地于营销企划的执行过程里，通常包括了人力、费用、时间、信息等方面的资源内容。其中，最为本质的资源配置便是费用的投入，它通常按照市场销售目标的一定比例进行计划投入，主要包括销售费用和广告费用。

销售费用——与企业销售产品活动有关的费用，通常包括销售过程中的运输费用、保险费用、业务费用、销售机构的职工薪酬等。

广告费用——广告活动所支出的总费用，一般包括广告设计制作费、广告发布费、代理费等内容。

在实际经营过程中，许多企业都有较大比例的广告费用投入，在他们看来，销量的大起大落往往取决于广告投放的强度。尤其是在各行各业的龙头企业之间，广告投入成为非常重要的较量因素之一。

在2018年上半年的液态牛奶领域，伊利股份作为北京2022年冬奥会和残奥会的官方乳制品合作伙伴[1]，大力布局冬奥事件营销，并在各大综艺节目加大新品宣传，广告费用高达59.62亿元，同比增长38.94%。同为液态牛奶市场的龙头企业，蒙牛乳业也在广告投入上毫不逊色，作为2018年世界杯的赞助商，相关赞助费用就达到了3.3亿元，并为世界杯的后续营销配置了20亿元的相关费用。这就使得蒙牛乳业在2018年上半年的广告宣传费用高达44.18亿元，同比增长66.9%[2]。当然，伊利、蒙牛的巨额广告投入是看得见回报的。就拿蒙牛来举例，在宣布赞助世界杯的2017年12月，其股价暴涨了17.31%，到了2018年6月，累计上涨了38.60%，这期间增长的市值约为赞助俄罗斯世界杯费用的83倍。在这一时期，蒙牛的净利润增速为38.5%（同时期的伊利为3%）。另外，蒙牛通过赞助俄罗斯世界杯，也让其品牌走入了世界人民的视野，品牌价值得到了大幅提升。

诚然，坚持广告投入是企业保持销量或提升销量的重要因素，但面对越来越大手笔的广告费用和越来越薄弱的利润，许多企业也陷入了"广告投入超过净利润"的困局。谁都希望营销的资源配置能达到"四两拨千斤"的功效，能以一份投入换回十倍回报，但许多企业往往连本金都没能赚回来。

市场调研公司——尔森的调查数据表明，中国有71%的数字媒体广告投入都是浪费的，企业如此浪费的广告投入必然会带来致命的后果。

三株公司对销售端管理的失败，加剧了其走向没落的步伐。除了对销售端的管理不善，三株公司在广告费用、营销费用等资源配置方面的管理脱缰，也是造成其失败的一个重要因素。

在三株公司的迅速扩张发展中，曾不计成本、不遗余力地建设庞大的营销网络，在鼎盛时期，旗下的产品销售公司就达到了几百个。这样全面开花的营销网络，使得三株公司

---

[1] 资料来源：http://finance.sina.com.cn/roll/2019-06-25/doc-ihytcerk9218209.shtml.
[2] 资料来源：http://hk.eastmoney.com/news/1535,20180829936650688.html.

快速提高了市场占有率和产品销量，但其资源配置混乱、缺乏有效管理的营销企划，也为公司的正常运转埋下了巨大隐患。"唯销量论业绩、唯市场论英雄"的评价体系，带来了串货、乱价等行为，严重扰乱了各区域市场的资源配置。全面开花、不考虑投入产出地推进营销网络的建设，使得三株公司在人力、财力上都无法保证对重点市场的持续有效渗透。另外，三株公司的"地毯式广告轰炸"和各路电视广告都花费巨大，所带来的销量增长却是短暂的，短暂的销量增长又造成了销量的后续乏力，造成了许多子公司营销费用超过了销售收入。最终，三株公司从神坛跌落，留给人们"流水落花春去也"的叹息。

从蒙牛、伊利和三株公司的案例中，明显可以看到，对于市场目标的实现和营销企划的有效执行，不仅需要企业"兵马未动，粮草先行"的资源配置，更重要的是对营销资源的优化配置，配置得当则可以达到"四两拨千斤"的投入效果，否则会让企业走向万劫不复的深渊。

资源的优化配置，是指将自身拥有的或能调动的有限营销资源，在销售促进、广告投入、品牌建设、销售人员等不同因素之间，进行科学有效的调配，以实现企业有限营销资源的效用最大化。营销资源的优化配置，是一个没有固定思路、不可复制的营销管理实践。不同行业、不同企业往往有着不同方向的资源优化配置。在这里，先暂且不去讨论以经验判断法为代表的定性方法，也不去分析以平滑指数法为代表的定量分析方法，而是从"营销是花费还是投资"这个困扰大多数营销管理人员的问题出发，加以探讨。

现实中，许多企业的广告费用往往花费巨大，可在媒介触点日益繁杂的今天，巨额的广告投入所带来市场表现通常是短期爆发后的后续乏力，甚至巨额的营销费用砸进水里，也未能激起一片涟漪，这样的营销资源配置便是实实在在的花费。那什么样的资源配置才是企业营销的投资呢？

联合利华公布的2017年核心财务数据中，其削减了7亿美元的广告制作费用。同时，宝洁也在致力于削减广告费用的支出，目标是至2021年6月再节省4亿美元的广告费用。作为两大日化用品巨头，纷纷削减广告费用的背后是什么原因呢？是在围绕消费者的核心之上，对营销资源的配置进行新的布局。联合利华从节省的广告费中，拨出3亿美元用于媒介花费及店面营销，力求以更高效、更直接的方式去接触消费者；宝洁一边削减电视广告投入，一边把更多的钱花在目标消费者身上，不仅采用更精准的广告推送方式，还通过赠品等形式大力补贴消费者，以让利消费者，提高商品销量。通过这样的资源配置优化，营销便成了企业实实在在的投资。

营销从花费到投资的转变，是营销资源不断优化配置的结果，是伴随着把消费者当成一种资产的理念而产生的。

长期以来，营销都在强调以消费者为中心，但企业在评估这项资产时，却是从品牌的

第十章 战术——制胜力

维度来展开的。要改变这种情况，就需要从消费者的维度做营销、进行营销资源的配置，而不是简单的广而告之、推而销之。当把视角转换到消费者的视角，那么关注的焦点就变成了如何让消费者这类资产可以持续地保值、增值。从企业资源配置的人力维度来看，可口可乐、高露洁-棕榄、亿滋国际、家乐氏等全球营销大玩家，都已经在实践这一理念了。

2017年3月23日，可口可乐公司在其官网上爆出了一桩重磅人事调整事件，任命新的高管职位——首席增长官（CGO），以取代运行24年之久的首席营销官（CMO）职位。可口可乐公司的这一重大人事调整是从关注生产、市场、广告等方面的传统营销策略，转向关注"以用户为中心、实现用户价值增长"的营销策略，是为了加快当前业务的增长，以在竞争更加多维的今天，为企业的可持续发展铺平道路。

那CGO与CMO的区别何在呢？从营销资源配置的角度来说，与CMO主导的"品牌为王"不同，CGO是通过品销合一的方式，践行"以增长为导向、以客户为中心"的理念。相比于CMO，CGO更懂产品和业务，他能直接带动业绩的增长，而不只是品牌的传播；而且CGO更是一个整合者的角色，致力于为对外的一体化服务，提供内在的业务整合，因为在媒介触点分散的今天，为消费者创造完整的一体化体验已显得十分重要。以可口可乐为代表的CGO岗位设置正是为营销企划所做的人力资源配置，这样的资源配置，是为了更全面地去把握消费者与企业的连接，以更贴近消费者的方式，去发掘新的增长机会。

要让营销成为看得见的投资，就需要将营销围绕着提高消费者资产来进行，在这一过程中，除了人力、费用等资源配置，还需要结合数据技术等信息资源，以提升一体化的用户体验。如在阿里巴巴提出的全域营销中[①]，就是要把线下的访问人流和客流数字化，将客户服务、品牌体验、消费互动、消费者的潜在需求等内容，进行数据化、可视化、可优化，然后精细到每一位消费者的维度来做营销，以使消费者全方位地享受服务。

在消费者的时间已被严重分割的今天，从认识品牌到感兴趣，到初次消费，再到重复购买，甚至是推荐别人购买，围绕着不同消费者的不同节点，推送合适的商品信息、内容信息、促销信息，这都需要用数据信息技术进行辅助、配置。另外，数据信息还可以进行消费者画像，收集消费者的消费特征，为产品的改进和新产品的开发提供重要参考。如卖吸尘器的戴森，其推出的无叶风扇、吹风机、卷发棒，也大受消费者的喜爱，被业界誉为中产阶级的"收割机"。总的来说，全域营销就是因为它的身份统一，可以找到对应的受众，知道他们想要什么，以在合适的时间点和合适的媒介触点给他们合适的信息，并观察他们的下一次行为，直到成为企业的忠实用户为止。这一数据资源的配置与使用，便是对"营销就是让销售变得更简单"的诠释与实践。

总而言之，在营销企划的制定与执行过程中，资源配置是必要的保障，有效的资源配

[①] 资料来源：https://www.sohu.com/a/253181318_160576.

置，也是营销企划取得成功的关键。企业在进行资源配置的过程中，需要跟随时代背景的转换，以及目标消费群体的变化而优化配置方式，从人力、费用、时间、信息等方面进行优化组合，以取得"四两拨千斤"的效果。市场定位、价值营销、营销策略、资源配置都是营销企划中要考量的重要因素。

市场定位，在于找准目标群体，并通过多种巧妙的方式，让品牌和产品走入目标群体的心里。

价值营销，在于找准客户的核心价值需求，进而提高产品或服务的附加价值。

营销策略，在于"以正合，以奇胜"的快速布局，企业有基本的"常法"，也有出其不意的"变法"，常法与变法，相生相制，唯快不破。

资源配置，是"兵马未动，粮草先行"的保障布局，是"四两拨千斤"的投入产出。

营销企划，是企业营销的战术计划，也是营销的执行策略和行动步骤，它既要规定"做正确的事"，也要指导"正确地做事"。

"守正出奇"是经营罗盘一直强调的重要观点，在激烈的商业竞争中，企业战略属于"守正"，企业所施行的各种战术则要"出奇"。每一个企业在经营中的战略与战术的好坏，不在于其纯粹的学术价值，而更见于其可行之处，因势、因时、因能力和因人都是十分重要的方面。因而在现实的商战中，最重要的就是如何在有限的资源中，以最优分配来快速发展。

商业模式、商务管理和营销企划是实施战略的具体战术，是完成战略目标的具体方法和周详的实施计划。在企业不同的发展阶段、不同的发展规模下，以及在不同的地域，战术的运用也需要根据具体的情况灵活地应对残酷的竞争。

第十一章　组织——执行力

企业的组织是实现战略目标，执行战术的根本保障。在沟通协调机制、责权利机制的引导与约束下，组织成员通过分工与合作，通过奉献力量与智慧，推动企业在变幻莫测的商业环境中不断前进，实现一个又一个的战略目标。

企业组织能力的高低，通常决定了企业能否取得持续性的成功。组织能力不是组织中的个人能力，而是一个团队的能力，正如华为的任正非曾感慨的那样："一个人不管如何努力，永远也赶不上时代的步伐，更何况在这个知识爆炸的时代。只有组织起数十人、数百人、数千人一同奋斗，你站在这上面，才能摸得到时代的脚。"不论个人能力有多强大，都需要融入组织平台，才能发挥出个体的自身价值；强大的组织平台也需要吸纳更多优秀的个体，才能集聚更强的影响力与战斗力。这是一个个体崛起的时代，更是一个聚合智慧的时代。

现实中，许多企业的组织运行就像火车那样，"火车跑得快不快，全靠车头带"，企业高层领导往往就是带动火车运行的火车头。火车的开动首先要火车头的车轮转起来，然后去牵动第一节车厢，再去牵动第二节车厢，如此一节一节地动起来，整车才能动起来，这是一个相对较长的过程，需要相对较长的时间，火车的变速也是同样的原理。像火车开动一样运营的组织，虽然也能成功到达既定的目的地，可在竞争节奏加快的今天，已然不可避免地被现代高铁所替代。现代高铁的车头不是唯一的动力源，而几乎每一节车厢都有电动机，当需要时，每个车轮都可以同时运转，这样一致运转的团结力量，自然可以让列车启动得更快、变速得更快。同样的道理，企业的组织就应该像现代高铁那样，每个人都是发动机，都能成为组织实现目标的内部动力源，以在变幻莫测的商业环境中，集聚动力、合力向前。

那该怎么打造现代高铁般的组织呢？一方面是根据战略目标设置组织模式，并在变化的环境中不断修正、优化组织模式；另一方面是根据职能需求设定岗位，并围绕此进行合适的定人、定岗、定薪，达到人岗匹配、岗薪匹配，以激发组织内部的活力，形成企业克服困难、合力前进的动力。

组织是制定战略、实施战术的执行单位，是推动企业前进的内部动力。组织执行力的强弱程度，取决于企业内部人、岗、薪的匹配程度，即对定人、定岗、定薪工作的重视与管理情况。

定人是为了达成战略目标所配置的人力资源支持，是对各种职能部门和业务机构的合理布局和设置的过程，企业的定人机制，首先是要设定能达成目标所需要的组织架构，其次是进行合理配置的人员编制，最后是实施与规划相匹配的找人过程。

定岗是围绕着战略目标,对工作岗位的设计与安排,企业的定岗工作是根据组织目标的需要,进行岗位确认,然后进行胜任条件分析,并建立适用于企业的胜任力模型,最后是进行企业用人之道的梳理,通过平衡人情,以秉公之心、奖罚分明之制,有效利用信任与授权,而求得"将能而君不御者胜"之态。

定薪是进行组织薪酬体系的设定与优化,是在充分考虑内外部因素的基础上,运用各种方法进行组织薪酬体系的设定与优化。首先,定薪是要进行薪岗匹配,其次是要进行人员激励,最后是需要对人才进行考核考评,以对任职者的表现和实际业绩进行实事求是的客观评价。

定人、定岗、定薪是组织建设的重要内容,三者之间相生、相合、相制。科学合理的定人、定岗、定薪管理,可帮助企业达到人岗匹配、薪岗匹配,以提高组织执行力和战斗力,推动企业不断前进。

本章根据企业经营的组织因素,将从定人、定岗和定薪三个方面进行深入分析,共形成九个模块,探讨企业组织运营的相关内容。

第一节 定 人

组织的定人是在确立战略目标的基础上,为了达成战略目标所规定的各种任务、目标所匹配的人力资源支持,是对各种职能部门和业务机构的合理布局和设置的过程。在这一过程中,需要对企业组织的各要素进行排列、组合,明确管理的层次、梳理各部门之间的相互协调关系,力求达到最佳的协作状态从而完成战略目标。

在这里主要从三个模块进行定人机制的探讨,首先是达成目标所需要的组织架构,其次是合理配置人力资源的人员编制,最后是与规划相匹配的找人过程。

模块六十五:组织架构

组织架构是企业整体的人力资源安排结构,是企业的业务流程运转、部门设置及职能规划的结构依据,是组织能否实现内部高效运转、能否取得良好绩效的先决条件。

企业几乎所有的经营活动都是围绕着"人"而展开的,企业的使命、价值观需要人去践行,企业的愿景、战略、战术需要人去实现,而这种实现的过程应该是有序高效的。这就要求企业建立适合自身的组织架构,从而规划运营管理体系中的各要素组合,力求企业实现有序高效的运行。

组织架构通常包括职能结构、层次结构、部门结构和职权结构。

职能结构——实现组织目标所需的各项业务工作,以及对应的职能比例和关系。

层次结构——管理层次的纵向构成。

部门结构——各管理部门的横向构成。

职权结构——各层次、各部门在权力和责任方面的分工及相互关系。

组织架构——组织在"软层面"的基本形态，其本质是实现组织目标的一种手段。

在模块五十七中，已经阐述了以直线型、职能型组织模式为代表的 1.0 逻辑的组织模式，以事业部组织、矩阵式组织为代表的 2.0 逻辑组织模式，以平台型组织、倒三角组织、自组织模式为代表的 3.0 逻辑组织模式，并总结了每种组织模式的优缺点，指出了企业采用何种组织模式的关键在于能否有效地帮助企业服务客户，能否在竞争中迅速反应、有效行动。在这里将从组织是为了实现战略目标的角度出发，探讨企业应该怎样建立自己的组织架构才能使之更加贴近企业的实际需要，符合企业战略经营的需要。

(1) 组织架构的设定是以实现战略目标为导向而进行的组织规划和设置。

现有的组织架构决定了企业的行为，企业的行为决定了战略目标的实现，要想实施新的战略目标，就需要相应的企业行为，也就需要调整相应的组织架构。在海尔集团组织变革的发展历程中，可以清晰地看到其组织架构为战略服务的调整。

海尔是著名的全球大型家电品牌，在 2018 年实现了全球营业额 2661 亿元。海尔取得这样的成绩自然是来自外部与内部多方面的因素，在内部方面，有效的组织管理便是其中一个重要的因素，正如张瑞敏所说："我可以自己去主抓一款产品，但如果组织不改变，我的手一放开，一切又会回到老样子"。海尔的组织管理，不断随着外部环境的变化和不同阶段的战略目标而进行不断调整，总的来说，海尔的组织架构变迁经历了四大阶段。

第一阶段是名牌战略下的直线职能型结构，在供方市场占据主导的时代背景下，直线职能型组织架构的决策效率相对更高，指令更容易被传达和落实。

第二阶段是产品多元化战略阶段下的事业部制，在竞争白热化，产品差异化、多样化日益突出的时代背景下，事业部制一方面可以帮助企业快速扩张，另一方面可以保持产品领域的专业化。

第三阶段是国际化战略下的"市场链"管理模式，随着市场的日渐饱和、产品同质化的加剧，企业的关注点也从规模化向效率性转变，为此海尔在事业部的基础上成立了物流、商流、资金流，以推进本部的改革。物流，实现了在全球范围内采购零部件和原材料；商流，实现了资源整合，有效降低了销售费用，提高了收益；资金流，保证了各事业部资金的流转顺畅。这一改革提高了管理系统的效率和柔性，使得海尔朝着"速度致胜"的既定目标跨进。

海尔集团前三阶段的组织架构改革都是基于时代背景的变化，基于企业不同的发展阶段，同时在实现战略目标的需求下进行的，由此也取得了较大程度的成功。值得注意的是，组织架构的变革在适应企业战略的原则下，一方面要考虑与现有组织状况的嫁接适应性，另一方面也要考虑面向未来的前瞻性。

在移动互联、大数据、云计算等时代背景下，海尔基于内外环境的研判，于 2012 年进入了网络化战略阶段，在这一战略指导下，为了实现零距离地满足用户的个性化需求，对企业提出了"从大规模制造转变为大规模定制"的要求。为了践行这一战略，海尔在组织架构上的改变是通过企业、员工、用户关系的重新定义，来实现整个企业的转型，这里暂且称为海尔组织变革的第四阶段。在这一阶段中，海尔实现了人单合一的"三化"和"三类人"，"三化"即组织平台化、员工创客化、实现客户需求个性化；"三类人"即将员工转变为平台上的平台主、小微主、创客。平台主为小微企业提供创业资源支持，小微主自主找寻创业机会，创客直接创造用户价值。同时，海尔公司也在观念层面、能力提升、渠道资源、投融资等方面帮助、推进各小微组织的发展。

截至2017年底，在海尔的共享式创业平台上聚集了2483个创业项目，已有超过100个小微项目年营收过亿元，并有19个小微项目已估值过亿。从中可以看到，这次海尔组织变革的思维，很大程度是要激发员工的创新思维，打造主动性文化，这样的变革方向不仅更贴近于员工的诉求，也更能贴近客户需求，实现了企业发展由"指令驱动"向"客户驱动"的转变。

(2) 组织关键能力的设计需围绕企业的关键业务展开，并与企业发展的阶段相适应，与企业所能掌握的资源相匹配。

企业在不同的发展阶段，势必有着不同的发展规划和关键业务。规划与业务的不同，对企业关键组织能力的需求也就不同，而组织架构的调整，是为了帮助企业在适应变化和实现目标时能更有效地调动各种资源，并实现有限资源的最大、最优配置，以推动企业的发展。所以，企业需要在不同的发展阶段根据关键业务和所能掌握的资源进行关键组织能力的调整，此乃"不易"中的"变易"，"不易"是为了稳定，"变易"则是为了更好地适应。

华为在长期的探索与变革过程中，形成了以客户为中心的矩阵式组织架构。横向是按照职能专业化原则设立的区域组织，为业务单位提供支持、服务和监管；纵向是按照业务专业化原则设立的四大业务群，并按照典型的"平台+项目制"方式运作。其著名的铁三角模式更是在面对复杂、动态的外部环境中历久弥坚，真正地践行了以客户为中心的理念，为客户提供全面的解决方案，并满足了客户的差异化需求。

具体来说，华为的铁三角模式包含了两个层次，一个是项目铁三角团队，另一个是系统部铁三角组织。基于项目的铁三角团队是由客户经理、解决方案专家、交付专家组成的工作小组，他们是代表华为直接面向客户的最基本组织，是聚焦客户需求的一线作战单元。而系统部铁三角组织由销售业务部、解决方案部和交付与服务部构成，主要作用是为项目铁三角提供支撑，是其角色资源的来源以及业务能力的建设平台，作为服务客户的部门，是一个相对稳定的职能组织形式。铁三角团队在前线的有力作战，需要企业强大的平台作服务支撑。项目铁三角团队需要系统部铁三角组织的支撑，系统部铁三角组织需要代表处或地区部(如地区销售管理部、地区财务部、地区人力资源部)的支撑，以形成一个立体、高效的组织运营体系。

在华为的铁三角组织模式中，可以看到每个铁三角背后都是围绕特定任务进行的人才聚集，即人随任务走。同时，铁三角的组织运行模式可以避免传统的单兵作战，避免企业不同职能部门在面向客户时的各自为政、承诺不一等问题。许多企业在套用铁三角模式时，往往去践行决策下沉的理念，却忽视了企业自身不具备强大的平台支撑能力，最终结果自然是差强人意。对于平台支撑能力有限的企业来说，可以根据二八法则，为产生80%业务贡献的20%客户实施"铁三角"运转模式，对重点客户进行重点服务。

(3) 组织架构的变革、优化要以提高工作效率、保障目标管理为方向。

组织架构是组织内部对工作关系形成的一个系统，体现的是组织内部的生产关系和对外界变化的反应能力，其高效的运作效率是企业面对竞争、服务客户的重要基础，每个组织在提高自身组织效率时，所要面对的困难、突破的障碍都有所不同，可以从以下原则着手考虑：

①管理幅度适度的原则。管理幅度过大或过小都会影响组织运行的效率。当幅度过大时，往往难以施加有效的监督与管理，从而影响工作效率；当幅度过小时，管理的层次通常也较多，容易形成政令的不畅和费用的增加，形成管理上的低效率。

②集权与分权相结合的原则。企业在不同的发展阶段，根据不同的业务重点，面对不同的发展目标都应该有不同的权利分配方式，在这一过程中，既要有权利的适度集中，也要进行必要的分散，二者需要在不同的时机进行动态统一。

③权力与责任相对等的原则。管理部门有多大的权力就应当承担多大的责任，履行相应的义务，授权不授责有可能导致滥用职权，有责无权则难以开展工作。

④组织文化与组织优化同步建设的原则。组织架构的变革必定会牵涉不同成员的利益重构问题，必要的制度规定是解决这一问题的基本保障，组织文化同样也是化解问题、破除障碍的重要法宝。如在华为的铁三角组织运行中，项目铁三角团队的有效运作，除了组织提供的平台支撑体系外，也有华为人"以客户为中心、以奋斗者为本、长期坚持艰苦奋斗和自我批判"的价值观文化。

有效的组织架构设置和改革是实现企业战略的有效保障，组织架构应该是为企业在不同发展阶段实现不同的战略目标而服务。企业在资源有限的情况下，组织的关键能力可向企业的关键业务倾斜。另外，一个滞后的组织架构必然不能撑起一个前瞻性的战略，所以，作为一个积极向上的组织必定会常常评估自己的组织效率，掌握组织自身的发展规律，不断地完善自我，以应对变化，求得发展。

模块六十六：人员编制

人员编制是企业在组织架构的框架下所进行的员工能力和数量的匹配，企业人员编制的管理是人力资源管理工作的重要组成部分，对人力资源的合理配置、高效运作有着至关重要的作用。通过对人员编制的管理，一方面可以理清各职能部门的工作性质，有助于后续的岗位确认工作；另一方面可以衡量各职能部门的工作总量，加强对各部门工作之间的协调配置。人员编制的关键是在保障员工合法劳动权利的前提下，在实际的工作模式和工作量的基础上，帮助企业科学合理地配置人员，以确保企业运营的效率、人力成本的平衡，实现人力资源的有效利用。

在实际工作中，许多企业都不太重视人员编制的控制，也不知道该如何设定人员编制的控制目标，一方面强调某些职能的重要性，却在人员编制上未能得以匹配；另一方面人员编制未能随着职能和工作量的调整而调整，造成现实与目标间的巨大差距。对于企业来说，没有科学的人员编制，就没有高效率的绩效，那么应该如何进行人员编制的设置与调整呢？

人员编制一般可从宏观定编和微观定编两个方面去思考。

宏观定编——企业对职能人员的数量和比例关系的确定，如管理人员、行政人员、业务人员、操作人员等。

微观定编——各部门、各岗位的具体人员数量，主要应用于各职能部门确定具体岗位人员的数量。

在实际定编过程中，通常会先进行微观层面的人员定编，即通过对影响部门定编的关键因素、关键动因分析，选定合适的部门定编方法，再进行企业宏观层面的定编，即对企业整体人员编制的设置情况和成本情况进行分析统筹，并进行相应的动态调整与管理。微观层面和宏观层面的定编分析、设置与调整，构成了企业人员定编工作的主要内容。

在实际的人员定编工作中，要根据自身实际情况，结合自身发展需要。一般情况下可参考以下原则。

(1) 企业的人员编制需要满足内外部的约束条件，围绕企业的战略目标进行科学、合理的定编。

由于企业所处的行业、发展阶段和发展规模的不同，以及所服务的客户群体和面临的竞争态势不同，其所遇到的内外部约束条件也会不同，这需要在进行人员编制工作时，充分考虑对其产生重大影响的内外部条件。同时，企业的人员编制应该是紧紧围绕着企业的战略目标，以实现目标为导向，以提高组织能力和竞争能力为目标。

企业的外部约束条件，通常产生于外部经济环境、市场竞争、法律法规情况、客户的特殊需求等。如企业在面临着整个行业发展不景气，难以突破当前发展瓶颈的情况下，可能会转变经营的业务范围和业务内容，这时就需要进行人员编制的结构性调整；企业面临着市场竞争加剧，人力资源需要从产品研发向市场服务倾斜时，则需要加强企业市场服务能力的人员配置。

企业的内部约束条件，通常产生于单独设岗或不能兼岗、内部风险控制要求、财务资源限制、对高层次人才的吸引等。如同运动员不能同时兼任裁判员一样，不能兼岗是指某些岗位不能由一个人同时兼任。例如在货币资金的控制管理中，出纳人员不得兼任稽核、会计档案的保管、债权债务账目的登记等工作；在采购付款的控制管理中，请购与审批、采购与验收、采购合同的订立与审核、付款申请、审批与执行等皆为不同岗位；在工程项目的控制管理中，安全员不能由其他人员兼任、竣工决算与竣工审计不能兼岗、提出项目建议和可行性研究的部门不得同时是项目决策部门；在对外投资的控制管理中，对外投资预算的编制与审批、对外投资项目的分析论证与评估等皆为不相容岗位。

工业时代特色的人员编制确立，大多是成本投入与运作效率的约束，因为市场环境相对稳定，企业在一定时期内的投入也相对有限，对人员编制的管理也相对稳定和有限。而在互联网、物联网时代，企业面临的不确定性增多，企业的持续发展将是第一原则，人员编制在技术和资源的驱动下有了更多的可能。同时，现实中的企业在内外部的约束条件下，很少能够真正兼顾各方面的人力资源匹配，往往需要根据不同时期的发展目标匹配某一个或某几个领域的人员优势，进行重点保障。所以，企业在不同的战略驱使下，所采用的人员编制匹配策略应该是不一样的。如企业在成本领先的战略发展阶段，人员编制的关键是在保证生产力的前提下，达到人力成本的最低；在产品差异化的战略发展阶段，人员编制的关键策略是要倾向于能够有效支持差异化战略的技术团队或服务团队；在技术领先战略的指导下，人员编制的重点是向优势技术团队倾斜等。

(2) 在分析企业人员编制的影响因素的基础上，遵循总体编制数量与结构合理的原则，并从质量上满足企业发展对人员编制的要求。

对人员编制的数量管理，就是要控制好企业内各职能人员的数量，包括员工总数、各级管理人员的数量、职能部门人员数量等。对人员编制的结构管理，就是要控制好各级管理人员、专业技术人员、服务保障人员、各职能部门人员等之间的比例关系，要保证企业人员编制在总体数量与结构上合理，即需要协调好各类人员的数量与比例关系，需要控制好直接与非直接经营人员的比例关系。

对企业人员编制的影响因素分析，是人力资源数量、质量与结构合理性能否得到保障的重要前提。一般情况下，影响企业进行人员编制确立的因素包括企业发展的阶段与对应的战略、组织架构的调整、现有人员的编制现状与调整目标，以及岗位人员的素质状况；影响部门进行人员编制确立的因素包括工作量、人员素质与人员储备、工作的方式与依据、学习曲线现象、特殊的地理位置和工作时间要求等。这些影响因素的分析，往往让企业的人员编制工作更加便捷有效，尤其是对于知识密集型企业。如有的岗位对工作人员的知识、能力素质有较高的要求，那么人员编制的设置就主要取决于人岗匹配，知识能力素质若是匹配了，编制就容易确立了，工作目标也自然能实现。也就是说，对人员编制的影响因素分析可以帮助企业确定是用一个技术专家，还是用十个技术工人。

(3) 企业需根据自身实际，掌握和选用合适的人员编制确定方法。

要达到总体编制数量与结构的合理性、人均劳效水平与工作效益的最大化，需要企业在人员定编的过程中，掌握合适的定编方法，以解决"一方面用人部门频繁地提用人需求，一方面企业需要严格控制人力成本"的两难困境。总的来说，各种定性定量的方法有许多，如德尔菲专家法、职责分工法、流程分析法、工作效率法、标杆对照法、预算控制法、人员比例确定法、业务数据分析法、回归预测法等，企业可以根据自身实际选用一种或多种方法组合进行人员编制的确立。下面介绍几种常用的方法。

①预算控制法是通过人工成本的预算以控制在岗人数，而不是对某一部门的某一岗位规定具体的人数。在这一方法中，企业可以制定年度的人力成本预算，并将总预算分解到各部门，部门负责人对本部门的业务目标和用人成本负责，在允许的预算范围内，自行决定人员编制的数量和结构，可以用五个人做七个人的活，拿相对较高的工资，也可以用十个人做七个人的活，拿相对较低的工资。预算控制法相对于其他方法来说，更能有效激发部门负责人的主观能动性和员工的工作潜能，以提高工作效率。

②人员比例确定法是按照企业员工总数与某一类人员总数的比例来确定人员编制的方法。这种方法往往适合于后台支持类的岗位，比如人力资源部门、财务部门、技术研发部门、法务部门等。通常来说，企业的支持类岗位相对于业务岗位都有一个比例，比例数据可以参考行业的调查报告，也可以借鉴于同行业的标杆企业。

如根据某国际咨询公司编制的《2016年互联网调研》数据显示，就整个行业来说，如员工规模小于2000人的企业，HR人员配比为24～59；若规模大于2000人的企业，HR人员的配比为51～89。假设一个互联网公司有100名员工，那HR的最低人数为2人，若按行业高水平配比，则为4人[①]。另外，同行业标杆企业的数据在人员定编过程中也有着重要的参考价值。如海底捞（火锅连锁）的一线餐厅员工占比为97.74%；华为（信息与通信）的研发和开发人员占比为45%；伊利（液态牛奶）的销售人员占比为79%；双汇（肉类加工）的销售人员占比为84%。在参照行业数据和对标标杆企业数据的同时，企业更需结合自身实际进行相应职能人员数量的确定。如对于初创期的科技型企业来说，研发人员对标华为公司45%的占比可能会太低；对于主攻市场占有率阶段的科技型企业来说，45%的数据可能会显得过高。

③工作效率法是根据员工的工作量和工作效率以及出勤等因素来计算岗位人数的方法。

④业务数据分析法是根据企业的历史数据和战略目标，确定企业在未来一定时期内的岗位人数，历史数据包括销售收入、利润、市场占有率、人力成本等。

企业在实际的人员定编过程中往往会采用多种定编法相结合的方式，如在汽车4S店的人员编制制定过程中，通常会根据具体岗位，结合以往运营的各种数据指标和行业综合指标，核算出具体的岗位数量。一般销售和服务等业绩部门可采用行业核算方式和考虑储备等方式来确定人数，行政后勤等部门可以采取工作效率法和业务数据分析法来进行人员编制的数量确定。以销售部门为例，根据平均月销售数据，高端车每人每月成交8台，中低端车每人每月成交20台，加之人员储备和人员出勤等因素作20%的整体人数增加，如果某4S店的高端车月平均销量为80台，则需要的人员数量为80/8+2=10+2=12人。

---

① 资料来源：https://www.sohu.com/a/127388923_489860.

(4)企业需要进行动态、灵活敏捷的人员定编。

在前工业时代,企业所处的外部经营环境相对稳定,发展轨迹一般是线性的、连续的,人员编制的确立在一定时期内都具有较强的支撑作用。而在如今经济、科技高速发展与不断变化的时代,企业所面临的经营环境日益复杂多变,企业的发展也呈现跳跃式、不连续的特点,这就需要企业的组织能力可以及时跟进,保障企业的发展转变,故而人员编制的制定可能只在较短的时期内具有意义,企业还需要根据内外部综合情况的变化而进行动态调整。纵观近年来各大著名企业频繁的组织架构调整,便体现了其定编的特点。

阿里汽车总经理曾对媒体表示:"阿里每年都会进行组织架构调整,就像过年一样,不调整没了年味。"在阿里巴巴组织架构的重大调整中,2015年底所建立的"大中台,小前台"组织模式是在"树状型"组织模式基础上的重大调整。"大中台,小前台"的组织模式,正是为了适应时代的变化和发展的需求,"小前台"作为一线业务部门,可以更敏捷地响应瞬息万变的市场;"大中台"是要集合整个集团的运营数据能力和产品技术能力,对各前台形成快速、强力的支撑。在阿里巴巴的组织模式中,大中台的职能能力保持着相对的稳定性和扩展性,其设置与人员编制就保持了相对的稳定,而小前台的设置和人员的定编都保持着高度的敏捷性与智慧性。

在"大中台"的架构下,2016年底,阿里巴巴旗下的天猫与聚划算整合,形成了"三纵两横"的架构,"三纵"即服饰、家电和快消,"两横"即为针对天猫商家的营销平台和运营中心。2017年,阿里巴巴的组织架构再次全面升级,以拥抱"五新",即新零售、新金融、新制造、新技术和新能源。阿里巴巴如此动静交互、动态管理的组织模式一直沿用至今,对其高速发展也贡献着力量。正如阿里巴巴集团CEO张勇在2017年初时在公开信中所说的那样:"不断升级自我,时刻具备拥抱变化的热情和能力,必须成为核心竞争力。"

人员编制的合理与否,无论是对企业的短期效益,还是长远发展都有着重大的影响。企业在进行人员编制的制定、动态调整时,需要紧紧围绕企业的战略目标,基于定编影响因素的分析,选用合适的定编方法,从总体编制的数量、质量与结构等维度进行合理、科学的人员编制配置,以协调人力成本与工作效率、内部组织能力与外部环境变化之间的关系。

模块六十七:找人才

唐太宗李世民曾经说过:"治安之本,唯在得人,为政之要,唯在得人。"从中可以领悟到人才对成就霸业的重要性。同样,在企业经营中,人才也始终是企业最具价值、最核心的资产与财富。一方面,企业之间的竞争,归根结底是人才的竞争,只有聚集了合适的人才,打造出符合客户需求的产品和服务,才能打动顾客的心,企业也才能在市场竞争中占得一席之地;另一方面,企业的一切经营活动都是围绕着人而展开,与"人"打交道,跟"人"建立关系。经营罗盘也是始终强调以人为本的经营理念。从众多企业的成功经验来看，核心管理团队可以引导企业发展方向，制定企业发展战略，中层管理团队可以制定各种战术组合，巧妙应对市场变化，高效执行团队可以落地企业制度，快速完成工作任务，这些团队的组成都离不开人才的支持，这也凸显出找人才的迫切性。

著名的企业家安德鲁·卡内基曾经说："带走我的员工，把工厂留下，不久后工厂就会长满杂草；拿走我的工厂，把我的员工留下，不久后我们还会有个更好的工厂。"在知识密集、创新制胜的今天，人才对企业成败的决定作用更是被急速放大，企业一旦占有了业界的优质人才资源，几乎就意味着占据了竞争的优势。优质人才的聚集与否正决定着企业生命的长度和成就的高度。

现实中，许多企业都非常注重对人才的招揽。近年来，企业之间也频频上演着激烈的抢人大战，越是成功的企业越重视对人才的聚集，华为便是其中一个代表。华为曾在抢人大战中将优秀大学的相关专业人才"一锅端"，导致其竞争对手中兴通讯在长达3年的时间里出现人才断层。同时，人才的流失也会不可避免地给企业带来巨大损失，特别是高层次人才的流失。如2018年5月，当百度公司宣布其集团总裁兼首席运营官陆奇辞去相关职务之后的两个交易日，其股价累计下跌了14%，市值蒸发约137亿美元，被称为"史上最贵的辞职"。

在企业的人才建设工作中，"找人"和"用人"是两个重要的内容，二者相辅相成、缺一不可，"找"是"用"的基础，"用"是"找"的核心与根本。找人需要识人的慧眼，聚才的良方；用人需要用人的胆识、爱才的诚意和容才的雅量。在本模块里主要讨论企业该如何"找人"，并找到合适的良才，"用人"将在模块七十中加以探讨。

俗话说"千军易得，一将难求"，可见觅得一位骁勇善战的良将是一件多么不容易的事情。找人之根本在于识人，在于知人。人都是有思想的，有个性的，人人都有优点，也有不足，专业能力也有所不同，有擅长销售的，有精于营销的，有钻研技术的，有善于人力资源的，其中有帅才，也有将才，还有专才等。那么应该如何识得良将良才呢？这就需要借助合适的辅助工具，目前许多企业采用的是MBTI（Myers-Briggs type indicator）职业性格测试，它是国际上最为流行的职业人格评估工具，也为许多的中国企业在辨识良才方面提供了有力的辅助。

基于我国的传统历史文化与经验、人文环境和营商环境，对于良将良才的识别而言，主要参照诸葛亮所著的《知人性》中的识人七法。诸葛亮是妇孺皆知的三国时期的杰出的政治家、军事家和文学家，他生逢乱世，驰骋沙场，纵横政坛，阅人无数，留给后人的识人七法为人们提供了一个有效的识人思路。诸葛亮的识人七法可归纳为：志、变、识、勇、性、廉、信。

一曰，问之以是非而观其志。意思是向对方提出大是大非的问题，看这个人对是非的判别，以此观察此人的志向、志趣有何特点，考虑是否值得重用。正所谓"志弥坚，无往不胜；志颓废，万事难成"，企业用人，尤其是关键岗位的人才需具备一定的志向，所用的人才必须是要肯干事、能干事，这样的人才才有机会成长为企业的中流砥柱和领军人物，在企业的发展中可堪重用。

二曰，穷之以辞辩而观其变。可以用无懈可击的言辞论辩考问他，让他只有招架之功而没有还嘴之力，以观其反应如何、应对如何。应变能力弱者则瞠目结舌；应变能力强者自然会绝处逢生，另辟蹊径，终出奇制胜化险为夷。此为观察对方的心胸是否开阔、应变是否机敏。能言善辩、反应机敏者，则可能头脑灵活、心智完善，能够应对复杂多变的形势；而无言反驳、言之无物者，则可能不善言辞，或才短思涩。

三曰，咨之以计谋而观其识。即向对方提出方方面面的问题，让他思考相应的对策计谋，以此观察他是否具有真才实学，谋略是否深远，见识是否独特。这里的识即为见识、学识，见识来源于经历，学识往往是通过后天学习所习得。人才的学习能力、学习习惯都会对工作的胜任情况产生影响。只有好学习、善学习，才能做到遇事不糊涂、遇难事能解决。所谓"有识无德害人，有德无识误事"，尽管一个人心性纯良、品格较高，若无见识、缺学识，也只能是个无害之人，而难以成为献计献策、贡献智慧之人。

四曰，告之以祸难而观其勇。在重用一个人之前要人为地制造一些逆境，观察其是否具备足够的勇气，以考察其抗挫败能力是否够强，遇难事是否勇敢坚韧。在工作中，难免遇到工作任务的急、难、重、险，这时需要任务完成者有不惧困难之勇、战胜困难之力，敢于承担、敢于挑战，保持上下同欲，以取得最终的胜利。危难时刻，正是考验一个人的勇气和胆量的时候，若对方犹豫观望、不知所措、不敢担当，则为不可重用之人；若对方临危不惧、迎难而上、妥善解决问题，则是有胆有勇之人。

五曰，醉之以酒而观其性。就是通过一起喝酒，观察对方酒后的言论和性情，同时也可以观察出他的品性是否表里如一。因为在日常的工作中，人们往往善于伪装自己的真性情，只表现出希望对方看到的言论、性情和自己优秀的一面，而把自己不良的一面加以掩饰，导致在识人过程中很难真正看清对方的真性情。而通过喝酒（或是通过其他能让其展现自我的方式）可以让人进入自我状态，无论平时城府有多么深，再会伪装和掩饰的人，都会把自己最本质的东西表露出来，卸下日常状态时的伪装，这便是识人真性情的一个有效途径。无论是酒后失言还是酒后吐真言，都是他做人做事最客观的反映。

六曰，临之以利而观其廉。就是把重要的岗位交给某人，用财物利诱他，借以察看他是否清正廉洁。廉洁的企业氛围对于凝聚人心、调动工作积极性，以及企业的经营管理、和谐发展都有着重要作用，关键岗位从业人员的清正廉洁更是直接影响着企业的健康发展。若在物资采购、工程招标等对外业务和对内管理中出现以权谋私、暗箱操作的情况，势必会造成企业资产的流失，影响企业和员工的切身利益，甚至会导致企业走向衰亡。对关键岗位人才的廉洁识别便是企业廉洁文化建设的重要基础。正所谓"君子爱财，取之有道，取之有度"，廉洁之人，不贪不义之财，不得不仁之利，不取不当之钱。但人性本身也具有两面性，有公正廉明的一面，也有自私贪婪的一面，这需要企业在用人管理中用制度加以约束。

七曰，期之以事而观其信。即与对方商定某事，限定完成时间，看他是否能说到做到，借此察看他是否信守承诺。现实中，企业员工的弄虚作假、虚夸瞒报作风往往会给企业带来巨大的经营风险，甚至会导致企业遭受灭顶之灾，所谓"不信不立，不诚不行"，在诚信普遍缺乏的社会环境中，打造言而有信的工作氛围显得十分珍贵，其中言而有信的人才识别便是重要前提。

诸葛亮的识人七法给了大家一个知人识人的有效途径，企业在识别良将时，该法是极佳的应用方法。对于良才的识别，也可以运用识人七法的原理将要考察的素质进行情景化模拟。通过设置一个特殊的公务工作情景，为应试者确定一个特殊的身份，要求其完成特殊的工作任务或回答模棱两可的问题。如通过对危机事件的处理，以观察对方的应变能力、勇气胆识；通过对协调类任务的处理，以考察其言辩、思辨能力；通过对尴尬事件的处理，以考察其价值观倾向和应变能力等。

知人、识人是找人之根本，屈原在《卜居》中写道："尺有所短，寸有所长；物有所不足，智有所不明"。企业在找人之时，也需谨记十全十美的人是不存在的，往往才干越高的人，其缺点也越加明显，可能鲜有良将在"志、变、识、勇、性、廉、信"各方面都表现优异，这需要企业根据需要择其要点而选之，并在后续用人过程中加以适当约束以用人之长、避人之短。

企业一旦识得志同道合的良将便不可轻易放弃。现实中，许多企业都遵循着"先人后事"的操作逻辑，即在识得良才后先引进公司，再不断摸索具体做什么工作，可能最后良才做成的事情和最初的岗位没有一点关系，在小米公司和腾讯公司都是常见的现象。

大家都知道，作为全民级移动通信工具的微信来源于张小龙，据《腾讯传》中所述，腾讯在2005年收购Foxmail后为了安置传奇工程师张小龙（据说当时他还不愿意去深圳），专门成立了广州研发中心，由他出任总经理，这才有了"微信"的横空出世。腾讯公司为了吸引刘炽平加入，为其专设职位"首席战略投资官"，这才有了互联网圈"腾讯系"的形成[1]。越是优秀的良将良才，越是需要"因人设岗"，有的企业甚至提出了人才先于战略的发展理念。这类似于汽车在行驶的过程中，先选择合适的人上车，合适的人自然会让车驶向正确的目标，即使一时偏离了目标，合适的人也会应对变化不迷路，把车驶回正确的轨道。

企业在找人过程中，不可能只觅良将，同时也需要精兵良才。所谓"闻道有先后，术业有专攻"，人的本性各不相同，人的本事也各有千秋，精兵之优在于"精"，这就要求企业在识人时要善于发现精兵的"精"之所在，即人才的长处和优势，并做到知人善任。所谓"骏马能历险，力田不如牛；坚车能载重，渡河不如舟"，企业对于人才考察的首要任务就是进行充分了解，摸清他们的优势与不足；然后真诚待之，进行因人而用；继而将合适的人才委以合适的任务，让其发挥潜能和价值，正所谓人莫不有才，才莫不可用。

人们常说"因人成事、因人废事"，联想集团的柳传志曾经也提出企业管理的三要素

---

[1] 吴晓波. 腾讯传.1998—2016 杭州：浙江大学出版社，2017.

就是"搭班子、定战略、带队伍",其中的搭班子和带队伍都是对人的直接经营管理,定战略也要通过合适的人才,方可完成。可见一个企业的兴衰成败,繁荣强大皆是取决于人,企业经营的本质也是对人心、人性、人情的经营。同时,经营企业的过程也是一个借力的过程,只有越来越多的优秀人才愿意为企业助力,企业才会走得更稳、走得更远。在发挥人才作用的过程中,找人是基础,用人是关键,而知人识人又是找人的重要前提,诸葛亮的识人七法带给人们识人的启示,不论是良将,抑或是精兵皆可用识人七法加以甄别。

经营罗盘始终强调企业经营中必须坚持"以人为本"的原则,人始终是企业最为核心的资源和竞争力,不管是找寻良将精兵,还是进行组织架构的优化、变革,都是企业固本培元的一个过程,也是企业适应外部环境、提升市场竞争力、实现可持续发展的重要基础。组织架构的设置、人员的编制及找人才,皆是紧紧围绕着企业的战略目标而展开,其本质是在为战略目标的达成而匹配组织资源,目的在于更加高效合理地利用人才进行聚力,继而形成实现战略目标的合力。

第二节 定 岗

定岗是基于企业战略目标的需求,围绕企业的组织架构和人员编制,设计组织中承担具体工作的岗位。定岗与定人相辅相成。定人是从人的需求角度出发,定岗是从做事的角度出发,二者互为一体,缺一不可,并通过不断的磨合、修正,达到人岗匹配的最佳平衡状态。组织架构好比企业的骨骼,岗位则是连接骨架的关节,人则是连接骨骼的筋,在血液和神经两大系统贯通后,企业的一切经营活动才能得以实现。只有组织架构中的人岗匹配、编制合理,企业才能达到一个"正常人"的状态。具体来说,定岗就是根据企业当下和未来发展目标的需求而进行的岗位预先设计,从企业架构空间上和发展时间上,界定各工作岗位的工作内容、职责范围和人员素质等,并将组织的战略目标分解到每个工作岗位上。

这里从岗位确定、胜任条件、用人等三个模块对如何定岗进行探讨。

模块六十八:岗位确定

岗位确定是对组织中的岗位进行设计、认定和优化,是根据组织目标的需要,并兼顾个体的情况,规定各个岗位的任务、责任、权力以及在组织中与其他岗位的关系。通过对岗位的确定,主要解决的问题就是清晰地向各组织成员分配任务,以及明确所对应的责权利范围。

组织中岗位的设置有效与否,直接关系到组织的运行效率,工作岗位的设置通常围绕着组织目标和任务分解而进行。在一般情况下,遵循着"因事设岗"的原则,即组织的经营活动需要什么岗位,就应该设置什么岗位。这与前面所说的"先人后事""因人设岗"是否矛盾呢?其实并不然,一直以来,许多人都遵循着"因事设岗"的原则,非常小心地避讳着"因人设岗"的大忌。因人设岗一方面可能导致岗位设置的不科学、工作流程的不顺畅和效率的低下；另一方面极易出现徇私舞弊现象，进而影响组织内其他成员的心态、工作积极性等。而这里所说的"因人设岗"是基于人才的角度，而进行的岗位设置，这也是外圆内方的中国式管理特色之一。

小米公司、腾讯公司都是基于"释放人的潜能，激发人的价值创造能力"等初衷，为人才量身定制相应的岗位，而为人才定制的岗位可能是以前没有的，但必定是企业发展所需要的。所以，企业大可将"因事设岗"和"因人设岗"的原则灵活加以使用，以便能够在充满不确定性的时代，从容应对市场竞争。

现实中，大多数企业的岗位设置几乎都是迫于工作任务的压力而被动形成的，缺乏相应的岗位管理。如大多数企业都实行了岗位责任制，甚至花费巨大的人力财力制定了厚厚的岗位责任手册，规定了每个部门和每个职位的岗位职责。但多数企业的岗位制定工作看似下了很大功夫，却并没有得到真正的落实，也鲜有人根据岗位职责的内容来规范自己的工作，更没有将它作为重要的依据进行绩效考核。

对岗位的管理通常包括对岗位工作目的和内容的分析管理，对岗位本身工作量和工作性质的管理，以及岗位之间工作关系的管理。那么该如何进行岗位管理呢？

一、岗位分析是开展岗位管理工作的基础

具体来说，岗位分析就是对"6W1H"这7个问题的回答，即：

(1) What——做什么？

(2) Why——为什么做？

(3) Who——由谁做？

(4) When——何时做？

(5) Where——在哪里做？

(6) Which——需要什么条件？

(7) How——如何做？

岗位分析，一方面是组织目标和组织任务落实到具体岗位的基础，另一方面是找人、用人、薪酬激励、考核评价等人力资源管理的重要依据。企业在不同的发展阶段，基于不同的目标导向，进行岗位分析的侧重点也有所不同。

目的导向	分析重点
以组织优化	强调对工作职责和职权的界定
找人用人	岗位所需的知识、技能和工作经验等
薪酬制定	强调对薪酬决策有关工作的评价性分析
培训提升	对工作难点的识别、对工作典型的树立和常见错误的分析

进行岗位分析需要把握恰当的时机，恰当的时机通常是企业的关键转折点。在企业初建之时，许多工作岗位处于空缺状态，需要引进新的人才，这时的岗位分析在于满足招聘时的工作描述、任职资格，以及薪酬匹配等要求；在企业战略、经营业务、技术更新等关键点发生变化时，自然会引起组织内部工作内容和工作性质的变化，这时也需要相应的岗位分析，以界定新的工作性质和工作内容，以及新的任职条件或培训提升等。

岗位分析工作的顺利开展也需要遵循一定的前提条件：

其一，有效的组织架构分析，因为岗位是组织中最小的业务单元，是基于组织架构而存在的，有效的岗位分析离不开有效的组织架构分析。

其二，工作流程的梳理，工作是如何在不同部门之间进行分配、衔接、配合等内容，都是岗位分析之前所需要理清的。

其三，对职能部门工作责任的明确，即明确具体部门所要承担的业务范围和相应责任，根据部门责任来确定岗位责任，便是岗位分析中责任界定的重要依据。

二、选用合适的岗位分析方法

常用的岗位分析方法包括职位问卷分析法、工作日写实法、测时法、工作抽样法、访谈法、关键事件分析法等。尽管有这么多的分析方法，但没有一种方法是可以包打天下的，不同的行业、不同的企业实际情况千差万别，因此企业在实际运用过程中，必须根据自身的实际情况，认真分析后再选用适合的方法进行岗位分析。

(1) 职位问卷分析法，即通过事先设计好问卷的方式来获取岗位相关信息，这是常见的可用于定量分析的方法。它可以避免主观因素和人为因素对信息收集的影响，还能对工作内容、工作责任所包含的决策活动、技能活动、身体活动、信息加工活动等工作分别配置一个量化的分数，使收集的内容全面而具体。在进行职位问卷分析时，需要与各级部门进行良好的沟通并取得支持，需要解答被调查者的疑问、消除其顾虑。同时，也需要问卷设计得科学合理，以收集真正有用的信息。

(2) 访谈法，这是目前运用最为广泛的岗位分析方法，它是通过岗位分析人员与管理人员、任职者的面对面谈话和交流来收集相关信息的方法，有个人访谈和群体访谈的形式，通常需要和问卷分析等工具结合使用，以了解工作岗位更为深层次的信息。

访谈法最大的优点是简单快捷、针对性强，通过提问和信息收集就能获得岗位分析所需要的全部信息。但同时此方法对工作人员的专业技能也有较高的要求，不仅要求工作人员具有一定的访谈技巧，还需具备一定的专业知识，以能理解被访谈者的相关工作内容。一次准备充分的访谈或一个善于交流沟通的访谈者，能在短时间内收集到岗位分析所需要的信息。

(3) 关键事件分析法，是指分析人员与岗位人员及相关人员将岗位工作过程中的关键事件加以记录，然后对岗位特征和岗位要求进行分析的方法。此方法的运用主要在于对关键事件的识别，这里的关键事件主要是指对工作结果、工作目标的完成有较大影响的事件。

此方法能简单快捷、高效地获取真实可靠的岗位资料，但对其分析人员也有较高的专业要求，若非深入了解本行业的分析人员，往往很难在短时间内识别出岗位的关键事件，如若不能正确识别出关键事件，那将会对岗位分析工作带来较大的影响。同时，关键事件要具有岗位代表性，数量不强求，但需深入调查和总结。

三、岗位设计与优化

在岗位分析之后，企业往往能掌握具体岗位的工作内容和工作方式等信息，接下来便可进行相应的岗位设计与优化。这是岗位确定的重要内容，一方面是对组织目标、部门目标的任务分解，另一方面是对岗位需求与任职者需求的匹配。

岗位确定通常可以按照以下步骤进行：
(1)在岗位分析的基础上，了解影响因素，以及新需求与现状之间的岗位能力差距分析。
(2)确定弥补岗位能力差距的具体方法和岗位确定方案。
(3)充分的交流与沟通，进行新方案的试点，以逐步推进岗位确定工作的开展。

其中，可供企业选择的岗位确定方法有很多，可以根据实际情况进行参考、采用。
(1)当企业有明确的愿景目标、业务环境和发展战略时，可采用组织分析法。即基于相对稳定的组织架构，根据具体的业务流程需要，设计相应的岗位。
(2)当组织中的关键岗位对组织能力的贡献比较明显时，可采用关键岗位法。即岗位确定仅仅集中于对组织的成功起关键作用的岗位，这样将注意力集中于关键业务领域，可以用相对较少的投入获得较高的回报，但需较强的专业能力。
(3)也可直接采用标杆对照法，即参照本行业中的相似企业，对标进行岗位确认，这种方法比较直接、简单，但企业本身总会有发展战略、资源能力的不同，所以，采用标杆对照法时，需要企业在实践中不断修正调整。

岗位确定是一项系统工程，它一方面与人员编制密不可分，即当一个岗位被确定之后，就会随之产生人员编制数量与质量；当一个岗位受人员编制约束时，岗位所对应的工作内容和工作职责也可能会随着调整。另一方面，岗位在确定过程中，也会受到多种因素的影响和阻碍，需要排除干扰，坚决实施，否则将会进退两难、难以成功。另外，岗位确定必定是以全面的岗位分析为基础的，这一过程中，既需要把握恰当的时机，也需要掌握、运用合适的方法，才有取得良好效果的可能，继而高效完成组织赋予岗位的任务与责任。

模块六十九：胜任条件

定岗中的胜任条件分析，就是在岗位分析的基础上，理清任职者所必须具备的知识、技能、职业素养、自我认知、特质等外显素质和内在素质。对胜任条件的分析也是开展有效人才管理工作的重要基础，人才作为企业竞争力和竞争优势的重要来源，其本质在于人才的各种能力和素质，而将组织所需要的能力与人才自身的能力进行匹配，是企业找人、用人之前提，留人、育人之依据。

胜任条件的分析与确定，既是岗位分析的其中一部分内容，又是基于岗位分析所进行的内容和价值扩展。岗位分析包含了岗位工作本身的分析、任职者资格要求的分析和工作环境条件的分析。胜任条件分析，是具体地指明从事某一岗位的人，需要具备什么样的能力素质，才能更好地完成工作，并将表现卓越的胜任者特征与平庸者的特征区别开来，即制定同一岗位的等级评价标准，为后续的薪酬激励、培训提升等管理工作提供依据。

现实中，许多企业并未进行有效的胜任条件分析，多数任职者都是通过三个月乃至更长时间的试用，以此来了解和匹配人与岗位的能力素质需要。匹配成功当然皆大欢喜，如若不然，要么将就用之，却也潜伏着诸多的不确定危机，企业可能会再次经历识人、选人、试用的过程，费时费力。所以，企业在实践中还需借助多种分析工具进行适当的胜任条件分析，其中胜任力模型的构建便是一个有效的方法。

胜任力模型就是对组织或企业中的某一个职位，依据其职责要求所提出的，为完成本职责而需要的能力支持要素的集中表示。胜任力模型（competence model）是一个舶来品，随着相关理论和实践的不断提高，已被我国多家企业成功运用，华为、联想、平安、万科、华润集团等都是较为成功的实践者。

业界通常用冰山模型来描述胜任力的构成。冰山模型源于美国心理学家麦克利兰，他将人的素质划分为露出表面的冰山部分和深藏于水下的冰山部分，知识和技能属于露出的冰山部分，而社会角色、自我概念、人格特质和工作动机等属于深藏的部分。人力资源管理中，一般比较重视露出的那部分，也相对容易识别、改变和发展，而深藏部分虽然难以识别和评估，但也是决定人们工作行为和工作结果的关键因素，故而在识人、用人中具有较大的参考价值，在激励考核中也具有深入挖掘的必要。

通常情况下，一套完整的胜任力模型，应该包含模型结构、指标名称、指标定义、指标维度、行为等级等内容。在实际工作中，也可根据自身情况，构建简单的胜任力模型，当然也可以没有模型结构或行为等级描述。

胜任力模型的有效建立，对企业人力资源管理有着重要的指引作用。从企业的管理角度而言，胜任力模型是结合组织所需的核心胜任力评价与个人胜任力评价的工具，是传递和统一企业价值观、绩效考核观的重要依据，也是组织内各职能部门之间在沟通、协调、对接等方面的有效接口。从任职者的发展角度而言，有效的胜任力模型可以帮助个人开发潜能和指引发展方向。一方面，胜任力模型为任职者提供了清晰又可习得的能力素质等级，使任职者清楚工作的方向和内容，以触发其积极的工作态度和自我提升的要求；另一方面，胜任力模型使任职者在专业的人力资源管理协助下，通过对自身胜任力的专业分析和评估，为其职业规划提供了重要的参考，可以帮助任职者在岗位胜任力、职业生涯发展等方面进行行动步骤的制定与调整。总的来说，胜任力模型的有效建立使得企业选人有了依据，育人有了目标，使得任职者努力有了方向，行动有了导向。

但值得注意的是，如同岗位分析需要恰当的时机，胜任力模型的建立也有时机可言，正如胜任力研究专家严正所说：时机恰当是确保胜任力模型开发过程高效、顺畅，开发成果能够有效应用的关键。

恰当的时机,包括进入新的发展战略规划周期前、实施扩张性战略前、进入二次创业阶段前、引入战略投资者前、完成兼并或收购之后、企业组织结构和领导班子调整之后等。同时,企业内部设有不同层级的不同岗位,其岗位数量较多、规模也较大,往往很难一步到位建立覆盖所有岗位的胜任力模型,这时就需要根据企业实际情况,选择部分岗位进行胜任力模型的建立。

哪些岗位是被优先选择的呢?选择的岗位通常是汇聚组织核心能力的岗位,或是影响企业发展的重要岗位,也可以是难以代替的岗位,等等,如高新技术企业可以选择核心技术岗进行胜任力模型建立。对于要进行全员覆盖的企业来说,可以分层级、分序列进行胜任力的建模。同一序列的岗位通常具有共性,而差异性则体现在具体的专业知识技能方面,如在华为的胜任力模型中,分为通用胜任力模型和基于职位族的胜任力模型两大类。华为的通用胜任力模型包括成就意识、演绎思维、信息收集、团队精神等18个通用胜任力要素,而基于职位族的胜任力模型包括领导者、管理者、研发族、营销族、专业族、操作族的胜任力模型。另外,华为的各个职位族还细分为更小的族,如将专业族细分为计划、流程管理、财经、采购、秘书等族,每个细分领域都有专门的胜任力模型。

那么应该如何建立自己的胜任力模型呢?可从建模的以下几大关键步骤着手:

(1)明确组织的发展战略,根据发展战略,理清现有组织面临的竞争态势和能力挑战,据此提炼出组织要求员工所应该具有的胜任素质。

(2)选定建模的关键岗位,通常为对组织发展有较大影响的岗位,或是体现组织关键能力的岗位。

(3)在岗位分析的基础上对选定岗位建立绩优标准,绩优标准的建立要以企业对特定岗位开展绩效考核的指标为基础进行,如对销售经理的考核指标强调销售额、回款率等。

(4)在绩优标准的基础上选择调研对象,即根据所确定的业绩标准,确定达到了标准的任职者和没有达到标准的任职者,然后分别进行调研。常用的调研方法有行为事件访谈、问卷调查、专家小组等,其中,行为事件访谈是一种有效和可靠的方法。

(5)信息的分析与整理,即将访谈数据进行分类、整理、编码,并确定访谈岗位所应该包括的胜任力要素。

(6)定义岗位胜任素质,这一阶段的主要工作是对素质进行定义和对行为等级的划分。结合组织特点和通用岗位需求,进行岗位素质的详细说明;根据不同绩效水平任职者的表现差异进行行为等级划分。

(7)胜任素质模型的确立与验证,初步建立的胜任素质模型在运用中还需与组织、岗位、任职者进行不断的匹配和磨合,并需要对认定的岗位素质进行多维度的不断验证。

在实际工作中,一些企业认为胜任力模型在建立之后就万事大吉,并将其束之高阁,最终还得出了胜任力模型无用之结论。殊不知,要让胜任力模型在人力资源管理中发挥巨大作用,还需要辅以相应的工具。

例如将胜任力模型用于人才招聘,则需要对应的测评工具,如匹配的心理测试系统、面试笔试题库等;将胜任力模型用于人才考评,则需要配套的考核指标,且考核指标与胜任素质高度相关;将胜任力模型用于人才培训,则需要对应素质的学习路线、课程资源等。另外,胜任力模型在建立之后,也需要结合内外环境的变化而进行实时维护、更新。

波音公司就专门成立了一个团队来维护胜任力模型,他们会监控胜任力模型在不同业务部门、不同地区的使用情况,并通过数据的收集和分析,去掉已经过时的胜任力素质,补充最新需求的胜任力素质。壳牌公司也在结合经营环境的变化、业务的调整、法律法规的变化等方面,不断更新、优化其胜任力模型,如2011年更新了领导力框架,2014年更新了商业胜任力框架等。

总的来说,有效的胜任条件分析是企业人力资源管理工作的重要基础,它直接影响着企业的找人、用人、育人、留人等人才管理工作。胜任力模型的建立是胜任条件分析的有效途径,它需要结合企业实际,找准建模的时机和建模的关键岗位,按照一定的步骤进行科学、合理的建模,并在建模之后配套相应的工具,进行有效的更新和管理,以使胜任条件的分析真正有助于企业人才的管理。

模块七十:用人

找人和用人是企业人才工作的两个重要组成部分,其中,找人是用人的基础,用人是找人的核心与根本。所谓"人材者,求之则愈出,置之则愈匮"[1],即推崇人才,人才就会越来越多;轻视人才,人才就会越来越少,人才的推崇除了用在找人环节,更应体现在用人环节。如若企业找人时表现得思贤若渴,用人时却总是疑人而不用或用非所长,那么人才的浪费和流失也是必然的。如此来看,企业觅得人才之后,更为重要的是如何用好人才。正如著名护肤品品牌玫琳凯的创始人玫琳凯女士所说的那样:"优秀的员工是企业最重要的资产,招聘到人才,并用好他们,是一个优秀公司的标志。"

那么应该如何用人呢?可以肯定的是,企业用人需要平衡人情,以秉公之心、奖罚分明之制,求得"将能而君不御者胜"之态。平衡人情就是用人时取人之长、避人之短。那什么是"将能而君不御者胜"呢?其出自《孙子兵法》:"故知胜有五:知可以战与不可以战者胜,识众寡之用者胜,上下同欲者胜,以虞待不虞者胜,将能而君不御者胜",就是说取胜的第五个条件是将帅具有指挥才能而且国君不去干预牵制。这对应于企业的用人来说,就是信任,就要放权,而"君不御"的前提,则是用人的秉公之心与奖罚分明的制度。用人的秉公之心,即用公正之心待人,将人才放到合适的位置上去。古有"为官择人,唯才是与,苟或不才,虽亲不用""黄金无足赤、白璧有微瑕"之说,企业用人需得摒偏

---

[1] 出自清末著名思想家魏源的《默觚·治篇》。

见，弃狭隘，戒求全责备。用人的奖罚分明，就是基于对人性理解的"胡萝卜+大棒"管理，韩非子有著名的"有功必奖，有过必罚，刑过不避大臣，赏善不遗匹夫"理论，用人时的奖罚分明，便有望达到"有功者日进、有过者日止"的状态。

首先，"将合适的人放在合适的位置上"是企业的基本用人之道。

阿里巴巴便是这一理念的践行者。

马云在多次公开演讲中提到，"阿里巴巴曾经在用人上走过一些弯路"。在互联网泡沫末期拿到软银孙正义的投资时，当时的马云认为公司已经进入了全新的大企业阶段，并且认为创业人员只能担任连长以下的职位，而团长以上的必须由MBA人才担任。那时阿里巴巴团队的核心高管中，除了马云以外的11位高管都是来自名校商学院的MBA，但是短短几年时间，这些高管们却纷纷离开了阿里巴巴。离开的原因或许是多方面的，但终究是将不合适的人放在了不合适的位置上。由此，在阿里巴巴之后的发展中，便形成了"适应就是人才""只要岗位匹配，用人可以不拘一格"等用人理念。在如此的用人理念下，阿里巴巴也演绎着众多用人方面的传奇故事。如现任菜鸟网络董事长、集团资深高级副总裁的童文红，最初只是阿里巴巴的一名前台工作人员；任阿里巴巴集团秘书长与首席风险官的邵晓峰，曾经是公安局的一名刑事侦查支队队长；掌控集团战略的参谋长曾鸣，是马云在长江商学院读EMBA时认识的教授。

可见，将合适的人放在合适的位置上，择人任势、知人善用皆为企业的用人之道。

其次，奖罚分明也是企业的重要用人之道。

奖罚分明，对于很多人来说都不陌生，但是能够深谙其道并将其淋漓尽致运用者却是为数不多的。多数企业可能经常都在上演着如下剧情：

（1）公司规定，在年度的客户答谢会上，每名业务人员都必须邀请到5位新客户和5位老客户，少一位客户便罚款200元。业务员像往常一样邀请自己的客户，可最终没有一位业务员完成了既定目标，相关领导碍于情面，只是批评了几句，罚款的事也无人再提及。

（2）公司在技术攻关时期曾许诺，一旦技术难关突破，则按照贡献大小奖励1万元以上的奖金。当技术团队完成技术研发时，A领导说奖励的事情是B领导说的，B领导说技术研发本是你的本职工作，C领导说今年公司效益不好，大家再努努力，争取明年把效益搞上去。

其实，大家都知道奖罚分明是提高工作积极性，提高执行力的有效工具，可为什么终究还是难以做到呢？

因为奖罚分明不只是一个简单的理念，更需要的是践行这一理念所配置的相关制度和坚决执行的行动。

华为主张"以奋斗者为本"的用人之道，也明确规定公司的机会和资源要向奋斗者倾斜，在市场进行开拓的"奋斗者"，华为都给予了同等职位中的最高待遇。同时也需注重制定优惠政策时的合理性与适度性，既要优待奋斗者，重用奋斗者，不让奋斗者吃亏，但也不能惯坏奋斗者，更不能使其顶着奋斗者的光环做着"普通劳动者"的事。同样将奖罚分明做到极致的还有海底捞，其创始人张勇认为：只有做到真正意义上的奖罚分明，才能提高员工的执行力，员工的执行力直接决定了公司的发展力。

要做到真正的奖罚分明，首先需要为每名员工设立具体的工作目标；其次要为员工设立工作标准，没有工作标准，工作目标就是空谈；再者需要建立一套科学的评估机制和改进工作效率的措施，这是理清"应该奖谁、应该罚谁"的重要依据；最后便是对"该如何奖励、该如何惩罚"的具体规定，奖励可以是物质方面的，也可以是精神方面的，但都需要真正有效的落实。企业在日常运营中需有切实有效、具体落地的奖罚分明之制，以达到"有功者日进、有过者日止"的效果，从而真正激发员工的工作积极性和执行力。

最后，深谙"信任与授权"之道，是企业用人的必修功课。

"用人不疑、疑人不用"是古往今来被追捧的用人之道，可许多企业对此不加辩证，演变成了下达任务后的不闻不问，不管不理。他们往往忽视了人性自私、贪婪的一面，未能在机制上加以约束、过程中予以管理，导致有用之才难以克己，终走向了不复的深渊。

许多企业家在用人的信任问题上都有自己的总结，如阿里巴巴的马云说"信任是结合了用人不疑、疑人不用、用人要疑、疑人要用这四个方面"；海尔的张瑞敏说"单纯的用人不疑，疑人不用是小农经济的思想产物，是一种封建、封闭、缺乏辩证态度的看法，如果只用而不疑，企业迟早必乱，如果只疑而不用，企业人才必定越来越少"。

既然用人"要疑"，那就要明确该如何去疑，其实最合适的方式便是用监督的制度和约束的机制去疑，从制度上去假定人性最自私、最贪婪的一面。同时，"疑人"也要用，这就需要了解该如何去用，一般情况下是在其人格、能力不确定的情况下，可以边用边察，边用边考，边用边育，而不是一味地棒杀人才，浪费人才。

随着外界环境的急速变化和专业化人才之间的竞争加剧，组织越来越扁平、个体越崛起将逐渐成为趋势。在这样复杂的背景下，组织要想保持强大的战斗力和快速的应变能力，就得授予前线人员决策权。在前文的"组织模式"中，已经提到组织架构的发展会越来扁，越来越平，面对外界作出应变的决策者也会越来越多，越来越细。华为的铁三角模式、韩都衣舍的产品小组、百度的小团队制、海尔的人单合一、阿里巴巴的"大中台、小前台"等组织架构的变革，都体现了对人才的授权。所以，企业需从组织架构的变革、企业机制的优化上，进行用人的授权管理，对于元帅型、大将型、士兵型、阑尾型的员工，要因时、因势、因人、因地、因条件的不同，而选用不同的授权方法，以及不同的权限大小和权限内容。

另外，对人才的培养、培育也是企业的用人之道。人才的贡献过程是一个输出的过程，没有输入就没有输出，又所谓"马不伏枥，不可以趋道；士不素养，不可以重国"，就是说马如果不勤加喂养就不能在路上飞奔,人才如果不经常培育就不能使国家强盛。企业用人亦是如此,良将良才的知识能力、素质格局都应该随着外界环境的变化而变化,随企业的发展而发展,且还有许多"普通人才"都需开发、培训,以使其在能发挥其优势的地方发光发热。所以,培育人才、培养人才也是企业的用人之道。事实上,企业中的多数人才都是从业务中一步步培养,从实践中一路考验过来的。一线工作有利于对业务的熟悉,磨炼意志,砥砺品格,增进员工间的感情,如华为在用人时都会先将优秀的员工放到基层去锻炼,以推动技术、业务和管理的循环。中间管理岗位的工作有利于拓宽思路、积累经验、增长才干,开阔视野。核心管理岗位的工作有利于增强全局观念和发展意识,能培养处理实际问题和驾驭复杂局面的能力。如果企业经营管理者看到的总是员工的弱项和缺点,想的老是如何从外寻神兵找利器,而不是有效地帮助员工成长,给予员工锻炼的机会,自然就会挫伤员工的工作积极性和进取心,导致其失去对自己和经营管理者的信心,淡化对企业的拥护,长此以往,其后果也是可想而知。

最后,天下没有不散的筵席,对于那些难以挽留,即将离开或已离开的人才,同样存在着相应的用人之道。现实中,很少有企业将用人之道考量到离职人才,因为人力资源的管理向来都是针对内部员工的管理,所秉持的原则也是"合则同舟共济,去则各自安好"。对于离职员工的管理,可以参考全球管理咨询公司麦肯锡的做法,据称麦肯锡有80%的员工最后会选择离职[①],可事实上,真正离开的人却是很少的。因为麦肯锡在思想上将离职员工视为一次毕业,态度上是要想尽一切办法与之保持联系,行动上是要帮助离职的员工建立新人脉。为此,麦肯锡建立了一个"麦肯锡校友录"的数据库,记录、跟踪着离职员工的发展动态。麦肯锡对离职员工的有效管理所带来的直接影响,就是离职员工带来的业务是其总业务的一半。同样重视离职员工管理的案例,还有阿里巴巴的离职员工"校友会"、腾讯公司的"南极圈"离职群、摩托罗拉的前雇员"回聘制度"、IBM公司的离职员工再雇佣制度等。事实上,对离职员工的有效管理,不仅不是一种浪费,还会带来双赢的结果,如对合适人才的返聘、高性价比的人才库建设等等。

人们常说企业"得才者兴,失才者亡",那得才而不失才的关键是什么呢?就在于"用才"。所谓"君子用人如器""良工无弃才",用人之关键在于将合适的人放在合适的位置上,取人之长,避人之短,在于平衡人情,在于秉公之心,奖罚分明之制,奖赏有功之人,处罚有过之辈,以求得"将能而君不御者胜"之态。另外,对人才的培训、培养,以及有效的离职员工管理,皆是企业可采纳的用人之道。人能尽其才则百世兴,用人之道没有固定公式,没有固定步骤,需要企业不断探索、总结,以孜孜不倦之心悟得不同发展阶段和资源条件下的用人之道。

战略目标的实现过程,是一个聚沙成塔的过程,需要众多合适的人有效地完成适合的工作任务。适合的工作任务来源于有效的岗位确定,合适的人取决于企业的用人之道,而

---

① 陈浩. 世界500强人力资源总监管理日志. 天津:天津科学技术出版社,2017.12.

第十一章 组织——执行力

胜任条件的分析便是连接人与岗的桥梁。

总的来说，岗位的确定与胜任条件分析，都为企业的用人之道提供了客观基础，它们的关键在于从工作岗的角度出发理清组织的具体要求，而用人的关键在于将合适的人放到合适的岗位上去，三者关系的处理在于协调、匹配人与岗位的关系，使得人尽其才、才尽其职、职尽其用，终实现企业的战略目标。

第三节 定 薪

定薪是在充分考虑内外部因素的基础上，运用各种方法进行组织薪酬体系的设定与优化。定人、定岗、定薪是企业人力资源管理的三大基础。组织架构好似人之骨架，定人犹如连接骨架的"筋"，定岗便是连接骨架的"关节"，定薪则是贯通于全骨架的"血液"，三者紧密关联，缺一不可。

企业的定人、定岗、定薪应追求一种契合状态，以使得人岗匹配、薪岗匹配。

人岗匹配——任职者内外素质与岗位要求之间的匹配；

薪岗匹配——薪酬待遇与岗位要求和岗位价值之间的匹配。

人、岗、薪三者的匹配与否，匹配程度如何，直接决定了组织的运行效率和经济效益。其中，定薪的过程是一个不断与岗位相匹配的过程，一方面需要与岗位所承担的职责相匹配，另一方面需要与岗位的业绩挂钩，解决的是"责、权、利"中责任与利益之间的关系。只有责、权、利间的均衡匹配，才能让组织的运行处于一个受力均匀的可持续健康发展状态，也才能达到"激励与约束"并行的效果。

这里从薪岗匹配、激励潜能、考核考评三个模块对如何定薪进行探讨。

模块七十一：薪岗匹配

薪岗匹配是在人岗匹配的基础之上进行的薪酬待遇与岗位职责的匹配。薪岗匹配对于激励员工、增强组织竞争力都具有重要意义，一方面与岗位需求相匹配的薪酬是该岗位价值的直接体现，也是该岗位任职者价值的体现，恰如其分的价值体现，是企业能找到人、用好人、留住人的一个重要基础；另一方面，与岗位需求相匹配的薪酬，是让岗位职责得到充分履行的保障，关键岗位，乃至所有岗位所要求的能力若都能得到充分体现，企业的组织竞争力自然也就会有所向披靡之势。

许多成熟企业都践行着薪岗匹配的理念，如微软、思科公司都主张不论经验和资历，英才要靠能力定薪；华为设计了一套"定岗定薪，易岗易薪"的机制等。被称为"世界第一CEO"的美国通用电气公司总裁杰克·韦尔奇曾说："我的经营理论是要让每个人都能感觉到自己的贡献，这种贡献看得见、摸得着，还能数得清"。但也有许多企业或者不愿意，或者做不到薪岗匹配，他们要么不愿意给精英人才应有的薪资，要么薪资水平未能随着岗位职责的增多而正常增长。在他们看来,薪酬确定就是企业与任职者之间的零和博弈,彼之所得必为我之所失。企业为了增加自身所得,自然就会减少员工之所得,在这样的理念指导下,便是越发难以找到胜任岗位之人,即使侥幸找到了,又会认为是企业成就了他们,这些人似乎亏欠着企业,也应该感激企业,而不应该提出涨薪的要求。企业在这样的薪岗关系认识下,势必会造成人才的经常性流失,同时也影响着企业的经营效率。

那么应该如何去践行薪岗匹配的理念呢?

一、明确薪酬设计的原则

薪酬是连接企业与任职者的纽带,对薪酬的设计管理也往往是一个非常敏感的话题。一个适合企业的薪酬体系,往往能降低人才的流失率,增强企业的凝聚力。相反,若某岗位的薪酬不能被任职者认可和接受,那无论设计得多么专业都是枉然。在薪酬的设计过程中,也可以参照、遵循如下几个原则:

公平性原则。公平性要求企业最大限度地平衡任职者对薪酬分配的公平感,通常包括机会公平、过程公平和结果公平三方面的内容。

(1)机会公平,是组织在涉及任职者切身利益的薪酬问题上,要站在任职者的立场,充分考虑其意见并与其相互沟通。

(2)过程公平,是要保证薪酬、考核等制度得到切实有效的执行,以及保证制度的权威性和严肃性。

(3)结果公平,是任职者自我公平、内部公平和外部公平的结合,即同地区同行业类似岗位的薪酬基本相当,同企业不同岗位的薪酬应正比于其做出的贡献,同企业同岗位的薪酬应与贡献力量的大小成正比。

竞争性原则。这一原则要求企业在整个人力市场中考虑该岗位薪酬的吸引力和竞争力状况,通常根据市场的供需状况、企业的行业地位、企业的人力资源储备等情况来决定。

激励性原则。这是根据双方实际情况制定薪酬激励方案时所要考虑的原则,一般从激励内容和激励方式两个方面去展开。如某岗位固定收入与浮动收入的比例关系,该岗位产生激励时的业绩与奖金关系等。

经济型原则。这一原则要求企业在薪酬设计时,要考虑企业自身发展特点和支付能力。高薪必定具有竞争性和激励性,但同时也会增加人力成本,企业需平衡企业与员工的利益关系,平衡企业长期发展与短期发展的关系。

合法性原则。这是企业应该遵守的基本原则,要求企业在进行薪酬设计时要遵守国家法律、法规和相关的政策规定,如最低工资制度、加班工资规定、员工社会养老保险规定等。

二、明确薪酬结构所要包含的内容

薪酬结构是指在同一组织内不同岗位薪酬水平的组成情况,通常包括构成薪酬的内容、薪酬等级数量、各等级的变动范围以及决定因素等,它反映了企业对不同职务和能力的重视程度及其价值的看法。薪酬结构该如何设定呢？

(1)薪酬的内容通常包括直接薪酬和间接薪酬，直接薪酬主要是基本工资和绩效奖金，间接薪酬主要指各项福利。它们在人力资源管理中所发挥的主要作用略有不同，基本工资侧重于吸引与保留人才，绩效奖金侧重于吸引与激励人才，福利则侧重于对人才的保留。企业可以根据用人的实际情况对三者比例进行灵活调整，从而使每一位任职者都能尽最大努力为组织目标服务。比如，销售周期短、见利快的销售性岗位可采用"低底薪+高绩效"的方式，强调人才稳定的技术性岗位可以采用"高底薪+低绩效"的方式；企业发展初期可重点强调基本薪酬以吸引人才，业务稳定后可将重点倾向于绩效奖金以激励人才等。

(2)薪酬水平代表了企业的平均薪资情况，反映了企业在用人市场上的支付实力和外部竞争性，它是企业支付给不同部门、不同岗位的平均薪酬情况。企业薪酬水平的制定，往往需要通过前期调查，并选用适合于企业的策略。薪酬水平策略，通常包括领先型策略、匹配型策略、拖后型策略和混合型策略。企业采用不同的策略往往能决定人才引进的质量，如华为公司采用的是领先型的薪酬水平策略，其引进的人才也就更有可能优质、优秀。现实中，许多企业无法做到全面的领先型薪酬水平，因此可根据组织核心能力的建设需要采用混合型策略，既可保持自身的核心能力，又可节约用人成本。

(3)薪酬等级的设定是进行薪酬管理的有效方式，企业将价值相近的岗位归入同一个管理等级，并采取一致的管理方法来处理该等级内的薪酬管理问题。薪酬等级的划分，一方面可以根据岗位价值确定薪酬标准，另一方面可以根据业绩水平确定实发薪酬，在理论上体现了"干不同的活到不同的程度，就能得到不同的报酬"。但在实际操作时，需要具体的量化和评价岗位工作的内容。在分级之前，可以将岗位分类，进行不同序列的分级，如阿里巴巴将技术岗归为 P 序列，将管理岗归为 M 序列，P 序列分为 14 级，M 序列分为 9 级。

三、明确薪酬设计与优化的一般步骤

岗位的薪酬设计与优化是一个复杂、动态的过程，过程中需要明确企业自身的发展战略、业务情况、人力资源情况以及组织特点和文化特点等。具体来说，可以参照以下步骤和方法进行薪酬体系的设计与优化[①]。

(一)基于岗位分析基础之上的岗位价值评估与薪酬宽带设计

岗位价值评估是在岗位分析的基础上，对该岗位的影响范围、贡献力量、职责大小等特性进行评估，以确定岗位在组织中的相对价值，并进行该岗位的序列归类。在本章第二节中，已经谈到了岗位分析的内容、条件、时机以及常用的方法等，它是进行价值评估和宽带设计的前提。在进行岗位价值评估时，可选用相应的岗位价值评估模型，以科学的评估程序，客观公正地对岗位进行不同维度的评估，常用的评估模型有海氏三要素评估法、

---

① 水藏玺.薪酬体系设计五步法. 人力资源管理体系设计全程辅导，2016.

美世评估法、翰威特岗位评价法等。在岗位价值的评估之后,就需要分析、处理评估结果,并进行相应的岗位价值排名,同时设计相应岗位的薪酬宽带。

窄带薪酬和宽带薪酬是进行薪酬等级设定的两种常见思路。窄带薪酬等级相对较多,每个等级的薪酬区间相对较小,常见于层级比较多的企业。

宽带薪酬是组织结构扁平化的结果,是一种薪酬浮动的范围较大、薪酬等级较少的薪酬模式,其带宽通常为100%~400%。如薪酬区间为5000~7500元的岗位,带宽为50%,其计算方式为(7500~5000)/5000×100%=50%。

在窄带薪酬的规则下,任职者往往需要升职才能加薪,而在宽带薪酬的规则下,任职者在原有岗位上提高能力、提高绩效也能得到较大程度的加薪。宽带薪酬的实行,有利于适应企业战略调整的需要,有利于职业生涯的发展,有利于创造学习型的组织文化,有利于推动组织绩效的提升,有利于强化部门内部的管理,但也有晋升问题、成本增加、适用性窄、绩效崇拜、滋生腐败等缺陷。

(二)进行岗位的薪酬调查与薪酬水平的设计

企业所处的地区行业、人力资源市场供给情况、采用的薪酬水平策略等因素,都会影响岗位的薪酬水平。所以,在设计和优化岗位薪酬时有必要进行相应的薪酬调查。展开薪酬调查的方法有许多,可以借助专门的服务机构,也可以自身进行正式、非正式的调查。在前文中已经提到薪酬水平的设计往往有四种策略,其中混合型策略是大多数企业所采用的策略。通常情况下,对企业发展影响较大的岗位可采用高位值,即高于市场平均水平,如高层管理岗位、核心技术岗位、重点营销岗位等,而对于专业事务类岗位和辅助类岗位,则可根据具体情况采用中位值或低位值。

(三)进行岗位任职者的能力素质评价与相应的薪酬等级确定

在胜任条件分析中,已经理清了某岗位任职者所需具备的知识、技能、职业素养、自我认知、特质等外显素质和内在素质。胜任条件分析是基于岗位视角进行的分析,而任职者能力素质的评价是基于人的视角进行的评价。实际情况下,对人的评价是基于岗位的要求,按照岗位与人之间的匹配关系,大抵可分为大材小用、量才适用、小材大用三种情况。绝对的量才适用几乎是不能实现的,每个岗位与任职者之间,都可能发生大材小用或小材大用的情况,这就需要企业为同岗位的不同任职者划定薪酬等级。薪酬等级的确定,需要以胜任条件的分析和能力素质的评价为参考,更需要以岗位的绩效贡献为结果导向。

(四)薪酬等级确定之后的薪酬模式选择

薪酬中基本工资的确定方法有等级评定法、套级法、因素比较法、点数法等,绩效奖金与福利的设定可分为个人层面、团队层面和企业层面。不同企业根据自身实际往往采用不同的薪酬组合模式,同一企业也可根据不同的序列划分,采用不同的薪酬组合模式。常见的薪酬模式一般包括年薪制、月薪制、结构工资制和计时计件制等。其中,结构工资制是较为普遍适用的一种方式，它将工资按照性质划分为几个部分，如岗位工资、效益工资、加班工资、各类津贴、福利等。各部分都担负了不同的职能，互相区别又相互补充，以实现有机组合。

(五) 薪酬模式确定之后的薪酬体系实施

薪酬体系的实施情况，是检验薪酬设计与优化是否有效的过程。对于薪酬体系改革优化的企业来说，薪酬体系的调整必然带来新的实施情况，如果改革优化的目的是要促进绩效，那改革后的薪酬水平应该是略高于改革前的水平，并且是任职者加大努力就可以达到的水平。如果在当前的外部环境和努力程度下，某些岗位的薪酬不可避免的大幅下降，则企业可给任职者设定过渡期保护，以确保任职者有时间适应新的政策。

总的来说，薪酬体系的设计优化是基于人、岗、薪三者之间的最大程度匹配，以充分发挥组织赋予岗位，岗位赋予任职者的最大价值。在薪岗匹配的理念指导下，企业在进行薪酬体系设计优化时，需坚持公平性原则、激励性原则、竞争性原则、经济性原则和合法性原则，事先拟定薪酬体系设计优化时所要包含的内容、薪酬水平、薪酬等级等，并遵循一定的步骤进行。

模块七十二：激励潜能

激励是激发人行为的一种方法，目的是将其潜在的能力充分地发挥出来。人往往有勤劳勇敢的一面，也有自私懒惰的一面，这是人性，也是自然规律。在客观了解人性这一规律的基础上，便能够明白激励的目的在于调动人性中勤劳勇敢的一面，克制人性中自私贪婪的一面。在企业的经营管理过程中，激励及其发挥的作用无处不在，它是各级管理者的必修课，一个不懂得激励，不会激励的管理者，往往很难带出一支士气高昂、积极、迎难而上的队伍。同时，对于企业的人力资源管理来说，激励也贯穿于企业的找人、用人、留人的全过程中，恰当的激励方法可以更好地为组织吸引人才、激活人才和留住人才。

企业对员工的激励一般包括物质激励和非物质激励两个方面。物质激励主要来源于直接薪酬和间接薪酬，非物质激励主要包括精神激励和企业文化激励等方面。

在经营罗盘"道"篇的"企业价值观"一节中，已经讨论了企业的非物质励，这里则主要探讨企业的物质激励，即在定薪过程中对任职者的激励考量。通常情况下，一个好的薪酬激励政策，不仅可以提高任职者的工作积极性和工作效率，还可以减少企业的综合成本，提升组织效益等。

那么应该如何发挥薪酬的激励作用呢？

(1) 要想薪酬发挥良好的激励作用，企业得了解被激励对象的需求是什么，即为什么而工作、如何才会更努力地工作。

在马斯洛的需求层次理论中，分析了人类的需求层次状况，薪酬作为满足其安全感的需求，须给予保障。除了薪酬外，合同、期权和约定等也具有一定的保障功能。除了对安全感的需求，任职者往往也希望工作能有盼头，努力能有劲头，即努力有方向，付出有回报。努力有方向，是指任职者能跟随着企业的发展而发展，有明确的奋斗目标、畅通的晋升通道等，并且能有明确的标准审视自己是否做好了、怎样才能做得更好。付出有回报，是指薪酬、福利等所得要与达到的目标相匹配。现实中，"既想马儿跑得快，又想马儿不吃草"是许多企业管理者处理员工付出与回报关系的真实写照，在这种情况下，薪酬所能发挥的激励作用自然是微乎其微的。

(2) 在薪酬体系的设计中，可通过设置薪酬内容的构成比例，以充分发挥激励效果。

在上一模块"薪岗匹配"的内容中，已经提到薪酬的构成要素一般包括直接薪酬和间接薪酬。针对不同类型的任职者，薪酬的构成要素比例往往需要有所不同，才能起到良好的激励作用，这也是企业践行"以人为本"思想的体现。薪酬激励的过程不是激励制度的简单累加，其中涉及被激励对象的复杂心理过程，其关键在于针对性地激发其内生动力。

薪酬激励的差异化受到多方面因素的影响，宏观影响因素如行业特点、企业发展阶段、企业支付能力、企业利益分配制度等；微观因素如被激励对象的期望、需求层次、个人能力等，这些影响因素加以汇聚，最终形成不同的薪酬构成要素和分配比例。

对于薪酬的构成要素和分配比例对激励作用的影响，下面举一个简单的例子加以说明。若一位销售工作人员的年收入为 10 万元，如果这一收入能保障其安全感的需求，同时相较于类似情况的同事朋友也还过得去，那么他会有一定的满意感。在 10 万元的收入中，如果有 8 万元是靠他的销售业绩所挣得，那么这 8 万元就有较强的激励作用，而作为固定收入的 2 万元则不会对激励有较大的影响。相反，在 10 万元的收入中，如果仅有 2 万元是与销售业绩挂钩，那么这 2 万元的激励作用就相对较弱了。又如果第二年只有 4 万元的收入，其中 2 万元来自固定收入，2 万元来自销售业绩，那么销售人员不仅难以受到激励，还也会抱怨 2 万元的固定收入太低。

(3) 薪酬体系对任职者的激励不仅要从短期的维度着手，还需根据实际情况进行长效激励机制的建设。

长效激励机制作为短期激励的有效补充，将企业发展的长期目标和效益与被激励对象的个人目标和利益相结合，建立起一种更加牢固、更加紧密的发展伙伴关系。现实中，许多企业都将长效激励与短期激励搭配使用，使"一长一短"共同发挥有效的激励作用。其中，股权激励是长期激励的一种常用方法，尤其适用于企业激励、留住核心人才，业界甚至有"自古深情留不住，唯有股权得人心"的笑谈。企业通过有条件的给予激励对象部分股东权益，进而形成利益共同体，或拯救企业于危难中，或携手共创企业的辉煌。

曾经的美国西北航空公司便是一个因全员持股而度过危机的案例。作为世界第五大航空公司的西北航空，现已被达美航空兼并重组，纵观其发展历史可谓是波澜壮阔，其中实行的全员持股便是浓墨重彩的一笔。

西北航空在发展中曾因内外环境的急剧变化而亏损严重，资产负债率一度达到了

100%。为了不走申请破产保护的道路,西北航空尝试过资产重组、延迟贷款偿还期限等措施,却也未能使其摆脱严重亏损的困境。面对这种情况,西北航空最终实行了以职工持股为核心的拯救计划,并成功拯救了公司。员工持股的主要实行办法是按比例降低工资,以降低的工资购买公司的股权,员工收入层次不同,工资降低的比例也有所不同。这一计划还规定了公司在既定年限期内偿还完债务后,有义务从持股员工手中回购全部的股票。随着员工持股的顺利实施,员工持股占比达到了 30%,其中包括飞行员、空姐、技师、地勤人员等。员工持股的激励效应也发挥了巨大作用,公司也成功扭转了亏损局面,实现了盈利。

西北航空公司的员工持股计划,是企业进行股权激励的一种方式。企业常用的股权激励方式还包括股票期权、虚拟股票、股票增值权、经营者持股等,这些激励方式的具体内容将在第六篇的"内利"中加以讨论。

这里值得注意的是,企业长效激励机制的制定与实施也有其独有的发展阶段适用性。如初创期的企业通常针对核心人才,采用期权等方式将人才未来的利益与企业的利益实现绑定;成长期的企业往往有较好的利润和发展,可通过干股激励、期股激励、投资入股等方式进行长期激励;成熟期的企业因业务相对成熟、效益良好,可采用适度的员工持股等方式进行激励。如以中国平安为代表的上市企业,其员工持股计划的受益人数占员工总数的 39.35%,以华为为代表的非上市企业,有 8 万多名员工持有华为公司发行的虚拟股,占比 98.99%。

(4) 薪酬体系中的激励可以针对个人,也可以针对团队。

趋利避害是人之本性,在激励管理中,通常是考核在哪里、激励在哪里,人们努力的方向就在哪里。个人是构成企业的基本单位,企业中也会存在各种形式的团队,产生团队的直接原因在于联合众人的力量来解决个人无法解决的问题。所以,企业不仅要强调个人的业务成果,也要强调团队的整体业绩,激励在对个人行为、个人绩效产生促进作用的同时,亦需注重对团队的激活作用。在激励团队的众多措施中,薪酬体系因以薪酬作为后盾而在沟通团队目标、强调团队协作方面起着重要的作用。

现实中,许多企业都制定了针对个人的薪酬激励体系,却鲜有针对团队的薪酬激励。过于强调个体层面的绩效考核和薪酬激励,容易降低优秀团队的互动效应和协同效应。如果个人因团队绩效而获得报酬的话,则他更愿意作为团队成员和大家一起努力,将个人业绩置于团队的业绩中,进而将团队业绩置于企业目标中,如此才能聚沙成塔。与此同时,如果仅仅考虑对团队的激励而忽视了个体,便会使得个体的努力和绩效得不到认可和强化,就极易出现"吃大锅饭"的现象。所以,在激励团队中的个体时,也要激励团队这个主体,团体奖金、团队福利都是团队激励的常见方式。

总之,激励既是一门科学,又是一门艺术。它既有一定的客观规律性,又具有较强的实践灵活性。激励在于激发人性中勤劳勇敢的一面,舒缓人性中自私贪婪的一面。薪酬体系中的激励，作用于企业的找人、用人、留人等过程，是企业各级管理者、薪酬体系制定者所要了解和掌握的。要发挥薪酬的良好激励效果，需要理清被激励者的需求，针对性地设置薪酬的构成要素，并将短期激励与长期激励相配合，将个人激励和团队激励相结合，进而真正有效地激发组织活力，实现组织目标。

模块七十三：考核考评

考核是人才管理活动中的关键业务活动，其思想也始终贯穿于找人、用人、育人、留人的过程中。所谓"玉瓷之石，金刚试之"，是否为人才，是哪方面的人才，都需要经过不断的考核才能作评价。

在企业的人才管理活动中，考核主要是指对岗位任职者的绩效考核，这种考核方法在企业的人力资源管理中已得到广泛的应用，它往往通过关键指标的考核，对任职者的表现和实际业绩进行实事求是的客观评价。

绩效考核起源于西方国家文官（公务员）制度。最早的考核起源于英国，在英国实行文官制度初期，文官晋级主要凭资历，于是造成工作不分优劣，所有的人一起晋级加薪的局面，结果是冗员充斥，效率低下。1854~1870 年，英国文官制度改革，注重表现、看才能的考核制度开始建立。根据这种考核制度，文官实行按年度逐人逐项进行考核的方法，根据考核结果的优劣，实施奖励与升降。考核制度的实行，充分地调动了英国文官的积极性，从而大大提高了政府行政管理的科学性，增强了政府的廉洁性与效能。英国文官考核制度的成功实行为其他国家提供了借鉴。美国于 1887 年也正式建立了考核制度，任用、加薪和晋级均以工作考核为依据，论功行赏。此后，其他国家纷纷借鉴与效仿，形成各种各样的考核制度。这种制度有一个共同的特征，即把工作实绩作为考核最重要的内容，同时对德、能、勤、绩进行全面考察，并根据工作实绩的优劣决定公务员的奖惩和晋升[①]。

在企业的人力资源管理中，绩效考核通常与利益分配相结合，伴随着任职者的绩效薪酬与奖罚措施，否则考核会就会失去意义。但绩效考核的终点不应该只是利益的合理分配，而是通过考核发现问题、找到差距，进而解决问题、实现提升，最终实现组织与个人的双赢。

现实中，大多数企业都在进行绩效考核，可相当一部分企业的绩效考核并没有取得理想的效果，或是流于形式，或是抵触情绪严重，或是出现考核后的工作混乱和创新缺失等问题。其主要原因就在于，企业绩效考核体系的设计未能根据自身实际情况而进行，他们往往是为了考核而考核，希望借鉴一套绩效考核体系把员工控制住，员工也就为了考核而工作。这样的结果就是员工被"控制"住了，企业成本也降低了，但组织内部的创造性也降低了，其做法是与经营罗盘所倡导的"以人为本"的经营思想是背道而驰的。

---

① 肖阳. 绩效考核的起源. 企业管理，2010（6）：59.

索尼公司是一家创造出了无数辉煌的企业，其随身听、PSP产品就像苹果的IPAD、Iphone一样令人痴迷。索尼曾经也是"激情""创新"的代名词，可也曾一度失去了往日风光。在索尼公司前常务董事长天外伺郎的《绩效主义毁了索尼》一文中，可以看到一个忽略自身实际的绩效考核体系对企业的种种打击和步步毁灭。文中提到，因为绩效考核，索尼内部弥漫着追求眼前利益的风气，造成短期内难见效益的工作受到轻视，比如产品质量检验以及"老化处理"工序，而这些工序的轻视可能与"使用索尼锂电池的960万台笔记本电脑召回"事件有关。索尼因为绩效考核，制定了非常详细的量化考核指标，且唯指标论英雄，这让上级不再把下级当作有感情的人看待，而时刻用考核的眼光审视下属，严重破坏了公司原本温情而信任的氛围，也与公司所倡导的"自由，豁达，愉快"的企业文化理念相背离。因为详细的绩效考核指标让大家在应对考核上花费了大量的时间和精力，而在真正的工作上却敷衍了事，出现了本末倒置的倾向。如此种种让索尼原有的工作激情、创新精神、团队精神被渐渐湮灭，继而在后续的发展过程中显得乏力[1]。

索尼的绩效考核问题并不是个案，这在许多企业中都有所体现，这种以"控制"员工为目的的绩效考核，终究会蚕食企业来之不易的基业，千里之堤尚可溃于蝼蚁，何况是企业呢。

因此，在绩效考核体系的建设过程中，一定要有明确的指导思想：组织的绩效考核应该是向着组织目标的方向，是为了组织成员不至于偏离企业价值观，是为了激发员工的创造力，激活组织的活力，而不是用种种指标将员工控制住，其目的在于更好地服务客户，满足市场需求。

在这样的考核观念下，进行绩效考核的设计时，还需理清以下几个问题：绩效考核要考谁、谁来考？需要考什么内容、考多长时间？该怎么考？

"要考谁"是确定考核对象的过程，只有考核的对象确定了，才能进行"考什么"与"怎么考"的设计。企业中不同岗位、不同层级的任职者，都可能是企业的考核对象，考核对象不同，考核的内容和时间、考核的方式也该有所不同。

"谁来考"是对考评主体的选择，考核的主体一般包括被考核对象的上级、同级、下级，以及自我考核和客户考核，企业可根据考核对象工作性质、职位位置的不同而选用不同组合方式的考核主体。如对关键业绩的考核通常由上级来执行，而对能力素质等方面的考核通常采用全方位考核。总的来说，考核主体需要了解被考核对象的职位性质、工作内容以及考核标准，也要熟悉对方的工作表现，并能作出客观公正的评价。

"考什么内容"即是确定考核指标的过程，考核指标的设计与优化也会根据考核对象职位的不同、工作性质的不同而有所不同。考核指标通常来源于企业的发展目标，以及对工作岗位的分析和企业的价值链。将企业的发展目标体现在考核指标中，是企业战略导向的体现，能够将企业目标、部门目标和个人目标结合起来，实现上下的高度统一；岗位分

---

[1] 资料来源：https://tech.qq.com/a/20120614/000196.htm。

析是设计考核指标的基础,基于岗位分析的考核指标也是任职者认识自己、提高自己的条件;企业的价值链也可作为考核指标的来源,一般将价值链薄弱环节的改善作为考核指标,以实现绩效考核促进绩效提升的目标,如企业的研发环节比较薄弱,时常出现开发延迟的情况,则可将"开发周期"作为其中一项考核指标。考核指标的来源通常不是单方面的,这样可有效避免考核不全面的情况。

值得注意的是,考核指标并不是越多越好、越细越好,下面以培训学校对老师的考核指标为例加以说明。培训学校通常具有入行门槛低、难以做大的特点,难以做大的其中一个原因,在于难以聚集足够多的优质教师资源,而其根本在于难以建立与业绩相匹配的薪酬体系和考核激励。在培训学校的教师考核指标中,可以看到其包罗万象的考核内容,包括价值观、备课完成情况、制度遵循情况、上课时长排名、续班率、退课人数、不满意学生人数、学生推荐情况、工龄等。这样一个看似完整立体的考核设计,却容易让任职者不知所措,看起来什么都考核了,实际上又什么都没考核。而作为行业龙头的新东方,在绩效考核的指标方面却显得异常简单。

新东方在"轻课时费,重续班奖金"的考核原则下,将续班率与满班率作为任职教师的考核指标。培训学校通常采用四季续班模式,即春续暑、暑续秋、秋续寒、寒续春的模式,新东方续班率的计算公式为:寒假班学员续班到春季的人数/寒假班总人数;满班率的计算公式为:寒假班总人数/学校规定此老师的满班人数。据报道,北京新东方教师续班奖金一个季度为7万元,一年拿几十万元的也不是太新鲜的事,如此一来,对优质人才的吸引、留用已是水到渠成。对于考核指标的确定,可以采用二八法则,即80%的工作成果是由20%的关键行为产生的,抓住了这20%的关键指标,就抓住了考核的重点,即KPI考核。

考核指标确定之后,接下来便是明确各项考核指标的权重赋值。企业的考核在哪里,任职者工作的方向就在哪里。考核指标的权重倾向,能向任职者传递工作的重点。所以,设置权重比例需要对各项指标的内容进行全面的权衡。常用的权重设置方法有交互式分析法(权重因子法)、标杆比较法、专家咨询和主观经验法等。同时,在设置过程中也要注意,所有权重的总和必须等于100%,每项指标的权重最好不低于5%。

另外,企业在对任职者进行考核时,考核的内容不应该只是对业绩的考核,还可以包括价值观、工作态度、工作业绩等方面的考核。阿里巴巴的马云曾说,我们公司的考核制度是价值观占50%,业绩占50%,即采用的是双轨制的绩效评估体系,一边抓"红",一边抓"专"。"红"是针对公司文化的考核,是将企业价值观"从企业的理念到每个人的理念、从每个人的理念到每个人的行动"的输灌过程,这一过程的考核能最大限度地避免唯KPI论英雄、避免利益的短视行为等。"专"是针对工作业绩方面的考核,正如任正非先生所言:"评价一个人,提拔一个人,不能仅仅看素质这个软标准,还要客观地看绩效和结果。德的评价跟个人喜好和认知局限有关,而绩效和结果是实实在在的"。

对于"该怎么考"的回答,就是对考核方法的确定。在实际考核工作中,很多任职者会因为干得越多而导致出现的错误也越多，最终的绩效考核结果也越差，工作的积极性和创新性自然会严重受挫，这都是不恰当的绩效考核方法所导致的。用于绩效考核的常见方法有 KPI 关键绩效指标法、目标管理法（MBO）、平衡记分卡考核法（BSC）、360°考核法、序列比较法、关键事件法、OKR 目标与关键成果法等，各个考核方法自有优缺点，可根据自身实际情况进行取舍，以达到绩效考核的目的。在企业考核管理的发展优化中，也需由单一的考核形式发展到完整的绩效管理体系，如华为公司以 KPI 为核心的绩效指标体系、多层次的评价体系、强调个人绩效承诺并注重绩效改进和辅导等。企业的考核同样需要在优化与变革中寻求发展，避免发生类似于索尼公司的考核悲剧。

总之，绩效考核是对以下几个问题的回答：要考谁、谁来考？需要考什么内容、考多长时间？该怎么考？同时，绩效考核本质上也是一种过程管理，而不仅仅是对结果的考核和利益的分配，它应该是一个不断制定计划、执行、检查、优化的循环过程，包括了绩效目标的设定、绩效要求的达成、绩效实施的修正、绩效结果的面谈、绩效的改进、目标的修订等。针对不同的考核对象，应该有不同的考核指标、考核时间和考核方法。在考核指标的设置过程中，通常是要什么就要考什么，才会得到什么。考核的内容除了绩效这个"硬"指标之外，还可根据自身实际对价值观、工作态度等方面的"软"指标进行取舍，如此"软""硬"结合、"红""专"并行，才能取得良好的考核效果，达到激励个人、激活组织的目标。

定薪是对组织薪酬体系的设定与优化，有效的定薪工作可以避免"薪酬"课题变成"心愁"症结。定薪工作如何做，做得如何，都直接影响着员工的利益和动力，关系着企业的发展与未来。具体而言，定薪是在薪岗匹配的基础上进行的考核与激励，其关键在于人、岗、薪之间的匹配，在于责、权、利之间的平衡，以达到经营人心、管理人性、平衡人情的目的，终实现企业理想的目标。

【本篇结语】

古人云:"不谋一世者不足以谋一时,不谋全局者不足以谋一域。"这里说的"谋一世"和"谋全局"就是战略,而"谋一时"与"谋一域"指的是战术。在经营罗盘中所说的"术",不单单指战术,它既包含了战略,还包含了战术,而且还包含了执行层面的组织,将战略战术与执行聚合为一个整体——术。

"术"是企业在市场竞争中开展的深谋远虑和具体的实施计划,它是将之所指、军之所向。驭"术"之根本在于谋篇布局、在于守正出奇。谋篇布局,是根据企业之使命、愿景、价值观而确定的战略目标,以及围绕战略目标所需配套的战术与组织资源。谋篇布局,谋的是远略、布的是大局。守正出奇是"以正合,以奇胜"的理念与战术,是"常术"与"变术"的相生相合,也是在混沌的商业竞争中守住企业之"道"的坚持。因此,"术"包含了企业的战略、战术和组织。

战略是围绕企业使命、愿景、价值观而确立的竞争路径,它在于定方向、定路线、定步骤。战略是实现长期奋斗目标的一个近年期打法,是实现阶段性经营目标的方向。战术是围绕战略思想,实现战略目标的具体方法和周详的实施计划。组织是实现战略目标,执行战术的保障。战略、战术、组织三者没有孰重孰轻之区别,如果说战略求的是先期发展目标,那战术和组织求的就只有一个字:赢。为了实现企业的战略蓝图,需要依靠组织应用相应的战术保证在每一个过程都能够取得最有效的胜利。

在残酷的市场竞争中"胜者为王,败者为寇"。每一个成功的企业都是在实践中干出来的,历史的经验告诉人们,企业经营的战略和战术,都是实实在在干出来的,战略与战术最忌讳的就是纸上谈兵,所以企业在制定战略,布置战术的过程中,谁都不知道对错,这就需要有强有力的组织保障,并且撸起袖子加油干,通过行动来实验,不断摸索总结和升华企业的战略、战术与组织,用权威的话说就是:实践是检验真理的唯一标准!

【案例品鉴】腾讯之"术"

腾讯，全名为深圳市腾讯计算机系统有限公司，于1998年11月诞生于中国深圳，是一家以互联网为基础的科技与文化公司。其使命是"通过互联网服务提升人类生活品质"，愿景是"最受尊敬的互联网企业"，价值观是"正直、进取、合作、创新"，秉承着"一切以用户价值为依归"的经营理念和"关心员工成长"的管理理念，为亿万网民提供优质的互联网综合服务。

腾讯如今的战略总目标是"连接一切"。为此，腾讯长期致力于社交平台与数字内容两大核心业务：一方面通过微信与QQ等社交平台，实现人与人、服务及设备的智慧连接；另一方面为数以亿计的用户提供优质的新闻、视频、游戏、音乐、文学、动漫、影业等数字内容产品及相关服务。同时，腾讯希望成为各行各业的数字化助手，助力数字中国建设，在工业、医疗、零售、教育等各个领域，为传统行业的数字化转型升级提供"数字接口"和"数字工具箱"。随着"互联网+"战略实施和数字经济的发展，腾讯通过战略合作与开放平台，与合作伙伴共建数字生态共同体，推进云计算、大数据、人工智能等前沿科技与各行各业的融合发展及创新共赢。多年来，腾讯的开放生态带动社会创业就业人次达数千万，相关创业企业估值已达数千亿元[①]。

腾讯作为一家诞生于互联网兴起时代的互联网公司，一开始就散发出浓浓的"互联网味道"，与工业时代的企业相比，其战略发展似乎天生就有些不同。在很多企业的发展进程中，都有着明确的"品牌战略"阶段、"多元化战略"阶段、"国际化战略"阶段等，而腾讯公司的发展历程却似乎难以用这样的词汇描述清楚，正如吴晓波先生在《腾讯传1998-2016》中所说的那样，"裂变中的互联网经济仍然存在巨大的不确定性，由此造成了观察和定义的困难"。

鉴于腾讯公司独特的发展历史，那么它是如何从最初创业开始发展到现在的呢？下面便将腾讯之"术"放置于时间的维度上进行还原，以窥端倪。

第一阶段：生存期（1998～2004年）

创立于1998年的腾讯，其第一个产品叫作"无线网络寻呼机"。就是把刚刚兴起的互联网与当时普及的寻呼机联系在一起，使得用户能在寻呼机上接收来自互联网的信息、新闻和电子邮件等。然而，随着移动手机的日渐普及，寻呼机逐渐衰落，这个叫作"无线网络寻呼机"的产品从一开始就注定难成大器。同时马化腾在无意中也接触到了ICQ。ICQ是来源于以色列的一款可以在互联网上直接交流的软件，意为I seek you（寻找你）。那时的创业五人团队开始兵分两路，一路做着网络寻呼系统，另一路开发着中文版的ICQ，取名为OICQ（O是open的首字母，OICQ是QQ的前身）。腾讯的OICQ在将ICQ汉化的同时也做了很多技术上的微创新，如将用户内容和朋友列表从客户端搬到了后台的服务器，

---

① 资料来源：https://www.tencent.com/.

以避免用户信息和好友名单的丢失，这切合了当时用户使用公用电脑的特点。腾讯又将网络协议设计成UDP技术（用户数据报协议），而不是其他即时通信软件所采用的TCP（传输控制协议）技术，这为后续用户的快速发展奠定了基础。OICQ所做的种种微创新，都使得这款产品更加适合于中国的用户。

OICQ于1999年2月10日正式发布，产品上线后，技术团队根据网民们的体验，不断发现和修复漏洞（BUG），逐渐形成了腾讯在技术研发上所坚持的"小步快跑、试错迭代"原则。随着用户数量的超预期增长，在发布之后的9个月内，注册用户便超过了100万，服务器也时常受到重大挑战。由于OICQ的注册是免费的，一时也未能找到合适的盈利模式，于是资金问题成了活下去的最大困境，几位创始人一边增资减薪，一边为腾讯找投资，几经周折却是无果，接着又向朋友借钱维持着公司的运营。机缘巧合之下，IDG（美国一家著名的投资公司）、香港盈科表示了投资意向，腾讯才终于盼来了"救命"的钱。2000年11月，腾讯推出了QQ2000版本，随着用户的持续增长，服务器的投入需求也在增加，使其再次面临着资金困境，在多次碰壁之后，终于迎来了MIH（MIH是南非报业Naspers的子公司）投资，MIH以32.8%的股份成为腾讯的第二大股东。

QQ的注册用户在不断增加，可腾讯仍没有找到合适的盈利模式，直到"移动梦网"的出现。"移动梦网"是中国移动在2000年推出的移动互联网业务品牌。中国移动公司向全社会召集电信增值业务提供商，这激发了包括新浪、搜狐、腾讯在内的创业公司的激情，增值业务从最初的短信，到彩信、彩铃、WAP上网、手机游戏、手机阅读等。腾讯也是"移动梦网"的其中一家增值业务提供商，至2001年3月，"移动QQ"的手机短信发送总量已达3000万条，6月，腾讯在财务报表上第一次实现了单月盈亏平衡，年底便实现了超过1000万的净利润[①]。

这时期的腾讯，在人员组织上也是极其的简单，是典型的直线式组织模式，他们分工简单、决策灵活。据说，那时的腾讯有个最早的三年规划，希望公司三年之后能扩展到18个人，正好可将当时的办公室坐满。随着18人目标的提前实现，腾讯意识到需进行组织模式的改造，明确每个人的职责以支撑公司的业务运作。腾讯此时将组织划分为三大部门，分管不同的业务，自此其组织模式由直线式变成了职能型。同时，五位创始人的头衔也确立了下来，马化腾为CEO、曾李青为COO、张志东为CTO、陈一丹为CAO、徐晨晔为CIO，另新增了财务部，曾振国为CFO。

随着业务的扩充，2004年，腾讯的业务部门已经扩充到了30多个，员工规模也增加到了2500人左右。随着前线项目越来越多，职能部门也越发难以应对，特别是研发部门的项目激增到了无法安排的地步，况且不少项目都需要各个职能部门相互协调才能完成，这时管理团队找到了打通职能部门壁垒的办法，即实行了产品经理制，这在一定程度上提高了组织的运营效率。

---

① 吴晓波. 腾讯传1998—2016. 杭州：浙江大学出版社，2017.

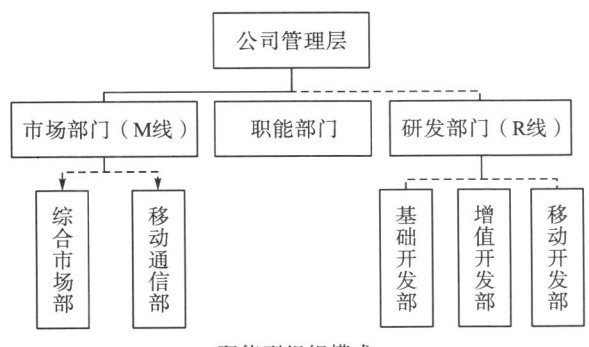

职能型组织模式

处于生存期的企业，良好的业务模式可能带来"起死回生"的效果，如腾讯的"移动梦网"业务，而不切合用户实际的业务模式可能带来巨大的灾难，此时期腾讯的网游探索业务便是如此。

2003年，腾讯看到了网游业务的巨大市场潜力，开始探索网游业务。出于技术和精美度的追求，腾讯代理了当时代表全亚洲最高技术水平的韩国网游《凯旋》，如此高规格的游戏却未能带来良好的市场反响。《凯旋》对电脑配置和网络速度都有着较高的要求，而当时的硬件环境让游戏的精美画面难以得到保证，况且当时的国内玩家在画面的精美方面并未有较高要求。如此结局的业务探索，让腾讯意识到"接地气"的业务才可能换来良好的市场反响，而后推出的QQ休闲游戏便大获成功，如此理念下的《天天坦克大战》《QQ炫舞》《QQ飞车》等游戏更是风靡全国。通过悠闲游戏的运营积累，腾讯也为日后游戏霸主地位奠定了基础。

随着QQ功能的不断升级，如QQ群功能的上线、虚拟道具、QQ秀等，腾讯获得的商业成功也越来越大，尤其是QQ秀的开发，让腾讯获得了真正意义上的商业成功，并让腾讯和它的大规模用户建立了情感上的归属关系。QQ、QQ秀、QQ表情等几乎改变了一代人表达情感和态度的方式。腾讯构建的虚拟世界真实而有情感，这些也让腾讯在其他竞争对手的围剿中始终处于不败之地。QQ秀的成功也让腾讯在"移动梦网"之外找到了另一个可观的盈利业务模式。同时，QQ秀在执行上不再分为R线与M线，而是采用项目制的方式，这一方式奠定了后续的QQ空间、QQ游戏等产品的开发基础。2004年，腾讯在高盛等机构的协助下成功在香港上市。

第二阶段：发展期（2005~2009年）

从2004年12月开始，中国移动的"移动梦网"业务调整，腾讯在这一业务的收益也大受影响。到了2006年，在中国移动"飞信"这一即时通信软件的业务面前，腾讯于当年年底被迫终止了与中国移动的短信合作业务。短信合作业务是腾讯的主要收费渠道，在中国移动两年多的"清除行动"中，包括腾讯、网易在内的企业都受到了较大影响，不得不及时转变战略方向。如网易选择了网络游戏；腾讯在几经思虑之下，回归到了自身的核心能力，利用QQ资源，在移动市场重新布局，在2006年相继推出了超级QQ和手机QQ

两个产品。

超级 QQ 和手机 QQ 的推出对于腾讯具有重大的战略意义。超级 QQ 对用户提供短信包月服务，还有收看资讯、天气、笑话等功能，腾讯也借此推出了 QQ 特权、游戏特权、生活特权、休闲特权等 4 大类的 100 多项 VIP 特权。手机 QQ 是安装在手机上的软件，与当时的摩托罗拉、诺基亚等手机厂商合作进行软件预装。这两大产品的推出，使得腾讯摆脱了对"移动梦网"的依赖，有了两个完全自主的移动门户。同时，手机 QQ 也为后续产品的开发奠定了重要基础，如手机 QQ 游戏大厅、手机腾讯网、手机浏览器、手机安全管家等，是其形成 QQ 产品群的先锋。在 2005 年 8 月，腾讯第一次向外宣布了其战略主张："腾讯希望能够全方位满足人们在线生活不同层次的需求，并希望自己的产品和服务像水和电一样融入生活当中。腾讯已经初步完成了面向在线生活产业模式的业务布局。"

在组织模式的人力支持上，腾讯越来越多的业务都需要研发、市场等部门的支持，而原有的职能型组织模式已显现出诸多难以解决的弊端，为了达到新的战略目标，组织变革似乎是势在必行。2005 年 10 月，腾讯下发了"深腾人字 38 号"文件，开启了新一轮的组织变革，由职能型组织模式转向了业务系统制的组织模式。

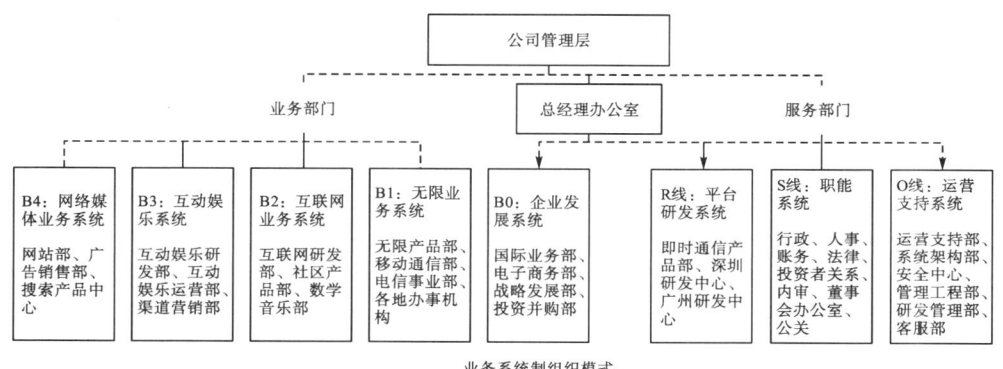

业务系统制组织模式

这次组织模式的转变，使得腾讯不仅有了横向的业务分工，也有了纵向的决策分工。其中 B1、B2 是其收入的主要来源部分，B3 以网络游戏为主，B4 以新闻门户为主，纵向上分为"系统—部—组"三层，各事业群的 EVP 被赋予了更多的权利，总部也会根据流量基础进行统筹配置，形成了一种"大权分散、小权独揽"的组织形式。腾讯希望以此扁平化的组织结构来实现快速的响应、提高效率。

在"在线生活"的战略指导下和组织架构的变革支持中，腾讯开启了多元化征途，于 2005 年 9 月推出了其电子商务交易平台拍拍网和搜索网站搜搜网，开始布局于电子商务和搜索两大领域。拍拍网上线之后的一个月，与其配套的财付通（在线支付工具）随即上线运营。拍拍网也与淘宝网之间展开了一场激烈的竞争。

在 2006 年 5 月 10 日，淘宝网在与 eBay 的争夺战中推出了"招财进宝"这一面对商家的收费服务，这一服务因违背了淘宝网之前的免费承诺，引发了一场不小的商家反对运动,拍拍网于5月15日顺势推出针对商家的"蚂蚁搬家,搬出好前程"活动,并作出"未来三年完全免费"的承诺。同样,在即时通信软件领域,腾讯用QQ与MSN展开了激烈的竞争;在SNS(社交网络服务)领域,腾讯用QQ空间与51.com展开了竞争;在休闲游戏领域,腾讯用QQ游戏与联众竞争;在邮箱领域,腾讯用QQ邮箱与网易邮箱竞争。这一时间,针对腾讯多元化发展的战略也被业界评论得沸沸扬扬,有人将腾讯评论为"全行业敌人",也有评论称"互联网四大天王(谷歌、雅虎、aBay、MSN)干的所有业务,腾讯都干了"。

第三阶段:转型期(2010~2012年)

2010年4月22日,腾讯召开了400多人参加的战略管理大会,马化腾在大会上提出了两个战略要求,一是要围绕"一站式在线生活",继续拓展业务范围,加大在搜索业务、安全、移动互联网、微博的投入;二是要在内部的各业务单元建立新的协作机制,以实现各自所在领域的专业深度和前瞻创新。在"一站式在线生活"的战略引导下,腾讯在多领域发力,也被"一直在模仿从来不创新""走自己的路让别人无路可走""抄袭大王""模仿的胜利""以大欺小"等评价缠身。2010年4月的"UC手机浏览器疑似遭到腾讯方面封杀的事件"、7月被各大网站转发的《"狗日的"腾讯》一文、持续时间在9月到11月之间的"3Q大战"等,都将腾讯推到了风口浪尖上,也带给了腾讯更多的思考,并影响了腾讯前进的方向。马化腾在2010年11月11日通过内部邮件发布的"致全体员工的信"中提出了"开放"的战略思想。紧接着便是2010年12月的"马八条"与半年的战略转型筹备期。

正如马化腾所言:"开放和分享并不是一个宣传口号,也不是一个简单的概念。开放很多时候被当作一个姿态,但是我更理解这是一个能力。分享不是一个愿景,更多是说你如何建立一个可执行的制度,才去执行你的分享和共享"。对于腾讯的"开放能力",当时有两个方向:一个是资本,一个是流量。在资本方面,2011年1月,腾讯成立了腾讯产业共赢基金,基金的投资规模预计为50亿元,为互联网及相关行业的优秀企业提供资本支持。在流量方面,2011年6月,腾讯举办了千人级别的首届合作伙伴大会,将本来封闭的内部资源向第三方无偿开放,包括API、社交组建、营销工具、QQ登录等。

在移动互联网开始受关注的时代背景下,在"开发、共赢"的发展方向上,腾讯的组织架构也于2012年进行了较大的调整,将原有的业务重新划分成了6个事业群,由业务系统制的组织模式变革成了事业群制的组织模式。事业群的负责人将拥有更多的话语权,拥有更多的自主空间,可以灵活响应,快速应变外部变化的环境。

对于此次改革,马化腾有着自己的解读:"我们希望通过这次调整,更好地挖掘腾讯的潜力,拥抱互联网未来的机会,目标包括:强化大社交网络;拥抱全球网游机遇;发力移动互联网;整合网络媒体平台;聚力培育搜索业务;推动电商扬帆远航;加强创造新业务能力。同时,我们也聚合技术工程力量,发展核心技术以及运营云平台,更好地支撑未来业务的发展。"

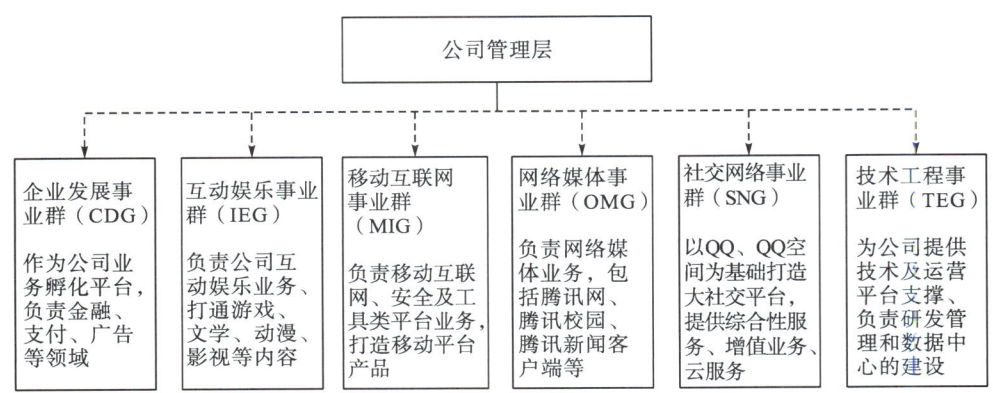

事业群组织模式（2012年）

2010年到2012年的转型期间，腾讯还诞生了另一具有重大战略意义的产品——微信，和QQ秀等产品一样，微信不是来自公司自上而下的产品设计，而是来自一线团队的自主创新。微信1.0于2011年1月推出，但没有收到较大的市场反响，直到快速迭代版本中推出的"摇一摇""漂流瓶""查看附件的人"等功能出现，微信的用户才出现了大幅度增长，特别是"查看附近的人"让微信的日增用户达到了10万以上。"微信红包""朋友圈""视频通话"等功能，使得微信成为移动互联网时代的生活方式，2012年8月"微信公众号"上线更是改变了互联网和媒体产业的原有格局。

第四阶段：成熟期（2013年以后）

2013年年初，"泛娱乐"成为腾讯互动娱乐事业群的三大战略之一。2013年9月，腾讯整合了其网络文学业务，正式推出了"腾讯文学"，并确立了其在泛娱乐战略中的重要组成地位。2015年7月，腾讯出手收购盛大文学，组建阅文集团，形成了中国数字阅读市场的三足鼎立局面。2015年年底，阅文与微信合作，推出了"微信读书"，新的社交式阅读已然开启，据前瞻产业研究院的报道，截至2018年4月微信读书拥有550.2万的活跃用户，日活跃人数为215万人，在图书榜（免费）排行第5名。除了文学，腾讯在动漫领域也大有斩获。在与国外的动漫机构合作，引进高质量的作品免费培养用户之后，腾讯在2012年确立了"培养中国自有的漫画和动漫创作生态体系"的战略目标，并在国内创作能力大幅提升的同时，于2015年开始着手动漫版权的国外输出，其动画作品《从前有座灵剑山》于2016年1月在日本东京播放，成为当月该播放频道的新版动画第一名。文学和动漫的发展，使得腾讯在互联网的内容生产领域站稳了脚跟，"泛娱乐"的战略目标也在不断更新升级，文学、动漫、游戏、"腾讯电影+"等业务不断突破、发展。

2015年3月，马化腾明确地提到了腾讯未来要专注的两件事情，他说："腾讯这一两年的战略做了很大的调整，我们把搜索、电商都卖掉之后，更加聚焦于核心，就是以通信和社交为核心,以微信和QQ为平台和连接器,我们希望搭建一个最简单的连接,连接所有的人、资讯和服务。第二个事就是内容产业。就这么简单,一个是连接器,一个是内容产业。"2015年9月,结合了视频平台和媒体属性的企鹅影业成立,几天后,又成立了腾讯影业公司。至此,影视、游戏、动漫和文学这四大平台,成了腾讯的一个完整的泛娱乐布局。"泛娱乐"战略虽是腾讯公司的其中一个战略板块,却也是"只做连接器和内容"战略的极佳实践。

在腾讯发展的时间轴上,腾讯的云服务上线于2010年,2013年9月正式对外开放,2015年推出了"云+计划"打造生态圈,2016年举行了腾讯云战略升级发布会"云+跃变",在升级全新产品的同时,也宣布了腾讯云走出国门的计划,2017年腾讯云持续发力,排在了中国云计算市场的第二位。"腾讯云"在战略层面的不断升级,也有后方组织人力资源的大力支持,这体现在腾讯2017年9月的组织架构调整中。在这次组织架构的调整中,腾讯将事业群重新划分为企业发展事业群(CDG)、互动娱乐事业群(IEG)、技术工程事业群(TEG)、微信事业群(WXG)、云与智慧产业事业群(CSIG)、平台与内容事业群(PCG)。

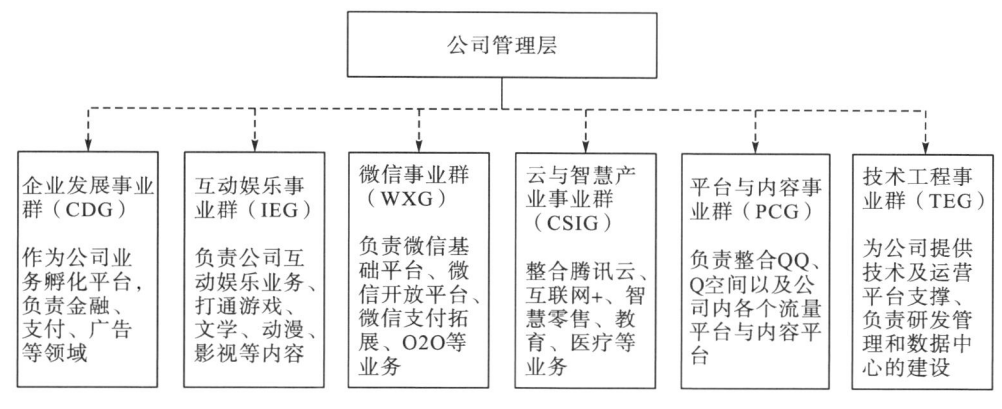

事业群组织模式(2018年)

在此次组织架构的调整中,腾讯还成立了技术委员会,通过加强基础研发、打造技术中台等,提高公司的技术资源利用效率和竞争的优势。与组织架构调整相对应的是腾讯未来的两大业务新方向:一个是发力B端和G端市场,另一个是将社交和内容进行整合。新成立的平台与内容事业群,整合了浏览器和应用宝、QQ和QQ空间、腾讯视频、腾讯体育和腾讯新闻、腾讯影业和动漫等流量平台和内容平台;新成立的云与智慧产业事业群,整合了腾讯云、互联网+、智慧零售、教育、医疗等腾讯所有的B端业务,将各个事业群之间的数据和业务打通,以在ABC(AI、Bigdata、Cloud)时代更好地协调内部资源、提供更佳的解决方案。

在2018年5月的腾讯"云+未来"峰会上,马化腾说:"腾讯要把集聚了20年的科技能力开放共享,助力企业和政府实现数字化转型"。在2018年9月的世界人工智能大会上，马化腾说："腾讯多年来一直专注做连接。连接人与人的极限就是几十亿个节点，但是，如果连接人和物，人与服务，那么这个规模将会增长到几百亿，甚至几千亿的量级。"尽管腾讯业务的发力点从之前的 C 端到现在的 B 端、G 端全面发力，但其要专注的两件事并没有变，即"连接器"和"内容产业"并没有变只是优化更新了协同的方式，将战略往前推进、往深处落实。

第五篇 砺器
——欲善其事 厉兵秣马

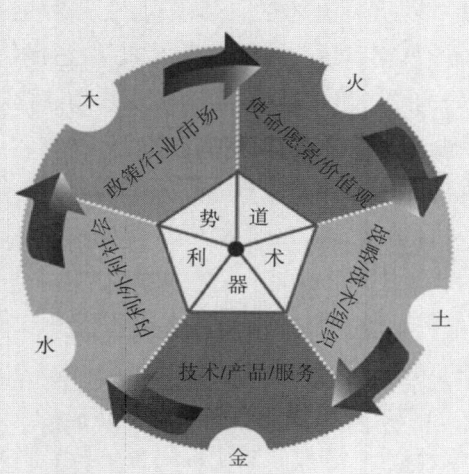

工欲善其事，必先利其器。
——《论语·卫灵公》

【本篇开卷】

好多人从小都听过一句俗语：磨刀不误砍柴工。这句话其实是有辩证关系的，如果是一直去磨刀，而从不去砍柴，那磨刀就失去了意义；但如果一直去砍柴，却从不磨刀，砍刀就会变得越来越钝，砍柴的效率自然会越来越低。从中可以看出，磨刀是为了更好地去砍柴，只有磨刀砍柴两不误才能有更好的效益。企业经营的目的就是不断地向社会提供产品和服务，这就类似于砍柴，而产品与服务的不断更新与发展需要技术的支持，这也就类似于磨刀。

对于企业来说，不管面临着怎样变幻无常的外部环境，无论奉行什么样的使命、愿景和价值观，也不论制定了怎样的战略战术和与之匹配的组织，要想获得成功，打磨好产品和服务，是可持续发展的基础，"打磨"其实就是人们所说的技术研发。因此在经营罗盘中把技术、产品、服务三者统合为"器"。

老子在《道德经》中写道"将欲取之，必固与之"，意思是说想要从别人那里取得收益，就应该先对别人有所付出。企业要想获得收益，就应该先向客户和市场提供满足其需求的产品和服务。在经营罗盘中，"器"就是企业所掌握的技术、向市场和客户提供的产品和服务，它是承载企业价值观的核心载体。在企业的"器"之中，企业的产品和服务都需要相应的技术作为支撑，产品是对技术的具体表现，也是对企业使命和愿景的直接呈现，产品向客户传达了企业的价值，代表了企业的硬实力。除了提供产品，企业还需要为客户及其他相关方提供服务，好的服务能够提升客户满意度，能够提升利益相关方对企业的认可度，提升企业的品牌形象。服务是企业的软实力。

开卷有益——让我们从这里开始认识经营罗盘中的"器"。

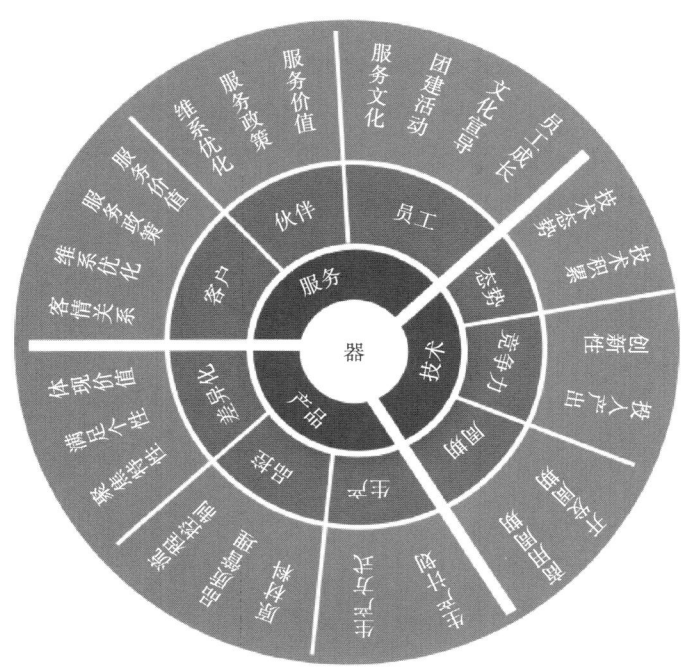

"器"设计路径模型图

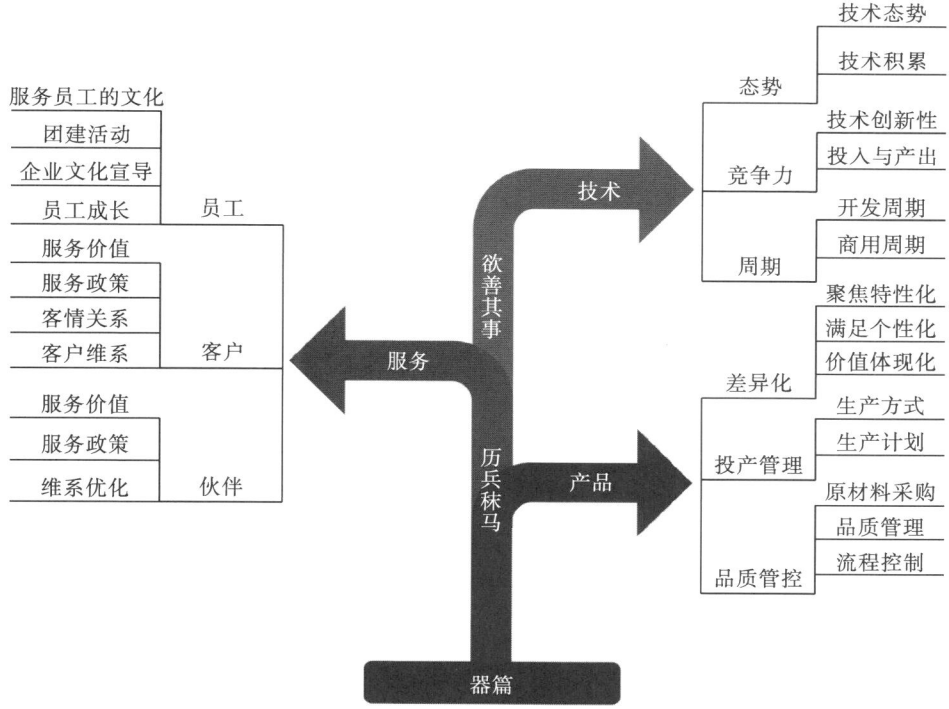

经营罗盘(器篇)思维导图

第十二章 技术——企业生存之基石

纵观世界社会经济发展的历史,可以看出市场竞争随着国内外经济的迅猛发展而日趋激烈,市场的竞争表面上是产品质量的竞争,而实际上却是技术的竞争。无论企业的生产过程是简单还是复杂,科学技术作为第一生产力始终贯穿其中。因此,技术是构成企业竞争力的核心,是企业生存的基石,也是企业实现价值的基础,是企业可持续发展的原动力。对于企业来说,拥有和掌握的技术决定了企业在行业和产业链中的位置,也决定了企业的发展方向和发展潜力。

技术是一家企业赖以生存和发展的基石,是企业产品的竞争原力,也是企业战略的内在引擎。企业技术的原力构建,不仅要有持续的研发投入和积累,还要准确研判技术的发展方向,同时要有技术创新意识,并考量技术投入产出比,做好技术开发周期和商用周期的统筹。

为了充分阐述技术的基础竞争性作用,可以通过研究当前行业、产业中的技术态势、发展趋势,以洞察可能的技术创新点。此外,还可以结合企业自身的发展需要,有选择性地、有针对性地进行技术积累与储备,以不断提升和巩固企业在行业、产业中的地位。在与竞争对手的博弈中,企业还可以采取一系列差异化措施,来提升企业的技术竞争力。另外,技术的研发周期也是重要的考量因素,企业要选择在某项技术深耕时,需得充分预判其市场竞争力与自身能力和实力的匹配性,以及投入产出比。

本章根据企业的技术运营,从技术态势、技术竞争力、开发与商业周期三个方面进行深入分析,共形成六个模块,探讨技术在企业运营中的相关内容。

第一节 技 术 态 势

模块七十四:技术态势

孙子兵法说:"知彼知己者,百战不殆。"企业的所有经营活动,皆讲究"知己""知彼",都需要与外界有所互动,不仅是与客户互动,还需要与同行互动而达到"知彼"。通过与同行之间的互动,企业能够更清晰地掌握行业中的技术态势,这对于企业的技术更新、产品布局、服务提升,甚至战略的制定、战术的实施等,都具有重要的参考意义,也可谓之:他山之石,可以攻玉。

在"势篇"中,讨论了技术的生命曲线,介绍了技术随时间而改进的问题,强调了技术的发展趋势。在这里主要讨论行业内部的技术态势。通过对行业技术态势的研究,可以避免脱离行业的主流技术,也可及时发现可能的创新机会等。

如何去研究行业中的技术竞争态势呢?可从以下几个方面去思考和着手。

一、关注和加入行业协会

加入行业协会,是了解行业信息最简单的方法。通过行业协会,企业可以了解到最新的技术形势,包括:行业中现行的技术有哪些,应用最广的技术是什么,有哪些新技术产生,新技术的应用趋势如何,等等。此外,还能从行业协会获得技术资讯以外的其他信息,这些信息能够直接或间接地帮助企业进行技术布局。世界上负有盛名的行业协会有很多,如电子信息技术领域的电气和电子工程师协会(IEEE)、国际电子工业联接协会(IPC),货运行业的国际货运代理协会联合会(FIATA)等。

二、关注行业内的技术标准

行业内的技术标准通常体现了行业技术现状,体现了行业技术规范。在关注行业技术标准时,除了关注标准本身以外,也要关注标准制定者。行业技术标准往往是由几家行业领军企业共同制定,关注这些标准制定者以及他们提出的标准,有助于企业了解技术的最新动态。比如在通信领域,参与 5G(第 5 代移动通信技术)标准制定的企业有中国的华为、中兴,韩国的三星,美国的高通等。这些企业在 5G 方面的技术,都很可能成为新的技术标准,是值得相关企业关注的。

三、关注市场需求变化

企业研究技术、开发产品,其最终目的是向客户传递价值,然后从客户手中获取回报。因此,市场反馈的客户需求,一定程度上预示着行业技术的需求方向和更新方向。比如,进入智能手机时代以后,用户对"大屏"的需求越来越盛,从三星推出第一款 Note 系列手机开始,就引领了一轮大屏的技术浪潮。而当手机屏幕大到一定程度之后,用户单手使用手机就变得困难了,此时,用户希望屏幕变大的同时,手机的外观更加时尚,携带与使用都要更加方便。于是,窄边框、全面屏、折叠屏等手机技术就成为一个热门的开发方向。

四、关注高校、科研机构的技术研究

高校和科研机构在技术上的研究侧重点与企业不同,企业重点考虑技术的应用性,而高校主要考虑技术的前沿性。关注高校和科研机构的技术研究,可以帮助企业发现新兴技术,这些新兴技术可能会成为行业的通行技术和标准。有实力的企业,也可与高校或者科研机构合作,一方面得以了解最前沿的技术,另一方面,也可与高校一起研究新兴技术的应用,这都有利于提升企业的技术实力。

五、参加行业展会

行业展会往往最能表现出行业的技术竞争态势。在行业展会中,各企业都会展出最新的产品，这些新产品很好地体现了企业的技术水平、技术路径等，值得去关注、研究。比如在2019年1月8日至11日的第52届CES展会①（国际消费类电子产品展览会）上，AMD公布了7nm工艺的显卡，Intel发布了第九代酷睿处理器、10nm制程芯片，NVIDIA对G-Sync技术进行了重新分级，这些产品和技术，无不体现出行业中的技术态势。通过研究行业领先者的产品和技术，可以帮助企业快速找到自身与行业领先者的技术区别（是技术能力的差距，还是技术实现方式的差异），在找准与领先者的区别后，企业可以通过研究、学习等方式，拉近自己与领先者的距离。

通过研究竞争对手的产品和自家产品的区别，可以找到双方在技术上的差异，然后通过技术改革和创新来弥补这种差距，甚至超越竞争对手。许多企业在其技术的发展与创新历程中，都是先通过学习与跟进实现了全面的赶超。学习业内的先进技术，并在此基础上进行改进和提高，这是企业技术发展与突破的常见路径，但企业也要守住道德和商业伦理的底线，避免恶意抄袭和复制他人的研究成果。

2004年，在国务院的引导下②，中国铁道部引进了日本的川崎重工、加拿大的庞巴迪、德国的西门子和法国阿尔斯通的动车组技术，然后通过吸收、研究、创新，最终发展出了中国自己的动车组技术。东汽集团③在1991年耗资350万美元，引进了日本日立的亚临界60万千瓦汽轮机设计制造技术，于1996年成功吸收、改造了该项技术。东汽集团还引入了日本三菱公司的燃气轮机技术，在吸收三菱技术的基础上，针对重型燃机生产制造过程中的薄弱环节进行了改进和增设基础设施等，最终形成了国产化率达到67%的M701F型（简单循环功率为270MW）燃气轮机，还实现了燃气轮机热部件占比33%的国产化目标。

通过以上途径，便可以对行业内的技术态势有一个整体的了解和把握。可以梳理清楚行业内现有的技术有哪些，其中哪些技术优势明显，哪些技术正在被淘汰，哪些企业拥有绝对的技术优势，企业自身与行业领先者的区别在什么地方等，从而为企业的技术发展提供路径指导。

模块七十五：技术积累

企业可以通过制定出其不意的战略战术，以及精心策划的营销方案等"术"的方式，获得一定的成功，但没有"器"之基础，仅靠"术"而取得的成功往往是难以长久的。

只有在技术上有了足够的积累，企业的成长与发展才可能稳扎稳打、步步为营。有了良好的技术实力作为支撑，企业战略战术、营销方案的执行，才可能更加游刃有余，驾轻就熟。

---

① 聚焦CES 2019：这些技术和产品值得关注. 微型计算机，2019.
② 蒋巍. 闪着泪光的事业——和谐号："中国创造"的加速度. 报林，2010(8)：26-34.
③ 邵云飞，李巍. 制造型企业的超集群学习模式——基于"东汽"和"格兰仕"的案例研究. 技术经济，2011，30(11)：1-6.

一家企业的现有技术水平,以及企业对技术的研发投入情况,很大程度上影响着企业的发展前景。参照波士顿的矩阵分析法,以企业的现有技术水平和技术投入作为两个维度,按照现有技术水平的强弱和投入的积极与否,将矩阵划分为4个区域。

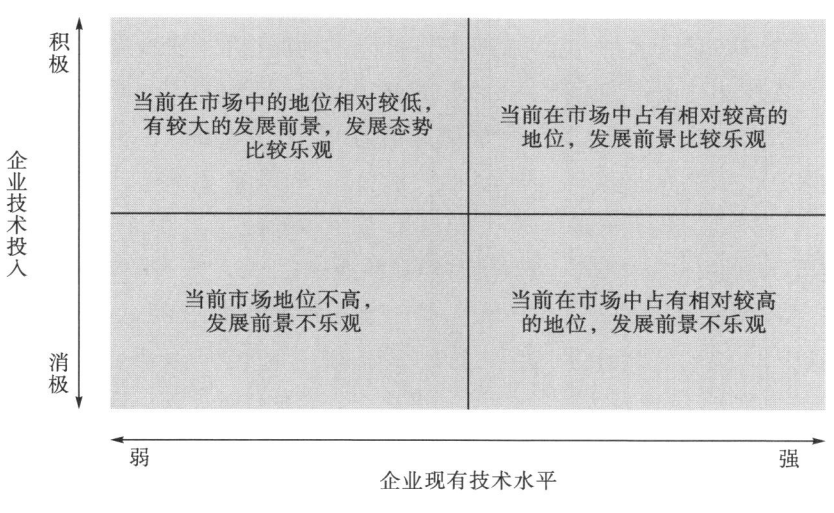

技术水平和技术入对企业发展状况的影响

第一,位于矩形左上角的企业,现有的技术水平不高,但企业在积极进行技术投入。这意味着企业还有很大的发展空间,只要企业能够找准技术的发展方向,然后对技术进行持续的投入,就能够有所收获。

早期的华为正是这样一家企业。1987年,华为正式注册成立,其最开始只是一家香港公司的代理商,不具备技术能力。1989年,华为才开始自主研发PBX(用户交换机),在当时,整个中国大陆几乎没有一家拥有良好技术水平的通信企业。华为认准了通信行业的发展趋势,也理清了通信行业的技术发展路径,便在技术领域进行持续投入。为了确保对技术的投入能够顺利进行,华为明确规定,每年将销售额的10%至15%投入到研发中去。长期的技术投入,使得华为的技术水平不断提高,最终赶上了爱立信、思科等通信业霸主,跻身于世界级的通信巨头行列。

成立于1984年的联想也是从做代理商起家的。在后续的发展过程中,联想和华为走了截然不同的道路。华为将重心放在技术研发上,在行业里默默无闻地耕耘了数十年;联想则将重点放在市场营销和企业的兼并上,通过一系列兼并不断扩大市场份额和市场影响力。事实上,当时的联想拥有一定的技术水平,在其成立的第二年便推出了一套联想式汉卡,并获得了中国国家科技进步一等奖,市场反馈也异常好。然而,联想并没有在技术上进行持续的大力投资。从短期来看,联想的"贸工技"思路获得了良好的市场反馈,创造了漂亮的财务数据,2008年,联想成为中国第一家进入世界500强的民营企业。从长期来看，华为的"技工贸"路线则更加稳健，比联想晚了两年进入《财富》500强名单，而从2018年的《财富》500强排名来看，联想的世界排名比上一年下降了14名，而华为比上一年前进了11名。两相比较，很能够说明技术积累的重要性。

一棵树要想长成参天大树，就需要有深深扎入大地的根系，企业要想在商业中获得成功，就需要有深厚的技术作为基础。技术积累充足的企业，往往具有更强的爆发力。正如华为，在生产手机之前，其在大众消费领域是不为人们所熟知的，因为彼时的华为面对的并不是个体客户，而是企业客户。从面向B端客户，转型到C端客户，并且一举成名，这与华为在通信领域的技术积累是密不可分的。如果没有经年累月的技术积累，华为手机可能跟其他国产手机一样，面对上游供应商（如高通）时，完全没有议价和竞争能力。

值得注意的是，并不是进行了技术投入就一定能大获全胜。有的企业为了投入而投入，最后才发现投入的技术是无用的，甚至拖累了企业的主营业务。所以，对技术的投入，需要建立在对行业、产业的技术发展趋势的研究之上。正如"势"篇中所提到的长虹，其在电视机的显示面板技术上做了巨大的投资，但是因为投资方向错了，致使6.75亿元的巨额投资落空。

第二，位于矩形右上角区域的企业，不仅当前掌握了很高的技术水平，还在积极地进行投入。这往往能够帮助他们保持当前的市场地位，如果他们的技术投资方向正确，就可能成为下一场技术革命的引领者。

这类型企业的代表主要有阿里巴巴、华为、Google等。阿里巴巴早已成为一家综合性的互联网公司，在电子商务（淘宝、天猫、闲鱼）、互联网金融（支付宝、网商银行）、O2O服务（口碑、飞猪）等领域都获得了很大的成功。然而，阿里巴巴并没有囿于已有的成功，它持续不断地进行技术创新，致力于更全面地解决用户的财产安全、交易安全等问题，以提高用户的使用体验。另外，阿里巴巴在云计算方面投入了大量的研发费用，打造了云OS操作系统，其云数据智能开放平台"数加"获得了2017年中国国际软件博览会金奖，其云计算在全球公共云市场份额中位列第三[①]。

在专利分析公司IFI Claims发布的美国2017年度专利数量榜中，Google以2457件专利位居排行榜第7位[②]。作为一家搜索业务几乎遍布全球的企业，Google持续不断地优化搜索技术，优化对不同语言的支持程度。Google X实验室更是不断地探索科技与人类的交集。如无人汽车、Google眼镜、机器人等，这些技术的研发和积累，使得Google除了是一家互联网公司，更是一家高科技公司。阿里和Google在当下都具有世界领先的技术，但他们依然不断地在行业的新兴领域探索，这就使得他们有可能继续引领技术潮流。

---

① 资料来源：https://www.sohu.com/a/154597145_336216。
② 资料来源：https://www.sohu.com/a/216204815_610501。

第三，位于矩形右下角区域的企业，拥有较高的技术水平，但没有积极地进行技术投入。他们目前有着可观的市场份额，但在技术积累方面止步不前，这可能为其可持续发展带来危机。对行业技术发展趋势的持续关注，以及对技术的长期投资，是保障企业立于市场的一个关键要素。

昔日的手机巨头诺基亚，拥有世界领先的硬件设计、生产技术，以及 Symbian OS（塞班操作系统）的加持，引领了诺基亚手机的繁荣。但是诺基亚没有意识到操作系统和应用软件的重要性，对 Symbian 系统的技术投入不足，结果 Symbian 系统的市场份额不断萎缩。当苹果的 iOS 和 Google 的 Android 操作系统兴起时，Symbian OS 技术投入不足的缺陷便被暴露无遗，终在长达 14 年的历史之后，迎来了谢幕。如果当年诺基亚意识到系统和软件的重要性，对 Symbian OS 加大投资和研发力度，今天的智能手机市场又会是怎样一番景象呢？

第四，位于左下角的企业，不仅技术水平低下，还没有相应的技术投入，是最容易被市场抛弃的。在这些企业的经营思路中，技术只是一种手段而不是企业立身的根本，他们可能在战术上奇招尽出，但是没有技术实力作为基础支撑，再高明的战术也难以保证企业取得长久的胜利。

技术水平不够强劲，也不重视技术研发和积累的企业有很多，乐视便是这样一个著名案例[1,2]。

2004 年成立的乐视，起初是一家视频网站，通过向用户提供视频内容而获取收益。对于视频网站来说，内容就是生命。为了获得更多内容，乐视花费大量资金用于购买影视剧的版权，曾经一度占据了国内热门影视剧 70% 的独家网络版权，乐视也随之壮大。

2011 年，乐视成立了乐视影业，开始出品和发行影视作品，到 2014 年，乐视共出品、发行了 13 部影视作品。从乐视的内容服务来看，其无疑是国内比较成功的几大内容提供商之一，尤其是在 2012 年乐视体育上线之后，其视频服务内容更加地全面、系统。在此基础上，乐视准备建立一套整合了视频产业、内容产业和智能终端的生态系统，这套系统被概括为"平台+内容+终端+应用"。在这样庞大的生态系统面前，乐视在智能硬件方面的技术薄弱，技术积累不足的缺点就显露无遗了，其在 2014 年打造的超级电视，在硬件上中规中矩，不具有差异化的竞争力，支撑其超级电视的也是旗下的影视和内容。

2015 年，乐视进入手机领域，在面对苹果、三星、华为、小米、OPPO 等手机时，乐视的智能手机几乎没有竞争力可言，其在智能手机行业的竞争，依然需要依靠影视内容的支撑。遗憾的是，乐视并没有意识到其硬件方面的不足，在不具备核心技术能力的情况下，将自己定位于供应系统的整合商，在各种对外投资上显得尤为激进，对技术和研发的投入

---

[1] 靳戈，于晓敏. 中国网站发展的第三种模式——乐视网全产业链发展模式研究. 新闻与写作，2014(3)：59-61.
[2] 钟朋荣. 乐视危机与投资陷阱. 企业管理，2018(3)：12-16.

却少得可怜，在资本市场上获得的大量融资也只是用于购买内容和版权。短期内，乐视不具有快速抢占市场的技术能力；长期来看，乐视的技术投入也是微乎其微。乐视虽有一套商业模式的创新生态体系，但却没有技术连接的创新体系。

乐视对于市场和行业的贡献，在于提出了全新的生态理念，符合万物互联的趋势，也是近年来大量互联网公司探索的方向。在构建生态体系的过程中，通过技术（包括：系统技术、应用技术、硬件技术等）进行连接是关键的一环，若只是简单地将内容和产品打包整合，势必难以构建起健全的生态体系。但乐视将重心放在了内容和产品的整合上，注重市场营销和兼并购等市场行为，在技术连接方面的尝试和投入严重不足。如果乐视的生态模式通过技术连接的方式来实现，那么，成功构建生态体系的可能性是否会更大呢？

从上述诸多案例中可以看出，不管企业当前的技术水平处于什么状态，对于技术的积累都是不可懈怠的。实力雄厚的大企业若在技术积累上松懈了，就容易被竞争对手反超。当前技术水平相对薄弱的企业，也只有通过经年累月的技术积累，才可能够厚积薄发，从而在竞争中脱颖而出。

《道德经》说道："合抱之木，生于毫末；九层之台，起于累土；千里之行，始于足下。"对企业来说，只有脚踏实地地积累一项又一项的技术，才能稳步提升企业的技术实力、提高企业的综合竞争力。

第二节　技术竞争力

无论是对行业技术形势的分析研究，还是对技术研发的长期投入和积累，企业的目的皆是为了提高竞争力。竞争力是在相互竞争的过程中表现出来的相对实力，企业的技术竞争力就是在与同行的比较中，企业所表现出来的技术实力的相对强弱。技术实力强劲的企业更容易吸引高水平的员工，也容易与高水平的高校或研究机构展开合作，同时还能吸引更多投资人的关注，这样也能帮助企业不断提高和巩固技术竞争的实力。

在影响技术竞争力的因素中，技术的创新性和投入产出比是最为重要的两个因素，下面分别加以探讨。

模块七十六：技术创新性

技术创新是企业生存和发展的基本动力，没有持续不断的技术创新，再好的企业也会逐渐衰弱，因此实施技术创新是企业不断发展壮大的根本要求。技术创新理论是由美籍奥地利经济学家熊彼特（Joseph A·Schumpeter）在《经济发展理论》中首次系统的提出来的。他认为"创新"就是一种新的生产函数的建立，即实现生产要素和生产条件的一种从未有过的新结合，并将其引入生产体系。创新一般包含5个方面的内容：

（1）开发新的产品：制造出尚未为消费者所知晓的新产品；

(2) 采用新的生产方法：采用在该产业部门实际上尚未被知晓的生产方法；

(3) 开辟新的市场：开辟国家和那些特定的产业部门尚未进入的市场；

(4) 获得新的供应源：获得原材料或半成品的新的供应来源；

(5) 形成新的组织形式：创造或者打破原有垄断的新组织形式。

目前普遍的观点认为，技术的创新性是指企业技术创新的竞争能力在与现行通用技术的对比中所表现出来的先进性。

可以从三个角度来思考技术的创新性：

第一，在与竞争对手的比较中，技术的创新性体现为企业产品和服务的综合性价比更高，因为企业可以通过技术创新来降低生产成本、提升生产效率、提高产品质量等。

第二，从行业以及产业的维度来看，技术的创新性则表现为企业技术在行业和产业中的引领性，也就是说，企业的这项技术能够引领整个产业的技术向前发展。

第三，从满足客户的角度来说，技术的创新性，就是对客户需求的满足程度和引导作用，越是具有创新性的技术，越容易引导客户的新需求。也就是说，在评估技术的创新性时，除了考量技术创新本身以外，还要考虑其给企业带来的竞争力提升。

在技术的创新性中，最基本的就是技术创新。没有技术创新，就没有技术的创新性，也就没有技术竞争力。在此便主要讨论技术创新。通常情况下，企业的技术创新工作主要有五种途径：第一是对现有的通用技术进行升级，这种方式可以称为"升级迭代创新"；第二是另辟蹊径地找出新的技术路径，通过新的技术方案来解决问题，可以称为"另辟蹊径创新"；第三是将技术的创新进行叠加，从而达到 1+1>2 的结果，可以称为"叠加交叉创新"；第四是在自己现有的通用技术的基础上，通过模仿和复制行业内最先进的技术进行创新，可以称为"模仿复制创新"；第五是通过企业与企业、企业与高校及科研院所进行合作，对企业现有技术进行创新，可以称为"合作开发创新"。

一、升级迭代创新

升级迭代创新是指在现有技术的基础之上，通过对技术细节的更新升级，从而达到新的技术水准，以此来提高生产效率、生产质量、产品性能等。升级迭代创新，一般是对现有技术的一种补充和加强，是在一些细节上对现有技术进行不断地、细微地调节和创新，从而在一个或多个方面表现出优于现有技术的特征，但这种升级技术与现有技术拥有同样的技术内核。

以手机显示屏技术为例[1],[2]。LCD 技术是一项应用广泛、发展历史较长的手机显示屏技术，目前市面上主流的智能手机大都采用了 LCD 技术。LCD 技术虽然经历了多年的发展，但是这项技术有其固有的缺点：LCD 显示屏的子像素是不能主动发光的，为了使

---

[1] 资料来源：https://www.sohu.com/a/76347975_116463.
[2] 郑圣德. LCD/PDP/OLED 的综合比较. 电子工艺技术，2005，26(5)：304-307.

显示屏能够显示内容，就需要使用外部光源（一般是 LED）来"点亮"LCD 屏幕的子像素，从而显示出文字、图像等内容。因此，LCD 显示屏在强光环境下，会表现出显示亮度不够、显示黑色画面时泛白、黑色显示不纯净等缺陷。为了克服这些缺点，很多手机厂商都在 LCD 技术上进行了一定的升级。比如，夏普为了提高 LCD 显示屏的显示效果，开发出了 ASV 显示技术。这项技术缩小了液晶面板上的颗粒间距离、增大了液晶颗粒的光圈、调整了液晶颗粒的排列规则。这项升级创新降低了屏幕反射，同时增加了显示亮度、提升了屏幕的对比度和可视角度。诺基亚提出了 CBD 技术，这项技术利用偏振器改变光线的传播方向，提升了手机屏幕在户外强光环境下的可视性，使得手机屏幕显示黑色时更纯净，同时还降低了屏幕的反射率、提高了显示的对比度。此外，对于 LCD 的技术升级方案还有 LG 的 NOVA 技术，索尼和三星共同研究的 SLCD 技术，索尼的 White Magic 技术，苹果的 Retina 技术，等等。

在现有技术上做出部分升级以后，企业还可以对该项升级进行不断迭代，从而使得技术始终保持在行业领先地位。比如苹果在发布 iPhone4 时，提出了"视网膜屏"的概念，并且指出，在观看距离达到 25 厘米时，只要屏幕分辨率达到 300PPI（PPI 是 Pixels Per Inchar 的缩写，也叫像素密度，所表示的是每英寸所拥有的像素数量），人眼就很难分辨出像素点，而当时的 iPhone4 的屏幕分辨率达到了 326PPI，被乔布斯称为视网膜屏幕。随后，各大厂商都进入了抢占视网膜屏的阵营中。苹果也不甘示弱，在后续机型中对屏幕分辨率进行了迭代升级，从 iPhone4 时代的 326PPI，到 iPhone6 时代的 402PPI，再到 iPhone X 时代的 458PPI。

二、另辟蹊径创新

另辟蹊径创新与升级迭代创新不同，它不用依赖于现有的技术，而是在现有技术之外，提出新的、更优的技术解决方案。这样的技术创新更具突破性、风险性，容易引领行业和产业的技术发展方向，也容易获得更多收益。

仍以手机显示屏技术为例，前面提到 LCD 技术有其固有缺点，这种缺点主要来自 LCD 显示屏的子像素不能主动发光。因此，近些年来，OLED 显示屏技术得到了发展，从根本上解决了 LCD 显示屏的缺点。因为 OLED 显示屏采用了能够主动发光的子像素，在显示亮度、显示黑色画面的纯净度方面，比 LCD 技术有了质的提升。从 LCD 到 OLED 显示技术就是一项创新，两者在技术内核上完全不同。如今，OLED 显示屏多用于高端手机，如三星的 Note 系列、S 系列，华为的 Mate 系列、P 系列，以及苹果手机等。三星的 AMOLED 技术就是 OLED 屏幕的一种应用，也正是 AMOLED 技术，成就了三星在手机显示屏领域的霸主地位。采用三星生产的手机屏幕甚至成了很多手机厂商的一个广告宣传点。

三、叠加交叉创新

叠加交叉创新就是将不同的技术创新进行组合,从而达到更好的创新效果。技术的创新永远没有完美状态,一项技术创新可以解决一项或者多项缺陷,但也可能带来新的不足。

OLED 技术克服了 LCD 技术的缺陷,但是 OLED 技术同样存在一些固有缺点,比如如果长时间高亮显示固定画面,容易引起"烧屏"现象,还有偏色、耗电等问题。因此,技术的升级如果能够叠加,并且通过叠加解决和克服更多缺陷,那么这样的叠加创新就会成为被热捧的技术路线。可以设想:如果有一项屏幕显示技术能够提升 LCD 屏的显示效果,同时又能改变 LCD 屏幕子像素不能自发光的缺点,即这个创新组合不仅提高了 LCD 屏的显示效果,还避免了 OLED 技术的缺陷,那么这项叠加创新就会成为引领技术的潮流。

四、模仿复制创新

模仿复制创新就是企业在形成自己独特的产品之后,结合自身市场、产品、技术等各方面的因素,在本行业中的众多领先者的技术成果中,挑选出与自身相匹配并且具有商业前景的技术成果,认真分析其产品的特点,有效避开知识产权保护和技术保护性壁垒,在模仿的同时进行一定程度的改进和完善,并进行创新,达到"他山之石,可以攻玉"的效果。另外,企业本身还需要注重技术上的积累,不断增强企业的技术创新能力、管理创新能力,也就是说企业不应局限于模仿,而应在模仿中有所创新,并且不断增加自主创新的比重,建立并完善自身的研究开发机构,培育善于创新的人才,这样才能顺利过渡到自主创新上来,并且随着企业在资金、实力方面的不断壮大,形成企业真正的核心竞争力。

QQ 软件是 1999 年 2 月由腾讯自主开发的,其合理的设计、良好的应用、强大的功能、稳定高效的系统运行赢得了用户的肯定。在上文中曾经提到,QQ 以前是模仿 ICQ 的,ICQ 是一个国际聊天工具。OICQ 在 ICQ 前加了一个字母 O,意为 opening I seek you,意思是"开放的 ICQ",但被指侵权,于是马化腾就把 OICQ 改名叫 QQ。当然腾讯不仅仅只是在名字上进行了修改,更是在 ICQ 的基础上,根据中国市场用户的习惯植入了许多自己的元素,形成了自己的特点,最终成为我国目前电脑应用当中即时通信软件的霸主。

五、合作开发创新

合作开发创新就是企业选择在创新资源上最能体现互补性的合作者,共同对企业或行业内新技术进行研发创新。合作开发创新又包括两种形式,一种是企业与企业之间的合作开发,另一种是企业与高校院所之间的合作开发。

(1)企业与企业之间的合作开发创新。随着科学技术的不断发展,尤其是在这个知识爆炸的时代,各个行业与领域的知识与技术的难度与深度都日益增加,技术创新已经不能局限于某一个行业之内,跨界跨行业的特征也日益成为一种趋势,各个技术学科和行业之间的相互补充显得尤为重要。在这一时代大背景下,一般的传统企业很难依靠自身的技术资源来实现创新目标。因此,合作开发创新不仅仅在于能够将更多符合需要的研发资源聚集在一起,更重要的是这些互补性的资源之间还能够产生协同效应,创造出新的资源。

无人驾驶技术集自动控制、体系结构、人工智能、视觉计算等众多技术于一体,是高科技和传统工业共同发展的产物。目前,百度已经成为中国无人驾驶技术领域公认的"领头羊"。百度在无人驾驶技术创新中并非单打独斗,而是和众多有资源的厂家共同进行技术合作开发。2018年4月20日,它和美团达成协议,计划率先在雄安试验无人驾驶送餐。2018年11月1日,百度世界大会上,百度与一汽共同发布L4级别无人驾驶乘用车。在2019年的百度AI开发者大会上,百度又和金龙客车联合研发推出"阿波龙"无人驾驶小巴。

(2)企业与科研院校的合作开发创新。由于企业自身技术水平的局限,或者是企业技术人力资源的有限性,使得企业可以先通过与高校、科研院所合作实现技术创新。

中国贵州航空工业集团是我国大型的航空工业研制生产基地之一,致力于飞机与无人机的开发和研究,是1997年列入国家重点扶持的512家大型企业。创建于1983年的北京大学遥感与地理信息研究所,是我国最早从事遥感理论研究和技术应用的科研和教学单位之一,在遥感技术、信息系统等领域的理论研究、科研开发和教学实践方面形成了学科优势。北京大学遥感与地理信息研究所与中国贵州航空工业集团在高分辨率无人机航空遥感系统研制中开始进行技术合作开发,终于共同研制出我国第一个高端多用途无人机遥感系统,标志着我国在无人机对地观测领域已跨入世界先进行列。无人机航空遥感技术作为一项空间获取数据的重要手段,在国外已广泛应用于航空、航天及民用等领域。具有覆盖面积大、分辨率高、续航时间长等优点。北京大学遥感与地理信息研究所与中国贵州航空工业集团采取强强联合、优势互补的方式,在此领域进行了广泛合作,并在机载遥感设备敏感度、图像识别与处理系统等多方面取得了重大技术创新。该机无论是飞行性能、导航控制精度、通信与任务设备装备,还是价格上,均具备了与国外发达国家竞争的实力,也大大缩短我国与发达国家在此领域的差距。据有关专家分析,此项目市场发展潜力巨大,可广泛应用于国土环境资源普查、气象科学研究和自然灾害监测等多个领域[1]。

模块七十七:投入与产出

从2018年开始,美国特朗普政府以倾国之力打压中国高科技企业中兴和华为,可以

---

[1] 中国高校-大型企业合作论坛组委会. 中国高校与大型企业合作典型案例集. 北京:清华大学出版社,2007.

看出随着经济全球化和知识经济时代的到来，国际间的竞争越来越激烈，企业是国家社会财富的主要创造者，越来越成为国家创新行为的主体，实质上国家之间在经济方面的竞争就是各个国家企业间的竞争。而企业的创新能力主要体现在企业的研发能力方面，研发投入是企业提高自己研发能力的基础。

创新对于企业的发展具有重要意义，但是创新是一项非常复杂的工程，企业的研发投入和企业产出关系就是创新的一环。为了获得更好的研发效果和回报，企业必须重视研发投入和企业产出之间的关系，明确哪些因素影响会影响研发投入和企业产出之间的关系[1]。

企业研发一项技术的总投入，与这项技术带来收益的比值，就是技术的投入产出比。其中，研发的总投入主要包括财力投入和人力投入，一般说来，企业的研发活动主要涉及新产品的开发、新工艺、新生产过程和新方法的研制等方面，在这些研发活动中产生的费用就成为研发费用，也就是研发财力投入；研发人员是衡量企业研发投入活动的另外一个指标，也是一个企业在事创新活动、科技活动的核心力量，对研发人员的投入则是人力投入。国内外在对研发投入进行研究时，通常选取的指标为：企业研发投入强度、研发投入费用总额、研究开发人员人均科研经费、研究开发人员在员工中所占比重、企业科研装备水平等[2]。

对投入产出比的追求，依据企业的发展阶段而有所不同。

(1) 初创时期的企业，由于技术和资金积累薄弱，需用较低的投入产出比，以维持经营。此时企业自身技术基础较为薄弱，技术管理与战略体系暂未形成，技术研发尚处于摸索状态，需要从外部环境中吸收大量先进知识与技术。但由于基础有限，难以准确判断企业吸收的新技术与新知识是否具备市场前景，且企业对已吸收知识的不完全理解与模仿，有可能阻碍知识或技术在企业内的转移，从而使研发投入利用效率不高，利润微，甚至导致研发失败。

(2) 成长期的企业，有了前期的知识与经验积累，企业技术储备增加，技术创新体系及战略布局定位也逐渐清晰，能够有规划地在本领域开展自主创新活动，这使得企业吸收能力有了较大提升。同时，企业可以有效地从外部获取与本企业相关的知识、技术、资源，广泛搜集外部环境中可以促进自身发展的技术要素与知识逐步形成企业特有的技术发展轨道。此时，加大研发投入，有利于企业在各技术领域的协同创新，充分发挥技术资源合理配置与开发优势，明确研发投入方向，并有效剔除环境中不利信息，对产品进行清晰准确的市场定位，从而大大提高技术产业化水平。同时，在技术创新能力积累过程中形成的隐性知识根植于企业内部，竞争对手难以在短期内模仿，而研发投入的增加有利于企业逐步开展技术创新基础设施建设，将知识转换成产品的能力增强，企业可以充分发挥市场先动优势，获得初期的用户安装基础，为企业获得丰厚的市场收益，提升公司绩效。因此，在技术创新能力成长期，企业配置研发资源的效率较高，使得技术

---

[1] 赵文，马爱霞. 企业研发投入与产出关系探讨. 现代商贸工业，2015(7)：17-19.
[2] 陈收，邹增明，刘端. 技术创新能力生命周期与研发投入对企业绩效的影响. 科技进步与对策，2015(12)：78-84.

投入产出比提升较为明显。

（3）成熟期的企业，企业的核心能力与技术平台已基本形成，能够顺畅地吸收与本企业相关的技术知识，且由于配套基础设施的完善，具有良好的产品转化能力，能够获得持续利润。但由于技术投入市场已有一定时间，并相对成熟，市场上可能慢慢出现模仿性技术或替代性技术，行业进入壁垒有所降低，在一定程度上可能导致企业利润减少，竞争优势被削弱。同时，企业的知识吸收能力往往存在路径依赖性，这限制了企业对探索式创新能力的开发，降低了企业技术创新能力整合系统的反应灵敏性，不利于其识别与利用外部环境中的创新机会。因此，成熟期企业加大研发投入会使得企业继续获利，但投入产出比的提升速度可能受到限制。

（4）衰退期的企业，随着技术不断成熟，大量竞争性技术涌入行业，若企业仍然保持前期知识积累所带来的路径依赖，在知识探索、技术创新方面存在思维定式，不能根据市场环境变化及时调整创新性技术的开发，则严重阻碍其对新知识与新技术的吸收，导致新知识产出能力逐渐减弱甚至衰退。因此，在技术创新能力衰退期，若不能持续更新企业的技术体系，即使加大研发投入，也难以对公司投入产出比的提升产生较大影响。例如安卓智能手机出现后受到消费者的广泛青睐，Sybian 系统逐渐被 Andriod 取代，风靡一时的诺基亚纵使加大研发投入，推出更多的新产品，也未能扭转市场。

另外，无论是处于哪个阶段的企业，如果一项技术的投入产出比过高，甚至收益低于投入，那么对于这项技术的投入就可能是不值得的，企业需要根据战略规划，及时止损或者修改技术研究方向。

施乐公司是美国第一家依靠单一技术，并在 10 年内实现收入超过 10 亿美元的企业[①]。1970 年，施乐在加利福尼亚投入巨资，创建了"施乐帕洛阿尔托研究中心"（以下简称：施乐 PARC），施乐 PARC 成立的目标是进入"信息密集型办公设备"领域，并且成长为该领域的领先企业。施乐 PARC 在成立之后的 30 多年里，创造和发明了无数的先进技术。施乐 PARC 最早发明了"图形用户界面""以太网"联网方案、制图程序、文档管理软件、网络搜索、索引技术、在线会议技术等，在"半导体二极管激光器"和"激光打印机"的发展过程中也扮演了非常重要的角色。

施乐的这些技术都具有划时代的意义，即使放在任何一家企业，都需要耗费大量的资金、人力、时间等资源。施乐通过一个研究中心开创性地研究出了这么多成果，这背后所投入的资源无疑是巨大的。非常遗憾的是，这些研究虽然推动了很多行业的发展，也为社会带来了巨大的经济和科技价值，但这些技术成果却没能给施乐公司自己带来丰厚的利润回报。比如，施乐发明的图形用户界面，成了苹果麦金托什操作系统和微软 Windows 操作系统的形成基础；文档管理软件，成了微软公司办公软件 word 的开发基础。3Com 公

---

① 资料来源：https://k.sina.cn/media_1315591982.html?wm=3049_0016.

司以 1000 美元的极低价格，获取了施乐 PARC 以太网连接方案的"非独占性技术转让协定"，最终将该项技术发展成为当今使用最广泛的局域网链接技术。Adobe 公司在施乐 PARC 开发的 PostScript 页面描述语言和 Interpress 扩展系统的基础上，发展出了一套新的桌面出版系统，1987 年，Adobe 公司正式上市，到 2001 年底，Adobe 公司的市值已接近同期施乐公司的市值了。

有统计数据显示，1979～1998 年，从施乐 PARC 脱离而新成立的公司有 24 家，其中 9 家公开上市。更令人惊叹的是，2001 年，这 9 家上市公司的股票市值之和，已经达到施乐公司股票市值的 15 倍，即使是与 1990 年施乐公司的最高市值相比，也高出了 1.4 倍。这些数据不禁让人们对施乐公司感到惋惜不已。施乐 PARC 的技术创新，其中任何一项都足以引领一个新的行业发展，但是它们却没有为施乐带来实实在在的收益。

在这里可以肯定施乐在技术上不断创新、不断投入的做法，从社会发展的角度来看，施乐的技术为社会带来了巨大的收益，是值得赞扬的。但从商业角度来看，投入如此巨大的资源去进行技术研究，最终却为别人作了嫁衣。技术创新为企业自身带来的收益远低于技术研发的投入，这恐怕违背了很多企业的商业本质。

那该怎么权衡技术的投入和产出呢？如果企业有着明朗、充满前景的技术方向，且投入产出比较低，则企业可继续深耕于此技术路径上。如果企业的投入产出比较高，就有两种可能，一种情况是像施乐一样，有很好的研究成果，但是企业目前的商业模式无法发挥技术研究成果的潜力，那么企业就可能需要针对技术成果，研究新的商业模式。另一种情况是企业投入了大量的资源，却无法取得突破性成果，那么企业就要重新审视该技术路径，以避免更多的无谓损失。

第三节　开发与商用周期

随着市场竞争的持续加剧，产品的更新日新月异，市场对产品的总体质量、技术创新等方面的要求也在不断提高。要让产品在复杂的市场环境中拥有立足之地，让创新的技术能在竞争中大放异彩，除了考虑技术的升级创新和技术竞争力，也需考虑技术的生命周期。

任何技术都有其生命周期，内在的利润追求、外在的市场需求和技术发展趋势，皆会影响一项技术的生命周期。总的来说，技术的生命周期主要包括开发周期和商用周期。开发周期是指发展一项技术所需要的时间；商用周期是指将这项技术进行商业化的时间。开发周期和商用周期影响技术的投入产出比，决定技术的竞争力。

模块七十八：开发周期

技术的开发周期是指企业进行一项技术开发所需要的完整过程，这个过程包括：识别技术问题、制定研发计划、实施技术研发、检验研发结果以及复盘研发过程等多个部分。

在前文中提到，企业需要不断地进行技术积累，技术积累实际上就是一项又一项的技术升级研发。企业在不同的成长阶段和技术开发阶段，所解决的问题是不同的，所计划的开发周期也是不同的。有的属于战术性开发，这就需要短平快的开发布局，如初创型企业或技术薄弱的企业，可以通过"研发整合"的方式缩短开发周期，弥补自身技术研发的不足。有的属于战略性开发，这就需要有长远的规划，如中大型企业或技术积累丰富的企业，它们通常会围绕一个技术竞争路径，进行长周期的研发和布局。在这个长周期的过程中，也需根据市场竞争和快速响应的需求，不断进行技术升级、推出迭代产品，同时也能进行企业的技术积累和研发检验。

如果一个企业的技术开发周期不能及时响应或引导市场的需求节奏，就可能会拖慢企业的市场响应速度，被市场所遗忘、抛弃，甚至有可能会导致破产；如果一个企业总是热衷于开发周期短的项目，就可能会导致企业的创新性不足，影响企业技术壁垒的建立。由此看来，要正视技术的开发周期，既不能一味贪图短平快的技术项目，也不能罔顾自身实力和市场的推动作用，而执意埋头于长期性的技术项目。对于企业来说，不管如何进行布局开发，市场才是检验技术的唯一标准。

如果一家企业长期没有新产品上市，或者这家公司的技术更新速度较慢，那么这家公司就很可能被市场遗忘。手机行业是大众最为熟悉的一个领域，在摩尔定律的影响下，手机行业的发展速度与更新节奏都是非常快的。这就导致手机厂商不得不经常更新自家产品，以保持在市场上的活跃度，吸引消费者对品牌的持续关注。

小米手机刚成立的时候技术储备不足，为了快速进入市场，它没有刻意去追求长期性的技术开发，而是选择作为一家"整合商"，通过整合上游供应链的技术来开发自己的产品。这时的小米，甚至连手机的外观设计都没有太多考虑，并且声称"没有设计就是最好的设计"。小米通过短平快的技术整合方式，进行产品开发并使其快速进入市场，成功抢占了一定的市场份额。随着小米手机销量的不断攀升，其在财务上也完成了一定的积累，这就给小米进行长周期的研发提供了财力支持。除了完成一年一款的旗舰手机研发以外，小米每年还会推出几款新型号手机，以满足不同用户群体的需求。同时，小米还在智能家居、手机芯片、手机照相技术等方面进行了研发投入，这些研发项目的不断迭代升级，奠定了小米技术开发的竞争力基础。

2018年10月底，荣耀手机发布了一款名叫 Magic 2 的新品手机，这款手机是它的前作——荣耀 Magic（2016年）的升级款。Magic 2 时隔两年才对 Magic 进行升级，也就是说，荣耀花了两年时间来研发、推出 Magic 2 手机。手机行业的升级迭代周期一般是半年至一年，荣耀 Magic 系列的这种升级节奏，在快速升级迭代的手机行业里，显得有些格格不入。为什么荣耀敢以超出行业平均开发周期的时间，来开发一款新产品呢？因为荣耀除了 Magic 系列以外，还有很多其他系列的产品。比如，一年更新一次的 V 系列、"数字"系列、畅玩系列，以及在畅玩系列基础上的微创新手机。这些产品线，有的符合行业的平均开发周期，有的低于平均开发周期，通过对这些产品的布局，荣耀几乎一年四季都有新产品发布。这样，荣耀就不会由于某款手机的开发周期过长，而失去了市场的关注。与此同时，这些中短周期（与行业均值相比）的项目，还为荣耀带来了持续的现金流，可以支持Magic的长期升级研发。

从小米手机和荣耀手机的案例中，不难发现，适合企业发展阶段的开发周期布局是尤为重要的，它能够帮助企业在竞争中做到张弛有度，收放自如。企业可以通过布局短周期的项目，快速响应市场的需求，并且获得及时的资金回流。在此基础之上，企业还可以布局中等周期（行业平均周期）的项目，与竞争对手展开正面竞争。除此之外，企业还可以布局长周期的开发项目，在长期的研发中构建技术壁垒，提高产品竞争力。

模块七十九：商用周期

企业的技术研发，一要考虑开发周期，二要考虑商业转化及商用周期。技术总是在不断革新，一项新技术通常会经历产生、上升、成熟、衰退、消亡几个阶段。不同的技术在不同阶段持续的时间有所不同，并有可能经历几次起伏迭代，没有一项技术能够长久不衰，任何一项技术都有消亡的那一天。从一项技术进入商业化开始，到这项技术被淘汰，便是这项技术的商用周期。

对于企业来说，一项技术的商用周期越长，就意味着该项技术能够带来的收益越高，也意味着该项技术的研发越具意义。正如诺基亚一样，即使其手机在市场上已经没有了声量，但其早期在通信领域积攒的专利，依然能保证其获得大量的专利授权费用。高通在3G和4G方面的专利积累，也使得其在整个3G和4G时代如鱼得水。为此，企业在进行技术研发布局时，还要充分考虑这项技术的商用周期。

一项技术的商业周期的长短，与该项技术的开发周期或者技术特性是息息相关的。

一、商业周期与开发周期紧密相关

有的企业在开发一项技术时，花费了大量的时间（开发周期过长），而其竞争对手用更短的时间完成了这项技术的开发。其结果就是，竞争对手更早地进入了市场，获得了市场和消费者的认可，并且成为该项技术的"代表"。技术是有生命周期的，在技术的生命周期中，除了开发这项技术的时间（开发周期）以外，剩下的都是利用技术进行商业化的时间（商用周期）。

简单来说：技术的生命周期=技术的开发周期+技术的商用周期。

如果一家企业在开发一项技术时花费时间过长，那么，该项技术的商业化时间就会变短。商用周期过短，则会使技术带来的收益减少，也会给企业带来一系列的负面影响。如果相关技术和产品难以快速进入市场，那么就会失去市场领先地位，导致跟不上市场竞争的节奏，最终只能成为竞争对手的尾随者。商业周期过短，资金回收达不到预期，甚至可

能出现亏损。

京东方是国内知名的液晶屏幕制造商,但是与三星这样的行业领先者相比,京东方在产品开发上耗费了更多时间,导致其产品的研发速度总是跟不上三星的节奏。以手机显示屏为例,三星和京东方都在开发OLED的技术和产品,结果是三星先于京东方完成了LED的技术突破,并且通过AMOLED技术抢占了OLED的市场份额。此外,三星的柔性屏技术也是先于京东方面世。三星显示屏一路领先的技术,使得三星显示屏成了高端和质量的代名词,而京东方的手机显示屏只能屈居其后。有的手机厂商将三星的手机屏作为其销售卖点,但是很少看到手机厂商将京东方的手机屏作为卖点。这是因为三星的手机屏拥有更长的商业周期,其在市场中早已建立起了先入为主的领先地位,被行业和产业当成了技术标杆。

二、技术特性也会对产品的商用周期产生巨大影响

有的企业热衷于高新技术的研究,会开发出一些超前于市场实际需求的产品。这类产品有很高的技术前沿性,但远超出了人们的惯性使用思维,导致其商用转化周期漫长。要想实现商用普及,企业就需花费巨大的时间成本和推广投入,进行市场和用户培育,这无疑增加了企业的商用成本。

谷歌曾于2012年4月发布了一款谷歌眼镜[1][2],这款眼镜在功能上和智能手机相差无二,甚至在产品的交互上比智能手机更加前沿。智能手机是通过用户的触摸、点击、滑动等方式实现交互,而谷歌眼镜主要是通过语音控制来实现交互,甚至在拍照、通话、导航等多个方面都表现出比智能手机更优秀的操作体验。2014年7月,谷歌还为其眼镜开发了直播功能。这样一款极具科技感的产品,却在2015年1月19日被谷歌宣布停止更新。这一结果,主要是因为谷歌眼镜太过超前,人们对其安全性、隐私保护等提出了质疑。谷歌眼镜的操作方式,也对人们的使用习惯发起了挑战,甚至在一些场合(如电影院等),直接禁止谷歌眼镜进入,这在无形中增加了谷歌眼镜的商用成本。谷歌眼镜本身具有很高的科技价值,但是在商用价值上的缺失,使得该项目最终被叫停。

总的来说,企业要做好技术开发规划,一要避免因为开发周期过长,使得企业落后于竞争对手进入市场,失去了商业先机;二要避免因为技术太过超前,超出了市场和消费者的接受范围,导致投入产出不成正比。

---

[1] 资料来源:http://mobile.163.com/13/0301/16/8OT4BNQR0011665S.html.
[2] 资料来源:https://tech.sina.com.cn/it/2015-01-30/doc-ichmifpx6146680.shtml.

第十三章 产品——企业之价值载体

产品[1]是指能够供给市场，被人们使用和消费，并能满足人们某种需求的东西，包括有形的物品、无形的服务、组织、观念或它们的组合。产品一般可以分为五个层次，即核心产品、基本产品、期望产品、附加产品、潜在产品。核心产品是指整体产品提供给购买者的直接利益和效用；基本产品即核心产品的宏观化；期望产品是指客户在购买产品时，一般会期望得到的一组特性或条件；附加产品是指超过客户期望的产品；潜在产品指产品或开发物在未来可能产生的改进和变革。

产品，是企业价值的直接体现。只有那些站在客户角度去思考，为客户带来差异化价值的产品，才能吸引用户的眼光，客户不需要为多余的功能买单，企业也无须进行无谓的功能和材料堆砌。高效的投产管理能将产品及时地送达用户手中，投产管理一旦出现失误，企业就会错失产品销售的最佳时机。品质管控贯穿于整个投产管理过程中，是保障产品质量的重要前提。

产品也是实现企业使命和愿景的载体，是企业价值观的直观呈现，它将企业的文化理念、价值取向直接传递于市场，与目标用户相连接，产生共鸣；产品价值决定了企业价值，决定了企业市场份额的大小，也决定了企业在市场竞争中的地位。企业的生存和可持续发展，建立在源源不断的收益之上。而这些收益乃是企业不断开疆扩土的基本保证，也是企业不断技术升级和产品迭代的支撑，企业的股东需要财务回报，员工需要劳动报酬，所有这些需求，都需要建立在企业的收益之上，如果没有收益，企业就会在市场中停滞不前。即使是那些以解决社会问题为己任的社会企业[2]，也需要有足够的收益，来支持其实现社会责任。企业收益主要来自产品(服务)销售，只有将产品销售出去，企业才能获得收益。企业获得的收益越多，表明企业的产品越受市场的认可，企业在市场中的竞争力也就越强。

企业的产品竞争力决定着企业的收益，具有竞争力的产品有以下特点：

第一，科学的产品投产管理，能提高企业的市场响应速度，减少企业的产能风险。适合企业的投产管理机制，能提高企业的生产效率，降低企业的生产成本，提高企业的供货速度，减少产品库存等。这就需要企业根据自身基因和实际情况选择产品投产方式(自行生产或是委托代工生产)，同时科学制定生产计划，以此降低库存风险。

第二，高标准的品控管理，是提升产品品质和赢得市场口碑的重要因素。从原材料采购到成品出厂的整个过程，需有规范的流程和质量管控标准体系。品质管控程度越高，流

---

[1] 吴健安. 市场营销学. 北京：高等教育出版社，2011.
[2] 社会企业是一种以社会使命为导向的企业，为了实现企业使命，社会企业需要通过商业手段，在市场中进行竞争，从而获得相应的回报，以此来解决企业使命中想要解决的社会问题。

向市场的不良产品就越少，且售后服务的综合成本也会更低。品质管控决定了产品质量的好坏，这就直接决定了市场对产品和企业的评价，产品品质越高，就越容易形成良好的口碑效应。

第三，能明显区别于竞争对手买点的产品，容易引起市场的关注。这就需要打造具有竞争力的差异化产品，需要企业具有敏锐的市场洞察力，以帮助用户解决问题为出发点，在现有产品共性的基础上，提出比现有产品更具个性化的解决方案，这样的产品才能备受市场欢迎，获得用户信赖。

本章根据企业的产品运营，将从差异化、投产管理、品质管控三个方面进行深入分析，共形成八个模块，探讨产品在企业运营中的相关内容。

第一节 差 异 化

所谓产品差异化，是指企业在其提供给客户的产品上，通过各种方法造成足以引发客户偏好的特殊性，使客户能够把它同其他竞争性企业提供的同类产品有效地区别开来，从而达到使企业在市场竞争中占据有利地位的目的[①]。企业对于那些与其他产品存在差异的产品拥有绝对的垄断权，这种垄断权构筑了其他企业进入该市场或行业的壁垒，形成竞争优势。同时，企业在形成产品实体的要素上或在提供产品过程中，造成足以区别于其他同类产品以吸引购买者的特殊性，从而导致客户的偏好和忠诚。这样，产品差异化不仅迫使外部进入者耗费巨资去征服现有客户的忠实性而由此造成某种障碍，而且又在同一市场上使本企业与其他企业区别开来，以产品差异为基础争夺市场竞争的有利地位。

从表面上看，差异化是让企业在一个或多个方面，表现得与众不同，实际上，差异化是提升企业综合竞争力的重要手段，是企业文化的直观诉求。不管是在"势"篇讲到的对目标用户进行细分，还是"道"篇提到的打造企业独有的文化和价值观，抑或是"术"篇中讲的在战略战术上的出奇制胜等，其实质都是在引导企业不断地追求产品的差异化。

具体来说，产品的差异化主要有如下几种表现形式。其一，是产品的价格定位差异化，即企业在提供产品或服务时，可根据产品特性、用户群体、时间特性的不同而采用不同的价格策略。例如打火机，一次性打火机和 ZIPPO 就因档次不同、消费群体不同而有较大的价格差异。其二，是产品的技术差异化，即产品或服务承载的技术不同，表现出来的功能、性能也会有所不同，这种优势的不同，就是企业产品的技术差异化。如中国高铁，和谐号机车和复兴号机车由于技术不同，二者在时速、运营成本、维护成本上就有较大差异。其三，是产品的功能差异化，即企业产品与同行相比、与原来的产品相比，增加了一些原来没有的功能。如在非洲市场称王的中国手机品牌——传音，靠着美黑、牙齿和眼睛聚焦、防油指纹识别、特殊音乐效果等"接地气"的设计，占据着当地40%的市场份额，成为非

---

① 苏东水. 产业经济学. 北京：高等教育出版社，2010.

洲第一大手机品牌。其四，是产品的文化差异化，即产品带有明显的区域文化特色或历史特性。如中国的微信，在国内市场众人皆知，但在国外使用率却难以得到提升，始终仅在华人圈内流行，过重的中国文化痕迹是主要原因。

基于对产品差异化的理解，在考量产品差异化策略时，便可从其价格、技术、功能、文化等因素着手，紧跟客户的需求变化，去打造差异化的产品，建立竞争对手难以超越的壁垒。在这里以聚焦特性化、满足个性化、体现价值化为逻辑，进行产品差异化的探讨与分析。

模块八十：聚焦特性化

特性化也称为典型化，聚焦产品的特性化，即抓住产品中最富有特征的因素加以体现和强化，以强调产品的特点，突出产品的差异。能体现产品特性的因素有很多，比如产品的质量、功能、价格、设计、产品的品牌地位、附加价值、所运用的技术、解决的痛点和痒点等。在诸多因素中，该如何抉择呢？企业的产品，其本质是满足目标用户的需求，满足程度越高，其价值就越大。因此，在聚焦产品特性化时，目标用户最急迫的需求点，便是产品需要强调的特性，用户需求点与产品特性的匹配程度越高，产品就越能打动用户的心，企业对产品特性化的聚焦也就越成功。

那么应该如何去把握目标用户最急迫的需求点呢？可从用户需求的痛点和痒点两个维度加以考量。

痛点是用户未被满足且又迫切渴望的一种需求，也是产品未能满足需求时，用户所产生的负面情绪。需求欲越强，负面情绪就会越大，用户内心也就越觉得"痛"。

痒点是能够撩拨用户内心的产品功能，其不会刺痛用户的神经，但却能使其产生一种兴奋感。痒点对于用户来说，是一种未被满足却不那么急迫的需求，一旦这种需求被满足，就会提升用户的体验感，进一步加强产品竞争力。比如淘宝里的"亲文化"，商家把用户称为"亲"，这一个字看起来微不足道，实际上正是运用了痒点思维，一下子让自己与用户之间的交流变得没有距离感，戳中了用户的痒点，除了亲切，更带给用户那种上帝的感觉。

下面举个简单的例子来说明痛点与痒点的关系。假设你迫切需要一只防烫手的玻璃杯用来喝水，那么除了对玻璃杯的基本功能要求外，还额外要求就是防烫，要保证玻璃杯装热水后不能烫手，这个额外要求就是最基本的痛点，即凸显出产品特性化的关键点。如果这个玻璃杯还有贴心的防摔设计，这就大大提高了你对这款玻璃杯的满意程度，玻璃杯额外的防摔功能就是一种痒点，是企业可以聚焦特性化的次要点。

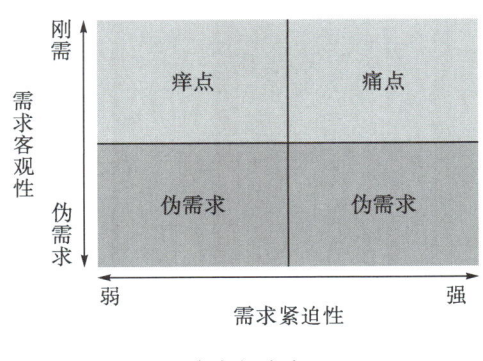

痛点与痒点

值得注意的是，在讨论一项需求是痛点还是痒点时，首先要判断这项需求是真需求还是伪需求。如果一项需求是伪需求，无论做得多么巧夺天工，也只会让消费者觉得不痛不痒，如果企业在此基础上聚焦其特性化，无疑是徒劳无功，消费者自然也不会为此买单。曾经有很多手机厂商在手机外包装盒上大做文章，有桶形的，有柱形的，也有信封形的，但最终手机厂商们意识到，消费者对手机盒并没有多少关注，近几年也很难再看到奇形怪状的手机包装盒了。

《道德经》有言："天下皆知美之为美，斯恶已，皆知善之为善，斯不善已。"这句话表明：事物所表现出来的特性，都是在比较的过程中显现的，就像"长短相形，高下相倾"，有长才有短，有高才有低。同样的道理，痛点和痒点也是在比较中产生的。痛点和痒点，首先都得是真需求，这是基于需求客观存在的分析，是基于潜在的需求对比。痛点相对于痒点是更加迫切的需求，这是痛点和痒点在需求急迫性方面的比较。

在发掘用户需求的时候，需站在用户的角度去思考。企业可尽量设置用户的使用场景，然后去分析在这种场景下，有哪些需求是用户真正需要的，又有哪些需求是企业可以满足，并且需要在产品中去强调的。场景的设置，需要企业对产品的功能、用户的使用习惯等有良好的把握。在建立好场景后，可从两个方面去发掘用户的需求，也就是两条对比路径。一种是对内的对比，是用户对现有产品与自身需求的对比。也就是说，企业现在提供给用户的产品，在多大程度上满足了用户的需求，没有达到用户需求的部分，就可能是一种痛点或者痒点，是企业需要聚焦的特性，需要企业在下一代产品上进行迭代。

人们对铁路客运的要求，随着时代的进步而不断提高。在铁路客运初期，人们对铁路客运的需求就是将人送达目的地，而对于运输效率则没有过高的要求，所以绿皮火车是当时的主流。后来，人们开始希望能够在更短的时间内到达目的地。那如何满足乘客的这种需求呢？一种方式是提高列车运行的速度，另一种方式就是减少列车的停靠时间，于是"红皮火车"（快车）出现了。以成都到上海为例，3236次普通列车（绿皮火车，现已停止运营）需要运行近35个小时，K1158次红皮列车需要30个小时。随着社会的进步，人们的生活和工作节奏的加快，绿皮火车和红皮火车的晚点、乘车环境的脏乱差等问题，成为乘客迫切想要得到解决的痛点，于是"动车"便登上了历史的舞台。成都到上海的 D954 次列车仅需运行 13 个小时，大大地提升了客运效率和乘车环境。铁路客运效率的每一次大幅度提升，实质上都是不断满足乘客对更快、更准时、更安全、更舒适等方面的需求，也是在解决用户的痛点。

另一种是对外的对比，主要是与行业内不同品牌的产品进行比较，找出差距，并迭代、创造新的需求。在这个过程中，用户关注度越高的需求点，就越容易成为痛点，也越应该成为企业产品所要聚焦的特性点；而那些不是很迫切，但也能满足用户需求的点，就成为痒点，是需要考虑是否应该聚焦的特性点。

2010 年左右，手机的摄像头普遍为 200 万像素，而苹果发布了一款搭载 500 万像素摄像头的手机，拍照效果碾压了同时期的其他手机。于是，大多数用户都认为，摄像头的像素是提高手机拍照质量的关键，追求更高的像素，成了当时用户的主要需求点。手机厂商们为了满足用户的这一痛点，纷纷聚焦于手机的"像素特性"，投入到"像素竞赛"之中，从 500 万到 800 万、1000 万、2000 万，再到 4000 万。在此过程中，人们逐步意识到，像素并不是影响拍照效果的核心原因，于是，成像质量成了新的需求点。为了解决这一新的痛点，手机厂商们开始聚焦软硬件结合技术，实现产品的差异化。如，华为选择与徕卡合作，共同研发镜头模组，以及成像的软件算法；Nubia 手机致力于专业相机的方向，开发了电子光圈等专业功能；OPPO 和 VIVO 主打自拍功能，开发了自拍美颜等功能。在这个时期，人们还非常关注手机电池的续航能力，但由于手机电池的技术尚未突破，手机厂商们只能另辟蹊径寻找解决方案，提高充电效率便是一个替代方案，手机厂商们便开始聚焦于快充这一技术特性，于是有了高通的 QC1.0 到 QC4.0 快充方案，华为的 18W、22.5W、40W 快充方案，OPPO 的 SuperVOOC 闪充技术等。但这些方案没有从根本上解决电池续航的问题，这个技术买点也就成为新的痒点。

在对外的对比中，还可能出现一种情况，即用户期待的某项需求，至今没有企业能够完美解决。用户的这种需求，也可能会成为一种痛点，最先解决这个痛点的企业，就能够成功获得消费者的青睐。对于这种用户需求点的突破，往往能带来整个行业的升级与变革，就像苹果重新定义手机一样。当整个行业出现需求疲软时，企业可聚焦于产品的新特性或新的产品特性，这时就很可能创造出新的需求，这种新的需求满足，可能将促使企业获得成功。

找准用户需求的痛点或痒点，并聚焦于相应的技术、功能等去满足用户的需求，能有效实现产品的差异化。通过内外的对比，可以找到用户的客观需求，基于用户需求的程度和迫切性，可区分痛点或痒点，以此进行产品的迭代开发或重新设计。在更新产品的过程中，可以先重点解决用户痛点，再解决用户痒点，在痛点难以及时得到解决的情况下，也可先解决痒点，以聚焦产品特性化，实现产品差异化，体现产品价值。

模块八十一：满足个性化

个性化是指某人某事的独特性，有别于差异化，它是从人出发的概念，是人格化；差异化是物化概念，是物理特征。产品个性化，是在保持同品类产品的共性时，也具有其他产品没有的功能与特性，以满足客户的个性化需求，表达独具企业特色的人文关怀。产品的个性化不是简单的功能差异化，而是在关注客户需求基础上的人格化；个性化的产品不仅仅有物理特点，其特点还具有人性化。

产品的个性化，既可以通过功能、外观、品质、包装、设计等方面加以体现，也可以延伸到产品的个性化营销和个性化服务等方面。在这个充满个性化的时代，企业打造的个性化产品，是建立在完全满足客户个性化要求基础上的产品，它体现的是目标客户的个性而不是企业的个性，需要企业在充分理解客户的基础上进行不断地产品创新。

那么应该如何去理解和把握客户的个性化与产品的个性化呢？

从社会和产业发展的角度来看，个性化是社会生产力水平提升后，对产业和行业提出的必然要求。在物质极大丰富的今天，用户需要的是能够彰显其个性的产品，他们不再追求千篇一律的商品。越能够展现用户个性的产品，或者是越符合用户气质特征的产品，就越容易获得用户的青睐，甚至追捧。拿服装行业来说，在改革开放以前，国内的男士几乎都穿着同样的中山装，那时候的服装不讲究设计，不讲究做工，也不讲究面料，除了大小和颜色，这些服装基本是没有差别的，这种情况是与当时的社会生产力和消费水平高度相关的。随着经济的发展，人们消费水平的不断提高，制衣技术的提升，服装面料的多样化，服装设计审美的变化等，人们开始通过着装展现个性和品位，由此也对服装的差异化提出了要求。

从消费者需求的角度来看，市场上个性化的产品越多，用户就越容易找到符合自身需求的产品。企业不断开发差异化的产品，能够刺激行业的技术水平提升，也越能满足用户的个性化需求。例如，宝洁公司开发了多款洗发水产品，为消费者提供了个性、多样的选择余地，不管是想要去屑的用户，还是想要柔顺的用户，都能方便地获取自己所需。年轻一代的网民们，经常戏称淘宝网为"万能的淘宝"，因为淘宝上有成千上万的卖家，他们能够提供种类丰富的产品，大到数码家电，小至螺丝钉，从普通的衣食住行产品，到新颖的个性化产品和服务，简直无所不能。用户总是能够在淘宝网上搜索到自己想要的产品，这才有了淘宝的"万能"称号。也正是因为其"万能"的特点，即使深陷假货的漩涡之中，依然能在电子商务百花齐放的今天，还保持着其巨大的体量和卓然的地位。

从企业发展的角度来看，个性化的产品除了满足用户需求外，也能充分支撑企业的竞争战略。成功的差异化能使企业快速获得目标群体，提高用户对品牌的认可程度。

哈雷摩托车最早看到了中老年用户市场的潜力，并进行了差异化定位，对产品功能进行了改进和升级，推出了适用于中老年群体的个性化产品。哈雷先于竞争对手完成了技术改造，并实现了产品升级，在中老年用户心目中形成了独一无二的品牌形象。

最初，OPPO 和 vivo 主打"音乐手机"功能，随着手机拍照技术的不断提升，这两家手机厂商意识到了女性用户对于自拍的需求，针对这一诉求点，进行了个性化的尝试，于是便有了 OPPO 的"至美一拍"和"前后 2000 万，拍照更清晰"，也有了 vivo 的"逆光也清晰，照亮你的美"。OPPO 和 vivo 的这些经典广告，都很好地体现了这两家厂商在拍照方面的差异化尝试，其取得的市场地位，也充分体现了具有个性化的产品对竞争战略的支撑作用。

从提升用户质量的角度来看，个性化能够增加用户数量和提高用户黏性。

MIUI[①]是小米公司开发的第一款产品，在开发之初就显得与众不同。MIUI 针对中国用户的使用习惯，在原生 Android 操作系统上进行了深度开发。小米开发了更符合用户操作习惯的软件和功能，如：MIUI 拨号与短信、小米信息推送服务、MIUI 安全中心、系统双开与应用分身、MIUI 云服务等。相比于原生 Android 系统来说，MIUI 更容易获得用户黏性。为使 MIUI 维持用户黏性，MIUI 保持着很高的更新频率。在 MIUI 的高频率更新中，小米还将 MIUI 版本分成了体验版、开发版和稳定版，不同版本对应不同的用户群体，满足其不同的个性化需求。体验版主要提供给真正的数码发烧友，几乎每天都有所更新，这部分用户也是小米最核心的用户群体；开发版几乎每周更新一次，主要面对系统爱好者，这些用户也是小米的忠实粉丝；稳定版则是每月更新一次，面对所有 MIUI 的用户。不同的开发版本，使得 MIUI 系统的使用和体验更具差异性和个性化，用户也得到了进一步的细分。根据小米的官方数据：从 2010 年 8 月 16 日到 2017 年 7 月 26 日，MIUI 的用户数量从 0 增长到 2.8 亿，MIUI 系统覆盖了 55 种语言，支持 142 个国家与地区。MIUI 的差异化为小米聚集了大量的用户，也为小米生态战略打下了良好的基础。如果小米没有打造独特的 MIUI 操作系统，直接使用原生的 Android 操作系统，那么除了价格以外，面对众多手机厂商的竞争，就可能没有优势可言。小米手机通过其 MIUI 系统，形成了极具个性化的品牌形象，吸引了一大批粉丝和拥趸者。

总的来说，产品的个性化，就是要不断满足目标用户的个性化需求，体现企业的人性化关怀。在实行产品个性化的策略中，保持产品共性是基础，满足用户需求是关键，深度连接用户是目的，不断进行创新是方法。可以通过产品质量的形象化实现产品个性化，如农夫水泉的水溶 C100，每瓶所含 VC 相当于 5 个半柠檬；可以利用商标、品牌、设计、外形等实现产品个性化，如戴森成为中产阶级的标配、企鹅成为腾讯产品的代表；也可以

---

① 资料来源：https://www.sohu.com/a/160153092_452858.

通过价格特色实现产品个性化，如小米手机的性价比、优衣库的低价主张；还可以通过个性化营销或个性化服务实现产品个性化，如火锅界的海底捞、零售业的胖东来等。

模块八十二：体现价值化

任何一种产品最终都是要走进市场的，通过人们的购买和使用，它才能实现自身的价值。随着科技的进步，人们对产品的功能要求越来越高，先进的技术和精巧的设计可以在产品的功能提高的同时降低产品的成本，这就最大限度地提高了产品的性价比，使消费者更容易接受这样的产品。因此，在大多数情况下，用户都是足够理性的，其购买行为都是建立在他认为的"等价交换"，甚至"物超所值"的基础之上。也就是说，用户会对目标商品进行价值评估，商品价格等于或低于评估价值时，用户才会欣然地为之付费。

由此可见，在进行差异化考虑之前，应该清楚产品要传递给用户的价值是什么，又该如何去体现其价值。产品价值，是用户需要的中心内容，也是用户选购产品的首要因素，它不是研发人员所认为的价值，不是销售人员眼中的价值，也不是营销人员推广的价值，而是用户真正需要的价值。那么如何去赋予产品真正的价值呢？在这里将产品的价值归纳为 3 个层次，用一张金字塔的图形来表示。

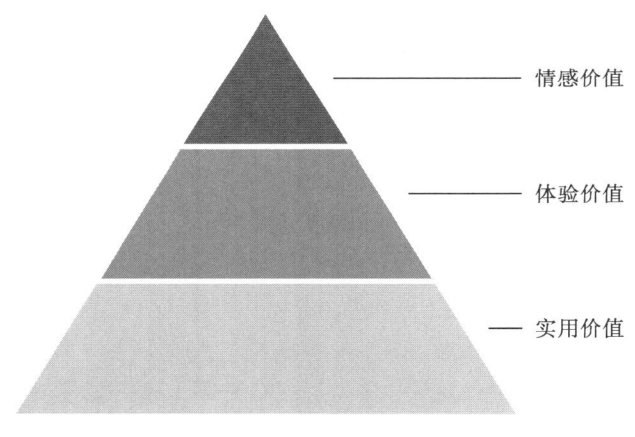

产品价值层次图

图中的金字塔分为 3 层，分别是"实用价值""体验价值"和"情感价值"。

一、实用价值

实用价值是产品要传递给用户的最基本价值，包括产品的基础功能性、易用性和可靠性等。这是产品价值中最基础的部分，它构成了产品价值金字塔的基座，如果没有基座的支撑，那么产品价值的金字塔就如空中楼阁一般。产品的实用价值是用户最为关注的核心内容，要理清什么是实用价值，就要回答清楚产品能为用户解决什么实际问题。对于成熟的产品（或者说有大量竞品存在的产品）来说，产品的实用价值几乎都是一样的，也就是说这些相互竞争的产品，都能够为用户解决同样的问题。那如何从实用价值的角度去体现差异化呢？可从产品的功能性、易用性和可靠性等方面去考虑。

有三家公司，它各自生产了一款榨汁机，分别是甲款、乙款和丙款。很显然，三款榨汁机为用户解决的最基本问题就是榨果汁。既然它们拥有相同的基础功能，那它们就是一样的产品吗？当然不是，在提供基础功能之外，它们还可以有很多差异。假设甲款榨汁机能够自动过滤水果残渣，而乙款和丙款还无法做到这一点，那在功能性上，甲款榨汁机就更胜一筹了。假设甲款和丙款榨汁机需要用户提前将水果切块，而乙款则不需要此操作，那在易用性上，乙款榨汁机就更有优势。丙款榨汁机的易用性不如乙款，功能性不如甲款，但是丙款榨汁机能够连续工作 1 小时，而甲款和乙款连续工作半小时就需要休息一次，那么从稳定性来看，丙款榨汁机就更值得关注了。

从上面的例子可以看到，企业若是能够在产品易用性、功能性或可靠性中的任一方面取得明显优于竞争对手的表现，就实现了产品实用价值上的差异化；若企业的产品能在多个方面优于竞争对手，那么产品的差异化优势就更加明显。同时，产品实用价值上的差异是在与竞品的比较中产生的，企业可在研究竞争对手的基础上，通过不断强化自身产品优势，并且弥补自身产品短板，来打造更具吸引力的产品。

在"势"篇中，提到了哈雷摩托车的案例，其实质上也是在提升产品的实用价值，而且是目标群体真正需要的实用价值。哈雷摩托车在功能上的创新，无疑提升了它的差异化程度，使得其精准地打动了用户的心。

二、体验价值

体验价值来自用户对产品的深度体验，包括产品的交互性、维护性，以及产品为用户带来的工作或者生活效率的提升。它是用户在使用产品的过程中产生的，是在产品的基础功能之上，对产品更深层次的体验感受。换句话说，体验价值是在产品的基本功能满足用户预期的情况下，用户经过深度体验后，对这个产品能产生好感的程度。

在此，可以引入一个比喻，来描述实用价值与体验价值之间的关系。中国的国粹瓷器，实质上是对陶土的一种"价值提升"。如果把产品价值比作一件具有独特艺术价值的瓷器，那么实用价值就相当于是这件瓷器的泥坯。泥坯的形状决定了这件瓷器的最终形状，因此泥坯的完整性、造型的独特性都是这件瓷器成为艺术品的基础。而体验价值就像是在泥坯上面进行精妙绝伦地描画和巧夺天工地施釉，与泥坯相得益彰的描画和施釉就像是为瓷器穿上量身定做的衣服，能够使得泥坯成为艺术品。从这个比喻中，可以看到，体验价值是对实用价值的一种提升过程。接下来从三个角度，进一步了解产品的体验价值。

(1) 产品的交互性。产品的交互性是指产品的外观设计给用户带来的愉悦感，以及用户使用产品的便利程度。外观设计与时代审美观是息息相关的，本身没有统一的评价标准，企业要做的就是，尽量使产品的外观设计更符合时代的审美需求。

华为手机的 EMUI 手机操作系统[①]在外观设计上就下了很大的功夫。据 YougGov 公司对用户色彩偏好的调研报告显示，蓝色是最受大众用户欢迎的颜色，所以华为选用蓝色作为 EMUI 系统的主色调。与此同时，为了提高视觉障碍用户的使用性，EMUI 操作系统在设计时还从无障碍色彩、色彩易读性、色彩情感三个方面，来设计更适合视障用户使用的系统外观。产品使用的便利程度，体现出了企业对用户使用场景的了解程度，如果企业十分了解用户的使用场景和使用习惯，那么就能开发出便于用户使用的产品或功能，这样的产品或功能极大地提升了用户与产品的交互性。在这一点上，中国智能手机厂商显然颇有心得。在对用户使用场景和使用习惯的研究上，中国智能手机厂商都具有全局观和开放心态。手机厂商们能够从各种渠道去搜集用户的使用反馈，进而根据用户的需求，为用户提供"定制化"的功能，各种各样的国产化"操作系统"也就应运而生了，比如小米的 MIUI、魅族的 Flyme 等。

(2)产品的效率性。如果一件产品能够大幅度提高用户的工作或生活效率，那么通过效率提升而节约下来的时间，就是为用户创造的一种额外价值。比如，激光打印机的印刷速度可以达到 2000 行/分钟，而磁式打印机的印刷速度则能够达到 8000 行/分钟。如果单从效率的角度来说，磁式打印机带给用户的体验价值是更高的。另如，运营商为用户提供的 5G 网络比 4G 网络有更快的网络连接速度，这也是一种效率的提高，对于用户来说就是一种价值的提升。

(3)产品的维护性。产品在使用过程中，难免会出现一些磨损或者设备故障。当产品出现问题时，维护是否方便会影响用户对产品体验价值的评价。产品的维护性，通常包括耗材的损耗速度、设备故障的检修方便程度等内容。从耗材损耗速度来说，耗材损耗速度越快的产品，越容易引起用户的抱怨，比如汽车的油耗水平、打印机更换墨盒的频率、签字笔更换笔芯的频率等。而设备故障后的维修难度，则直接影响着用户的体验。

假设有三台打印机 A、B、C，这三台打印机都出现了卡纸的现象。A 打印机卡纸后，用户能够很轻易地取出卡住的纸，设备马上就能继续工作。B 打印机出现卡纸的现象后，用户很难取出卡住的纸，只能通过打电话咨询售后工作人员，售后通过电话指导用户拆开打印机，然后取出打印纸，设备继续正常运行。C 打印机出现卡纸现象后，用户无法自行取出卡住的纸，打电话咨询后，售后工作人员却说由于打印机的制造精密，用户自行拆卸可能造成机器损坏，所以需要用户将打印机送回售后服务点，进一步排除故障。这三种维修难度对用户的体验来说，显然 A 产品带来的体验价值更高。

---

① 资料来源：https://www.sohu.com/a/274124424_100181135.

通常情况下，可以从产品的交互性、效率性和维护性三个维度对产品性能进行升级，以此来提高用户体验，提升用户满意度，凸显产品差异化的体验价值。

三、情感价值

情感价值是用户从情感上对产品的一种认同，包括品牌价值、情感归属和理念认同等部分。它是用户对产品的情感体验，对实用价值和体验价值的评价，是基于产品做出的客观评估，而情感价值则更多的是从用户的主观情感上对产品价值的评价。

情感价值对用户的影响，在很多时候超过了实用价值和体验价值对用户的影响。因为产品的基本功能性和体验性都可能有相应的替代产品，而用户对产品的情感归属却是独特的。乔丹球鞋受到大家的追捧，除了流行元素之外，还因为所有人知道这是乔丹专属的球鞋，这个球鞋就灌输了一种精神，卖的是精神，如果只是追求功能，普通球鞋就可以满足了。因此随着时代的发展，产品不只是简单的产品，而是让人能够感受到情感的产品，这样的产品更受人们的青睐。对于产品情感价值的了解，下面将进一步从三个层次进行分析。

(1) 身份认同。它是用户使用产品时的身份认同感，是用户与产品建立情感联系，将产品的某种属性作为自身身份标签的行为。对产品的身份认同在奢侈品领域是最为常见的。奢侈品品牌总是将用户定位为社会中的小部分精英群体，然后通过宣传手段，将其产品塑造成高品质生活的代表，最后，将精英群体与高品质生活进行连接，使得用户对其产生身份认同。奢侈品牌从产品的设计、材质、质量等方面来彰显用户的身份。比如成立于1856年的Burberry，通过其一脉相承的"格子"设计，表达奢华、品质的象征，其风衣更是被授予"英国皇家御用"徽章，给用户带来一种英伦贵族的身份认同感。

(2) 理念认同。它指用户认可企业传达的产品理念。一旦用户的理念与企业的产品理念相契合，那么用户对产品的认可程度就会大增，产品所传递和产生的情感价值也就更高。如，宝马汽车的产品设计大多拥有流畅的线条和激情澎湃的运动感，其要传递的理念是"驾驶的乐趣"，这种产品理念就很能吸引那些热爱驾驶的人士。奔驰汽车公司的设计往往高贵而稳重，表现出一种浓烈的商务气息，传递的产品理念是"舒适的乘坐体验"，这样的产品理念就更适合那些经常出席商务活动的人士。

(3) 情感认同。它指用户将自身的情感代入使用产品的场景中，把产品当作自身情感的传递工具。

在经典名酒众多的川渝地区，江小白[①]作为后来者，通过"文案瓶"的创意包装，将产品与消费者的消费场景和情感诉求联系起来，把关于爱情、亲情、友情、理想等方面的文案，印刷在酒瓶包装上，使得产品充满了社交属性和情感属性，这些活跃在酒瓶身上的青年文化，使得江小白成为青年人聚会的主要选择。江小白成功地通过情感交流，实现了用户与产品的绑定，在众多白酒品牌中突围而出，向大家展示了情感认同带来的积极作用。

---

① 资料来源：http://www.opp2.com/86224.html。

支付宝作为一款互联网金融产品，旗下的蚂蚁森林功能也是利用用户情感认同而获得成功的经典案例。蚂蚁森林[1]的用户可以通过各种低碳行为来生产自己的虚拟能量，用户可以"偷取"好友的能量，可以帮助好友收取能量，可以将能量通过浇水的方式赠送给好友。这样一款类似"偷菜"的游戏，是如何重新火起来的呢？其关键就在于与用户构建了一种新的情感认同。蚂蚁森林的用户积攒了一定的能量之后，就能够申请一棵树苗，申请成功后，用户会获得一张电子证书，除了表达对用户的公益感激，用户还可以在积累三张证书之后，获得国家颁发的义务植树证书。同时，用户申请的树苗，还会由支付宝与其他公益组织一同购买，并种植在荒漠地区。蚂蚁森林的公众号还不定期推送树苗的最新动态，通过文字、图像、视频等内容，将用户与荒漠中的树苗进行情感上的连接。蚂蚁森林的资深玩家们更是将树苗戏称为自己的"儿子"。截至2018年初，蚂蚁森林的用户数量已经超过4亿人次，蚂蚁森林也与用户建立起了一种社会共鸣的情感连接。

实用价值和体验价值，是在客观上存在的产品价值，这两者存在的意义在于使得产品更符合客户的预期，向客户提供更加良好的使用体验。情感价值则是用户对产品的情感依赖，在实用价值和体验价值基本符合用户预期的情况下，情感价值越高的产品，越能与用户建立长期、稳定的交互关系。

总的来说，在消费者认知水平不断提升的基础上，客户的需求会推动企业不断地去提升产品的价值，这既是企业产品差异化的路径，也是满足用户价值需求的措施。但是企业在提升产品价值的时候，不能只是简单的提升产品功能，还可以参考产品价值的金字塔，在提升产品功能的基础之上，兼顾产品的交互性和体验感。在用户为产品价值买单的环境中，努力打造产品的情感价值，使产品与用户建立连接，形成身份认同和情感认同，以此充分体现产品的价值，进而实现产品的差异化。

第二节 投产管理

投产是将设计成型的产品进行批量生产，投产管理就是对生产全过程的系统把控。高效的投产管理，能够帮助企业有效地降低生产成本，充分发挥生产优势带来的竞争力，对于企业的经济目标有积极的促进作用。

投产管理主要包含了对生产方式和生产计划的管理，生产方式着力提升产品的生产效率，生产计划在于产品生产与产品上市进度的把控。

模块八十三：生产方式

生产方式是指企业组织生产的方法，主要考虑的是如何通过组织生产，来提高生产效

---

[1] 资料来源：https://baijiahao.baidu.com/s?id=1608970729689500812&wfr=spider&for=pc。

率，以及降低生产成本。马克思主义经济学指出，价值是凝结在商品中的无差别劳动。在这一理论中，同一件商品的价值，取决于不同企业生产这件商品所需要的平均"劳动"量。这就意味着，如果能够花更少的"劳动"量，来完成这件产品的制作，那么企业就能获得更多的利润。因而可以将上述"劳动"简单理解为生产成本以及生产效率，如果企业能够通过选择合适的生产方式来提高生产效率，降低生产成本，那么就能够进一步扩大产品的利润空间，同时也能扩大企业的竞争优势。

在现实中，有的企业是以制造起家，比如三星、联想等，它们的大多数产品都会选择自行生产，这是因为它们自行组织生产能够有效地提高生产效率，降低生产成本。还有的企业擅长产品设计，并不具备生产基因，这类企业为提高生产效率，往往会委托第三方代工，比如苹果、小米等。也有企业出于对核心技术的保护，以及构建新型工厂的战略计划，采取自建工厂的方式，比如特斯拉、格力电器等。有的企业由于产品热销，自身的产能满足不了市场需求（尤其是在新产品上市阶段），也会采用部分产品自行生产，部分产品委托代工的方式。

吉利在 2016 年推出了博越、帝豪 GS 和帝豪 GL 几款新车[①]，最困扰吉利的不是营销和销量的问题，而是这几款车的热销所带来的供不应求问题。以博越为例，其于 2016 年 3 月正式上市，上市之后，它花了 5 个月的时间实现销量破万，而其从 1 万到 2 万的产量则用了 6 个月的时间，其销量在很大程度上受到了产能的限制。据吉利汽车 2017 年 2 月份的销售数据显示：吉利汽车 2 月份总销量达到了 88976 辆，同比增加了 167%。其中，帝豪 GL 在 2017 年 2 月份的销量为 8027 辆，其销量没有过万的主要原因依然是产能配置的问题。

由此可见，生产方式的规划，对于企业来说是非常重要的，一旦企业的产能不能满足销售需求，就会造成供不应求的情况，也可能将大量潜在的客户推向竞争对手。所以，提前做好生产方式的规划，协调好自家产能和第三方产能，是保障产品生产顺利的重要一环。

吉利的案例启示人们，在遇到自身产能不足的时候，就要积极对外寻求代工合作，这不仅能弥补生产的不足，也使得企业的生产方式更加完备。另外，企业更要在平时建立完善的代工管理体系，以备不时之需。完善的代工管理体系能够帮助企业减轻需求波动带来的影响，还能够帮助企业降低生产成本，如果将一些非关键部件交给代工厂生产，还能使得企业更专注于关键部件的研发，能够提升关键部件的生产效率和生产质量。

在中钢集团的《中钢集团西安重机有限公司管理制度》中，明确制定了"生产能力协调管理办法"（下称：办法），办法中做出了 5 条需要向外协调产能的规定，摘抄其中三条如下：

---

① 资料来源：http://auto.sina.com.cn/news/hy/2017-03-06/detail-ifycaafm5427353.shtml。

3.2.1 由于我公司设备技术能力达不到而无法生产的锻件、铸件、配套件及机加工件产品，由市场开发部在工艺图路线中标明"外委"字样，并下达制造部，由负责的计划员编制《外委、外购、外协生产计划表》，经部长审批后交外协人员按有关规定协作或采购。

3.2.3 由于交货期集中，车间生产能力饱和时，由制造部主管计划员请示主管部长，经批准后编写《外委、外购、外协生产计划表》交外协人员按有关规定协作或采购。

3.2.5 由于公司能力限制，热处理工序需外委及铆焊成型件等产品，由委托车间主管计划将产品技术文件、流转卡、工序质量记录卡、委托计划单（四份）送交制造部主管计划签收，经主管部长批准后交外协人员办理。

从这3条规定可以看出，当企业没有足够的生产能力，或者企业内部的生产计划发生冲突时，就需要对外寻求生产协调。

无论企业选择哪种生产方式，都要基于自身发展来确定，要结合自身和代工厂的产能情况，同时也要考虑市场需求的动态变化，以此来确定和规划生产方式，以寻得产品生产的最优化。

模块八十四：生产计划

生产计划是企业对某一个阶段的生产任务所做出的统筹性安排，是企业生产经营计划中的重要组成部分，也是企业生产管理中的重要内容。有效的生产计划，能充分配合产品战略和营销战术的实施，能确保产品在既定的时间，既定的渠道，以合适的数量上市。分析、制定生产计划的方式方法有很多，不同行业也有不同的经验，在这里重点介绍生产方式的三种底层逻辑，即以产定销、以销定产、柔性生产。可根据市场需求和供需关系的变化，来制定生产计划。

第一、以产定销。以产定销是指企业在制定生产计划时，先确定产品的生产批次和数量等，然后按照生产数量来组织市场营销活动。在以产定销模式下，生产者可以根据现有条件来安排生产计划，以充分利用生产线的产能。在商品种类不够丰富时，消费者可选择的余地较小，或者生产资源稀缺，市场供给量小于需求量时，以产定销模式是最适合企业的。在中国改革开放初期，大多数企业采用以产定销的模式，包括石油、矿产等资源紧俏型行业，以及使用频率较高且数量较大的日常用品行业。

以产定销模式也有其固有缺陷，即难以适应市场需求的快速变化，尤其是处于非资源紧俏型行业的企业（资源紧俏型行业，往往供不应求，供需关系相对稳定，在此不予讨论），当市场需求发生剧烈变化时，以产定销模式就容易使生产与需求脱节。由于忽略了真实有效的市场需求信息，这种模式容易造成某些品类的产品生产过剩，而某些品类的产品生产不足，这将进一步加剧供需不均衡的问题。以产定销的企业，一方面可能为了降低平均成本而盲目地扩大产能，另一方面高估了自身的销售能力，最终导致产能过剩。如果有多家企业生产相似的产品，并且各企业都出现产能过剩的情况，那么在激烈的市场竞争中，就很容易引起价格战。价格战的爆发，通常与企业的经济目标背道而驰，必将有损企业的最终利益。产能过剩带来的高库存，势必影响到企业的现金流，进而导致企业的经营风险增大。

回顾历史不难看到，由于产能过剩，致使库存成本居高不下，最终导致企业破产的案例不在少数[①]。

安迪光电科技有限公司成立于 2005 年，注册资本 1098 万美元，从属于 LED 封装和应用照明领域，主要从事 LED 生产，以及室内外半导体照明(LED)应用产品的研发、生产、销售等，年产值 1~2 亿元。安迪光电科技有限公司曾以"用于制造发光二极管封装用胶水的有机硅组合物""太阳能 LED 照明装置及太阳能电池"两项技术成果，分获宁波市 2011 年发明创新奖银奖和铜奖。在 LED 封装及照明应用领域，安迪光电科技有限公司在国内外注册了超过 200 件专利，曾在 2008 年被评为年度省级专利示范企业。这样一家具有规模和实力的企业，是如何走向破产的呢？浙江省照明电器协会理事长翁茂源先生表示，这是由于"摊子铺得太大，库存的产品、半成品积压过多。"由于 LED 行业的产品技术更新很快，产品超过 3~6 个月未能销售，新的产品就会替代旧的产品，经销商向企业退货，就会造成资金链的巨大压力。

安迪光电科技有限公司的破产，正是由于盲目的增加产能，导致大量产品积压，库存成本难以降低。同时，经销商未完成销售的商品退回企业，进一步加剧了安迪光电科技有限公司的资金链压力。最终，安迪光电科技有限公司无法偿还巨额债务，不得不申请破产清算。有的时候，同行业的产能过剩，甚至会引起整个行业的倒闭。有数据显示，目前国内 LED 市场容量在 1200 亿~1500 亿，但实际产能却超过 5000 亿，整个行业的产能严重过剩。这就导致了大量从事 LED 的企业倒闭，在安迪光电之前，还有钧多立、博伦特等知名企业成为倒闭的"先驱"。

第二、以销定产。以销定产是相对于以产定销的一种模式，是一种由需求带动生产的计划方式，它根据市场的需求量或消费者的个性化需求来安排生产。以销定产是生产力发展背景下的经营思维，是随着日益激烈的市场竞争、供需关系的转化而发展来的。以销定产与以产定销最大的区别是，企业站在了市场需求、服务客户的角度，来思考企业的经营活动。它强调的是在激烈的市场竞争中，企业如何减少库存，提高经营效率，降低企业风险。同时，以销定产始终以市场为导向，以客户为中心，易于获得消费者的认同，从而提高市场占有率。

近年来，在阿里巴巴"双十一"购物狂欢节的带动下，大量企业开启了商品预售模式。这种模式有效地帮店铺搜集到了客户的需求信息，店铺在进货或者安排工厂生产时，也有

---

① 资料来源：http://www.china-nengyuan.com/news/36988.html。

了依据。华为的旗舰手机(Mate 系列和 P 系列)正式在亚太地区上市前,也会采取预售的方式。华为这两个系列的旗舰手机,往往先在欧洲市场发布上市,然后才在国内和亚太地区发布上市。新品预售,使得华为可以获得亚太地区对新品的需求数据,以此来计划和安排产能,使得新品在亚太正式上市后,能有足够的数量满足市场需求,同时也避免了库存积压。除了预售以外,典型的以销定产模式还有团购、众筹等,其实质都是为了提前获取销售数据,以此来帮助企业制定生产计划。

Kickstarter 是一家知名的众筹网站,专门为具有创意的产品方案提供众筹平台,其2009 年 4 月成立于美国纽约。在 Kickstarter 平台上众筹成功的案例有很多,比如,19 岁的美国女生 Megan Grassell 创立了一家名为 Yellowberry 的少女文胸公司[①],主要针对十几岁的女孩,为她们提供适合的文胸,并向她们传达积极向上的信息。在选择 Kickstarter 平台进行众筹之前,Megan Grassell 接触了许多零售商,想要与他们达成合作,但是这些洽谈都以失败告终。最后,Megan Grassell 选择了通过 Kickstarter 进行众筹,众筹的目标金额为 25000 美元。2014 年,Megan Grassell 筹得了 42000 美元,这一金额远超目标金额,在获得这些众筹资金的同时,它还获得了大量订单,这就为其制定生产计划提供了依据。又如,在亚马逊上售价 20 美元的纸牌游戏 Exploding Kittens[②]也来自 Kickstarter 众筹平台。这款游戏创下了 Kickstarter 平台上最多支持者的记录,支持这款游戏的人数超过了 219382 名,所筹金额也达到了 878 万美元。

社区团购平台"选好货"则是利用团购进行以销定产的典型案例[③]。该平台从海鲜品类,切入到社区团购领域。根据选好货提供的数据(截至 2018 年 11 月),自从选好货上线以来,其每个月的订单量达到了 2 万~3 万单,峰值期的订单每天超过了 1500 单。根据平台的团购订单信息,它扩展了平台上 SKU 的种类,在海鲜、水果、蔬菜等品类的基础上,增加了一些高消耗的零食。选好货也获得了伯藜资本领投的 Pre-A+轮融资,获得投资后,开始布局食品工厂。食品工厂的布局,一方面能够获得工厂生产的高毛利产品;另一方面,也可以根据平台的订单信息,安排生产计划。再加上自建物流与第三方物流的配合,选好货平台降低了物流成本。在订单驱动的生产计划和物流配送体系下,选好货成功避免了"库存积压严重,品质无法保障"的电商老路。

不管是预售、团购,还是众筹,都能够帮助企业提前获取一定的"订金",这就为企业带来了一定的现金流。与此同时,提前锁定的订单信息,包含了用户对产品的需求信息(如:数量、款式、颜色、尺寸等),也使得企业在制定生产计划时,更加有效、合理,避免产品上市后不能满足市场需求的问题。可以看到,相比于以产定销的模式,以销定产能够有效避免由于供求信息不对称、需求信息不明确而导致的产品供需失衡。以销定产模式能够在一定程度上降低企业的库存积压风险,降低企业的经营风险。由此,以销定产模式

---

① 资料来源:http://news.cri.cn/gb/42071/2014/09/24/6992s4704891.htm.
② 资料来源:https://www.cifnews.com/article/26803.
③ 资料来源:https://baijiahao.baidu.com/s?id=1617518014509766587&wfr=spider&for=pc.

也成为目前大多数企业制定生产计划时所考量的主要方式。

第三、柔性生产。柔性生产是英国的 Molins 在 1965 年提出的一种生产概念，这一概念的提出，是为了适应市场需求的多变，也是为了应对激烈的市场竞争。柔性生产模式更加强调以客户需求为中心，表现出的特征是按需定制。

柔性生产与以产定销、以销定产等比较，主要有三方面的特点：一是企业的产品供给思维，从以企业为主导，转变为以满足用户需求为主导；二是生产管理模式，从标准化、规模化、流水线向个性化、小批量、多元化转变；三是从工业程序化制造向工业智能化制造的转变。

随着生产力的不断发展、生产资料的变化、新科技新技术的不断涌现，柔性生产会逐步成为生产制造的主流模式。它将与供应链、市场端形成无缝连接，成为去中心化的一种高效生产供给模式，实现一种人人自主生产、自我供给的场景。

红领集团[1][2]成立于 1995 年，是一家主营高档西服系列产品的大型生产企业。2003 年，红领决定将企业从大规模成衣生产，转型为个性化定制生产。2003~2008 年，红领集团积累了超过 100 万条定制订单数据，2007 年正式成立了酷特智能，2011 年开始布局 C2M 战略。从 2012 年开始，红领的转型进入爆发阶段，2012~2016 年的 5 年期间，红领的年产值均增长 100%以上，利润率超过了 25%，SDE（源点论数据工程，酷特智能的自主研发产品，能够为企业的转型升级提供全程管家式解决方案）签约企业 60 余家，这些签约企业来自 20 多个不同的行业。

在整个服装行业整体下滑的背景下，红领的逆势增长给人一种耳目一新的感觉。2017 年初，红领正式将企业更名为酷特，推出了在线个性化定制服务，顾客可以通过定制 APP 酷特云蓝，按照个人喜好，进行款式设计、面料选择、下单定制等操作。在这一过程中，用户会按照提示，上传 19 个部位的数据，在确认订单信息后，用户数据将会自动转化成系统生产数据，然后发送到各个生产环节。同时，酷特还建立起了版型、工艺、款式、BOM 四大基础数据库，积累了海量数据，这些数据能够匹配 99.9%以上的用户体型，通过系统调用，很快就能将用户订单上的数据在数据库中进行匹配。一般情况下，私人定制的服装，从客户到店定制到最终交付大约需要 90 天的时间，而在酷特的智能定制模式下，整个流程缩短到了 7 个工作日。

除了生产效率的提升，在库存方面，酷特的柔性生产方式还具有比以产定销模式更多的优势。对于服装企业来说，库存算是最大的"痛点"，不同款式、颜色、大小的衣服，都需要在各级分销商处压货，从而导致大量库存。大量库存又占用了大笔流动资金，这就使企业很容易受到库存影响，导致资金链断裂。而酷特的柔性生产，实现了全年经营过程中的"零库存"，甚至是"负库存"。由于采用客户自主定制模式，去掉了层层分销商，

---

[1] 李金柱. 大工业化下的定制模式——智能平台支持下的传统企业升级之路. 中国信息界-e 制造，2014(6)：38-39.
[2] 资料来源：http://qd.ifeng.com/a/20180425/6530084_0.shtml.

不仅提高了交付效率，也有效降低了产品价格。在酷特客户个性化定制一套服装的价格可以低至传统个人定制服装价格的三分之一，甚至是五分之一。虽然酷特在个性定制上已经取得了一定成果，但其还处于柔性生产的初级阶段，其个性化定制依然需要依靠提前建立好的数据库，最终产品依然是数据库中的既有样式。有理由相信，未来的柔性生产将会更个性、更高效、更智能，能够匹配用户任何天马行空的想象。

不同生产计划的对比

方式	优点	缺点	适用范围
以产定销	1.充分发挥产能潜力 2.有效摊薄固定成本	1.生产与需求脱节 2.产能过剩 3.库存成本高	市场竞争不激烈的行业/供需关系稳定的行业/资源紧俏型行业
以销定产	1.生产与需求匹配 2.减少库存成本	1.生产线构建成本高 2.过分依赖订单信息 3.订单被取消风险大	预售/团购/众筹等，小批量、多批次的生产
柔性生产	1.生产与需求平衡 2.满足个性化需求 3.可实现零库存	1.生产线构建成本高 2.原材料管理难度大	个性化/智能化定制

影响生产方式的主要外因是市场供需关系的转变和市场环境的变化，有时代发展因素、经济环境因素，也有生产力和生产资料因素。以产定销模式有很长的发展历史，在生产力水平低下、产品种类少、产品供不应求、企业占主导地位的时代，以产定销模式是企业制定生产计划的主要逻辑。随着生产力的不断提高，市场竞争环境的加剧，为了避免盲目生产带来的产能过剩，以及高库存带来的经营风险，以销定产模式便成为当今主要的生产方式。在以销定产模式下，生产滞后于订单，生产及物流过程增加了客户的等待时间，降低了客户体验感，增加了客户退订的可能性。柔性生产以满足个性化需求为目标，代表了一种更先进的生产计划方式。随着生产技术的进步，柔性生产将实现个性化、自主化的生产，是未来生产制造发展的一种主流方向。

第三节 品控管理

投产管理是进行产品生产全过程管理的第一步，第二步便是对生产过程进行品控管理。高品质的产品，不仅要确保原材料的品质，也要做好生产过程的品质管理和流程控制。中医里面讲"大医治未病"，说的是好医生能够在人没有生病前，就能提前预防和控制疾病。生产的原材料管理、流程管理和品质管理，实际上就是"治未病"的过程，目的是将产品可能出现的质量问题扼杀在生产环节上，防止不合格产品流入客户手中，并在"质量"上与客户的需求达到匹配，提升产品价值。

因此，在影响品质管控的因素中，原材料采购、品质管理和流程控制是最为重要的三个因素。

模块八十五：原材料采购

原材料是指生产某种产品的基本原料，它是用于生产过程起点的产品。原材料采购是指生产企业在市场中采购投入到产品生产中的原材料，一般企业在正式进入生产之前，首先要组织原材料，原材料的品质影响了最终产品的品质。对原材料的采购把控，是品质管控的重要环节。在现代化企业的生产中，产品的质量很大程度上受到原材料的影响，原材料的质量是保证企业产品质量的基础。

原材料的采购，除了保障物资供应的基础目标之外，企业还能从中获得原材料的市场信息。市场信息的获得，不仅完善了企业的信息储备，有助于管理者筛选优质的供应商，还有利于管理者做出更精准的经营决策。由此可见，原材料的采购工作不是简单事务性的工作，而是具有经营意识的管理工作，是随着瞬息万变的市场变化、行业变化以及企业内部资源，不断动态调整的"原材料战略"。

正是由于原材料采购的重要性，很多优秀的企业在原材料采购，尤其是在核心原材料的采购方面，都上升到了产品战略管理层面，尽量与上游供应商达成合作伙伴关系，在保证原材料品质和供应稳定的同时，充分构建供应链竞争优势，以此确保产品在市场中的竞争力。

丰田汽车为了获得高品质的、符合产品要求的原材料，会派驻工程师到供应商处，帮助供应商解决原材料的设计、质量等问题。又如，华为手机近年来在拍照功能上的声名鹊起，也正是由于其将原材料采购工作放在了战略的层面。在手机拍照功能越来越受到市场重视的背景下，在 Nubia、小米、OPPO、vivo 等手机厂商皆在拍照领域发力的竞争中，华为选择了与徕卡达成战略合作，与徕卡一起设计专用的手机镜头，因为在摄影领域徕卡就是品质和高端的象征。2016 年，第一款搭载徕卡镜头的华为手机 P9 正式上市，这款手机一举成名，也奠定了华为在手机拍照领域的领导地位。除了镜头以外，成像传感器也是影响手机拍照功能的关键零部件，于是，华为选择与索尼达成战略合作，专门定制了一系列手机成像传感器，如 IMX286、IMX600 等。另外，苹果手机使用的成像传感器，也是向索尼公司特别定制的。可以看到，优秀的企业在对产品核心元器件的采购上，都是基于产品竞争力的构建而制定的决策。通过与核心元器件供应商的战略合作，不仅能够帮助企业定制专用元器件，也是在帮助企业打造差异化的产品，构建产品竞争壁垒。

对于产品的核心部件，需要从战略的层面出发，做好原材料定制、采购的规划与管理。而对于一些基础性的原材料，则可以选择常规的采购方式。然而在现实中，许多企业将原材料的整个采购管理局限于两个狭义的事务性工作中，一是简单粗暴地执行"货比三家"，没有具体的供应商选择标准和选择流程。这种采购方式容易导致采购人员盲目地选择低价产品，造成对产品质量、稳定性等方面的把控不足，最终影响成品质量。二是程序式的招标方式，反映出来的是机械、死板，不能及时响应快速变化的需求。这种招标方式，往往缺乏"经营意识"，容易出现采购效率低下，采购进度缓慢，采购工作死板等问题，进而影响生产周期、影响生产经营、影响产品综合竞争力。

很多企业理解的"货比三家"，就是在采购工作进行时，发动员工去"开发"一些供应商，使得参与报价的供应商达到规定的数量，然后选择报价最低的供应商，与其签订采购合同。在进行招标采购时，一些企业则深陷于流程之中，刻意追求"依流程办事"，但当执行完整个流程后，依然会选择报价最低的供应商。在对这两种采购方式的狭义理解中，因"货比三家"的价格聚焦和招标方式的程序化，使得价格成了企业采购时考虑的主要因素，对最为重要的供应商价值及其产品价值则有意或无意地忽略了，这就大大降低了原材料采购对企业产品的竞争力支持，导致企业终难以形成产品战略壁垒。在市场和产品不断变化的环境中，企业的原材料采购工作需要充分考量供应链的价值，以此来促进产品在不断变化的环境中保持竞争力。

对于非核心部件或基础性的原材料采购工作来说，"货比三家"的询价采购、招标采购是常见的方式。尤其是企业刚进入某一产品领域，对该领域的原材料市场尚不熟悉时，往往就需要通过多次询价采购或招标采购来了解和掌握原材料市场信息。然而，很多企业在进行采购时，只关注到原材料的价格，而忽略了去了解和收集更全面的信息。比如：供应商的竞争力如何？供应商提供的原材料质量如何保障？有没有长期合作的能力？参与的供应商是如何选出来的？有没有代理关系、裙带关系、利益关系？这一系列问题都是询价采购应该要关注的，如果不能针对这些问题对参与供应商进行审核，那么采购就只能流于形式，采购结果就难以达到预期效果。怎样去解决上述的问题呢？

企业需要建立一套完善的供应商遴选制度，从价值、质量、成本等方面，为采购人员划定一个范围。这个范围规范了供应商的遴选标准、质量要求、资质要求、背景审核等内容，采购人员在规定范围内选择供应商，并且按照规定将每次参与的供应商信息整理存档，以便后期审查。在缺乏原材料质量标准、供应商资质审查等情况下，盲目选择低价供应商不一定能降低企业成本，还可能给企业的产品质量埋下隐患。

除了询价采购、招标采购，还可以采用公开招标、邀请招标、有标底招标、无标底招标等招标方式。根据方圆资信（方圆资信是招投标领域的第三方信用评级机构）的相关资料[①]，对常见招标方式的优缺点进行了对比整理。

七种招标方式优缺点对比

招标方式	优点	缺点
公开招标	・最大限度地体现公开、公平、公正原则； ・促进供应商提高实际竞争力； ・降低招标操作人员舞弊现象；	・对投标人的资格审查工作量巨大； ・招标费用高；

---

① 资料来源：https://www.sohu.com/a/256308885_100147054。

续表

招标方式	优点	缺点
邀请招标	• 有利于防止垄断 • 定向邀请,信息不对称影响较小; • 便于管理参与投标的供应商; • 招标成本较小	• 耗时较长 • 邀请过程不够客观,不利于市场充分竞争; • 人为操控空间大
分阶段招标	• 按照企业生产阶段招标,不同阶段的原材料供应商分开招标,避免同一家供应商提供所有原材料,有利于提高最终产品质量; • 丰富企业的供应商储备,培养更有实力的供应商	• 需要重复招标,导致招标时间更长; • 分阶段招标带来的招标成本大幅度增加
有标底招标	• 便于投标单位根据标底控制标价; • 提前排除不能接受标底的投标单位,有利于减少投标单位数量,缓解审核投标单位的工作压力	• 如果标底不能代表市场真实价格水平,将不利于投标单位的充分竞争; • 投标人低价中标,高价结算
无标底招标	• 能够避免提前摸标底、串标等腐败现象; • 减少制定标底环节,节约时间和招标成本	• 投标单位可能恶意哄抬标价; • 投标人低价中标,高价结算
采购清单招标	• 有利于投标单位准确评估报价	• 中标单位对超出采购清单的部分可能提高报价
费率招标（多用于工程项目招标）	• 有效防止标底泄露、人为操控等腐败现象; • 便于难以估算成本的项目参照市场控制投资	• 忽视工程造价的事前控制,可能造成最终决算时的"三超"现象

另外,竞争性谈判采购方式和固定采购来源等方式也是企业常用的采购方式。

竞争性谈判采购方式,往往被当作公开招标的一种补充方式。当投标单位数量不足,或者在开标时,实际满足开标要求的投标人数量不足的情况下,采购单位可以采取"竞争性谈判"的方式,从符合开标要求的投标人之间,选择出合适的供应商,避免重新招标带来时间和成本的极大浪费。竞争性谈判的操作方式与招标采购类似,能够较大程度地满足采购需求,其在程序上也更加灵活和高效。

固定采购来源,是与前文中讲到的询价采购相对的一种采购方式。询价采购讲究的是在采购时要"货比三家",即广泛地考察供应商,然后从中选择出最适合企业的原材料来源；固定采购来源则强调采购单位与原材料提供商建立长期的、稳定的合作关系。那什么样的企业适合选用固定采购来源方式呢？第一种情况,在整个原材料市场中,能够满足质量要求的供应商数量极少。这就需要企业尽量去争取其中几家供应商,并且与之建立长期稳定的合作关系,以保证企业原材料供给的稳定性。第二种情况,采购单位掌握了原材料的成本信息和关键技术指标。在这种情况下,供应商难以利用信息不对称来获得高利润,采购企业也能够甄选出最佳的供应商,并且与之建立良好的合作关系。第三种情况,企业的产品需要独特的原材料供应,这就需要企业与供应商达成深度合作关系,共同开发产品的元器件,前文提到的手机厂商定制镜头等便属于这种情况。

在基础性原材料的采购方面,企业采购方式的选择是一个动态的过程。在企业对采购内容的成本结构和技术指标不了解,对市场中现有的供应商不熟悉的时候,可以通过招标或者竞争性谈判的方式来扩大选择范围，以减少信息不对称带来的采购盲点。同时，招标人还可以在评标过程，或者竞争性谈判的过程中，更加深入地了解相关的原材料情况，以此提高企业对原材料市场的掌握程度。当企业对采购的原材料市场有一定了解之后，就可以选择询价采购的方式来选择供应商，在充分了解的基础上进行询价采购，就很可能使得企业找到"物美价廉"的供应商。当企业对采购的原材料市场有了充分把握时，就可以选择固定采购来源方式了。而当原材料有技术变更，或者行业结构调整的时候，就需考察现有供应商是否跟上了变革趋势，是否能与企业协同发展，以此来判断是否要通过招标或者询价等方式来重新选择供应商。

低价导向的原材料采购思维，是基于"以产定销"和"以销定产"等1.0、2.0工业时代的逻辑，这时期的企业竞争力主要体现在"规模取胜和成本领先"，这就使得企业在供应链合作中突出的是价格导向。随着市场个性化需求的崛起和供需关系的改变，以及柔性化生产时代的到来，企业从追求"价格优势"转向了追求"价值体现"。

为此，如何与原材料供应商构建一种新型的合作关系，成为企业供应链竞争的关键。与供应链共同创造价值、分享价值，达到合作共赢的发展逻辑，势必会成为未来企业合作的主流模式之一。伴随着全球经济一体化形势的汹汹来袭，企业的经营方法照比从前要不断进行更新和改革，才能够面对新的市场、新的需要。这时，最值得关注的就是通过战略合作的方式将企业供应链相互进行联系，培养企业的协作能力和核心能力，这样在市场竞争当中才能够显示出强大的竞争力和旺盛的生命力。建立战略合作伙伴关系，主要是企业之间为了追求资源上的互补，提升自身市场竞争优势规避风险。这样就使企业和企业之间不是单一的市场关系，也不是简单的一体化关系，而是一种类似于战略联盟的准一体化组织，从一定程度上来说，也可以看作是一种贸易关系。形成良好的战略合作伙伴关系，有助于双方共同享用有效的资源，一并向前发展，实现战略合作上的"双赢"目标。

现在，越来越多的大型企业开始对供应商系统进行实地考察，并且根据自身所需原材料的特点与稳定的供销商结成战略伙伴关系，并保持一定的数量比例，这样就极大地降低了市场风险，从采购的规模和渠道结构上降低了成本，使企业的竞争力不断提高。

模块八十六：品质管理

确保产品的质量，是企业进行产品品质管理的核心内容。根据常规性的理解，产品质量就是指产品出现故障的概率、产品的功能性、耐用性等。这样的产品质量定义，其产品的质量管理工作在流程控制部分就已经完成了。美国著名的质量管理专家朱兰（J.M.Juran）博士则从客户的角度出发，提出了产品质量就是产品的适用性，即当用户在使用产品时，产品对用户需求的满足程度。在这个观点下，产品越能满足用户的需求，就表示产品具有越高的质量。由此可见：产品的质量包含了两个方面的内容，一是用户对产品的需求，二是产品对用户需求的满足程度。

当用户在使用某种产品的时候，总会对这种产品提出一定的要求，不同的人在不同的时间、不同的使用场景下，对同一产品所提的要求也有所不同。比如对于同一款笔记本电脑，游戏玩家希望它拥有高性能的显卡配置，以达到游戏画面更流畅的体验，他们通常会认为，高性能的显卡配置，是衡量电脑质量的重要标准；对于音乐爱好者来说，则可能更希望这款电脑拥有专业的影音解码器，以提供更好的影音娱乐体验，他们往往认为，在屏幕观感、音质还原上表现越好的电脑，其质量越高。随着产品的更新迭代、技术的发展进步，产品能够承载的功能越来越丰富，用户对品质的要求也越来越高，因此，不能用狭义的质量观来看待产品的质量问题，而要让产品的"质量"随着新的需求而得到进一步提升。

产品的质量是一个综合性的概念，它不是一味地强调更高的技术特性与标准，不是一味地堆砌硬件或者软件，也不是刻意追求更高的规格参数。质量应该是在外观、技术、材料、性能等多方面的一种组合，应该针对特定的客户有特定的考量，根据客户的需求状况，在产品的性能、外观、经济性、耐用性等各方面尽量取得一定的平衡。

现实中，有些企业只是注重产品性能方面的提高，而忽略了用户的需求，以及产品特性与用户需求的匹配程度。他们往往追求更好的做工、更好的用料、更高的技术标准等，这样"高质量"的产品往往是建立在高成本的基础之上，也就意味着更高的价格，而高价又成了限制用户购买的因素之一。有些消费者认为，日本马桶盖有更高的质量，也愿意去抢购日本的马桶盖，然而抢购日本马桶盖的消费者只是少部分，绝大多数消费者依然会选择国产的产品。因为对于大多数人来说，他们需要在产品的"质量"和价格之间寻求一种平衡。这种现象会在经济水平相对落后的区域更加明显。小米手机便是利用这个规则，在产品特性、成本等方面，与用户的需求达到了一种平衡，使得其在世界各地都备受欢迎，一度成为中国智能手机出货量第一的品牌。

对于企业来说，在设计开发一个新产品时，要将产品的质量控制在什么样的层次，是需要进行定位的，即进行产品的质量定位。产品的质量定位，首要考虑的因素便是目前用户的需求状况。以用户需求状况确定的质量标准，能帮助企业在尽量节约成本的基础上，最大限度地满足用户的需求。产品的质量定位也要建立在产品定位的基础上，通过了解目标用户的需求，确定产品的品质标准。

2018年1月1日，瑞幸咖啡开始正式营业[①]，仅仅用了11个月的时间，就在中国各地开了1700家门店；仅用了17个月的时间，就成功登陆纳斯达克，刷新了目前国内企业赴美上市IPO的最快纪录。瑞幸咖啡的外卖热潮，促使向来追求"格调、氛围"的星巴克也开始加入到了咖啡外卖的行列。很多人会认为，瑞幸咖啡的成功主要来自于营销活动。实际上，在营销之外，对产品品质的管理才是瑞幸咖啡最关注的问题。正如瑞幸咖啡的联合创始人郭瑾一所说："触达客户靠的是营销，我需要各种营销模式，让用户给我一个把

---

① 资料来源：http://news.inewsweek.cn/?fdjj=y1d8cp。

这杯咖啡送到他手上的机会，但是这杯咖啡能不能留住他，在于品质。对品质的提升和追求，是我们核心的理念。"

那么，瑞幸咖啡是怎么进行品质管理的呢？

首先，保证咖啡品质的稳定性。瑞幸咖啡的门店都安装了顶级的自动咖啡机，尽量减少人工操作带来的品质不稳定。为了保证产品品质的稳定性，瑞幸公司总部设置了设备管理部门，以对全国所有门店的咖啡机运转状况进行监测。当咖啡机系统异常时，就会自动触发警报。例如，按照公司的标准，咖啡机进行萃取的时间为16~20秒，一旦萃取时间超出该范围，总部就会收到故障信号。总部在收到故障信号后，就会调动分布在全国的200多名工程师前往进行调试。

其次，尽量满足消费者的需求。瑞幸咖啡邀请了3位WBC世界咖啡大师冠军作为其产品研发顾问。起初，三位大师选择了中度烘焙的阿拉比卡咖啡豆来制作咖啡，这种咖啡的果酸味良好，更能体现咖啡本来的味道，郭瑾一认为，这种口味是符合第三次咖啡浪潮理念的。然而用户对这种口味的咖啡并不认可，为此，瑞幸咖啡对用户进行了广泛的调研，通过用户的口感反馈，对咖啡豆进行了升级，其主要选用埃塞俄比亚日晒西达摩当季生豆，烘焙工艺也从中度烘焙升级为中深度烘焙。升级后的咖啡豆，使得瑞幸咖啡在口味上更贴近用户的喜好。

最后，对外送服务的持续优化。据统计数据，在瑞幸咖啡的试营业期间，咖啡的外送平均时间为26分44秒，而这一数据在正式营业后得到了持续优化，至2018年底，外送的平均时间已经降到18分07秒。外送时间不仅影响用户的体验，更会影响咖啡的口感。咖啡的口感会随着温度的变化而变化，更短的送达时间能够降低咖啡在运送途中造成的口感损失，这也提高了用户对产品品质的认同。

对于瑞幸咖啡来说，不管是通过标准化的生产流程，还是对产品的精心研发和用户意见的收集，以及对外送服务的持续优化，都是其针对目标用户所进行的需求匹配。当这些优化能够与用户需求达到更高的匹配程度时，瑞幸咖啡的品牌形象才能得以维持。

除了产品设计要符合用户需求，且不设计"不合格"产品以外，在实施品质管理时，还需从意识层面、制度层面等维度去贯彻品质管理。

在意识层面上。首先，企业的领导人应该树立品质管理意识，领导人要承认品质管理的关键作用，否则上行下效，品质管理最终只能成为一句口号而已。其次，要对企业全员进行品质管理培训，普及品质管理意识，只有全员品质管理的意识提高了，品质才能得到保障。

在制度层面上。企业需建立一套完善的质量管理体系。首先，在这套体系下面，需有专门的质量管理组织，能按照产品和用户的实际情况，制定相应的质量标准、推动质量标准的执行、改善质量标准等。其次，一线的技术人才和生产员工要有相应的作业能力，能够依据标准进行操作，并将标准执行到位。

在此,也介绍一些品质管理中的误区,希望能够对企业的品质管理有所帮助。

误区一,严重依赖事后抽查。很多企业在进行品质管理时,仅仅依靠质量部门对产品进行事后抽查,忽视了生产过程中的监管,也没有设置其他部门配合质量部门进行品质管理。这种做法来源于对质量部门的定位偏差。质管部门本是以预防为主的"预防针",而不是事后补救的"消防员"。一些本该在生产过程中就发现的残次品,若没有被及时发现,而是走完了整个生产流程,这不仅影响了生产效率,还浪费了生产资源。

误区二,品质管理不够科学。很多企业在品质管理工作中,并没有建立一套科学的管理体系。具体表现有:以领导人的经验和喜好进行品质管理;对于客观数据的收集和利用率较低;没有在生产之前形成完整的品质管理标准。这样带来的弊病就是,从事一线品质管理的人员没有可以参考的标准,当出现品管问题时,只能依靠其经验进行补救,造成了品质管理的随意性和不可控性。

误区三,不思进取。有些企业在品质管理达到一定程度时,就忽视了对品质管理的后续升级。有的企业认为,产品能够达到 ISO 质量认证体系的一些标准,就属于合格产品,却忽略了针对自己产品进行品质管理标准的升级与优化,导致其产品品质止步不前。还有的企业在品质管理过程中治标不治本,只是解决已经发生的问题,而不去思考和总结问题背后的规律,不能做到防患于未然,导致同样的问题可能一而再,再而三地发生。

误区四,认知片面。有的企业在品质管理工作中,片面地强调员工的作用,而忽视了健全的品质管理系统对员工的影响;有的企业在生产出现问题时,片面地将问题原因归咎为供应商提供的原材料,忽视了与供应商的相互促进、共同成长。这样的片面认知,使得一线员工找不到相应的标准来指导工作,供应商受到"歧视"后,消极面对合作关系等。

在此,通过锤子手机的案例,来进一步感受差异化、投产管理、品质管控等的重要性,也希望这个案例带给大家一些启发。因为锤子手机在手机领域里面,也曾堪称是一个"现象级""流量型"的品牌。

首先,从差异化方面来说。锤子手机为了提供差异化的产品,也像其他手机厂商一样,在 Android 系统的基础之上,定制了自己的锤子 ROM。在实用价值层面,锤子手机与其他手机并无太大的区别。在体验层面,当其他手机厂商都开始遵循谷歌的 material 设计语言,对 UI 进行扁平化设计的时候,锤子手机很好地保留了传统的 3D 拟物设计语言,这体现了一定的差异性。同时,锤子手机也有自己的一套交互逻辑,这也构成了其体验价值的一部分。以上部分是锤子手机在差异化方面的优点,但其缺点依然是明显的。大家都知道,以前的手机大多能够拆卸后盖,这样的设计是为了便于更换电池,自从 iPhone 开始一体化设计以后,手机厂商们便纷纷跟进,开发了不可拆卸后盖的一体化手机。锤子手机的第一代产品却依然采用了可拆卸后盖设计,在一体化手机电池不耐用的情况下,如果锤子手机能够支持更换电池,那么也算是一种差异化了。但是锤子手机的可拆卸后盖设计并没有带来可更换电池的解决方案,而仅仅是为了插入 SIM 卡,更令众多用户吐槽的是,

SIM 卡的卡槽居然需要用螺丝钉固定。当其他手机都能利用卡针轻易地在手机侧边进行 SIM 卡安装时，锤子手机的这种设计无疑降低了其产品的使用体验感。在塑造差异化的情感价值方面，锤子手机的创始人罗永浩通过其"经典语录"塑造了锤子手机的"情怀"，使得一部分用户几乎为之疯狂。虽然锤子手机的"情怀"受到了很多人的质疑，但如果这家充满"情怀"的手机厂商能够把握住其树立起来的情感价值，锤子手机依然具有良好的发展潜力。

其次，锤子手机的投产管理。作为一家新成立的手机企业，没有相关的制造业背景，锤子手机没有建立自己的生产线，手机的生产需要协调代工厂来进行。起初，锤子手机与富士康签订了代工合同，由富士康帮助锤子手机进行产品的开模和生产工作。然而由于锤子手机在结构设计上的不合理(为了强调"美学"理念，忽视了工业设计的一些基本常识)，在一些加工环节，容易致使元器件整体报废，导致锤子手机的生产合格率较低。锤子手机不仅没有反思自己的设计问题，反而在自己缺乏产能的情况下，将合格率的问题归咎于代工厂商。富士康一怒之下，终止了与锤子的代工协议，自此，锤子手机的生产便难以找到高水准的代工厂了。虽然锤子手机提前开启了预售，制定了以销定产的生产计划，但是它没有自己的产能，在协调第三方产能时也出现了纰漏，使得其投产管理工作几乎一败涂地。锤子手机的第一代产品经历了长时间的"难产"，比原计划晚了几个月才正式面世。

最后，锤子手机的品质管理。产品的品质，本是一个综合性的概念，包含了价格、性能、外观、质量等多个方面的因素。锤子手机推出的第一代产品，在价格、性能、外观、质量等方面，几乎都存在较大的争议。在价格方面，锤子手机第一代产品定价为 3500 元，远远超出了当时主流智能手机的价格。作为一家新成立的手机企业，这一产品定价，一方面阻挡了大量持币观望的用户；另一方面，拔高了用户对其质量、性能等方面的预期。在性能和外观方面，锤子手机一味地坚持自己的设计美学，对用户的反馈和需求几乎是充耳不闻，刻意强调的对称美，也增加了手机的生产难度。同时，当其他手机厂商都在不断升级硬件配置的时候，锤子手机的硬件却总是达不到同期旗舰手机的水准。在产品质量方面，用户收到锤子手机后，出现了 SIM 卡难以插拔、SIM 卡无法识别、手机屏幕脱落等质量问题。总的来说，锤子手机在品质管理上，没有给用户一份满意的答卷，既没有旗舰手机的硬件配置，也没有旗舰手机应有的产品质量，仅靠着所谓的"情怀"，将手机卖出旗舰手机的价格。其结果就是，消费者不愿意为此买单。

模块八十七：流程控制

流程控制是为确保投产过程处于受控状态的一套产品生产控制管理体系，是对直接或间接影响产品品质的生产全过程的控制。其目的是确保各项生产工作都能严格按计划、标准执行，同时在执行的过程中发现、解决存在的问题和缺陷。

流程控制涉及投产管理中的每个环节和每个岗位。在对流程控制的研究和实践中，通常有前馈控制、现场控制、反馈控制三部分。现实中，许多企业往往只强调其中的一个部分，但这三种控制手段并不是相互独立的，三者需彼此配合，相互促进，才能提高生产活动的整体质量。

一、前馈控制

前馈控制可以简单地理解为事前控制。在品质管控中，前馈控制主要通过对各生产环节的观察和信息整理，预测在投产过程中可能出现的问题，然后据此制定相应的规范和流程，尽量减少可能发生的误差。前馈控制的优点主要是预防性和协调性。预防性，是通过规章制度和规范化流程的制定，提前规避一些可能存在的问题；协调性，即前馈控制能够提前对一些可能存在的问题做出协调，避免正式面对问题时出现难以调和的矛盾。由此可见，前馈控制是一种积极的预防性控制措施。但是，前馈控制也存在一定的局限性，主要表现为三个方面：

(1)前馈控制的制度流程等，不可能完全覆盖投产管理中的潜在问题，生产过程中存在的偶然性因素，是前馈控制难以估计和预测到的，这就导致前馈控制无法提供完美的解决方案。

(2)前馈控制需要投入大量的时间、精力和资源，要想建立相对全面和完善的前馈控制方案，企业必须尽可能地考虑投产活动的每一个细节，这就导致工作量的大幅度增加。

(3)前馈控制可能带来投产管理的系统性风险，因为前馈控制是基于假设而制定的，这就需要企业在做出假设时保持足够的客观，否则制定的前馈控制方案很可能给后续管理工作带来系统性风险。

二、现场控制

现场控制也称为及时控制。在投产活动进行的过程中，现场控制主要强调的是控制的及时性，通过对活动过程进行实时的监督和指导，保证活动按照既定规范执行，并且能够在生产活动超出规范时及时介入。

现场控制的优点主要体现为两方面：

(1)维护前馈控制的稳定性。现场控制的功能和目的，主要是确保投产活动按照既定的规范执行，因此能够维护前馈控制的稳定性。

(2)及时止损。现场控制具有实时监督功能，当生产活动与预定轨迹发生偏差时，现场控制能够及时采取止损措施。

现场控制的不足主要表现为两方面：

(1)对现场管理人员要求高。现场控制主要依赖于现场管理人员的时间分配、业务水平、工作精力等，一旦现场管理人员出现意外情况，现场控制的质量就将大打折扣。

(2)现场控制容易使人产生对立情绪，由于现场管理人员需要按照既定的操作规范，对投产活动中的流程和员工进行监督，这样的监督活动，容易使现场作业人员产生对立情绪，进而影响生产效率。

三、反馈控制

反馈控制是一种事后的控制措施，是一种针对结果的控制行为。反馈控制主要是将结果与目标进行比较，找出其中的差距，分析具体原因，然后提出改进措施。

反馈控制的优点在于两方面：

(1) 总结性更强。相比于前馈控制和现场控制，反馈控制更能够总结出生产活动的规律，能够为今后的投产活动提供依据。

(2) 针对性更强。反馈控制的实施是在出现"故障"之后，这样就能够更有针对性地提出解决方案，而不再是通过假设来进行控制。

作为一种事后的控制措施，反馈控制的缺点主要表现为两方面：

(1) 滞后性。反馈控制无法修正已经产生的负面结果，只能通过对规范、流程的修改，对以后的投产活动进行前馈控制。

(2) 反馈控制需要更专业的监控体系。当现实结果与预期出现误差时，反馈控制需要从监控到的细节中分析原因，这就要求生产监控系统能够监控到更多细节。

广东亿讯电子有限公司[①]位于广东顺德，是法国 Axon' Cable S.A.S.的一家子公司。亿讯电子有一款名为 1553B 的数据总线产品，在生产 1553B 的过程中，亿讯电子严格执行了 Axon 公司的工艺规范和流程，做到了前馈控制、现场控制与反馈控制的结合。

前馈控制。为了维护 1553B 生产车间的无尘环境，亿讯电子在其工艺规定中，对现场工人的着装进行了明确的规定，并且通过图文并茂的形式加以说明。在工人进入生产车间之前，必须在专门的更衣室进行更衣；套上鞋套的脚不允许在车间外落地，为此，更衣室中用于换鞋的凳子进行了特别的摆放。同时，员工还必须戴一次性纸帽，头发和耳朵应该被纸帽完全包裹；服装也必须换上专门的防静电服；进入生产车间的员工必须戴一次性口罩，双手也要戴上乳胶手套；任何个人物品都拒绝带入工作场所。这样的前馈控制，使得生产车间能够保持无尘状态，其洁净度达到了 10 万级。除此之外，亿讯电子还为 1553B 生产线制定了数十条操作规范，明确了每个工序的合格判断标准，并配以图文进行说明，工人可以依据标准，评判生产的产品是否合格。在大多数情况下，工人遇到有疑问的技术性问题也可以从操作规范中找到相应的答案。这样的前馈控制，很好地体现了预防作用，将一些可能影响生产的因素提前进行了规避，同时也为生产中可能存在的冲突提供了评判和解决的依据。

现场控制。在 1553B 的生产车间内，为了检测生产环境的洁净程度，装配了洁净度测试仪，并且制定了检测仪的操作规范，便于员工进行仪器操作。同时，还编制了洁净度监控记录表，用于记录生产车间的洁净度测试数据。生产进行的过程中，每一个操作工序

---

① 资料来源：https://www.sohu.com/a/222389373_740053.

也都有相应的测试记录表，生产或检查过程的记录数据都完整地填写在记录表上，记录表则随着产品的生产流程一起传递下去，每个工序的操作人员都可以对上一个工序的完整性进行检查。举两个细节一点的例子：所有焊点完成焊接后，操作人员都要用低倍（10倍）显微镜进行自检，使用显微镜自检能够很好地避免放大镜的畸变效果所带来的误差；当出现不合格的产品，或者对产品的合格性有异议时，用专用的"红色"标签进行标记，并且进行区别存放。严格的现场控制，能够避免不合格产品流入下一道操作流程，也能有效执行前馈控制中制定的规范。

反馈控制。在亿讯电子完善的操作规范中，如果工人生产的产品不符合规范，就将及时记录在作业流程中，并且反馈给技术负责人进行及时处理，现场控制所记录的信息，则成了事后解决问题的重要线索。生产中遇到技术性问题，如果在操作规范中不能找到解决方案，相关部门便会对操作规范进行补充，并且报法国总部审批后开始实施。上报法国总部审批的补充规范，还能通过总部向其他分公司进行传递，能够帮助更多分公司改进生产流程。

从亿讯电子的生产控制案例中，可以清晰地感受到前馈控制、现场控制和反馈控制三者之间的区别与联系。

前馈控制——在投产活动开始之前，制定一系列规范化的操作流程和评判标准，这些流程和标准能够给生产线上的工人提供工作的依据。

现场控制——在前馈控制所制定的标准下，通过监测工人的操作是否符合标准、检测产品是否满足合格要求等，实时地控制整个生产流程，防止不合格产品流下生产线。

反馈控制——其实施前提是实时控制中出现某些意外状况（可能是好的，也可能是坏的），并且这些状况在操作流程和规范中没有体现出来。反馈控制通过对意外情况的分析，依据现场控制收集的生产记录，有针对性地提出解决方案，通过评审以后，反馈控制所提出的解决方案将被纳入新的前馈控制当中。

总的来说，前馈控制要制定标准，现场控制要执行标准，反馈控制要修订标准。做好生产中的控制过程，将前馈控制、现场控制和反馈控制合理运用，就能更大程度地提高产品的合格率。

第十四章　服务——企业建设之软实力

几乎每一个人对"服务"一词都不会陌生，但如果要回答"什么是服务"，相信没有几个人能说得清楚。一些学者或组织都尝试过给"服务"下一个明确的定义。1960年，美国市场营销协会（American Marketing Association，AMA）将服务定义为："用于出售，或者是同产品连在一起进行出售的活动、利益或满足感。"1974年，学者斯坦通（Stanton）将服务定义为："服务是一种特殊的无形活动。它向顾客或工业用户提供所需的满足感，它与其他产品销售和其他服务并无必然联系。"除此之外，学者莱特南（Lehtinen）、格鲁诺斯（Gronroos）、菲利普·科特勒（Philip Kotler）等都对服务下过定义。但是可以看到，大多数关于服务的定义，主要集中在对顾客的服务上，少有人关注到对其他利益相关者的服务意识。服务的过程，实际上就是企业价值提升的过程，企业通过服务，向员工、客户、合作伙伴等传递其价值观念和文化导向。服务的意义在于，让员工、客户、合作伙伴能够认识和了解企业文化，通过服务与他们进行连接，塑造企业在他们心中的情感价值，加强企业在生态链各环节中的地位，促进企业形象的传播和提升。

在当前市场产品过剩的情况下，客户服务质量和服务效率成为提高用户满意度的关键，市场竞争的加剧，使得企业除了关注产品本身以外，还不得不开始关注服务。正如AMA的定义那样，一开始，人们对服务的认知还只停留在与产品关联的增值服务上。这是因为，人们曾经做服务是以直接利益为导向的，都希望服务能够为企业带来直接的回报，于是，人们将服务搭载于产品之上，以此来提高产品的溢价能力。

随着竞争格局的变化、企业在社会责任方面的实践，以及学者对利益相关者的研究等，企业也开始关注与其相关的各方群体，并且开始尝试为这些利益相关者提供服务。如今，人们越来越意识到，企业的一切行为都是基于"人"，"以人为本"成为企业开展经营活动的理念和核心，企业不仅要考虑如何服务客户，同时也要考虑如何服务员工和生态链的相关者。企业服务员工、服务合作伙伴、服务客户、服务市场、服务社会的意识和行为，也是经营人心的一种体现，人心经营好了，企业自然也就发展好了。企业为员工和合作伙伴服务，正是为了更好地服务客户，这能为企业衍生出更加强大的内生力量。

在人力资源方面，企业可通过为员工提供良好的工作环境和福利保障等，使员工无忧工作；为员工提供发展平台，职业规划等，帮助其提升能力和实现价值；通过组织文化宣导、技能培训等，构建共同成长的文化，以此来体现企业对员工的服务，打造团结高效的团队。

在产品方面，企业可通过构建"售前、售中、售后"三位一体的客户服务体系，并通过线上交互、线下体验等多种途径，为客户提供服务，以此来强化客户服务力。

在与合作伙伴的合作方面，企业可通过一系列政策来确保为合作伙伴提供的服务价值，以此来加强双方的合作共赢关系。

企业在上述这些方面的服务，都能很好地传递其价值观，对于企业软实力的建设与提升具有积极的引导和促进作用。

本章将分别从服务员工、服务客户和服务合作伙伴三个方面共十一个模块来对企业的服务加以探讨。

第一节　服　务　员　工

企业员工既是服务的提供者，也是服务的接受者。企业的服务，除了要求员工服务好客户，也要服务好员工。服务员工与服务客户，看似两件割裂的事情，但二者其实是一脉相承的。企业对员工的服务程度，也决定了员工对客户的服务程度。当员工感受不到企业的关怀时，往往在为客户提供服务时也会消极对待，甚至应付了事。反之，员工在深切感受到企业的关怀和服务时，这种服务意识也会潜移默化地植入到他的日常行为中，也就会积极主动地做好客户的服务。

在很长一段时间里，很多人认为经营企业就是如何降低成本，实现企业收益最大化，同时将企业的收益主要分配于股东和经营管理者。随着社会的进步，信息技术的快速普及，经济的迅速发展，市场竞争的进一步加剧，企业经营者也逐步意识到，企业的收益与员工的付出是成正比的，而发挥员工的能动性及主人翁意识的关键在于上下齐心，利益共享。

"上下同欲者胜"是《孙子兵法》致胜五法之一，其意指从最高层到普通士兵，全体将士如果能上下一心，同仇敌忾，就一定能战胜敌人。引申到企业的管理中也是一样，倘若企业的股东和管理者只想着自己的利益最大化，忽略了员工的利益和感受，那么员工就很难与企业"齐心"，企业也就很难实现"上下同欲"。要达到"上下同欲"的境界，在理念上就要有"相互尊重，相互成长，共同分享"的意识，行为上要有基于人性管理的制度和措施，仅仅依靠"工资+奖励"的方式，以及制度来约束员工的形式已难以适应新的环境。尤其"90后、00后"这些新生代群体，他们更加注重自我价值的实现，倾向于人性化的管理，企业只有与时俱进的组织建设理念，才会使员工与企业"同频"。人性化的管理是基于人性需求，建立一套助力员工"成长与分享"的企业文化，以此强化员工归属感和成就感，进而通过员工提升客户满意度。从另一个视角看，员工也是企业的"客户"，是企业经营要素中最为活跃和重要的组成部分，这也是企业经营管理者最为费心的地方。经营罗盘始终强调"以人为本"的经营理念，企业管理者的首要任务就是如何提升对员工的经营能力，如何更好地满足员工的基本需求，最好的经营理念就是有一套服务员工、成就员工的文化体系。如建设这套文化体系呢？

第一，要建立公平合理的薪酬制度，保证员工按劳取酬的权利，这对于激发员工的工作热情至关重要。这一点已经在本书第四篇"练术"的第三章中进行了详细阐述，本篇不再赘述。第二，要为员工搭建施展才华的舞台，提供成长平台。第三，要建立团队协作文化，通过定期或不定期的团建活动，增进员工间的相互了解、相互包容、相互尊重，营造轻松、互助、和谐的工作环境，创造良好的人际关系氛围，让员工感受到大家庭的温暖，减轻工作压力。第四，要建立企业文化宣传体系，如内部刊物、内部网络、内部邮件、高层高管信箱等，就贴近企业文化价值观的标兵事迹、团建活动、团队榜样等进行宣传报道。第五，要有员工职业发展规划，让每一位员工清楚地知道每个岗位的成长路线和晋升通道。

模块八十八：服务员工的文化

亨利·福特曾经说过："把自己的脚，放进他人的鞋子里，进而用他人的角度来考虑事物。服务就是这样的精神，站在客人的立场上去看整个世界。"虽然这句话讲的是为客户服务，但同样适用于为员工服务，因为服务的出发点就是基于"换位思考"。企业要构建员工服务文化，就要站在员工的角度去考量，考虑员工的困难、员工的顾虑及员工的需求等。那么如何去着手呢？

一、保持对员工的尊重

尊重不只是制度中的规定，更是在企业文化中的体现、全员上下日常行为中的实践。日本吉野家的一位创始人——上垣清澄曾说过："老板与一线的距离越短，企业就能活得越长久"。很多企业并不理解尊重一线员工的重要性，而是通过严格的规章制度和 KPI 目标，去约束和考核一线员工，这无疑增加了员工和管理者之间的心理距离。

西贝莜面村[①]的员工区墙面上，总是挂着公司高管的联系方式（包括创始人贾国龙的联系方式），每一位普通员工在任何时候都能直接联系到公司高管，这拉近了员工与高管的距离，也让员工感觉自己得到了尊重。

顺丰快递[②]的快递员被顾客打骂的视频被传上网络之后，其创始人王卫第一时间就掷地有声的公开发表声明称："我王卫向着所有朋友声明！如果我这事不追究到底！我不再配做顺丰总裁！"此外，顺丰快递官方微博也表示"顺丰会照顾好这个孩子，请大家放心！"顺丰的同事也在朋友圈转发了事件的处理过程。2017年，顺丰上市当天，王卫还带上了这位被打的快递员一起为顺丰敲响了上市的钟声。

海底捞的新员工在考核合格以后，都会由店长亲自接待，在店长接待以后，店里的大堂经理、后堂经理、实习店长、实习经理等会轮流接待新员工，并且都会把自己的联系方式留给新员工。之后，经理就会将新员工"介绍"给部门领班。如此从上到下的"礼遇"，给员工带来了很强的心理归属感。

---

① 资料来源：http://news.winshang.com/html/051/6935.html。
② 资料来源：http://news.mydrivers.com/1/521/521006.htm。

以上案例均显示出了企业管理者对员工的关爱和尊重。试想一下，如果在这样的环境中工作，我们是不是更愿意为客户提供更好的服务呢。

二、为员工提供必要的关怀

服务员工，其关键在于让员工内心感到满足。让员工感到满足，并不一定要花费大量的资金，而可以从一些生活和工作中的细节入手，为员工解决一些实际问题。

西贝莜面村的总裁贾国慧经常到门店中做便访，她时常问员工，要做好这份工作，需要得到什么样的支持？有超过三位员工都提到，每天从早到晚都在店里走动，鞋子不舒服，导致脚疼。贾国慧为此感到很羞愧，她说："一双鞋对于员工来说舒不舒服，真正代表的是公司是不是关心他，是不是在支持他做好本职的工作"。

顺丰快递为员工定制了耐克的工作服，这款工作服的两肩都贴了反光条，能够提高快递员夜间送货的安全性。同时，这款工作服还具有防风、防水、透气的特性，大大提高了在恶劣天气下的耐用性，也避免了快递员夏天穿不透气的工作服而感到难受。

类似这样的员工关怀方式有很多，只要愿意用心去为员工考虑，在这方面多花心思，就总能找到合适的方法。

三、为员工提供生活保障

经济的高速发展带动了消费水平的快速提升，物价水平也水涨船高，员工的生活负担也就越来越重了。企业要为员工服务，就可尽量去帮助员工解决生活中的后顾之忧，以使员工可以专注于工作，全心全意为客户服务。为员工提供生活保障，可以根据实际情况，从衣食住行等方面着手，包括员工食堂、上下班车、工作服、员工宿舍等。

海底捞[①]的员工宿舍设施齐全，能够满足一切生活所需，同时，宿舍卫生有专人打扫，员工的工作服有专人清洗。如果夫妻双方都在海底捞工作，则可以申请单间的员工宿舍，不必与其他同事共住。如果不想住员工集体宿舍，需要在外面自行租房，公司也会发放相应的租房补助。这些措施都为员工提供了便利，免去了很多后顾之忧。更进一步，企业可帮助员工考虑长辈和晚辈的问题。近年来步入职场的新人，大多出生于计划生育时代，这些年轻人在结婚生子以后，要靠夫妻二人担负起4位老人、1位小孩的家庭重担。若是企业能够帮助员工解决一部分相关问题，对于这些青年人便是最大的利好了。在海底捞的工资体系中，有一个很特别的类别，叫"其他"，这个类别里面包含了"父母补贴"，就是给员工的父母"发工资"，通常是200元、400元或者600元，公司会帮助员工将这笔钱寄回老家。同时，优秀员工的部分奖金，也会直接寄给父母。虽然这种方式存有一定争议，

---

① 陈文娟. 向海底捞学习餐饮企业的留人机制. 大众文艺(理论)，2009(13): 31.

有人认为这种方式有些"越俎代庖",是企业一厢情愿地"帮助"员工安排了工资的去处。但试想,员工父母每个月定时收到子女公司发来的"工资",是不是会在高兴之余,叮嘱子女继续努力工作呢。这不仅帮助员工孝敬了父母,体现了公司的"感恩"文化,也提升了员工及其父母的荣誉感和幸福感。除此之外,海底捞员工如果连续三次被评为优秀,或者在一年之内累计被评上三次优秀,公司就会帮助安排其父母前来"探亲",报销往返车费,并给员工提供三天的陪伴假,这便是对企业文化的极佳诠释了。

尊重员工、关怀员工、为员工提供生活保障,都是企业人性化管理的主要方式,也是企业"以人为本"管理思想的具体体现。服务员工并不是口号,而是实实在在的"利他"行动,以此提高员工对企业的归属感。企业在制定服务员工的方式时,需要从员工的角度出发,想之所想、急之所急,去发现、帮助其解决所遇到的问题,而不是站在企业的角度,主观地向员工提供一些不痛不痒的"服务"。

模块八十九:团建活动

人们常说"人心齐,泰山移",如果一个企业经营管理者能把企业成员凝聚在一起,使得团队成员人心一致,价值观统一,且有强烈的荣誉感和使命感,那么这个团队将会战无不胜,勇往直前,做事也会有事半功倍的效果。其中,团队建设活动就是不可或缺的重要举措。团队建设活动又简称团建,是为了实现团队绩效及产出最大化,而进行的一系列结构设计及人员激励等团队优化行为。它是很多企业都在组织的一项集体活动,适宜的团建活动,不仅能够树立团队精神,提高团队凝聚力,也能让每一位员工感受到被团队认可和尊重,让其找到自己在团队中的位置,并创造良好的人际关系氛围,让员工感受到大家庭的温暖。

有些公司的团建活动只是组织员工进行吃喝玩乐,这样的"团建"看上去其乐融融,一片和谐,但其产生的价值是微弱的,形成的团队凝聚力也是脆弱的,还容易在活动过程中因小事而引发矛盾。同样值得注意的是,企业若仅从片面的"统一思想"来开展团建活动,就可能催生"团队利益高于一切"的狭隘思想。在这种思想体系里,很容易泯杀员工的个性、创造性和主动性,最终形成的团队,就是缺乏灵魂的,大家也都只会做相同的事情,长此以往,团队也就失去了持续创新的能力。

孔子说过"君子和而不同,小人同而不和",意思就是说,君子在与人交际的过程中,能够与人保持和谐友好的状态,但是不会刻意去附和别人的观点;而小人在与人交往中,会极力地迎合他人的观点,内心却并不友善。对于团队来说,成员之间应该是"和而不同"的和谐状态。团队精神,也并不是要牺牲员工的个性,机械地去完成工作,而是要充分发挥每位成员的优势,最后高质量地、有创造性地达成目标。

战国时期,豪门望族、公卿大夫们为了扩大家族势力,都有招揽门客的习惯。它们很多都制定了严苛的标准来遴选门客，不但要求门客饱读诗书，还要求其出身高贵。因此，各家招揽的门客也都大同小异。齐国的孟尝君在选择门客时，则是不拘一格，凡是有一技之长的人，他都以礼相待。久而久之，前来投奔孟尝君的门客也就络绎不绝了。后来，孟尝君到了秦国担任宰相，秦昭王听信了谗言，想要处死孟尝君。秦昭王非常宠爱他的一位妃子，对这位妃子的话可谓言听计从。孟尝君向这位妃子求救，这位妃子承诺，如果拿到齐国那件"天下无双"的狐白裘，便帮孟尝君脱身。于是，孟尝君的一位门客使用了"狗盗"之术，潜入了皇宫，盗取了秦昭王的狐白裘，赠予了宠妃，最终帮助孟尝君成功逃脱。可是，等他们一行人日夜兼程赶到函谷关时，已经是夜深人静，城门紧闭，只有等到鸡鸣之后，城门才会打开。此时，孟尝君的另一位门客便使用了"鸡鸣"之术，模仿鸡鸣，引得城内公鸡一起叫了起来。最后，成功骗开城门，脱险出关了。

试想如果孟尝君在组建他的门客团队时，也是按照主流标准，招揽几乎一样的人才，门客没有创新性的应变能力，孟尝君又怎么能够成功脱困呢？为此，企业在强调团队的时候，要尊重和保护团队成员的多样性，避免将所有团队成员都培训成一个样子，在遇到"非常规"问题时无所适从；也要避免企业团队对核心领导的过度依赖，在遇到"突发"问题时不知所措。

在团建过程中，可以鼓励团队协作中的"个人英雄主义"，通过鼓励、表扬等方式，来激发和强化员工的特长。这能帮助员工树立信心，促使其在今后的工作中更积极主动，使其更容易融入群体。

当然把握好这个度很重要，不能为了员工个性而忽略了团建的真正意义所在。当企业一味追求员工个性时，就可能出现不合群的员工，这种员工往往以自我为中心，游离于团队之外。也可能培养出个人能力极强、能独当一面的"超级员工"，其在业绩表现上可能是无可挑剔的，但在行为上却往往桀骜不驯，目空一切，常以团队功臣自居。当企业出现这类员工时，就需要重新思考团建工作的开展方式了。在现代商业中，人们已经不再强调单兵作战，而是更注重团队协作，因为团队能够将个体的能力集合起来，为客户提供更全面的服务。如果不合群的员工开始影响到团队的和谐，就需要经营管理者及时进行调整。在尊重员工的基础上，通过沟通和员工关怀等方式，使他们重新融入团队文化中，用团队的价值观和团队精神，来帮助他们在其他方面获得成长。

所以，团队建设工作兼顾了团体和个体的建设，不能左支右绌、顾此失彼。既要避免培训出丢失了个性的团队，也要避免太"另类"的员工给团队带来的不安定因素。团队建设工作，是企业服务员工的重要内容，是激发员工的集体荣誉感、归属感和创造力的有效手段，团建工作的有效与否，直接关系到企业的后继发展能力，体现着企业的凝聚力和战斗力。那该如何做好团建工作呢？

一、在管理层培养团建意识

管理团队需团结一气，协作到位，才能保证每位经营管理者在管理工作中有章可循。管理者更要将员工放在心上，不仅要关心员工的工作表现，还要关心员工在工作中遇到的问题和困难；主动发现员工的闪光点；尊重员工提出的意见；在管理上要讲究语言技巧和行为的方式方法；与员工进行充分而有效的沟通；让员工尽可能多的了解企业的发展状况；注意员工意见和建议的收集；在团队内形成持续有效的团结氛围。

二、帮助员工找到工作的意义

可将公司愿景与个人发展目标相匹配，帮助员工意识到他所从事的工作是具有重大意义的，以激发员工的创造力和工作激情。如，Google 的愿景是"整合世界所有信息，以便于需要的人能够及时查找"。Google 在培训员工时，便会向员工强调，他们所从事的工作是在"改变世界"，以激发员工的激情，帮助员工找到工作的意义。

三、帮助员工制定目标

组织目标固然是个人目标的根基，但依然不能仅仅强调组织目标，而是要在组织目标的指引下，帮助员工制定个人的工作目标。同时，也可帮助员工做出职业规划，一方面能帮助员工找准自己的定位，帮助其树立目标；另一方面，也可根据职业规划，重新梳理企业的人力资源结构，适时调整企业的人事政策。

四、帮助员工学习提升

社会已然处于高速发展的阶段，知识过时的速度也在不断加快，不论是企业还是员工，都需要树立终生学习的意识，不断学习充实。为此，可在企业的团建工作中制定持续学习的计划，为员工提供学习和交流的平台，创建良好的学习氛围，以促使员工知识跟上行业知识的更新节奏，帮助员工实现持续的进步。

模块九十：企业文化的宣导

人们常说"意识指导行动，思想决定行为"，即人的思想和意识决定着行为方式。伦敦商学院教授丹凯布尔（Dan Cable）认为，要让其员工找到工作的意义，关键要让其理解日常工作与更高目标间的关系。对于企业来说，要让员工有责任心地、主动地去开展工作，其关键在于"同心同德"的企业文化建设，让员工真正认同企业价值观，找到工作的意义，并从思想上意识到个体目标与组织目标的一致性。

有效的企业文化宣导，不是制度上的口号，更不是程序式的过程，而在于如何将企业文化深入人心，外化于行。企业的文化宣导工作是一个系统工程，包含了事前准备、宣导过程、反馈评估三个阶段的内容。

第一阶段，事前准备。在企业文化宣导的准备工作中，需要安排相应的部门或组织来主导企业的文化宣导工作。就像党中央的宣传部，其主要工作职责之一就是精神文化建设，包括：从宏观上指导精神文化产品的创作和生产，规划和部署全局性的思想政治工作，为中央领导和中宣部领导的决策和指导全局工作提供舆情信息的服务，并且要负责组织协调和指导宣传文化系统的舆情信息工作等一系列内容。

主导宣导工作的部门或组织，一方面要帮助员工塑造意识，另一方面要帮助企业掌握员工动态，做好"舆情"管理。有了组织或部门的负责人，企业文化宣导工作最好由企业的"一把手"来牵头、主抓。企业领导人的核心工作要围绕"建文化、定战略、搭班子、带队伍"进行，重点做好"人"的工作和方向性的工作。在企业中，越得到企业核心层重视的部门或组织，其绩效表现就会越好。除此之外，企业最好建立一支深入基层的专职或兼职的文化宣导队伍，来推进、落实企业的各项文化宣导工作。

第二阶段，宣导过程。企业文化宣导的内容，可以分为两大板块，一是对精神层面的宣导，目的是使得员工的价值观与企业保持一致；二是对行为层面的宣导，目的是使员工的行为符合企业的规范。

精神层面的文化宣导，不是单纯地向员工灌输某种学说或观念，是要通过系统的宣导体系，来加强管理者与员工之间的沟通，并需考量、接受员工表达的不同观点。为了实现宣导工作的沟通作用，需要搭建多样化的沟通平台，如工作会议、内部邮箱、内部论坛、内部刊物等，然后引导员工在平台上发表自己的观点。若有明显违背企业精神的言论，需要及时跟进，与相关员工进行沟通、疏导，帮助其重新领会企业精神。在这个过程中，要避免尖锐的批评，甚至是对员工的人身攻击。在这里应该明确的是，企业的文化宣导工作不是为了打击有"异议"的同事，而是为了帮助大家统一思想，统一战线。此外，企业的宣传工作，还可以通过高管的经典言论来为员工提供思考方向。比如华为的创始人任正非就经常在华为的内部论坛上发表讲话，著名的有《华为的冬天》《华为的红旗到底能打多久》《我的父亲母亲》等。任正非也曾在工作会议中讲到"外界过分夸大了华为，但内部绝对不允许惰怠""机关的考评，应由直接服务部门进行打分，它要与机关的工资、奖金的组织得分挂钩，这也是客户导向，内部客户也是客户。"这些言论为华为人指明了奋斗的方向。

行为层面的文化宣导，主要包括员工手册、业务规范、奖惩制度、激励体系等制度文件，以及统一培训等，它们皆能不同程度地规范员工的行为。此外，塑造榜样也是一种有效的宣导方式。在企业管理中，除了制度化的标准管理，人格化的榜样力量亦是激励人心的管理方式。企业塑造的榜样，通常能够在情感上感染其他员工，引起其他员工的共鸣。这是因为，榜样的成长过程往往是被大家熟知的，当他被塑造为榜样时，大家就知道，什么样的行为方式、什么样的价值观念是被企业推崇的，这便能带动大家的学习效仿。就像父母在教导孩子要懂得谦让时，他们不会刻板地告诉孩子谦让是什么意思，而是会给孩子讲一个"孔融让梨"的故事，以孔融为榜样，教给孩子谦让。在中国文化中，当大家想到"义"字的时候，不会去想这个字的内涵是什么，不会去罗列出哪些行为是"义"的，但是大多数人会想到"关二爷",然后就会恍然大悟,这就是榜样的力量。

第三阶段,反馈评估。企业的文化宣导工作,应该是有的放矢,而不是漫无目的。这就需要在实施文化宣导工作后,进行相应的总结回顾与问题反馈,并且对文化宣导工作的成果做出客观评价。在反馈评估环节,可以回顾各项培训活动的完成情况,总结各类规范制度的执行情况,挑选一些具有代表性的员工进行访谈,以此来了解文化宣导工作在员工中的反馈情况。通过回顾与访谈工作,评估宣导工作的实施效果,并可根据实施情况,对下一阶段的文化宣导工作进行优化设计。

模块九十一:员工成长

员工是企业发展的基础,企业是员工成长的舞台;企业发展伴随着员工成长,员工成长又支撑着企业不断地向前发展。企业为员工服务,就是在经营员工的心。经营员工的心,一方面要从员工的心理层面出发,另一方面要从员工的实际成长着手。建设为员工服务的文化、团建活动的组织、文化宣导体系的建立与实施等,皆是基于员工的心理层面采取的措施。在员工的实际成长方面,企业可从职业规划、成长计划等方面着手,以帮助员工进行长远的规划。

哈佛商业评论的研究团队联合Facebook,每年会对在职员工进行两次调查,以了解员工最看重的职场因素是什么。在反复考察了成千上万名职员之后,研究团队总结出,职业生涯是绝大部分员工最看重的因素。可见,大多数员工是非常关心自己的职场未来的,当员工看不到在公司的发展前景时,就容易消极怠工,或选择离职。不管是主动离职,还是消极怠工,对于企业来说,都是资源的巨大浪费。为此,有必要帮助员工制定成长计划,以此来激发员工的动力和潜能。

帮助员工制定成长计划,对企业和员工都具有重要意义。

其一,成长计划能激发员工的创造性和积极性,能帮助员工找到奋斗的目标,是员工未来发展的"蓝图",能够带来持久的激励效果。

其二,成长计划能够帮助员工提高对工作的掌控能力。成长计划通常根据员工特点制定,能够帮助员工找到自身的优点和缺点,帮助其在工作中扬长避短,提高掌控能力。

其三,成长计划能够帮助员工平衡工作与生活的关系,使其在追求职业目标的同时,综合考虑生活要素,以平衡个人追求、家庭生活和职业目标之间的关系。

其四,成长计划能够帮助员工进行自我价值的实现。在马斯洛的需求层次理论中,人们最高层次的需求是自我价值的实现,科学的成长计划,就是在帮助员工寻找自我价值。通过对自我价值的塑造与肯定,能够激励和驱动员工朝着更高的目标努力,成就员工的同时也成就了企业。

那么应该如何帮助员工制定成长计划呢?

一、帮助员工进行自我评价

制定成长计划的前提，是员工有清晰的自我认识，如果员工对自我的认识出现偏差，最终制定的成长计划可能会是无效的。在帮助员工进行自我评价时，通常可以采取两种方法。第一种是职业兴趣确认，即企业帮助员工确定自己的职业兴趣；第二种是自我认识指导，即企业帮助员工在生理、心理、社会等方面进行自我认识。在员工进行自我评价的过程中，一般可以为员工提供反馈，帮助员工评价其优劣势、价值取向和兴趣爱好等。

二、帮助员工进行现状评估

现状评估，是对员工现状的客观评价，它能考察员工当前的能力与工作的匹配程度，以及可能存在的发展机会。如，员工目前是否有升职机会，是否需要调整工作内容，是否可以在公司内横向流动，等等。在现状评估过程中，需将员工的绩效情况与公司的长期发展规划相结合，同时结合员工在自我评价过程中的兴趣爱好、优劣势等，引导员工展开职业发展规划。以此来帮助员工探寻晋升、横向调动，或进行专业深入的可能性。

三、帮助员工设定目标

目标应该根据员工的自我评价而制定，要与员工的兴趣爱好、技能水平、期望职位、优缺点等因素结合，以确保目标与员工个体的匹配性。同时，也要避免为不同的员工设计千篇一律的职业发展目标。帮助员工设定的目标，应该是具体的、可实现的、有挑战的，而不是不切实际的"表面功夫"，这样才能充分体现企业对员工的用心经营。

四、帮助员工制定行动计划和定期的反馈

可以充分利用企业的资源，通过培训、项目实践、业内交流等途径，帮助员工快速实现职业目标。在行动计划中所要做的，就是提供各种资源和支持，并按照成长计划，定期帮助员工进行分析和反馈，及时发现员工成长中的不足与问题，继而提供适时的指导和帮助，以保障员工的健康成长。

员工只有看到希望时，才会积极主动地投入到工作中，只有员工全身心投入工作了，才有可能为企业的发展带来源源不断的内生力量。帮助员工成长，作为员工服务的重要组成部分，就是在帮助员工规划发展前景，为员工注入工作的激情和动力。成人才能达己，只有员工顺利发展了，企业的发展才可能顺风顺水。帮助员工制定成长计划，应该是真诚、客观的，而不是浮于表面，流于形式。

PDP（personal development planning，个人发展计划）是恒大酒店为员工制定的个人发展计划，由人力资源部对经理和员工进行培训。培训目的在于帮助员工和经理明确在PDP中扮演的角色，同时也为员工提供个人的绩效反馈结果。其次，员工在拿到绩效反馈结果后，就开始准备自己的PDP，在此过程中，经理也要了解员工的PDP情况。然后，经理

要和员工进行 PDP 会谈，对员工的 PDP 进行深入交流。最后，当员工 PDP 确定以后，员工就会按照计划执行，而经理则为员工提供支持。如，一位员工的目标是提高个人的领导力，组建自己的团队。那么，经理就会帮助他制定详细的成长计划、行动步骤和阶段目标。另外，经理还要追踪员工的计划执行情况，在每次会议中观察该员工的表现，定期进行关键事例反馈等。通过目标制定、明确目标的达成条件、制定行动指南、跟踪反馈等一系列的工作，经理便能有效地帮助员工实现个人发展计划。

服务员工是经营员工的主要体现，也是企业用人、育人、留人的重要内容，其目的在于留住员工、激励员工、提升员工，进而提升企业组织的内生力量，并在此基础上构建企业业的外延组织，以此提高企业组织竞争力。企业要服务好员工，首先，要在企业内部树立为员工服务的文化，只有服务员工的文化真正形成了，服务员工才不会是一句口号。其次，通过团建活动，增强员工的团队意识，做好员工在张扬个性与团队协作的平衡。避免员工太注重个性，而忽视了集体，也要同时确保员工的独立思考能力，避免培养出人云亦云的团队。再次，建立企业文化的宣导体系，促进员工理解企业文化，可通过塑造和宣传榜样来传递企业的文化。最后，帮助员工制定成长计划，使得员工对企业和工作有所憧憬、有所期待。

第二节 服务客户

企业为客户提供服务的过程，是对产品价值的一种延伸，也是建立客户满意度尤为重要的一个环节，更是决定客户是否再次光临的重要因素。

《美国营销策略谋划》曾做过一次调研，其结果显示："91%的客户会避开服务质量低的公司，其中80%的客户会另找其他方面差不多但服务更好的企业，20%的人宁愿为此多花钱。"美国哈佛商业杂志刊发了另一份研究报告："再次光临的客户可为公司带来25%~85%的利润，而他们影响是否再次光临的因素，首先是服务质量的好坏，其次是产品本身，最后才是价格"。另也有研究表明："企业失去的客户，有68%是因为对服务质量的不满意，每一位投诉的客户背后都有26位同样不满却保持沉默的客户，而他们会把自己的感受告诉8至16个人。所以丢掉一位老客户造成的损失，需要争取10多位新客户才能弥补。不满意的客户服务，会带来更高的成本。"

由此可见，服务是构成产品价值的重要一环，高品质的服务能让客户在购买、使用产品的过程中，体会到更深层次的产品价值，贴心的服务也更容易打动消费者，进而促进再次消费。反之，不好的服务，带来的是客户的不满与流失，以及企业形象的破坏。开发新客户的成本，远远高于对老客户的服务和留存成本，如此看来，好的客户服务也是企业节约营销成本的重要手段。

对于客户服务，应该系统性思考，制定一套完善的售前、售中和售后服务体系，通过这套服务体系，传递企业的价值主张，实施企业的服务政策，保障企业的客情维系。

在这里以服务价值、服务政策、客情关系、客户维系四个模块对服务客户进行相关探讨与分析。

模块九十二：服务价值

产品的价值，可划分为实用价值、体验价值和情感价值三大部分。其中，产品的实用价值更注重产品本身的特性，是对产品品质的要求，也是产品价值的基础。体验价值则是在实用价值的基础之上，对产品使用体验的更进一步要求，它包含了部分客户服务的内容（比如送货效率、维修的便利性等，这些特性能影响用户的体验，是客户服务的重要组成部分）。情感价值是客户对于产品的感性认知，这超越了产品自身的特性，是客户从主观情感出发，对企业和产品形成的情感依赖，这需要依靠客户服务来提升。

由此可见，客户服务是提升产品体验价值和情感价值的重要途径。及时有效的客户服务，能够提升客户的体验感，提高客户的工作、生活效率；"有温度"的客户服务能够给客户带来愉悦的体验，为客户提供情感上的归属。当用户能够使用产品高效办公或生活，对产品产生情感上的认同和依赖时，就更容易接受产品，即使这时候的产品有更高的溢价，客户也乐于为此买单。客户服务价值不仅是对产品价值的补充，也是企业给予客户总体价值的重要组成部分。

从事创作的C先生有喝咖啡的习惯，是星巴克的粉丝。瑞幸咖啡开业后，他尝试购买了几次，便变成了瑞幸咖啡的粉丝。在此回顾一下C先生成为瑞幸咖啡粉丝的过程，以此来体会瑞幸咖啡的服务价值。

第一次点单。C先生第一次在微信朋友圈看到瑞幸咖啡的广告时，并没有产生立即消费的冲动，但是瑞幸咖啡的小蓝杯以及轻松愉快的广告，给他留下了深刻的印象。后来他收到了朋友赠送的瑞幸咖啡免费体验券，本着试一试的心态，做出了第一次购买。在下单时，瑞幸咖啡清爽的APP界面、简单的操作，都给C先生带来了良好的下单体验。点好咖啡之后，C先生发现瑞幸咖啡的APP中还可以实时监控咖啡制作过程，当咖啡制作完成后，视频会自动关闭。几乎同时，C先生也收到了咖啡制作完毕的消息提醒。C先生是在早上10点钟提交的订单，10点15分便被送达。这样的速度完全超出了他的想象，在实体咖啡店，从排队点单到完成取餐，花费15分钟也是常有的事情。此后，C先生开始经常购买瑞幸咖啡，在等餐期间，也可以完成一些其他工作，这为他节约了很多时间。

第一次理赔。在瑞幸咖啡推送的配送通知中，包含了一条内容："接收时如遇撒漏，请您在APP订单列表处提交申请，我们即行赔付"。这条内容一直没有引起C先生的注意，因为遇到咖啡撒漏的情况很少。有一次咖啡遇到了轻微撒漏，C先生就在APP上联系了客服，在简单说明了情况之后，客服便很客气地指导C先生提交撒漏的照片。两分钟后，C先生就收到了一张等价的咖啡抵用券，可用于下次购买。

系统错误后的服务措施。有一次，C先生购买了一杯咖啡和一块黑森林蛋糕，但是黑森林蛋糕已经售罄了。在他下单后的一分钟内，瑞幸咖啡的工作人员打来电话，很客气地告知黑森林蛋糕已经售罄，因为系统原因未能及时更新，并为此表示了真挚的歉意。同时，工作人员向C先生提供了两个解决方案，一是将C先生订购的黑森林蛋糕换成等价的巧克力慕斯，二是将黑森林蛋糕的费用退还给C先生。C先生选择了方案一。工作人员再次表达歉意之后，主动提出额外赠送C先生一张等价的咖啡卷，C先生可本次使用，也可下次使用。超出预料的赔偿，也让C先生产生了让同事体验一下的想法，于是将额外赠送的咖啡卷一并使用了。

C先生逐步成为瑞幸咖啡的忠实用户，甚至主动把瑞幸咖啡推荐给同事，这与瑞幸咖啡的客户服务价值是密不可分的。在用户购买产品前，瑞幸咖啡通过"好友赠送"这样的营销手段（良好的营销方式也是客户服务的一部分），搭建了用户购买产品的桥梁。在用户下单过程中，良好的软件操作体验、实时的监控、快速的配送服务等，给用户留下了便捷和值得信赖的印象（提升用户在消费过程中的体验感）。当用户需要售后服务时，服务人员的及时响应、真诚态度和合理的解决方案，都大大提高了用户的满意程度（解决客户的后顾之忧，提升服务质量和顾客满意度）。

服务客户是一个系统性的工作，需要从售前、售中、售后多个环节去提升用户的体验感受，而不只是简单地把产品销售给客户。因为产品体现的只是直观价值，客户在购买产品、使用产品的过程中，感受到的关怀和服务才是提升产品总体价值的关键。客户服务，不只是要把产品交到客户手上，还要真诚地帮助客户去享受购买和使用产品的全过程，这便是企业给客户的服务价值。

模块九十三：服务政策

服务政策是为了充分践行企业服务理念而制定的政策和制度保障。在企业经营过程中，根据不同的工作内容，往往需要制定不同的政策，如财务政策、人力资源政策等。在开展客户服务工作时，企业也需要制定相应的服务政策，以此来明确、指导企业和员工在客户服务工作中的具体行为。服务政策通常包含了具体的服务宗旨、服务目标、服务内容、服务方式、实施步骤和具体措施等。

由于服务所涉及的内容多、时间长、事项杂，一套完整的服务政策即便长篇累牍，也不可能将所有的服务细节囊括其中。所以，在制定服务政策时，首先要制定一套服务政策的"总则"。这套总则具有提纲挈领的作用，规定了服务的宗旨，能够简明扼要地指出服务所要达到的效果，各项服务细则也将在此基础上进行延伸。对于企业而言，服务政策中的"总则"部分，就是整个服务政策的"纲领"，就像《宪法》之于其他法律一样。

Panasonic 中国的服务政策

Panasonic 秉承"服务就是心满意足"的理念,并遵循"顾客满意第一"的宗旨,不断提高客户服务的质量。务求使所有光临 Panasonic 指定维修店的顾客均获得称心如意的专业服务[①]。

服务宗旨:顾客满意第一。

服务保障:严格遵守国家"三包"规定。

服务便捷:服务网点覆盖全国,提供上门服务。

客户咨询服务:解答顾客对产品及服务有关咨询、受理所有产品报修、解决顾客服务投诉。

顾客意见处理:2 个工作日内解决或提出明确的解决方案。

服务品质保证:对所有的安装、维修服务进行回访。

【资料来源:Panasonic 中国】

制定政策总则的目的是什么呢?是为了让客户在看到总则时,能够清晰地了解到企业的服务理念和宗旨,能够轻松地找到服务的内容和方式。但很多企业的服务政策中,鲜有这样纲领性的"总则",其开篇就是纷繁复杂的各项细则,让客户难以快速找到企业的服务内容和方式,更加难以理解企业的服务理念和宗旨,这将造成客户体验感的降低。也就是说,企业在制定客户服务政策时,需要先制定客户服务政策的"总则",然后在"总则"的基础上,完善和丰富各项细则。

服务政策的作用是规范、指导、保障客户服务工作,如果政策制定之后被束之高阁,也就失去了其存在的意义。因此,在制定好服务政策之后,还需要积极贯彻落实。为了落实服务政策,需要针对客户服务政策,向管理者以及员工进行政策解读、宣传、培训等,然后跟踪其执行过程,协调执行过程中的矛盾,及时反馈政策执行中出现的问题,经过讨论、评估等程序,对服务政策加以修订、优化。政策的制定与执行,是一个动态的过程,需要根据企业和客户的情况,进行适时的调整,以达到最佳的平衡状态。

为了提升服务政策的可执行性,在制定服务政策时,还可从以下几个方面加以考量。

一、平衡服务提供者与接受者之间的关系

很多企业在制定政策时,都突出强调"以客户为中心",却忽略了服务提供者——员工的主观感受。员工在服务客户时可能受到辱骂、殴打等情况,然而企业却没有针对这类事件制定相应的应对政策,这就使得员工在遇到这些情况时,不仅身心受损,还得不到企业的后续支持,进而产生抵触的心理情绪和敷衍的服务态度,降低了客户的体验感。为此,

---

① 资料来源:https://panasonic.cn/.

在制定服务政策时，除了站在客户的角度，思考客户需要什么样的服务，还要站在员工的角度，思考该怎样为客户提供服务，并考虑如何维护员工的尊严，对员工可能受到的伤害、侮辱等情况，制定相应的保障措施。

二、完善的政策解释和培训机制

有的企业在制定了服务政策之后，通过简单的告知或将政策直接发放给员工，要求员工按照政策内容为客户提供服务，却没有对政策进行有效的解释和培训。这就导致不同员工对政策产生了不同的理解，服务的标准和方式也容易出现偏差。

三、明确服务提供者的权力义务和责任分工

企业提供的服务，可能需要不同部门的配合，如果企业的服务政策中没有明确责权利划分，就很可能导致遇到问题时，各部门间相互推诿，给用户带来较差的服务体验。为此，在服务政策中要明确权责利的划分，还要规定相应的责任追究制度，确定独立的政策执行监督机构，以此来监督各部门在服务中的配合情况。

四、建立有效的反馈渠道

服务政策的制定不是一劳永逸的，客户的需求也总是多变的，这就要求企业的客户服务政策有有效的反馈渠道，当遇到政策中没有规定的"意外"情况时，一线的服务员工能够通过反馈渠道进行及时反馈，寻求帮助。

企业的资源始终是有限的，如果企业为了追求极致的客户满意度，刻意或过度地去服务客户，服务效果可能适得其反，不仅会使用户感到不适，还会带来资源的快速消耗以及成本的极大提升，甚至会影响到企业的经营状况，成为企业发展的累赘。所以，在制定服务政策时，需要把握好"度"，需要全面、综合地考虑客户需求与企业资源之间的平衡关系，然后将其体现在服务政策中。也就是说，在制定服务政策时，需要考虑两个方面的问题。一是企业要为客户提供什么样的服务，服务到什么样的程度。二是在哪些情况下企业要采取收费服务，减少开支，在什么情况下可减少或者拒绝提供服务。

模块九十四：客情关系

客情关系是企业与内部成员和外部的合作者、客户、市场、社会等建立的情感联系。客情关系在某种程度上代表了企业的公共关系，客情关系的建立，可帮助企业与客户建立情感连接，旨在将客户培养为企业的忠实用户，通过多种高效的客户沟通渠道，增进客户对企业的了解，提升企业在客户心中的形象，进而产生用户黏性。

过去一般企业通常都采用生日祝福、周年庆典联谊、客户答谢等各种公共关系活动，向客户传递信息，同时，也通过回访等形式来搜集客户反馈，以此更好地与客户建立连接。但由于多种原因，要想从这些渠道获得真实的信息反馈，并进行有效地统计分析，是一项

复杂且耗时的工作。在新时代、新技术背景下，需要与客户建立更及时、更精准、更贴心的情感沟通。得益于计算机网络技术、移动互联网技术的发展，可通过大数据等手段来获取和分析客户的真实需求、真实感受和真实反馈，以此提升客情关系的运营效率和质量。

毕达哥拉斯（Pythagoras）曾提出了"万物皆数"的理论，主张"数"是宇宙的本原，并且试图用"数"来解释一切。在今天，当人们谈论"数"的时候，不再是单纯地谈论数字，更多谈论的是"数据"，这些"数据"涵盖了工作和生活的方方面面。比如，医疗服务需要参考血压、血糖、血脂等数据；精准营销需要参照用户的收入水平、消费能力、消费历史等数据。于企业而言，掌握越多的用户数据，就越能精确的服务用户和满足用户的需求，越能为用户提供个性化的服务，同时也越能扩展自身的服务体系，提升服务的质量和稳定性，帮助企业与客户建立更加有效的情感联系。

在开发和运用数据的过程中，可从以下三方面着手：

（1）充分开发数据的总体特征。企业要找到用户数据中所体现出来的共性，通过梳理这些共性，分析大多数用户的行为方式、购买偏好等。这些共性特征，是企业识别用户的基础，对企业营销活动、服务政策、客情关系等方面的工作都极具参考意义。

（2）精细化运营个体的数据特征。通过分析和应用个体数据特征，为个体用户提供个性化的订阅服务、推送服务等，可与个体用户建立更紧密的联系。比如，淘宝、天猫、京东等电商，都表现出了"千人千面"的营销特征，这便是企业利用用户的个体数据特征对用户进行的精确推送服务。

（3）对数据进行实时监测。企业通过对用户及市场数据的实时监测，能够及时发现可能存在的经营风险、舆论风险等，然后通过技术、营销、公关等方式，及时控制和化解风险。比如，海底捞的"后厨门"事件，企业检测到舆论风险时，及时做出了公关行动，才得以挽回海底捞的品牌形象；华为mate20 Pro的"绿屏门"事件，也正是由于数据监测才发现了产品质量风险和舆论风险，并据此做出了停产、免费换机、解决技术问题等一系列措施。

随着互联网的迅速发展，IP（知识产权）的内涵被不断丰富，成为一种具象化的品牌符号，也成为吸引用户、维护用户、发展用户的新方式。在此背景下，打造企业 IP 价值、着力于"企业粉丝"的经营，也逐步演变成了一种新的客情关系。被大众所熟知的网红是一种 IP，一些企业的 LOGO 也是一种 IP。对于企业来说，创始人可以是 IP（如乔布斯之于苹果，任正非之于华为，马云之于阿里巴巴）、企业文化可以是 IP（如华为的狼性文化，Google 的创意精英文化，阿里巴巴的花名文化）、产品可以是 IP（如苹果的 iPhone，微软的 Windows 操作系统，可口可乐的可乐）、服务也可以是 IP（如海底捞、胖东来的热情服务，IBM 的数据库服务）等。

新时代背景下的 IP，就是"具有广泛粉丝基础的，符号化的品牌形象"。也就是说，想要打造企业 IP，最重要的就是经营粉丝。那该如何经营粉丝（也就是打造 IP）呢？可从以下四个方面进行考量。

一、增强粉丝的情感体验

企业需要不断增强粉丝与服务的情感连接,让粉丝能够通过企业提供的服务,获得情感上的共鸣,包括:认同感、满足感、归属感、主人感等。比如,小米的小米论坛,就为 MIUI 粉丝提供了很好的交流平台,粉丝们在论坛上各抒己见,参与小米的服务体验,为小米提供反馈建议等。这些活动,使得"米粉"在论坛中得到了认同、获得了满足、找到了归属等。海底捞经过数据监测发现,大量用户喜欢关注和尝试"抖音美食",于是便鼓励用户在用餐时,制作和发布"抖音美食",这极大地提高了顾客的参与热情,使得海底捞的"网红吃法"形成了一股潮流。

二、帮助粉丝寻求身份认同

粉丝运营是一种情感上的投资行为,顾客在这个过程中的感触越深、体验越好,顾客为企业带来的回报就可能越多。虽然锤子手机的产品一直存在较大争议,但其在粉丝运营方面,确是可圈可点。锤子手机的创始人——罗永浩,通过提倡、践行一种特立独行的气质,得到了一众粉丝的追随与支持,粉丝们将想要拥有的独特情怀与气质映射在了罗永浩身上,获得了精神上的认可。所以,即使面对饱受争议的产品,"锤粉"们依然疯狂地追随着锤子手机。如果没有粉丝的支持与造势,难以想象锤子手机该是怎样的一个夭折过程,尽管今天锤子手机倒闭了,但留个粉丝们的这种特有情怀价值,值得我们去回味。

三、保护粉丝的言论自由,提升粉丝自我管理水平

企业一般都有粉丝聚集的网络社区,包括官方论坛、贴吧、微信群等,在维护这些网络社区时,要做好社群规则与个体自由之间的平衡。过度的强调规则,可能会导致粉丝心生厌烦;不加约束的"自由言论",则可能引入不恰当的言论,影响到社群的健康发展。

四、线上线下活动促进情感交流

除了线上活动的组织,企业还可以通过组织线下活动,促进粉丝间的交流沟通,提升粉丝的情感认同。比如华为的"花粉年会""表盘设计大赛""手机摄影大赛"等。其中,花粉年会,是华为为粉丝打造的一年一度的线下互动盛会,其规模通常超千人,自 2014 年起,每年的 12 月在不同城市举行。"花粉"是花粉年会的最大主角,他们可参与表演,也可在现场参与多种主题互动,获取各种礼品。花粉年会增强了华为用户的黏性,进一步深化了华为与用户之间的沟通,从而让华为手机从产品研发、设计到用户深度体验,形成了一个完整的产业闭环,也为华为手机在新一年的持续发展奠定了一个更加坚实的基础[①]。

随着时代的发展、新科技的普及,客情关系的方式也在发生变化,但保持与客户的情感联系始终是客情关系的核心内容。企业的客户服务价值,是理念、是态度;企业客户服务政策,是保障、是措施;企业的客情关系,则是与客户建立直接联系的行为。客情关系

---

① 资料来源:https://mobile.pconline.com.cn/579/5799856.html。

的建立与维系,要让客户感受到"温度""温情""温暖"。另外,客情关系服务于企业营销管理,但更强调情感连接,已经超越了一般意义上的营销行为。

在思考和制定客情关系计划时,要避免将其简单地视为产品销售或营销行为的辅助,在利用大数据技术经营客情关系时,也要避免过分强调冰冷的数据,而忽视了客户主观情感上的诉求。客情关系的实质,在于与客户建立情感上的连接,也是传递企业价值观的柔性途径。

模块九十五:客户维系

客户维系是根据企业的服务价值理念、企业的客户服务政策及客情关系的策略,在新客户开发、老客户维护过程中采取的具体行动,其目的是维护与客户长期的互动,使得客户不断重复购买产品或服务的过程。

在前文中提到,开发一个新客户的成本是维护一个老客户成本的5倍。为此,企业不做"一锤子买卖",保持与老客户的长期互动是必要的。企业通过客户维系,能够有效地培养忠实客户,随着忠实客户年龄的增长、经济收入的提高或客户单位本身业务的增长,其消费需求、消费能力也极有可能随之增长。维护这部分老客户,不断满足这些客户增长的需求,是企业获取更多市场份额、销售收入的一个重要途径。与此同时,随着企业与客户关系的深入和彼此了解,企业能更轻松地找准客户需求,并为其提供服务,这就有效降低了企业维系客户的成本。

如果企业在维护老客户上半途而废,那么前期所做的努力就成了竹篮打水一场空。反之,如果客户成为企业的忠实粉丝,也就成了企业的免费"形象代言人",当新客户对企业有所顾虑时,这时他们往往会咨询隐藏在周围的"形象代言人",而具有较高满意度和忠诚度的"形象代言人"的建议往往具有决定作用,他们的有力推荐往往比各种形式的广告更为奏效,这些老客户的现身说法,就帮助企业进行了免费宣传,其效果也是事半功倍。

如果从更广泛的视角来看待客户维系问题,还能发现,稳定的客户关系还有助于提高员工的忠诚度。当企业拥有数量稳定的忠实客户时,员工执行客户服务工作就会更轻松,也能在此过程中体会到自身工作的价值。工作价值的体现,会使得员工更加努力工作,为客户提供更好的服务,最终形成良性循环(提供良好服务→客户满意→员工感受到价值→提供更好的服务)。

美国的强生公司[①]是一家综合性的医药保健公司,1992年,强生正式进入中国市场。为了在中国推广"强生婴儿"这一品牌,以"您的宝宝"为主题,建立了特色鲜明的企业网站,成功维系了其客户——年轻的父母们。在客户维系工作上,强生是如何获得成功的呢?

第一,强生在网站设计之初,便确立了网站的宗旨,以"强生婴儿"为切入点,奠定

---

① 资料来源:https://wenku.baidu.com/view/bb58045b760bf78a6529647d27284b73f342364d.html。

了客户维系的基础。

第二，在网站栏目的设计上，强生围绕"育儿"进行了功能设计，包括"宝宝的书""咨询与帮助中心""母亲交流圈"等栏目，通过宣传科学育儿理念，吸引了年轻父母的眼球，并且激发了年轻父母们的体验欲望。

第三，强生将网站打造成孩子的个性化成长相册，这更加吸引了年轻父母的注意，使得年轻父母愿意在网站上花费更多精力。

第四，强生通过网站，提醒年轻父母们关注宝宝的睡眠、哭闹、体温、饮食等信息，然后适时地为客户推荐相应的产品，帮助年轻父母们缩短了选择的过程。

第五，强生还聘请了专家，帮助用户解答疑问，一方面维系了企业与客户的关系，另一方面，搜集了大量的用户数据，为后续的营销提供了依据。

强生的案例给人们带来了启示：客户维系工作的重点是鼓励用户参与，而不是从企业的主观意识出发，一味地为客户提供所谓的"服务"。为此，企业要建立与客户之间方便、畅通的沟通渠道，为用户提供展示自我的平台和媒介，以便于增进客户与企业之间的互动连接。同时，还要主动征求客户的意见，将客户反馈的意见作为改进的方向，并且有针对性地为客户提供关怀，通过双向互动，保持稳定的客户关系。

客户维系常被用于客户开发、产品使用及售后服务的过程中，然而，客户使用任何产品，或者享用任何服务，都是在特定场景下进行的。如此，也可将客户维系的理念体现在产品使用场景中。

产品使用场景能实现用户与产品、企业与客户的连接。在设计产品使用场景时，要理清以下问题：用户在什么时间、什么地点，与产品产生什么连接，以及用户通过这个连接要做什么事情。比如，早上7点，某用户在公园跑步，跑步过程中利用一款运动健康APP来记录运动数据。在这个场景中，包含了五大要素：用户（用户）、早上7点（时间）、公园（地点）、跑步时使用健康APP（连接）、利用APP记录运动数据（完成的事情）。企业若能够帮助用户构建起产品的使用场景，便能带动用户与企业、产品产生互动。恰如其分的场景构建，能促使用户欣然接受企业所提供的服务，并强化与用户的连接，增强用户的使用黏性，也使得企业提供的价值得以充分体现。

瑞幸咖啡的用户群体多是都市白领，这一目标群体与老牌连锁咖啡星巴克的目标群体有较大的重合。那在这一场新晋品牌与传统老牌的攻防战中，瑞幸咖啡是如何脱颖而出的呢？其关键就在于重构了咖啡消费的服务场景，通过构建一个与星巴克完全不同的咖啡消费场景，从而不断向其战略目标挺进。

下面分别从消费场景的五大要素，来了解瑞幸咖啡与星巴克的异同。

第一，用户。瑞幸咖啡与星巴克的目标用户相似。

第二，时间。瑞幸咖啡的用户大多是在上班时间通过外卖方式购买咖啡，而星巴克的用户则更多的是在工作之余消费。

第三，地点。瑞幸咖啡的用户更多是通过外卖或者自提的方式，将咖啡带到办公室饮用，而星巴克的用户则更多是在店内完成消费。

第四，连接。瑞幸咖啡主要是靠外卖连接用户，而星巴克则主要是通过门店的氛围，以及朋友的相伴，将咖啡与消费者进行连接。

第五，完成的事情。同样都是购买和享用咖啡，两者都能够满足用户的饮用需求，同时又都具有一定的社交属性(如相约、拍照、发朋友圈等)。相比而言，瑞幸咖啡完成的是在线社交，用户可以通过在线赠送与好友分享咖啡；而星巴克主要完成线下社交，强调用户在闲暇时光约上好友到店里慢慢品尝。

正是构建了与星巴克等咖啡店不同的消费场景，瑞幸咖啡才能在已有的咖啡市场格局中强势崛起。通过构建场景，能够帮助企业更精确地锁定目标人群、找准产品和服务定位。

在商业环境不够成熟，企业处于野蛮生长的时期，有的企业利用信息不对称，通过广告狂轰滥炸来获取用户；有的企业利用市场地位，不断从消费者身上攫取利益。对于消费者而言，这些企业总是高高在上的，消费者也没有良好的消费体验，企业做的客户维系也往往只是按照主观意识进行的常规工作。到了商业环境日趋成熟的今天，客户的体验成了影响购买行为的重要因素。只有服务好客户，并维系好客户关系，才可能获得用户的认可，从而为企业带来更长久的利益。从这些简单的道理不难看出，通过鼓励用户参与，构建合理的消费场景等方式是企业维系客户的重要手段。

京东的新任CEO徐雷在京东2019年的年会演讲中，讲道："未来的成功一定是以客户为中心的成功。"在他的演讲中，一共提及了35次客户，这意味着，京东接下来的重点工作，将是把目光聚焦到用户体验上。这也说明了，以客户为中心的理念正深入、应用于各行各业，"以人为本"的经营管理理念将是未来企业经营活动的主旋律，也是企业价值的核心所在。

本节从四个方面讨论了企业的客户服务工作。第一、客户服务工作要围绕企业价值观，并以此为导向，明确企业的服务价值，这也是企业开展客户服务工作的指导纲领；第二、企业通过制定明确的客户服务政策，来确保客户服务工作的有效实施和标准规范，同时也要兼顾服务成本；第三，通过客情关系的创新建设，进一步为客户提供精准的服务，在企业与客户之间建立更深的情感关系；第四，通过有效客户维系措施的实施，能够与客户建立持续、稳定的互动关系，也能落实各项服务政策及客情关系计划，进而实现与客户的高效互动和企业价值的柔性提供。

第三节　服务合作伙伴

在企业的经营活动和发展历程中，员工是企业的核心资源，是企业发展的内生原力；

客户则是企业价值的直接作用对象，也是为企业带来收益的根本所在；合作伙伴则是帮助企业给客户提供完整价值的核心力量，也决定了企业的外延竞争力。随着全球市场竞争的日益加剧，企业与企业之间的竞争已经转变为各自产业链之间的竞争。服务好合作伙伴已成为市场竞争中的重要环节，无论是对整个产业链，还是对单个企业，都至关重要。

在很长一段时间的经营活动中，企业为了提高收益，通常都将目光聚集在服务客户之上，为了促进员工提高生产效率，他们制定了一系列的规章制度、考核指标，以此来敦促员工刻苦工作。但随着社会的进步、市场实践的不断总结，以及"利益相关者"理论的发展，人们逐渐开始意识到，企业只关注客户服务是狭隘的，用规章制度来约束和激励员工的作用也是有限的。为此，学术界和企业界开始积极关注和研究企业的服务范围，从为客户服务扩展到为员工服务，再扩展到为合作伙伴服务。人们越来越意识到，企业参与市场竞争的方式，已经从个体竞争转变成了抱团竞争，与合作伙伴的合作程度越高，企业在市场中形成的竞争力就越强。同时，合作伙伴若能积极参与到企业的生产经营中，也会提升企业对不确定市场风险的抵御能力。

服务合作伙伴，就是以服务客户之心、服务员工之心，去对待合作伙伴。用心对待客户可以得到市场，用心对待员工可以强大内生力量，用心对待合作伙伴则可以获得外延力量。有效的合作伙伴服务措施，不仅能高效维持、稳定双方的合作关系，还能促使企业与伙伴获得系统性的竞争力。

在商业环境不断变化的今天，业务合作者之间的信息互联互通、业务协同有序，便能使双方掌握更多的市场信息，整合更有价值的内容，以便做出更适应市场，更具竞争力的发展战略。新背景下，闭门造车、单打独斗的企业只能获取有限的市场信息，也会导致企业的眼光与格局受限，严重者还会让企业在市场竞争中逐渐迷失方向，失去竞争力。这种信息共享、业务协同的抱团性发展方式，逐步改变了商业环境的竞争逻辑，从特定维度来看，合作者之间关系的亲疏度、信息互换程度，直接影响企业的经营决策。

以往，企业在商业环境中占主导地位，可以利用信息不对称来获取竞争优势，以掌握"独家"信息而获得商业回报。而现在，市场竞争逻辑已发生了质的变化，市场环境更加开放和透明，企业的价值导向趋向于以客户为中心，以核心技术和产品为引擎，通过用户体验和用户满意度来衡量企业价值。在充满不确定因素的市场环境中，企业单兵作战的能力越来越弱，也难以应对系统性的市场竞争态势，这就使得企业要与生态链上的伙伴紧密合作，形成抱团发展之势。

信息共享是合作伙伴间深度合作迈出的第一步，除此之外，还可围绕资源共享、技术开放、战略共识等进行合作。抱团式发展是未来市场竞争的主要方式之一，服务于合作伙伴就是要改变过往简单的供应合作意识，以及单一的商品供应关系，与合作伙伴构建共建共享的业务模式，以建立新的共生、共赢关系。

本节从服务价值、服务政策、维系优化三个方面来进行合作伙伴服务话题的讨论。

模块九十六：服务价值

任何合作关系都是建立在需求基础之上，要想建立稳定、持续、深入的合作关系，除了要为合作伙伴提供基本的业务价值之外，还需要为对方提供他所需要的竞争价值、协同价值、品牌价值以及精神价值等，这些价值的总和，就是企业为合作伙伴所提供的服务价值。即：企业能为合作伙伴带来什么价值；通过为伙伴提供价值，让对方获得哪些感受，拥有什么样的收获。

企业在选择合作伙伴时，往往倾向于寻求知名企业来展开合作。许多企业认为，与知名企业合作，除了能带来有保障、持续的基本业务以外，还能带来技术支持、品牌形象、竞争力等其他价值。同样的，企业能为合作伙伴提供的综合价值越高，那么就越容易获得合作伙伴的信赖和支持。

企业为合作伙伴服务的价值，就是在基本的业务往来与交易的基础上，为合作伙伴提供的一系列附加价值，通过这些附加价值，能够帮助合作伙伴获得成长，进而形成企业与合作伙伴之间同舟共济的合作关系。

在前文中提到，客户服务是提升企业产品体验价值和情感价值的重要方式，能够提升客户的满意程度；为员工服务是形成企业"上下同欲"氛围的重要途径，能够激发组织的内部活力。那么，企业为合作伙伴创造服务价值的意义和作用又是什么呢？服务价值是维系企业良好合作关系的基础，能够在抱团式发展的竞争环境中，帮助企业构建生态式的发展战略，形成多方共赢的竞争壁垒。

高通是一家知名的国际手机芯片厂商，掌握了通信领域的大量核心专利，几乎占据了智能手机芯片的半壁江山。在与小米公司的合作过程中，高通除了为小米提供系统的 SOC 解决方案以外，还会辅助小米开展宣传和营销活动，尤其是在小米刚起步的那几年，高通公司的高管都会出席小米的手机发布会，为小米公司站台。为什么高通这样的大公司，还愿意为小米这样的"小公司"站台呢？因为高通深刻地理解为合作伙伴提供服务价值的意义。高通为小米提供高性能 CPU，在发布会上为小米站台，这都是在帮助小米快速成长，小米的快速成长以及出货量的不断攀升，也为高通带来了更多的利润，也使得更多手机厂商和更多消费者认识了高通，起到了广告宣传的作用，也帮助高通开拓了潜在的客户群体。在一段时间内，搭载高通最新款旗舰 CPU 的小米手机甚至成了手机性能的代名词，这便是高通与小米的合作所形成的竞争力。

丰田公司为了获取符合企业质量要求、设计要求的原材料供应，会派驻工程师到供应商处，帮助供应商解决技术问题。除此之外，丰田还有专门的咨询顾问组，能够为供应商提供免费的咨询服务。丰田的这一系列做法，使得其供应商们也体会到了合作的重要性。在丰田的这种共享机制下，其供应商们专门成立了供应商联盟，如协丰会（Kyohokai，丰田日本供应商联盟）、蓝草汽车制造商协会（BAMA，丰田美国供应商联盟）。在丰田的供应商联盟里面，成员间充分共享知识和技术，促进了各自的进步，这使得联盟成为一个稳定的、高效的、高质量的、有竞争力的合作网络。

高通和丰田为合作伙伴创造的服务价值，在于从技术、营销、品牌形象、信息传递等多个方面帮助合作伙伴成长。从它们案例中可以看到，即使是国际知名企业，在与合作伙伴展开合作时，也需要持有服务伙伴的态度，积极地为合作伙伴提供价值。企业为合作伙伴提供价值，能够促进伙伴的成长，也将反过来促进企业的成长，从而形成彼此良性互动的局面。

很多企业在对外的合作过程中，往往只注重眼前的利益，它们习惯于不断压缩对方的利润空间，以此来增加自己的利润，获取好看的财务报表。有的企业在合作过程中甚至会刻意制造矛盾，以此来拖欠相应的款项。这些短视的行为，表面上看属于常态商业行为，甚至从某些方面看是有利于企业生存与发展的，但这些行为实际上阻碍了企业发展竞争力的构建，使企业在行业中的口碑变恶，为企业的健康、可持续发展埋下了隐患。优秀的企业都是目光长远的，因为它们明白，帮助合作伙伴成长，实际上就是在帮助自己发展，合作伙伴的声誉越好，对自己的声誉和品牌形象也就更加有利。

企业面对不同的合作者时，可能会持不同的态度，建立不同的合作关系，有的可能成为战略合作伙伴，有的可能只是简单的交易关系。很多企业认为，那些简单合作几次的对象，没必要用心经营。其实，"千里之堤，溃于蚁穴"的道理告诉我们，不管是什么样的合作关系，无论合作者的规模有多大、合作关系的紧密程度如何，用心对待以及为彼此提供价值，都是确保合作顺利、提高合作质量、实现合作共赢的基础。

在当今的市场竞争环境中，企业参与竞争的作战方式，已经从单兵作战开始转向团体作战，企业在选择合作伙伴时，不仅会关注其基本的业务往来，还会重视合作过程中的附加价值。特别是在可选择范围广、业务属性相差不大的情况下，企业向合作伙伴提供的服务价值越高，合作伙伴从中受益越大，企业也就越容易与合作伙伴建立起稳定、健康、可持续的伙伴关系，进而构筑起企业的系统竞争力和产业竞争壁垒。

总之，企业在服务合作伙伴时，要有赋能、共享、共赢、共发展的意识，要考虑到合作能够给伙伴带来什么样的价值，而不是只考虑自身能够从合作中获得什么。为合作伙伴提供价值，需要先了解合作伙伴的发展现状，然后有针对性地向伙伴提供服务，助力成长，为其创造更高的价值。

模块九十七：服务政策

服务合作的政策制定，是确保服务价值得以实施的基础，也是企业对合作伙伴服务措施的政策性规定；在服务政策中，要明确合作各方的责权利，以及具体的服务措施。

在与合作伙伴展开合作的过程中，为了确保合作的高效，企业要有良好的服务意识和相应的服务政策。在制定服务政策时，可从三个方面加以考量。

一是提高合作效率、减少成本。就像政府简化办事流程一样，企业也可以通过简化、透明、规范的合作流程，来提高合作效率、控制不必要的合作成本。

二是以对待客户的态度来对待合作伙伴，在日常接待、洽谈、合作等过程中，要有一系列的接待管理规范和合作进度计划。

三是要对合作伙伴赋能，通过技术、培训、咨询等途径，帮助合作伙伴成长。

在合作模式、交易形式及结算方式等事项上，要体现出相互尊重、互相支持、公平合理、便利高效、互惠共赢的理念。好的服务政策，不仅能为双方的合作创造良好的氛围，促进双方融洽合作关系的建立，还能确保双方的利益，促进双方的发展。

Kyligence 是一家于 2016 年初成立的数据服务公司[①]，主要业务是为用户提供分析平台和产品，为企业客户提供企业级商业分析方案。2018 年 5 月，Kyligence 发布了新的合作伙伴政策。该政策明确了合作伙伴的类型，并且制定了相应的合作伙伴发展计划。Kyligence 在政策中指出，要从技术、支持、商机、营销等方面，为合作伙伴提供辅助，帮助合作伙伴打造良性、全面的大数据生态体系。同时，Kyligence 的政策也指出，将通过培训与技术支持，为合作伙伴提供技术保障；通过组织行业峰会、用户会议等活动，帮助合作伙伴提高市场影响力，增加营销机会，提高市场份额。另外，Kyligence 还本着"为客户释放最大价值"的服务原则，针对不同类型的合作伙伴，制定了更加具体的扶持服务政策。

2018 年底，中国移动在"2018 年中国移动互联网合作生态论坛"上[②]，发布了互联网合作政策，其目的在于向终端用户提供更优质的服务，同时提升移动公司的生态价值。为了给合作伙伴提供更多便利，中国移动从产品和渠道两个方面，给予了合作伙伴极大的支持。在产品合作政策方面，中国移动从价格、产品形态、营销资源等多个方面为合作伙伴提供支持；在渠道政策上，中国移动为合作伙伴提供了开放的渠道接触点，以便于合作伙伴借助渠道进行推广。同时，中国移动制定了丰富的业务开放机制，可以促进合作者进行更多的业务创新。此外，中国移动还给合作伙伴提供了显性的酬金激励，以此来提高合作者的合作意愿和积极性。

Kyligence 和中国移动不仅在合作政策中明确了为伙伴提供服务的内容和方式，并且制定了相应的支持措施。这些合作方式和支持措施，首先能够有效提高与合作伙伴的合作效率，帮助合作伙伴降低部分成本；其次也对合作内容、计划等作出了承诺；同时，也能为合作伙伴赋能。这些政策皆有利于提高合作伙伴的合作意愿，促进合作伙伴对新业务的积极探索和创新，也提高了合作伙伴的技术水平、盈利能力以及创新能力等，对于每一位合作伙伴及企业自身，都有积极的拉动作用。

---

① 资料来源：https://zhuanlan.zhihu.com/p/37462320。
② 资料来源：https://www.sohu.com/a/280600196_104421。

交易形式和结算方式在业务合作中通常是双方最为关注的内容，不恰当的方式会给双方带来不愉快的合作，乃至合作关系的恶化和终止。交易和结算一旦出现问题，也会直接影响到合作各方的利益，带来经济纠纷、法律纠纷等，严重者还会使企业出现债务危机，面临巨大的经营风险。为此，企业要慎重考量交易形式与结算方式，本着公平合理、真诚合作、互利互惠、避免债务危机的原则，来确定对外的合作方式，并通过相关政策制度来加以规范管理。结算方式的确定，则要充分尊重双方意愿，尤其作为甲方，也需考虑乙方的接受方式。很多时候，企业迫于资金链和现金流的压力，可能会采取更有利于自身的结算方式，有些企业在这种结算方式中形成了长期拖欠款项的习惯，这就给企业的财务管理埋下了隐患。如，乐视和锤子手机在"风生水起"的时候，就凭借自身在市场中的声誉，不断延长对合作伙伴的账期，但当企业开始出现负面新闻时，大量的合作伙伴便开始上门催账，一旦企业的资金周转出现问题，资金链断裂，企业将面临轰然倒塌的风险。所以，即使在合作中占据主导地位，也要照顾好合作伙伴的合理诉求，做好财务账期管理，避免长期积压款项给企业带来财务系统性风险。

现实中，也有很多企业凭借自身在合作中的主导地位不断拖延账期，在这种结算方式下，合作伙伴承受了一定的"损失"。"物极必反""哪里有压迫，哪里就有反抗"，企业长期的"利己"，势必会引起合作伙伴的不满。

以国美和苏宁为例，这两家大型零售企业在运营中都采取了"类金融"的商业模式。它们在与终端消费者的交易中，选择现金结算，但在与供应商的交易中，则选择3~4个月的延期结算，这就使得供应商的资金被占用了3~4个月。此外，两家企业还会收取厂商的入场费、管理费、上架费等各种费用。通过占用供应商资金、收取各种费用，国美和苏宁占有了可观的账面资金。这种"吃供应商"的结算方式，虽然为国美和苏宁带来了大量的利润，但是对于供应商来说，则是苦不堪言。有底气的合作伙伴就会选择自建渠道，不再与国美、苏宁等零售渠道合作，正如格力电器与国美的冲突。电子商务等新零售渠道在中国的快速崛起，其中一部分原因就是大量合作商不堪传统大型零售渠道带来的重负，而纷纷探寻新的发展之路。一旦有符合这种需求的新模式或渠道出现，对原有模式和渠道将是颠覆性的革命。

在企业对外合作的过程中，服务政策是企业服务行为的指导性文件，需要明确企业为合作伙伴提供的服务内容、流程、保障措施等。在现实中，很多企业都制定了完善的客户服务政策，而对合作伙伴服务政策的关注相对较少，这就需要加强对合作伙伴的服务意识，将服务合作伙伴放到与服务客户同等的地位。在制定服务政策时，要秉着"利他"之心，不能仅仅为了"提高"自身利益，而忽略了合作伙伴的诉求。

从长远来看，若没有相关合作伙伴服务政策的保障，企业也难以与合作者建立稳定、可持续的伙伴关系，更无从发挥企业的外围资源竞争优势。合作模式、交易形式、结算方式等内容，更是服务政策中的重中之重，要本着相互尊重、互相支持、公平合理、便利高效、互惠共赢、共同发展的理念，进行合作政策及服务政策的顶层设计。

总之，要将服务合作伙伴与服务客户放在同等地位，通过制定合作伙伴服务政策来体现出相互尊重、互相支持、公平合理、便利高效、互惠共赢的理念，保障合作伙伴服务的实施。

模块九十八：维系优化

维系优化是服务价值、服务政策的具体实施措施，一要制定与合作伙伴沟通的方式方法，即用什么样的形式、方式与合作伙伴进行关系维系；二要制定具体实施计划，即服务政策是如何执行落实的。同时，在实施维系计划的过程中，要不断进行总结和提出优化方案，以求得合作伙伴服务价值最大化、协同效应最优化。

就像客户关系需要维系一样，企业与合作伙伴的关系也需要进行维系。对合作伙伴关系的维系优化，就是通过制定相关的计划，促进企业服务政策的落地实施，并在此过程中，对计划的实施效果进行反馈、优化。企业也可以通过不定期的维系活动，来保持与合作伙伴的沟通与互动。维系计划的有效实施，不仅能使企业的服务价值得以实现、服务政策得以落地，还能在企业有新业务需求时，快速与合作伙伴建立联系，以此减少双方的沟通成本。这在效率至上的商业环境中，可以高效提升企业的运营效率，形成竞争力。

与合作伙伴保持良性沟通，是维系伙伴关系中至关重要的一环。在实践中，有不少企业都会定期举行合作伙伴大会，以此来保持与合作伙伴的沟通，比如腾讯、华为、中国移动等。企业召开合作伙伴大会，除了维系伙伴关系以外，还能向伙伴释放企业的最新动态、提供新的合作机会等，通过确定新的发展方向，来带动合作伙伴探索新业务。如中国移动2018年的合作伙伴大会以"5G连接新时代"为主题，向合作伙伴展示了中国移动的发展方向，包括基础设施升级、数据中国建设、探索新业务模式、构建生态体系等。这些改革方向，隐藏着中国移动的新合作需求，通过建立新的合作关系，可以带动双方朝着共同的目标前进。

不管采用什么样的维系方式，目的都是促进企业的服务政策得以有效落地，并与合作伙伴保持协同沟通与情感联系。除联谊会、日常访问、年会等原有的维系方式外，企业还可通过软件、系统、数据共享、硬件支持等方式，为合作伙伴提供业务支持。这种业务支持型的关系维系，是对日常客情维系的一种升级，具有给合作伙伴加持和赋能的作用，能够帮助其提升生产效率，同时也能确保企业业务的实施进度。同时，软硬件、数据、系统等多方面的支持，也有利于合作双方的信息互联互通，有助于高效、快速地构建协同效应，促进双方形成利益共同体，也在更大程度上拓宽了合作双方的深度和广度，进一步强化了双方的合作关系。

在微软[①]的理念中，合作伙伴是其取得成功的关键因素。为此，微软很关注合作伙伴

---

① 资料来源：https://www.microsoft.com/zh-cn/microsoftservices/partners.aspx.

的满意程度，也投入了大量资源，用于发展合作伙伴的合作授权、参与、支持和沟通等活动，希望以此来帮助伙伴利用微软产品提高生产效率，进而增加微软产品的覆盖率。首先，微软为伙伴提供了授权服务，推出了许多有关解决方案的知识、方法和工具，并且通过多种支持渠道，将这些知识、方法和工具分享给合作伙伴，另外还为其提供研讨会和课程，帮助伙伴开展实践和支持方法的培训。其次，微软服务通过MSPA（Microsoft Partner Advantage，包括：问题解决与支持、研讨会、咨询服务、在线资源等）为伙伴提供端到端的服务，让微软的顾问与其协同工作，并且为伙伴提供专业知识，以此来帮助伙伴降低项目风险。再次，保持与合作伙伴的沟通。微软通过全球开发者大会、合作伙伴委员会等途径，来促进、维持与合作伙伴的交流和沟通。最后，微软持续关注合作伙伴的满意度。在与地方或区域合作伙伴的合作中，微软开发了Services Partner Lead产品；在与全球联盟合作伙伴的合作中，微软开发了Services Partner Director产品。在专业工具和持续反馈的基础上，微软与伙伴协同工作、相互促进，这也给了微软持续为伙伴服务的机会，实现了微软为伙伴服务的价值。

总之，可通过制定相关计划、组织相关活动来维系合作伙伴，通过真诚服务来促进合作双方的沟通与协同，稳固合作关系，与合作伙伴形成利益共同体。

服务是企业价值的重要组成部分，产品是硬价值，服务是软价值。过去，很多人把服务的对象局限于客户服务中，如今，我们意识到服务应该是全面而广泛的，不仅要为客户服务，还要为员工、合作伙伴服务。

我们常说，"将欲取之，必先予之"，意思是要想从他人那里得到东西，就必须先给他东西。这句话同样适用于企业的经营活动中，企业要想让客户满意，就要服务好客户；要想员工积极工作，就要服务好员工，当员工感受到了企业的服务时，也会将这份服务意识传递到客户身上；想要获得合作伙伴的忠诚，也要服务好合作伙伴，当商业合作伙伴感受到企业的服务后，就会用心去服务企业，用心去帮企业解决问题。为员工服务和为合作伙伴服务，是对客户服务的延伸和拓展，有利于客户服务的实施。

当然，"物极必反"的道理也适用于企业的服务，企业对员工、对合作伙伴和对客户的服务需要一个度，既要经营人心，也要识得人性，更要避免过度服务带来的财务压力。同时，企业若过度服务员工，容易让员工变成温室中的狼，逐渐失去了狼性而没有了战斗力，进而被对手超越，被市场淘汰。

【本篇结语】

　　"器"是企业精雕细琢后，对外输出的内容，包括技术、产品和服务这三大板块的内容。众所周知，科技是第一生产力，技术就是第一科技，产品是生产力水平的表现，技术与产品都属于生产力的范畴，而服务包含了企业对内对外的人与人之间的关系，属于生产关系的范畴。因此，在经营罗盘中"器"包含了生产力与生产关系的问题。技术与产品决定了服务的目标与标准，而服务一定要围绕着生产力开展才有意义。

　　按照恩格斯的观点，从本原看，生产力是具有劳动能力的人和生产资料相结合而形成的改造自然的能力。提高企业的生产力水平首先就是要提高企业技术水平，这就要求企业要根据自身实际，潜心研究，注重积累，掌握核心技术，才可能在市场中占据有利地位。而且还要清醒地意识到，企业掌握一时的核心技术是不够的，还需要长期地进行技术投入，不断进行技术开发和积累，关注技术的创新性，尽量开发具有创新性、能够引领行业技术变革方向的技术，以此提升和巩固企业在行业中的技术领先地位。可以肯定地说，技术是企业生存的基石。

　　产品是供人们使用和消费，并能满足人们某种需求的东西。需要通过科学的投产管理、质量管理来确保产品的品质。由于人与人之间的需求是不尽相同的，因此产品就需要有多样性。在产品同质化严重的今天，企业要想在竞争中获胜，就需要对产品进行差异化设计和定位，既要抓住消费者特性化的需求，还要满足个性化的消费习惯，同时还要体现产品的价值化，因为产品是企业价值的载体。

　　在服务方面，包括对内服务和对外服务，对内主要是做好对员工的服务，对外需要做好对合作伙伴和客户的服务，所以目光不能仅仅只局限于客户。做好服务也是经营罗盘一直坚持"以人为本"管理思想的具体体现，因为服务是企业建设的软实力。

【案例品鉴一】华为之硬"器"

近些年来，华为通过手机等终端业务，逐渐进入普通大众的视野，也被更多人所熟知。书店中，各种有关华为的商业书籍，有关华为创始人任正非先生的语录等都成为畅销书。这些关于华为的商业书籍受到热捧，都在证明着华为的成功。在大多数有关华为的商业书籍中，是在介绍华为的组织架构、华为的利益分配制度、任正非先生的管理思想，却少有是基于技术层面的。诚然，组织架构、利益分配、管理思想等方面成为华为独一无二的特色，但是，在技术和产品上的打磨，亦是华为几十年来发展的根本。

在此介绍几个华为攻克技术难题的案例，以此来了解华为在技术和产品方面做出的努力。这些案例来自《华为人》——华为的心声社区。

一、深厚的技术能力

2013 年，华为硬件研发部门收到反馈，某款面向海外发售的手机出现了一定规模的充电黑屏，继而无法开机的现象。出现这一现象之后，华为立即制定了维修计划，把故障手机紧急运回国内。在拆机过程中，华为的硬件工程师们发现，这些故障手机的电源芯片已经烧坏。于是，华为将这些烧坏的芯片投递给供应商，希望供应商能够协助找出问题所在。遗憾的是，供应商给出了两种问题成因，最后都被证明并不是正确结论。在与同行的沟通中，华为发现，采用同一家电源芯片的手机，或多或少都出现了同样的问题。但是，无论是供应商，还是同行的其他厂家，对于这一问题都束手无策。

为了解决这一问题，华为组建了专门的攻关小组，小组成员主要是来自华为"2012 实验室"的专家。攻关小组提出了一个解决思路，将该款电源芯片一层一层地"片"开，然后再来寻找问题成因。这个办法听起来很简单，但是实际操作却是有一定的难度，要把已经烧坏的电源芯片层层剥开，需要极强的工程能力。这种工程能力，国内也只有少数几家专业实验室具备，而当时的国内手机厂商是完全不具备这种能力的。

为了找到故障的真正原因，华为下定决心要攻克这个技术难题。于是，华为人每周"解剖"一块烧坏的芯片，连续半年，在"解剖"了几十块芯片之后，终于找到了故障原因，即电流击穿了芯片的衬底层，衬底层出现小孔，导致整个芯片发生短路，进而烧毁了芯片。在找到事故原因之后，华为很快提出了解决方案。在那以后，华为的手机就再也没有出现过电源芯片烧毁的事故。除此之外，华为还将自己"解剖"得来的故障原因共享给了供应商，并帮助供应商建立了解决方案，这也是服务供应商的一种做法。

华为曾经有一款手机出现了少量的手机黑屏故障，故障原因是连接线与主板之间的粘接不良。在当时，供应商的主流水平都无法使工艺达到完美，总是会有少量的次品，因此供应商并没有积极解决这个问题。但是华为知道，客户不会去关心手机故障是来自于哪个供应商，对于客户来说，手机出了故障，那就是华为的问题，需要华为承担。为了解决这款手机的黑屏问题，华为从芬兰请了三位资深专家。三位专家到生产一线去进行考察，认真分析了每一道工序和每一个制造参数。最后发现,这个故障的原因是黏结剂的问题,在发现问题之后,华为便很快解决了这个故障。

对于华为来说,除了依靠供应商之外,他们还会依靠自身的技术实力,尽量去分析和解决每一次故障,这得益于华为深厚的技术积累和技术能力。

二、增加技术投入,加强质量管理

随着产品被广泛地接受,华为的大多数产品都有了较高的出货量。这些产品拥有几十万台、甚至上千万台的出货量,一旦出现问题,即使是很小的比例,也足以影响到许多客户了。因此,为了加强产品的质量管理,华为于2014年开始,打造了一套"鹰眼"系统。"鹰眼"系统的目标是全天候监控生产,把问题产品留在公司,而不是流向客户。

在"鹰眼"系统的最初阶段,系统通过两类数据来监控生产信息。第一类数据是生产车间数据,这条数据监控线能够实时观察每一条生产线、每一个生产工位。一旦出现故障,或者良品率波动,就会触发系统警报,工程师就能及时介入,避免问题大规模爆发。第二类数据是售后网点的维修数据,通过维修网点反馈的故障数据,后台就能够识别出高发故障,然后从内部开始分析故障原因,并且从生产线和生产批次进行排查。

在"鹰眼"系统的监控下,华为的某一批次手机有一部分出现了异常。经过故障排查,华为确定了故障原因,是由于一个电感发生短路,影响了手机特定频段的通话。虽然特定频段受到影响,但是大多数用户是很难感受到这种影响的。在这种情况下,华为毅然选择将整个批次的手机进行隔离。最关键的是,这块电感的维修难度很高,要想维修,就需要更换整块主板,维修成本高达上千元,而整个批次生产了三十万台手机,如果这个批次的手机全部进行故障维修,那就意味着近3亿元的损失。幸运的是,经过检查,只有少量手机出现了故障。

在这次事故中,出现故障的电感来自上游供应商。华为在经历了这场风波以后,清晰地意识到,即使公司生产线能够实时监控生产,但是原材料的生产过程却是公司难以把控的。为了避免类似事故的出现,华为决定将"鹰眼"系统与供应商共享。供应商的生产数据通过"鹰眼"系统,实时传输到华为,这就大大提高了"鹰眼"系统的监控范围。

华为的"鹰眼"系统帮助其提高了质量管理水平,而将该系统共享给供应商,更是实现了"三赢"的局面:华为能够监控更广泛的范围,供应商能够提升质量管理水平,客户更容易买到好产品。

除了"鹰眼"系统,华为在质量管理方面还有很多投资,包括耗资七八亿元打造的音视频检测、老化检测、跌落试验等一系列自动化检测设备。这些设备的筹建,帮助华为在产品的质量管理上取得了不俗的成绩。

三、远超行业标准的产品质量

除了花重金提升质量管理水平以外,华为还在质量标准上表现出了更高的追求。尤其是在研究用户的使用场景之后，如果行业现有标准无法满足客户的使用需求，华为就会主动提高自家产品的质量标准。

2015年，"鹰眼"系统通过售后反馈的维修数据，识别出一项高发的故障——无法开机，这种现象几乎波及当时在售的每一款手机。经过深入的数据研究，华为的研发人员发现，这样的故障在夏天比在冬天更容易出现，在重庆和湖南、湖北地区比较集中。通过反馈数据来看，这些手机故障的用户并没有特殊的使用习惯。因此，工程师将目光聚集到了气候因素，他们假设气候是造成故障的主要因素，为了验证这个假设，他们提出了高于行业标准的测试方案。

在行业内，对手机进行测试主要是采用的"6090"标准，就是让手机在环境温度为60℃，空气湿度为90%的情况下运行几天。为了验证之前的假设，华为将检测标准提高到"双85"（环境温度85℃，空气湿度85%），测试时间延长为10天。在"双85"标准下，元器件腐蚀、分层、短路等各种故障被暴露出来，于是华为将问题反馈于供应商，向供应商寻求解决方案。很多时候，供应商认为华为的质量要求实在过于"苛刻"，在某些情况下，供应商自身没有技术能力解决故障。在这种情况下，华为会动用自己的技术力量，尝试攻克难关，最后再将解决方案共享给供应商。

华为通过高标准来发现问题、暴露问题，然后和供应商一起制定解决方案的行为，不仅提高了产品的质量，更是推动了整个产业链的质量升级。

【案例品鉴二】视源股份之软"器"

广州视源电子科技股份有限公司(简称视源股份,或CVTE)于2005年12月在广州市黄埔区注册成立。视源股份的主要业务包括:液晶显示主控板卡、回忆智能平板、工业电源、智慧教育等。其中,液晶显示主控板卡是视源股份最早涉及的业务。如今,该项业务已经占据了全球30%的市场份额,在该领域内,视源股份已经成长为龙头企业。视源股份旗下还有两大成长迅速的品牌,分别是智慧教育的品牌希沃(seewo)和办公协同品牌MAXHUB。这两个品牌一经推出,便受到市场的热烈反馈。

在奥维云网发布的《2017年中国会议平板市场研究报告》中,MAXHUB荣登中国会议平板的销售榜首,市场份额高达25%,远超第二、第三名市场份额的总和。奥维云网的报告《2017年Q3中国B2B IWB市场研究报告》显示,在2017年第三季度IWB(交互显示产品:包含投影白板和交互智能平板)市场中,视源股份旗下的seewo销量占据总销量的29.1%,居于第一位。seewo的销售额占整体销售额的37.7%,同样冠绝同行。

大家都说创业难,尤其是实体企业创业更难。视源股份于2005年成立,正是中国互联网快速发展的阶段。在互联网高速发展的大环境下,视源股份能够在实体行业快速发展,在管理上必有其独到之处。在此简单介绍视源股份在为员工服务方面做出的努力。

一、尊重员工,从细节开始

视源股份的每位新员工入职当天,都会有专车到机场或者车站接站。新员工进入公司后,会有专门的工作人员将其带领至工位,并且向新员工介绍周围的同事。每一位新员工来到办公桌前都会发现,办公桌上早已准备好了办公用品,还有欢迎小卡片。新员工下班乘坐公司班车回宿舍,还会发现宿舍门口也写好了欢迎致辞。更令人惊喜的是,视源股份已经为新入职的员工准备好了牙刷等洗漱用品,实现了真正的"拎包入住"。

二、服务员工,从生活保障开始

视源股份的领导说过:"福利是减少员工工时浪费,提高企业效率的方式。如果员工因为衣食住行方面的困扰而花费精力、浪费时间,这是对企业效率的浪费。要让员工有归属感,就要让他先有安全感。"

为此,视源股份在员工福利和生活保障上做出了很大的努力。首先是餐饮服务,视源股份拥有星级标准的餐厅,为员工提供免费的一日三餐,此外还有咖啡、加班餐以及各种零食。视源股份还有自己的电影院、健身房、音乐厅、运动场等休闲娱乐设施,这些都极大丰富了员工的业余生活。

高规格的幼儿园帮助员工解决了孩子读书的问题,健康管理中心为员工及家人提供免费体检。尤其是为员工父母准备的体检,公司会承担员工父母体检过程中的一切食宿问题。当公司为员工解决了这些后顾之忧,员工自然就会在工作中全力以赴了。

三、鼓励员工发挥特长

在视源股份，有一个被大家熟知的故事。曾经有一位女工程师非常喜欢绘画，于是这位工程师找到 HR，并且向 HR 表达了自己喜欢绘画，希望能够换一个工作方向。在 HR 的鼓励和公司的支持下，这位工程师成立了视源股份的工业设计团队，该团队帮助视源股份设计了 VI 和 CI 系统，进行各种汇报 PPT 制作等设计类工作。

在视源股份内部，只要员工觉得自己不适合当前工作，都可以向 HR 明确表示，HR 会结合员工的性格特点、兴趣爱好等，帮助员工在公司内寻找其他合适的岗位。如果现阶段没有合适岗位，公司就会鼓励员工自己思考，是否可以成立新的团队，就像上述那位女工程师一样。

四、平等包容地对待每一位员工

视源股份的管理哲学表示，即使是公正的领导者，都可能在工作中出现偏颇，员工可能欺骗领导，但是无法欺骗同事。因此，在视源股份，员工的薪酬是由同事评定的，而不是由领导决定的。比如某部门的薪资预算总额为 20 万元，部门共 5 人，每人拿多少薪资，由同事们讨论决定，而不是由领导决定，员工薪酬也是完全公开透明的。此外，视源股份还致力于营造平等的办公环境。公司任何管理者都没有独立办公室，管理者需要和员工在一起办公，董事长的子女和一线员工的子女也在一起上幼儿园。在部门例会上，员工和管理者的任何优缺点，都可以被公开指出，大家不用担心指出对方缺点后受到报复。

视源股份认为，管理者听不到真话是管理最大的难题，员工不敢说实话，管理者就无法看清企业的现状。为此，公司采用了扁平化的组织架构，员工在工作中遇到任何问题，有任何想法，都可以直接与管理层进行讨论，而不需要逐级上报，以保证每一位员工的声音都能被管理者听见。

第六篇 谋利
——熙熙攘攘 皆为利往

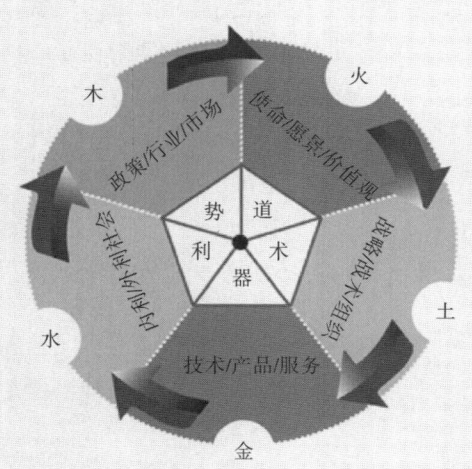

天下熙熙，皆为利来；天下攘攘，皆为利往。
——司马迁《史记》

【本篇开卷】

中国的先哲老子在《道德经》中说道："无私方能成其私。"这也告诉企业经营者若善于分享"利"，自然是财散人聚，继而成就自我，创造更大的"利"。企业若只顾获"利"而不分"利"，自然是财聚人散，终会难以为继。现代管理学之父彼得·德鲁克在《管理的实践》中指出："追求最大利润是否为企业经营的动机仍值得商榷，但企业绝对需要赚取足够的利润，以承担未来的风险，至少需要获取必要的利润，以保存生财资源，继续在现有行业中求生存。"

什么是企业经营中的"利"呢？狭义的利，是企业经营活动所获得的经济利益，经营罗盘中的"利"，是企业在经营活动中创造的价值总和。广义的利，是连接人类活动的根本，是形成组织及完成目标的主要动因。企业在经济活动中不可能独善其身，这就要求企业不仅要考虑自身的"利"，也要考虑他人的"利"，以此建立一个"利"的共享机制，即内分配，外共赢。通过"利"的分配与共赢机制，充分调动企业内外部成员的积极参与性，建立企业与员工、合作伙伴、社会之间的共生关系。

马克思曾说过，"人们奋斗所争取的一切，都同他们的利益有关。"个体层面的"利"，就是"物、情、名"这三样东西。人从出生那天开始，就需要吃穿住行，需要亲情、友情、爱情，也需要名号。从个人生存空间，到在亲朋好友中的位置，再到社会地位的获得，人的一生都在追逐这三样东西。人的勤劳与懒惰、贪婪与自私、勇敢与善良，还有喜怒哀乐与七情六欲，皆因受制于这三样，这是人性的本质，也是客观规律。既然"利"与人的本质紧密相关，那么相对于企业经营管理来说，如何看待"利"、谋取"利"、分配"利"呢？

开卷有益——让我们从这里开始认识经营罗盘中的"利"。

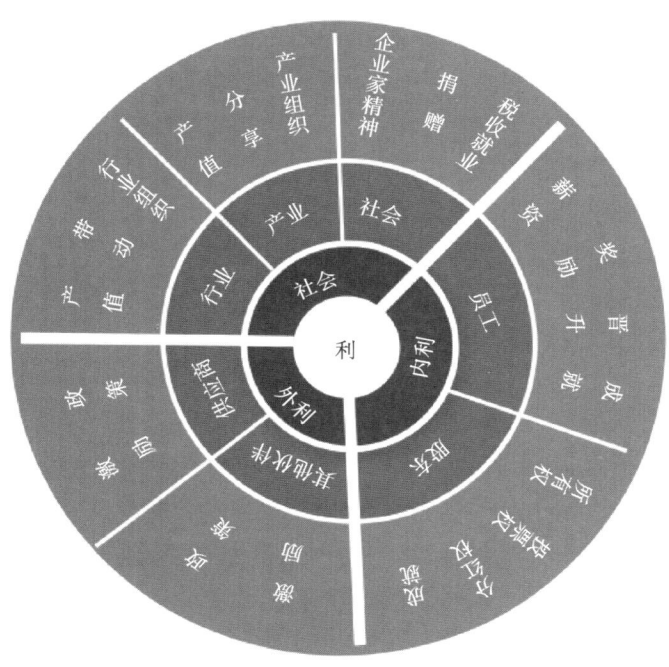

"利"设计路径模型图

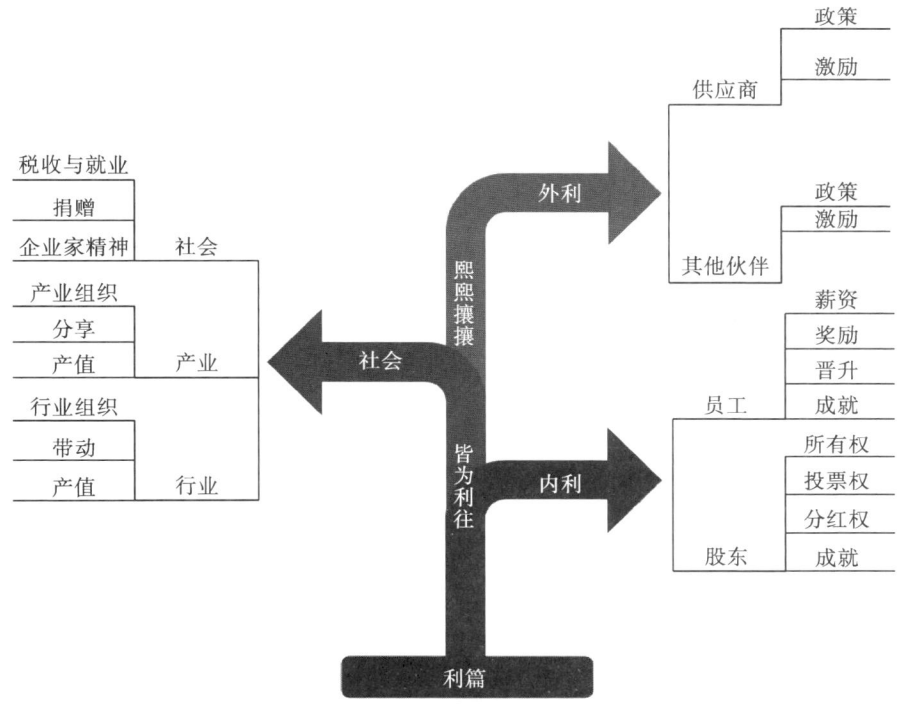

经营罗盘(利篇)思维导图

第十五章　内利——给予企业合力

企业在发展过程中，必然会遇到诸多的"内忧外患"，但总的来说，只有先解决好内忧问题后，才可以齐心协力对付外患，所以有一句话叫"攘外则必先安内"。在企业经营中，安内就是保持内部稳定，让员工和股东与企业同舟共济。

古有"治民之要在乎因民之利而导之，顺民之意而能之"之说，告诉人们"治民"的要义在于根据民之利益进行引导；外有马斯洛的需求层次理论，告诉人们人类的需求从低到高可分为：生理需求、安全需求、社交需求、尊重需求和自我实现需求。由此可见，安内的主要方法在于满足不同层次的需求，即做好利益的分配。

按马斯洛的需求层次理论，利可分为物质层面的利和精神层面的利。根据企业的利益分配实践，利益的分配方式可分为按职责分配、按贡献分配、按价值分配。

按职责分配——在人岗匹配的基础上，根据岗位职责进行的薪酬匹配。它解决的问题是人、岗、薪之间的匹配，促进任职者尽职尽责。

按贡献分配——根据任职者的贡献大小进行利益分配。通常以物质奖励和精神奖励的方式体现，贡献越大、奖励越大；贡献的时间越长，所得的利益也越多。

按价值分配——指在价值评价的基础上，通过设计多元的价值分配形式来回报员工对企业的贡献，满足员工的需要。个体在组织中的价值体现包括独特的价值、无人取代的价值等，价值的分配形式包括分钱、分权、分名等。

对企业来说，员工是企业价值的主要创造者，是企业发展的中坚力量；股东是企业的投资者，获得企业发展收益的同时也承担了风险。企业的发展壮大是基于股东，生于员工，发于客户，不论企业秉承的理念是"员工第一"，还是"以客户为中心"，抑或是"股东至上"，员工和股东都是缺一不可的发展推动者，也是不可轻视的"内利"共享者，需要企业做好利益的分配，把握好利益共享的节奏。

本章主要从员工和股东两大维度，共八个模块来探讨企业内利的分配与共享。

第一节　员　　工

每家企业的生存发展都离不开员工，在竞争愈加激烈的今天，没有人才支撑的企业就如同一潭没有微澜的死水。大家都知道"问渠哪得清如许？为有源头活水来"的道理，企业要得"清如许"，就必须寻得人才这一"活水源头"。管理学家杜拉克曾指出："管理工作的第一个不变真理，是要发挥人的力量，减少人性的弱点"；IMB公司总裁汤姆森·华特森说："企业成功与失败的真正差别在于是否能激发员工热情"；华为公司创始人任正

第十五章 内利——给予企业合力

非说："企业持续发展的动力不是人才的问题，而是利益分配的问题。只要利益分的好，不是人才也会变成人才"。由此可见，通过有效的利益分配来用好人才、激发人才，对企业的发展具有重要推动作用。

非暴力沟通创始人马歇尔·卢森堡指出："我们所有的行为，都是为了满足自身的需求和价值观"，员工在企业中的成长历程，就是其需求得到不断满足的过程。薪资是满足其生理需求和安全需求，奖励是满足其受尊重的需求，晋升和取得的成就是满足其自我实现的需求。

在这里主要从薪资、奖励、晋升和成就等四个方面去探讨企业对员工的需求满足和利益分享。经营罗盘在"术篇"当中就组织中如何定薪和激励潜能有过深入地阐述，主要讲述方法与手段，本篇则是主要阐述薪资分配与奖励中出现的问题该如何避免，以及需要应该注意的问题，主要讲述本质与目的。

模块九十九：薪资

薪资作为满足个体基本需求的物质利益，是员工付出劳动的一种回报。

从企业的角度，薪资既是根据自身实际组建最优团队的"邀请函"，又是调动员工欲望和动力以达成经营目标的"能量棒"，还是优化企业人力成本、平衡财务杠杆的"调试器"。

从员工的角度，薪资是个体价值的直接体现，是满足基本生活和基本物质要求的保障，是个人安全感和企业归属感的前提，是为企业贡献应有的、甚至是超强工作能力的条件。薪资的构成情况、付出回报比、与同行同事相比较的情况、对提升薪资方式的了解等内容，都是影响员工个体感受的因素。

现实中，一些企业对于员工的薪资都是本着"节约公司每一分钱"的原则，打着"大河无水小河干，大河有水小河满"的口号，行着"既想马儿跑，又不给马儿吃草"的策略。员工也本着"池中游着的大鲤鱼，不如桌子上的小鲫鱼"原则，直接导致了"推诿扯皮的多，精益求精的少""敷衍了事的留，用心做事的走"。最终结果是在这场零和的博弈游戏中，两败俱伤。

逐利是人之本性，企业和员工追求利益的动机本是无可厚非，但两败俱伤的结果却也是事与愿违。从企业成长的角度来看，企业经营发展的实质就是从利己到利他的思维转变，从小我到大我的价值体现。这要求企业要有"小俭大舍"的智慧，当规模较小的时候，可以节约一点；但达到一定规模之后，一定要在对待人才上不吝惜钱财，明白"天生我材必有用，千金散尽还复来"这一通俗的道理，因为企业发展到一定阶段，面临的是"转型与升级"的局面，"转"的是不断符合市场需求的产品与服务，"升"的是人才梯队的晋级，这时候多付出一点，人心就在，利便会来。

那企业该怎么根据自身实际，进行薪资水平的设计呢？可从以下几个维度进行考量。

一、处于不同地区、不同行业的企业，通常具有同岗不同薪的情况。

国内与国外、国内各地区之间的经济发展水平有着较大的差距，由此带来的薪资水平也有着较大的差异。企业可针对不同的地区制定不同的岗位薪资水平，如位于深圳和成都的分公司，针对同样的岗位，可设置不同的薪资水平。其中，城市薪酬差异系数（salary difference index，SDI）便是一个可供参考的数据。

城市薪酬差异系数（SDI）是由太和顾问进行计算、制定的，主要以开展的薪酬调研数据为依据，参考各级统计局公布的社会平均工资、城市GDP、城镇居民人均可支配收入等指标，综合计算而来，可帮助企业更加直观、准确地了解中国各地的薪酬水平以及差异。城市薪酬差异系数通常以北京为基准，对其他城市进行对比计算，如在2018年，北京的SDI为1，上海为1.02，深圳为0.99，杭州为0.89，成都为0.86，三亚为0.76。这里的CDI只是一个重要的参考工具，企业在不同地区进行同岗位的薪资区别时，还需根据具体情况进行，如在成都来自深圳派遣和来自成都本地的员工应执行不同的薪资水平。

二、处于不同发展阶段的企业，薪资水平的设置也有较大差异

（1）初创期的企业。由于竞争力不强、知名度不够、发展不稳定等特点，往往需要具备竞争性的薪资才能网罗到人才。

可口可乐公司进入中国时，就采用高薪策略吸引了大批优秀人才。尽管当时的可口可乐在中国属于初创期，但其母公司具有雄厚的资本。而对于资金紧张的初创企业来说，单纯的高薪用人就显得不切实际了，这时可采用"基本工资+股权"的形式。阿里巴巴在创业初期，马云在湖畔小区聚集了17人进行动员大会，后来成为助推阿里巴巴走向辉煌的"十八罗汉"。可这17人当时的月薪仅有500元，更被人们津津乐道的是蔡崇信放弃了当时年薪百万的工作，千里迢迢前来跟随。领着500元的月薪，但这17人当时拥有阿里巴巴30%的股份。

（2）快速发展期的企业。由于市场占有率的提高、资金流速的加快、扩张的需求加剧等，需要更多的专业人才和高素质人才，这时薪资的设置除了具备外部竞争性，也需要重视内部的公平性，还需要强调人才的长期激励性。这时期的薪资可采用多种形式的发放方式，如"基本工资+绩效+福利"的形式可形成外部竞争性、内部公平性和短期激励的作用，"基本工资+绩效+股权/期权+福利"的形式在前者的基础上可产生长期激励的效果。

华为公司在发展中制定了针对"奋斗者"的虚拟股，公司98.99%的股份由员工持有。其中，30%的优秀员工集体控股，40%员工按比例持股，剩余由新员工和低级员工适当参

股[①]。这不仅充分体现了对人才的尊重，兼顾了各方的利益，更是将员工和企业结成了利益共同体，起到了明显的激励作用。

(3) 成熟稳定期的企业。由于知名度、市场占有率等方面的成熟，各职能组织能力也发展成熟，这时期的企业需更加注重薪资的内部公平性与竞争性。由于团队协作能力的要求增强，需在个人薪资设置的基础上，注重体现团队绩效的团队薪资。

(4) 处于衰退期的企业。此时企业往往是走向了发展的低谷，这时由于财务情况恶化、市场表现疲软等，会出现裁员、离职率升高、组织士气下降等现象。这时期的企业在剥离危机业务的同时，也需人才对发展业务的大力支持，但强调个人的绩效薪资和长期激励往往不具意义，而对关键人才的较高的短期薪资和福利却更为合适。

三、薪资水平的设定应该是与每一岗位的每位任职者相关联的

不同的岗位对企业有着不同的价值贡献，存在着不同的工作内容和工作要求，其薪资水平自然应该有所差异。同一岗位的不同任职者因工作态度、工作能力的差异，对企业有着不同的价值贡献，不同的价值贡献自然也应该有不同的价值回报。为此，企业在进行薪资设计时，可以秉持"为岗位付薪、为人才付薪、为绩效付薪"的薪资支付理念，进行不同岗位的薪资等级设计。

美的集团的空调事业部在设定薪资水平时，本着"员工贡献与报酬对称"的原则，采用了岗位职级序列工资制。将薪资的分配以岗位特性和工作绩效为依据，收入的绝对高低由岗位特性决定，收入的相对高低由工作绩效决定。其中，管理人员的薪资由岗位工资、绩效收益和年资工资构成；技术研发人员的薪资由基本薪资、项目薪资和年资工资构成；营销业务人员的薪资由底薪、提成和年资工资构成。

四、薪资水平的设定与企业自身的利润和财务预算紧密相连

以静态的视角来看，员工薪资的增加会提高企业成本，从而降低利润，二者看似对立、此消彼长。根据有关学者对923家企业的调研数据表明，企业利润和员工工资之间可以相互促进，当利润水平和工资水平较低时，这种相互促进关系并不成立；当利润和工资超过特定水平后，工资的增加才会促进企业利润的提升；企业利润越高，越愿意与员工分享利润，使员工工资增加，越有助于提高企业利润，如此形成良性循环关系[②]。但众多大企业的轰然倒下也告诫人们：不能让高薪和加薪成为固定成本，高薪和加薪应该是面向创造了更高价值的员工，或满足了更高标准的员工。正如华为公司的高薪主要是面对奋斗者，而对于一般的劳动者，则按法律相关的报酬条款，保护他们的利益，并根据经营情况，给予

---

① 黄志伟. 华为人力资源管理. 苏州：古吴轩出版社，2017.
② 赵红梅，吴婷，周云波. 企业利润与员工工资的门限效应研究——基于天津市滨海新区企业数据的分析. 劳动经济研究，2016(6)：108-126.

高于市场的报酬。

通常情况下，企业总是需要追求利润回报的，并希望影响利润的收入和支出处于可控范围内。薪资水平的设定自然与企业的财务预算紧密相关，合理的财务预算能够有效地指导薪资水平的制定，薪资水平的范围则能够有效地体现出财务预算的指标，二者相互影响，在企业的发展过程中都起着重要的作用。值得注意的是，薪资对员工来说不是真正的福利，企业对员工的激励措施才是重要的福利之一。企业在设置薪资的激励因素和指标时，是在考虑财务预算指标的基础上进行的。科学、合理的考核指标和激励指标，在有效激励员工工作的同时，也需符合定期的财务预算指标，而不至于带给企业难以控制的经济负担。财务指标的设定，不单纯是财务部门的决定，而是基于内外现状，基于上下的充分沟通而设定的。财务预算的指标在控制成本的同时，也重在创收、重在激励，以使员工明确努力的方向和努力的量化结果。

总的来说，薪资是员工工作的价值体现，是对其安全需求、生活保障、成就感的满足，是促使其努力工作的基本条件。企业在设定员工的薪资水平时，既要基于行业环境、区域环境等外部情况，同时也要基于企业发展阶段、利润情况、财务预算等内部情况，秉承"责任共担、利益共享"的理念，"多劳多得、优绩优酬"的分配原则，与员工构成利益共同体，在利他的同时，成就自己。

模块一百：奖励

奖励作为一种重要的激励手段，是激发人们荣誉感和进取心的措施，是调动工作积极性、挖掘潜能的重要管理方法。付出就想有回报，是人之本性，也是员工在工作中的真实心理写照。

现实中，许多企业也在不断摸索对员工的奖励形式，以期能激发员工的高效能工作状态，有的取得了良好效果，可更多的却是收效甚微，投入的资源也常常如石沉大海一般。

奖励的实施过程就是对以下三个问题的回答：奖励谁？奖励什么？该怎么奖励？

一、奖励谁——确定奖励对象的过程

趋利避害是人之本性，虽然人人都希望能得到企业不同程度、不同方式的奖励，可企业资源有限，往往需要奖励正确的人、正确的事。何谓"正确"呢？那就是受奖励的人和事应该以企业价值观为基准、以战略方向为导向。

在阿里巴巴的人才矩阵中，以个人能力和公司价值观认同为坐标，将员工划分为明星、瘦狗、野狗、牛和小白兔五大类，并对不同类型的员工施以不同的奖励和管理内容。对于个人能力强，且高度认可公司价值观的明星员工，在工作上倾斜资源，提供支持；在物质上慷慨分享，提供好的待遇；在精神上予以表彰，及时晋升。而对于业绩很好、价值观很差的"野狗"，以及价值观很好、业绩达不到要求的"小白兔"，阿里巴巴采用的是杀掉

"野狗"，淘汰"小白兔"的做法。

现实中，许多企业以产生的经济效益为导向进行员工奖励，这对于业务发展期和成熟期的任职者通常具有良好的效果，但对于新业务的发展、新领域的开拓却往往收效甚微，究其原因就在于老团队没有发掘新的动力。因为新业务、新领域处于发展初期，短期的收益贡献无法与现有的奖励机制相匹配，继而难以调动工作积极性，最终难见成效。这就警示人们，奖励也需战略引导，对实现短期利益的贡献者需要奖励，而对战略具有贡献，却不能产生立竿见影效益的人和事也需奖励。如，华为公司对于无法通过分享机制而获取奖励的贡献者，往往会为其设置单独的奖励措施，如晋升、配股、专项奖等，以此营造公平的环境，并达到激励的效果。

另外，奖励对象不同，奖励的内容和方式自然也有差异。如华为公司将员工分为普通劳动者、一般奋斗者和卓有成效的奋斗者，并对不同类型的员工施加不同的奖励方式和奖励内容。对于普通劳动者，是基于法律层面的利益保护和关怀；对于一般奋斗者，是高于同行的报酬和福利；对于卓有成效的奋斗者，是更高待遇、更高奖金和更多的晋升机会，以达到"重赏之下必有勇夫"的激励效果。

二、奖励什么——确定奖励内容的过程

在一些企业的员工奖励中，由于企业抱着"有钱能使鬼推磨"的僵化思想，过分专注于物质方面的奖励，使奖金成为工资的一部分，不仅没能持续提高员工工作积极性，反而淡化了奖励的激励作用，并且持续增加了固定成本。在回答奖励什么之前，先从影响奖励效果的双因素理论和需求层次理论说起。

双因素理论由美国心理学家赫兹伯格提出，亦称"激励——保健理论"。双因素理论将影响员工满意度和绩效的众多因素分为激励因素和保健因素。

激励因素是指能让员工感到满意的因素。激励因素的改善往往能使员工感到满意，并产生激励作用。激励因素通常与工作本身有关，包括成就、赞赏、工作本身的意义及挑战性、责任感、晋升、发展等。

保健因素是指造成员工不满的因素。保健因素的不满足，往往会让员工感到不满意，而保健因素的满足亦难以让员工感到满意，难以产生激励作用。保健因素通常是工作以外的因素，包括企业政策、管理措施、人际关系、物质工作条件、工资、福利等。

另外，根据马斯洛的需求层次理论，可以得知人的需求是多个维度的，是动态变化的。不同时期内的不同个体，其需求不尽相同，产生激励的因素也往往有所不同，如具有挑战性的工作对于能力强的员工能产生激励作用，而对于能力不足、安于现状的员工则是灾难；薪资福利对于发展期的员工往往是激励因素，而对于物质条件相对优渥的员工则难以取得同样的激励效果。

这两个理论说明，针对多样性、动态性的人性需求，物质奖励是必要的，它可能是给

员工带来满足的激励因素，没有它会导致员工不满，可过于频繁和易得的物质奖励也会由激励因素变成保健因素，从而失去奖励的意义。

企业在实行员工奖励时，可根据企业现状和员工需求，进行精神奖励与物质奖励的结合，具体来说就是分钱、分权、分名。分钱是对贡献者的利益共享，是最直接、最基本的奖励方式。分钱对于企业来说，是和赚钱一样重要的事。

任正非曾经说过："华为公司发展到今天，我自己没做什么实质性的贡献，如果一定要说有什么贡献的话，就是华为在分钱的问题上没有犯大的错误。"成功的企业往往都深谙分钱之道，如时任联想集团CEO的杨元庆，在2012年和2013年都自掏腰包为基层员工发放奖金。分权是将生产管理的决策权分给核心员工，有效的分权、授权往往能激发一线员工的活力，调动其工作积极性。如今，分权已受到越来越多企业的重视，如韩都衣舍的小组制、百度的小团队制、海尔的人单合一等组织模式，这些模式都是为了更好地进行权力下放和决策下移。

美的集团在"集权有道，分权有序，授权有章，用权有度"的方针指导下，制定了以"一个结合，十个放开，四个强化，七个管住"为主要内容的《分权规范手册》。分权是基于荣誉或名誉的奖励，是满足个体自我实现需求的有效方式。如，IBM针对出色员工的"蓝色精灵"称号，一年一度的"One team"奖项等；玫琳凯公司针对不同直销人员的"明星美容顾问""资深经销商""首席经销商"等称号；华为公司针对优秀员工的"明日之星""蓝血十杰""首席专家"等称号。

三、该怎么奖励——对奖励方式的思考

奖励的方式可结合奖励的内容进行短期和长期的思考。

短期奖励是最为普遍的激励形式，能将企业承诺迅速兑现。员工提高产值、提高效率、提高资源利用率、创造新价值等，都可以是设置短期奖励的依据，其主要的体现方式是薪资模式和及时奖励。薪资的构成内容和比例设置可以体现奖励的方向，如常用的宽带薪酬、浮动工资计划、弹性福利项目等。及时奖励是对薪酬模式中不包含的奖励内容进行补充，主要针对日常工作中的特殊贡献者和临时任务承担者。如在川航3U8633的挡风玻璃意外脱落事件中，对拯救了飞机上所有乘员的英雄机长刘传建授予了"中国民航英雄机长"的称号，并奖励了500万元的现金。

长期奖励是为了保持核心人才队伍的稳定，是将核心人才的利益与公司利益保持一致的重要方法，主要对应的有年度分红、职位晋升和股权激励等。其中股权激励通常包括现股、期股、股份期权、限制性股票等方式。如在2018年进行IPO的互联网公司中，小米、美团、51信用卡、拼多多、爱奇艺等企业都有针对优秀员工的期权、限制性股票、限制性股票单位、股票增值权等方面的股权激励。

总的来说，奖励是为了激励员工保持高效能工作状态的手段，是企业主动与员工分利

的行为。企业在制定奖励机制、实行奖励管理时，可从奖励对象、奖励内容、奖励方法等三个维度进行考量，以企业价值观和战略目标为指引，以内部公平性和外部竞争性为原则，在风雨兼程的路上与员工携手共进。

模块一百〇一：晋升

晋升是员工工作岗位或职称更进一步的过程，通常包括职位晋升、薪档晋升、职级晋升和职称晋升。

职位晋升—员工工作岗位的纵向升迁。如行政工作者从专员到主管，再到经理岗位的升迁。

薪档晋升—在职级不变时，薪资档位从低档到更高档位的横向晋升。如初入员工按照学历可分为本科1薪档、硕士2薪档、博士3薪档。

职级晋升和职称晋升—在特定岗位上的纵向升级。如专业技术人才从助理工程师到工程师，再到高级工程师等。

晋升通常伴随着更大的职权、更大的责任和更高的岗位要求，是对优秀员工的一种价值肯定方式。对于员工来说，"人往高处走""升官、发财"等想法都是人之常情，大部分员工都希望自己能在工作中得到更多的成长和晋升机会。北京外企人力资源服务有限公司开展的"最受员工欢迎的福利调查"显示，晋升机会的受欢迎程度达到73.1%，排名第三。可见，晋升对于大部分员工都有较强的激励作用。除此之外，科学、合理的晋升能为企业的选人、用人、育人、留人等人才管理工作提供重要支持，实现人才资源的有效配置。为此，企业需足够重视员工晋升机制的建立与梳理。成熟的企业往往都很重视员工的晋升机制建设。

中国联通为了促进员工的职业发展、体现员工的价值贡献，建立了常态化的员工职级、薪档动态调整机制[①]。其主要原则包括：以价值贡献为核心；以业绩和能力为导向、动态管理、能上能下；岗位工资正常增长。其晋升体系可概括为"两大体系，三种方式，九条路径"。

"两大体系"——指晋升基于的职位体系和人才体系。职位体系覆盖全体员工，员工可在职位体系内实现逐档、逐级、逐岗晋升；人才体系适用于高业绩、高能力的员工，员工可通过入选战略人才队伍实现快速晋升。

"三种方式"——指员工通过薪档晋升、职级晋升和岗位晋升"一横两纵"的方式实现晋升。薪档晋升是在员工职级不变时，薪档从A档至G档的横向晋升；职级晋升是指员工任职岗位不变时的职级纵向晋升；岗位晋升是指员工由标准等级较低的岗位更换至标准等级较高的岗位的纵向晋升。

"九条路径"——覆盖了全体员工的晋升路径，针对专业序列员工、管理序列员工、

---

① 资料来源：《关于中国联通员工晋升激励体系实施的指导意见》。

突出贡献人员、领军人才和专家人才等的晋升提供了具体指导。

那么应该如何去梳理自身的人才晋升通道呢？

一、要根据实际情况进行晋升标准的确立

一些企业在选拔晋升人才时，往往模棱两可，没有详细标准。这不仅容易滋生晋升过程中的腐败，失去晋升的公正与公平性，形成靠拉关系上位的风气，还容易导致用人过程中出现失误乃至事故，造成难以挽回的损失。因此，就需要根据实际情况进行晋升标准的制定。只有把要求说清楚了、规则制定好了，才能让真正符合要求的优秀员工顺其自然的升级，才能给其他员工指明努力的方向，鞭策其成长。

晋升标准通常可以根据实际从"论资排辈"入手。"论资"指的是员工的资格和资历，资格主要包括岗位所需要的工作能力、职业素养、执业资质和工作经验等；资历则偏重于工作业绩、重要的历史贡献等，而不仅仅是在企业所待的时间长短。"排辈"指的是将符合资格、资历的人员进行高低排序，按排序名次进行晋升。

现实中，一些企业打着"任人唯贤、唯才是举"的旗号，实则却抛弃了人岗匹配的用人原则，最终造成了"人才变庸才"的尴尬局面。所以晋升标准应该是基于岗位分析和人才分析之后的"论资排辈"。如对于销售、研发、生产、服务等岗位的员工，资历是其工作成果的直接体现，是其能力的最好证明，晋升就可以其资历排序为重要标准。对于职能型、行政型岗位的员工，因对其工作成果的量化困难，而资格是其工作表现和工作态度的间接体现，执业资质则可以体现出与岗位的匹配性，晋升便可以其资格排序为重要标准。

"论资排辈"不单单是论工作时间长不长，在位资格老不老，发展潜力够不够，而是要在对胜任条件分析之下的人岗匹配。

二、要通过机制帮助员工达到晋升的条件

帮助员工晋升就是帮助员工成长，员工的成长就是企业的成长。基于员工的视角，在竞争激烈、人才辈出的时代，已有越来越多的员工更加注重自身的成长，甚至把自己当作是 U 盘，插在企业这台"电脑"上进行内容拷贝，当无新内容可吸收时，又跳到其他企业进行同样的行为。另外，许多员工虽有较强的成长欲望，可由于自身条件和资源的不足，需借助企业这个平台完成蜕变，当企业不能为其提供成长的帮助时，便会倍感失落，往往就会另寻他路。对于企业来说，高成长性的员工是难得的珍宝，但管理不当的情况下，这些人才的低忠诚度和流失就是巨大损失了。另外，帮助员工的晋升也是企业内部储存人才、培养接班人的重要途径。

许多成熟企业都非常重视帮助员工的成长，以培养企业各岗位的"接班人"。如通用公司的接班人培养计划，让每一个关键岗位都拥有了充足的人才储备；IMB 公司的"长板凳计划"，通过四个方面的领导力素质考察、两个培训系列、三种培训方式等内容，帮助优秀员工达到晋升条件，以储备重要人才；华为公司的"全员导师制"，利用业务上的

"传、帮、带"和思想上的指引，帮助员工在当前岗位上快速成长；海底捞的"师傅带徒弟"模式，不仅培育了众多优秀员工和店长，还通过"师徒关系"的利益捆绑，破解了"教会徒弟，饿死师傅"的难题。

三、要制定并执行能上能下、能进能出的晋升制度。

对于满足晋升条件的员工，通过上岗试用和成长帮助，让其快速转换角色，承担新的责任。如果试用不合适，则可在原因分析的基础上，进行更进一步的了解与辅助，以确定其胜任情况，并作出可上可下的妥善安排。而对于任职多年的老员工，难免会因个人原因跟不上企业发展的步伐，强硬处理则可能影响企业团结、引起混乱，留任则势必会掣肘企业的发展。这些情况的妥善处理都离不开企业能上能下、能进能出的晋升机制。

2018年，马化腾在腾讯公司20周岁的员工大会上将"危机文化"纳入了企业基因，并称"对于管理干部，要做到能上能下，干部不是终身制"。走过一个甲子的红旗汽车，在新时代、新红旗、新梦想、新征程的指引下，于2018年开展了一场"领导干部能上能下，员工能进能出，薪酬能高能低，机构能增能减"的改革，释放着改革带来的活力与潜力。另外，华为、阿里巴巴、格力、万科等企业都在不同维度践行着"能上能下"的薪资晋升和岗位晋升制度。

顺畅的职位晋升、薪档晋升、职级晋升、职称晋升等晋升方式，一方面可以帮助员工成长，使其获得成就感的同时进一步提高工作激情；另一方面可以提高企业效率，为企业储备人才，让企业的发展后继有人。要让真正优秀的人才得以晋升，发挥更大的作用，企业需要有明确的晋升标准；要让员工与企业相知相伴、相伴相长；要让全体员工可以步调一致地推动企业高速前进，企业需要能上能下的晋升机制，并将其落地生根。对于要想健康发展的企业来说，不仅需要"江山代有才人出，各领风骚数几年"，还需"长江后浪推前浪，一浪更比一浪高"，以此为企业的可持续发展创造有利条件。

模块一百〇二：成就

成就通常是指愿望与现实达到平衡时产生的一种心理感受。根据组织行为学的研究：最有效的激励往往来自每个人的内心。而个人对成就的渴望往往是与生俱来的，承担更多责任、能力得以施展、得到他人认可，这些都是产生成就感的重要因素，也是促使员工努力工作的动力之一。

在管理大师德鲁克的"管理三大任务"中，可以看到其第二大任务便是"使工作富有成效，员工具有成就感"。在物质条件越发丰富、员工越发个性化的今天，成就感的管理与满足显得更加重要，通过成就员工来成就企业的原理，也被越来越多的管理者所重视并实践。

业界都知海底捞的员工服务极致、工作热情高，于是一些店家纷纷效仿、学习，甚至高薪挖人，可结果往往却差强人意。究其原因，外界所效仿的往往是海底捞所表现出来的"果"，而不是产生果的"因"。那何为"因"呢？即海底捞与员工在"双手改变命运"价值观之下的相互成就。海底捞有一套促使员工与企业共同取得成就的机制，即让员工看到"成就自己"的可能，激发员工"成就自己"的渴望。通过这一成就机制而得到成长的员工不胜枚举，如18岁进入海底捞当服务员，30岁成为唯一女副总的杨小丽；从传菜员到门童，从会计到领班，又从经理到副总裁的袁华强，等等。

海底捞与员工的相互成就，以其价值观和文化基因为指引，具体表现在以下几个方面：

其一，是高于同行的待遇和保障。海底捞的薪资设计本着"按劳分配、多劳多得"的原则，不仅满足了奋斗员工的成就感，还在父母补贴、探亲补助等方面满足了员工父母的成就感，并在四川简阳开办了员工子弟学校，解决了员工的后顾之忧。

其二，是让每一位员工看到自己发展的希望。海底捞有着非常明确的三条晋升路线，包括管理线、技术线和后勤线，晋升路线涉及每一位员工。

其三，是让员工感到自己手中有权。海底捞的店长有100万元的审批权，一线员工拥有对顾客消费的打折权、免单权等。海底捞也设立了员工建议平台，好的建议随即便可采纳，且与奖金和晋升挂钩，其多数创新都是来源于此。

其四，是让员工始终感觉到企业在背后的支持。高效的三级例会制度会在每一天传递基层遇到的问题，并作及时处理；案例支持体系可提高解决同类问题的速度；定期的高管亲临现场不仅可以反馈信息，还能得到切实的业务指导。

其五，是"敬天爱人、正确做事"的做人原则倡导。在海底捞工作的员工，只需全心全意地面对顾客、做好本职工作就会有发展，而不必在琢磨领导、讨好领导等方面花心思，这也是影响员工获得成就感的重要因素。

从上述案例中可以看到海底捞实现员工成就感的一些举措，以及在薪资、福利、晋升等方面的具体做法。那么如何通过满足员工成就感，提高员工的积极性呢？

(1)不同的员工有不同的成就感触发点，需要企业进行充分的了解。如勇猛精进型的员工，他们往往更喜欢表现自我、超越自我，希望取得新成就，希望事业更上一层楼，对于此类员工，则可赋予其挑战性的工作，并帮助其成长，以成长、晋升的方式来激发其工作的热情。而追求"平平安安上班，安安静静下班"的"佛系员工"，他们往往对工作无欲无求、不争不抢，对于此类员工，则可通过多褒少贬、积分排名、日常考核等方式进行成就感的触发。总的来说，触发不同员工的成就感，是要让优秀的员工富起来、让普通的员工动起来、让落后的员工慌起来。

(2)成就感的触发不是只能通过鲜有发生的大事，也可通过信手拈来的小事。这就需要转变对员工的评价方式，从吹毛求疵、求全责备的习惯中走出来，并对员工加以理解和尊重。在工作中，能拯救企业于水火、影响企业发展轨迹的大事毕竟是少数，而日常工作中能取得小成就的事情却是随处可见的，诸如员工的小进步、微创新、项目进度的提前等，这类"小事"的受重视、受表扬，往往能触发员工的成就感，继而使其更加努力做好每一件小事，无数的小事便是推动企业发展之大事。

(3) 公平的工作环境是影响员工成就感的重要因素。《论语》有言："丘也闻有国有家者，不患寡而患不均，不患贫而患不安"。意思是对于一个国或者一个家而言，不用去担忧分得少，而需担心分配不均，不用担忧人民生活贫穷，而需担心生活不安定。对于企业来说也是如此，员工的公平感往往能直接影响其努力程度，以及对企业的认同感和满意程度，继而影响其成就感。公平感的内容不仅仅是"按劳分配、按贡献分配"原则下的分配公平感，还包括工作流程的公平感和互动公平感。分配公平感可以提升薪资和晋升的满意度和成就感；流程公平感可以提高员工对组织的认同感和信任感；互动公平感可以让员工之间，员工与管理者之间相互信任、更好协同。一个充满公平性的工作环境，往往是员工专注于本职工作、专注于客户的前提条件，也是优秀员工取得成就的重要基础。

著名橄榄球教练保罗贝尔曾说过："如果有什么事办糟了，那一定是我做的；如果有什么差强人意的事，那是我们一起做的；如果有什么事做得很好，那么一定是球员做的。这就是使球员为你赢得比赛的所有秘诀"。沃顿商学院的管理学教授亚当·格兰特（AdamGrant）通过系列研究，得出了结论：如果员工知道自己的工作能够给他人带来意义，那么工作成效和满意度就要高得多。通用电气 CEO 韦尔奇曾说过："如果 GE 不能让你改变窝囊的感觉，你就应该另谋高就。"由此可见，荣誉的给予、工作意义的赋予、自信心的增强等，都是触发员工成就感的重要方法。

取得成就的需要、获得成就感的满足皆是人们内心的需求。这样的需求可以通过薪资、奖励和晋升等得以满足，也可以通过其他的方式进行激发，如具有公平性的工作环境、具有意义或挑战性的工作内容、能引发奖励的小创新、能带来成长的小进步等。这些都需要管理者根据企业的实际情况及团队的特点，进行员工成就感的触发，以提高其工作积极性，激发其工作热情，在成就员工的同时，成就自己、成就企业。

第二节　股　　东

股东是企业经营活动的重要参与主体，可以是自然人，也可以是法人机构。要想成为企业的股东，通常可以通过货币出资的方式，也可以使用实物、知识产权等非货币资产出资。不论通过何种方式成为企业的股东，其对企业的生存、发展，或是经营、管理都有着举足轻重的影响。

股东是企业生存与发展的资源提供者，也是企业"内利"的重要共享者，经营企业不仅要经营客户的心、员工的心，也要经营股东的心。经营股东的心，就是要经营属于股东的回报和成就，管理好股东的权利和责任。

作为企业的股东，既拥有一定的权利，也要承担一定的责任。其主要的责任是：遵守公司的章程、出资维持公司的运营、对公司的债务承担责任等。主要的权利是：参加股东会议，对公司重大事件的投票权；公司董事、监事等的选举权；对公司利润的分红权；对经营失败宣告歇业和破产时的剩余财产处理权等。

这里主要从股东的所有权、投票权、分红权和成就四个维度进行探讨。所有权，是股东权利的总称；投票权，是在股东大会上对公司决策进行投票的权利，体现的是控制力；分红权，是一种享受企业分红的权利，满足的是利益的需求。股东的投票权和分红权与其所有权大小相对应，也可通过多种方式与所有权相分离，以保障企业的决策路径畅通。

模块一百〇三：所有权

所有权通常也称为股权，泛指公司给予股东的各种权益或权利，具体是指股东基于股东资格而享有的从公司获取经济利益并参与公司管理的权利，是一种集财产与经营两种权利于一体的权利形态。所有权具有以下三个方面的特征[①]：首先，所有权是一种资格权利，股东作为所有权的权利主体，必须依法取得公司的股东资格；其次，所有权是一种综合性的权利，即包括了从公司获取利益和参与公司经营、管理的权利；最后，所有权是公司这一主体归还给股东的权利，即公司并没有最终的权利和责任，它最终将把自己的权利和责任都让渡给股东，是按照股东的整体意志进行运作的。一般情况下，股东的所有权主要包含了以下三种权利：一是按照持股比例分得企业剩余价值的权利；二是按照持股比例参与企业决策的权利；三是转让所持股份的权利。

所有权的构成形式，即股权架构，是一家公司治理的顶层架构；是股份公司的总股本中，不同性质的股份所占的比例及其相互关系；是为了明确投资者、创始人、合伙人以及其他利益相关方的权、责、利问题。股权架构是企业治理结构的基础，影响着企业的控制权，不同的股权架构决定了不同的企业治理结构，最终决定了企业的绩效和发展方向。科学合理的股权架构不仅能在权责利的规定下，充分调动相关利益方的积极性，推动企业的发展，还是企业进入资本市场的必要条件，也可帮助企业避免股权僵局或股权争议。相反，股权架构的不合理，往往会给发展中的企业带来巨大隐患，股权之争更是会严重拖累企业的发展。

真功夫的前身是东莞市双种子饮食有限公司，诞生于1997年，是由潘宇海和蔡达标这一对至交好友所创立，两位创始人在双种子公司的股权比例是50%∶50%。由于大厨出身的潘宇海解决了中式快餐标准化的难题，使得真功夫有了迅速扩张的基础，在蔡达标的谋篇布局和经营策划之下，企业规模也越来越大。2007年，真功夫正式引进两家风投，即"今日资本（香港）"和"中山联动"，此时的公司已制订了3~4年的上市计划。为了使公司的上市不受影响，公司采取了"装资产不装股权"的改组方式。即将原来双种子公

---

① 资料来源：https://www.66law.cn/laws/185461.aspx

司名下的所有资产装入新成立的"真功夫餐饮管理有限公司"（合资公司），双种子公司仍然保留，并作为新合资公司的持股公司。此时，真功夫的股权结构为：潘宇海、蔡达标分别持股41.74%，双种子公司持股10.52%，两家风投公司各持股3%。由于合资公司只是一个过渡性安排，会在上市之前改制为股份制公司，所以，创始人和风投机构并没有改变潘宇海和蔡达标完全相同的股权比例。随着公司的快速发展，两位创始人在经营管理、人事任命等方面都出现了较大分歧，二人矛盾不断激化，对公司的控制权之争也是愈演愈烈，已然严重影响到了公司的发展。

2010年9月，今日资本与蔡达标一道，与潘宇海签订股权转让的三方协议，欲向潘宇海收购股权，以优化真功夫公司的股权结构，结束股东僵局的局面。但在2011年4月，蔡达标涉嫌经济犯罪被捕，这一股权转让协议也宣布作废。在之后几年的股权官司中，蔡达标终因职务侵占罪和挪用资金罪，于2014年，被判处有期徒刑14年。至此，这一场旷日持久的股权之争才算是告一段落，而股权之争带给企业的种种拖累却是挥之不去，难以平复的。

在真功夫的案例中，可以看到不合理股权架构所埋下的隐患，以及对公司发展的不良影响。除了两个股东之间50%∶50%的股权结构，三个股东之间30%∶30%∶40%或20%∶30%∶50%的股权结构也容易造成股东僵局，激化股东之间的矛盾。另外，夫妻股东也容易造成公私难分、控制权争夺等问题，如昔日的当当网；股权过分集中则容易造成"一言堂""内部人控制"等问题；股权过于分散则容易造成内部博弈严重、相互制约等问题。

现实中，股权架构设置的另一难点便是各股东的股份比例设置。通常情况下，股东的股份比例分配是由出资额度所决定，即认缴的出资比例就是相应的股权比例。随着知识经济时代的到来，出资额度也不再是唯一的股权体现方式，如可以按知识产权、岗位贡献、资源贡献等方式进行股权比例的设置。这就需要对各股东的贡献要素进行评估与权衡，以设计出各自的权重比例。

在对股东的股权比例进行设置时，可从以下两个方面加以考量：

其一，企业成长的主要驱动因素是什么？是资金、资源，还是人才。不同的回答，就有了不同的比例设置方向。如果资金是企业发展的主要驱动因素，那么资金贡献者就应该有更多的股权；如果资源是企业发展的主要驱动因素，那么资源提供者就应该有更多的股权；如果人才是企业发展的主要驱动因素，那么相应的合伙人或员工则应有更多的股权份额。

其二，谁能为企业提供成长的驱动因素？驱动的时间与效果如何？如员工是能为企业发展添砖加瓦之人，可让员工参股，但并不是所有的员工都能成为企业的股东，成为股东者，必定具备企业发展所需要的优质条件。又如资源提供者有长期与短期之分，长期的资源提供者必定对企业的发展具有更大影响；而短期的资源提供者，所做的贡献往往是一时的，企业可用股权换资源，也可考虑用其他方式进行资源的获得。

许多企业将股权架构的设置比喻为切蛋糕的过程,可股权架构的设计不仅仅是分配比例的问题,更是对企业生存、发展所需的资源进行整合。建立一套完整的资源进入、权益分配、资源退出的机制,以集众家之长,通过科学分工、密切配合,做好、做大蛋糕,再来分好蛋糕。其中,各方资源的拼接、各方权益的分配,便是又一个股权架构设置的难点,需要根据自身实际,进行多元化的股权架构选择。

常见的股权架构类型有一元股权架构、二元股权架构、多元股权架构。

一元股权架构是基于传统投资模式而形成的股权架构,通常情况下,其股东的股权比例与投票权、分红权等权益保持一一对应的关系。一元股权架构是最简单的模式,需要避免的是像"真功夫"那样的股东僵局问题,也会出现因为融资、股份收购等带来的控制权丢失等问题,如万科与宝能在2015年的股权之争。

二元股权架构是指控制股东和没有强有力监督权的非控制股东并存,以及流通股和非流通股的分置[①]。二元股权架构能够帮助创始团队或管理团队在上市的情况下保持对企业的控制权,如Facebook、百度、京东等,都是采用的二元股权架构模式。

多元股权架构是在二元股权架构的基础上,将企业的股东分为多个类型,包括创始人、投资者、合伙人、员工等。以充分考虑各类型股东的利益分配,并作整体性的安排。

在进行股权架构设置的时候,首先是要避免不合理的股权比例;其次需要充分考虑各方股东的贡献要素和贡献力量,基于资源整合的角度进行股权比例的分配;再者是要根据自身实际,进行不同股权架构类型的选用;最终在各股东权、责、利的明确与平衡之下,为企业的稳定可持续发展提供保障。

模块一百〇四:投票权

投票权亦称表决权,是股东在股东大会上对公司决策进行投票的权利。投票权和分红权往往是股东最为看重的股东权益,分红权可以满足其经济收益的需求,投票权可以满足其对公司经营决策、人事任命等方面的控制需求。

根据《公司法》规定,股东会议由股东按照出资比例行使表决权,所持每一股份有一表决权。同时,又强调"同股同权,同股同利"的原则,以体现股东之间的平等地位。平等是在所持股份数量基础上的平等,而不是指每个股东享有同样的投票权。股东个体通过投票权的行使,可以将个人意愿和需求转化为法律层面的表达,而多数股东(所持股权的多数,而非人头多数)的意愿表达则可形成股东大会决议,影响企业的发展方向。

股东的投票权程度,几乎决定了其对企业的控制权大小。对企业的控制权掌握是其创始人或核心团队始终要重视的事,不同的控制权掌握程度,往往决定了企业不同的宿命,决定了企业创始人不同的人生。如阿里巴巴的马云、京东的刘强东、百度的李彦宏等,在其企业发展的过程中,始终保有其控制权,成就了企业,也成就了自己。而俏江南的创始

---

① 徐浩萍. 中国上市公司股权再融资价值研究. 上海:复旦大学出版社,2007.

人张兰、雷士照明的创始人吴长江、汽车之家的创始人李想等,却在企业的不断发展中,丧失了控制权,离开了董事会,有的甚至丢失了管理岗位,没有了股权。

通常情况下,创始团队对企业控制权的掌握,在创立初期是容易实现的。因为创立初期的创始人或核心团队通常拥有高于51%的股权,这对公司的大小决策具有较强的控制性和主动性。但随着资本的介入,一般通过3轮融资之后,企业的股权结构就会发生较大的变化,在这一变化过程中,始终保持创始人或核心团队的控制权便成了一个复杂的课题。现实中,许多成熟企业都在进行这方面的实践探索,下面以京东的AB股为例加以讨论。

京东创立于1998年6月,于2004年开辟了电子商务领域的创业实验田,2007年更名为京东商城,以全新的面貌屹立于国内的B2C市场。在不断地发展壮大中,获得了今日资本、雄牛资本、高瓴资本、腾讯等企业的投资,于2014年在美国纳斯达克挂牌上市。如今已拥有京东商城、京东金融、京东云、京东农牧等业务。在京东的发展历程中,其创始人刘强东始终保有对公司的投票权。在京东集团2018年递交给美国SEC的文件中,可以看到腾讯为京东的第一大股东,持股比例18.1%,拥有投票权4.4%;而京东集团CEO刘强东的持股比例为15.8%,是第二大股东,但其拥有的投票权为80.0%。如此"同股不同权"的情况则得益于京东采用的AB股结构。AB股结构,也称二元股权结构、双重股权结构,是一种通过分离现金流和控制权,而对公司实行有效控制的手段,通常是指上市公司可以同股不同权,它区别于我国《公司法》中规定的同股同权制度。根据京东的AB股规则,刘强东持有的股票属于B类普通股,1股B类股拥有20票的投票权,而其他股东所持有的股票属于A类普通股,1股A类股拥有1票的投票权。

现实中,像京东一样将所有权与投票权分离的企业还有很多,将二者进行分离的好处是将股东的投票决策权与投资收益权分离,以确保公司的创始人或创始团队不会因融资或发行股票而丧失了对公司的控制权。除了上市公司常用的AB股结构,实现股权与投票权分离的方式还有投票权委托、一致行动人、有限合伙持股等。

投票权委托的目的是让无法出席股东大会的股东可以将其投票的权利委托他人行使,这是一种符合《公司法》规定的方式,但《公司法》仅对有限责任公司的委托投票制度作了规定。现实中,不少企业都使用投票权委托的方式进行公司控制权的掌握。如京东,在刘强东所拥有的80%投票权中,包括了DST全球基金、红杉资本、Insight funds、中东投资人等多家投资机构的投票权委托。同样,阿里巴巴等企业也存在投票权委托的安排。

根据证监会《上市公司收购管理办法》规定,一致行动人是指通过协议、合作、关联方关系等合法途径扩大其对一个上市公司股份的控制比例,或者巩固其对上市公司的控制地位,在行使上市公司表决权时采取相同意思表示的两个以上的自然人、法人或者其他组织。也就是指一致行动人通过协议等方式,各方承诺在某些事情上保持一致行动的自然人或法人。签订一致行动人协议的股东们,就相当于在公司股东大会之外,又建立了一个有法律保障的"小股东会"。如有股东没有遵守一致行动协议所规定的行动,那他会受到协议中所规定的惩罚。通过一致行动人协议,股东们可以共同成为公司的控制人,从而保证公司决策的合理科学和治理结构的稳定。如腾讯在其上市之前,其创始人与南非MIH(腾讯最大的单一股东)达成了一致行动协议的约定。约定中规定双方向腾讯集团任命等额的董事,且双方任命的董事人数之和构成董事会的多数,以实现双方对腾讯集团的共同控制。

如今,随着内外经营环境变化节奏的加快,对企业的决策和响应时间也提出了更高的要求。这就要求企业的决策层要能看清市场发展趋势,准确把握企业的发展方向,最大限度地避免决策失误,以寻求企业的可持续健康发展。在这样的背景下,除了创始人团队、拥有股东身份的管理者,其他不具备股东身份的管理者也可纳入企业的决策层,从而实现其对企业重大决策的投票权。如许多企业都制定了《公司重大决策管理规定》,赋予了不具备股东身份的管理人员一定比例的投票权。《公司重大决策管理规定》可采用分类决策的方式,结合公司实际规定重大决策的范围、内容、程序、参与的人员,以及权责利的划分等。其中,重大决策的类型通常包括发展战略、重大规划、组织架构的调整、组织的重大人事变动、对外投资或重大资本运作、重大项目的方案等。

企业的发展情况和经营效果,不仅与其决策层、管理层有着紧密的联系,也与其执行层的员工和客户有着密不可分的关系。公司在进行新产品研发或作重大决策时,是否可以将执行层的员工和重要客户的意见纳入考虑范围呢?又是否可以为员工代表和客户代表设置一定比例的投票权呢?这是个值得大家思考和斟酌的问题。参与效应告诉人们:当员工参与了公司的决策和管理后,能产生最大程度的认同感和更高的满意度,也能激发员工的工作热情。持有参与效应理念的企业数不胜数,如小米公司的"让员工成为粉丝,让粉丝成为员工",但能将理念体现在制度上,并能具体落地的却是寥寥无几。在知识型员工、专业型员工日渐崛起的时代,人人参与决策将是管理的大趋势。为此,企业可根据实际情况,从投票权的机制出发,设置相应比例的员工投票权、客户投票权,以倾听不同的声音,让企业的决策更加立体多维。

对企业来说,大到重大决策、小到日常会议、上至股东、下至员工,皆可制定相应的参与决策机制。在这一参与决策机制中,需要理清什么样的重大决策是需要员工或客户参与的,如新产品的设计、产品的新功能、服务的改善等;也需要明确什么样的员工和客户可以参与决策,如企业的优秀员工、忠实的客户等;同时,也需要设置不同类型会议的员工参与比例和客户参与比例。参与决策机制的制定,是在制度上明确了什么样的会议需要什么样的人参与投票决策,各参与方的比例又该如何设置。这样的决策会议,自上而下是方向,自下而上是方案;从上到下是精神,从下到上是方法。各参与方的投票对应出来的是此次决策的结果。

总的来说,投票权在企业的实践应用中依次产生了四种方式。常见的是"同股同权"的方式,即股东在企业股权中的比例决定了其投票权的大小;第二种方式是股东投票权与所有权(股权)的分离,可以帮助较小股权比例的创始团队保有公司的控制权,常用的方式有AB股、投票权委托、一致行动人等；第三种是在原有基础上，让不具股东身份的管理者，也可拥有公司投票权；第四种是企业对员工和客户也赋予了投票权，以实现公司决策的多维参与。

模块一百〇五：分红权

分红权也叫股利分配请求权或盈余分配请求权，是一种公司股东享受分红的权利，是对未来可能存在的分红的期待权。根据《公司法》的规定"公司股东作为出资者按投入公司的资本额享有所有者的资产权益"，这种资产受益的权利就是股东的分红权。分红权属于股东所有权中的一部分，通常情况下与其股权是一一对应的关系，但也可在公司章程里进行股东分红权的特别规定，可与股权的比例不一致，也可进行分红权的转让。

拥有公司分红权的股东并不一定就能得到公司的分红，这需要在符合法定的利润分配条件下，向公司请求为股东分配可得红利。根据《公司法》的规定，公司利润的分配须遵循以下顺序：

(1)公司的利润应当用于缴税，未缴纳税款不得作为利润进行分配。

(2)若公司有亏损，则应将税后利润弥补亏损。

(3)如果弥补亏损后仍有剩余部分，则需要提存税后利润的10%为法定公积金，但如果法定公积金累计达公司注册资本50%以上则不再要求强制提取。

(4)提取法定公积金之后，可在股东会表决同意的情况下提取任意公积金。

最后，除去上述所余利润就是可分配的红利。

另外，在满足法律规定的情况下，对于是否分红、如何分红等问题，都需要董事会提交决议，然后通过股东会进行表决。现实中，董事会不制作利润分配方案，股东长期不进行表决，表决后不进行实际分红的情况很多，这又是摆在分红权与实际分红之间的又一大鸿沟。要想避免这一鸿沟的出现，股东们可通过事先约定的方式对实际分红作出规定；为了跨越这一鸿沟，小股东也可借助法律的途径来捍卫自身的分红权。

在前文提到股东的投票权可以与其所有权进行分离，而保持分红权的不变。同样的，股东的分红权也可以从所有权中剥离出来，甚至可以利用自身的分红权去换取其他股东手中的投票权，以达到对公司的控制，这样的思路在许多企业中都得到了实践。

另外，企业为了将员工的利益与企业的中长期发展更加紧密地结合起来，也可赋予其管理层、执行层一定比例的分红权，以充分调动员工的积极性和创造性，并可避免决策者和运营者的行为"短视化"，从而实现企业的可持续发展。

在制定分红权共享的过程中，首先，需要明确实行分红权共享的原则，包括与业绩的挂钩，短期利益与长期利益相结合，按劳分配与按贡献分配的结合，等等。其次，是要明确实施分红的条件和流程，设定相应的整体业绩目标和对应的分红比例。再者，是要确定参与分红的对象，以及其要达到的业绩目标和分红比例。最后，需要明晰分红奖金的核算、分配和处理方式等。

把公司股权赠予员工，分红权赋予各级员工是企业常用的激励方式。通常情况下，分红的结算周期为一年，可很多企业在实施分红激励时，发现员工的工作积极性具有明显的波动时间点，一般在刚被赋予分红权和年底即将得到分红的时候，表现出较高的积极性，而在平时却表现依旧。更有企业的高管，在获得年终分红之后，便辞职去了竞争对手那里，让企业"赔了夫人又折兵"，苦不堪言。究其原因，分红权解决的是特定时期的利益分享问题，它是基于特定时期的利益目标，当员工有更高的利益选项时，分红权的留人效果就不尽如人意了。在这种情况下，可约定分红的延期支付，如将本年度的分红周期限定为2年，第一年发60%，第二年发40%。如果员工在此期间离职，则大大增加了离职成本。也可通过规定分红有效期、明确分红权开放体系、附加分红条件、分红权转所有权等方式，提高分红权的激励作用。

总的来说，分红权是一种享受企业盈余分享的权利，它是拥有股权的股东所享有的资产受益权。通常情况下，股东的分红权与其股权比例是相对应的关系。股东拥有分红权并不等于得到了实际的分红，要得到实际的分红，不仅需要满足一定的法律规定，也需要企业制定、执行相关的分红协议。如同投票权可以与股权相分离，分红权也可与股权相分离，于是出现了股东用分红权换投票权的现象，也有股东拿出自己的部分分红权赠予员工、回馈社会。另外，分红权除了可以作用于股东，也可作用于企业的管理层和员工，以达到激励的作用。

模块一百〇六：股东成就

股东和员工一样，都有获得成就的需要，这种需要是人之本性，需要在社会实践活动中不断自我满足和被满足。股东在企业的发展过程中，作为企业发展的力量之基和资金源泉，有着举足轻重的作用。经营罗盘始终强调"以人为本"的经营管理思想，认为企业就是经营人心，在经营股东之心时，不仅要经营好股东的利润，还要增加股东的成就感。

现实中，一些企业的经营管理团队忽略了与股东的客情关系的建立与维护，甚至与股东的关系也只是貌合神离，这样就严重阻碍了企业生产力的发展。经营管理团队往往认为是自己为股东创造了利益，而股东只是坐等分红的利益享有者；股东则时常对经营管理团队的决策指指点点，认为管理者拿了钱不办事，不把别人的钱当钱用，等等。如此貌合神离的关系，势必会给企业的发展带来难以估量的负面影响。如万科股权之争，出现了经营管理层与股东间的对抗与波动，给公司的正常运营带来了较大的困扰；长达近3年的格力电器与格力集团的"母子之争"；平安信托与上海家化集团之间的纷争等。

上海家化集团本是一家优秀的国有企业，在改制中宣布引进战略投资者，在多重筛选和角逐之后，终选定了平安信托。2011年11月，平安信托以51.09亿元的价格入驻上海家化集团，成为其第一大股东。被外界誉为"天作之合"的联姻，在不到两年的蜜月期之后，各种分歧与冲突便逐渐浮出了水面。

在平安信托入驻上海家化集团之初，本做出了保险支持、银行信贷、债券融资等方面的金融支持承诺，也有意支持时任上海家化集团董事长的葛文耀做大产业的梦想。然而在此后的一年多时间里，平安信托因发展战略和投资方向的分歧，并未实现当初的承诺。其大股东与管理层之间的矛盾也在不断加深，在外界所知的股权激励事件和收购海鸥集团事件之后，2013年5月13日，上海家化集团突发变故。其董事长葛文耀在微博上声称"企业遭受政治风波"，随后股价大跌，平安信托又发出了收到举报的消息，称集团管理层存在设立"账外账、小金库"，侵占公司和退休职工利益等重大违法违纪问题。此次事件经过不断发酵，终于在2013年9月，原董事长葛文耀申请了退休并被批准，11月，上海家化集团任命了新的董事长。上海家化集团在长达两年的股东与管理层纷争中，给企业带来的直接经济损失和发展阻碍恐怕是难以估量的。

股东与经营管理层之间的关系是"合则两利，分则两害"。合，不仅是"貌合""利合"，也要"神合""心合"。这就需要经营管理者去洞察人性之需求、经营人心之诉求，不仅要管理好股东的利益，也要管理好股东的成就。利益的需求是股东身份的基本需求，成就的需求是股东身份的高层次需求。那该如何去经营股东之心，管理好股东的成就需求呢？

对于企业的管理者和员工来说，随着企业和个人的发展，始终伴随着利益需求和成就感需求的不断满足，他们或许得到晋升，或许得到奖励，或许提高了行业地位和影响力。如此种种，是管理好员工人性需求的途径，也是管理股东人性需求的参考方向。具体来说，可以参考以下几个方面，来进行股东成就感的管理：其一，要充分尊重股东的各项权力，为其权力的行使提供便利和支持，并提供真实、准确、及时的信息披露。其二，设置定期与不定期的股东沟通机制。与股东之间的沟通并不一定局限于股东大会，而公司的重大活动或其他仪式也是开展沟通的良好时机，如公司年会、表彰大会、团队活动等。其三，将意识形态上的感激转化为荣誉层面上的奖励。对于员工，企业可给予"优秀员工""突出贡献""人才计划"称号等精神方面的奖励；对于股东，企业也可设置"优秀支持奖"等精神层面的荣誉，以辅助物质层面的回报。其四，充分考虑股东的社会荣誉和地位，以及必要时候的对外发声。可鼓励股东为企业的经营发展献言献策，鼓励其成为企业的公关人员，以对外维护企业的形象。

总的来说，股东与企业之间的关系，不是简单的"投资与分红"关系，而是一家人的共荣共享关系。都说攘外必先安内，处理好这种关系，是企业开展对外竞争、寻得突破发展的重要"安内"。关系的处理在于，在洞悉人性基础上的经营人心，不仅包括对其利益的经营，也包括对其成就的经营。对成就的经营，不仅是在口号层面，也需建立相应的机制，进行实实在在的落地，以打破"面和心不和"的尴尬关系，实现"貌合、神合"的新关系。

在竞争异常激烈的市场中，商场如战场，企业经历着一场又一场的战役。而每一场战役的成败，几乎都关乎企业的生死存亡，因而需要谨慎地"攘外"和"安内"。于企业而言，安内是攘外之前提，安内的目的是为了获得股东和员工的全力支持，方法在于满足股东和员工不同层次的需求，即做好"利"的分配机制。对于员工来说，在企业的成长历程，就是其需求的不断满足过程。薪资可以满足员工的安全需求，奖励可以满足其受尊重的需求，晋升和成就可以满足其自我实现的需求。对于股东来说，分红权可以满足其利益的需求，投票权和成就可以满足其受尊重和自我实现的需求。

第十六章　外利——给予企业助力

在全球化发展日益深化的今天，越来越多的企业认识到，传统意义上企业间你死我活的竞争已失去了其应有的意义，只有基于合作基础上的竞争，才有利于企业长期生存和发展，企业之间通过合作寻求共赢已经是一种必然的选择，转变竞争观念，建立企业长期的战略合作伙伴关系对企业的长远发展有着不可替代的作用。天下熙熙，皆为利来；天下攘攘，皆为利往。利，是人们难以割舍的追求，是企业聚集人才、聚集资源的前提。企业的员工和股东是基于利而聚，其他合作伙伴亦是如此。于企业而言，内利与外利，本无实质区别，不同的只是对二者的管理方式。内利针对的是员工和股东，与之相适配的是内部分配机制；外利针对的是供应商和其他合作伙伴，与之相适配的是共赢机制。

企业的生存与发展，既离不开员工和股东的内部支持，也离不开供应商等合作伙伴的外部帮助。有句古话说："一个好汉三个帮，一个篱笆三个桩。"有个词汇叫"共赢"。两者的意思都是想说明，借助别人的帮助，懂得团结协作，才能最终成功。随着市场规则的健全，越来越多的人开始明白，你死我活争夺的结果更多是两败俱伤，而心平气和的取长补短才能让大家都有更广阔的生存空间。因此，就企业而言，需要构建一个目标一致、优势互补、分工协作的外部组织，这里称为"泛组织"[①]。

一个人的精力和能力是有限的，企业也是如此，一家企业不可能同时做好产品所涉及的所有工序，总会与供应商、销售商、媒体等其他伙伴打交道。在这一过程中，如同经营内部成员的人心一样，企业也需经营好泛组织成员的心，即精细地考虑他人之利，巧妙地满足其多层次的需求。在这里以企业产品的流通流程为时间线，将泛组织成员划分为供应商和其他伙伴两大阵营，进行外利共赢机制的探讨。供应商主要为企业的生产活动提供原材料等支持，是企业产品形成的辅助商；其他伙伴主要为企业产品的流通、品牌形象的传播等提供支持，是企业产品流通于市场的辅助商。

本章主要从供应商和销售商及其他合作伙伴两大维度共四个模块来探讨企业外利的分配与共享。

第一节　供　应　商

完整的企业供应链是一个包含供应商、制造商、运输商、分销零售商以及客户等多个主体的网链系统[②]。以特定的企业为观察视角，将产品形成的原料提供商、中间件提供商

[①] 王汝平. C 管理模式. 成都：四川人民出版社，2009.
[②] 苏尼尔·乔普拉. 供应链管理. 北京：中国人民大学出版社，2016.

等合作伙伴统称为供应商。供应商是企业产品(包括服务)形成的重要辅助者。

随着经济全球化步伐的加快，企业所处的环境发生了巨大的变化，仅凭自身所拥有的资源去参与激烈的市场竞争已远远不够，借助其他企业，尤其是供应商的资源来达到快速响应市场的目的成为必需。因此，供应商、制造商、运输商、分销零售商等企业形成的网链系统要打破传统的界线，从买卖关系转变成新型供应链合作伙伴关系。在专业化分工越来越细的今天，没有供应商的辅助，就没有企业的成型产品，也就没有产品的市场，企业的使命愿景也就无从实现。经营企业需本着"共赢"的理念，经营好供应商的心，管理好供应商的利。有了利他之心，利他之实，自然会有他力之风帮助企业扬帆起航，顺利抵达彼岸。

这里从政策和激励两个模块进行企业与供应商共赢机制的探讨。

模块一百〇七：合作政策

政策是企业对使命和价值观的具体体现，它是企业利益的观念化、主体化和实践化反映，具有针对性和时效性等特征。企业对供应商的政策，是其供应商管理制度的具体实践，为后续的合作细节指引了方向，是双方实现合作、达到共赢的重要基础。现实中，许多企业都非常注重对供应商的政策支持，以共赢之心实现协同发展。

东阿阿胶公司成立于1994年，主要从事阿胶及阿胶系列产品的研发、生产和销售业务。东阿阿胶始终聚焦于阿胶主业，是目前中国最大的阿胶企业，也是阿胶行业标准的制定者。

驴皮是熬制阿胶的主要原材料，具有不可替代性和稀缺性，驴皮资源的短缺严重制约着企业的生存和发展。为此，东阿阿胶在其发展历程中，始终注重对上游供应商的政策支持，也通过多种方式积极反哺上游的驴产业发展。如，对于贫困地区的养殖户，东阿阿胶推出了"金融租赁""活体质押""养驴保险""送驴留驹"等养驴政策，以大力推广养驴扶贫模式。并通过公司的品种改良、技术支持、标准输出、培训等方式，帮助上游供应商提高养殖能力，也通过扶持毛驴基地的建设、创新规模化养殖的合作模式等方式，帮助供应商提高竞争力。正是基于对供应商的种种涵养政策，以及后续的自建养驴基地，让东阿阿胶始终把握着国内的主要毛驴交易市场，并牢牢掌控了上游产业的关键环节，也成就了其在行业中的领导品牌地位。

那么从哪些方面去思考合作政策的制订呢？

(1)需要建立配套的供应商管理制度，以及与之对应的政策，并将其切实落地。制度是具体政策所要依据的原则，是纲领性的指导；政策是针对特定时间、特定群体所提出的具体规定，是行动性的指导。与供应商的共享、共赢、共发展，不应该只是理念和口号，更需要制定与之切合的制度和政策，以保障执行。如，著名服装品牌H&M在其供应商管理制度中，作了"共享知识""共同开发面料""风险共担，利益同享"等方面的规定。丰田汽车在供应商管理制度中，规定了"实现共同繁荣的交易关系"原则，并成立了供应商协会、咨询小组、自主学习团队等组织。供应商协会的主要目的是实现知识的共享，主要包括生产计划、方针政策、市场趋势，以及生产的成本、质量、安全性等方面的内容。咨询小组由各方面的专家顾问组成，主要协助丰田的供应商解决生产过程中的各种问题，并向供应商传授丰田集团的生产知识。自主学习团队的目标是，与供应商共同研究生产效率及质量改进方面的问题。丰田汽车在日本将几十个主要的供应商划分为"自主研修组"，并配以专门的顾问加以辅导，小组会花3个月的时间对组内每一位供应商的工厂进行问题研究，并通过小组的形式进行问题解决。

(2) 要根据供应商的需求，去满足其物质层面和精神层面的利益，即对其钱与名需求的满足。对经济利益需求，是供应商最基本的需求，是双方开展合作的重要前提，也是供应商生存发展的重要依靠。现实中，不少企业认为供应商只是简单的持币购物对象，价格自然是越低越好，质量是越高越好。并且认为自己就是供应商的"衣食父母"，供应商理应听从于自己，于是常常利用自己的甲方身份去"压榨"供应商。人们在社会活动中，总是倾向于"以彼之道、还施彼身"，企业又何尝不是如此。不少企业对供应商都是"平时不烧香"，而在遇到困难时，却想着"临时抱佛脚"，这样的结果也是可想而知。如，锤子科技因拖欠供应商钱款，多番被拉横幅、围堵，又被告上法庭。乐视在困难之时也被众多供应商"花样"讨债，挂条幅、喊口号、穿"血衣"等讨债事件频频见诸报端。都说"投我以桃，报之以李"，对待供应商，需要秉持泛组织的理念，视其为"内部人"，不仅日常按约定支付款项，也要给予供应商合理的利润。合理的利润收益，是供应商提高技术水平、提升产品竞争力的重要保障，是对企业升级产品的重要支持。

(3) 供应商对于名誉的需求，也是可以通过多种方式去满足的需求。企业对供应商的感激，可从意识形态层面转化为荣誉层面上的奖励，如给供应商的一封感谢信、供应商年度会议和供应商答谢宴等方式。对于员工和股东来说，企业往往可以设置优秀奖、贡献奖和其他特殊奖项进行奖励；对于供应商，也可采用类似的方式、方法进行奖励，以辅助经济层面的回报。另外，在对外媒体宣传或发言中，企业除了强调自己，也可根据情况提及重要的供应商，给予供应商肯定与赞许，以帮助其提高名誉和影响力。对供应商名誉需求的满足，也是许多企业都忽略的一种方式，法无定法，招无定式，企业可基于自身实际情况，在这方面多加探索，以满足供应商之需求，寻得协同发展之力，进一步提升企业系统竞争力。

模块一百〇八：激励措施

激励是激发人们行为的一种方式，是以一定的要求规范和奖惩措施，来引导、提高、激发和规范组织成员的行为，以有效地实现组织目标。人往往具有两面性，有勤劳勇敢的一面，也有自私贪婪的一面，这是自然规律，需要在客观把握的基础上进行有效管理。员工和股东是企业组织内部的成员，需要企业通过各种激励方式，来激发其勤劳勇敢的一面。供应商同样有这样的两面性，同样适用于双因素理论，同样有被激励的需求。他们是企业的泛组织成员，也需要被企业施以相应的激励措施。

在竞争更加激烈，颠覆更加彻底的今天，企业要想在行业中占据优势地位，并保持可持续发展，通常不是取决于企业内部的资源和能力，而是要依靠围绕在自己身边的供应商的竞争力，本质上就是取决于企业能否与供应商保持合作默契和协同发展。任何供应商偏离了所约定的发展轨道，企业都可能由此受到或大或小的不良影响。

如波音公司曾经因为飞机框架制造商的财务危机，导致了787飞机的延期交付；美国强生公司也因其主要的滑石粉供应商出现经营困难，导致了产品生产量的下滑，旗下的婴儿关怀系列产品，在2018年第四季度销售额下滑3.5%（4.73亿美元）。这就要求将众多供应商当作是泛组织成员，彼此之间不仅要在目标上取得一致，也需遵守共同制定的规范和约束，减少冲突，形成发展的合力。而利益关系的协调、冲突的预防需要企业制定有效的供应商激励机制等。

一个利他、科学、合理的供应商激励机制，往往能兼顾合作双方的利益，能激发其工作的积极性和创造性，提高供应链的运作效率和效益，终在相互成就中获得长足发展。

激励通常可以划分为正向激励和负向激励，正向激励是对人的行为进行正面强化，使人以一种愉快的心情继续其行为，并进一步调动其积极性；负向激励则是对人的行为进行负方向的强化，采用批评、处罚等方式，以杜绝某类行为的再次发生。企业在制定供应商激励机制时，也可从这两个方面着手。具体而言，对供应商的激励可采取价格激励、订单激励、淘汰激励、名誉激励、信息激励、成长激励等方式进行。

价格激励。泛组织成员之间的经济利益都不能被忽视，他们的经济利益主要体现在价格上。价格通常包含三个方面，即供应链上企业的利润分配、因优化而产生的额外收益，以及因不可控因素而造成的损失，价格激励则主要体现为这三者在企业间的均衡。现实中，因优化而产生的额外收益和因不可控因素而造成的损失，往往都是相关的企业在独自承担，这显然有失公允，也必然会违背供应商联盟的利益共享和风险共担原则。为了加强与供应商之间的深度合作与共同发展，需建立相应的利益协调机制，以满足供应商的生存需求与安全需求，从而实现激励的作用。

订单激励。企业往往会针对同一原材料或中间件选用多个供应商进行供给，以降低风险、平衡各方势力。在这些提供同质产品的供应商之间，往往存在着一定的竞争。企业可利用这种竞争关系，对产品质量、服务质量和交货日期更具优势的供应商进行更大比例的订单激励。更多的订单，对于供应商来说，则意味着更大的利润，激励的效果自然也是立竿见影的。

淘汰激励。优胜劣汰是自然法则，也适用于企业对供应商的激励。有竞争力的供应链必定得益于有竞争力的供应商和其他合作伙伴，企业的供应链建设需要设定相应的淘汰机制。淘汰机制不仅可以合理合规地淘汰掉不匹配的供应商，同时也是一种危机激励机制，能促使供应商在合作过程中承担相应的责任和义务。责任和义务的承担过程，也是供应商成长的过程，能使优秀的供应商变得更加优秀。

名誉激励。名誉是供应商的无形资产，对其生存和发展都极其重要。供应商的名誉主要来自供应链企业的评价，通常能反映其经济地位和行业地位。在人人都是自媒体的今天，供应商因产品问题而造成的名誉受损，往往会带来毁灭性的危机。2019年3月12日下午，根据成都七中实验学校的部分学生家长反映，其小学部食堂的原材料存在变质发霉等问题。问题曝光后，食堂的供应商——四川德羽后勤管理服务公司的供餐服务立马被终止，并受到了全网网民的讨伐。优秀的供应商往往都很注重名誉，于他们而言，名誉代表了未来利益，他们需小心翼翼地维护。所以，企业可利用名誉激励的方式，对优秀的供应商加以肯定和宣传，以达到激励的效果。

信息激励。无论企业身处何种时代，有效的信息都是一种重要的资源。企业最新的生产计划、新的技术标准、原材料的采购规模、质量要求等信息，于供应商而言都是有较大价值的。供应商若能及时掌握这些信息，势必会为企业提供更优质的产品和服务，也能提高双方的合作满意度。另外，即时的信息共享，也让合作双方更加了解彼此的情况，以及时商量、解决出现的问题。这些都是信息所带来的激励作用。

成长激励。企业对成长的需求如同人一样，是一种本性，是一种高层次的需求。企业的成长也如同人的成长一样，是一个从量变到质变的过程，这一过程通常具有阶段性、复杂性、多变性和艰难性。人往往需要帮助，同时也会感恩别人的帮助，企业亦是如此。作为供应商，在面临新趋势、新技术、新消费时，可能不具有准确把握的能力，这时就希望与企业展开合作，或得到企业的赋能，以共同面对新的挑战，形成新的竞争力。为此，企业对供应商成长的赋能，便是一种高效的成长激励方式。现实中，不少企业在开发产品时，都将供应商、销售商，甚至是客户组织起来，按照项目团队的方式展开合作，以使产品开发更快、更优、更贴近市场。除了开发的合作，各种金融政策、扶持策略等都是有效的成长激励方式。

总而言之，供应商作为企业的泛组织成员，如同员工和股东一样，对企业的发展壮大有着重要的助推作用。同时，供应商对激励的需求，也是一种自然本性。企业基于这样的客观认识，可采用多种方式对其激励，以促使供应商的成长，从而提高自身的竞争力。

第二节 销售商及其他合作伙伴

企业的泛组织成员中，除了辅助形成产品的供应商，还有渠道商、零售商、新闻媒体、法律机构、财务机构、广告机构、投融资机构等其他伙伴，他们也是企业发展中不可或缺的合作伙伴，是企业实现愿景目标的重要辅助者。

渠道商、零售商等是连接企业与市场的桥梁，是代表企业直接面对消费者的合作伙伴；

新闻媒体是树立与传播企业形象的中介，很大程度上决定了消费者对企业的品牌认知；法律机构是企业发展的专业辅助者，能帮助企业防范和化解法律风险；财务机构可以对企业经济活动进行核算和监督，促进企业加强经济管理，提高经济效益；广告公司可以帮助企业策划广告创意，进行广告投放；投融资机构帮助企业进行投融资分析，解决资金难题。所以，企业也需秉承"合作共赢"的理念，经营好合作伙伴的心，管理好合作伙伴的利。

在这里同样从政策和激励两个模块进行企业与其他合作伙伴共赢机制的探讨。

模块一百〇九：合作政策

企业对合作伙伴的种种政策，是其经营理念的具体体现，是管理制度的具体实践，也是双方实现合作、达到共赢的重要基础。在这些合作伙伴中，有些合作关系往往具有一定的阶段性，其政策的制定也具有目标指向性，而与销售商的合作是长期性的，与其合作政策的制定也需置于更长的时间范围进行考量。

企业对销售商的政策通常规定了销售商的资质要求、销售的时限和区域、销售商的权利与责任，以及销售商价格政策和返利政策等内容。其中，对双方合作关系影响最大的便是价格政策和返利政策。合理的价格政策是维持市场稳定和销售商获得收益的基础，有效的返利政策也是提高销售商积极性和提升其收益的主要方式，这也是企业在制定销售商政策时需要重点考量的内容。现实中，许多企业都非常重视对销售商的价格政策和返利政策，甚至当作企业的核心机密。

格力电器董事长董明珠在她的《行棋无悔》一书中说到，中国的空调竞争空前激烈，商业间谍和商业谣言无孔不入，各家制造商的价格政策和返利政策都被视为"核按钮"。价格政策和返利政策也是格力的核心机密，它甚至对其销售返利实行"无纸化操作"，以保障销售渠道的正常运转。在充分重视的同时，格力对销售商的返利政策也体现了利益与束缚并存的原则。格力是行业内第一家把库存风险转移给经销商的公司，也是业内第一家实行循环返利政策的企业。一方面把销售的压力转移给销售商，通过循环返利的政策，提高销售商的退出成本，让销售商一年又一年地跟着格力发展；另一方面，格力也不忘给销售商更多的利益补偿，通过不断地提高返利比例和增加返利内容来持续激励销售商，其常用的返利内容有打款贴息、提货奖励、淡季奖励、年终返利等。格力甚至给予销售商参股格力电器的权利，以形成利益共同体，进而深度绑定双方的合作关系。

趋利避害是人之本性，也是企业之本性。对经济利益的获求，几乎是所有企业的基本需求，经济利益是合作者之间展开合作的前提，也是合作者生存发展的重要依靠。不论是对销售商，还是其他合作伙伴，都需充分考虑合理的利润，才能得到合作伙伴的有力支持。例如，在产品同质化日趋严重，买方市场占绝对地位的时代背景下，销售商需要足够的收益才可能富有激情地去参与激烈的市场竞争，不遗余力地向客户推荐企业产品；在各品牌广告都争奇斗艳，抢夺消费者注意力的时代背景下，广告公司需要足够的收益才能聘到优秀的广告人才，获得优质的传播渠道，为企业推出出奇制胜的创意广告。为此，企业需要充分地考虑这些合伙伙伴的利益需求，并将其体现在政策上，通过政策的实行，让他们能获得实实在在的经济利益。

在华为的渠道商政策中，包含了渠道认证及合作政策、渠道秩序管理政策、服务政策、渠道激励政策等内容，涵盖了渠道商管理的方方面面。同时，华为也会针对每一款产品，制定相应的价格政策和返利政策。华为的渠道管理政策可用"稳、准、狠"三个字进行概括[1]。

稳，即渠道政策的主线始终保持不变，体现的是华为始终追求建立稳定的合作伙伴生态圈。基本渠道政策的稳定，可以保持合作伙伴利益和发展的基本稳定。合作伙伴生态圈的建立，一方面，让渠道商不再是单打独斗；另一方面，让彼此之间的合作不只是简单的利益输送，更多的是能力的输送。

准，乃是精准，体现的是华为对自己所处位置的精准判断，对市场环境的精准判断，对不同渠道商在不同发展阶段的诉求判断。如在初入企业业务市场时，华为提出了"聚焦"和"被集成"的政策；在初入云市场时，提出了"上不碰应用、下不碰数据"的政策；在渠道商规模快速扩大时，将资源精准地投向了渠道商的能力培养上。华为渠道管理之"准"政策，同样有相应的制度支撑。其中一项制度是，与渠道商的面对面对话和渠道商的满意度情况都被纳入了相关负责人的考核指标中。

狠，即对渠道商的投入之狠。对渠道商的让利和培养，几乎是每一家企业都在喊的口号，可真正勇于狠狠投入的却是少之又少。华为每年都会一掷千金举办渠道大赛，也花重金创办了华为中国合作伙伴大学，斥巨资推动了与ISV的联合创新，对渠道商的各类激励基金、联合营销基金也是逐年提高。稳是渠道管理成功的基础，准是实现共同发展的条件，狠是取得共赢的推力。华为渠道政策的"稳、准、狠"，无不体现了对渠道商的利益满足和人心经营。

在华为的渠道商政策中，它不仅管理好了销售商的经济需求，也兼顾到了销售商的精神需要。人有物质需求，也有精神需求，销售商等合作伙伴亦是如此。合作伙伴的精神需求，通常有成长的需求、名誉的需求等，可在充分了解的基础上，有针对性地去满足。

IBM在与广告商奥美的合作中，奥美承担了IBM的品牌管家任务，建立和发展了IBM的360°重塑广告运动，从产品的定位到包装，从广告的制作到传播等方面，成功地为IBM重塑了品牌形象。IBM在满足奥美广告的经济需求时，也授权其广告片参与"广告与品牌大奖"的评选活动，奥美也因此多年获得广告创意大奖，其社会知名度和行业地位也得

---

[1] 张戈. 华为企业业务中国合作伙伴. 来自《商业伙伴》. 2016.3.

到了提高。

在精神需求的满足方式上，企业对待组织内部的员工和股东可以通过优秀奖等方式进行，对待外部的泛组织成员也可以通过设置各种荣誉奖项进行，以辅助经济层面的回报。同时，共生关系的建立也是对合作伙伴的一种精神奖励，如华为与其渠道商的生态圈、IBM与奥美广告的长期合作，这都是同成长、共荣誉的例子。对销售商、广告商等合作伙伴的名誉需求满足，是许多企业都未曾意识到的一种满足方式。满足他人就是满足自己，成就他人就是成就自己。可根据自身实际情况，从政策上去体现"予人，即予己"的理念，以建立、稳固自己的合作伙伴圈。

模块一百一十：激励

如同供应商需要激励一样，销售商、广告商等合作伙伴也需要被激励。哈佛大学的心理学家威廉·詹姆士说过，合同关系仅仅能使人的潜力发挥20%～30%，而如果受到充分激励，其潜力可发挥至80%～90%，这是因为激励可以充分调动人的积极性。

对于销售商来说，有效的激励能最大限度地激发其销售热情，进而提高企业的整体销售效率；对于广告商来说，激励能提高其创作激情，从而提高企业的广告质量；对于提供财务服务的机构来说，激励能提高其专业发挥水平，继而改善企业的财务情况；对于提供法律服务的机构来说，激励能促使其工作更加严谨，从而降低企业的法律风险；对于提供投融资服务的机构来说，激励能提高其工作积极性，从而帮助企业高效地解决投资和融资方面的难题。企业对合作伙伴的激励要本着"同生、共赢"的理念，让合作方双方都真正受益。

那么应该如何去思考合作伙伴的激励呢？

（1）对合作伙伴的激励，可采用直接激励与间接激励相结合的方式。对于销售商而言，直接激励是通过给予其物质、金钱等方面的奖励，来激发销售商的积极性，从而实现企业的市场目标；间接激励是通过给予销售商更好的管理、销售方法等，提高销售商的效率，从而激发其工作积极性。直接激励的方式通常包括返利政策、价格折扣、促销活动、基金支持、设立奖项、补贴等；间接激励的方式往往有帮助销售商做好库存的管理和保护，帮助销售商进行零售管理，以及帮助销售商进行市场开拓、广告支持、技术支持、服务培训等。

企业在对销售商进行激励时，可根据实际情况，重点采用某种激励方式，也可将多种方式组合使用。

如百事可乐对其销售商的激励，主要采用了"返利+设立奖项"的方式，其主要包含了年终返利、季度奖励、年度奖励、专卖奖励和下年度支持奖励五个部分。OPPO手机对其销售商的激励，包含了提货奖励、目标奖励、优先提货、促销支持、分级利润措施等。

对于地理位置好、销量有保障的线下体验店，OPPO还会设置店长、渠道代理商、OPPO三者参股的形式进行激励，且三者的参股方式灵活，由省级代理管理，以最大限度地激励代理商和店长。同时，OPPO销售商的激励是自上而下的，不仅厂商会对代理商进行有效的激励，代理商也会对旗下的零售商和销售队伍实行有效的激励，许多省级代理商都拿出了40%的股份激励销售队伍。

对销售商的激励也可根据市场目标进行常态激励与特别激励的结合。如，嘉士伯啤酒在黄金销售季节，除了对销售商的返利政策、价格折扣等常态激励之外，还设置了一项特别的激励，即对于满足要求的销售商给予出国旅游的支持。百度和华硕也非常注重对渠道伙伴的特别激励。百度曾根据渠道伙伴在普及搜索营销、推动中小企业发展中起到的促进作用，对无锡、郑州、成都三个城市的渠道代理商，给予了宝马汽车的特别奖励。华硕在举办的金牌销售大赛中，也会对大赛冠军进行汽车、旅游等方面的特别激励。

(2) 不论激励的对象是谁，不论激励的方式如何，企业对合作伙伴的激励也需遵循相应的原则。

①目标一致与有的放矢的原则。即根据企业的价值观和近期发展目标，对目标贡献值较大的主要对象和行为进行重点激励，而对目标贡献值较小的对象和行为，则可进行次要激励。

②短期与长期激励相结合的原则。短期激励主要是满足其生存的需要，长期激励主要是满足其发展的需要；短期激励可从物质层面入手，长期激励可从精神层面着手。

③正向激励与负向激励相结合的原则。俗话说"小功不奖则大功不立，小过不戒则大过必生"，激励需要"一手胡萝卜，一手大棒"，才能做到真正的奖优罚劣，用良币淘汰劣币。

④兼顾公平的原则。亚当斯的公平理论告诉人们，不公平的认知，会导致当事人的心理失衡，即产生不满的情绪，为了平复这种不满，当事人往往会采取某些"有害行为"，这种行为则可能影响到企业的利益。

为此，企业需制定公平的激励政策，并严格按政策进行激励，避免"奖不当奖，罚不当罚"的情况。

(3) 共生共赢关系的建立是对合作伙伴最好的激励形式。对于合作伙伴的激励方式多种多样，有长期的，也有短期的，有物质的，也有精神的。这些激励方式形式各异，所能取得的效果也有所不同，都是企业可选用的激励手段。

在众多激励方式中，共生共赢的关系建立是对合作伙伴的最好激励。人们往往希望企业能健康、持续地发展。一个阶段的健康发展，自然离不开合作伙伴的支持，能否持续地健康发展，便是取决于企业对共生共赢关系的建立能力。华为对销售商的种种政策中，对销售商的大力投入和"生态圈关系"的建设，便是其建立共生共赢关系的具体体现。都说一锤子的买卖不长久，况且，在维系与合作伙伴的关系时，"平时不烧香，临时抱佛脚"

的做法往往不会取得良好的效果。所以，对合作伙伴的关系处理，就像对待自己的员工和股东那样，去经营人心、平衡人情，企业才有健康、持续发展的基础。

总的来说，对激励的需求，是人们的自然需求，是激发工作热情的一种有效方式。对于企业、对于合作伙伴来说，亦是如此。企业在激发销售商、广告商等合作伙伴时，可秉承泛组织的建设理念，根据相应的激励原则，选用适宜的激励方式，进行有效的激励。在众多的激励方式中，共生共赢的关系建设是最稳固的激励措施，也是泛组织的理念体现，是企业实现健康、持续发展的重要基础。在对外关系的处理中，对合作伙伴的激励不应该是口号，应是要有实实在在的政策和具体的行动。激励在于更高效的合作，在于促使合作伙伴与企业同进步、共发展，以实现各自的战略目标，最终实现双赢的局面。

第十七章　社会——给予企业影响力

人，既有自然属性，又有社会属性。企业如同人一样，也具有这样的双重属性。马克思曾说过"人的本质，不是单个人所固有的抽象物，而是一切社会关系的总和。"对于企业来说，其本质亦是一切社会关系的总和，企业的成立、发展、成熟及消亡，皆源于社会对它的需求。所以，企业在发展过程中，不仅要以发展自身的视角看问题，也需认清更高层面的问题，即企业在社会中所承担的角色和责任。企业在社会中所承担的责任，是在追求自身发展的同时，促进社会、产业和行业的发展。

企业立足于社会之间，依附于产业与行业之内，是社会、产业、行业内的一个基本单位。企业的成长，依赖于行业的发展、产业的兴盛、社会的进步；企业的贡献，推动了行业、产业、社会前进的步伐。企业贡献于行业、产业、社会，是利他、是敬天（即依循自然之理、人间正道），利他才能利己、敬天才能得道，得道便能多助，多助便能事尽成。

本章主要从社会、产业、行业三大维度共九个模块来探讨企业与社会之间的相互利益关系。

第一节　社　　会

管理大师彼得·德鲁克曾说过："如果企业家关注的焦点是如何让自己取得更快、更好、更大的成功，那往往是很难成功的；如果关注的焦点是如何能够更快、更好、更大地为社会奉献价值，那取得成功的可能性就增加了许多。"这句话所体现出来的便是利己与利他的区别，利己体现的是小我，利他则体现的是大我。企业的成长过程是一个从小我到大我的过程，是一个成就了他人才能成就自我的过程。企业综合实力的提高，实质上就是利他能力的不断提高。

任何一个企业的发展，都离不开社会对它的抚育，包括法律制度的保障、政策环境的支持、营商环境的营造、供应链体系的配套、社会消费的支持及人力资源的供给等。作为社会中的企业，来源于社会，受益于社会，自然也要回报于社会。总的来说，企业对社会的责任主要是为社会创造价值，而这种价值最基本、最直接的体现方式，便是创造税收与就业。

在这里主要从企业的税收与就业、捐赠、企业家精神等方面，谈谈企业对社会的回报。

模块一百一十一：税收与就业

税收与就业是企业在开展生产经营活动过程中，需要承担的基本社会责任，也是企业正常开展经营活动应具备的基本条件。在履行这一社会责任的过程中，一方面需要企业主动地承担相应责任；另一方面，相关政府部门会通过立法或设定行为准则等强制措施对企业加以约束。而肆意逃避相关责任的企业，势必也会受到法律的制裁，许多国家针对偷税漏税行为，都建立了一套完善的税制管理、监督、惩罚办法。在我国的《刑法修正案》中，对逃避缴纳税款、逃避追缴欠税等犯罪行为，皆作了明确的处罚规定。

现实中，许多企业为了追求经济利润，通常会在税收方面"巧做文章"，但也往往是搬起石头砸了自己的脚。因偷税漏税而被罚款、被判刑的新闻屡见不鲜，有著名的明星企业，也有平凡的普通企业。

日本家电厂商夏普[①]在2012年被大阪国税局认定存在约16亿日元的偷漏税金额，而后被国税局追加税额约5200万日元。高额的追加税额，不仅让夏普原本的亏损情况雪上加霜，更带来了形象和品牌的损失。2015年，夏普再次被大阪国税局爆出，在截至2014年3月底的三年之间，其涉嫌遗漏税务申报金额约103亿日元。目前尚且不知夏普在此次事件中受到了怎样的"处罚"，但可以看到的是，夏普的扭亏之路越走越难，品牌价值不断下降，昔日的辉煌也难再续。

在偷漏税的案例中，许多企业起初都抱有侥幸心理，认为自己是在"合理避税"，在企业内部也缺乏相应的财务管理制度，或只是将管理制度束之高阁。可人往往都有贪婪的一面，当"避税"的欲望越来越膨胀时，就很容易将个人与企业带入万劫不复的深渊。偷漏税的行为一旦被查处，不仅会让企业重新缴纳相应税款，并处以一定的罚金，还会根据应交税款的额度，对相关责任人处以不同年限的拘役，同时，企业还会在品牌价值、企业形象等方面严重受损，可谓得不偿失。

对于承担税收、就业等社会责任的企业，各个国家和地区通常都设有相关的回馈政策，以鼓励企业承担起本应承担的社会责任。如在我国税务总局发布的《关于纳税信用评价有关事项的公告》（国家税务总局公告2018年第8号）中将企业的纳税信用级别划分为了A、B、M、C、D五个等级。不同的纳税信用等级，对应了不同的激励措施。取得A级的企业，可单次领取3个月的增值税发票用量，可由税务机关提供绿色通道或专门人员帮助办理涉税事项，以及享受税务机关联合其他部门推出的激励措施等。除了相关部门给予的激励措施，纳税信用等级还是企业信用的"身份证"，是进行对外合作、参加招投标、申请资质等业务的资格证，也是申请贷款、发行债券的必要条件。

2019年01月18日，深圳为了实现更充分的就业，其相关部门出台了《深圳市进一步促进就业若干措施》。在这一文件中涉及相关政府部门对于企业在就业方面的种种补贴政策，包括提高初创企业的补贴力度、企业聘用应届生的社保补贴、促进就业扶贫的补贴、加强对用工企业的就业服务等。

---

① 资料来源：http://finance.people.com.cn/n/2012/0819/c70846-18776514.html.

第十七章　社会——给予企业影响力

从社会的发展历程来看，企业并不是一开始就存在的，它是随着劳动的分工和专业化的发展而产生的。从企业的发展历程来看，创造社会福利、增加社会价值是其产生和发展的根本原因，也是企业适应于未来、进一步壮大的内在依据。由此可见，企业的存在，本质上是因为社会的需要，而经济利润、社会地位等附带价值的实现，只是水到渠成罢了。许多企业都是基于这样的认识而确定了自己的经营理念和发展方向，并在其价值观的坚持中取得了经济和社会影响力等方面的巨大成就。如稻盛和夫先生创办的京瓷公司，其经营理念是"追求全体员工物质与精神两方面幸福的同时，为人类和社会的进步与发展做出贡献"。在这样的利他理念和实践中，京瓷不仅在日本本土成长为行业龙头，还成为全球领先的材料与电子元器件制造商。山姆·沃尔顿创办的沃尔玛，其宗旨是"帮顾客节省每一分钱"，也非常重视对于顾客所承担的责任，这种责任贯穿于日常工作的每一环节中，这促使沃尔玛成为全球零售界的领头羊。马云创办的阿里巴巴，其使命为"让天下没有难做的生意"，旨在帮助千千万万的企业更便捷、更安全地做生意，2017年，其日均纳税超1亿元，推动了中国电子商务的发展，成为中国最大的互联网企业，也对全球的电子商务发展产生了重大影响。

德鲁克曾经指出，企业利益与社会利益之间并不存在根本的冲突，企业价值也不能独立于社会而自动实现，而是要依靠管理。这里的管理，不仅包含了对员工和股东价值的管理，也包含了对其社会奉献的管理。企业与社会，是鱼和水的关系，是相互供养的关系。企业置身于社会，享受社会给予的一系列资源，税收是企业对社会的基本供养，就业是对员工和社会的基本回报。这一基本的责任观念，需要企业将其嵌入到组织层面、制度层面，并坚决有效地执行；也需要企业加强产品安全、员工成长、股东权益等方面的管理，使企业行为能够坚守法律和道德的底线，符合社会发展的主旋律。这样，企业的成长之路，才可能走得更稳、更远。

模块一百一十二：社会捐赠

捐赠是指企业（或个人）把有价值的东西赠送给与企业没有直接利益的关系者，它是企业及企业家的慈善公益行为，是企业在其基本责任与义务之上所进行的生态回馈行为。相比于税收与就业，捐赠具有自愿性、自主性和灵活性，它不是企业必须要履行的社会责任，是企业体现社会责任的一种常见方式。

捐赠，是一种利他又利己的行为。古语有云："心存善念，必有善行；善念善行，天必佑之"，又有"善恶终有报，天道好轮回"之说。人们捐赠的动机往往是多种多样的，有的是出于单纯的利他动机；有的是出于"光热"动机，即在帮助他人之后，自己获得内心满足感；有的是出于"信号驱动"动机，即通过捐赠，容易得到社会大众的认可和尊重，以提高其社会威望和地位。于企业来说，不论捐赠的动机如何，其善念之下的捐赠行为总会得到一定的"好处"。

现实中，有许多企业认为，捐赠是一种不能产生直接回报的慈善行为，只有高收入、高利润的企业才会进行捐赠，故而未曾有过捐赠的意愿。而事实上，随着慈善公益事业的发展，企业的慈善捐赠往往是一种"互利"行为，企业在回馈社会的同时，也会得到社会的回馈，起到了送人玫瑰，手留余香的效果。

(1) 慈善捐赠是企业的"保护伞"，能有效降低企业的经营风险。企业作为一个社会组织，其生产和经营会占用公共资源，可能会造成环境污染、噪声污染、交通堵塞等，会影响到当地居民的生活和当地政府的治理，这些影响势必会造成相关利益者的价值损失。如果企业通过修路修桥、扶贫济弱、资助教育等捐赠方式来弥补"过失"，则可能让相关利益者的价值损失得以平衡，得到他们的积极评价，从而减少对企业经营的干扰与破坏。也就是说，慈善捐赠可能是为企业的正常运营而支付的"保费"，它是为企业经营风险购买的"保险"，是为企业的运营所撑起的一把"保护伞"。

(2) 慈善捐赠可以提升企业的社会效应，主要包括企业形象和对人才的吸引力等。企业的形象与其社会责任的担当是紧密相连的。2008年5月12日，四川汶川发生了8.0级大地震，对于抗震救灾，中国人民向来是有钱出钱，有力出力，各家企业也迅速向灾区伸出了援助之手。此次抗震救灾，很好地凸显了中国企业的社会责任，很多企业也在此次事件中树立了正面的企业形象。

时任王老吉凉茶生产商的加多宝集团，因为一亿元的巨额爱心捐款而一夜成名。在网络、媒体的持续报道中，捐款的口碑效应迅速蔓延，人们纷纷掀起了"封杀王老吉"之风，即只要看到王老吉，便见一罐买一罐。"中国人，只喝王老吉""患难见真情，真爱王老吉"等口号在网上传播。据统计，红罐王老吉在2008年的产销量达600万吨，是可口可乐在中国大陆销量的两倍有余。

与王老吉形成鲜明对比的是万科集团。万科在2007年是销售额第一的房地产企业，地震当天宣布捐款220万元。在广大网友提出了捐款过低的质疑后，其时任董事长在博客中写道："企业捐赠200万元是个适当的数额。中国是个灾害频发的国家，赈灾慈善活动是个常态，企业的捐赠活动应该可持续，而不应成为负担。"这样的"慈善论"一发，引起了强烈的社会反响，万科及其董事长的形象受到了很大的影响。

捐赠本属于企业的自愿行为，捐与不捐、捐多与捐少本是无可厚非，但企业始终是经济与社会的双面体，是法律与道德的双面体。如果不能审时度势地制定捐赠计划，就有可能陷入"捐献门"事件，让慈善变成了别人眼中的"伪善"，最终损害企业的形象和长久利益。

得当的慈善捐赠行为，不仅能在社会大众心中树立企业形象，还能提升其在员工心中的形象，进而提升管理效率和对人才的吸引力。企业和员工，皆有经济属性，也有社会属性。员工不仅希望能在企业获得丰厚的经济回报，还希望挣得一份体面与荣耀。企业通过捐赠等行为,可以形成积极的社会责任文化,这种文化会提高员工对企业的认同感、尊重感和自豪感,促使员工工作态度和效率的提高;这种文化也会激发员工的社会责任感,帮助员工在追求物质之余,也得到精神层面的满足,是对员工的精神激励。据美国《可信赖企业》对顶尖商学院学生的调查,其中 50%的学生表示,即使工资较低,也愿意到有社会责任感的公司工作,而 43%的学生不愿意为一家未树立良好形象的企业工作。另外,微软、IBM、丰田、大众、阿里巴巴等企业在招聘时,都会强调企业的社会责任,以此增加对人才的吸引力。由此可见,企业的捐赠等慈善行为,不仅能帮助其留住在位员工,也往往是吸引新进人才的一个因素。

(3)慈善捐赠可以提升企业的经济效益,主要包括免税政策、节约成本和增加收入等方面。许多国家和政府,为了提高企业关注慈善公益活动的积极性,往往都会在法律和政策层面给予一定的激励措施。如我国在 2016 年 9 月和 2017 年 2 月分别公布了《慈善法》和修正之后的《企业所得税法》,确定了企业在捐赠过程中可享受的种种优惠政策。企业用于慈善活动、公益事业的捐赠支出,在年度利润总额 12%以内的部分,准予在计算应纳税所得额时扣除;超过年度利润总额 12%的部分,准予结转以后三年内在计算应纳税所得额时扣除;向地震灾区捐款和对农村义务教育的捐款可以在税前全额扣除等。

竞争战略之父——迈克尔·波特提出了战略性慈善行为的概念,即企业的慈善支出同时具有社会效益和经济效益。波特认为,在知识经济和开发经济的时代背景下,社会责任和经济目标是可以兼容的,战略性慈善往往能让企业节约成本、增加收入,以此提高企业的综合竞争能力。如对改善教育和技能培训的捐赠行为,可以为企业提供丰富的人才储备,节约人才的招聘成本和内部培训成本。

一汽丰田将自身定位于创造价值与社会责任并重的公司。在成立之初,一汽丰田就秉持"安全、环保、育人"的公益理念,在实践中将三种理念紧密结合,全面开花。在"育人"方面,一汽丰田主要从公益育人和行业育人两个维度着手。公益育人,主要是与宋庆龄基金会合作,捐赠相关款项,用于建设贫困地区的图书室,改善贫困地区儿童的读书环境。行业育人,一方面与教育部签订协议,以无偿捐赠的形式,将丰田的 TEAM21 课程培训体系引入行业和学校,同时提供奖学金,以及教具车辆等相关教学设备,并协助举办相关的职业教育技能大赛;另一方面,积极推进 T-TEP(丰田技术教育计划)项目,与 30 多所汽车职业院校合作建立 T-TEP 学校,对学校进行全方位的支援,包括导入丰田的培训体系和设备、提供师资培训、认定学生等级、提供就业渠道等,形成了一个面对职业学生的培训网络。T-TEP 学校每年都会为丰田输入大量的售后服务人才,丰富了丰田公司的人才储备。

在增加收入方面,常见的做法是公益营销,即直接将公益捐赠与营销收入结合起来。公益营销,主要通过销售活动与相关社会问题的连接,在协助解决相关社会问题时,达到提高销量、实现利润、提升形象的目的。

农夫山泉的"喝一瓶水，捐一分钱"，即每当消费者喝完一瓶农夫山泉，就为水源地的贫困孩子捐出了一分钱。在这一捐赠计划推出之时，就引发了大众对"喝水助学"的高度关注和热情参与，也让其公益形象赫然而立。农夫山泉的公益营销也会结合社会热点而更换主题，如2002年的"阳光工程"；2004年"一分钱"行动与雅典奥运会同行，以支持"中国体育事业"；2006年的"饮水思源"；2008年的地震捐赠等。

同样将公益营销做到极致的，还有阿里巴巴旗下的支付宝。支付宝于2016年8月上线了"蚂蚁森林"项目，它是为客户端用户设计的一款公益活动，用户通过步行、在线缴纳水电气费、网络挂号、网络购票等行为，就可以减少碳的排放量，蚂蚁森林将其计算为虚拟"能量"，当"能量"积累到一定程度时，与蚂蚁森林展开合作的公益组织就会在相应地区种下一棵树。蚂蚁森林的用户数量目前超过了3亿，其每年完成的百万亩造林相当于国土绿化行动面积的百分之一。而且这一公益行动的影响力正在向全世界扩散。联合国开发计划署对其作了如下评价："蚂蚁森林以数字金融为主的技术创新，在全球碳市场有独一无二的实践意义，为世界输出了中国样本。"

虽然捐赠不是企业必须要履行的社会责任，但可以体现企业"达则兼济天下"的情怀，可为企业撑起一把"保护伞"，带来无价的社会效益和长期的经济效益，是企业承担社会责任的一种常见方式。现实中，企业可通过全权委托、合作开发、单独运作等方式进行捐赠。

全权委托于第三方组织，可以充分利用第三方的慈善专业能力，减少捐赠行为对企业运营的不利影响，但这种方式往往不能体现企业特色，难以形成有品牌的慈善项目，缺乏对慈善过程的参与，也容易给外界造成"伪善"的印象。合作开发，是与政府部门、非营利组织、商业伙伴等第三方展开合作，共同设计慈善项目，履行社会责任。

合作开发的方式，可以实现优势互补、成本共摊、收益共享等好处，如中国移动与手机制造商合作的"绿箱子环保计划"，不仅在合作过程中巩固了双方的关系，还扩大了产业链的社会影响力。但多方的合作，也有被中断的风险，以及在宣传上的厚此薄彼问题。

单独运作是指企业独自开发、实施、管理慈善项目。这种方式使得慈善融入了企业的日常运营，它更具特色、更切合实际、更可控和持久，但也增加了企业的运营负担，使得企业面临更大的运营挑战。企业可根据自身的慈善理念、发展阶段、项目特征和行业特点等，选择慈善捐赠的方式，秉承善念之心，有计划、有组织地实施捐赠行为。

总之，企业进行慈善捐赠对于构建和谐社会发挥着重要作用。企业的捐赠行为不仅仅能够解决诸如扶贫、赈灾、助残、助学等众多社会问题，同时也能够给企业带来经济利益，有利于提高股东利益。企业的慈善捐赠行为是对企业和社会的一种双赢行为。

模式一百一十三：企业家精神

企业家精神的内涵是丰富多样的，根据第10届学习型中国——世纪成功论坛的诠释，企业家精神是一种创新意识、是一种责任、是一种品格、是一种价值观、是一种文化修养。

从人心、人性、人情的角度来看，企业家在创业之初便走上了一条利他才能利己的道路。企业的利他动机越强，使命愿景就越清晰、战略战术就越睿智；企业的利他行为越多，收获就越多、成长就越快；企业的利他能力越强，实力就越强、成就也越大。稻盛和夫先生曾说，他所有的成功之道，不过就是"敬天爱人，利他之心"；莎士比亚曾说："上天生下我们，是要把我们当成火炬，不是照亮自己，而是去照亮别人"；《孟子》有言："君子所以异于人者，以其存心也。君子以仁存心，以礼存心。仁者爱人，有礼者敬人。爱人者，人恒爱之；敬人者，人恒敬之"。这些都在告诉大家，为人、为企要有利他之心，所谓"自利则生，利他则久"。利他之心，乃菩提心之所起；利他之行，乃上承天道、下接民生。

于企业而言，利他是解决客户的痛点，满足其需求；利他是为员工提供舞台，实现其价值；利他是让股东有所回报，获得成就；利他是让合作伙伴取得收益，共同成长；利他是在税收、就业、捐赠等方面回报社会。这些"利他心"与"利他行"，是为利他，也为利己。为什么这样说呢？因为利他与利己，总是一体两面、相辅相成的。小单位的利他，从更大范围来看，就可能变成利己。如站在个人的角度，"一切从公司的利益出发"是一种利他思维，而站在公司的角度，则既有利他，也有利己，如果站在社会的角度，就变成企业的利己行为了。所以，要体现企业家精神，就需要以更高、更广、更远的视野来看待事物，从更多维度的视角来审视自己和企业的行为。

企业家精神的体现，一方面与企业的使命愿景紧密相关，另一方面也超越了企业的使命。

在前文中提到，"安全、环保、育人"是丰田公司的公益理念，对于"扎根于当地、成为优秀企业公民"的丰田来说，其合资企业——广汽丰田的环保公益事业，既朝着其使命愿景的方向，又超越了单纯的企业目标。

一方面，广汽丰田通过研发和推广节能环保车型，来践行企业的环保承诺。广汽丰田也将"构建中国NO.1环境企业"作为其发展目标，打造可持续发展的"绿芯工厂"，在废水废气处理、垃圾回收、节能建设、噪声控制、环保工艺等方面投入巨大。同时，广汽丰田还率先将环保要求延伸至上下游企业，针对所有零部件、原材料、物流等供应商，实施《中国绿色采购指南》；针对销售商，进行全渠道的DERAP（丰田销售店环境风险审核计划）认证管理。

另一方面，广汽丰田从2007年开始，就专注于企业的环保公益实践。在厂区，打造"绿色工厂模式"；在社区，倡导"绿化环境"；在省内，推动"植被保护"；在国家自然保护区开启"自然保护计划"。其十几年如一日地深耕于环保公益，已然形成了一套从小到大、由近及远、由地方到全国的"立体自然保护体系"[1]-[2]。

---

[1] 资料来源：http://www.gongyishibao.com/html/qiyeCSR/13199.html.
[2] 资料来源：http://www.toyota.com.cn/.

除了广汽丰田的"公益源于企业使命,又超越使命",还有的企业或企业家更是"抛开"了企业使命,而去承担、创造、维系社会价值的使命。如微软的创始人比尔·盖茨,作为引领计算机革命的企业家,其曾经的使命是"让每张桌子和每个家庭都有一台电脑",而如今的比尔·盖茨却希望能在有生之年消灭艾滋病、结核病和疟疾,让每个人都有平等的医疗机会。比尔·盖茨与夫人在2000年1月创立了盖茨基金会,基金会主要关注全球人的健康,具体包括传染病、艾滋病、肺结核等疾病的救助,以及相关药物研究的资助,也用于援助贫困地区的教育、设置奖学金、社区建设等项目。到2018年,基金会仅在疫苗上就投入了153亿美元,使得因疫苗而死亡的儿童数量降低了一半。

同样"以解决社会问题为己任,以促进社会发展为使命"的企业家还有阿里巴巴的马云。马云在创立阿里巴巴之初,便以"让天下没有难做的生意"为企业使命,在成功地帮助了千万企业做生意之后,于2013年5月卸下了CEO的重担,将更多时间投入到环境、生态保护和教育中去。马云担任了大自然保护协会的中国主席,发起了多个保护环境的项目;与中国企业家一同成立了桃花源基金会,积极开展相关公益活动,探索生物多样性保护的新机制和新模式;与全球企业家共同发起了"清洁能源研究计划",致力于解决全球的气候变化难题。在2018年9月10日,马云在发出的公开信中提到,2019年9月10日,他将不再担任集团董事局主席,也透露了其退休之后要做的三件事。第一是要做好马云基金会,主要解决乡村孩子们的教育问题;第二是要经营好湖畔大学,传播"企业家不能唯利是图,会赚钱但要赚有意义的钱"这一理念;第三是要办好基础教育,扎根于中国教育的探索,走出一条具有本土特色的教育改革创新之路。

从比尔·盖茨和马云的身上,可以看到这些企业家"达则兼济天下"的情怀,以及"善利万物而不争"的胸怀。这便是企业家精神的充分体现,不仅将企业使命与推动社会进步进行了有机结合,形成了"我渡天下人,则天下人渡我"的经营境界,还以更高、更广的视角,去审视整个人类社会的发展,致力于社会问题的解决,以促使人类社会的进步。这样"无所图、不求报"的企业家精神,上承天道、下接民生,内是利他之心、外是利他之行,是以敬天、是以爱人,也诠释了"学佛是为了成佛,而成佛,是为了利他"。

第二节 产 业

产业是社会分工的产物,它随着社会分工的产生而产生,并随着社会分工的发展而发展[①]。产业将多个行业进行了有机连接,是行业与企业生存、发展的重要依托。企业依附于产业,既受益,又受制于产业。

在"势"篇中提到了产业和行业的发展趋势,为企业发展之"地势"。"势"可以因"利"而变化,"大势"源于"大利","小势"生于"小利","无势"便因"无利"。

---

① 苏东水. 产业经济学. 北京:高等教育出版社,2010.

也就是说，产业或行业的生存状况及发展方向，是由相关企业所推动的，企业对产业或行业的付出越多、贡献越大，对其推动作用也就越大，企业自身亦能获利越大。反之，如果企业对产业的发展不闻不问、不愿奉献，而只顾"单枪匹马""埋头苦干"，就不会有产业、行业的势能，也就不会促成产业和行业的兴与旺。企业对产业、行业的贡献，主要在于推动产业与行业的发展，可通过加入产业组织、成立产业组织、贡献产值、主动分享等方式进行。

模块一百一十四：产业组织

产业组织是产业内、企业间关系构成的统称，通常是指同一产业内企业间的组织关系或市场关系，这种市场关系主要包括交易关系、行为关系、资源占用关系和利益关系等。产业组织，既不是单纯的企业内科层组织，也不是完全竞争的市场组织，而是介于二者之间的中间性组织，它比科层组织灵活，比市场组织稳定。经济学鼻祖亚当·斯密将市场称作"一只看不见的手"，企业史学家钱德勒将企业科层称为"看得见的手"，坎德·兰逊（Rikard Larsson）则将这种中间性组织的作用形象地比喻为实现了"看不见的手"和"看得见的手"相互之间的"握手"。

任何一家企业，皆有其所属的行业和所在的产业，都是产业组织的一员。现实中，却有许多企业未曾意识到产业发展与产业变动带给企业的重大影响，也未曾主动加入任何形式的产业组织。在他们看来，企业的经营发展是企业自身的事，企业只需要考虑好手中的"碗"就可以了。殊不知，产业的整体处境是一口"大锅"，"锅"里有，"碗"里才可能有；"锅"里没有，"碗"里也不会有。所以，企业可加入相关的产业组织，积极参与产业组织的建设，以了解产业信息、把握发展机会、参与标准制定等方式，实现"利己，又利他"的利益共享，助力于产业的发展。

现实中，企业可参与的产业组织形式多种多样，不同产业的不同行业也有所不同。如针对船舶类、航运类的企业，有"智能新能源船舶技术创新产业联盟""全国LNG船舶产业联盟""中国船舶与海洋工程产业知识产权联盟"等；针对新能源汽车的车企，有"新能源汽车产业联盟""新能源汽车国家大数据联盟""新能源汽车产业协会"等。另外，也有虚拟现实产业联盟、应急通信产业联盟、中国云产业联盟、工业节能服务产业联盟等不同产业的产业组织。常见的产业组织形式有战略联盟、产业集群、产业联盟、虚拟组织等。企业可根据自身的实际情况，选择加入适合于企业的产业组织，并积极为产业组织的发展做贡献。其中，产业集群、产业联盟是较为普遍的产业组织形式，下面便以此为例加以探究。

产业集群是介于市场和等级制之间的组织形式，产业集群内的企业和其他相关机构通常集中于一定区域，通过纵横交错的网络关系紧密联系在一起。随着市场需求的多样化和技术的革新，企业需要从标准化生产向"弹性专精"生产转变，这促使了产业集群的发展。

如美国有著名的硅谷电子业群、西密歇根的办公家具业群等；德国有索林根的刀具业群、韦热拉的光学仪器业群等；中国有浙江温州的鹿城区皮鞋产业集群、四川德阳的装备制造业集群等。产业集群的发展，使得相关企业聚集在一起，既相互竞争又相互合作，共同开拓市场、参与市场竞争，增强了企业在市场上的竞争力。产业集群的效应主要表现在以下几方面。

一、降低了企业的生产成本

同产业的企业之间因位置相邻，单个企业各自的相对优势在集群效应的条件下得到了更大程度的发挥，可以进行紧密的生产合作和销售合作。如同期采购大批量的原材料，以降低采购成本和运输成本。集群内的企业通过专业化的分工，不仅可以专注于自身的优势，去满足市场的多样化和个性化需求，也可通过集群网络，建立更加紧密的合作与信任，从而降低交易成本。如浙江宁波聚集的塑机产业群集聚了相关企业180余家，使整机产品的当地配套率达90%，大大降低了企业的生产、运输、交易、营销等成本。

二、发挥集群的品牌优势

品牌的宣传与推广往往是一项系统又持久的工程，也需要企业进行长期的投入，这对于很多企业来说都是一件不容易的事情。而集群的品牌优势是所有参与企业共建共享的，这种品牌优势的建立，不仅成本更低，其产生的效应还有可能更加广泛、持久。如潮州的卫浴产业从各自为战到抱团发展，使得区域品牌快速崛起，区域产品在国内市场占得了六成份额。

三、提高了企业的竞争优势和市场优势

集群内的企业高度相关，能更及时、高效地进行信息互通和技术交流等，这使得企业能积累高度专业化的知识和技能，为企业创新提供重要基础。同时，集群通常是围绕着某些具有市场地位的龙头企业而发展起来的，这些龙头企业往往具有制定行业标准的能力，会带动集群的发展，标准的被认可、被采用，也会提高集群企业的市场优势。

四、增强了企业的创新能力

集群内企业可以近距离地相互学习，从而有利于企业间传播知识、创新知识和应用知识，同时也有利于企业将自身的能力与相邻企业的能力相结合，创造出新的能力。此外，集群内整体的信息搜集、沟通成本较低，可以更加关注行业竞争对手的动向和产业发展动态、跟踪外部技术、管理创新等，为企业提供新的思想和活力，大大增强了企业的创新能力和应对外部环境的能力。

五、增进集群内龙头企业示范带动作用

集群内的龙头企业通常处于产业链的核心位置，发挥着带动上下游企业发展和协同的

作用，在产业集群的发展中处于领导和控制地位。龙头企业可将非核心的生产、供应等业务剥离出去，为上下游企业提供生存的空间，并通过合理的利润、政策和扶持等，为上下游企业提供发展的基础。与此同时，也可通过知识溢出、技术指导、管理扶持、文化输出等方式，与相关企业建立起稳固的合作链，以促进产业集群的整体发展。

晋江的运动品牌企业，最初以代工、贴牌起家，在完成了原始积累之后，便开启了以"质量"和"品牌"为主轴的发展线。其中，著名的运动鞋品牌——安踏率先通过"明星+广告"的方式，树立起了品牌形象，很快便成为产业集群的龙头企业。安踏不仅吸引了众多中小企业为其配套生产，也带动了整个地区的鞋业发展，特步、鸿星尔克、361度等知名运动品牌皆发源于晋江。晋江的龙头企业们引入了"虚拟经营"模式，通过委托加工等方式，带动了其他配套企业的发展，也组建起了自有品牌的阵营，扩大了产品的生产能力。这种互惠互利的合作，使得集群内的关系更加紧密。龙头企业的产品创新、技术创新等，也为集群的发展注入了源源不断的活力，保障了集群的生命力和竞争力。

六、促进产业联盟发挥更大的作用

产业联盟作为常见的产业组织形式，通常是政府相关部门号召、产业链上的企业响应、科研机构及学校等联合参与的平台。通常以提高产业竞争优势和创新优势为目标，兼具了约束性与灵活性、平衡竞争与合作的组织形态，往往是企业之间进行优势互补的"催化剂"，它能帮助企业进行最大限度地资源整合，以提高产业竞争力。

日立、三菱、东芝等半导体公司组建了超大规模集成电路技术研发合作产业联盟，帮助日本企业实现了对美国的技术赶超。IBM、AT＆T、Intel、AMD等13家美国半导体公司组建了半导体技术研发合作产业联盟，帮助美国半导体企业重新回到了世界第一的竞争地位。常见的产业联盟，通常有产业链合作联盟、市场合作产业联盟、技术标准产业联盟等。产业链合作联盟是为了促进创新产品能尽快在产业链中得到配套支持，以形成具有竞争力的产业链，如我国的TD-SCDMA产业联盟、5G产业联盟。市场合作产业联盟在于联合开拓新产品的用户市场，以及通过联合采购方式来降低新产品的生产成本，如中关村的长风联盟、软件出口联盟。技术标准产业联盟是为了共同制定产业技术标准，如闪连技术标准联盟、工业互联网产业联盟。

产业联盟的成立，通常具有较强的目标性，这就要求参与联盟的企业要不遗余力地贡献力量，以促进联盟的发展和目标的实现。

2018年，在阿里巴巴集团主办的全球顶级科技大会（杭州·云栖大会）上，在主论坛《飞天2.0，视频云，智享未来视界》中，阿里巴巴、松下、中国联通、优酷、京东方等企业一起启动了 8K 产业联盟[①]。在这一联盟中，中国联通负责总体技术方案，并进行网络部署的实施；松下承担了前端的 8K 视频信号采集、记录和制作等重要环节，并将在专业 AV 领域发挥强大的产品研发和技术延展能力；阿里巴巴旗下的阿里云则从 8K 视频云的服务角度，积极布局和开拓 8K 生态、推动 8K 产业链的标准制定，加速 8K 视频服务应用方案落地等；京东方则在显示屏领域发挥优势，提供全球领先的 8K 超高清系统解决方案，并着力于大尺寸 8K 超高清液晶显示屏的生产和普及等。产业联盟内的企业之间，发挥优势、奉献力量，并放下竞争的思维局限和组织的物理界限，通力合作、密切配合，才能使产业联盟得以发展、壮大，以扩大影响力，形成更大的"势能"。

总的来说，产业组织是企业之间形成竞争与合作共存的网络，是建立共生关系的纽带。产业组织内成员的有效参与，保证了所有合作共生主体的利益，推动着产业组织乃至整个产业的发展。产业的兴衰对于企业的发展而言，是"皮之不存，毛将焉附"的关系。所以要跳出"以我为中心"的思维局限，以"大我""共生关系"为指导理念，关注整个产业的发展。其中，加入或建立产业组织就是一种便捷的方式。在产业组织中，企业可通过献计献策、出利出力等奉献方式，以扩大共生企业的生存发展空间，分担与降低产业技术创新的风险和成本，创造更大的社会价值。

模块一百一十五：分享

企业的生存与发展状况，往往是基于产业的兴衰与成败，而产业的发展取决于市场的需求，依赖于人力资源、经济资源、物质资源和信息资源等。也就是说，在产业组织的发展壮大过程中，企业信息资源、物质资源等方面的分享发挥着重要的推动作用。另外，企业的竞争力提升，通常需要对所能调动的资源进行最优化配置，并形成自身资源与共享资源整合的协同效应。而任何一家企业，显然不能只是单方面的资源获取者，也应该是资源提供者。正是企业之间的共建、共享、共赢、共生，才促进了企业、产业之间的良性互动与发展。

于企业而言，如何获取别人的资源是一个重要的课题，如何分享自己的资源也是一个重要的课题。

现实中，不少企业都不愿分享自己的有效资源，认为分享是一件极具风险的事，是在泄露自己的"商业机密"，会让竞争对手得以模仿和跟进，从而带来更加激烈的竞争，甚至给企业带来灭顶之灾。可事实上，许多企业或传统工艺正是因为不愿"分享"，而走向了"破产"或"绝种"。

景泰蓝本是中华民族的工艺瑰宝，可生产景泰蓝的北京工艺美术厂却被法院裁定为破

[①] 资料来源：https://t.cj.sina.com.cn/articles/view/6574007646/187d7655e00100d6g2.

产。曾经作为国内最大的工艺美术厂，其破产的原因诚然是多方面的，其中，最为致命的便是人才的断档。景泰蓝的制作工艺涉及制胎、掐丝、点蓝、磨光、鎏金等几大流程和100多道繁杂的工序，北京工艺美术厂将这些操作工艺"牢牢拽在手里"，导致很多环节的手工艺出现后继无人的情况。可以在此大胆设想，如果当时的北京工艺美术厂放下对这些工艺的"独家掌控"，而是选择"分享"，让业内的企业得以跟进，进行充分的市场竞争，那结果又会是如何呢？或许，在当时带来了更加激烈的竞争，但也由此带来了整个产业工艺的精进，让这样一个国宝级的产品得以薪火相传、推陈出新。

从蒸汽机到内燃机，再到计算机和互联网，科技推动了世界的进步，淘汰了那些资源的垄断者和独享者，也奖赏了那些勇于开放的分享者。

从移动支付工具支付宝，到具有强大风控技术的花呗、借呗，再到可实时追溯商品来源的区块链技术，这些产品的核心技术本是蚂蚁金服的"商业机密"，但公司却将其有效地分享了出来。一方面，蚂蚁金服通过定期举办的蚂蚁开发者大赛（Ant Technology Exploration Conference，ATEC），向专业技术圈层的同仁们展现其核心技术和开放策略，与其探索和讨论前沿技术等。另一方面，蚂蚁金服也将技术的分享与开放，纳入了公司的年度计划中。如2015年的"互联网推进器"计划；2016年强调的TechFin定位，宣布对外开放金融科技；2017年全面对外开放；2018年，蚂蚁金融云升级为蚂蚁金融科技，开放加速。在蚂蚁金服开放的技术中，可以看到其在2017年上半年仅在人工智能领域就开放了智能客服、智能理财、图像定损等多个技术能力，另在金融云和生物识别领域的核心技术也处于开放状态。蚂蚁金服的技术开放与分享，不仅带来了商业上的机会，也通过技术手段完善了传统的金融服务业，提高了整个产业的运作效率。如在为南京银行提供互联网银行业务的技术服务时，将自己的计算能力、SOFA中间件、OceanBase数据库、大数据平台等进行技术开放，搭建了更加完善的核心系统、产品系统、大数据平台等，也提高了整个业务流程的运行效率，形成了金融科技领域更大的"势能"。于技术的创新与进步而言，开放与分享的价值是巨大的，正如蚂蚁金服CTO程立所说的那样："技术不是万能的，它仍然有许多不能，而开放与分享是解决不能的唯一路径，是突破技术边界的唯一出路"[①]。

通常情况下，企业用于分享的资源包括信息资源、物质资源、技术资源、经验资源等。每一种资源的分享，都有一定的内在动力和外在动力。如对于创新的技术资源来说，其分享的内在动力就在于技术资源的时效性、科技价值和经济价值。创新的技术资源通常比较前沿，也具有一定时效性。因此，技术创新资源需得到及时的传播和使用，才能发挥其最大价值。

技术创新资源的科技价值和经济价值，一方面在于技术的分享和普及能带来技术的升

---

① 资料来源：http://zqb.cyol.com/html/2017-10/12/nw.D110000zgqnb_20171012_5-05.htm。

级和迭代，另一方面在于技术的分享和协同能提高整个产业链的收益情况。而企业进行资源分享的外在动力，一般来源于社会和其他企业。如技术创新资源的分享，可为其他企业节约研发成本，缩短协同时间，降低独自进行技术创新的风险，从而提高整个产业的效率。也可促进社会进行资源配置的优化，增强科技实力和提高经济实力。如此"内""外"兼顾的资源分享，企业又何乐而不为呢。

一般情况下，企业的分享过程包含了识别分享机会、展示分享成果、收集分享感受等过程。识别分享机会，即把握好将相应成果进行分享的时机，如蚂蚁金服的年度 ATEC 技术探索大会。在确定了分享时机和分享对象之后，就是其成果的展示了，不论分享的成果是信息资源、物质资源，还是技术成果，都应当是有其独特价值的。独特的价值表现在多方受益、整体加强、共同发展等方面。收集分享感受的目的，在于了解受享者的看法、态度，以及可能的后续行动，以使得本次分享能得到全面、客观的评价，继而作为后续决策的一个依据。

企业之间的分享，应该是对共有、共同、共生的主动追求，也是对享受、享用、享有的现实期待[1]。"分"与"享"是一个有机结合体，"分"是实现"享"的途径和手段，"享"是进行"分"的追求和目标。企业与企业之间，企业与产业之间，要先有"分"，才有"享"，有了"分享"，才有交互，才有共生，亦能共赢。

模块一百一十六：产值

产值是企业在一定时期内所生产的最终产品和提供劳务活动的总价值量，它反映了企业的生产总规模和总水平，体现的是生产总成果。企业作为商品的生产者和经营者，只有把生产的产品提供给其他组织或社会，才能加速资金的流动周转，提高自身的经济效益，提升所在产业链的整体价值。

企业的产值，一方面是自身生产能力和综合实力的体现，另一方面也是对产业发展的贡献体现。在整个产业链中，产值越高的企业，越有主导地位和话语权，也越能带动上下左右的企业发展，从而实现整个产业的繁荣。

阿里巴巴集团经营着天猫、淘宝、全球速卖通、阿里云、蚂蚁金服、菜鸟网络等多项业务，其在电子商务领域的领导地位，也深深影响了几个产业的格局与发展。就拿旗下的天猫、淘宝等电商平台来说，其发展冲击了传统的线下零售业，让线下门店纷纷关店，但同时也对一些行业的发展产生了强有力的推动作用。例如，快递行业的发展与规范，正是基于以淘宝网为代表的电子商务的发展。电子商务是由商务实体、电子市场、交易事务和资金流、信息流、物流等基本要素构成的，其本质是商务活动，核心内容是商品的交易。商品交易的物流水平，很大程度上决定了电子商务的服务水平。对电商服

---

[1] 张继胜. 集成与分享释义. 北京：中信出版社，2017.

务水平的要求不断提高，又反过来影响着物流业的服务水平、经营形态、管理水平、人才素质等因素，继而极大提高了物流业的整体地位。据官方数据表示，2018年11月11日，仅天猫当天的物流订单量就超过了10亿件，这一数据相当于中国2006年全年的快递业务量[①]。近年来，随着电子商务的普及，我国快递行业快速发展，快递量持续增长，已然成为快递大国，截至2018年底，中国快递业务量已连续五年位居全球第一。快递量增长的背后，也反映了快递行业在技术水平、运营效率、管理水平等方面的提升，从时有"爆仓"的初级阶段，到智能物流的运行，快递企业正在以其科技和协同的优势，支撑着产业规模的持续快速增长。

福建正德光电科技有限公司成立于2013年9月，其主要业务是生产导光板、扩散片、扩散膜、增亮膜等新一代显示器所必需的光学材料，拥有多项TFT-LCD液晶面板光学材料的国家专利，也是少数完全拥有LCD液晶显示器光学材料核心技术的高科技企业。公司作为武平县"新型显示产业集群"的中坚力量，始终凭借着雄厚的技术底蕴和领先于行业的产值，一路奋进，不断获奖，为整个产业链的发展做出了卓越的贡献。据统计局数据显示[②]：截至2017年12月底，武平县所在的龙岩市，其光电与新材料产业产值首次突破100亿元，比上年同期增长25.6%，而正德光电在2017年的产值贡献便达到了3.7亿元。据市经信委软件与信息化推进科的相关介绍，龙岩市新材料产业现有规模以上企业19家，其产值占整个新材料产业的80%以上。像正德光电这样的龙头企业所体现出来的生产能力，不仅对产业的产值贡献巨大，还成功集聚了配套的上下游企业，把整个产业集群培育成了有核心技术、有核心人才、有社会经济效益的竞争体。

总的来说，产值不仅是企业内部生产能力和服务能力的体现，也是推动整个产业快速发展的重要指标，是帮助上下左右企业得以发展，走向成熟的重要推力。产值越高的企业，通常具有越高的社会影响力和产业主导权，其发展也越能得到社会各界的支持。如在全国经开区综合考评中位居第一的苏州工业园区便出台了《苏州工业园区关于加快建设世界一流高科技产业园区的科创扶持办法》《苏州工业园区关于实施独角兽企业培育工程的若干意见》等政策性文件，以帮助"独角兽"企业解决发展中的问题，加速企业的健康成长，使得其竞争优势更加突出，未来产值能力更强。

第三节 行　　业

行业是指从事同性质的生产或经营活动的企业组织集合。行业依附于产业，承载着企业。任何企业都有其所在的行业，行业的发展情况往往决定、影响了企业的发展情况。能顺应行业发展趋势的企业，往往能在整体上升的行业背景下健康成长；反之，在行业趋势面前，依然故我、止步不前的企业，不论其影响力大小、规模如何，其在成长中都必然会

---

① 资料来源：http://www.ebrun.com/20181111/307017.shtml.
② 资料来源：http://lytjj.longyan.gov.cn/xxgk/tjgb/201803/t20180320_802685.htm.

遭受重创。行业之"势",不仅来自市场和社会的需求,也来源于企业自身的付出与奉献。行业内企业在产值、技术、创新等方面的价值贡献越大,行业就会越兴旺,企业也会随之受益。

下面将从行业组织、带动、产值等几个方面,探讨企业的价值贡献。

模块一百一十七:行业组织

行业组织是指企业或其他组织在自愿的基础上,基于共同的利益诉求所组成的一种民间性、非营利性的社会团体。

自治性和中介性是行业组织的最大特征,沟通、协调、监督、服务是其主要职能。行业组织是行业成员利益的代言人和维护者,通常也是行业成员与政府之间的沟通者和协调者,往往能协助政府制定和实施行业发展规划、产业政策、行政法规和有关法律。同时,相关行业组织也会对本行业产品和服务质量、竞争手段、经营作风等进行严格监督,制定并执行行规行约和各类标准,协调本行业企业之间的经营行为。

行业协会是最为常见的一种行业组织形式,也是企业可根据自身实际而选择加入的行业组织。不同的行业往往都有其对应的行业协会,如中国钢铁工业协会是中国钢铁行业的一个全国性行业组织,以"为企业服务、为行业服务、为政府服务、为社会服务"为宗旨,主要为加入协会的企业积极提供服务、反映诉求,规范运作,建立和完善行业协调和自律机制,维护行业整体利益和会员的合法权益[1]。中国软件行业协会作为中国软件产业界的权威组织,是具有全国性一级社团法人资格的行业组织,其主要成员有从事软件研发、销售、培训、应用等业务的企业,以及为软件产业提供咨询、市场调研、投融资服务等的企事业单位。中国软件行业协会的主要职责是开展"双软认定"工作、举办"中国国际软件博览会及技术论坛"、推荐优秀软件产品、培育中国优秀软件品牌、编写《中国软件产业发展研究报告》、制定行约行规、通过建立专门的机构促进软件出口等[2]。除了全国性的行业协会,还有国际性和地方性的行业协会,企业可根据实际情况,选择加入相应的协会,以获得协会赋予的利益,并通过献言献策、出力出利等方式,助推行业协会的发展。

2016年10月,中国家电流通年会在杭州盛大举行,吸引了海尔、美的、松下、西门子、三星、老板、方太等200多位企业代表参加。在家电行业突出贡献奖的表彰仪式上,中国家用电器商业协会的理事长彭宝泉表示:"市场压力越大,企业越需要行业,越需要行业活动、行业协会。反之,行业活动、行业的发展也离不开行业领军企业的创新、引领、支持和推动。行业突出贡献奖的设立,就是为了鼓励行业带头企业多参与、支持行业活动,

---

[1] 资料来源:http://www.chinaisa.org.cn/gxportal/xfgl/portal/index.html.
[2] 资料来源:http://www.csia.org.cn/

通过加强交流，促进沟通，实现互通有无、取长补短的企业联动、行业协同效应，加快推动企业经营转型和行业升级发展。"2016年，中国家电行业完成了备受瞩目的系列活动，如家电市场高峰论坛、中国曲面电视节、第二届中国家电六方论坛、第四届区域家电连锁TOP峰会、第三届绿色家电消费促进月、全国家电以旧换新活动等，所有活动的成功举行，都离不开相关企业的积极参与和鼎力相助。为此，本次年会特地设置了多项大奖，如中国家电行业年度人物、全国百城万店、畅销品牌、行业百强等，以表彰行业先进，传播行业正能量，营造全行业创优争先的氛围。

于企业而言，全力做好自己、主动参与活动、积极奉献力量等，都是对行业协会、对行业发展的有效支持方式，这也是企业力所能及之事，亦是利他又利己之事，企业又有什么理由不去参与呢。

行业协会、商会等行业组织是同行企业自己的大本营。行业组织聚集了大量相关的从业人员和专业人员，能够敏锐而深刻地察觉到所处行业的生存状况、存在问题、发展前景和发展方向等，也能够了解行业内企业的管理水平、技术储备和核心竞争力等。企业在行业组织中，要正确看待和处理新时代背景下的"竞合关系"，将"以我为中心"的理念，转化为"以我们为中心"；将"单打独斗的个人英雄"定位，转化为"抱团发展的修行者"，通过积极参与、主动贡献等方式，去推动行业组织的发展，进而推动企业的发展。

模块一百一十八：发展带动

产业中、行业里的企业，尤其是龙头企业，不仅在延伸和完善产业链条，推动产业发展方面有着重要的作用，其对行业格局的形成与发展同样有着不可替代的作用。产业链的发展通常遵循着"建链、补链、长链、强链"的规律，行业的发展是一个"从低端到高端、从无序到有序、从竞争到合作"的过程，

不管是产业的升级，还是行业的发展，始终都离不开链上的、业内的企业，既依赖于龙头企业在管理升级、技术创新、文化建设、市场培育等方面的带动作用，也依赖于同行企业的积极跟进与不断创新。如此百花齐放、百鸟争鸣的局面方能推动行业与产业的繁荣兴盛。

在家电领域，海尔便引领、带动行业进入了"生态智慧"的发展阶段[①]。在消费升级的新时代背景下，海尔作为行业内的龙头企业，始终致力于智慧家庭的建设，并经历了单品智慧阶段、成套智慧阶段、场景智慧阶段和生态智慧阶段。万物互联是物联网时代的必然发展趋势，也是家电行业积极转型、升级的方向。但在家电智能化、互联化的发展初期，不同厂家的产品都有各自的连接标准，不同品牌之间也不能互联共通，这样一个各自为政

---

① 资料来源：http://hd.haieruplus.com/cn/index.php.

的行业局面，以及场景碎片化、操作复杂化等行业现象，造成了不尽如人意的用户体验，也制约着智能家居的落地和发展。海尔在坚持"以用户需求为核心"的理念下，于2016年发布了"U+智慧生活"2.0战略，于2017年发布了"U+智慧生活"3.0战略。海尔在这一战略中，推出了"U+智慧生活平台"，这是一个全开放、全兼容、全交互的智慧生活平台，海尔凭借其开放的接口协议，不仅让任何品类的家电及服务都能接入平台系统，还为其他品牌的产品实现了互联互通的功能，为用户提供了前有未有的良好体验。目前，海尔的平台已经成功吸引了全球众多优秀合作伙伴的入驻与共建，其中有硬件制造商、生态服务商、技术合作伙伴、开发者社群等。另外，海尔的"U+智慧生活平台"也推出了物联网智慧家庭领域行业解决方案——"U+物联云1×3"行业解决方案。这一方案已在家电、家具、家装、医疗、安防、机器人、通信等七大领域实现推广落地，不仅为用户体验智慧生活提供了足够的技术和市场支撑，也带动了家电行业的"生态智慧"发展，推动着整个行业从"硬件制造"到"硬件+软件+服务"的物联网生态转型。

龙头企业的带动、同行企业的积极跟进，是促进行业发展的重要因素。反之，同行企业之间闭门造车、无序竞争则会给行业带来"灾难"。

回顾国产彩电近30年的发展历史，在这30年中，国产彩电经历了20余次价格战，平均1.5年一次。9月本是家电行业的传统销售旺季，这一传统却在2018年被打破。2018年9月，国内彩电的价格普遍降低，按照苏宁易购的促销活动来看，55寸的4K电视机在2017年9月的价格为3599元左右，而到了2018年，价格却普遍降到了2999元左右。其中，海信在2018年的促销（变相降价）频繁，32寸的彩电价格降至699元，50寸的4K电视价格降至1799元，65寸的彩电价格也下探到了2999元。整体来看，中国彩电行业2018年的价格下跌速度之快，已经到了令人咋舌的地步。根据奥维云网的数据显示，2018年上半年，在中国的线上彩电市场中，彩电产品的平均单价为2545元，同比下降了10.2%。如此惨烈的价格战意味着什么呢？意味着整个行业利润的降低，根据各彩电企业披露出来的2018年上半年报表，各大彩电厂商的净利率已经低到让人难以置信的程度。海信电器在2018年上半年的净利率为2.48%，四川长虹电视为0.44%，TCL集团为3.01%。从整个行业来看，各企业都面临着较大的利润压力。压力的来源，固然是多方面的，有市场供需的失衡、以产定销的失灵、生产总成本的提高等，但更为关键的是来自同行业的价格战。以价格战为代表的无序竞争，就如战斗中的第一声枪响，一旦打响，就会造成"枪炮齐鸣""枪林弹雨"的战争局面，带来的后果便是"两败俱伤""血流成河"。

龙头企业通常是所在行业的领头企业和骨干企业，其对于区域经济的发展、创新能力的提升、行业格局的升级等都有显著的带动作用。正因为如此，许多大企业便"居功自傲"，不把同行企业放在眼里，宁愿通过"杀敌一千，自损八百"的方式，去打垮同行，强大自己，而完全没有携同行"同发展、共前进"的意识。殊不知，当同一行业上的其他企业都停滞不前、消亡殆尽时，企业自身也就离衰败不远了。纵观各行各业的发展历程，可以发现大多数行业的成长特征：起步于从无到有的需求创新或转型升级的需求满足，发展繁荣于企业间的协同，衰败于企业间的无序竞争和寡头企业的垄断经营。所以，企业要想得到健康、可持续的发展，需要依附于行业，带动行业的发展，而不是刻意去破坏行业的平衡、凸显自己。

模块一百一十九：产值

企业的产值，不仅是自身综合实力的体现，亦是对行业、产业发展的实际贡献。企业生产符合标准的产品、推出创新的优质产品，能促进整个行业的产品升级；企业若将问题产品推向市场，势必会伤害消费者，损害企业形象，甚至会阻碍整个行业的健康发展。

在需求大于供给的市场条件下，企业的产值越高，越能有效、快速地满足消费者的需求，对行业的贡献也就越大；在供给大于需求的市场条件下，企业若不能进行有效创新，其产值越高，就越容易引发产能过剩、价格下跌等问题，这便是对行业发展的冲击。

在我国的乳制品行业发展史中，对社会和行业冲击力最强、影响最为深远的莫过于"三聚氰胺事件"。在整个乳制品行业处于无序竞争的时期，在上游成本上升和下游价格战加剧的行业格局中，各乳企为了争夺市场，便开始在"看不见"的地方动起了心思。蛋白质含量的检测，是对奶粉的一项重要检测指标，企业为了降低成本、检测合格，便在奶粉中添加三聚氰胺，以求蒙混过关。三聚氰胺本是用于化工原料的有机化合物，人体长期、反复食用后，就会对肾与膀胱产生影响，导致结石。在三鹿奶粉被曝光含有三聚氰胺之后，越来越多的国内乳企被检测出相关问题，包括两家乳品巨头企业和一大批国产奶粉品牌。随着全民的关注和事件的持续发酵，"三聚氰胺事件"成为全行业、全社会的食品安全问题，消费者也对国内乳制品丧失了信心。

这一事件对乳制品行业造成了全面、系统、彻底的破坏，后续两年的乳制品消费均下跌超过5%，而在这之前，国内的乳制品消费量以年均14%的速度在增长。另外，我国的奶粉市场格局在短短四年时间内也发生了较大的变化，外资品牌的市场占有率，从2007年的35%提高到了2012年的60%。"三聚氰胺事件"或许已经淡出了人们的记忆，但其带来的质量问题，似乎并没有随着时间的推移而被人们遗忘，许多消费者仍对国产奶粉持有怀疑态度。

随着外资品牌的攻城略地，电子商务的发展，海外购的兴起，国内奶粉企业显得更加举步维艰，在销量呈负增长的2016年，国产奶粉一度被形容为"集体溃败"。在2018年中国婴幼儿奶粉的销量排名中，国产品牌只有飞鹤与伊利跻身于前10的榜单中。人们常说"覆巢之下，焉有完卵"，"三聚氰胺事件"的主要涉事企业将半个世纪奋斗出来的辉煌毁于一旦，同行业的其他企业的发展也是步履维艰。

企业生产问题产品，势必会给市场带来难以挽回的伤害，其产值越高，伤害越大，对行业的负面影响也就越大。反之，企业生产适合市场需求的创新产品，其产值越高，越能带动行业的发展。

据深圳市无人机行业协会的统计[①]，在 2017 年的全国民用无人机市场上，被誉为"无人机之都"的深圳，其在位企业贡献了八成以上的产值。其中，在消费级无人机领域，全球 70%的市场份额是由深圳大疆公司所贡献。根据深圳国家高技术产业创新中心的数据，深圳无人机企业所拥有的专利数量已突破 1000 项，其中深圳大疆公司、深圳一电航空的专利数量占比为 80%。以大疆公司为代表的深圳无人机企业之所以能在全球范围内贡献较大比例的产值，带动行业发展，其关键在于技术创新，以及深耕于细分领域、协作发展的行业格局。如，在一年一度的无人机行业盛会上，可以看到无人机企业在产品、技术等方面所取得的瞩目成就。如大疆公司旗下的多款产品：挥挥手就能操控、只比手掌略大的"晓"Spark 无人机，以及适用于公共安全、电力巡线等行业应用的 M200 系列飞行平台等；艾特航空，展出了其军民融合新应用产品——航炸吊舱，通过搭载国际先进的轻型炮弹，轻装上阵，可迅速执行定点打击任务；深圳一电航空装备及旋翼无人机、中科瑞泰的长航时旋翼无人机，不仅续航时间长，也能在超长视距、复杂环境下正常作业；中科灵动航空自主研发的油电混合动力系统，可应用于管道巡检、电力巡检、边防巡查等对航时及稳定性要求较高的领域。

企业的产值，不仅体现了自身的综合能力，也体现了企业对行业的贡献能力。在有序的行业格局中，符合市场需求的创新之下，企业的产值越高，越能推动行业的发展，越能带动同行企业的创新。良性的行业发展，会反过来推动企业的创新与进步。

---

① 资料来源： https://www.81uav.cn/uav-news/201806/23/38429_1.html.

【本篇结语】

狭义的"利"是企业经营活动获得的经济利益，经营罗盘中的"利"是指利益在企业内外部的分配以及企业为社会创造的价值总和。利的共享，就是要设计企业内部成员的利益分配机制和外部合作伙伴的利益共赢机制，以及承担社会回馈责任，以此充分调动企业内外部成员的积极参与性，建立企业发展良好的生态系统。

内利分配机制是激活组织活力的根基，是企业找人、用人、留人的根本。按职责分配、按贡献分配、按价值分配的利益分配机制，是让企业成员充分发挥智慧和能力的前提，也是高质高效完成任务和实现目标的前提。内利分配机制的主要对象是企业员工和股东，员工和股东是企业发展的主要贡献者，只有找准、满足了员工和股东"利"的需求，才能促使他们为企业的发展贡献最大的力量。

外利共赢机制是企业取得供应链优势资源、合作伙伴高效高质服务的保障。外部供应商和其他合作伙伴是企业的泛组织成员，企业总会在经营过程中与其他企业打交道、开展合作，高效的合作总是基于适宜的利益共享。利益共享，是一个需要随时掌握好"得与失""付出与回报"的平衡过程，这一过程的稍加懈怠，就可能引发合作的失败，造成严重的两败俱伤。所以，要秉持"予人，即予己"的理念，制定相应的共赢政策、激励措施，去构建共建、共享、共赢的合作伙伴生态圈。

社会责任机制是企业得以可持续发展的长久之道，也是企业免受"天灾人祸"的遮雨伞。企业是社会活动中的一个独立个体，既有自然属性，也有社会属性。企业立足于社会中、产业上、行业里，受到社会、产业、行业的哺育，自然也需进行反哺与回馈。对于社会的回馈，税收与就业是企业要承担的基本社会责任；捐赠是企业及企业家的慈善公益行为，是企业体现社会责任的一种常见方式；企业家精神，是基于企业使命，而又超越企业使命的利他行为。对于产业和行业的回馈，参与、贡献于相应的产业（行业）组织是常见的途径；企业分享、开放相应的资源、带动同行的发展，是企业贡献于产业和行业的重要方式；企业奉献适合市场需求的产值是带动行业发展，进而促进产业兴旺的主要途径。

【案例品鉴】沃尔玛之"利"

沃尔玛百货有限公司（WalMart Inc.）成立于1962年，是一家美国的世界性连锁企业，其创始人山姆·沃尔顿先生是零售业传奇人物。沃尔玛主要涉足于零售业，致力于通过实体零售店、在线电子商店，以及移动设备等不同平台，帮助世界各地的人们随时随地节省开支，并让生活更美好[①]。沃尔玛是世界上雇员最多的企业，从2014年伊始，已连续5年在美国《财富》杂志世界500强企业中位居首位。沃尔玛在全球27个国家拥有58个品牌，旗下有11300多家分店以及电子商务网站，全球员工总数超220万名[20]。

沃尔玛能取得如此令人瞩目的成就，与其长期坚持的"利益分享机制"是分不开的。

在内利方面，沃尔玛创始人山姆认为"顾客、员工和股东都是公司的上帝"，公司的发展要依靠股东与员工的团结一致，同时也要照顾好股东和员工的利益需求。

在外利方面，沃尔玛致力于成为最受消费者信赖的零售商，而其供应商是此目标的最大支持者。沃尔玛通过与供应商的诚信沟通、密切合作、利益共享，建立良好的合作伙伴关系。

在社会方面，沃尔玛中国的企业社会责任是"做一个有高度企业社会责任感的零售商"，希望通过企业社会责任和可持续发展活动，帮助中国人民生活得更美好。

一、沃尔玛之"内利"

山姆·沃尔顿曾经说过：越与员工共享利润，流进公司的利润就越多。沃尔玛自创立以来，就非常注重与员工的利益分享，公司的员工也被称为"合伙人"，并通过一系列的政策和实施方案，与其建立了良好的"合伙人关系"。

（一）奉行"员工是合伙人"政策

（1）利润分享计划。针对在沃尔玛工作了一年或每年至少工作1000小时的员工，都有资格参与公司的利润分享，员工在离开公司时，可以取走相应份额的现金或股票。利润分享计划的实施，不仅提高了员工的经济收入，使得其工作积极性得到了较大的提高，也为公司创造了惊人的利润。正如山姆·沃尔顿所说的那样："公司与员工共享的利润越多，员工就越会用心地去对待顾客，顾客越满意，越反复光临，公司的利润才能越多。"

（2）员工购股计划。沃尔玛允许员工通过工资抵扣的方式，以低于市值15%的价格购买股票。员工购股计划是公司福利的一部分，员工可自愿购买，因此计划而积累了大量财富的员工也不在少数。

（3）损耗奖励计划。指某家商店若将损耗控制在既定的目标之内，该店的每位员工都可获得相应的奖金。对于零售业来说，自然损耗是其赢利的大敌，沃尔玛通过这项计划将损耗降到了行业平均水平的一半，也由此建立了内部的相互监督机制，大大激励了员工的

---

① 资料来源：http://www.wal-martchina.com/.

工作激情。

(4) 员工疾病信托基金。员工子女奖学金等福利政策，全方位地为员工的生活提供保障，让员工可以无后顾之忧地投入到工作中。

另外，沃尔玛还设有一连串的奖励办法，如减少商品短缺的节约奖、地区明星奖、销售竞赛奖、百货销售荣誉、控制损失奖等，并将获奖者的名字和照片登在其内部杂志上，以激发员工的工作热情。

(二) 打造信任和尊重员工的用人氛围

(1) 沃尔玛公司没有明确的等级差别，员工与上级主管间，几乎都是直呼其名，从总裁到营业员的每一位同事，其左胸前都佩戴着工作牌，工作牌上只有姓名和一句醒目的"我们的员工与众不同。"

(2) 沃尔玛始终践行着"管理的关键在于有效沟通"这一理念，打造了开放的交流环境，并坚持以各种方式进行员工之间的沟通，以此了解每一位员工的工作情况和所遇到的困难。

(3) 公司强调"员工是创新和变革的最好源泉"，并通过多种方式鼓励员工提出工作中的问题和建议。沃尔玛的员工，哪怕只是临时工，只要提出了好的建议，都会受邀参加其例会，与上级进行讨论，并会得到相应的奖励。

(4) 公司非常愿意让所有员工共同掌握公司的业绩指标。沃尔玛认为："员工知道得越多，也就关心得越多，一旦是他们关心的事情，那么，谁也阻止不了他们去做。"公司的所有经营数据都会定期向内部员工公布，包括店铺的销售情况、折扣信息、利润等关键经营指标。

(三) 为每一位员工提供了广阔的发展空间

山姆·沃尔顿曾说过："如果我们把机会、鼓励和奖励给予那些平凡而普通的员工，以使他们尽最大努力，他们的成就绝对是无可限量的。"沃尔玛的高级副主席唐·索德奎斯则提出："毋庸置疑，沃尔玛的成功是基于这样一种坚强的信念：让每一位员工实现个人的价值，我们的员工不应只是被视作会用双手干活的工具，而更应该被视为一种丰富智慧的源泉。我们的同事创造非凡。"

一方面，公司非常重视员工的职业兴趣和晋升培训，员工可以根据工作偏好系统选择相应的职位，并会在这一过程中得到相应的培训。沃尔玛在总部和各级商店都开设了各类培训班，并设有沃尔顿零售学校、萨姆营运学院等培训组织机构。在培训内容上，沃尔玛培训系统包含了入职培训、技术培训、岗位培训、海外培训、管理培训等模块。员工可以根据自身职位和兴趣，选择相应的课程内容。2018年10月，沃尔玛甚至推出了基于VR技术研发的全新员工培训系统，以提高培训的效率和效果。

另一方面，沃尔玛为员工提供了通畅的晋升空间。即使是新员工，在经过了6个月的培训后，也可因良好的管理能力和销售潜力，成为经理助理或协助开设新店，进而成为一名经理。而在一般零售企业中，提升为经理需要有多年的工作经验。此外，沃尔玛设有专门的离职面谈制度，以确保每一位员工在离职前，有机会进行坦诚的交流和沟通，有专业人员负责员工关系工作，以倾听员工意见，为其排忧解难，保障了沃尔玛的人员稳定性。

二、沃尔玛之"外利"

在沃尔玛公司的四项基本信仰中，"诚信行事"规定了对供应商以及相关合作伙伴的公开公正和利益共享。沃尔玛坚信，供应商是其生存的关键因素，是其实现"天天低价"承诺的重要支持者，只有实现合作中的双赢、与供应商共进退，才能与其建立长期稳定的合作关系，保证供应链的良性发展。

沃尔玛将与供应商的合作关系看作是战略性的合作关系，并始终践行合作过程中的利益共享，同时也会强调自己的原则：

(1)一贯坚持与供应商之间的合作伙伴关系，以公平透明的合作来共同降低商品的成本。

(2)特定供应商不会成为某种商品的独家提供者，更是严厉打击合作过程中的送礼品、贿赂等行为。

(3)所有的供应商均需遵守当地的法律法规，尤其是《中华人民共和国劳动法》。

(4)制定了《供应商守则》，详细规定了供应商的资质、合作条件、利益分配等方面的内容。而一旦建立了合作关系的供应商，沃尔玛便会承诺不向其收回扣，也不收进场费。

(5)会根据合作情况，帮助供应商改进工艺、提高产品质量、降低生产成本、管理库存等，以降低产品总成本，保持行业竞争力。

在管理库存方面，沃尔玛通过向供应商开放自己的实时销售数据，使得供应商能及时掌握自己产品的销售情况，以便及时调整、安排生产计划，以实现柔性生产，并最大限度地降低库存。

在降低成本方面，沃尔玛通过向供应商开放产品的成本构成情况，让供应商能掌握各环节的成本信息，以共同探求降低成本的方法。若供应商因成本上升而要求提高价格，沃尔玛的采购部门首先会与供应商一起寻找降低成本的方法，以取得产品质量与价格之间的平衡。沃尔玛常用的方法是缩减包装、优化物流、大批量采购与促销等，以保障供应商的价格竞争力和利润水平。

另外，沃尔玛有着自建的通信卫星和强大的物流体系，使得店铺的销售与配送中心实现了数据的同步。沃尔玛还建立了自动订货系统，实现了向供应商的自动订货，大大提高了供应系统的工作效率，提高了供应商的响应时间。2017年9月，沃尔玛(中国)向供应商正式发出全面转换全球信息数据同步网络(global data synchronization network，GDSN)的通知[①]，希望借助数据同步的转换，给予供应商新的商品信息处理方式，以加快供应商的新商品上架速度、减少新商品信息的建立时间和错误率、提高商品生命周期的管理效率、提高订单的满足率等。为了推动 GDSN 项目的实施、帮助供应商顺利完成新操作，沃尔

---

① 资料来源：http://www.ancc.org.cn/News/article.aspx?id=8629.

玛特地为供应商提供了系列的 GDSN 培训。

对于合作中的供应商，沃尔玛会制定详细的考核指标，以进行合作关系的评估。对于优秀供应商，沃尔玛会在原有基础上提供一系列的优惠政策，如商品的摆放位置优先、费用减免、增加订单量、优先的退换货政策等，借此来落地"双赢"的合作理念，稳固合作关系，并激励其他供应商的进步。对于欠优秀的供应商，沃尔玛会进行专门的帮扶，通过组织培训、经验交流等方式，以提高他们的业绩表现。

三、沃尔玛之"社会"

沃尔玛作为一个全球性的连锁零售商，始终致力于成为优秀的企业公民，除了关注全球性的问题，也关注着所在国家所关注的问题，其在不同国家所实施的企业社会责任（corporate social responsibility，CSR）活动也有所不同[①]。

在自然环境方面，沃尔玛在美国更关注垃圾的处理方式，在巴西关注的是养牛业对环境造成的影响，在中国则倡导低碳生活、减少使用塑料口袋；在商业环境方面，其在美国强调帮助女性企业家，在巴西帮助农户和低收入的手工艺家庭，在中国则重点帮助菜农、果农等低收入群体；在人文环境方面，其在发达国家主要关注消费者生活质量的提高，在发展中国家则主要关注慈善事业，并根据不同的文化背景和市场需求，实施不同的 CSR 项目。在这里以沃尔玛（中国）为例加以分享。

根据 2016 年的《沃尔玛中国企业社会责任报告》，沃尔玛自进入中国以来，在全国范围内已经累计捐献超过 1.4 亿元的资金和物品，其员工在社会公益事业方面的投入也累计超过了 24 万小时。沃尔玛（中国）的企业社会责任，主要在女性经济独立、儿童食品安全与营养、可持续发展与社会服务三个重点领域。

在"女性经济独立"领域，沃尔玛（中国）主要致力于帮助由女性控制的企业成长，加大对该类企业产品的采购量，为女性提供教育和就业培训，向女性经济自立项目做慈善捐赠[②]。其中，在女性培训项目上，沃尔玛（中国）向中国连锁经营协会捐赠 500 万元，打造了"零售明日之星"培养计划，并在中国投入 3313 万元，实施了沃尔玛基金会"全国零售训练营"计划，培训零售人才高达 45000 名，覆盖了 10 个省。

在"儿童食品安全与营养"领域，沃尔玛（中国）主要联合了中国儿童少年基金会开展儿童食品安全项目，通过儿童食品安全教育，以"进家庭、进学校、进社区"的方式，提高儿童食品安全意识[②]。在 2011 年，沃尔玛（中国）携手供应商联合开展了"爱心接力"活动，共同捐助中国扶贫基金会发起的"爱加餐"活动；2015 年 1 月，沃尔玛（中国）携手供应商探访"爱加餐"项目的受益学校，8 月，沃尔玛（中国）携手中国扶贫基金会、腾讯公益以及供应商和顾客发起了"你'沃'一起，为爱加餐"公益活动，并为项目捐助 200 万元。

---

① 朱林. 零售企业社会责任的地区差异：以沃尔玛为例. 价值工程. 2013(34)：6-8, 9.
② 资料来源：http://www.wal-martchina.com/community/community.htm.

在"可持续发展与社区服务"领域,一方面,沃尔玛(中国)将可持续发展融入供应链及运营的各个环节。在 2005 年,便制定了"可持续发展 360"战略,并提出了三大目标,包括:100%使用可再生能源、"零"浪费、出售利于资源和环境的商品。沃尔玛(中国)通过"中国连锁经营协会的可持续发展圆桌论坛""门店节能环保改造""倡导环境保护和绿色消费"等方式实现其可持续发展的目标。截至 2016 年,沃尔玛(中国)三年累计投入的节能资金达 4.5 亿元,减少二氧化碳排放量 16.7 万吨[①]。另外,沃尔玛(中国)始终积极参与社区的发展,并主动投身于灾后重建工作中。在致力于社区服务与灾后重建的过程中,沃尔玛(中国)注册成立了"沃尔玛志愿者协会",借此普及志愿服务理念、弘扬志愿服务精神、培育志愿服务文化,鼓励员工参加志愿者活动。截至 2016 年底,沃尔玛(中国)的员工志愿者超过了 5000 名,志愿服务累计超过了 24 万小时。2008 年以来,沃尔玛(中国)以现金、实物的形式捐赠了 4000 万元,用于备灾、救灾、灾后重建等工作。

沃尔玛所承担的社会责任,不仅从企业本身的战略出发,还将公益之心、公益之行传递于员工和供应商,通过"人人公益"的方式,积少成多、聚沙成塔,体现了企业的社会责任担当,对所在国家和地区的发展作出了自身的贡献。

第七篇 修为
——学以致用 运筹帷幄

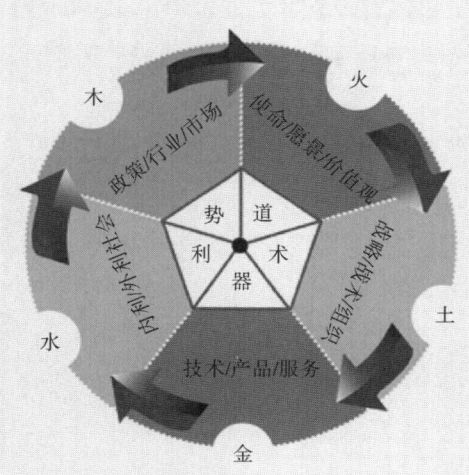

知者行之始，行者知之成。圣学只一个功夫，知行不可分作两事。
——王阳明《传习录》

【本篇开卷】

宋代著名理学家朱熹的《朱子语类•学三•论知行》说道："论先后，知为先；论轻重，行为重。"其意思就是论次序，学识在先，然后才能指导实践；论作用，学是为了用，实践比学识更重要，指"知"和"行"相辅相成，互为作用。"知行合一"就是理论与实践相结合、相推动的过程。理论与实践二者是相互联系、相互推动的，经营罗盘的理论也是在经营管理实践的基础上总结出来的，同样最后它也必然要应用于实践。

"势、道、术、器、利"是经营罗盘的五维和精髓所在，它们都是以深厚的中国传统文化为底蕴，结合现代管理科学，以"以人为本"的思想为基础，梳理出了119个模块，从而形成了完整的理论体系。同时为了便于实践应用，通过提炼、归纳出了393个问题，以此构成了企业经营实践过程中诊断与顶层设计的指导工具，形成了学以致用的理论体系。

从经营罗盘的五维可以看出，人因利而聚，"利"聚则生"势"。"利"在不同群体、个体间的流转，造就了商业环境瞬息万变的"势"。有"势"必有"道"，面对不同的形势，企业需要有不同的经营之"道"。"道"是"术"的根本，企业的战略战术要遵从企业之"道"。"器"是对"术"的充分体现，砺"器"就是用心去精雕细琢。"利"则来源于"器"，获得客户认可的"器"将为企业带来源源不断的"利"。

通过前面几章的内容，已经将经营罗盘的理论思想基础全部呈现给大家了，为了在经营管理的实践中应用好这些内容，本篇提供了一些具体实践的方法。

开卷有益——从这里开始让我们了解如何更好地应用经营罗盘的相关理论。

第十八章 实践之目的

经营罗盘为企业及管理者提供了全新视角下的系统经营思维。"势、道、术、器、利"五大维度,来自经营管理理论的研究和大量实践的经验总结,"五维"分别代表了在经营管理活动中能够影响企业生死存亡的五大要素,也暗合了中国古代的"五行"哲学体系。经营罗盘秉持"以人为本"的经营理念,提出了"经营人心、管理人性、平衡人情"的经营哲学,在深入探究"势、道、术、器、利"的基础上,梳理出了119个经营模块,从而形成了完整的理论体系,这些理论在实践中会起到什么作用呢?

一、顺势

在"五维"中,企业最先关注的便是"势","势"即企业生存的外部环境。古今中外,多少企业在历史的舞台上粉墨登场,又有多少企业在市场竞争的大潮中兴衰浮沉。当人们去总结那些曾经红极一时,或是如今依然站在潮流前沿的企业时,就不难发现,所有成功的企业,无一例外地都得益于企业对外部环境的精确把握。

企业的创立与成长是否顺应了"天势""地势""人势",能否顺势而为、趁势而起,皆可通过经营罗盘 BC 测评法来进行诊断,以理清企业对"势"的把握,找到薄弱之处、不足之处,加以全面思考和不断完善。同时,对于新创企业和想要开展新业务的企业来说,对"势"的分析与判断,则可以辅助回答"我要做什么"的问题。小米对智能手机之"势"的研判,成就了其手机领域的江湖地位;传统车企在新能源汽车的大"势"来临之际,纷纷加快了转型的步伐;万达集团在对房地产之"势"和大健康之"势"的分析基础上,开始剥离房地产业务,进军大健康产业。这便是"势"对顶层架构设计的具体指导。

二、重道

在理清"势"的基础上,企业就能根据对外部环境的认识,制定出适合企业的发展之"道"。"道"的制定,一方面帮助企业找到了存在的意义,帮助其确定了长期的发展方向和秉持的经营理念;另一方面也体现了企业对外部趋势的思考与行动,包括企业的中期发展目标、发展路径、发展规划等。

企业是否建立了符合自身的发展之"道",其使命、愿景、价值观是否清晰可行,皆可通过 BC 测评法进行诊断,以帮助企业明心见性,继而修道保法、建章立制。阿里巴巴在对电子商务的"顺势"和"驭势"中,提出了"让天下没有难做的生意"这一使命,并确立了"让客户相会、工作和生活在阿里巴巴,并持续发展最少 102 年"的愿景,同时明确了"客户第一、团队合作、拥抱变化、诚信、激情、敬业"的核心价值观。

三、练术

"道"的确立，使得企业的经营活动能在一定规则下进行谋篇布局，即企业之"术"。要想在激烈的市场竞争中取胜，企业就需要守正出奇之"术"，守正，就是要坚守企业之"道"；出奇，就是需要随环境变化而变的战略、战术和组织。

企业的战略目标能否实现、竞争策略是否有效、商业模型是否清晰、商业模式是否共赢、商务管理是否规范、营销企划是否可行等，皆可通过 BC 测评法进行诊断，以找出企业谋篇布局之不足，以更长远的角度和全局的宽度去规划布局、组织行动。同时，企业也可根据"术"的指导，进行战略的谋划、战术的制定、组织的支持等，以帮助企业回答"该怎么做"的问题。例如腾讯之"术"，其战略总目标为"连接一切"，随着战略目标的分解和实施，其通过竞争、合作、开放平台等战术，与合作伙伴共建数字生态共同体。腾讯在不同战略时期还通过组织构架的调整与变革，以顺利实施既定战术，达成战略目标。

四、砺器

企业的"道"和"术"，最终会通过企业所提供的"器"传递给客户。企业通过技术、产品和服务的输出，一方面向客户传递出企业的价值，另一方面，也为企业带来经济效益。

企业是否具有技术竞争力、开发周期与商用周期是否适当、能否提供差异化产品、投产与品控管理是否健全、服务是否到位等，都可在 BC 测评法中得到诊断，也可根据"器"的引导，对企业的技术、产品和服务进行设计与优化。例如华为之"器"，其在研发时注重关键技术的突破；在生产过程中，注重质量的管理；在提供服务时，始终考虑到员工、客户、合作伙伴的利益与需求，并能最大限度地去满足其需求。

五、谋利

经营企业，就是经营人心，人心之诉求，皆是为"利"。因为有"利"，才有了人与人之间的连接，有了连接，才能形成团队和企业。利益的共享，产生了越加高效的连接，也就越能发挥组织的力量。利益的共享机制，包含了企业的内利分配机制、外利共赢机制和社会责任机制。企业从员工、股东、合作伙伴、社会、产业、行业中获"利"，也应做出相应的回报。

企业是否做出了回报、回报的效应如何、回报的影响如何、有没有潜在的利益分配危机等，都可在 BC 测评法中找到答案。同时，面对员工、股东、合作伙伴、社会等利益相关者，企业又该如何回报、何时回报、回报什么等问题，同样可在"利"中找到答案。例如沃尔玛之"利"，其在内利方面，践行着"顾客、员工和股东都是公司的上帝"这一理念；在外利方面，其通过与合作伙伴的诚信沟通、密切合作、利益共享，以建立良好的合作伙伴关系；在社会方面，其立志"做一个有高度企业社会责任感的零售商"，使得人们生活得更美好。

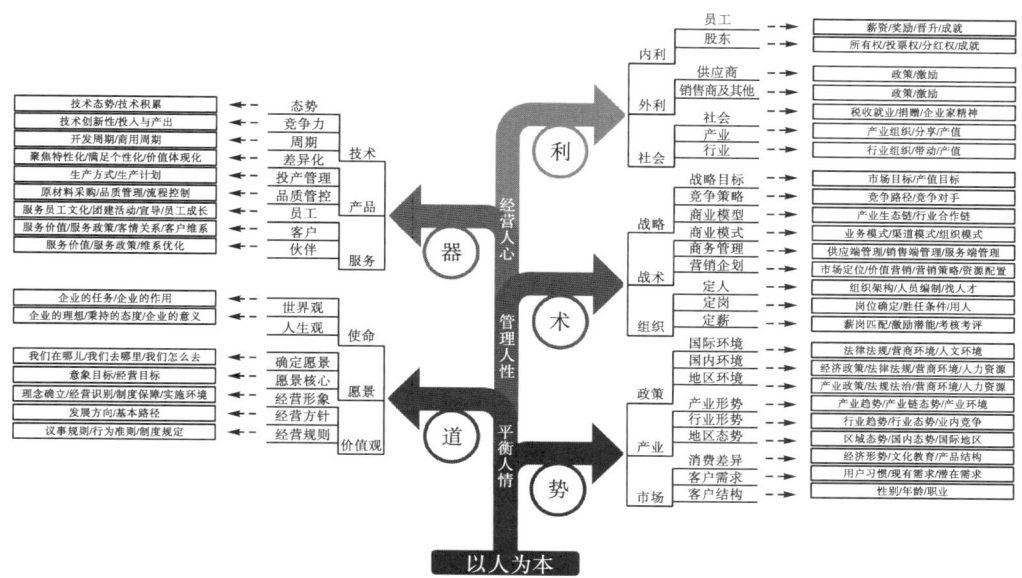

经营罗盘（BC模型）思维导图

第十九章 实践之经营与管理现状诊断工具（BC 测评法）

经营罗盘在深入探究"势、道、术、器、利"的基础上，梳理出了 119 个经营模块，并通过提炼，归纳出了 393 个问题，以此构成了一个企业经营诊断与顶层设计的指导工具，简称 BC 测评法。本书旨在提供一套系统的企业经营管理模型，帮助企业在经营罗盘的指导下，通过 BC 测评法，对企业的经营活动进行诊断和顶层设计。这里希望无论是上至企业核心层的战略决策，还是下至企业管理层的经营决断，皆可利用经营罗盘的 BC 测评法加以诊断、指导。

现实中，关于企业在某一维度的诊断工具有很多，如关注产品质量的各种标准体系，关注服务质量的各项评分标准，关注营销效果的各类评估工具，关注人才维度的人才测评系统，等等。这些工具或标准的使用，为企业在某一细分领域的诊断和改善提供了很大的帮助。经营罗盘基于大量的实践总结，在前人的研究基础上，通过对"势、道、术、器、利"五个维度的全盘梳理，推出了 BC 测评法，以帮助企业进行由外到内、从上至下、由表及里的全方位评价和诊断。通过 BC 测评法，大家便能更全面、更系统地去诊断企业的经营状况，以全局的眼光去审视企业的发展，并进行顶层设计和优化。

如何使用 BC 测评法进行经营与管理的诊断分析呢？

第一步：确定企业的产业分类及业务开展的范围。①企业所属产业的归类，即企业属于第一产业，还是第二产业，抑或是第三产业；②企业业务开展地的辐射区域，即是国际市场，还是国内市场，或主要是地区市场。

第二步：参照经营罗盘的 393 问，按照企业经营的实际情况，对每个问题进行如实回答（未涉及的"测评题目"，可不用填写）。答案分为"非常符合""符合""一般""不符合""完全不符合"五个等级，分值分别为 5 分、4 分、3 分、2 分、1 分。

第三步：分数的计算与统计。将每一问题的得分进行相加汇总，得出具体的模块平均分、节总分、章总分和篇总分。

第四步：得出诊断结果。根据章总分和篇总分的分值情况，了解企业在各维度的整体掌控情况，也可根据模块平均分和节总分，深入到企业经营的具体环节中，找出经营活动中的优势环节和薄弱环节，然后再根据发展需要，有节奏、有针对性地解决问题。

在解决企业某一维度或某一业务板块的问题时，大家依然可以借助经营罗盘的思维模式，从"势、道、术、器、利"五个维度去考量，继而提出解决问题、优化方案。这样的问题解决思路，可以避免单纯地解决问题，也能够避免在解决一个问题的同时，引发新的问题出现。另外，经营罗盘既可以针对一家企业，进行经营与管理现状的诊断分析，也可针对一个行业，甚至是一个产业进行诊断分析。

经营罗盘-BC 测评法

单位名称：

企业所属产业：第一产业□　第二产业□　第三产业□

企业业务辐射地：国际□　国内□　区域□

企业填注说明：企业未涉及的"测评题目"，可不用填写。

一、势篇

势篇		测评题目	测评结果					得分			
			非常符合	符合	一般	不符合	完全不符合	模块平均分	节总分	章总分	篇总分
制度政策环境之天势	国际环境	法律法规									
		1.企业熟悉并严格遵守业务开展国家或地区的法律法规	5	4	3	2	1				
		2.企业拥有完善的法务团队，或在遇到国际法律纠纷时能够有效应对	5	4	3	2	1				
		3.企业能够提前识别出国际法律风险，并且提前制定好应对机制	5	4	3	2	1				
		营商环境									
		4.企业业务能在所在国得到当地政府的支持	5	4	3	2	1				
		5.企业与所在国当地政府洽谈招商政策时，拥有较高的议价能力	5	4	3	2	1				
		6.企业能组织相关企业或参加相关联盟，组团与所在国的当地政府洽谈，以此来获取更多资源	5	4	3	2	1				
		人文环境									
		7.企业的经营文化、企业文化与业务开展国家或地区的人文环境契合	5	4	3	2	1				
		8.业务开展国家或地区的经济形势有利于企业的发展	5	4	3	2	1				
		9.业务开展国家或地区的人才政策（如：移民政策、留学生政策、劳工制度、工会制度等）有利于企业招聘人才	5	4	3	2	1				
		10. 当地有优秀的高校或成熟的人才聚集区域(如：产业园区等)，能够向企业输送高质量人才	5	4	3	2	1				
		11.业务开展国家或地区的人口结构有利于企业拓展市场	5	4	3	2	1				
	国内环境	经济政策									
		12.企业经营的业务属于国家鼓励的产业	5	4	3	2	1				
		13.国家提出的经济政策有利于企业的长期发展	5	4	3	2	1				
		14.国家的货币调控政策有利于企业的财务状况	5	4	3	2	1				

续表

势篇		测评题目	测评结果					得分			
			非常符合	符合	一般	不符合	完全不符合	模块平均分	节总分	章总分	篇总分
	法律法规	15.企业的经营活动严格遵守国家法律法规	5	4	3	2	1				
		16.国家针对行业的政策法规，对企业的长期发展有促进作用	5	4	3	2	1				
		17.企业能够提前识别出法律风险，并且提前制定好应对机制	5	4	3	2	1				
		18.企业的法务团队能高效处理企业面临的法务问题	5	4	3	2	1				
	营商环境	19.业务开展地的法治要素如何（主要包括法律体系、司法体制、执法制度、律师制度，以及法律至上、权利平等、权利制约的法律意识）	5	4	3	2	1				
		20.业务开展地的政治要素如何（主要包括政治导向、制度、纪律、政风、民风等要素）	5	4	3	2	1				
		21.业务开展地的经济要素如何（主要包括国民经济指标、投资指标、消费指标、金融指标、财政指标）	5	4	3	2	1				
		22.业务开展地的社会要素如何（主要包括民族特征、文化传统、价值观念、种族结构、消费结构和水平、人口流动性、公众道德观念、对环境污染的态度等）	5	4	3	2	1				
	人力资源环境	23.业务开展地拥有与企业业务相关的人才储备、人才培养体系，能够帮助企业培养优秀人才	5	4	3	2	1				
		24.业务开展地的人才政策，能够帮助企业吸引并留住海外人才、高层次人才	5	4	3	2	1				
		25.业务开展地拥有与企业相关的产业聚集区，能够促进行业相关人才的成长和流动	5	4	3	2	1				
地区环境	产业政策	26.企业的经营业务属于当地重点发展的行业	5	4	3	2	1				
		27.企业的发展符合当地的长期发展规划	5	4	3	2	1				
		28.政府部门对企业的创新活动持支持和包容的态度	5	4	3	2	1				
	法规法治	29.企业熟知并遵守行业性的法规条例	5	4	3	2	1				
		30.企业的经营行为与管理制度，符合法律法规	5	4	3	2	1				
		31.当地执法力度有利于规范市场竞争	5	4	3	2	1				
	营商环境	32.企业所在地的招商政策，能为企业带来成立、经营、税收、人才等	5	4	3	2	1				

第十九章　实践之经营与管理现状诊断工具(BC 测评法)

续表

势篇			测评题目	测评结果					得分			
				非常符合	符合	一般	不符合	完全不符合	模块平均分	节总分	章总分	篇总分
产业链环境之地势	产业形势		方面的支持									
			33.企业所在地的市场环境有充分的市场需求和潜在需求	5	4	3	2	1				
			34.企业所在地的商务成本较低(生产要素投入成本与交易成本)	5	4	3	2	1				
			35.企业所在地的基础设施环境良好(主要包括交通、邮电、供水供电、卫生事业等)	5	4	3	2	1				
			36.企业所在地的社会服务环境良好(主要包括商业服务、科研与技术服务、教育)	5	4	3	2	1				
			37.企业所在地的生态环境良好(主要包括水资源、土地资源、生物资源、气候资源和环境治理情况)	5	4	3	2	1				
			38.企业所在地的法治环境良好(是否依法行政、司法公正、具备法律意识和法律素质)	5	4	3	2	1				
		人力资源环境	39.企业所在地的高校能为企业输送人才	5	4	3	2	1				
			40.企业所在地的人才结构能基本满足企业的用人需求	5	4	3	2	1				
			41.企业所在地的相关产业集群,能促进人才的交流与成长	5	4	3	2	1				
	产业链态势	产业趋势	42.企业能判断出产业链的发展趋势(包括上下游行业的创新趋势)	5	4	3	2	1				
			43.企业充分了解产业链上下游的需求变化	5	4	3	2	1				
			44.企业具有带动产业链发展的创新活动,并符合整个产业链的创新趋势	5	4	3	2	1				
			45.企业熟知整个产业链的结构,并能清晰定位自身在产业链中的位置	5	4	3	2	1				
			46.产业链中的上下游行业有明确的界限(行业壁垒明显),企业能够根据自身所处的行业,准确地划定业务范围	5	4	3	2	1				
			47.产业链中,上下游行业间的合作氛围良好,启动一体化战略的企业数量较少(上下游行业之间的竞争没有加剧)	5	4	3	2	1				
			48.企业拥有核心技术,能够在产业链中获得核心地位	5	4	3	2	1				
			49.企业拥有前向或者后向一体化的实力	5	4	3	2	1				
			50.产业链面临的外部政策环境良	5	4	3	2	1				

续表

势篇		测评题目	测评结果					得分			
			非常符合	符合	一般	不符合	完全不符合	模块平均分	节总分	章总分	篇总分
行业形势	产业环境	好，产业链处于良性发展状态									
		51.对整个产业链来说，获取原材料相对容易（原材料充足，购买、储存方便等）	5	4	3	2	1				
		52.整个产业链拥有广大的人才储备，或者有大量人员正在学习并试图加入	5	4	3	2	1				
		53.在产业链中，技术、知识和人才能充分共享和流动	5	4	3	2	1				
		54.高校、科研机构、咨询机构、服务机构等，都积极参与到产业链的建设中	5	4	3	2	1				
		55.企业清楚地知道行业的通行技术处于技术生命周期的哪个阶段	5	4	3	2	1				
	行业趋势	56.企业的技术领先于行业通行技术（开发了新技术，或者在现行技术上进行了创新）	5	4	3	2	1				
		57.行业在寻求新的商业模式	5	4	3	2	1				
		58.行业在探寻新的组织架构	5	4	3	2	1				
	行业态势	59.行业中有新的技术出现，并且该项技术正在快速普及	5	4	3	2	1				
		60.行业正处于快速发展的阶段	5	4	3	2	1				
		61.企业熟知同行的梯队划分，并且企业处于比较靠前的位置	5	4	3	2	1				
	业内竞争	62.同行企业间的竞争形势稳定，并没有或鲜有不利于行业发展的恶性竞争	5	4	3	2	1				
		63.企业对自身、竞争对手、消费者，都有充分的了解	5	4	3	2	1				
		64.企业清楚地认识到同行竞争所带来的机会	5	4	3	2	1				
行业地区态势	区域态势	65.区域内有成熟的产业集群，有完整的产业链，能为企业提供充分的信息	5	4	3	2	1				
		66.同行之间存在良好的交流与合作，彼此间恶性竞争少	5	4	3	2	1				
		67.行业拥有高水平的技术能力，并且有良好的技术升级、创新氛围	5	4	3	2	1				
		68.当地政府在积极引导和推进相关行业的发展	5	4	3	2	1				
	国内态势	69.行业在国内的聚集效应明显，同行企业普遍集中在特定区域，形成国家级的产业集群	5	4	3	2	1				
		70.企业恰好处于行业集中度较高	5	4	3	2	1				

续表

势篇			测评题目	测评结果					得分			
				非常符合	符合	一般	不符合	完全不符合	模块平均分	节总分	章总分	篇总分
市场需求环境之人势	消费差异		的国家级产业集群内									
		国际态势	71.企业拥有较高的全球视野，充分了解行业在国际范围内的聚集趋势	5	4	3	2	1				
			72.企业了解行业技术最发达的区域在哪里	5	4	3	2	1				
			73.企业有能力吸引来自技术发达区的人才	5	4	3	2	1				
		经济形势	74.目标市场经济形势稳定，企业在当地发展业务受到的经济风险小	5	4	3	2	1				
			75.目标市场经济形势向好，客户的需求在经济刺激下得到释放	5	4	3	2	1				
			76.经济形势正在改变客户的购买习惯，使其更容易接受本企业所提供的产品或服务	5	4	3	2	1				
		文化教育	77.企业提供的产品或服务，符合目标市场的文化(宗教信仰、风土人情、消费理念等)	5	4	3	2	1				
			78.目标市场具有合适的教育程度，能够轻易学习和使用企业提供的产品或服务	5	4	3	2	1				
			79.目标市场的文化正受到其他文化的影响，使得当地客户的消费理念发生变化，给企业带来了很好的商机	5	4	3	2	1				
			80.教育使得目标市场有能力辨别产品或服务的品质	5	4	3	2	1				
	客户需求	产品结构	81.企业清楚目标市场中的产品结构，即：目标市场中现有产品的种类、功能、外观、技术特性等分别有哪些	5	4	3	2	1				
			82.企业清楚自身产品或服务在目标市场的地位及利润水平	5	4	3	2	1				
			83.企业通过对目标市场的产品结构进行研究，发现了目标市场中的潜在需求	5	4	3	2	1				
		用户习惯	84.企业充分理解目标客户使用产品或服务的场景	5	4	3	2	1				
			85.企业了解目标客户的消费或购买习惯	5	4	3	2	1				
			86.客户形成的消费或购买习惯对企业有利	5	4	3	2	1				
			87.企业能判断出或引导客户习惯的变更	5	4	3	2	1				
		现有需求	88.企业准确把握了客户对产品或服务的现有需求	5	4	3	2	1				

续表

势篇		测评题目	测评结果					得分			
			非常符合	符合	一般	不符合	完全不符合	模块平均分	节总分	章总分	篇总分
客户结构	潜在需求	89.对于满足客户的现有需求，企业拥有充足的技术实力	5	4	3	2	1				
		90.企业在设计产品或服务时，更多地站在客户的角度，而不是从企业自身出发	5	4	3	2	1				
		91.客户的需求是随时间变动的，企业长期持续地对客户需求进行调研，而不是偶尔为之	5	4	3	2	1				
		92.客户的现有需求，能得到行业的基本满足，但仍存在一些潜在需求	5	4	3	2	1				
		93.客户有潜在产品或服务的设想，这种设想是对现有产品或服务的一种颠覆，可能会改变产品的外观、功能、性能等	5	4	3	2	1				
	性别	94.企业充分了解并掌握了客户性别特征	5	4	3	2	1				
		95.企业了解不同性别客户的思维观念、审美偏好、使用场景等	5	4	3	2	1				
		96.企业在设计产品或服务时，充分体现了目标客户的性别特征	5	4	3	2	1				
	年龄	97.企业客户的年龄阶段，属于目标市场人口结构中的大多数	5	4	3	2	1				
		98.随着目标客户的年龄增长，需求也随之改变，企业具有满足用户新需求的能力	5	4	3	2	1				
		99.当目标市场的目标客户数量急剧减少时，企业可转向新的目标市场	5	4	3	2	1				
		100.当目标市场的客户数量减少时，企业有能力开发出新产品，能够覆盖更大的年龄层次	5	4	3	2	1				
	职业	101.在特定的职业圈层中，企业的产品或服务得到了广泛的好评	5	4	3	2	1				
		102.企业熟知目标客户的职业特征	5	4	3	2	1				
		103.目标客户的职业特征，影响了他们的审美偏好、消费能力、使用逻辑，企业熟知目标客户的审美偏好、消费能力以及使用逻辑	5	4	3	2	1				
		104.企业设计和生产的产品不是"中性"的(普通的，适合几乎所有用户)，而是根据目标客户的职业特征，进行了分类设计	5	4	3	2	1				

二、道篇

道篇			测评题目	测评结果					得分			
				非常符合	符合	一般	不符合	完全不符合	模块平均分	节总分	章总分	篇总分
企业使命	世界观	企业任务	105.企业清楚要为目标市场解决什么问题	5	4	3	2	1				
			106.企业清楚其客户是谁	5	4	3	2	1				
			107.企业能为客户提供独特价值	5	4	3	2	1				
		企业作用	108.企业清楚自身存在的理由	5	4	3	2	1				
			109.企业的存在符合客观需要	5	4	3	2	1				
	人生观	企业理想	110.企业具有长远的理想	5	4	3	2	1				
			111.企业的理想顾及到了相关者的利益(股东、员工、合作伙伴、客户、社会)	5	4	3	2	1				
			112.企业的理想有助于企业的长远发展	5	4	3	2	1				
		企业态度	113.企业有明确的企业态度(如奋斗、学习、专注、创新、开拓等企业态度)	5	4	3	2	1				
			114.企业态度能服务于企业理想	5	4	3	2	1				
			115.企业态度在公司上上下下都得到了践行	5	4	3	2	1				
			116.企业态度在关键时刻、关键事件上得到了坚守	5	4	3	2	1				
		企业意义	117.在实现企业目标的同时,对行业、社会产生了贡献和积极的影响	5	4	3	2	1				
			118.随着时代和市场需求的变化,企业的意义依然存在	5	4	3	2	1				
企业愿景	确定愿景	现在在哪里	119.理清了企业所处的外部环境(主要包括社会制度、政策法规、经济政策、人文环境、市场环境,以及产业环境、行业环境和所在区域环境)	5	4	3	2	1				
			120.对企业的自我分析较为全面(主要包括优势资源、自身能力和竞争能力)	5	4	3	2	1				
			121.总结清楚了企业过往的成功主要靠什么(是靠实现客户价值,或是靠经营管理还是靠企业资源)	5	4	3	2	1				
		将要去哪里	122.企业在内外调研、综合考量的基础上,制定了企业的发展方向(主要包括企业的发展目标、重点发展的项目、产品调整、技术创新、主要经济指标等)	5	4	3	2	1				
			123.企业的发展方向吻合未来的发展趋势	5	4	3	2	1				
			124.企业全员都能理解企业的发展方向	5	4	3	2	1				

续表

道篇			测评题目	测评结果					得分			
				非常符合	符合	一般	不符合	完全不符合	模块平均分	节总分	章总分	篇总分
企业价值观	愿景核心	应该如何去	125.企业清晰知道其连接现在和未来目标的关键要素(资金支持、人才支持、技术支持、产品或服务、经营管理)	5	4	3	2	1				
			126.企业进行目标与关键要素的匹配之后，制定了实现目标的总体规划	5	4	3	2	1				
			127.企业为总规划配置了相关资源	5	4	3	2	1				
			128.企业对未来的模样进行过生动描述，并将其进行了有效表述	5	4	3	2	1				
		意象目标	129.企业制定意象目标时，规划了与之匹配的实现路径	5	4	3	2	1				
			130.企业意象目标的实施，可根据实际情况，分方向、分阶段地进行	5	4	3	2	1				
			131.细分方向和细分阶段的意象目标，配置了相关的实现路径和匹配资源	5	4	3	2	1				
		经营目标	132.企业在充分分析内外环境的基础上，确定了各项经济活动的发展方向和奋斗目标(主要包括企业的产值目标和收益目标)	5	4	3	2	1				
			133.经营目标的制定，考虑了不同利益相关者的需求，没有发生相关利益诉求的冲突	5	4	3	2	1				
			134.针对不同的利益相关者，制定了不同维度的经营目标	5	4	3	2	1				
	经营形象	理念确立	135.企业有明确的经营理念	5	4	3	2	1				
			136.企业的经营理念与实际情况、发展要求相吻合	5	4	3	2	1				
			137.经营理念贯穿于整个经营活动中	5	4	3	2	1				
		理念识别	138.为了让受众准确地理解企业理念的内涵，企业进行了具体的描述与解读	5	4	3	2	1				
			139.为了将企业理念转变为个人理念，企业进行了理念的有效传达(主要包括培训、会议传达、内部刊物、内部新闻、小团体传播等方式)	5	4	3	2	1				
			140.企业理念在关键事件中，得到了充分体现	5	4	3	2	1				
			141.为了使得员工将企业理念外化于行，企业提供了相应的氛围和保障	5	4	3	2	1				
		制度保障	142.企业制度中体现了企业的理念	5	4	3	2	1				
			143.不同制度中的企业理念体现，没有冲突或没有缺失	5	4	3	2	1				
			144.体现企业理念的制度涉及了每个人、每件事	5	4	3	2	1				

续表

道篇		测评题目	测评结果					得分			
			非常符合	符合	一般	不符合	完全不符合	模块平均分	节总分	章总分	篇总分
经营方针	实施环境	145.企业具有通畅的决策环境	5	4	3	2	1				
		146.企业为员工营造了良好的成长环境	5	4	3	2	1				
		147.为使企业的经营理念渗透到经营活动中,企业具有相应的硬件资源环境(主要包括企业文化手册、网络平台建设、微媒体、活动和仪式等)	5	4	3	2	1				
		148.除了企业管理者以身作则,还树立了员工榜样	5	4	3	2	1				
		149.对榜样的树立,采用的是业绩与企业文化相结合的评价标准	5	4	3	2	1				
		150.对榜样的奖励,实行的是精神与物质相结合的方式	5	4	3	2	1				
	发展方向	151.能明确企业在不同时期的业务发展方向	5	4	3	2	1				
		152.随着时代背景、市场背景、技术背景的变化,企业的发展方向也在随之而改变	5	4	3	2	1				
		153.企业的发展方向与同行相比,具有差异化的竞争优势,且符合企业现状	5	4	3	2	1				
	基本路径	154.企业具有经营理念指引下的基本经营方针(主要涵盖了企业的文化、政策、人事、质量等范围)	5	4	3	2	1				
		155.企业具有当下年度经营活动的指导方针(包括利益方针、销售方针、生产方针、人事方针、资金方针等)	5	4	3	2	1				
		156.经营方针的制定遵循了"顶层总设计、基层细设计原则""整体关联原则""实际可操作性原则"	5	4	3	2	1				
		157.基本经营方针和年度经营方针皆能有效指导,并融入到了部门和个人工作中	5	4	3	2	1				
经营规则	议事规则	158.企业具备特定议事规则(如董事会议事规则、股东大会议事规则、监事会议事规则等),也具备通用议事规则(主要适用于公司会议、部门会议、例会和总结会等)	5	4	3	2	1				
		159.企业能根据不同类型的会议,做不同的准备工作、制定不同的会议规则	5	4	3	2	1				
		160.企业的议事规则具有"自上而下的主题会议原则""自下而上的发言原则""吸纳少部分人意见的原则""一人拍板的原则""多数响应的原则"	5	4	3	2	1				
		161.企业具有规范企业行为和员工行	5	4	3	2	1				

续表

道篇		测评题目	测评结果					得分			
			非常符合	符合	一般	不符合	完全不符合	模块平均分	节总分	章总分	篇总分
	行为准则	为的总括性原则									
		162.企业根据不同行为主体，制定了不同的行为准则，制定不同的行为准则所遵守的原则也不尽相同	5	4	3	2	1				
		163.企业的行为准则匹配于经营理念，遵循了"循序渐进、逐步完善的原则""指导性和约束性原则""合法与合规原则""体现激励性原则"等基本原则	5	4	3	2	1				
		164.员工在行为准则的执行过程中不是机械被动的，而是积极主动的	5	4	3	2	1				
	制度规定	165.企业制度的制定合规合法、符合发展现状，并有调研、草拟、评审、修改、会签、试行、颁布、修订等过程	5	4	3	2	1				
		166.企业的制度具有可操作性、系统性、平等性，并且严谨、公正，具有约束性和严肃性	5	4	3	2	1				
		167.制度在执行的过程中，进行了有效的输灌、监督、考核	5	4	3	2	1				

三、术篇

术篇			测评题目	测评结果					得分			
				非常符合	符合	一般	不符合	完全不符合	模块平均分	节总分	章总分	篇总分
战略	战略目标	市场目标	168.企业在每一发展阶段都制定了清晰的市场目标	5	4	3	2	1				
			169.企业市场目标的制定，是基于对外部环境和内部资源的理性分析与把握	5	4	3	2	1				
			170.企业的市场目标能通过上下努力得以实现	5	4	3	2	1				
		产值目标	171.企业产值目标的制定方式，不只是采用以产定销的方式(而是结合以销定产或柔性生产的方式)	5	4	3	2	1				
			172.企业能较精准地进行产值目标的市场预测(能利用大数据等方式进行市场预测)	5	4	3	2	1				
			173.产值目标经过在组织内部的分解，能得到有效地执行	5	4	3	2	1				
	竞争策略	竞争路径	174.企业展开竞争的目的是为了健康可持续的发展	5	4	3	2	1				
			175.企业有着守正出奇、奇正相生的竞争打法	5	4	3	2	1				
			176.企业能在竞争中获得实际收益和发展，而不是为了竞争而竞争	5	4	3	2	1				
		竞争	177.随着时代背景的变化和企业发展阶段	5	4	3	2	1				

续表

术篇			测评题目	测评结果					得分			
				非常符合	符合	一般	不符合	完全不符合	模块平均分	节总分	章总分	篇总分
战术	商业模型		对手的不同，企业能清晰地找到现有竞争对手和潜在的竞争对手									
			178.企业的竞争对手，不限于具体的公司，而是所有能为客户提供解决方案的方式方法	5	4	3	2	1				
			179.面对不同的竞争对手，企业能制定出不同的竞争策略	5	4	3	2	1				
		产业生态链	180.企业在制定战略的过程中，梳理出了其在产业链中所处的位置，理清了上下左右的合作伙伴关系	5	4	3	2	1				
			181.战略的制定与执行过程中，能从产业链的各个维度来思考、验证战略的可行性	5	4	3	2	1				
			182.企业能根据战略需要，对产业链资源进行整合	5	4	3	2	1				
			183.企业与同行既有激烈的竞争，也有密切的合作	5	4	3	2	1				
		行业合作链	184.企业在遇到难以解决的问题时，往往会与多家企业展开合作	5	4	3	2	1				
			185.企业已经加入了相关协会、联盟等行业组织，并能利用自身优势结成合作联盟	5	4	3	2	1				
	商业模式		186.企业的业务模式基于其有效的优势来设计	5	4	3	2	1				
		业务模式	187.在业务模式中，除了自身的收益，也充分考虑了合作方的相关利益	5	4	3	2	1				
			188.企业具有自身业务模式的创新能力，或行业业务模式的颠覆能力	5	4	3	2	1				
			189.企业采用的渠道模式符合行业特征和自身产品特点	5	4	3	2	1				
		渠道模式	190.企业现有渠道为客户提供了便利性？	5	4	3	2	1				
			191.企业的渠道建设强调共赢和赋能	5	4	3	2	1				
			192.能随着消费需求和市场需要的变化，进行渠道模式的升级	5	4	3	2	1				
	商务管理		193.企业的组织建设能有效支持战略目标的实现	5	4	3	2	1				
		组织模式	194.企业能根据战略目标的调整和战术计划的实施而调整组织模式	5	4	3	2	1				
			195.目前的组织模式能充分发挥组织的活力和执行力	5	4	3	2	1				
		供应端管理	196.根据企业所处的不同发展阶段，企业能做好供应端的工作重心	5	4	3	2	1				
			197.企业建立了供应端合作商的选择原则和考评制度	5	4	3	2	1				
			198.企业能与供应端合作商保持良好的合作关系	5	4	3	2	1				

续表

术篇			测评题目	测评结果					得分			
				非常符合	符合	一般	不符合	完全不符合	模块平均分	节总分	章总分	篇总分
组织定人		销售端管理	199.企业在必要时，能对二级供应商或三级供应商进行直接管理	5	4	3	2	1				
			200.企业开发的销售渠道与自身实际需求相匹配	5	4	3	2	1				
			201.企业与渠道商建立了利益共同体的生态合作关系	5	4	3	2	1				
			202.企业对渠道商进行有效的日常管理	5	4	3	2	1				
		服务端管理	203.在与新闻媒体、法律、财务、广告、金融等服务端机构打交道时，企业进行了有效的管理	5	4	3	2	1				
			204.企业在与服务端的不同机构进行合作时，始终能坚守价值观，并做到价值共享	5	4	3	2	1				
			205.企业能正确处理与新闻媒体等服务端的关系，并通过服务端降低了自己的损失，提高了知名度	5	4	3	2	1				
		市场定位	206.企业通过一定的逻辑，进行了有效的市场细分，并清晰定位了目标市场	5	4	3	2	1				
			207.在研究目标市场之基础上，企业能通过系列方法进行品牌定位	5	4	3	2	1				
			208.在研究目标市场之基础上，企业进行了有效的产品定位	5	4	3	2	1				
		价值营销	209.企业能通过产品、服务等，提供目标客户所需要的价值	5	4	3	2	1				
			210.企业的产品价值、品牌价值、服务价值、终端价值、形象价值等，得到了员工和客户的认同	5	4	3	2	1				
			211.企业的价值营销能同时为用户、员工、合作伙伴提供价值	5	4	3	2	1				
		营销策略	212.企业有常规的营销策略，也能适时采用创新的营销策略	5	4	3	2	1				
			213.企业在产品、渠道、价格和推广等维度，均确立了有效的营销策略	5	4	3	2	1				
			214.营销策略成为企业的一项竞争力	5	4	3	2	1				
		资源配置	215.为了营销企划的顺利实施，企业有效地为其配置资源	5	4	3	2	1				
			216.企业的广告费用投入，带来了实际的销售增长和美誉度传播	5	4	3	2	1				
			217.根据消费市场的变化，企业能有效配置、优化营销资源，以达到"四两拨千斤"之效果	5	4	3	2	1				
		组织架构	218.企业的组织架构设定，是以实现战略目标为导向而进行的组织规划和部门设置	5	4	3	2	1				
			219.组织关键能力的设计围绕企业的关键业务所展开	5	4	3	2	1				

续表

术篇		测评题目	测评结果					得分			
			非常符合	符合	一般	不符合	完全不符合	模块平均分	节总分	章总分	篇总分
定岗定薪	人员编制	220.企业组织架构的设计与企业发展的阶段相适应，与企业所能掌握的资源相匹配	5	4	3	2	1				
		221.组织架构的变革，在以提高工作效率、保障目标管理为方向的基础上，一方面能与现有组织状况相适应，一方面具有面向未来的前瞻性	5	4	3	2	1				
		222.企业能从宏观定编和微观定编两个维度去考量人员编制问题	5	4	3	2	1				
		223.人员编制是围绕着企业的战略目标，并在满足内外部约束条件下而进行的科学、合理定编	5	4	3	2	1				
		224.企业能根据自身实际，选用合适的人员编制确定方法	5	4	3	2	1				
		225.企业能根据实际需要，进行动态定编管理	5	4	3	2	1				
	找人才	226.企业已经制定，并形成了自己的人才战略	5	4	3	2	1				
		227.企业能根据战略计划，找到合适的人才	5	4	3	2	1				
		228.在找人过程中，企业能有效地知人、识人，实现企业与人才之间的匹配	5	4	3	2	1				
	岗位确定	229.企业能清晰地向各组织成员分配任务，并明确对应的责权利范围	5	4	3	2	1				
		230.企业在进行岗位确定之前，进行了充分的岗位分析工作	5	4	3	2	1				
		231.工作岗位的设置围绕着组织目标和任务分解进行	5	4	3	2	1				
	胜任条件	232.企业将胜任条件作为找人、用人的前提，留人、育人的依据	5	4	3	2	1				
		233.企业建立了覆盖全员的胜任力模型，或是建立了覆盖关键岗位的胜任力模型	5	4	3	2	1				
		234.胜任力模型在实际运用中被辅以相关的工具进行配合（如进行面试时的心理测试系统、面试笔试题库，进行人才考评时的考核指标，用于人才培训时的学习路线、课程资源等）	5	4	3	2	1				
	用人	235.企业能"用人之长，避人之短"，将合适的人放在合适的位置上	5	4	3	2	1				
		236.企业有明确的责权利范围和奖罚分明的用人制度	5	4	3	2	1				
		237.企业对于即将离开或已离开企业的人才，有相应的"离职人才管理规划"	5	4	3	2	1				
	薪岗匹配	238.企业能根据一定的步骤，科学合理地进行薪酬设计与薪酬优化	5	4	3	2	1				
		239.薪酬待遇与岗位职责高度相关，能充分体现出该岗位的价值	5	4	3	2	1				

续表

术篇		测评题目	测评结果					得分			
			非常符合	符合	一般	不符合	完全不符合	模块平均分	节总分	章总分	篇总分
	激励潜能	240.企业的薪酬内容包含了直接薪酬和间接薪酬,具有公平性、竞争性和激励性	5	4	3	2	1				
		241.在进行激励之前,企业了解被激励对象的需求是什么,即为什么而工作,如何才会更努力地工作	5	4	3	2	1				
		242.企业的激励体现于薪酬体系中,如体现在薪酬体系的内容和时间维度上	5	4	3	2	1				
		243.企业的激励管理与考核进行了有效融合	5	4	3	2	1				
	考核考评	244.企业的绩效考核以激活组织活力为目标	5	4	3	2	1				
		245.在进行绩效考核时,清晰明确了考核主体、考核对象,以及考核方式	5	4	3	2	1				
		246.企业的绩效考核工作,在不断地优化、执行、检查,再优化	5	4	3	2	1				

四、器篇

器篇		测评题目	测评结果					得分			
			非常符合	符合	一般	不符合	完全不符合	模块平均分	节总分	章总分	篇总分
技术	技术态势	技术态势	247.企业在与对手的竞合关系中,充分掌握了行业的技术态势	5	4	3	2	1				
			248.企业拥有多种了解行业技术态势的渠道,如:行业协会、高校合作、行业展会等	5	4	3	2	1				
			249.在了解行业技术态势的基础上,企业有能力通过创新来提高自身的技术实力	5	4	3	2	1				
		技术积累	250.企业拥有丰富的技术积累与技术储备	5	4	3	2	1				
			251.企业清楚地了解自身技术实力、在市场中的地位	5	4	3	2	1				
			252.企业始终保持积极的技术投入	5	4	3	2	1				
	技术竞争力	技术创新性	253.相比于竞争对手而言,企业的技术更具有创新性(综合性价比更高)	5	4	3	2	1				
			254.企业的技术具有前瞻性,能够满足或引领消费者的需求	5	4	3	2	1				
			255.企业技术在行业中具有领先地位,能体现行业技术的发展方向	5	4	3	2	1				
		投入产出比	256.企业持续地进行技术投入,能够很好地平衡投入产出比	5	4	3	2	1				
			257.企业能及时叫停投入巨大,但产出较少的项目	5	4	3	2	1				
			258.对于投入巨大,产出较少的项目,企业能够准确分析其原因,并做出相应的改进措施	5	4	3	2	1				

第十九章　实践之经营与管理现状诊断工具(BC 测评法)　415

续表

器篇		测评题目	测评结果					得分			
			非常符合	符合	一般	不符合	完全不符合	模块平均分	节总分	章总分	篇总分
产品	开发与商用周期	开发周期	259.企业有短平快的短期开发项目,能够快速进入市场,抢占先机	5	4	3	2	1				
			260.企业有周期相对稳定的开发项目,能够跟上竞争对手的进度,预期展开正面竞争	5	4	3	2	1				
			261.企业有高精尖的长期开发项目,能够通过技术的更新升级等,形成企业的技术竞争力	5	4	3	2	1				
			262.企业能够很好地平衡长、中、短期的开发项目	5	4	3	2	1				
		商用周期	263.企业的技术开发周期适当,不会影响到商用周期	5	4	3	2	1				
			264.企业的技术拥有更长的商用周期	5	4	3	2	1				
			265.企业的技术,在其商用周期中,能给企业带来丰厚的回报	5	4	3	2	1				
	差异化	聚焦特性化	266.企业能够通过自查、调研、与竞争对手比较等多种方式,掌握客观存在的客户需求	5	4	3	2	1				
			267.企业能分清客户需求的紧迫性,针对比较紧急的客户需求,企业能够快速响应,提供差异化的产品	5	4	3	2	1				
			268.企业能抓住产品中最富有特征的因素加以体现和强化,以强调产品的特点,突出产品的差异	5	4	3	2	1				
		满足个性化	269.企业能为客户提供与竞争对手有差异的产品	5	4	3	2	1				
			270.企业提供的差异化产品,能满足客户的个性化需求,体现企业的人性化关怀	5	4	3	2	1				
			271.企业的差异化产品,能带来更高的客户黏性	5	4	3	2	1				
		体现价值化	272.企业提供的产品,能在功能性、易用性、稳定性等方面满足客户对其价值的追求	5	4	3	2	1				
			273.企业提供的产品,能够从交互性、维护性、工作效率等方面为客户带来体验价值的提升	5	4	3	2	1				
			274.企业提供的产品,能与客户形成情感共鸣,使客户从情感上与产品产生交互,形成产品的情感价值	5	4	3	2	1				
投产管理	生产方式		275.企业组织生产的方式,能够有效降低企业的生产成本	5	4	3	2	1				
			276.企业有完善的生产协调机制,能够合理高效地利用第三方产能辅助生产	5	4	3	2	1				
			277.企业与第三方生产机构关系融洽,有紧急订单时,能及时安排生产	5	4	3	2	1				
			278.在寻求第三方产能时,企业能保证自身的核心机密不被泄露	5	4	3	2	1				

续表

器篇		测评题目	测评结果					得分			
			非常符合	符合	一般	不符合	完全不符合	模块平均分	节总分	章总分	篇总分
服务	品质管控	生产计划	279.企业采用以产定销的模式，没有导致高库存或产能过剩的情况	5	4	3	2	1				
			280.企业采用以销定产的模式，能获得足够的订单，并能及时生产、交付产品	5	4	3	2	1				
			281.企业实行柔性生产的模式，能高效组织原材料、生产力等生产要素	5	4	3	2	1				
			282.企业的生产模式，与企业所属行业的发展现状，业务所在地的需求现状，企业生产能力等相匹配	5	4	3	2	1				
		原材料采购	283.对于核心原材料，企业与供应商建立了战略合作关系	5	4	3	2	1				
			284.企业了解各种采购方式的优缺点	5	4	3	2	1				
			285.对于非核心原材料，企业能够综合使用询价、招标、竞争性谈判等方式采购	5	4	3	2	1				
			286.企业的原材料采购，不仅是以降低采购成本为导向，也是以提升产品价值为导向	5	4	3	2	1				
		品质管理	287.企业充分了解产品品质，除了单纯的产品质量，还包括了产品与用户需求的匹配程度	5	4	3	2	1				
			288.企业的品质定位与产品定位相匹配	5	4	3	2	1				
			289.企业全员树立了良好的品质意识，并且企业拥有健全的、执行到位的品质管理体系	5	4	3	2	1				
		流程控制	290.企业的前馈控制充分考虑了生产中的情况，并且制定了相应的作业标准以及故障申报流程	5	4	3	2	1				
			291.企业的现场控制能够有效监督和确保作业按照标准进行，同时能够检测生产过程中的各项数据，以便通过数据对生产流程进行优化	5	4	3	2	1				
			292.企业的反馈控制，能够通过生产中出现的故障，或者生产中检测到的数据，对生产流程进行优化改进	5	4	3	2	1				
	服务员工激发组织活力	服务员工文化	293.企业有尊重员工的制度，并且各级管理者都认可并自觉遵守这一制度	5	4	3	2	1				
			294.企业经常关注员工的工作情况，并能够根据员工需求，适时提供关怀措施	5	4	3	2	1				
			295.企业能够给予员工一定的生活保障，减轻员工工作之外的负担	5	4	3	2	1				
		团建活动	296.企业经常组织团建活动，并且每次团建活动后，员工都能更好地融入集体	5	4	3	2	1				
			297.企业的团建活动没有强调整齐划一，而是充分激发了每位员工的特长	5	4	3	2	1				
			298.企业的团建活动体现了企业对员工的尊重	5	4	3	2	1				

第十九章 实践之经营与管理现状诊断工具(BC 测评法) 417

续表

器篇		测评题目	测评结果					得分			
			非常符合	符合	一般	不符合	完全不符合	模块平均分	节总分	章总分	篇总分
服务提升客户满意度	企业文化宣导	299.企业有专门的高管负责文化宣导工作,并建立了相应的文化宣导团队(专职或兼职)	5	4	3	2	1				
		300.企业建立了完善的文化宣导渠道,如:内部刊物、内部论坛、员工手册等	5	4	3	2	1				
		301.企业能够通过宣扬员工的优秀行为来进行文化、价值观等的宣导	5	4	3	2	1				
		302.企业能够定期总结文化宣导工作,并对文化宣导工作进行改进	5	4	3	2	1				
	员工成长	303.企业能够帮助员工制定成长计划,以此来促进员工的职业发展	5	4	3	2	1				
		304.企业领导人在帮助员工制定成长计划时,能够做到客观、无私	5	4	3	2	1				
		305.企业能够跟进员工成长计划的执行情况,适时地为员工提供必要的帮助	5	4	3	2	1				
	服务价值	306.企业为客户提供的服务,能够提高客户的体验感	5	4	3	2	1				
		307.企业为客户提供的服务,能够使客户与企业产生情感联系	5	4	3	2	1				
		308.企业为客户提供的服务,能够使客户感受到真诚与关怀,能够降低客户的负面情绪	5	4	3	2	1				
	服务政策	309.企业有清晰易懂的客户服务总则,清楚地介绍了企业的服务理念、宗旨、内容和方式	5	4	3	2	1				
		310.企业的用户服务政策中,平衡了服务提供者与接收者之间的关系,既能保障客户对服务的满意度,又能保护服务提供者的安全、尊严等问题	5	4	3	2	1				
		311.企业有规范的服务政策培训体系,能够确保不同的执行者对政策有相同的理解和执行	5	4	3	2	1				
		312.服务政策明确规定了不同部门的权利和义务,能够避免出现事故时各部门间相互推诿的情况	5	4	3	2	1				
		313.服务政策中有明确的反馈渠道,遇到非常规问题时,能够快速通过反馈得到响应	5	4	3	2	1				
	客情关系	314.企业能够通过数据分析,找出客户的共性特征,并据此从特定维度与客户保持情感沟通	5	4	3	2	1				
		315.企业能够通过数据,找出客户的个性化特征,并据此进行精准服务	5	4	3	2	1				
		316.企业能够通过数据,实时检测客户动态,对可能存在的经营风险、舆论风险等进行排查	5	4	3	2	1				
		317.企业能够打造独有的 IP,以此来吸引和	5	4	3	2	1				

续表

器篇			测评题目	测评结果					得分			
				非常符合	符合	一般	不符合	完全不符合	模块平均分	节总分	章总分	篇总分
服务合作伙伴意识		客户维系	维持客户的关注，与客户保持情感联系									
			318.企业的服务贯穿客户购买前中后整个过程	5	4	3	2	1				
			319.企业清楚客户需要服务的场景，并且根据场景设置了完善的服务措施	5	4	3	2	1				
			320.企业善于收集用户反馈意见，并且据此制定新的服务标准	5	4	3	2	1				
		服务价值	321.面对小型合作伙伴时，企业能够帮助和扶持对方，使得对方获得成长	5	4	3	2	1				
			322.面对大型合作伙伴时，企业能够与对方展开深度的业务交流	5	4	3	2	1				
			323.企业在与合作伙伴交往过程中，能为对方留出合理的利润空间，不会过分压榨合作方的利润，不恶意拖欠款项等	5	4	3	2	1				
		服务政策	324.企业制定的合作伙伴服务政策，能够帮助合作伙伴降低合作成本，提高合作效率	5	4	3	2	1				
			325.企业的合作伙伴服务政策，能够为伙伴提供技术、平台等支持，为合作伙伴赋能	5	4	3	2	1				
			326.企业的交易方式、结算方式的选择，体现了公平合理、真诚合作、互利互惠、避免债务危机的合作原则，能确保合作各方的利益不受损	5	4	3	2	1				
		维系优化	327.企业与合作伙伴有良好的沟通环境，在合理范围内共享客户、市场、技术等信息	5	4	3	2	1				
			328.企业通过软件支持、培训课程、合作伙伴大会等为合作伙伴赋能	5	4	3	2	1				
			329.企业关注合作伙伴的合作满意度，建立了反馈体系，能够收集伙伴的反馈信息，并及时做出响应	5	4	3	2	1				

五、利篇

利篇			测评题目	测评结果					得分			
				非常符合	符合	一般	不符合	完全不符合	模块平均分	节总分	章总分	篇总分
内利	员工	薪资	330.企业薪酬能为员工提供基本生活和基本物质要求的保障	5	4	3	2	1				
			331.薪酬设计体现了每一位员工的个人价值	5	4	3	2	1				
			332.企业的薪酬设计体现了"责任共担、利益共享"的共赢理念，以及"多劳多得、优绩优酬"的分配原则	5	4	3	2	1				
		奖励	333.企业在设置奖励时，明确了以下三个问题：奖励谁，奖励什么，该怎么奖励	5	4	3	2	1				

续表

利篇		测评题目	测评结果					得分			
			非常符合	符合	一般	不符合	完全不符合	模块平均分	节总分	章总分	篇总分
		334.企业奖励激发了员工高效能的工作状态	5	4	3	2	1				
		335.奖励是以企业价值观和战略目标为指引，以内部公平性和外部竞争性为原则	5	4	3	2	1				
		336.每一位员工都可以通过努力而得到晋升	5	4	3	2	1				
	晋升	337.每一岗位都有明确的晋升标准，使得员工能上能下、能进能出	5	4	3	2	1				
		338.企业建立了相应的机制，以帮助员工达到晋升的条件	5	4	3	2	1				
		339.员工能在工作中获得成就感	5	4	3	2	1				
	成就	340.企业能在充分了解员工的基础上，根据不同员工的成就触发点，触发员工的成就感	5	4	3	2	1				
		341.企业能通过公平的工作环境、荣誉的给予、工作意义的赋予、自信心的增强等方式，触发员工的成就感	5	4	3	2	1				
		342.企业没有股权僵局或股权争议的情况	5	4	3	2	1				
	所有权	343.股权架构的设置体现出了各股东对企业的价值贡献(价值贡献包括资金贡献、知识产权、岗位贡献、资源贡献等方式)	5	4	3	2	1				
		344.企业的股权架构能有效地进行各方资源的整合和各方权益的分配	5	4	3	2	1				
		345.股东的投票权情况，科学合理地反映了其对企业的控制权大小	5	4	3	2	1				
	投票权	346.在企业发展需要的情况下，企业能将股东的所有权与投票权分离	5	4	3	2	1				
股东		347.企业具有"公司重大决策管理规定"，能为员工和顾客设置一定比例的投票权	5	4	3	2	1				
		348.拥有分红权的股东可以得到实实在在的分红	5	4	3	2	1				
	分红权	349.除了股东，企业还为员工设置了分红权	5	4	3	2	1				
		350.企业的分红权对于股东、管理层和员工来说，具有激励的作用	5	4	3	2	1				
		351.企业充分重视股东的成就	5	4	3	2	1				
	成就	352.企业能充分尊重股东的各项权力，并为其行使权力提供了便利	5	4	3	2	1				
		353.管理层与股东之间制定了定期与不定期的沟通机制	5	4	3	2	1				

续表

利篇			测评题目	测评结果					得分			
				非常符合	符合	一般	不符合	完全不符合	模块平均分	节总分	章总分	篇总分
外利	其他合作伙伴	政策	354.企业给予了股东社会荣誉和地位	5	4	3	2	1				
	供应商	政策	355.对于供应商,企业在不同的发展时期,皆有清晰的合作政策	5	4	3	2	1				
			356.企业有与供应商共享、共赢、共发展的理念,并配套了相应的管理制度和政策	5	4	3	2	1				
			357.企业能满足供应商合理的物质诉求和精神诉求	5	4	3	2	1				
		激励	358.企业制定了相应的供应商激励机制	5	4	3	2	1				
			359.企业对供应商的激励能兼顾合作双方的利益,能激发其工作的积极性和创造性	5	4	3	2	1				
			360.企业能采用多种方式激励供应商(如价格激励、订单激励、名誉激励、信息激励、淘汰激励、成长激励等方式)	5	4	3	2	1				
	其他合作伙伴	政策	361.针对媒体、广告、法律、财务等其他服务商合作伙伴,企业皆有相应的合作政策	5	4	3	2	1				
			362.针对销售商伙伴,企业除常规的销售政策外,还有额外的政策	5	4	3	2	1				
			363.在与其他合作伙伴合作的过程中,企业充分考虑了对方的合理利润和利益诉求	5	4	3	2	1				
			364.在与合作伙伴展开合作时,除了能满足其经济需要,也能满足其成长的需要、名誉的需要等	5	4	3	2	1				
		激励	365.企业对媒体、广告、法律、财务等其他合作伙伴,皆有相应的激励	5	4	3	2	1				
			366.针对销售商伙伴,企业除常规的销售奖励外,还有公司额外的激励	5	4	3	2	1				
			367.企业与合作伙伴建立了共生共赢的合作机制	5	4	3	2	1				
			368.对合作伙伴的激励,通常遵循了"目标一致与有的放矢的原则""短期与长期激励相结合的原则""正向激励与负向激励相结合的原则"	5	4	3	2	1				
社会利	社会	税收与就业	369.企业没有因为税收与就业问题而遭到处罚	5	4	3	2	1				
			370.企业能在运营过程中,创造社会福利、增强社会价值	5	4	3	2	1				
			371.企业有对社会的奉献意识和行为	5	4	3	2	1				
		捐赠	372.企业有过捐赠的意愿和行为	5	4	3	2	1				
			373.捐赠提升了企业的社会形象和社会影响力	5	4	3	2	1				

第十九章 实践之经营与管理现状诊断工具(BC 测评法) 421

续表

利篇		测评题目	测评结果					得分			
			非常符合	符合	一般	不符合	完全不符合	模块平均分	节总分	章总分	篇总分
产业	企业家精神	374.企业有过公益营销等方式的战略性慈善行为	5	4	3	2	1				
		375.企业有"让客户满意、让员工幸福、让股东获益、让合作伙伴得利、回报社会"的利他之行	5	4	3	2	1				
		376.企业家精神是否源于企业使命,又超越了使命	5	4	3	2	1				
		377.企业具有更高、更广的视角,去审视整个人类社会的发展,并不断致力于社会问题的改善,促使人类社会的进步	5	4	3	2	1				
	产业组织	378.企业加入了产业集群、产业联盟或产业协会等形式的产业组织	5	4	3	2	1				
		379.企业能在产业组织中积极贡献,推动整个产业组织的发展	5	4	3	2	1				
	分享	380.在获取别人资源的同时,企业也在分享自己的有效资源	5	4	3	2	1				
		381.企业在其业务开展、技术、应用推广等方面,都能向同行持开放的态度	5	4	3	2	1				
		382.企业分享的资源包括信息资源、物质资源、技术资源、经验资源等内容	5	4	3	2	1				
	产值	383.在产业领域,企业具有稳定或增长的产值	5	4	3	2	1				
		384.企业的产值会带动、影响相关产业的发展	5	4	3	2	1				
行业	行业组织	385.企业主动加入了行业协会、商会等形式的行业组织	5	4	3	2	1				
		386.在行业组织中,企业能出谋划策、贡献力量	5	4	3	2	1				
	带动	387.在关键技术、商业模式等方面,企业能带动同行的发展	5	4	3	2	1				
		388.面对龙头企业的带动,作为同行企业往往能积极跟进	5	4	3	2	1				
		389.同行业中,不存在闭门造车、无序竞争等不利于行业发展的情况	5	4	3	2	1				
	产值	390.企业产值对行业产值有较大贡献	5	4	3	2	1				
		391.企业产值对行业发展有所影响	5	4	3	2	1				
		392.企业产值对行业升级有所促进	5	4	3	2	1				
		393.在同行业中,没有竞争对手生产劣质或问题产品,影响行业的产品形象	5	4	3	2	1				

为了方便计算,这里只需要将各问题得分进行相加、求平均即可得到模块分。在 BC 测评法的软件版本中,企业可在测试前进行企业类型的选择和企业具体情况的设置。在进

行测试之后，软件会根据企业的设置，对不同问题赋予不同的权重比例，计算出企业的模块总分、节总分、章总分和篇总分，自动生成企业的经营诊断报告和相关模块的优化建议。

值得注意的是，不同业务类型和业务辐射范围的企业，在同一模块的测评得分有着不同的意义。对于有开展或准备拓展国际化业务的企业来说，在国际环境这一节的测评中，如果得分为3~6分，则意味着其国际化进程会受到诸多的挑战。若企业不熟悉、不遵守业务开展地的法律体系，则必然带来各种法律问题；若企业对业务所在地的营商环境把握不足，则可能受到诸多的发展阻碍；若企业对当地的人文环境了解不够，则可能因文化冲突而带来难以调和的矛盾。为此，企业应足够重视对国际环境的掌握，或者加强专业团队的建设，加强现有团队的业务培训，或者借助于专业的第三方机构，以帮助企业弥补这一短板。对于立足本国的企业来说，则可不用进行"国际环境"的测评，直接进行"国内环境"和"地区环境"的测评，以了解企业对国内环境和地区环境的掌握程度。

同样的，对于创新企业来说，如果在技术积累、生产计划方面的得分分别为1~2分（或没有涉及这方面内容），而在技术创新性、生产方式、品质管理等方面的得分高于3分，那么企业的高速发展可能不会受到影响。对于以流通贸易为主的企业来说，则可能在技术方面的章总分低于54分（或没有涉及这方面内容），而在产品和服务方面的章总分高于27分，这也符合企业本身的定位。对于成长中的企业来说，如果在"道"篇的篇总分低于54分，企业的发展就很有可能偏离既定的发展方向，或迷失在众多发展方向中，也容易在日常工作中出现路径不清晰、规则不统一、上下不同心、员工很敷衍等情况。对于成熟的企业来说，如果"术"篇的篇总分低于54分，则可能出现目标难实现、人员难管理、竞争易失败、模式易被颠覆等情况。

总之，BC测评法通过系统的问题提出与解答，可以帮助企业进行由外到内、从上至下、由表及里的全方位诊断和分析，也能帮助企业进行顶层设计和优化。企业在使用BC测评法自评时，需根据自身实际情况来理解、解读测评结果，找到自己的优势所在和不足之处，结合长期和短期的发展需要，进行薄弱环节的改进，以求得稳扎稳打、蒸蒸日上、欣欣向荣的发展态势。

BC测评法在线免费诊断

第二十章　经营罗盘之未来

随着现代社会的飞速发展，全球协同与竞争态势的日益加剧，行业颠覆的常态化与彻底化将会催生大量的新产业、新业态和新模式，这使得许多企业迫切需要转型升级，管理理念和经营模式也需要不断地变革创新从而适应时代的变革。"经营罗盘"正是在这样的时代背景下应运而生，通过理论联系实践、中西方管理思想的创新融合，从"势、道、术、器、利"五个维度出发，诠释了企业经营管理的方方面面，使得企业在未来的转型与发展中，有了新的视角思维、新的理论框架和新的经营指导工具。

在进行理论研究、中西思想融合的同时，"经营罗盘"也在积极探索和应用新模式。在与企业家的交流过程中，"经营罗盘"的许多观点都得到了他们的认可，也有许多企业家和管理者表示，他们在转型升级过程中正在践行其中一些观点，并已经取得了一定的成效。"经营罗盘"作为一种新的理念框架、新的指导工具，在未来的使用过程中，难免还有许多不足之处。其中，五维的"不易、变易、简易"哲学，便是企业在应用中难以把握之处。

在"势、道、术、器、利"五个维度中，什么是"不易"，什么又是"变易"和"简易"呢？

从整体看来，"势"属于"变易"状态、"道"和"利"属于"不易"状态、"术"和"器"属于"简易"状态。具体来说，首先是企业之使命、愿景、价值观等具有一定的终生性，是企业需要长期坚守的；企业对员工、客户、股东、合作伙伴、社会等方面的利益分配与共享，是未来组织的发展趋势，也是企业需要长期坚持的事。为此，"经营罗盘"的"道"篇和"利"篇，具有一定的长期适用性。其次，企业所面临的制度政策环境、产业链环境、市场需求环境等，始终处于不断变化的状态，"经营罗盘"无法罗列出具体的变化情况，也无法清晰地预知未来的变化路径，只能从"看变化、谋发展"的角度着手，提醒企业该如何关注变化，怎样拥抱变化。再者，企业的战略布局、战术制定、组织资源、技术、产品和服务等，皆具有一定时期的稳定性，同时也需要在变化的环境中进行适时革新，"经营罗盘"也会根据变化的方向和趋势，不断进行理论与实践的研究，推出新的迭代版本。另外，BC 测评法及其测评软件也会在未来的环境变化与深入研究中，进行再一步的优化与更新，也计划推出基于经营罗盘底层架构的"经营助理机器人"终端。

在"经营罗盘"的理论总结过程中，与众多企业家和管理者进行了深入的交流，从中看到越来越多的从业者意识到了中国传统智慧所能带来的管理启发，他们或许没有专业的管理学位，或者借鉴西方管理已久，但对中国的管理智慧皆有独到的见解和匹配于自身的运用之道。随着越来越多的中国企业走向了世界舞台，走进了世界 500 强的名单，企业也越来越具有中国味的管理自信。在中国数千年的哲学思想中，"礼治""德治""人治""兼爱""尚同"等管理智慧皆是一笔巨大的财富，《经营罗盘》在运用这笔财富的基础上，融合了西方的管理科学和管理工具，力求让管理科学与经营艺术相融，让复杂、枯燥的经营管理至简有趣，让企业与里里外外的人打好交道，拿捏好处世之道，把握好处事之道。相信在以后的商业发展进程中，将会有越来越多的企业进行中西方管理的融合、创新和应用，《经营罗盘》也将在这条坎坷却又饶有风趣的道路上继续"上下求索"，以在企业经营与管理的"漫漫修远之路"上贡献一分力量。

参 考 文 献

安贺新.2011.服务营销管理[M]. 北京：化学工业出版社.

巴巴拉·明托.2002.金字塔原理[M]. 北京：民主与建设出版社.

彼得·德鲁克.2009.卓有成效的管理者[M]. 北京：机械工业出版社.

彼得·圣吉.2018. 第五项修炼：终身学习者[M]. 北京：中信出版集团.

陈春花，赵海然.2016.争夺价值链[M]. 北京：机械工业出版社.

陈春花.2017.激活组织：从个体价值到集合智慧[M]. 北京：机械工业出版社.

陈浩.2017.世界500强人力资源总监管理日志[M]. 天津：天津科学技术出版社.

陈收，邹增明，刘端.2015. 技术创新能力生命周期与研发投入对企业绩效的影响[J]. 科技进步与对策, (12):78-84.

陈伟.2017.阿里巴巴人力资源管理[M]. 苏州：古吴轩出版社.

丁辉.2017.管理的逻辑：高绩效组织的改进语言[M]. 北京：电子工业出版社.

樊浩.1994."心理"与"人心"——现代中国管理的文化机制[J]. 中国软科学, (8):116-122.

方兴东，刘伟.2014.阿里巴巴正传[M]. 南京：江苏凤凰文艺出版社.

菲利普·科特勒.2016.营销管理[M]. 上海：上海人民出版社.

弗雷德蒙德·马利克.2017. 战略：应对复杂新世界的导航仪[M]. 北京：机械工业出版社.

高可为. 2013.使命：驱动企业成长[M]. 北京：中国社会科学出版社.

顾彼思商学院. 2017.MBA轻松读·市场营销[M]. 范丹，译. 北京：北京时代华文书局.

何飞.2018.罗伯特议事规则实践指南：如何进行高效沟通和科学决策[M]. 南昌：百花洲文艺出版社.

胡奇英.2016.供应链管理与商业模式[M]. 北京：清华大学出版社.

黄志伟.2017.华为人力资源管理[M]. 苏州：古吴轩出版社.

惠守海. 2011. 沃尔玛:环保要求提高采购门槛[J]. 进出口经理人, (4):32-32.

吉姆·柯林斯，杰里·波勒斯.2009.基业长青[M]. 北京：中信出版社.

蒋巍.2017.闪着泪光的事业 蒋巍中短篇报告文学[M]. 北京：人民日报出版社.

杰克·特劳特.2011.特劳特营销十要[M]. 北京：机械工业出版社.

卡门·雅德斯.2010. 如何实现企业的愿景与使命[M]. 上海：上海远东出版社.

凯文·凯利.2010.失控[M]. 北京：新星出版社.

拉里·哈默尔.2004.员工激励：引爆员工潜力的32条策略[M]. 谢德高，译. 北京：九州出版社.

李维安.2017.公司治理学(第三版)[M]. 北京：高等教育出版社.

里斯，特劳特. 2012. 定位[M]. 谢伟三，苑爱东，译. 北京：机械工业出版社.

梁丹. 2014. 河北保津高速收费员绩效考核问题研究 [D]. 北京：华北电力大学.

梁换林. 2014.山姆大叔的沃尔玛[M]. 长春：吉林出版集团有限公司.

刘宝红. 2015.采购与供应链管理[M]. 北京：机械工业出版社.

刘官华，艾永亮，梁璐. 2016. 腾讯之道[M]. 北京：机械工业出版社.

刘筱红. 2004. 五行学研究[M]. 南宁：广西人民出版社.

刘彦君、黎明. 2018. 腾讯管理法[M]. 杭州：浙江大学出版社.

卢小平. 2011. 人力资源管理实战全案[M]. 福州：鹭江出版社.

鲁克德. 2014.胜在制度赢在执行[M]. 上海：立信会计出版社.

罗伯特·麦基、托马斯·杰雷斯. 2018.故事经济学[M]. 天津：天津人民出版社.

罗智. 2014.王阳明心学全书[M]. 北京：企业管理出版社.

马俊杰. 2016. 面向价值观管理的行为绩效考核研究 [D]. 沈阳：东北大学.

马瑞民，肖立中. 2009. 战略管理工具与案例》[M].北京：机械工业出版社.

马永强. 2016. 轻松落地企业文化》[M]. 北京：北京时代华文书局有限公司.

马宇飞. 2013. 现代时尚产品性别差异化设计研究与探讨 [D]. 西安：陕西科技大学.

迈克尔·波特. 2014. 竞争战略[M]. 北京：中信出版社.

梅明平. 2010. 经销商管理(第二版)[M]. 北京：电子工业出版社.

潘春华.2019.诸葛亮的知人"七法"[J]. 秘书之友，396(6):45-46.

彭剑锋，云鹏.2015.海尔能否重生-人与组织关系的颠覆与重构[M]. 杭州：浙江大学出版社.

任法融. 2017. 道德经·启示录[M]. 西安：三秦出版社.

瑞·达利欧. 2018. 原则[M]. 北京：中信出版社.

上海宋海佳律师事务所. 2016. 重新定义股权激励：非上市公司如何"鼓励"员工[M]. 北京：中信出版社.

邵云飞，唐小我. 2008. 基于网络视角的产业集群创新[M]. 成都：电子科技大学出版社.

唐东方. 2015.战略选择：框架·方法·案例[M]. 北京：中国经济出版社.

王德培. 2019.中国经济 2019[M]. 北京：中国友谊出版公司.

王明胤. 2016. 企业文化定位·落地一本通[M]. 武汉：中华工商联合出版社.

王汝平.2019. C 管理模式[M]. 成都：四川人民出版社.

王祥武，谭俊峰. 2013. 华夏基石方法：企业文化落地本土实践[M]. 北京：电子工业出版社.

王雪洁. 2009. 数码产品的性别特征研究与探讨 [D]. 昆明：昆明理工大学.

王彦蓉，葛明磊，张丽华.2018. 矛盾领导如何促进组织二元性——任正非和华为公司为例[J]. 中国人力资源开发，35(7):134-145.

韦建华. 2013. 生产管理流程与节点精细化设计[M]. 北京：人民邮电出版社.

魏炜，张振广，朱武祥. 2017. 超越战略[M]. 北京：机械工业出版社.

吴晓波. 2017.激荡四十年：中国企业 1978-2018[M]. 北京：中信出版社.

吴晓波. 2017.腾讯传 1998-2016[M]. 杭州：浙江大学出版社.

吴玉萍. 2004.全员参与：品质管理[M]. 北京：东方出版社.

夏璐萍. 2014. 真正的问题解决者：社会企业如何用创新改变世界[M]. 北京：中国人民大学出版社.

许标榜. 2015.五行战略模型——对"波特五力模型"的补充[J]. 经贸实践, (6):272-274.

炎空. 2015. 啤酒江湖[M]. 上海：上海交通大学出版社.

杨国安. 2015. 组织能力的杨三角(第二版)[M]. 北京：机械工业出版社.

杨响华. 2016.营销就这么简单[M]. 北京：化学工业出版社.

杨向阳. 2013.论原材料采购供应中的质量及成本控制[J]. 价值工程, (34):125-126.

杨向阳. 2014.钢铁企业原材料库存控制优化机制研究 [J]. 价值工程, (3)：160-161

杨宗华. 2011.向会议要效益：高效会议的艺术[M]. 北京：石油工业出版社.

影响力中央研究院教材专家组. 2009.让员工一起成长 [M]. 北京：电子工业出版社.

于友先. 2003. 站在高的起点上，实现跨越式发展——沃尔玛对中国书业连锁经营的启示 [J]. 出版发行研究, (3)：5-10.

余长火. 2017.道至简与大众创业及简政放权[J]. 中国盐业， (16)：22-26

张超. 2011. 公司慈善捐赠行为的探讨[D]. 南京：南京大学.

张继胜. 2017.集成与分享释义[M]. 北京：中信出版社.

张珈豪. 2015.大商之道[M]. 北京：北京联合出版公司.

张松. 2010.易经战略[M]. 北京：华夏出版社.

郑翔洲. 2012. 新商业模式创新设计[M]. 北京：电子工业出版社.

钟放. 2007. 稻盛和夫的经营哲学[M]. 北京：商务印书馆.

钟洪武. 2007. 正确看待慈善捐赠对企业的价值和作用[J]. WTO 经济导刊, (7):46-49.

周跃进. 2015. 采购管理[M]. 北京：机械工业出版社.

周跃进. 2017. 项目管理[M]. 北京：机械工业出版社.

朱飞. 2008. 绩效管理与薪酬激励[M]. 北京：企业管理出版社.

朱缨，钱善军. 2018. 中医药学概论[M]. 南京：江苏凤凰科学技术出版社.

庄毅佳，刘茸. 2018.腾讯战略法[M].杭州：浙江大学出版社.